O PLANEJAMENTO DAS CONTRATAÇÕES: ESTUDOS TÉCNICOS PRELIMINARES E TERMOS DE REFERÊNCIA

TEORIA E APLICAÇÃO SOB A ÉGIDE DA LEI Nº 14.133/2021

MADELINE ROCHA FURTADO
MONIQUE RAFAELLA ROCHA FURTADO
Coordenadoras

Prefácio

Antônio Anastasia

O PLANEJAMENTO DAS CONTRATAÇÕES: ESTUDOS TÉCNICOS PRELIMINARES E TERMOS DE REFERÊNCIA

TEORIA E APLICAÇÃO SOB A ÉGIDE DA LEI Nº 14.133/2021

Belo Horizonte
FÓRUM
CONHECIMENTO JURÍDICO
2025

FORUM
CONHECIMENTO JURÍDICO

Luís Cláudio Rodrigues Ferreira
Presidente e Editor

Coordenação editorial: Leonardo Eustáquio Siqueira Araújo
Thaynara Faleiro Malta
Revisão: Cida Ribeiro
Capa, projeto gráfico e diagramação: Walter Santos

Rua Paulo Ribeiro Bastos, 211 – Jardim Atlântico – CEP 31710-430
Belo Horizonte – Minas Gerais – Tel.: (31) 99412.0131
www.editoraforum.com.br – editoraforum@editoraforum.com.br

Técnica. Empenho. Zelo. Esses foram alguns dos cuidados aplicados na edição desta obra. No entanto, podem ocorrer erros de impressão, digitação ou mesmo restar alguma dúvida conceitual. Caso se constate algo assim, solicitamos a gentileza de nos comunicar através do *e-mail* editorial@editoraforum.com.br para que possamos esclarecer, no que couber. A sua contribuição é muito importante para mantermos a excelência editorial. A Editora Fórum agradece a sua contribuição.

Dados Internacionais de Catalogação na Publicação (CIP) de acordo com ISBD

P712 O planejamento das contratações: estudos técnicos preliminares e termos de referência - Teoria e aplicação sob a égide da Lei nº 14.133/2021 / Madeline Rocha Furtado, Monique Rafaella Rocha Furtado (coord). Belo Horizonte: Fórum, 2025.

529 p. 14,5x21,5cm
ISBN impresso 978-65-5518-944-5
ISBN digital 978-65-5518-943-8

1. Planejamento. 2. Estudos técnicos preliminares. 3. Contratações públicas. 4. Termo de referência. 5. Governança das contratações. I. Furtado, Madeline Rocha. II. Furtado, Monique Rafaella Rocha. III. Título.

CDD: 342
CDU: 342

Ficha catalográfica elaborada por Lissandra Ruas Lima – CRB/6 – 2851

Informação bibliográfica deste livro, conforme a NBR 6023:2018 da Associação Brasileira de Normas Técnicas (ABNT):

FURTADO, Madeline Rocha; FURTADO, Monique Rafaella Rocha (coord.). *O planejamento das contratações*: estudos técnicos preliminares e termos de referência - Teoria e aplicação sob a égide da Lei nº 14.133/2021. Belo Horizonte: Fórum, 2025. 529 p. ISBN 978-65-5518-944-5.

Dedicamos esta obra aos nossos alunos, que nos inspiram a escrever e a aprofundar nosso conhecimento. Justamente quando tudo parece compreendido e consolidado sobre temas já amplamente debatidos, surge uma nova dúvida, aquela que nos motiva a retomar os estudos e recomeçar. É por isso que nos encontramos aqui, mergulhando mais uma vez nos estudos preliminares.

Agradecemos a Deus, por ser a base de todo o conhecimento e sabedoria que nos rege. Agradecemos toda a nossa família, que passou tantos desafios para chegarmos até aqui, esta que nos acompanha diariamente, que nos fortalece em meio a tarefas e estudos. Especialmente à Maitê e ao Iuri, alento e esperança de dias melhores.

SUMÁRIO

TÍTULO IV

DIRETRIZES GERAIS PARA ELABORAÇÃO DE ETPs E TRs

TÍTULO V

DIRETRIZES ESPECÍFICAS PARA A ELABORAÇÃO DOS ETPs E TRs

CAPÍTULO 1

O ESTUDO TÉCNICO PRELIMINAR E O TERMO DE REFERÊNCIA NA CONTRATAÇÃO DE SERVIÇOS TÉCNICOS PROFISSIONAIS ESPECIALIZADOS

CAPÍTULO 2

ELABORAÇÃO DE ESTUDO TÉCNICO PRELIMINAR E DE TERMO DE REFERÊNCIA NAS CONTRATAÇÕES DIRETAS

CAPÍTULO 2

PESQUISA DE PREÇOS NO ETP E TR: OBJETIVOS, DIFERENÇAS, PROCEDIMENTOS E CAUTELAS

TÍTULO VII

REGULAMENTAÇÃO E CONTROLE

CAPÍTULO 1

OS LIMITES PARA REGULAMENTAÇÃO DO ESTUDO TÉCNICO PRELIMINAR PELOS ESTADOS, DISTRITO FEDERAL E MUNICÍPIOS À LUZ DA LEI Nº 14.133/2021

PREFÁCIO

Quando tive a oportunidade de relatar o então projeto de lei que viria a se transformar na Lei nº 14.133/21, percebi a grande preocupação de todo o corpo legislativo do Congresso Nacional em prestigiar, no novo texto em elaboração, o tema do planejamento como etapa prévia e essencial ao procedimento licitatório. Em verdade, no amplo e profundo trabalho legislativo realizado durante anos, que culminou com a nova norma, houve uma vigorosa participação de diversos segmentos da sociedade e do Poder Público, envolvidos nos temas da licitação e da contratação administrativa. E um dos pilares da lei ora vigente foi, exatamente, auscultar órgãos e especialistas que já tratavam do assunto. Assim, a grande experiência do Tribunal de Contas da União nessa matéria, por principais mananciais para a redação da lei então em elaboração. A forte recomendação do TCU sobre o planejamento na licitação, como fase vestibular e fundamental para o sucesso do processo, foi, desse modo, albergada pelo legislador.

Assim, a Lei nº 14.133/21 adotou diversos institutos que se referem à fase prévia de planejamento, tais como o estudo técnico preliminar, o termo de referência, o anteprojeto, o projeto básico, a matriz de riscos e o plano anual de contratações. Todos esses instrumentos formam um poderoso arcabouço para subsidiar o aspecto mais relevante ao sucesso posterior da licitação e de seu consequente contrato administrativo, que é o da antevisão das necessidades da administração, a par de eventuais riscos, para se obter o melhor resultado possível em prol da política pública em curso.

Interessante observar que a Lei nº 14.133/21 insere-se em um novo ambiente normativo brasileiro, no qual a busca pela eficiência da Administração, na entrega de resultados concretos à sociedade, supera a anterior obsessão pela forma e o apego desmesurado pelos procedimentos. A ideia do consequencialismo bem expressa essa nova realidade. Nesse contexto, o planejamento é um insumo imprescindível, pois permite ao Poder Público adotar balizas adequadas para prestar, com eficiência, efetividade e eficácia, os seus misteres.

Ainda que, no Brasil, nossa cultura social não seja muito afeta à adoção das práticas de planejamento, quer na seara privada quanto na pública, a necessidade de se aperfeiçoar os processos de contratação pública, que envolvem parte significativa do PIB nacional, passou a impor a urgência dessa benfazeja prática, a fim de minimizar riscos, otimizar resultados e evitar improvisos, infelizmente ainda tão comuns na nossa seara administrativa pública. Não se pode cogitar de uma Administração Pública moderna e profissional sem a adoção de técnicas adequadas de bom planejamento.

E é exatamente essa maior preocupação do legislador que se torna o objeto do bem lançado livro, que ora se publica — *O planejamento das contratações: estudos técnicos preliminares e termos de referência. Teoria e aplicação sob a égide da Lei nº 14.133/21*, com a coordenação das eminentes juristas Madeline Rocha Furtado e Monique Rafaella Rocha Furtado.

O livro, extremamente oportuno, reúne artigos de diversos especialistas, professores, técnicos e servidores públicos, que lidam cotidianamente com tais institutos, o que nos permite uma visão, ao mesmo tempo teórica e prática, sobre os institutos de planejamento previstos na legislação.

Em vasto panorama sobre o assunto, todos os aspectos do planejamento, como fase interna e prévia da licitação, são esmiuçados, de forma competente e instigante, permitindo uma reflexão importante sobre essa nova etapa que o legislador desejou inserir na realidade das licitações no Brasil.

Tenho certeza de que esta obra será de extrema utilidade a todos que se debruçam sobre o tema das licitações e dos contratos administrativos, prestigiando o planejamento como ingrediente essencial ao êxito desses procedimentos.

A todos, desejo uma excelente leitura.

Antônio Anastasia

Ministro do Tribunal de Contas da União

APRESENTAÇÃO

Esta obra se inicia com um grande desafio: trazer variadas visões sobre um único tema — a fase de planejamento das contratações públicas com ênfase nos Estudos Técnicos Preliminares (ETP) e Termos de Referência (TR) sob a ótica da Lei nº 14.133/2021. O que parecia antigo se renova; o que já parecia determinado e concluído se reveste de uma nova abordagem. A fase preliminar, interna e preparatória das contratações, já amplamente disseminada pela Lei nº 8.666/1993, pela Lei do Pregão e seus decretos regulamentadores, e especialmente pela IN/MPDG nº 05/2017, renasce na Lei nº 14.133/2021, agora fortalecida pelas regras federais e instruções normativas do Poder Executivo, que resplandecem no novo texto legal.

A elaboração dos artefatos que compõem o processo de licitação e contratação pública vem sendo gradativamente inserida e, agora, de forma robusta, se apresenta na formalização processual na fase de planejamento. A nova Lei Geral de Licitações e Contratos Públicos brasileira expressamente trouxe, no artigo 5º, o Planejamento como princípio, materializando-o em dois artefatos principais: o Plano de Contratação Anual e os Estudos Técnicos Preliminares (ETP). Embora o ETP já fosse conhecido na Lei de Licitações revogada, ele foi ressignificado, passando, inclusive, a servir de base para a elaboração do Termo de Referência (TR), do Anteprojeto e do Projeto Básico (PB).

No entanto, o processo em si não é apenas um conjunto de artefatos (documentos) disponibilizados em sequência cronológica com um determinado fim. Antes de ser materializado, ele representa a síntese da concepção do que a Administração deseja, consubstanciado com a sua missão institucional e o seu planejamento estratégico, na busca por boas práticas de governança, que se consolidam em conceitos importantes como liderança, estratégia e controle.

Desse modo, os processos administrativos que englobam as contratações públicas são instrumentos fundamentais para a execução das atividades-meio, que propiciarão a efetividade dos serviços necessários ao cumprimento das diretrizes institucionais, sempre visando, prioritariamente, ao interesse público envolvido.

Para alcançar boas práticas de maneira efetiva, a Lei nº 14.133/2021 introduziu uma série de exigências e pormenorizações procedimentais, especialmente na fase interna, quando a Administração inicia seu processo de contratação. A partir de uma visão sistêmica, várias análises se tornam necessárias antes da decisão de contratar. Nesse contexto, os ETP assumem o protagonismo merecido na lei, sobrepondo-se, inclusive, à importância do TR e do PB, ao evidenciar o problema, arquitetar o desenho e projetar alternativas para a futura solução, que será, por sua vez, definida no TR e no PB.

Assim, esta obra aborda temas essenciais para a discussão prévia na formalização do processo, buscando a melhor compreensão dos instrumentos envolvidos. Cada ideia é expressa de forma singular, refletindo a vivência e a experiência de cada autor.

Os temas foram cuidadosamente selecionados e organizados em sequência lógica, visando proporcionar a melhor compreensão possível do processo de contratação como um todo.

São sete títulos, distribuídos em vinte e um capítulos, apresentando diversas visões sobre o planejamento das aquisições. A obra reúne entendimentos, técnicas e procedimentos sob perspectivas de renomados autores e professores, tanto do Direito Administrativo quanto de outras áreas, para que, neste conjunto de informações, se consolidem os melhores caminhos para a elaboração dos Estudos Técnicos Preliminares e sua tradução em Termos de Referência, Editais e Contratos.

Estrutura e organização dos temas

A organização dos capítulos e a divisão dos temas foram pensadas com o intuito de criar um encadeamento lógico que facilite a leitura e a compreensão pelo leitor, proporcionando uma visão autônoma e sistêmica simultaneamente.

Iniciamos, propositalmente, com uma reflexão sobre a tecnologia da informação na Administração Pública, destacada no Título I, *Novos desafios na Administração Pública.,*. Consideramos os impactos profundos da evolução tecnológica em todas as áreas do conhecimento, especialmente nos processos de contratações públicas, como uma realidade irreversível. É preciso compreender que, nas últimas décadas, a área de tecnologia da informação tem sido o motor impulsionador dos negócios e das relações jurídicas, sendo essencial que esta obra comece abordando assunto tão instigante e transversal.

Estamos diante de um novo panorama na Administração Pública, impulsionado não só pelas inovações tecnológicas, mas, especialmente, pela compreensão de que essa evolução disruptiva está acelerando o fluxo de informações e a automação dos processos, trazendo impactos significativos em termos de inclusão, diversidade e mudanças de valores. Nesse contexto, as licitações e contratos públicos desempenham papel crucial na aquisição de bens e serviços, desde o aparato tecnológico necessário para o desenvolvimento das atividades públicas até as soluções destinadas ao atendimento ao cidadão.

A abordagem da tecnologia nesta obra visa criar um ambiente em que o leitor possa se inserir naturalmente nesse universo, compreendendo a necessidade de conviver com esse tema transversal. Por essa razão, a disruptiva Inteligência Artificial generativa (IA), que está impactando de maneira avassaladora a sociedade mundial, será objeto de discussões importantes, cada vez mais necessárias, dada a sua capacidade de simular ações humanas.

Assim, a área jurídica, o Direito Administrativo como um todo, e os processos licitatórios e de contratação pública são diretamente afetados por essa nova realidade. Sabemos que a inserção da evolução tecnológica na Administração Pública ocorre de forma gradativa, mas é imperativo que os agentes públicos se antecipem nesse processo. As mudanças tecnológicas não esperam que estejamos completamente preparados; precisamos ir ao encontro delas.

A ideia central do Título I é que, ao longo de três capítulos, o leitor se aprofunde um pouco mais em dois temas muito significativos: tecnologia e sustentabilidade. Desse modo, o Capítulo 1 apresenta um ensaio sobre a Tecnologia da Informação na Administração Pública, incentivando uma reflexão sobre a evolução da Administração Pública como prestadora de serviços públicos e sobre o impacto da tecnologia nos processos de trabalho e nas políticas públicas. Esse capítulo busca não apenas discutir a evolução tecnológica, mas também aprofundar a compreensão do processo de contratação de soluções tecnológicas, enfatizando sua importância e funcionamento dentro da estrutura pública.

O Capítulo 2 trata de um tema atual de grande relevância: a sustentabilidade sob o viés da dimensão climática nas contratações públicas, oferecendo orientações para o ETP e a análise de riscos. Discute-se o tema tanto de uma perspectiva teórica e conceitual quanto operacional, permitindo uma visão objetiva sobre a implementação da dimensão climática nos ETPs e os riscos associados às contratações públicas. O artigo apresenta os princípios de direito ambiental que permeiam a questão, abordando as mudanças climáticas e sua repercussão no desenvolvimento nacional sustentável, conforme exigido pela Lei de Licitações, demandando um aprofundamento nas discussões sobre o planejamento das contratações públicas.

No Capítulo 3, explora-se a sustentabilidade das contratações públicas sob o viés social, destacando a importância de um crescimento econômico que seja compatível com a construção de uma sociedade mais justa e resiliente, capaz de preservar os recursos para as futuras gerações. Sublinha-se vários aspectos importantes a serem observados nos processos de contratação pública, como critérios e práticas de sustentabilidade socioambiental e de acessibilidade. Aborda-se um tema extremamente relevante: a inovação prevista no art. 25, §9º, da Lei nº 14.133/21, que possibilita a exigência de um percentual mínimo de mão de obra proveniente de mulheres vítimas de violência doméstica e de pessoas oriundas ou egressas do sistema prisional em contratos terceirizados. Esse dispositivo, embora recente, já tem sido implementado em várias instituições públicas, como o Senado Federal, que desde 2016, antes mesmo da nova Lei de Licitações, adotou medidas nesse sentido.

Esse capítulo destaca a importância de incluir o viés social nas contratações públicas, particularmente a inclusão de grupos vulneráveis na legislação brasileira, como forma de romper com desigualdades históricas. A possibilidade de "providências de desequiparação", que favorecem contratações com vistas a atender políticas sociais de proteção, especialmente às mulheres vítimas de violência doméstica, é um exemplo de como as contratações públicas podem ser usadas para promover justiça social e inclusão.

Na sequência, no Título II, *As contratações na prática,* o Capítulo 1 aborda diretamente os aspectos práticos envolvidos na elaboração dos estudos técnicos preliminares e dos termos de referência, oferece uma visão panorâmica e abrangente desses instrumentos. Assim, expõe, de forma simples e objetiva, o conteúdo desses artefatos, explicando sua finalidade, uso e como eles têm sido inseridos na Administração Pública. O texto também aborda a competência necessária para sua elaboração e a possibilidade de terceirização dessas atividades, um tema pouco discutido até agora. Além disso, explora a necessária regulamentação federal e sua aplicabilidade aos diferentes entes federativos, com ênfase na estimativa de contratação, uma área que frequentemente enfrenta desafios devido às inúmeras irregularidades observadas na composição dos custos. Ao final, uma discussão relevante é apresentada sobre a necessidade ou não de publicação do ETP que deu origem ao termo de referência ou ao projeto básico.

O Capítulo 2 traz um viés prático das contratações rotineiras na área de obras e serviços de engenharia, um tema escolhido com cuidado por sua especificidade, mas que é fundamental no cotidiano dos órgãos da Administração Pública. Aborda as particularidades das obras e serviços de engenharia no contexto dos estudos técnicos preliminares, ressaltando que a elaboração desses documentos segue regras e diretrizes especiais, diferenciando-se de outros estudos técnicos. O capítulo fornece uma explicação clara e objetiva sobre como a Administração pode proceder para identificar a solução desejada e determinar a melhor abordagem para cada caso específico na área de engenharia. Aborda também outros temas importantes e correlatos na construção do ETP e TR, como a estimativa dos contratos, bem como referencia outras técnicas, a exemplo das regras do IBRAOP e CONFEA.

O Capítulo 3 segue ressaltando a relevância do ETP e TR, ancorado nas diretrizes da Lei nº 14.133/21, sob a perspectiva da centralização das compras e da governança de contratações públicas. Tal centralização das aquisições em âmbito institucional é uma questão de extrema importância desde o início de qualquer processo de contratação, em qualquer órgão público. Esse capítulo revela a relevância para diversos aspectos do planejamento, incluindo questões acerca do orçamento, de logística e sobre o princípio da economicidade, principalmente para aqueles que estão iniciando uma nova gestão e precisam conhecer as vantagens da centralização das contratações.

O tema chama a atenção para a necessidade de se avaliar a questão e refletir sobre o formato institucional de aquisição de bens e serviços. Apesar das dificuldades operacionais inerentes a cada instituição, a Lei nº 14.133/21, em seu artigo 19, estabelece a obrigatoriedade da implementação de diversas providências relativas às atividades de licitações e contratos públicos, visando a maior eficiência. Essas regulamentações específicas, especialmente no que tange à centralização das aquisições, devem ser avaliadas no momento da construção do ETP, pois todas as diretrizes de definição, especificação e características do objeto a ser contratado surgem e se fundamentam antes da escolha da solução. Nesse ponto, é necessário realizar uma avaliação técnica e econômica para justificar a centralização do processo de compras e demonstrar sua viabilidade. O capítulo traz uma reflexão sobre o principal objetivo dessa "centralização", que é o interesse público subjacente, alertando para a responsabilidade na gestão do gasto público para atender a finalidade social. Portanto, a decisão de inserir esse tema nesta obra tem uma razão clara: valorizar o planejamento, não apenas como um princípio, mas como o ponto de partida de uma análise sistêmica do processo. O capítulo sublinha a importância da centralização das aquisições públicas, mostrando a preocupação inicial que a Administração deve ter com as possíveis vantagens dessa centralização, em especial, a economicidade, considerando que as aquisições públicas movimentam uma parte significativa do Produto Interno Bruto (12,6%), sendo imperativo que o gestor atue com atenção redobrada nessa análise. Nesse contexto, o ETP desempenha uma função primordial, devendo incorporar essas análises para alcançar os melhores resultados nos contratos, como exemplificado no capítulo.

Nessa visão prática de implementação das contratações de materiais, equipamentos e serviços, não poderíamos deixar de trazer as regras das contratações de soluções de tecnologia da informação. O Capítulo 4 explora as diferentes métricas possíveis para essas contratações, com uma análise detalhada dos normativos estabelecidos pela Secretaria de Governo Digital do Ministério da Gestão e Inovação (SGD/MGI), órgão responsável pela elaboração da Estratégia Nacional de Governo Digital. As diretrizes contratuais são ressaltadas, com ênfase na importância de uma aplicação eficiente dos recursos públicos. Destaca-se as regras consolidadas pelo Governo Federal para a contratação de serviços de TI, discutindo-se a forma de mensuração e pagamento, aspectos que fazem parte do conceito mais amplo de Governança de TI inserido em uma estrutura de Governança Corporativa.

Nesse contexto, ressalta-se também a importância do ETP, como um elemento crucial, pois define os caminhos a serem seguidos na contratação de diversas soluções tecnológicas. O texto exemplifica essa importância ao discutir a escolha da métrica para a contratação de recursos de computação em nuvem, conforme estabelecido pela Portaria SGD/MGI nº 5.950/2023. Essa portaria prevê a contratação por meio de créditos, contrastando com a métrica USN, que exigiria a indicação de uma marca ou modelo específico de nuvem.

Ao longo desse desenvolvimento, sublinha-se que, na Administração Pública, a contratação de desenvolvimento de software é outro aspecto recorrente que requer um ETP bem elaborado, que se traduz em TR ajustados a uma ampla gama de normativas. A importância das métricas específicas para serviços de desenvolvimento e manutenção de *software* é destacada, diferenciando esses serviços daqueles mais gerais, que frequentemente envolvem mão de obra dedicada.

A narrativa apresentada não só esclarece as complexidades envolvidas, como também facilita a compreensão do leitor, mesmo daqueles que não são especialistas na área, ao abordar de maneira objetiva os avanços na modelagem dessas métricas de contratação. Isso inclui discussões fundamentais sobre a transparência na composição dos custos e na formação dos preços, que são cruciais na construção do objeto pelas equipes de planejamento.

Outra solução recorrente de contratação na Administração Pública é o desenvolvimento de *softwares*, um processo que precisa ser estruturado a partir de um ETP e traduzido em TR, considerando uma vasta quantidade de normativos – atualmente, 219 normas técnicas publicadas e outras 40 em processo de elaboração. Os serviços de desenvolvimento e manutenção de *software* trazem particularidades em suas métricas que os diferenciam de outros tipos de serviços. Mesmo que não possuam as características intangíveis típicas dos serviços de computação em nuvem, esses serviços se distinguem daqueles que têm predominância de mão de obra ou dedicação exclusiva de pessoal.

A abordagem destaca os avanços na modelagem dessas métricas de contratação, cujo objetivo é garantir transparência na composição dos custos e na formação dos preços, aspectos fundamentais na identificação dos problemas e na definição do objeto pela equipe de planejamento. Apesar da complexidade do tema, a apresentação das métricas das soluções foi feita de maneira objetiva, facilitando a compreensão do leitor, mesmo daqueles que não são especialistas na área.

O Título III, *Convergência de saberes*, consolida três temas diferentes, porém conexos entre si: comunicação, licitações internacionais e Inteligência Artificial (IA).

O Capítulo 1 aborda as licitações e contratações na área de comunicação, trazendo as nuances da Lei nº 12.232/10 sobre as regras de publicidade e sua (in)aplicabilidade nos demais ramos de comunicação; e alerta sobre a importância do tema como ferramenta do poder e de governança pública. As regras específicas exaradas pela SECOM/PR em consonância com a Lei Geral de Licitações, e a necessária modernização do Poder Público com inovações na forma de comunicação.

No Capítulo 2, o foco se volta para as licitações internacionais, um tema relevante, embora não corriqueiro em todas as instituições públicas. Defende-se que a licitação internacional se torna obrigatória quando o mercado nacional é incapaz de atender ao objeto pretendido, exigindo que a Administração Pública convoque licitantes estrangeiros. O capítulo exemplifica alguns objetos contratuais para ilustrar essa necessidade, ajudando os leitores a compreenderem melhor o tema.

O Capítulo 3 aborda a aplicação da Inteligência Artificial (IA) nos artefatos de ETPs e TRs. A IA, especialmente a generativa, está rompendo os limites de forma abrupta, trazendo um novo modelo de pensamento e construção. Essa inovação demanda uma compreensão profunda de como será absorvida nas próximas décadas, especialmente por aqueles que irão trabalhar na elaboração desses documentos fundamentais. O artigo expõe as primeiras impressões sobre o impacto dessa tecnologia emergente, oferecendo uma visão geral e objetiva de um novo paradigma a ser observado e discutido. O texto traz a jurisprudência atualizada sobre esse tema tão desafiador.

O Título IV, *As diretrizes gerais para a elaboração dos ETP e TR*, composto por três capítulos, insere a discussão do ETP nos contratos públicos nas organizações de direito privado, as estatais, destacando as situações que, apesar de parecerem semelhantes, apresentam diferenças importantes, especialmente no que diz respeito às diferenças das exigências da Lei nº 14.133/21.

O Capítulo 1 convida o leitor a refletir sobre a (in)significância da fase de planejamento nas contratações realizadas por estatais e discute a necessidade ou não de produzir os artefatos ou instrumentos de planejamento (ETP como base para o TR ou PB) dada a ausência de previsão em lei específica. Detalha-se a composição do ETP, explorando sua construção e finalidade técnica, e questiona-se até que ponto esses estudos preliminares são "cruciais" ou insubstituíveis na formalização processual. Observa-se que o ETP foi ressignificado pela Lei Geral de Licitações, não aplicável às estatais, mas que pode ser uma ferramenta valiosa para melhorar os resultados em contratações feitas por essas organizações, mesmo que essas não estejam sujeitas à lei geral de licitações.

O texto traz um alerta para o fato de que a produção dos artefatos estabelecidos pela Lei nº 14.133/21 segue um modelo de "linha de produção" típico dos processos conduzidos pelos órgãos da Administração Pública Direta, autárquica e fundacional, ou seja, está modelado em um formato procedimental "vertical". O texto aponta que, embora a Lei nº 14.133/21 tenha incorporado muitos procedimentos da antiga IN/MPDG nº 05/2017, ela não adotou por completo o disposto na redação antiga do artigo 24 dessa instrução, que havia inserido um modelo processual "horizontalizado", permitindo que diversos atores fossem envolvidos desde o início do processo de contratação, especialmente por meio do Documento de Formalização da Demanda (DFD).

A IN nº 05/2017 foi revogada parcialmente em 2020, especialmente no artigo 24, mas manteve a presença da equipe de planejamento para elaboração dos estudos preliminares, o que possibilita que os envolvidos no planejamento da contratação tenham simultaneamente conhecimento do objeto, dos problemas e das soluções. Isso porque a IN citada estabelece um modelo processual que traz o primeiro documento (Anexo II da IN) como DFD (indicando o responsável na equipe de planejamento e o futuro fiscal do contrato), seguido pelo ETP (Anexo III, revogado pela IN nº 49/2020), e ainda o Gerenciamento de Riscos (Mapa, Anexo IV), elaborado ao final dos estudos.

A partir dessa análise, o trabalho ressalta a importância de uma discussão detalhada sobre o problema (evidenciação) e a solução desejada (definição do objeto) durante a elaboração do ETP pela equipe de planejamento, o que poderia reduzir significativamente a margem de erros na escolha da solução mais adequada. Por fim, destaca a questão da "burocracia" nas atividades da Administração Pública e explora a possibilidade de aplicar o ETP nas estatais como uma ferramenta inerente ao planejamento exigido por seus regulamentos.

O Capítulo 2 desse Título segue a abordagem das diretrizes com as técnicas de elaboração dos ETPs e dos TRs à luz da Lei nº 14.133/2021, destacando a importância da técnica normativa, que consolida e incorpora todos os elementos exigidos pela nova legislação. Observa-se que, ao aplicar essa técnica normativa imposta pelo novo regime jurídico, realiza-se simultaneamente uma análise sistêmica crucial, que envolve diversos aspectos do processo de contratação, inseridos no contexto da Lei Geral de Licitações. Além disso, considera-se a inter-relação com os normativos externos correlatos e os internos do órgão ou entidade. Essa visão sistêmica revela a necessidade de planejamento em todas as fases do processo de contratação, não se limitando a um planejamento geral, mas incluindo microplanejamentos específicos para cada etapa. Desse modo, o texto chama a atenção para que a elaboração do ETP (após a identificação da necessidade) verifique se tal demanda está contemplada no macroplanejamento correspondente, atenda a todos os requisitos específicos, assim como aos critérios técnicos e econômicos, concluindo-se, em síntese, no alcance da solução desejada.

Seguindo a discussão, o Capítulo 3 traz uma reflexão importante sobre a desnecessidade do ETP em determinadas situações. Aborda-se de forma simples o debate entre doutrinadores sobre a obrigatoriedade ou a possibilidade facultativa desse documento, considerando as diferentes contratações. Destaca-se a possibilidade de uma existência sintética do ETP ou até mesmo sua desnecessidade, dependendo do contexto jurídico das licitações, o que torna o tema intrigante, pois exige análises profundas sobre o objeto a ser contratado. Estabelece-se a conexão entre os temas "contratações públicas" e a execução das emendas parlamentares, exemplificando de forma objetiva as correlações entre tais previsões e a execução desses orçamentos, demonstrando a possível desnecessidade de um ETP no caso de atendimento a uma emenda impositiva.

É de suma importância conectar essa discussão com os capítulos desta obra, que tratam das contratações no âmbito de outras organizações ou situações específicas, como as Estatais e Sistema "S".

O Título V, *Diretrizes específicas para a elaboração dos ETP e TR*, reúne três capítulos.

No Capítulo 1, o tema principal é a contratação de serviços técnicos profissionais especializados, uma área caracterizada por sua natureza predominantemente intelectual. Exploram-se as diferentes formas de contratação, discutindo-se se devem ser realizadas por licitação ou por contratação direta, além de abordar as controvérsias doutrinárias e jurisprudenciais em torno do termo "singularidade", que foi suprimido na nova lei. O assunto é complexo, muito embora já bastante discutido desde a Lei nº 8.666/93, contudo sempre se levantam dúvidas sobre esse tipo de contratação, sendo relevante trazer o exemplo sobre as contratações de serviço de assessoria jurídica, dada a possibilidade de duplo enquadramento, ou seja, mediante a inviabilidade de competição (inexigibilidade com base no inciso III do art. 74 da Lei nº 14.133) ou na segunda hipótese, sendo necessidades rotineiras, podem ser atendidas por múltiplas e não excludentes contratações, caso da inexigibilidade (credenciamento). O capítulo traz ainda outras abordagens essenciais para a compreensão dessa matéria complexa.

O Capítulo 2 aborda a elaboração dos artefatos sob o aspecto da contratação direta, um tema que já aparece em outras partes da obra. Nesse capítulo, destaca-se a segmentação dos tipos de artefatos nesses processos, diferenciando as contratações por dispensa de licitação das contratações por inexigibilidade de licitação, bem como analisam-se as regras estabelecidas pelas instruções normativas do Governo Federal, como a IN/SEGES/ME nº 81/2022, que orienta a elaboração do ETP e do TR nesses casos. Nesse artigo, faz-se referência também à jurisprudência do Tribunal de Contas de Santa Catarina, que se destaca em vários temas das contratações públicas.

O Capítulo 3 adentra no tema nas organizações do Serviço Social Autônomo, Sistema "S", contextualizando suas competências e trazendo a discussão acerca dos procedimentos licitatórios, mediante suas regras específicas. Desse modo, o texto esclarece as dificuldades operacionais das entidades integrantes do Sistema "S", que são obrigadas a licitar, mas que não se submetem à norma geral de licitações e contratos (Lei nº 14.133/21), trazendo diferente abordagem na aplicação dos artefatos, mediante regulamentos próprios, e observa a doutrina e os entendimentos do TCU.

Seguindo essa linha de pensamento, o texto destaca a importância do planejamento e da produção do ETP e do TR nas contratações realizadas pelo Sistema "S", organizações que também não estão sujeitas à Lei nº 14.133/21. Esse capítulo explora as características dessas organizações, destacando sua natureza de direito privado, sua atuação sem fins lucrativos e seu papel em executar políticas públicas que não são exclusivas do Estado. Mesmo que essas organizações possuam seus próprios regulamentos e muitas vezes não exijam obrigatoriamente a produção de ETPs, o artigo argumenta sobre a relevância desses artefatos no contexto das regulamentações do Sistema "S".

O Título VI, *A questão da estimativa dos preços no ETP e TR*, trata da composição de preços, mergulha em um tema de extrema complexidade, pois o procedimento realizado nessa etapa determina a exequibilidade da proposta e a sustentabilidade do contrato futuro. A pesquisa de preços praticados no mercado, o momento em que essa pesquisa é realizada e as consequências desse ato são de compreensão fundamental para a execução contratual. Talvez um dos maiores desafios nas contratações seja justamente a questão do preço, que envolve a pesquisa, o momento da pesquisa, os critérios utilizados e o contexto econômico em que o objeto está inserido. Não se pode simplificar esse momento; o máximo que se pode fazer é sistematizar as tarefas para alcançar um preço final justo, evitando sobrepreços, superfaturamentos e a inexequibilidade do contrato. O objeto contratado deve ser exequível, com um preço justo, e deve atender aos critérios de qualidade e prazo de entrega.

Dentro dessa temática complexa, destaca-se a importância da licitude do preço. Quando a Administração busca apenas o menor preço, desconsiderando outros elementos, como qualidade, prazos de entrega e composição dos custos, corre-se o risco de uma "contratação inexequível", que pode ser equiparada a uma terceirização ilícita. Esse é o entendimento de Furtado, que argumenta que a inexequibilidade de um contrato está para uma terceirização ilícita assim como o preço exequível está para uma contratação lícita. O tema é explorado em dois capítulos: no primeiro, discute-se a estimativa do valor da contratação no ETP, destacando a importância do planejamento nas contratações públicas e as diferenças entre as estimativas realizadas no ETP e no TR, conforme as regras da lei e dos regulamentos. O segundo capítulo aborda, de forma prática, os objetivos, diferenças, procedimentos e cautelas na pesquisa de preços nos artefatos ETP e TR, detalhando as etapas da pesquisa de preços conforme o art. 23 da Lei Federal nº 14.133/21.

O Título VII, *Regulamentação e controle,* abarca três capítulos. Debruça-se sobre o impacto das regulamentações da Lei de Licitações e Contratos Administrativos e a visão do controle na ressignificação da fase de planejamento, que colocou o ETP no centro do processo. Nesse contexto, o Capítulo 1 aborda os limites para a regulamentação do estudo técnico preliminar por Estados, Distrito Federal e Municípios à luz da Lei nº 14.133/2021. O artigo realiza uma análise aprofundada, discutindo a reforma do Estado e o modelo de Administração Pública gerencial orientado para eficiência e resultados. Explora os normativos da Administração Pública Federal, destacando a relevância do ETP e esclarecendo a repartição de competências constitucionais entre os entes federativos. Também se discute a obrigatoriedade ou não do ETP para Estados e Municípios, examinando-se cuidadosamente os dispositivos legais e destacando-se a ADI nº 2.396-9/MS, que estabelece critérios para diferenciar normas gerais de normas especiais. O capítulo enfatiza a necessidade de equilíbrio entre a autonomia dos entes federativos e a observância das normas gerais estabelecidas pela União para garantir uma gestão pública eficaz.

Os Capítulos 2 e 3, de grande relevância tanto para gestores públicos experientes quanto para os que estão iniciando, abordam a perspectiva da área de controle sobre os instrumentos do processo, destacando a essencialidade do Estudo Técnico Preliminar (ETP) na fundamentação dos atos administrativos e seu impacto nos demais documentos. No Capítulo 2, explora-se o modelo das três linhas de defesa, amplamente difundido pelo *Institute of Internal Auditors* (IIA), e sua aplicação no contexto das contratações públicas, com base na doutrina e na jurisprudência do Tribunal de Contas da União (TCU).

O artigo analisa decisões judiciais e reforçam a compreensão dos tribunais sobre a necessidade e a importância do planejamento das contratações, uma preocupação que antecedeu até mesmo a regulamentação legislativa e que ganha ainda mais relevância na prática administrativa atual.

O Capítulo 3 traz visão sobre a importância dos ETPs no planejamento das contratações públicas, destacando a atuação dos Tribunais de Contas quanto às aquisições públicas e à movimentação dos recursos públicos envolvidos, no sentido de verificar não apenas o embasamento legal que fundamenta a atividade, mas, em especial, destacar os resultados alcançados, a eficiência e eficácia dessas contratações. Nesse sentido, observa o papel do controle, quanto à obrigatoriedade de a Administração realizar um planejamento adequado por parte dos gestores, envolvendo a elaboração correta dos artefatos, como o ETP, avaliando os possíveis riscos que possam comprometer o processo, inclusive agindo de forma proativa.

Assim, ao longo desses capítulos, a obra proporciona uma análise detalhada e prática sobre temas centrais da Lei Geral de Licitações, abordados sob diferentes perspectivas, desde a observância às técnicas normativas e ao planejamento, abordando questões relativas à sustentabilidade, tanto no viés ambiental como social, observando os princípios da boa Governança, além de inserir o debate das diretrizes gerais e específicas na elaboração dos artefatos (ETP e TR), consolidando entendimentos teóricos numa visão prática, contemplando temas como tecnologia da informação, inteligência artificial, engenharia, compras centralizadas, inexigibilidade, a formação do preço, regulamentação e controle, sempre com o objetivo de fornecer ao leitor uma compreensão abrangente e integrada dos processos de contratação pública no Brasil.

A estrutura dos títulos e capítulos visa proporcionar uma compreensão útil e prática para operadores do direito, agentes públicos, assessores jurídicos e técnicos, bem como para os agentes privados que participam das licitações e contratações públicas. A obra busca oferecer uma visão ampla do processo de contratação, desde a fase de planejamento até a execução.

Os tempos pós-pandemia têm sido desafiadores. Vêm nos ensinando a compreender as mudanças de comportamento da sociedade e a repercussão nos processos de trabalho da Administração Pública. Reunir aqui todos esses especialistas dispostos a refletir sobre esses temas, trazendo uma perspectiva teórica e prática, captar os ensinamentos, a visão futurística e inovadora, aliados aos processos cognitivos de cada um, expor o melhor de suas mentes e pensamentos, correlacionar as complexas informações e traduzi-las em textos compreensíveis permitindo ao leitor interagir e adaptar seu conhecimento, não é tarefas das mais fáceis. O ser humano possui diversas habilidades, e uma das mais importantes é a capacidade de se fazer entender. Esta obra enfrenta justamente este desafio: reunir diversos profissionais para escrever sobre Estudos Técnicos Preliminares (ETP) e Termos de Referência (TR), cada um com sua própria linguagem, desmistificando e enriquecendo os temas abordados.

Esta obra representa um esforço valioso para ajudar a todos os envolvidos no processo, a acertar, mesmo cientes de que erros são possíveis, e que é com eles que aprendemos. Estamos construindo opiniões, formando doutrina e muitas questões aqui discutidas ainda passarão por mudanças de entendimento, mas pretendemos contribuir para uma melhor compreensão e arquitetura do pensamento jurídico.

Convidamos cada um a se juntar a nós nessa reflexão sobre os novos tempos, seja concordando ou discordando do que propomos.

Desejamos a todos uma boa leitura!

Madeline Rocha Furtado,
Monique Rafaella Rocha Furtado

TÍTULO I

NOVOS DESAFIOS NA ADMINISTRAÇÃO PÚBLICA

BREVE ENSAIO SOBRE A TI NOS CONTRATOS DA ADMINISTRAÇÃO PÚBLICA: UMA DIRETRIZ A SER OBSERVADA NA GESTÃO PÚBLICA

MADELINE ROCHA FURTADO

ROGÉRIO MASCARENHAS

Introdução

O Direito Administrativo vem evoluindo ao longo dos anos e se apresenta sob uma nova modelagem, moldada pela conquista de novos direitos emanados pela sociedade. Esses direitos, paulatinamente, têm sido pautados pelo Estado em uma agenda comprometida com a prestação de serviços públicos voltados ao atendimento de direitos sociais (saúde, trabalho, moradia, educação, assistência, etc.), desde os tempos da Revolução Industrial.

Nesse sentido, compreende-se que, à medida que tais direitos nascem, novas demandas precisam ser institucionalizadas, resultando em uma maior necessidade de instrumentalizá-los. Nesse contexto, surge a TI (Tecnologia da Informação).

A TI tem evoluído significativamente nas atividades desempenhadas pela Administração Pública, estando presente em vários processos de trabalho, em variados formatos. Nessa seara, os serviços públicos ganham um novo panorama, em busca de maior eficiência e simplificação de processos, possibilitadas por plataformas de serviços digitais, que gradativamente vêm sendo disponibilizadas à sociedade.

Em relação às normas que dispõem sobre o tema, historicamente, há registros de algumas leis e decretos federais específicos e correlatos, dos quais podem ser destacados: a Lei nº 8.248, de 1991 e suas alterações, que trata da capacitação e produtividade do setor de informática e automação; podemos citar o Decreto Federal nº 6.932/2009, conhecido como Decreto Cidadão, que tinha como objetivo simplificar o atendimento público, revogado pelo Decreto nº 9.094/2017, que também regulamenta a Lei nº 13.460/2017, que tem como finalidade simplificar o atendimento aos usuários do serviço público, entre outros; destaca-se ainda, em 2015, a publicação do Decreto nº 8.414, que instituiu o Programa Bem Mais Simples Brasil, com foco na simplificação e agilidade da prestação de serviços públicos, entre outras providências. Porém, este foi revogado pelo Decreto nº 10.609, em 2021, instituindo a Política Nacional de Modernização do Estado e o Fórum Nacional de Modernização do Estado, para direcionar os esforços governamentais no sentido de aumentar a eficiência e modernizar a Administração Pública, a prestação de serviços e o ambiente de negócios para melhor atender às necessidades dos cidadão.

Percebe-se pela legislação citada, que há um esforço no sentido de viabilizar a implementação do acesso do cidadão aos serviços públicos. Nesse contexto, observa-se em 2014, a publicação da Lei nº 12.965, que tratou do Marco Civil da Internet, estabelecendo princípios, garantias, direitos e deveres para o uso da internet no Brasil, tema este em ebulição, a exemplo da discussão da Constitucionalidade do artigo 19, no STF.[1]

Também em 2016, o Decreto nº 8.638 inseriu no Governo Federal a Política de Governança Digital, possibilitando o uso da informação e dos recursos de tecnologia da informação e comunicação na prestação de serviços públicos. Esse decreto também foi revogado em 2020 pelo Decreto nº 10.332, que, após muitas alterações, instituiu a atual Estratégia de Governo Digital para o período de 2024 a 2027 (Decreto nº 12.198/2024) para a Administração Pública federal. O Governo

---

[1] O processo discute a constitucionalidade do artigo 19 da Lei 12.965/2014: "Art. 19. Com o intuito de assegurar a liberdade de expressão e impedir a censura, o provedor de aplicações de internet somente poderá ser responsabilizado civilmente por danos decorrentes de conteúdo gerado por terceiros se, após ordem judicial específica, não tomar as providências para, no âmbito e nos limites técnicos do seu serviço e dentro do prazo assinalado, tornar indisponível o conteúdo apontado como infringente, ressalvadas as disposições legais em contrário." O Ministro André Mendonça pediu vistas em 18.12.2024, após sua devolução será retomado para julgamento final. Disponível em: https://portal.stf.jus.br/processos/detalhe.asp?incidente=5160549. Acesso em: 25 jan. 2025.

brasileiro também regulamentou a Estratégia de Governo Digital Nacional (Decreto nº 12.069/2024) com a finalidade de articular e direcionar as estratégias de transformação digital da administração pública na União, nos Estados, no Distrito Federal e nos Municípios, em cumprimento ao art. 2º da Lei nº 14.129/2021.

Sob o aspecto das políticas públicas e cidadania, é possível verificar algumas iniciativas por parte Governo Federal brasileiro possibilitando o atendimento às necessidades sociais. Podemos exemplificar o Registro de Referência de Portal de Serviços Públicos do Governo Federal, instituído pela Resolução CCGD nº 9/2022, que define o conjunto de dados da *Application Programming Interface* (API), entre outras coisas, promove a interoperabilidade do conjunto de dados entre entes governamentais.

Todas essas iniciativas seguem juntas na missão precípua de fortalecimento da democracia em busca de atender as necessidade dos cidadãos com eficiência, em todas as esferas de governo, integrando os serviços públicos por meio da transformação digital de governo.[2]

É importante destacar dentre as alterações trazidas pelo Decreto nº 10.332 ao artigo 10 do Decreto nº 8.936/2016, este que instituiu a plataforma Gov.br,[3] nos seguintes termos:

---

2 Entendendo a definição do Decreto nº 12.069/2024, ver o art. 4º, II " transformação digital de governo – utilização de tecnologias digitais para o atendimento eficiente do cidadão, a integração de serviços e de políticas públicas e a promoção da transparência, com vistas a inserir o Estado de maneira mais eficaz no ambiente digital e torná-lo mais dinâmico e próximo da população". Disponível em: https://www.planalto.gov.br/ccivil_03/_ato2023-2026/2024/decreto/D12069.htm.

3 BRASIL. Decreto nº 8.936 de 19 de dezembro de 2016. Ver o Art. 1º. "Fica instituída a Plataforma gov.br, no âmbito da administração pública federal direta, autárquica e fundacional, com a finalidade de: (Redação dada pelo Decreto nº 10.900, de 2021)
I – facultar aos cidadãos, às pessoas jurídicas e a outros entes públicos a solicitação e o acompanhamento dos serviços públicos sem a necessidade de atendimento presencial;
II – implementar e difundir o uso dos serviços públicos digitais aos cidadãos, às pessoas jurídicas e a outros entes públicos, inclusive por meio de dispositivos móveis;
III – disponibilizar, em plataforma única e centralizada, mediante o nível de autenticação requerido, o acesso às informações e a prestação direta dos serviços públicos;
IV – simplificar as solicitações, a prestação e o acompanhamento dos serviços públicos, com foco na experiência do usuário;
V – dar transparência à execução e permitir o acompanhamento e o monitoramento dos serviços públicos; e
VI – promover a atuação integrada e sistêmica entre os órgãos e as entidades envolvidos na prestação dos serviços públicos" Disponível em: https://www.planalto.gov.br/ccivil_03/_Ato2015-2018/2016/Decreto/D8936.htm. Acesso em: 25 jan. 2025.

> Art. 3º (...)
> I – o portal único gov.br, no qual as informações institucionais, as notícias e os serviços públicos prestados pelo Governo federal serão disponibilizados de maneira centralizada, nos termos do disposto no Decreto nº 9.756, de 11 de abril de 2019;

Isso nos leva a concluir que os serviços públicos federais serão oferecidos de forma centralizada e, entre outras exigências, será obrigatória a implementação de uma ferramenta para avaliar a satisfação dos usuários em relação aos serviços prestados (art. 3º, inciso IV). Isso porque esses serviços poderão ser solicitados, agendados e acompanhados eletronicamente (art. 3º, III, incisos "b", "c" e "d"), representando um avanço significativo no acesso dos cidadãos às políticas governamentais. Além disso, a plataforma permitirá o compartilhamento de dados entre órgãos e entidades (art. 3º, inciso VI), ampliando a eficiência e a integração dos serviços.

Outras legislações foram publicadas, trazendo avanços importantes para o setor, como a Lei nº 13.969, de 26 de dezembro de 2019, que institui a política industrial para o setor de tecnologias da informação e comunicação e para o setor de semicondutores.

Além da legislação brasileira, outras regras de organismos internacionais são referendadas, como a *Recommendation of the Council on Digital Government Strategies*, documento adotado pelo Conselho da Organização para a Cooperação e Desenvolvimento Econômico (OCDE) sobre estratégias de governo digital,[4] entre outros.

Destaca-se em 2021 a publicação da Lei nº 14.129, que institui princípios, regras e instrumentos para o aumento da eficiência da Administração Pública por meio da desburocratização, da inovação, da transformação digital e da participação do cidadão.

É fundamental salientar a importância de verificar, em todo esse processo tecnológico e na disponibilização das plataformas, o fluxo de acesso às informações e os cuidados com os dados pessoais dos cidadãos. Essa preocupação está alinhada ao que preconiza o parágrafo único do art. 1º, que determina a observância de outras legislações correlatas durante a aplicação da Lei nº 14.129/21:

---

4 Recommendation of the Council on Digital Government Strategies. Disponível em: https://ec.europa.eu/futurium/en/system/files/ged/oecd_recommendation-digital-government-strategies.pdf.Acesso em: 25 jan. 2025.

> Na aplicação desta Lei deverá ser observado o disposto nas *Leis nºs 12.527, de 18 de novembro de 2011* (Lei de Acesso à Informação), *13.460, de 26 de junho de 2017, 13.709, de 14 de agosto de 2018* (Lei Geral de Proteção de Dados Pessoais), e *5.172, de 25 de outubro de 1966* (Código Tributário Nacional), e na Lei Complementar nº 105, de 10 de janeiro de 2001.

Uma das leis citadas a ser observada é a Lei Geral de Proteção de dados, uma das principais diretrizes para o acesso a plataformas tecnológicas no Brasil.

Outro tema relevante, inovador e avassalador é a Inteligência Artificial, esta que vem assombrando e ao mesmo tempo despertando a curiosidade na sua aplicação rotineira nas atividades privadas e públicas. O assunto está sendo abordado pelo Governo brasileiro, desenhado no Plano Brasileiro de Inteligência Artificial (PBIA) 2024-2028, representando um grande avanço no desenvolvimento tecnológico do Brasil, com a finalidade de "transformar o país em referência mundial em inovação e eficiência no uso da inteligência artificial, especialmente no setor público". O governo federal traz uma proposta ambiciosa, intitulada de "O Plano IA para o bem de todos" na busca da melhoria do povo brasileiro, dividindo em cinco eixos.[5]

Eixo 1: Infraestrutura e desenvolvimento de IA;

Eixo 2: Difusão, formação e capacitação em IA;

Eixo 3: IA para melhoria dos serviços públicos;

Eixo 4: IA para inovação empresarial;

Eixo 5: Apoio ao processo regulatório e de governança da IA.

Destaca-se a importante missão de melhoria dos serviços públicos, contida no eixo 3 e as atividades que envolverão trinta e uma ações nas áreas de saúde, educação, agricultura, meio ambiente, indústria, comércio e serviços, desenvolvimento social e gestão do serviço público.

Todo esse aparato vem consolidando os direitos sociais, cuja gênese encontra-se na Constituição brasileira.[6] Esta traz como

---

5 8ª Reunião do Pleno do Conselho Nacional de Ciência e Tecnologia. IA para o Bem de Todos Proposta de Plano Brasileiro de Inteligência Artificial 2024-2028. Disponível em: https://www.gov.br/mcti/pt-br/acompanhe-o-mcti/noticias/2024/07/plano-brasileiro-de-ia-tera-supercomputador-e-investimento-de-r-23-bilhoes-em-quatro-anos/ia_para_o_bem_de_todos.pdf/view. Acesso em: 25 jan. 2025.

6 Constituição Federal Brasileira de 1988, de 05 de outubro. *Diário Oficial da União* – Seção 1 – 5/10/1988, Página 1 (Publicação Original). Art. 1º, e incisos: "Art. 1º A República Federativa do Brasil, formada pela união indissolúvel dos Estados e Municípios e do Distrito Federal, constitui-se em Estado Democrático de Direito e tem como fundamentos: I – a soberania;

fundamentos do Estado Democrático de Direito: a soberania, a cidadania, a dignidade da pessoa humana, os valores sociais do trabalho e da livre iniciativa, e o pluralismo político. No que tange à cidadania, este elemento é essencial para compreender a importância das políticas públicas sociais e o papel central do Poder Executivo como principal instrumento de sua efetivação.

No contexto de uma Administração Pública que tem como finalidade a busca por resultados, as inovações tecnológicas têm impactado cada vez mais, criando um cenário que interfere na execução das atividades públicas, alterando substancialmente o modo como a Administração Pública atua na prestação dos serviços públicos.

Historicamente, a Administração Pública tem sido moldada por mudanças políticas. Neste momento, ainda vivenciando as sequelas da pandemia – importante acelerador do reconhecimento da estagnação do Estado frente às políticas sociais –, a tecnologia da informação se fortalece. A necessidade de presença do Estado junto ao cidadão impulsionou a realidade tecnológica atual.

Nesse contexto, a efetivação das políticas públicas pelo Estado se insere na atividade finalística da Administração Pública, sendo necessário, muitas vezes, a contratação de serviços com terceiros para sua execução. Assim, o uso da TI tem a função de automatizar os processos de trabalho, auxiliar a gestão dos órgãos e entidades e até mesmo contribuir para a transformação dessas instituições. É nesse cenário que surge a necessidade de contratar bens, serviços ou obras, seja com "terceiros" particulares ou até mesmo com entes públicos.

A Administração Pública precisa se munir de aparatos tecnológicos tanto na sua atividade finalística, como na sua atividade-meio, e a aquisição dessa estrutura se faz, em regra, utilizando-se a licitação, com exceção para os casos de contratação direta, de modo que são os contratos com terceiros que servirão para instrumentalizar a efetivação das políticas públicas.

Nesse contexto, para se realizar tais contratações, são realizados estudos técnicos preliminares, que têm a finalidade de expor o problema a ser resolvido, como a necessidade de instrumentalizar a prestação de serviços públicos. Podemos exemplificar as contratações para aquisição de medicamentos, equipamentos hospitalares, vacinas,

II – a cidadania; III – a dignidade da pessoa humana; IV – os valores sociais do trabalho e da livre iniciativa; V – o pluralismo político". Disponível em: https://www.planalto.gov.br/ccivil_03/Constituicao/Constituicao.htm. Acesso em: 25 jan. 2025.

próteses e órteses, ou em outras áreas, como a de educação, moradia, reconhecimento de direitos etc.

Dessa forma, o aparato tecnológico necessário à Administração Pública para o atendimento das demandas da população em sua atividade finalística deve atender aos ditames constitucionais dos direitos sociais na efetivação das políticas públicas.

1 Breve histórico dos caminhos da Administração Pública no Brasil

A Constituição cidadã trouxe novos direitos, e, conjuntamente a sua tutela.[7] Desse modo, a efetivação desses direitos constitucionais pelo Estado necessita de leis de iniciativa do Poder Executivo[8] e deve ser monitorada e avaliada por toda a sociedade[9] por meio de instrumentos que possibilitem o acesso a informações. Nesse sentido, observa-se a grande demanda por efetivação desses direitos.[10]

Assim, configurou-se um novo panorama na Administração Pública frente ao Neoconstitucionalismo, entendido como um novo direito constitucional, marcado por transformações no Estado brasileiro. Essa nova abordagem, firmada no final do século XX, trouxe diversas vertentes, entre elas a "centralidade dos direitos fundamentais". Com isso, houve impacto significativo nas atividades desenvolvidas pela Administração Pública brasileira, especialmente no âmbito do Poder Executivo.

---

[7] BARROSO, Luís Roberto. *O novo direito constitucional brasileiro.* Capítulo 4. Neoconstitucionalismo e Constitucionalização do Direito. Triunfo tardio do direito constitucional no Brasil, p. 227.

[8] CONSTITUIÇÃO Federal Brasileira de 1988, de 05 de outubro. *Diário Oficial da União* – Seção 1 – 5/10/1988, Página 1 (Publicação Original). Ver artigo 165, §16. (...) "As leis de que trata este artigo devem observar, no que couber, os resultados do monitoramento e da avaliação das políticas públicas previstos no §16 do art. 37 desta Constituição" (Incluído pela Emenda Constitucional nº 109, de 2021). Disponível: https://www.planalto.gov.br/ccivil_03/Constituicao/Constituicao.htm. Acesso em: 25 jan. 2025.

[9] *Idem.* Ver art. 193. (...) "A ordem social tem como base o primado do trabalho, e como objetivo o bem-estar e a justiça sociais. Parágrafo único. O Estado exercerá a função de planejamento das políticas sociais, assegurada, na forma da lei, a participação da sociedade nos processos de formulação, de monitoramento, de controle e de avaliação dessas políticas. (Incluído pela Emenda Constitucional nº 108, de 2020)". Acesso em: 25 jan. 2025.

[10] BARROSO, Luís Roberto. *O novo direito constitucional brasileiro.* Capítulo 4. Neoconstitucionalismo e Constitucionalização do Direito. Triunfo tardio do direito constitucional no Brasil, p. 228.

Como sabemos, a Administração Pública passou por vários modelos nas últimas décadas, como o Patrimonialista, o burocrático até chegar ao modelo Gerencialista,[11] que tem por premissa a busca pela eficiência e melhores resultados, mas, ao mesmo tempo que procura atender as demandas cada vez maiores, precisa reduzir seus custos frente aos escassos recursos públicos.[12] Nesse contexto, as demandas trazidas pelo constitucionalismo brasileiro exigiram a implementação de mecanismos orçamentários que possibilitassem a implantação de um modelo capaz de viabilizar a gestão pública.[13]

Todo esse processo pelo qual passou a Administração sofreu influência dos momentos políticos vivenciados no país, e cada etapa reflete um momento, sendo um dos mais importantes o que contribuiu na construção do Estado Democrático de Direito. Bresser Pereira[14] explica que, "a democracia só pode existir quando a sociedade civil, formada por cidadãos, distingue-se do Estado ao mesmo tempo que o controla", por isso, foi instituído um modelo dividindo o setor público do setor privado, além de inserir a "separação entre o político e o administrador público". Esse modelo inicial era denominado de administração burocrática moderna. É importante lembrar que a Administração burocrática rompeu com a Administração Patrimonialista, mas ainda ficou muito longe do ideal.

De forma resumida, podemos afirmar que essa nova era gerencialista no Brasil, destacada pelo Decreto nº 200/67, traz uma "abrupta descentralização administrativa, transferindo-se atividades de produção de bens e serviços às entidades que compõem a Administração Pública indireta," além da desburocratização.[15]

---

11 MAFRA FILHO, Francisco de S. A. Administração Pública Burocrática e Gerencial. (...) "Administração pública gerencial é aquela construída sobre bases que consideram o Estado uma grande empresa cujos serviços são destinados aos seus clientes, outrora cidadãos; na eficiência dos serviços, na avaliação de desempenho e no controle de resultados, suas principais características". Fórum Administrativo – *FA*. Belo Horizonte, ano 5, n. 55, set. 2005, p. 2.

12 ARAUJO, Marinella Machado; AZEVEDO, Eder Marques de. Administração Pública gerencial e planejamento integrado: o orçamento público e as novas estratégias à superação dos custos dos direitos. *Revista Brasileira de Estudos da Função Pública – RBEFP*, Belo Horizonte, ano 2, n. 6, p. 157-181, set./dez. 2013. *Revista Brasileira de Estudos da Função Pública – RBEFP*, p. 2.

13 *Idem*, p. 3.

14 BRESSER-PEREIRA, Luiz Carlos. Da administração pública burocrática à gerencial, p. 4. *Revista do Serviço Público*, ano 47, v. 121, n. I, jan./abr. 1996. Disponível em: https://repositorio.enap.gov.br/bitstream/1/1734/1/1996%20RSP%20ano.47%20v.120%20n.1%20jan-abr%20p.07-40.pdf.

15 ARAUJO, Marinella Machado; AZEVEDO, Eder Marques de. Administração Pública gerencial e planejamento integrado: o orçamento público e as novas estratégias à

Destaca-se nessa nova modalidade a descentralização sob o ponto de vista político, com as transferências dos recursos de forma regional e local, além de uma descentralização administrativa; a instituição de organizações com estruturas reduzidas em nível hierárquico, destacando o princípio da confiança; e, principalmente, o controle por resultados, trazendo procedimentos nos processos administrativos com foco no cidadão.

Resumidamente, compreende-se que a organização política do Estado está relacionada com a organização administrativa do Estado. O quadro a seguir[16] destaca as diferenças entre as formas políticas e administrativas.

Formas políticas de Estado	Formas administrativas de Estado
Estado Absoluto	Estado Patrimonial
Estado Liberal	Estado Burocrático
Estado Democrático Liberal	Estado Burocrático
Estado Democrático Social	Estado Gerencial

Na sequência, pode-se verificar o foco de gestão de cada modelo, burocrático e gerencial.

Administração Burocrática	Gestão ou Administração Gerencial
Supervisão direta	Responsabilização por resultados
Regulamentos precisos	Competição Administrada por Excelência
Auditoria de procedimentos	Responsabilização social
----------------------------------	Auditoria de resultados

Conforme descrito no quadro acima, o modelo de Gestão ou Administração Gerencial substitui o procedimento do controle pela responsabilização social, trazendo-lhe um protagonismo ao exercer

superação dos custos dos direitos. *Revista Brasileira de Estudos da Função Pública – RBEFP*, Belo Horizonte, ano 2, n. 6, p. 157-181, set./dez. 2013. *Revista Brasileira de Estudos da Função Pública – RBEFP*, p. 2.

16 BRESSER-PEREIRA, Luiz Carlos. Os primeiros passos da reforma gerencial do Estado de 1995. *Revista Brasileira de Direito Público – RBDP*, Belo Horizonte, ano 6, n. 23, p. 145-186, out./dez. 2008.

um papel político maior, sendo este modelo, segundo afirma Bresser:[17] "uma forma mais compatível com a democracia do que a Administração Pública burocrática". A Administração vem evoluindo gradativamente para a efetivação de um gerencialismo administrativo, graças à implementação do princípio da eficiência, que tem sua gênese ainda no Plano Diretor da Reforma do Estado de 1995.

Como se pode ver, os modelos refletem os momentos políticos de sua época. Nesse sentido, chama-se a atenção para o processo de redemocratização brasileiro com a promulgação da Constituição cidadã, consignando no artigo 37 o princípio da eficiência pela Emenda Constitucional nº 19/98, trazendo um novo fundamento na Reforma do Estado. Porém, este princípio não foi plenamente incorporado pela Administração, mas o seu surgimento ergueu uma diretriz importante, um grande divisor de águas, introduzindo um novo olhar para o serviço público.

Feitas essas considerações e compreendendo de forma sintética o caminho percorrido até os dias atuais, as visões e os contextos nos quais ocorreram tantas mudanças, é possível entender a realidade da Administração Pública, frente aos conceitos de Governança e Gestão. Desse modo, podemos ressaltar a diferença básica entre eles, enquanto o primeiro se traduz na função direcionadora, a gestão tem a função realizadora. De modo que se considerarmos o interesse público envolvido e as atividades da Administração Pública de caráter gerencialista, ou seja, com foco nos resultados, é possível correlacionar sua natureza à finalidade da Governança, esta que se dirige à capacidade de colocar em prática as políticas públicas, buscando a concretização do princípio da eficiência, atendendo ao interesse público envolvido.

O princípio da Eficiência deve se manifestar em toda a estrutura administrativa, independentemente dos Poderes. Entretanto, é no Poder Executivo que as políticas públicas sociais se concretizam de fato. Desse modo, tem o Estado, por meio do Poder Executivo, a responsabilidade de se planejar a fim de disponibilizar todo o aparato tecnológico, jurídico, logístico, orçamentário e operacional necessário, para o desenvolvimento das atividades públicas, sob pena de ter que fazê-lo mediante ações judiciais,[18] para a prestação imediata do direito

---

[17] *Idem*, p. 33

[18] Sobre o tema, ativismo judicial, este tem tido grande relevância, tendo em vista que o Judiciário tem compelido o Estado a executar as políticas públicas sociais, atendendo as demandas dos cidadãos, em especial na área da Saúde, comprometendo o orçamento.

pretendido, inerente à tutela constitucional, com consequentes prejuízos orçamentários e financeiros à Administração.

Observa-se que na execução das suas atividades finalísticas, a Administração Pública tem muitos desafios, e para que seja efetivada uma transformação na forma de prestação dos serviços públicos à sociedade, é necessário estruturar os órgãos com plataformas tecnológicas que sustentem a demanda a ser implementada, seja o fornecimento de bens ou de serviço, como, por exemplo, aquisição de materiais médico-hospitalares, sistema de informações gerenciais, serviços médicos, odontológicos etc.

Conforme se pode ver no Relatório[19] do IPEA (Instituto de Pesquisas Econômica e Aplicada), houve uma evolução dos gastos do Sistema Único de Saúde (SUS) com medicamento na ordem de 14,3 bilhões (2010) para 20 bilhões em 2016, representando um crescimento de 40%, o que nos mostra que esse volume de recursos precisa ser cuidadosamente gerenciado, de preferência por meio de sistemas de tecnologia da informação, tendo em vista a quantidade de dados que envolvem essa logística.

2 Como a Tecnologia da Informação impacta a Administração Pública?

Luciano Reis afirma que os assuntos da ciência, tecnologia e inovação são primordiais para o Brasil.[20] Para tanto, a Constituição brasileira trouxe o artigo 218: "O Estado promoverá e incentivará o desenvolvimento científico, a pesquisa, a capacitação científica e tecnológica e a inovação".

A Tecnologia da Informação está em constante evolução, mas, mesmo diante de tanta estrutura tecnológica já disponível, ainda se verificar dificuldades de acesso às informações dos serviços públicos prestados pelo Estado. Plataformas digitais contendo informações desencontradas ou a ausência delas, desatualização e dificuldade de acesso é uma situação corriqueira.

---

[19] Instituto de Pesquisa Econômica Aplicada. Texto para discussão – Brasília: Rio de Janeiro: Ipea, 1990. ISSN 1415-4765. Disponível em: https://repositorio.ipea.gov.br/bitstream/11058/8250/1/TD_2356.pdf.

[20] *Compras Públicas Inovadoras:* o desenvolvimento científico, tecnológico e inovativo como perspectiva do desenvolvimento nacional sustentável: de acordo com a nova Lei de Licitações e o marco regulatório das Startups. Belo Horizonte: Fórum, 2022, p. 195.

A Lei de Acesso à Informação (LAI), Lei nº 12.527/2011, com mais de dez anos de existência, não tem sido respeitada para a garantia desse direito constitucional a toda a sociedade.

Percebe-se que há muito a se fazer para se implementar políticas públicas nos Estados e Munícipios com total transparência nas informações, possibilitando o exercício da cidadania.

A Tecnologia da Informação traz impactos variados no ambiente da Administração Pública, simplificando procedimentos e fortalecendo a cidadania mediante a inclusão do cidadão.

3 A Tecnologia da Informação e as contratações públicas

O Estado brasileiro detém um grande poder de compra, sendo a contratação pública o motor necessário para viabilizar a prestação dos serviços públicos de forma eficiente. Muitos objetos contratuais são adquiridos com terceiros particulares e por vezes também efetivados com outros entes públicos.

No que concerne às licitações públicas, muito embora alguns Estados e Município brasileiros não tenham estrutura tecnológica para executar suas licitações e contratos públicos, muitos utilizam a estrutura de compras do Governo Federal, por meio do portal de compras do Governo. Assim, as aquisições de bens e serviços para atender o interesse público envolvido e a missão institucional no cumprimento das suas atribuições será por meio de licitação, conforme a legislação vigente.

Muitas inovações foram inseridas na Lei nº 14.133/21 relacionadas às áreas de tecnologia, a exemplo do disposto no artigo 19, inciso III, preconizando que a Administração deverá, nas contratações de obras, instituir sistema informatizado de acompanhamento com recursos de imagem e vídeo, bem como promover, de forma gradativa, tecnologias e processos integrados, a fim de que estes possibilitem a criação, a utilização e a atualização de modelos digitais, inaugurando uma exigência não prevista anteriormente.

Entre outras possibilidades, a Lei de Licitações traz no artigo 169 que as contratações públicas deverão submeter-se a práticas contínuas e permanentes de gestão de riscos e de controle preventivo, possibilitando que esse controle também possa ser realizado por meio de recursos de tecnologia da informação. Entretanto, destaca-se nessa lei a novidade da modalidade do diálogo competitivo, que traz, em linhas gerais, sua aplicabilidade em caráter restritivo às contratações que tenha como objetivo um objeto que envolva inovação tecnológica ou técnica.

Destaca-se ainda na Lei nº 14.133/21 a inserção de um procedimento auxiliar inovador, o PMI — Procedimento de Manifestação de Interesse —, disposto no artigo 81, que possibilita a propositura e a realização de estudos, investigações, levantamentos e projetos de soluções inovadoras que contribuam com questões de relevância pública, por particulares, e conforme §4º podendo ser restrito a startups.[21] Salienta-se que as startups tiveram seu marco legal em 2021, pela LC nº 182.[22]

No âmbito das Leis nºs 14.133/21 e 13.303/16, muitas soluções jurídicas inovadoras podem ser adotadas para realizar as contratações públicas, mas quanto a tecnologia da informação, o que pode ser adquirido?

Independentemente da solução a ser adotada, o Governo Federal exige que os editais e termos de referência dessas contratações estejam alinhadas à *Constituição Federal, à Lei nº 14.133/2021, à Instrução Normativa SGD/ME nº 94, de 2022, Instrução Normativa SEGES/ME nº 65, de 7 de julho de 2021, Lei nº 13.709, de 14 de agosto de 2018 (Lei Geral de Proteção de Dados Pessoais – LGPD)*, entre outras legislações aplicáveis; e ainda em consonância com o Plano Diretor de Tecnologia da Informação e Comunicação (PDTIC).

Desse modo, vê-se que a realização das contratações que tragam soluções de tecnologia da informação deve estar sintonizada com o Planejamento Estratégico do órgão contratante. Assim como no Governo Federal, deve estar alinhada com a Estratégia de Governo Digital e em consonância com o PDTIC.

Para se concretizarem as contratações públicas, a Lei nº 14.133/21 trouxe várias exigências pré-contratuais a serem realizadas ainda na fase de Planejamento. Não há dúvidas de que as políticas públicas que se relacionem com o objeto a ser adquirido deverão fazer parte desses

---

[21] De acordo o parágrafo quarto do artigo 81 da Lei nº 14.133/21, as startups nesta Lei são considerados os microempreendedores individuais, as microempresas e as empresas de pequeno porte, de natureza emergente e com grande potencial, que se dediquem à pesquisa, ao desenvolvimento e à implementação de novos produtos ou serviços baseados em soluções tecnológicas inovadoras que possam causar alto impacto, exigida, na seleção definitiva da inovação, validação prévia fundamentada em métricas objetivas, de modo a demonstrar o atendimento das necessidades da Administração. Para a LC nº 182, Art. 4º (...) "São enquadradas como startups as organizações empresariais ou societárias, nascentes ou em operação recente, cuja atuação caracteriza-se pela inovação aplicada a modelo de negócios ou a produtos ou serviços ofertados". Disponível em: https://www.planalto.gov.br/ccivil_03/_Ato2019-2022/2021/Lei/L14133.htm. Acesso em: 25 jan. 2025

[22] LC nº 182, de 1º de junho de 2021. Institui o marco legal das startups e do empreendedorismo inovador; e altera a Lei nº 6.404, de 15 de dezembro de 1976, e a Lei Complementar nº 123, de 14 de dezembro de 2006. Disponível em: https://www.planalto.gov.br/ccivil_03/LEIS/LCP/Lcp182.htm. Acesso em: 29 set. 2024.

planejamentos e seus objetivos, devendo o objeto da contratação ser arquitetado no ETP sob essas diretrizes, de acordo com a legislação vigente de cada ente federativo, ou, na ausência dessa legislação, observar as boas práticas do Governo Federal, em especial A Instrução Normativa SGD/ME nº 94/2022 citada.

Conforme se pode verificar nos modelos de Termos de Referência disponibilizados pela Advocacia Geral da União, são várias as regras técnicas e jurídicas que irão compor a descrição do objeto, seja ele um bem ou serviço. A depender da solução de tecnologia escolhida, a definição do objeto deverá ser descrita de forma precisa, suficiente e clara, vedadas especificações que, por excessivas, irrelevantes ou desnecessárias, limitem ou frustrem a competição ou a realização do fornecimento da solução de TIC. Também se mostra essencial na descrição a definição como bem/material/produto ou serviço, vedada a caracterização exclusiva do objeto como fornecimento de mão de obra, sendo o núcleo do objeto imutável, estabelecidos os quantitativos e os seus prazos de entrega ou execução, observados os contextos específicos de cada objeto.

No contexto específico das compras públicas no âmbito da saúde, observa-se que se trata de uma área especial em vários aspectos, não apenas por se tratar de setor que lida com soluções para tutela do bem maior, a vida, mas por ser uma área que detém objetos com características e especificações muitas vezes singulares, além de um mercado segmentado com portfólios e catálogos de fornecedores diversos, o que envolve também a necessidade da expertise do profissional de saúde para avaliar os insumos ou equipamentos a serem adquiridos. Ou seja, é uma área de constante aprendizado pelos que lidam com esse objeto.

Para Bárbara Gadelha,[23] "na área da saúde, as descrições dos materiais costumam ser extensas, detalhadas e apresentam muitas vezes características técnicas e de performance dos produtos" podendo, em alguma situação peculiar trazer um certo "direcionamento" ao objeto a ser adquirido. Entretanto, a autora ressalva que o "direcionamento" indicado não se traduz no sentido pejorativo da palavra, mas no sentido de haver uma limitação do objeto no mercado.

Essa pequena colocação acima nos serve para demonstrar as dificuldades de ordem prática em relação ao objeto a ser contratado.

---

[23] A retórica da saúde: as contratações públicas no SUS e suas várias faces. Quando o levantamento de mercado é um aliado na definição do objeto, p. 77.

Quando passamos para o objeto serviço e nos detemos nos serviços de tecnologia, então, começamos a ter um pouco mais de dificuldade em trabalharmos os artefatos processuais. André Trajano[24] nos traz alguns exemplos dessas dificuldades relatadas, das quais destacamos a morosidade no andamento dos processos, falta de comprometimento, falta de mão de obra, demora na precificação, sistema de informação ineficiente, ausência de suporte, ausência de integração, substituições tecnológicas etc.

Se adquirido um material/produto/equipamento ou serviços de tecnologia da informação, vários são os requisitos disciplinados pela IN SGD/ME nº 94/2022, que vão desde a necessidade de manutenção (corretivas/preventivas/adaptativa/evolutiva) até mesmo requisitos importantes, como prazo de entrega dos objetos ou de execução dos serviços, requisitos relacionados à segurança e à privacidade, conforme princípios e procedimentos dispostos na Política de Segurança da Informação do Contratante, entre outros.

Todas as exigências serão inseridas no texto do TR, construído com base no ETP. Devem também inserir critérios de sustentabilidade, social, ambiental e cultural, conforme foi estabelecido na Lei nº 14.133/21 como inerente à finalidade do processo licitatório. Outra exigência é a Arquitetura Tecnológica, bem como requisitos de Projeto e de Implementação, além da garantia técnica e manutenção necessárias, no caso de equipamentos.

Observa-se que a instrução citada define os requisitos que a Solução de TIC deve trazer em atendimento à arquitetura tecnológica do órgão contratante, sendo composta por hardware, software, padrões de interoperabilidade, linguagens de programação, interfaces, dentre outros.

Assim, vai se desenhando a contratação de um objeto que envolva uma solução tecnológica. Nessa descrição do objeto de TI, outros requisitos serão relacionados: experiência profissional do contratado, se for o caso, bem como a observância à qualificação da equipe técnica. Entretanto, no que concerne à metodologia da execução do objeto, seja a entrega do produto/equipamento ou execução do serviço, deve estar descrita de forma específica e detalhada. Quanto aos requisitos específicos, ressalta-se ainda a possibilidade de indicação de marca do produto na execução dos serviços, desde que tecnicamente justificado, conforme preconiza o artigo 41 da Lei nº 14.133/21.

---

24 *Idem*, p. 51-53.

Nas contratações de TI também se observam a possibilidade de exigência de carta de solidariedade em situações excepcionais, a subcontratação parcial (caso seja necessário) mediante levantamento de mercado nos estudos preliminares, limitado a 25% do objeto, conforme art. 67, §9º:

> O edital poderá prever, para aspectos técnicos específicos, que a qualificação técnica seja demonstrada por meio de atestados relativos a potencial subcontratado, limitado a 25% (vinte e cinco por cento) do objeto a ser licitado, hipótese em que mais de um licitante poderá apresentar atestado relativo ao mesmo potencial subcontratado.

Demais possibilidades são exigências de amostras, prova de conceito, garantias técnicas e de execução contratual, dimensionamento da proposta e responsabilidade das partes, entre outras.

Percebe-se que a tecnologia da informação e a inovação são alavancas para um desenvolvimento sustentável, sendo robustecida por normas que incentivarão políticas públicas. Segundo afirma Luciano Reis,[25] a contratação pública pode possibilitar a realização de diversas políticas, a exemplo da sustentabilidade no viés ambiental, recuperação de presos, coeficiente tecnológico ou preferência para as microempresas e empresas de pequeno porte. Recentemente, o Decreto nº 11.430, de 08 de março de 2023, regulamentando artigo 25, §9º, da Lei de Licitações, destina um artigo à causa das mulheres vítimas de violência doméstica, de modo que poderá ser previsto no edital das contratações de mão de obra um percentual mínimo destinado a mulheres nessa situação social.

Sobre o impacto da tecnologia Reis afirma que a tecnologia cria um novo espaço cultural, histórico e social.[26] Para ele, a tecnologia é um peso estruturante da balança do progresso.

Conclusão

A Administração Pública tem evoluído significativamente na prestação de serviços públicos, ampliando e acelerando o acesso dos cidadãos por meio do uso da tecnologia. Essa transformação é impulsionada por uma série de normas, leis e decretos regulamentadores,

---

[25] *Compras públicas inovadoras*: o desenvolvimento científico, tecnológico e inovativo como perspectiva do desenvolvimento nacional sustentável: de acordo com a nova Lei de Licitações e o marco regulatório das Startups. Belo Horizonte: Fórum, 2022, p. 169.

[26] *Idem*, p. 173.

que fortalecem essa conquista. No entanto, o principal motor dessa mudança são as políticas públicas eficazes, que ganharam ainda mais força com a transformação digital do governo. Ao longo das décadas, a Administração Pública tem passado por diversas transformações, tanto políticas quanto sociais, refletindo as demandas e avanços da sociedade. A evolução dos modelos administrativos, desde o patrimonialista até o modelo gerencialista, acompanha as mudanças da forma de Estado, marcando a transição de uma administração burocrática para uma gestão focada na eficiência e resultados. A Constituição Cidadã desempenhou um papel crucial ao reforçar a centralidade dos direitos fundamentais e introduzir o princípio da eficiência na Administração Pública, que trouxe uma gestão pública por resultados, descentralização administrativa e maior responsabilização social, o que refletiu na necessidade de adequação das práticas administrativas às exigências democráticas e às demandas da sociedade. A incorporação de novas tecnologias e práticas inovadoras, como a Inteligência Artificial e sistemas de Tecnologia da Informação, passou a ser essencial para o cumprimento das funções da Administração Pública.

A IA também está presente nos projetos governamentais, por meio do Plano Brasileiro de Inteligência Artificial (PBIA), em que serão investidos alguns milhões de reais na perspectiva de melhoria na vida do cidadãos, contemplado em vários eixos, dentre os quais destaca-se o Eixo 3: IA para Melhoria dos Serviços Públicos.

No contexto das contratações públicas, a Lei nº 14.133/21 trouxe avanços significativos. No texto da Lei Geral de Licitações (art. 19, V), identifica-se a preocupação do legislador em trazer mais eficiência aos processos, a exemplo da obrigatoriedade da promoção da adoção gradativa de tecnologias, integrando processos que possibilitem a "criação, a utilização e a atualização de modelos digitais de obras e serviços de engenharia", além de utilizar Modelagem da Informação da Construção (Building Information Modelling - BIM), por exemplo. Porém, a lei institui uma modalidade especial, para ser utilizada quando se identificar a contratação de objetos que tragam inovação tecnológica ou técnica, o diálogo competitivo, possibilitando um formato e rito diferenciado nesses casos.

São várias as inovações que foram inseridas na Lei de Licitações acerca da tecnologia, que aos poucos vai sendo incorporada às licitações e contratações, como o antigo critério de julgamento técnica e preço para as contratações de tecnologia em que seja verificado a existência de serviços majoritariamente dependentes de tecnologia sofisticada e de domínio restrito ou bens e serviços especiais de tecnologia da informação e de comunicação.

A integração entre governança e gestão, aliada ao uso estratégico da tecnologia, emerge como uma ferramenta poderosa para a concretização de políticas públicas eficientes e transparentes, assegurando a cidadania e o desenvolvimento sustentável. Assim, a Administração Pública no Brasil continua a evoluir, buscando equilibrar a eficiência gerencial com a responsabilidade social, em um cenário cada vez mais complexo e desafiador.

Referências

ARAUJO, Marinella Machado; AZEVEDO, Eder Marques de. Administração Pública gerencial e planejamento integrado: o orçamento público e as novas estratégias à superação dos custos dos direitos. Revista Brasileira de Estudos da Função Pública – RBEFP, Belo Horizonte, ano 2, n. 6, p. 157-181, set./dez. 2013. Revista Brasileira de Estudos da Função Pública – RBEFP, p. 2.

BARROSO, Luís Roberto. O novo direito constitucional brasileiro. Capítulo 4. Neoconstitucionalismo e Constitucionalização do Direito. Triunfo tardio do direito constitucional no Brasil, p. 227.

BRESSER-PEREIRA, Luiz Carlos. Da administração pública burocrática à gerencial, p. 4. Revista do Serviço Público, ano 47, v. 121, n. I, jan./abr. 1996. Disponível em: https://repositorio.enap.gov.br/bitstream/1/1734/1/1996%20RSP%20ano.47%20v.120%20n.1%20jan-abr%20p.07-40.pdf.

GADELHA, Bárbara. Quando o levantamento de mercado é um aliado na definição do objeto, p. 77. In. GUIMARÃES, Eduardo dos Santos (org.). A Retórica da saúde: as contratações públicas no SUS e suas várias faces. Rio de Janeiro: Instituto IDEA,2024.

MAFRA FILHO, Francisco de S. A. Administração Pública Burocrática e Gerencial. Fórum Administrativo – FA. Belo Horizonte, ano 5, n. 55, set. 2005, p. 2.

REIS, Luciano. Compras Públicas Inovadoras: o desenvolvimento científico, tecnológico e inovativo como perspectiva do desenvolvimento nacional sustentável: de acordo com a nova Lei de Licitações e o marco regulatório das Startups. Belo Horizonte: Fórum, 2022.

Informação bibliográfica deste texto, conforme a NBR 6023:2018 da Associação Brasileira de Normas Técnicas (ABNT):

FURTADO, Madeline Rocha; MASCARENHAS, Rogério. Breve ensaio sobre a TI nos contratos da administração pública: uma diretriz a ser observada na gestão pública. *In:* FURTADO, Madeline Rocha; FURTADO, Monique Rafaella Rocha (coord.). *O planejamento das contratações*: estudos técnicos preliminares e termos de referência: teoria e aplicação sob a égide da Lei nº 14.133/2021. Belo Horizonte: Fórum, 2025. p. 37-54. ISBN 978-65-5518-944-5.

CAPÍTULO 2

A DIMENSÃO CLIMÁTICA NAS CONTRATAÇÕES PÚBLICAS: ORIENTAÇÕES PARA O ESTUDO TÉCNICO PRELIMINAR E A ANÁLISE DE RISCOS

TERESA VILLAC[1]

> *"Também não se surpreenderá que busquem todos estar juntos o mais possível, há por aqui muitas afinidades, umas que já são conhecidas, outras que agora mesmo se revelarão"*
>
> (José Saramago, em *Ensaio sobre a cegueira*)

1 Introdução

O presente capítulo objetiva orientar gestores públicos acerca da necessária consideração da dimensão climática nas contratações públicas brasileiras, com ênfase na fase de planejamento, mormente no estudo técnico preliminar e na análise de riscos.

O tema é atual e relevante, além de novo para a doutrina nacional, não se olvidando que a dimensão climática não está expressamente prevista na Lei nº 14.133, de 2021. Em acréscimo, pressupõe a interlocução do Direito Administrativo com o Direito Ambiental e seus

[1] Artigo de opinião.

princípios, bem como com as mais atualizadas pesquisas em direito das mudanças climáticas.

Como se não bastasse a conexão entre áreas distintas do direito, há a urgência de disseminação do assunto e orientação jurídica consistente aos governantes eleitos, autoridades, gestores públicos e servidores envolvidos nas diversas etapas das contratações públicas para sedimentação conceitual visando a sua aplicabilidade prática.

A abordagem há de ser transversal, sendo que a realidade urge avanços e ações governamentais articuladas e consistentes para a consideração das mudanças climáticas também nas contratações públicas brasileiras.

Diante dessa realidade, a sustentabilidade demanda que o direito se atualize e dialogue com outras ciências, que não se encastele em excessivo linguajar formalista e hermético e que seja a linguagem tradutora de conteúdo, informação, reflexão e compreensão social pelos diferentes segmentos.

Assim, sob essas premissas, este estudo será dividido em duas partes: a primeira é teórica e conceitual e a segunda operacional, objetivando-se, assim, contribuir para os debates e possibilitar a implementação, com segurança jurídica, da dimensão climática nos estudos técnicos preliminares e nas análises de riscos das contratações públicas.

Serão apresentados princípios de direito ambiental incidentes no tema e noções introdutórias sobre o direito das mudanças climáticas e sua contextualização no desenvolvimento nacional sustentável previsto na Lei nº 14.133, de 2021 (NLLC).

Prossegue-se o capítulo com orientações práticas, com o detalhamento e análise dos estudos técnicos preliminares e dos riscos sob a ótica climática, com fundamento nos artigos da NLLC.

O estudo finaliza concluindo que a dimensão climática é elemento obrigatório nas contratações públicas, podendo subsidiar-se em outros campos do conhecimento, como Direito Urbanístico, planejamento urbano, ciência meteorológica, uso e parcelamento do solo, além de subsídios em outras organizações, como Defesa Civil e secretarias de meio ambiente.

Trata-se, portanto, de uma abordagem eminentemente propositiva, não sendo objetivo deste estudo o viés exclusivamente acadêmico, tendo-se por recorte de apresentação e análise os conhecimentos dos campos do saber acima mencionados que estejam relacionados ao início e incremento da dimensão climática nas contratações públicas brasileiras.

2 Dimensão climática: conceitos relevantes

Preliminarmente, a operacionalização prática da dimensão climática nos estudos técnicos preliminares e nas análises de riscos pressupõe a uniformização conceitual e a introdução de princípios e assuntos que serão objeto de aplicação no mundo dos fatos, qual seja, das contratações públicas.

A se considerar que muitos servidores que atuam em licitações podem não possuir formação prévia em graduações jurídicas, nas quais o Direito Ambiental é disciplina curricular, é de se apresentar quais são os princípios de direito ambiental que, minimamente, devem ser considerados em contratações.

Por sua vez, o direito climático vem se desenvolvendo na doutrina nacional e sua contextualização será apresentada, abordando-se no que ele se constitui.

O uso do poder de compra estatal por intermédio das licitações sustentáveis será analisado com o princípio e objetivo do desenvolvimento nacional sustentável, constante da Lei nº 14.133/21.

2.1 Direito Ambiental e seus princípios incidentes nos estudos técnicos preliminares e nas análises de riscos

O Direito Ambiental conceitua-se como:

> O Direito Ambiental é um Direito sistematizador, que faz a articulação da legislação, da doutrina e da jurisprudência concernentes aos elementos que integram o ambiente. Procura evitar o isolamento dos temas ambientais e sua abordagem antagônica. Não de trata mais de construir um Direito das águas, um Direito da fauna ou um Direito da biodiversidade. O Direito Ambiental não ignora o que cada matéria tem de específico, mas busca interligar estes temas com a argamassa da identidade dos instrumentos jurídicos de prevenção e de reparação, de informação, de monitoramento e de participação.[2]

A Constituição Federal de 1988 dispõe expressamente sobre o direito ao meio ambiente, em um capítulo próprio. Nesse sentido, destacamos o artigo 225, consoante o qual o meio ambiente equilibrado

---

[2] MACHADO, Paulo Affonso Leme. *Direito Ambiental Brasileiro.* São Paulo: Malheiros, 2009, p. 54-55.

é um bem de uso comum, vinculando-se à qualidade de vida em geral, sendo um dever do Poder Público e de toda coletividade a sua defesa e preservação. A sua amplitude vem detalhada como manejo ecológico das espécies e ecossistemas, patrimônio genético, espaços territoriais protegidos, estudo de impacto ambiental sempre que necessário, proteção da fauna, flora, incentivos à educação ambiental, regimes ficais para biocombustíveis e hidrogênio de baixa emissão de carbono, regramentos para exploração mineral, dentre outros.

O meio ambiente não contempla apenas sua dimensão natural (recursos naturais). Há também o cultural (material e imaterial), meio ambiente do trabalho (atividades e espaços laborais), artificial (cidades, áreas rurais) e patrimônio genético (informações genéticas de microrganismos, plantas e animais).

Em acréscimo, as atividades econômicas deverão observar a defesa do meio ambiente, por expressa previsão constitucional (artigo 170, VI, CF). Assim, independentemente de qual seja a atividade econômica (industrial, comercial, serviços privados, exploração de atividade econômica pelo Estado), as atividades deverão nortear-se por um princípio, não facultativo, que é o da defesa do meio ambiente.

Em acréscimo, relevante abordar a concepção de desenvolvimento sustentável e, conforme *Nosso Futuro Comum – Relatório Brundtland*, "desenvolvimento sustentável é aquele que atende às necessidades do presente sem comprometer a possibilidade de as gerações futuras atenderem as suas próprias necessidades".[3]

Reconhecida por contemplar três dimensões, ambiental, social e econômica, a sustentabilidade também abarca duas outras dimensões, consoante Juarez Freitas: jurídico-política, que se refere à eficácia direta da tutela do direito ao futuro[4] e a dimensão ética, da maior relevância por relacionar-se com a solidariedade intergeracional, agir não exclusivamente voltado ao interesse individual.

Em estudos anteriores sobre a dimensão ética, já tivemos a oportunidade de destacar:

---

[3] COMISSÃO MUNDIAL SOBRE MEIO AMBIENTE E DESENVOLVIMENTO. *Nosso Futuro Comum*. Rio de Janeiro: Editora da Fundação Getúlio Vargas, 1991.

[4] FREITAS, Juarez. Sustentabilidade – direito ao futuro. Belo Horizonte: Editora Fórum, 2019, p. 76.

> (...) conclui-se que as contratações públicas sustentáveis brasileiras consideram o desenvolvimento sustentável para além da clássica divisão prevista para o tripé da sustentabilidade: ambiental, econômico e social. A inserção da dimensão ética amplia a concepção da licitação como mera ferramenta jurídica e a contextualiza como vetor de um Direito atuante rumo à concepção de desenvolvimento que albergue aspectos ambientais e sociais relevantes, mas também éticos, as liberdades humanas e o bem estar intergeracional. (p. 134-135)
>
> O Direito move-se para além da esfera do estritamente jurídico-formal e relaciona-se com temas prementes, em busca de efetivação no real do sentido de Justiça, o cultivo da virtude e preocupação com o bem comum (SANDEL, 2013). As perspectivas apontadas por esta pesquisa são políticas públicas socioambientais que tenham no Direito Público uma fundação ética sólida pela consideração principiológica e multidimensional da Sustentabilidade. (p. 136)[5]

Ignacy Sachs (2005)[6] acrescenta a dimensão cultural, relacionando-a com projetos de desenvolvimento, além das dimensões territorial, ecológica, de política nacional e de política internacional.[7]

Apresentados os conceitos basilares sobre o direito ambiental, ele rege-se, como todo sistema jurídico, por princípios gerais. Para os fins deste estudo, importante sejam analisados aqueles que se aplicam aos estudos técnicos preliminares (ETP) e nas análises de riscos das contratações.

O *princípio da prevenção* refere-se às situações nas quais há certeza de que haverá perigo concreto[8] e degradação ambiental,[9] enquanto o *princípio da precaução* aplica-se no risco de um perigo abstrato[10] e nos cenários de incerteza científica.[11] Assim, ambos princípios devem ser considerados no ETP e na AR.

---

5 VILLAC, 2017.

6 SACHS, Ignacy. Desenvolvimento e cultura. Desenvolvimento da cultura. Cultura do desenvolvimento. Salvador: Universidade Federal da Bahia. *Organizações & Sociedade*, v. 12, n. 33, p. 151-165, 2005.

7 Para aprofundamento, consulte: SAHCS, Ignacy. Caminhos para o desenvolvimento sustentável. Rio de Janeiro: Garamond, 2002.

8 MILARÉ, Edis. *Direito do Ambiente:* A gestão ambiental em foco. São Paulo: Editora Revista dos Tribunais, 2011, p. 1069.

9 WEDY, Gabriel; MOREIRA, Rafael Martins Costa. *Manual de Direito Ambiental:* De acordo com a jurisprudência dos Tribunais Superiores. Belo Horizonte: Fórum, 2019, p. 59.

10 MILARÉ, *op. cit.*, p. 1069.

11 WEDY, Gabriel; MOREIRA, Rafael Martins Costa, *op. cit.*, p. 59.

No tocante ao *princípio do poluidor-pagador*:

> As externalidades negativas ou os custos indiretos da exploração dos recursos naturais e dos empreendimentos que impacto o meio ambiente precisam ser considerados na regulação ambiental das atividades econômicas e sociais.[12]

Relacionando-se com a internalização dos custos ambientais e sociais, sua conexão com a nova Lei de Licitações é evidente, seja em consideração ao ciclo de vida do objeto e o resultado mais vantajoso para a Administração, seja no impacto ambiental dos empreendimentos e, ainda, nos estudos socioambientais.

Nesse sentido, enfatizamos os artigos abaixo da Lei nº 14.133/21:

> Art. 6º Para os fins desta Lei, consideram-se:
>
> XXIII – termo de referência: documento necessário para a contratação de bens e serviços, que deve conter os seguintes parâmetros e elementos descritivos: (...)
>
> c) descrição da solução como um todo, considerado *todo o ciclo de vida do objeto;*

> Art. 11. O processo licitatório tem por objetivos:
>
> I – assegurar a seleção da proposta apta a gerar *o resultado de contratação mais vantajoso* para a Administração Pública, inclusive no que se refere ao *ciclo de vida do objeto;*

O *princípio do protetor-recebedor*, por sua vez, incentiva o desenvolvimento de externalidades positivas ao meio ambiente, e sua incidência na Lei nº 14.133/21 está configurada nas previsões de margens de preferência:

> Art. 26. No processo de licitação, poderá ser estabelecida margem de preferência para:
>
> I – bens manufaturados e serviços nacionais que atendam a normas técnicas brasileiras;
>
> II – bens reciclados, recicláveis ou biodegradáveis, conforme regulamento.

12 WEDY, Gabriel; MOREIRA, Rafael Martins Costa, op. cit., p. 59.

Sobre o tema, registre-se que foi constituída no país a Comissão Interministerial de Contratações Públicas para o Desenvolvimento Sustentável (CICS), por intermédio do Decreto nº 11.890, de 2024, e a Resolução Seges-CICS/MGI nº 1, de 2 de julho de 2024, definiu os produtos manufaturados que serão objeto de margem de preferência normal nas licitações realizadas no âmbito da administração pública federal direta, autárquica e fundacional.

Em detalhamento e para demonstrar os avanços que já estão ocorrendo, na resolução constaram veículos automóveis para transporte de dez pessoas ou mais unicamente com motor elétrico ou com propulsão simultânea de motor de pistão de ignição por centelha (faísca) e motor elétrico. Para os sistemas metroviários constaram locomotivas e locotratores de fonte externa de eletricidade. Há, portanto, um incentivo ao desenvolvimento desse mercado, com redução da emissão de gases de efeito estufa em comparação aos veículos por combustão.

Pela exposição referente ao Direito Ambiental, sua extensão e previsão constitucional, verifica-se a relevância desse ramo jurídico para a sadia qualidade de vida no planeta, o dever de zelo nas atividades econômicas e dever de proteção em toda e qualquer atuação estatal.

Verificou-se também que alguns dos princípios de Direito Ambiental aplicam-se necessariamente às contratações públicas, e não havia obrigatoriedade de estarem expressamente previstos na Lei nº 14.133/21, considerando seu fundamento ser a Constituição Federal de 1988 e decorrerem, igualmente, do princípio do desenvolvimento nacional sustentável (art. 5º, da lei referida), que é concomitantemente um objetivo e fim a ser perseguido pelas contratações (art. 11, da mesma lei).

2.2 Direito das mudanças climáticas: noções introdutórias para sua aplicação nas contratações públicas

Os estudos sobre mudanças climáticas e seus impactos no âmbito jurídico não são recentes no Brasil, destacando-se as contribuições para a doutrina nacional do professor Délton Winter de Carvalho[13] (2006, 2009, 2013, 2020, dentre outras publicações).

---

[13] Para aprofundamento no tema, indicamos: CARVALHO, Délton Winter de. Os riscos ecológicos e a sua gestão pelo Direito Ambiental. *Estudos Jurídicos (UNISINOS)*, v. 39,

A emergência climática apresenta três dimensões: científica, política e jurídica:

> (i) a científica, que demonstra a crise climática, sua urgência e seus potenciais efeitos catastróficos; (ii) a política, que se caracteriza como um movimento advindo da pressão social sobre o sistema político, com um engajamento de diversas instituições e setores da sociedade em prol de compromissos e ações climáticas urgentes; e, por último, (iii) a jurídica, consistindo esta em uma manifestação dos efeitos normativos decorrentes da instituição de um modo operacional de emergência.[14]

O direito das mudanças climáticas ampara-se na identificação dos fatores dos riscos, como evitá-los, controlá-los e mitigá-los. As contratações públicas inserem-se nesta perspectiva, na medida em que será por intermédio delas que se efetiva a busca por uma sociedade mais resiliente e sustentável, sem impactos climáticos nocivos às vidas humanas, biodiversidade, atividades econômicas e sociais.

Sobre as relações com o Direito Ambiental, esclarece Blank que o direito das mudanças climáticas é "antes de tudo, uma nova tomada de postura do discurso jurídico frente a uma realidade que as ciências 'duras' são agora capazes de demonstrar."[15]

Portanto, não se trata de apartar as contratações públicas da realidade de riscos e desastres climáticos, sendo que estas devem incorporar, na fase de planejamento e de modo consistente, a avaliação climática, sempre que incidente na situação concreta. O Estado deve agir ativamente nessa seara, não apenas para não configurar futuramente omissão e evitar responsabilização, mas principalmente para garantir o meio ambiente equilibrado também por intermédio da função regulatória que há nas contratações governamentais.

---

p. 13-17, 2006; Sistema Constitucional Brasileiro de Gerenciamento de Riscos Ambientais. *Revista de Direito Ambiental*, v. 55, p. 52-75, 2009; CARVALHO, D. W. de, DAMACENA, Fernanda. *Direito dos desastres*. 1. ed. Porto Alegre: Livraria do Advogado, 2013. 152p; CARVALHO, D. W. *Desastres Ambientais e sua Regulação Jurídica:* deveres de prevenção, resposta e compensação ambiental. 2. ed. São Paulo: Thomson Reuters/Revista dos Tribunais, 2020. v. 1. 240p.

14 CARVALHO, Délton Winter de. Desvendando a emergência climática. *Atuação: Revista Jurídica do Ministério Público Catarinense*, v. 17, n. 36, p. 39-64, 30 nov. 2022.

15 BLANK, Dionis Mauri Penning. *O contexto das mudanças climáticas e as suas vítimas*. Fortaleza: Mercator – Universidade Federal do Ceará, v. 14, n. 2, p. 157-172, mai./ago. 2015. Disponível em: https://www.scielo.br/j/mercator/a/SgzwvyFQvzynyM8ZhdtRzjr/?lang=pt.

2.3 Planos de adaptação às mudanças do clima: o marco da Lei nº 14.904, de 27 de junho de 2024, e as repercussões nas contratações públicas

A Lei nº 14.904, de 27 de junho de 2024, publicada no dia subsequente, com início de vigência na data da publicação, estabeleceu as diretrizes para a elaboração de planos de adaptação às mudanças do clima.

Haverá um Plano Nacional de Adaptação à Mudança do Clima, "a ser elaborado pelo órgão federal competente" (no entendimento desta subscritora, o Ministério do Meio Ambiente e Mudança do Clima, nos termos da Lei nº 14.600, de 2023). Em acréscimo, serão elaborados Planos Estaduais e Municipais, a partir das diretrizes do Plano Nacional.

O Quadro 1 a seguir objetiva sistematizar os principais aspectos conceituais da nova lei e já conectá-los com a Lei nº 14.133/21, considerando que das medidas a serem definidas nos futuros Planos Nacional, Estaduais e Municipais de Adaptação à Mudança do Clima decorrerão contratações públicas para implementação dos objetivos definidos e medidas.

Quadro 1 – Relações entre planos de adaptação às mudanças climáticas (Lei nº 14.904/24) e contratações públicas (Lei nº 14.133/21)

(continua)

Categorias dos Planos de Adaptação à Mudança do Clima	**Conceito**	**Desdobramentos em contratações públicas**
Objetivo dos planos	Implementar medidas para reduzir a vulnerabilidade e a exposição a riscos dos sistemas ambiental, social, econômico e de infraestrutura diante dos efeitos adversos atuais e esperados da mudança do clima	Conexão com a Política Nacional de Mudança do Clima (Lei nº 12.189/2009) Consideração nas contratações públicas, sempre que cabível no objeto contratual, dos riscos ambientais, sociais, econômicos e de infraestrutura sobre mudança do clima
Conteúdo obrigatório dos planos	Incluir a gestão do risco da mudança climática Incluir medidas de mitigação de emissões de gases de efeito estufa	Conexão com a Política Nacional de Mudança do Clima (Lei nº 12.189/2009) Riscos ambientais e climáticos nas contratações públicas

(conclusão)

Categorias dos Planos de Adaptação à Mudança do Clima	Conceito	Desdobramentos em contratações públicas
Diretrizes dos planos	Indicamos a leitura integral do art. 2º e seus dez incisos, que enfatizam riscos climáticos, adaptação do setor agropecuário a uma economia de baixa emissão de carbono, adoção de soluções baseadas na natureza, pesquisa e inovação	Consideração de riscos climáticos Baixa emissão de carbono Contratações a partir de soluções baseadas na natureza
Estratégia, infraestrutura urbana e direito à cidade nos planos	Habitação, áreas verdes, transportes, equipamentos de saúde e educação, saneamento, segurança alimentar e nutricional, segurança hídrica, transição energética	Os ETP destes temas deverão considerar a dimensão climática Consideração dos riscos climáticos em contratações públicas (convênios, acordos de cooperação, repasses, PAC e outros Planos nacionais também)
Estratégia, infraestrutura nacional	Infraestruturas de comunicações, energia, transportes, finanças e águas, entre outras que tenham dimensão estratégica e sejam essenciais à segurança e à resiliência dos setores vitais para o funcionamento do País;	Os ETP destes temas deverão considerar a dimensão climática Consideração dos riscos climáticos em contratações públicas (convênios, acordos de cooperação, repasses, PAC e outros Planos nacionais também)
Infraestrutura baseada na natureza	Utilizar elementos da natureza para fornecer serviços relevantes para adaptação às consequências da mudança do clima, com vistas a criar resiliência e proteção da população, de bens e do meio ambiente ecologicamente equilibrado, de forma sustentável, com a possibilidade de integrar simultaneamente ações de adaptação e mitigação da mudança do clima.	Os ETP destes temas deverão considerar a dimensão climática Consideração dos riscos climáticos em contratações públicas (convênios, acordos de cooperação, repasses, PAC e outros planos nacionais também)

Fonte: Elaborado pela autora.

Em conclusão, ainda que a Lei nº 14.904/24 seja recente e outros desdobramentos ainda serão dela decorrentes, é nosso entendimento como pesquisadora que as instâncias de governança e de gestão dos órgãos públicos com ela se familiarizem, compreendendo de que maneira, no território em que sediada a organização e nas suas esferas de competências, possam, desde já, ser observadas as diretrizes e estratégias previstas nas contratações públicas.

Atuação nesse sentido é condizente com o dever ético de não omissão em matéria climática, em processo de implementação de contratações públicas que considerem as mudanças climáticas, além do necessário incentivo, no poder público, de iniciativas educacionais ao corpo funcional que atendam aos ditames da também recente Lei nº 14.926, de 17 de julho de 2024, que inseriu a atenção às mudanças do clima, proteção da biodiversidade e aos riscos e vulnerabilidades a desastres socioambientais no âmbito da Política Nacional de Educação Ambiental (Lei nº 9.795/99).

3 Dimensão climática na Lei nº 14.133/21

O aprofundamento teórico antecedente é demonstrativo de que há juridicamente um dever de zelo e uma obrigatoriedade estatal para que sejam consideradas as mudanças e os riscos climáticos no planejamento das contratações públicas.

O desenvolvimento nacional sustentável como um princípio e um objetivo na Lei nº 14.133/21 desdobra-se em diversas dimensões e, no cuidar desta autora e pelos fundamentos até então apresentados neste capítulo, *há uma nova dimensão, climática, a se agregar às contratações públicas brasileiras.*

Do constitucional direito ao meio ambiente ecologicamente equilibrado e do dever de o Poder Público defendê-lo e preservá-lo para as presentes e futuras gerações alinha-se o reconhecimento da Floresta Amazônica, Mata Atlântica, Serra do Mar, Pantanal Mato-Grossense e Zona Costeira como patrimônios nacionais (art. 225, parágrafo 4º, CF), além de, ainda que não previstos constitucionalmente pelo contexto histórico-legislativo da época, também serem objeto de preservação pelo *caput* do art. 225: a Caatinga, o Cerrado e o Pampa, bem como, de rigor, a defesa do sistema costeiro-marinho e das águas.

Nesse contexto, é crucial que não sejam desconsideradas e adotadas como fundamentos para as decisões governamentais as pesquisas científicas, de campos do conhecimento especializados como meteorológico, estudos relacionados à geração de gases de efeito estufa, descarbonização da economia, acesso aos recursos hídricos, ciências ambientais e agrícolas, além da engenharia, ciências sociais para o equacionamento dos deslocamentos populacionais motivados pelas mudanças climáticas, dentre outras expertises que evidenciam a transversalidade inerente à tomada de decisões em políticas públicas.

Assim como em 2010, em decorrência da alteração expressa da Lei nº 8.666/93 para a inclusão do desenvolvimento nacional sustentável, houve a disseminação no direito administrativo e na gestão pública brasileira das licitações sustentáveis, agora, *há de se empreender nova frente de atuação estatal em contratações para a inclusão da dimensão climática, que não depende de previsão expressa posto que decorrente direta do desenvolvimento nacional sustentável,* já previsto na Lei nº 14.133/21.

Para tanto, em prosseguimento ao segundo objetivo do presente capítulo, há de se apresentar orientações práticas, com o detalhamento da sua incidência nos estudos técnicos preliminares e na análise dos riscos das contratações. Trata-se de entendimento desenvolvido pela autora, com lastro na convicção de que o conhecimento não pode deter-se na reflexão teórica, mas avançar e ter o propósito de ser minimamente contributivo ao mundo dos fatos.

3.1 Dimensão climática no estudo técnico preliminar e na análise de riscos: orientações

A análise jurídica da Lei nº 14.133/21 (NLLC) sob a perspectiva da dimensão climática ressalta a relevância do estudo técnico preliminar como viabilizador da sua consideração e proteção desde a primeira etapa do planejamento da contratação.

A menção ao "*interesse público envolvido* e sua melhor solução" (art. 6º, XX, e art. 18, I, NLLC) abarca o exame, no caso concreto, se há variáveis climáticas envolvidas e, em sendo positiva a resposta, buscar-se a melhor solução.

Por sua vez, o art. 18, *caput*, disciplina que o planejamento deve "abordar todas as **considerações técnicas** (...) e de **gestão** que podem interferir na contratação" e, tanto a técnica, com fundamento na ciência, estudos e pesquisas abalizadas, como a gestão, contemplam o exame climático. Sobre a gestão, deve esta ser considerada em uma perspectiva mais ampliada, que não a restrinja à gestão interna do órgão público que efetuará a licitação, mas a gestão do bairro, da cidade e região, como, por exemplo, a ponderação acerca dos aspectos geográficos, relevo e dos corpos hídricos.

O plano de contratações anual é instrumento que viabilizará, no cotidiano administrativo do servidor público, uma maior facilidade na identificação, em cada contratação, se há dimensão climática envolvida. Como o ETP deve demonstrar que a contratação está prevista no plano anual (art. 18, parágrafo 1º, II) e deve haver um encadeamento com o planejamento da Administração, em uma perspectiva organizacional sistêmica e integrada por uma governança pública sustentável.

No tocante à previsão constante do inciso IV do parágrafo 1º do mesmo art. 18, a "interdependência com outras contratações" não pode limitar-se à dimensão econômica ("economia de escala"), devendo ser avaliada a interdependência também sob o prisma das mudanças climáticas, o que é reforçado pelo inciso XI, ao referir-se às "contratações correlatas e/ou interdependentes".

Da análise jurídica da Lei nº 14.133/21, identificou-se que a "justificativa técnica" para a escolha do tipo de solução (art. 18, parágrafo 1º, V) é elemento que contribui para o gestor na sua motivação administrativa, caso identificado que haverá impacto climático em alguma das soluções que não foi adotada justamente por esse motivo.

Em síntese parcial, em relação ao estudo técnico preliminar, a "adequação da contratação para o atendimento da necessidade a que se destina" (inciso XIII) é o grande fundamento para redução da vulnerabilidade e dos riscos, a partir do entendimento jurídico de que há uma *finalidade regulatória climática nas contratações públicas*.

Nas obras e serviços de engenharia, as previsões constantes do art. 45 possibilitam a identificação da dimensão climática a ser considerada na fase de planejamento, seja com a mitigação por condicionantes e compensação ambiental a serem definidas em licenciamento ambiental, seja pela avaliação dos impactos diretos e indiretos das obras.

Em seguimento, há um relevante potencial a ser explorado para a avaliação climática no anteprojeto e no projeto básico, a teor do previsto no artigo 6º, XXIV, no que concerne, por exemplo, às condições de solidez, segurança e de durabilidade, ao traçado geométrico e/ou projeto da área de influência e ao impacto ambiental. O levantamento topográfico e pareceres de sondagens, assim como os métodos construtivos são fundamentais para consideração das variáveis climáticas e, preventivamente, evitar danos futuros.

Outrossim, ao se avaliar os riscos de uma contratação, aqueles de cunho climático devem ser incluídos na expressão "a análise dos riscos que possam comprometer o sucesso da licitação e a boa execução contratual" (art. 18, X) e também ponderados na definição e contratação de seguros (art. 22), bem como nas contratações diretas (art. 72, I) e nos contratos, nas matrizes de risco, quando for o caso (art. 92, IX), bem como nas garantias (art. 98).

As contratações poderão contemplar "riscos contratuais previstos e presumíveis" (art. 103, *caput*), mas é possível que haja situação na qual não há certeza rigorosa quanto ao risco climático e, nesse caso, deverá prevalecer o princípio de direito ambiental da precaução, adotando previamente o gestor a solução contratual mais favorável ao meio ambiente.

Ao final, não se olvide que os riscos ambientais serão avaliados nas hipóteses previstas no art. 147:

> Art. 147. Constatada irregularidade no procedimento licitatório ou na execução contratual, caso não seja possível o saneamento, a decisão sobre a suspensão da execução ou sobre a declaração de nulidade do contrato somente será adotada na hipótese em que se revelar medida de interesse público, com avaliação, entre outros, dos seguintes aspectos:
>
> I – impactos econômicos e financeiros decorrentes do atraso na fruição dos benefícios do objeto do contrato;
>
> II – *riscos sociais, ambientais e à segurança da população local decorrentes do atraso na fruição dos benefícios do objeto do contrato.*

Conclui-se que a Lei nº 14.133/21 apresenta previsões que, ainda que não mencionem expressamente a dimensão climática (assim como não foram nominadas as demais dimensões da sustentabilidade), autorizam sejam as vulnerabilidades climáticas consideradas no estudo técnico preliminar. O mesmo se verifica em relação à identificação e análise dos riscos climáticos.

Não apenas há segurança jurídica para tanto, como há a obrigatoriedade da sua consideração, não podendo configurar-se omissão estatal nesse tema, contemporaneamente da maior relevância.

O Tribunal de Contas da União tem se encaminhado para o fortalecimento da dimensão climática em conexão com a governança e, ainda que não se vislumbrem acórdãos específicos sobre aspectos climáticos em contratações públicas, devem ser destacadas duas iniciativas (iESGo e Climate Scanner) que indicam o norte do Tribunal neste sentido:

> O iESGo sintetiza práticas de governança, gestão e sustentabilidade, e é formado pela agregação de indicadores nos temas de Liderança, Estratégia, Controle, Sustentabilidade Ambiental e Social e Gestão Pública. (...)
>
> Registro que este Tribunal tem, ao longo dos últimos anos, como órgão executor das políticas públicas a seu cargo, procurado manter-se na vanguarda de ações visando à promoção da sustentabilidade em sua atuação, desenvolvendo ações para igualdade de gênero, combate ao assédio, coleta seletiva de resíduos, economia de água, produção de energia fotovoltaica, acessibilidade, entre outros. Mais recentemente, na dimensão ambiental, a atuação do Tribunal também ficou marcada internacionalmente pelo desenvolvimento do projeto *Climate Scanner*, iniciativa inédita de abrangência global, que conta com a participação de países ao redor de todo o planeta, e que visa estimular as ações de enfrentamento dos riscos decorrentes das mudanças climáticas.
>
> Por essas razões, penso que, ao longo dos próximos anos, o levantamento iESGo não deve somente ser repetido, como também deve-se intensificar a atuação nas novas dimensões ambiental e social, de forma que elas possam alcançar o mesmo patamar da dimensão de governança, que já vinha sendo explorada com persistência pelo Tribunal ao longo da última década. (Acórdão nº 1913/2024 - Plenário – TCU, Relator Min. Vital do Rego, julgado em 18/09/24)

A tendência é o incremento pelo controle externo das exigências de governança pública com sustentabilidade climática, tanto no âmbito internacional por intermédio do Climate Scanner, como internamente no Brasil, com o aperfeiçoamentos no iESGo e também mediante disseminação do tema nos Tribunais de Contas estaduais e municipais. A realização da COP 30 no país pode também ser utilizada como mais um propulsor para ações governamentais dos diferentes entes (União, Estados e Municípios) neste sentido e, por certo, as contratações públicas inserem-se nesse processo, e aos órgãos públicos não é facultada a omissão na avaliação da vulnerabilidade climática em suas presentes e futuras contratações.

4 Considerações finais

A vulnerabilidade climática há de ser incorporada na fase de planejamento das contratações públicas, com ênfase no estudo técnico preliminar e à análise dos riscos. Para tanto, faz-se necessária uma aproximação cada vez mais crescente entre os ramos do direito ambiental e administrativo (licitações), como se procurou percorrer conceitual e com orientações com lastro na análise dos artigos da Lei nº 14.133/21.

Há segurança jurídica e a dimensão climática tem o desafio, em sede de gestão pública brasileira, de ser efetivamente incorporada nas contratações nacionais.

O elo da dimensão climática na NLLC amplia-se com a consideração do tema sob a ótica da governança pública com sustentabilidade, capacitações nos órgãos públicos, inserção dos aspectos climáticos nos estudos técnicos preliminares, planos anuais de contratação, análise e matriz de riscos, planejamentos estratégicos das organizações, em processo que vivifique a sustentabilidade em ações práticas pelas contratações e também, concomitantemente e sob uma dimensão ética, a cidadania institucional e coletiva pelo desenvolvimento sustentável no Brasil.

Referências

BLANK, Dionis Mauri Penning. *O contexto das mudanças climáticas e as suas vítimas.* Fortaleza: Mercator – Universidade Federal do Ceará, v. 14, n. 2, p. 157-172, maio/ago. 2015. Disponível em: https://www.scielo.br/j/mercator/a/SgzwvyFQvzynyM8ZhdtRzjr/?lang=pt.

CARVALHO, Délton Winter de. Desvendando a emergência climática. *Atuação: Revista Jurídica do Ministério Público Catarinense,* v. 17, n. 36, p. 39-64, 30 nov. 2022.

COMISSÃO MUNDIAL SOBRE MEIO AMBIENTE E DESENVOLVIMENTO. *Nosso futuro comum.* Rio de Janeiro: Editora da Fundação Getúlio Vargas, 1991.

FREITAS, Juarez. *Sustentabilidade*: direito ao futuro. Belo Horizonte: Fórum, 2019.

MACHADO, Paulo Affonso Leme. *Direito Ambiental brasileiro.* São Paulo: Malheiros, 2009.

MILARÉ, Edis. *Direito do ambiente:* a gestão ambiental em foco. São Paulo: Revista dos Tribunais, 2011.

SACHS, Ignacy. Desenvolvimento e cultura. Desenvolvimento da cultura. Cultura do desenvolvimento. Salvador: Universidade Federal da Bahia. *Organizações & Sociedade,* v. 12, n. 33, p. 151-165, 2005.

VILLAC, Teresa. *Sustentabilidade e contratações públicas no Brasil*: direito, ética ambiental e desenvolvimento (tese doutorado). São Paulo: Programa de Pós-Graduação em Ciência Ambiental. Universidade de São Paulo. 2017. Disponível em: https://www.teses.usp.br/teses/disponiveis/106/106132/tde-08112017-141101/pt-br.php.

WEDY, Gabriel; MOREIRA, Rafael Martins Costa. *Manual de Direito Ambiental*: de acordo com a jurisprudência dos Tribunais Superiores. Belo Horizonte: Fórum, 2019, p. 59.

Informação bibliográfica deste texto, conforme a NBR 6023:2018 da Associação Brasileira de Normas Técnicas (ABNT):

VILLAC, Teresa. A dimensão climática nas contratações públicas: orientações para o estudo técnico preliminar e a análise de riscos. *In:* FURTADO, Madeline Rocha; FURTADO, Monique Rafaella Rocha (coord.). *O planejamento das contratações*: estudos técnicos preliminares e termos de referência: teoria e aplicação sob a égide da Lei nº 14.133/2021. Belo Horizonte: Fórum, 2025. p. 55-70. ISBN 978-65-5518-944-5.

CAPÍTULO 3

O PLANEJAMENTO DAS CONTRATAÇÕES PÚBLICAS COM FOCO NA SUSTENTABILIDADE SOCIAL

DAIESSE QUÊNIA JAALA SANTOS BOMFIM

CARMEN BOAVENTURA

Introdução

No panorama jurídico-normativo previsto na Lei nº 14.133/21, está inserida a temática da sustentabilidade nas contratações públicas. Um tema relevante no cenário de licitações e contratos administrativos, com pano de fundo constitucional,[1] não somente sob as dimensões ambiental, econômica e ética, mas, sobretudo, sob a sua dimensão social.

Este artigo visa tecer comentários e reflexões a respeito da dimensão social da sustentabilidade, especialmente sobre a sua relevância na fase preparatória da contratação, no que tange aos artefatos do estudo técnico preliminar e do termo de referência.

No primeiro tópico será abordado o tema da sustentabilidade *lato sensu*, dispondo sobre a importância do tema no cenário nacional e trazendo comentários sobre os pilares da sustentabilidade, inclusive sob a dimensão social.

---

1 Artigo art. 3º, inciso II, da Constituição da República de 1988 dispõe como objetivos fundamentais da República, dentre outros: (i) construir uma sociedade livre, justa e solidária e (ii) garantir o desenvolvimento nacional. Além disso, o artigo 225 estabelece que constitui dever do Poder Público e da própria coletividade a defesa e a preservação do meio ambiente para futuras gerações.

No segundo tópico, serão trazidas as disposições contidas na Lei nº 14.133/21 no que tange à sustentabilidade social, os seus impactos e desafios nas contratações públicas.

No terceiro tópico será dada ênfase à fase preparatória, considerando a importância da definição dos critérios de sustentabilidade social nos artefatos do estudo técnico preliminar e do termo de referência.

Após, serão apresentadas as considerações finais, onde serão propostas diversas reflexões ao leitor sobre a importância da sustentabilidade na construção dos artefatos de planejamento, inclusive no tocante à dimensão social, bem como a respeito do futuro das contratações públicas sustentáveis no Brasil.

1 Dos pilares da sustentabilidade

O conceito de desenvolvimento sustentável ganhou destaque com o Relatório Brundtland (Our Common Future – Nosso Futuro Comum[2]), apresentado na Conferência das Nações Unidas sobre Meio Ambiente e Desenvolvimento (CNMUD) em 1992, realizada na cidade do Rio de Janeiro, conhecida como "Rio 92". Esse relatório trouxe uma visão inovadora sobre como o desenvolvimento econômico pode ser harmonizado com a proteção ambiental e a justiça social. A ideia central é que o progresso econômico não deve comprometer a capacidade das futuras gerações de atenderem suas próprias necessidades, enfatizando a importância de práticas que preservem os recursos naturais e promovam a sustentabilidade em longo prazo.

A Declaração da Rio 92 consolidou o entendimento de que o desenvolvimento sustentável implica ações integradas que visam não apenas ao crescimento econômico, mas também à redução das desigualdades sociais e à erradicação da pobreza. Esse paradigma busca equilibrar o uso dos recursos naturais com a necessidade de desenvolvimento econômico, garantindo que todas as camadas da sociedade se beneficiem de maneira equitativa.

A sustentabilidade ambiental transcende os limites territoriais, operando em um âmbito intergeracional, que promove a justiça social juntamente com o desenvolvimento econômico e a proteção

---

[2] COMISSÃO MUNDIAL SOBRE MEIO AMBIENTE E DESENVOLVIMENTO. *Nosso Futuro Comum*. 1. ed. São Paulo: Fundação Getúlio Vargas, 1988. Disponível em: https://smastr16.blob.core.windows.net/portaleducacaoambiental/sites/11/2024/05/Nosso-Futuro-Comum.pdf. Acesso em: 16 jul. 2024.

ambiental. Esse novo contexto de governança se consolidou também em instrumentos jurídicos internacionais. Após a Declaração do Rio 92, 179 países participantes da CNUMD assinaram a "Agenda 21 Global", que inclui ações para a igualdade de gênero. Em seu capítulo 24, intitulado "Ação Mundial pela Mulher, com vistas a um Desenvolvimento Sustentável e Equitativo", são previstas medidas para aumentar a participação das mulheres na política, no mercado econômico, nas ações de desenvolvimento sustentável, e na adoção de medidas que efetivem a Convenção sobre a Eliminação de Todas as Formas de Discriminação contra as Mulheres, de 1979.[3]

Debates políticos sobre o desenvolvimento sustentável têm influenciado agendas gerenciais e acadêmicas, resultando, por exemplo, na criação dos Objetivos de Desenvolvimento Sustentável (ODS) pela ONU.[4] Esses objetivos, que evoluíram dos Objetivos de Desenvolvimento do Milênio (ODM), foram definidos durante a conferência Rio+20 em 2012. Os ODS incluem 17 metas globais distribuídas em seis categorias: dignidade, prosperidade, parceria, justiça, pessoas e planeta. Essas metas traçam prioridades e aspirações para um desenvolvimento sustentável global até 2030.

Efetivamente, cada objetivo é acompanhado por metas específicas que visam abordar os desafios mais prementes que o mundo enfrenta, promovendo um desenvolvimento que seja socialmente inclusivo, economicamente viável e ambientalmente sustentável. Entre os principais ODS, destacam-se a erradicação da pobreza (ODS 1), a promoção de saúde e bem-estar (ODS 3), a garantia de educação de qualidade (ODS 4), a igualdade de gênero (ODS 5) e a redução das desigualdades (ODS 10).

Além disso, outros objetivos críticos incluem a necessidade de garantir o acesso a água potável e saneamento (ODS 6), promover o crescimento econômico sustentável e o trabalho decente (ODS 8) e adotar medidas urgentes para combater as mudanças climáticas (ODS 13). Os ODS também enfatizam a importância de conservar os oceanos e a vida marinha (ODS 14), proteger os ecossistemas terrestres (ODS 15) e promover a paz, justiça e instituições eficazes (ODS 16). Para

[3] Essa Convenção foi adotada pela Resolução nº 34/180 da Assembleia Geral da ONU, de 18 de dezembro de 1979. Ela foi ratificada pelo Brasil no ano de 1984.

[4] ORGANIZAÇÃO DAS NAÇÕES UNIDAS. *Agenda 2030 para o Desenvolvimento Sustentável*. Disponível em: https://brasil.un.org/pt-br/91863-agenda-2030-para-o-desenvolvimento-sustent%C3%A1vel. Acesso em: 12 jul. 2024.

alcançar essas metas ambiciosas, é fundamental fortalecer as parcerias globais (ODS 17), garantindo a cooperação internacional e a mobilização de recursos necessários. Juntos, esses objetivos fornecem um plano abrangente para enfrentar os desafios globais e construir um futuro mais sustentável para todos.

Percebe-se, portanto, que o estímulo à prosperidade econômica deve vir acompanhado pelo viés da equidade social. De acordo com a cartilha elaborada pelo Centro Sebrae Sustentabilidade,[5] intitulada *Sustentabilidade econômica: como sua empresa pode ser mais lucrativa com a sustentabilidade*:

> O conceito de sustentabilidade econômica pressupõe o objetivo de manter o crescimento econômico, sem destruir ou prejudicar o meio (ambiental e social) em que esse crescimento econômico se dá. Significa operar o negócio de maneira a obter a rentabilidade esperada ao mesmo tempo que reconhece a importância de questões sociais e ambientais. Vantagens da sustentabilidade econômica: • Maior economia financeira a médio e longo prazo; • Aumento de lucros e redução do risco por meio de combate à poluição e melhoria da eficiência ambiental de produtos e processos; • Melhora da imagem perante cidadãos e consumidores; • Obtenção de ganhos indiretos, pois terão um meio ambiente preservado, maior desenvolvimento econômico e a garantia de uma vida melhor para as futuras gerações; • Vantagem competitiva em relação aos seus concorrentes.

Outrossim, o desenvolvimento de tecnologias verdes, a promoção da economia circular e a incorporação de critérios ambientais nos processos produtivos são meios pelos quais a economia pode evoluir de maneira mais consciente e alinhada aos princípios sustentáveis.

Nesse contexto, a dimensão social da sustentabilidade destaca-se por promover a equidade e a justiça social. Isso inclui não apenas a criação de empregos dignos e a garantia de condições de trabalho justas, mas também a implementação de políticas que combatam a discriminação e a exclusão social. A promoção da igualdade de gênero e a redução das desigualdades são fundamentais para assegurar que o desenvolvimento seja verdadeiramente inclusivo, e a implementação eficaz desses objetivos requer um compromisso robusto tanto do setor

---

[5] SEBRAE (Serviço Brasileiro de Apoio às Micro e Pequenas Empresa). Centro Sebrae de Sustentabilidade. *Sustentabilidade econômica*: como sua empresa pode ser mais lucrativa com a sustentabilidade. Cuiabá: Sebrae, 2017. ISBN: 978-85-7361-107-6.

público quanto do privado, para garantir que a teoria alcance, de fato, a vida das pessoas de modo equitativo.

Por fim, além dos pilares clássicos da sustentabilidade — econômica, ambiental e social — é fundamental reconhecer a importância de dimensões adicionais que também influenciam o desenvolvimento sustentável. A dimensão ética, por exemplo, assegura que práticas empresariais e governamentais sejam conduzidas com integridade e responsabilidade, promovendo a transparência e a justiça. A dimensão cultural valoriza a preservação e o respeito pelas identidades culturais e tradições locais, enquanto a dimensão política é crucial para garantir que as decisões e políticas sejam inclusivas, representativas e alinhadas com os princípios da democracia. Essas dimensões adicionais complementam os pilares tradicionais, contribuindo para uma abordagem mais holística e equitativa do desenvolvimento sustentável, além de reforçar a necessidade de um comprometimento amplo e multifacetado para alcançar um futuro verdadeiramente sustentável e justo para todos.

2 Da sustentabilidade social nas contratações públicas

No âmbito das contratações públicas, o professor Marçal Justen Filho assevera que a proposta mais vantajosa, desde o normativo anterior, já deve ser compreendida como aquela que contribui para a sustentabilidade.[6] Nessa mesma esteira, caminha o entendimento do professor Juarez Freitas:[7]

> Dito de outro modo, o dever de efetuar contratações públicas sustentáveis implica promover a reconformação da arquitetura das instituições e dos comportamentos: guiado pelo imperativo fundamental da sustentabilidade, o gestor precisa, em todas as relações de administração, promover o bem-estar das gerações presentes, sem inviabilizar o bem-estar das gerações futuras, cujos direitos fundamentais são, desde logo, plenamente reconhecidos pelo ordenamento jurídico.

Nessa seara, com o intento de promover o desenvolvimento nacional sustentável, o regramento anterior (Lei nº 8.666/93) trazia

---

[6] J JUSTEN FILHO, Marçal. Desenvolvimento nacional sustentável: contratações administrativas e o regime introduzido pela Lei nº 12.349/2010. *Informativo Justen, Pereira, Oliveira e Talamini*. Curitiba, n. 50, abr. 2011. Disponível em: https://www.zenitenews.com.br/dho/eventos/ea0082/documentos/doutrina/doutrina_11ago-745.pdf. Acesso em: 14 jul. 2024.

[7] FREITAS, Juarez. Princípio da Sustentabilidade: licitações e a redefinição da proposta mais vantajosa. *Revista do Direito UNISC*, n. 38, p. 74-94, jul./dez. 2012.

como critério de desempate a preferência por bens e serviços produzidos no país; produzidos ou prestados por empresas brasileiras; produzidos ou prestados por empresas que invistam em pesquisa e no desenvolvimento de tecnologia no país; produzidos ou prestados por empresas que comprovem cumprimento de reserva de cargos prevista em lei para pessoa com deficiência ou para reabilitado da Previdência Social e que atendam às regras de acessibilidade prevista na legislação. Ademais, estes critérios de desempate estariam atrelados, dentre outros, à comprovação de geração de emprego e renda, à importância na arrecadação de tributos e ao desenvolvimento e inovação tecnológica realizados no país.

Além da conformação por meio de critérios de desempate, a Lei nº 8.666/93 trazia também uma contribuição ao desenvolvimento nacional sustentável em algumas das situações em que a licitação era dispensável. Seria o caso, em especial, dos incisos XIII e XXVII do art. 24, os quais, respectivamente, traziam a possibilidade de contratação direta de instituição nacional sem fins lucrativos dedicada à recuperação social do preso, e a possibilidade de contratação direta de associações ou cooperativas de catadores de materiais recicláveis, formadas exclusivamente por pessoas físicas de baixa renda. Nesse caso, os integrantes da associação ou da cooperativa deveriam ter cadastro no Cadastro Único (CAD-ÚNICO) destinado, dentre outros, à coleta de dados e ao aporte de benefícios sociais às famílias de baixa renda.

Por sua vez, a Lei nº 14.133/2021 não apenas ratifica o desenvolvimento sustentável como princípio, mas também indica que será objetivo do processo licitatório conferindo maior robustez à estratégia de instrumentalização socioambiental das compras governamentais.

De acordo com o Guia Nacional de Contratações Sustentáveis,[8] elaborado pela Advocacia-Geral da União, deverão ser considerados os seguintes aspectos para implementação da sustentabilidade nas compras públicas:

- questionamento inicial quanto à necessidade do consumo;
- redução do consumo;
- análise do ciclo de vida do produto (produção, distribuição, uso e disposição) para determinar a vantajosidade econômica da oferta;

---

[8] BRASIL. Advocacia-Geral da União (AGU). Consultoria-Geral da União. *Guia Nacional de Contratações Sustentáveis*. 4. ed. Brasília: AGU, agosto, 2021. Disponível em:https://www.gov.br/agu/pt-br/comunicacao/noticias/AGUGuiaNacionaldeContrataesSustentveis4edio.pdf. Acesso em: 07 jul. 2024.

- estímulo para que os fornecedores assimilem a necessidade premente de oferecer ao mercado, cada vez mais, obras, produtos e serviços sustentáveis;
- fomento da inovação, tanto na criação de produtos com menor impacto ambiental negativo, quanto no uso racional destes produtos, minimizando a poluição e a pressão sobre os recursos naturais;
- fomento a soluções mais sustentáveis, as quais foquem na função que se almeja com a contratação e que gerem menor custo e redução de resíduos;
- fomento à contratação pública compartilhada entre órgãos, por intenção de registro de preço (contratações compartilhadas sustentáveis).

Com efeito, a atual legislação traz a possibilidade do estabelecimento de margem de preferência para bens manufaturados e serviços nacionais, e para bens reciclados, recicláveis ou biodegradáveis. Essas duas possibilidades de margem de preferência foram disciplinadas no art. 26 da Lei nº 14.133/2021, e regulamentadas pelo Decreto nº 11.890, de 22 de janeiro de 2024, o qual instituiu a Comissão Interministerial de Contratações Públicas para o Desenvolvimento Sustentável (CICS).

Da mesma forma que a antiga legislação, vislumbram-se, na lei atual, hipóteses relacionadas à dimensão social da sustentabilidade e a contratação direta, com destaque para previsão de para a contratação de associação de pessoas com deficiência, sem fins lucrativos e de comprovada idoneidade, por órgão ou entidade da Administração Pública, para a prestação de serviços, desde que o preço contratado seja compatível com o praticado no mercado e os serviços contratados sejam prestados, exclusivamente, por pessoas com deficiência, conforme expressamente previsto em seu art. 75, inciso XIV.

Ainda nesse contexto, a Lei nº 14.133/2021 assegura a dispensa de licitação para a contratação de entidades privadas sem fins lucrativos para a implementação de cisternas ou outras tecnologias sociais de acesso à água para consumo humano e produção de alimentos (art. 75, inciso XVII).

Como visto, a legislação sobre licitações demonstra que a valorização de políticas públicas específicas no bojo das contratações públicas não é prática nova, a exemplo do marco legal das licitações sustentáveis, reserva de vagas para pessoas com deficiência, ou ainda, critérios para tratamento diferenciado às micro e pequenas empresas.

Ao discorrer sobre a função social da licitação pública, o professor Daniel Ferreira[9] afirma que:

> Não se tem, aqui, qualquer pretensão de conceituar "função social". O escopo dessa modesta investigação é apenas o de verificar se pode ou mesmo se deve haver uma "função social" para a licitação pública, mormente no sistema jurídico brasileiro, no sentido de se reconhecer outra potencial ou compulsória finalidade para o certame e que não se confunde com a satisfação da necessidade próxima, premente — de certa parcela da coletividade ou da própria Administração Pública, reprise-se — a ser obtida mediante regular execução do objeto contratado. Melhor dizendo, busca-se constatar a admissão pelo Direito em vigor de um adicional fim para ela — remoto; singular ou plúrimo (conforme o caso) —, de modo que não se possibilite a satisfação de apenas um interesse público com sua exitosa realização, encapsulado como primário (de uma particularizada coletividade) ou secundário (do aparato administrativo), porém vários interesses público, num viés primário-primário (coletivo-coletivo) ou secundário-primário (administrativo-coletivo). Como exemplo, assuma-se, desde logo, uma licitação que estipule, por força de lei, um critério ficto de empate entre propostas com vistas a incentivar a formalização da atividade microempresária e facilitar seu acesso às contratações públicas. Ou, ainda, a delimitação do objeto da licitação, por força de decreto hierárquico, a bens e serviços ambientalmente sustentáveis. E nisso reside à cogitada "função social da licitação pública" apresentar-se, sempre que possível e cumulativamente, como um instrumento para a concretização dos objetivos fundamentais da República Federativa do Brasil, bem como dos demais valores, anseios e direitos nela encartados, sem prejuízo de outros, assim reconhecidos por lei ou até mesmo por uma política de governo.

Nesse contexto, Pereira Junior e Dotti elucidam que "a atividade contratual da Administração Pública mesmo quando no exercício de competências discricionárias, deve exprimir escolhas ditadas por políticas públicas e implementadas de acordo com as normas jurídicas que viabilizem a concretização do interesse público".[10]

Assim, é imperioso constatar que a dimensão social da sustentabilidade desempenha um papel crucial no contexto das compras públicas sustentáveis, sendo essencial considerar não apenas os aspectos

---

[9] FERREIRA, Daniel. Função social da licitação pública: o desenvolvimento nacional sustentável (no e do Brasil, antes e depois da MP n. 495/2010). *Fórum de Contratação e Gestão Pública*, Belo Horizonte, v. 9, n. 107, p. 49-64, nov. 2010.

[10] PEREIRA JUNIOR, Jessé Torres; DOTTI, Marinês Restelatto. *Políticas Públicas nas licitações e contratações administrativas*. Belo Horizonte: Fórum, 2009.

econômicos e ambientais, mas também as implicações sociais das decisões de aquisição.

A sustentabilidade social busca garantir as condições mínimas para uma existência digna, onde cada indivíduo possa desfrutar de bens e serviços de modo equânime. Essa abordagem está estreitamente ligada à justiça na distribuição de renda e de recursos, promovendo a igualdade de direitos e a solidariedade entre os membros da sociedade.

Não por outro motivo, escolheu o legislador estabelecer no artigo 25, §9º, da nova lei de licitações, norma destinada às mulheres vítimas de violência doméstica, prevendo que o edital poderá exigir, nas contratações de mão de obra em contratos de serviços contínuos, percentual mínimo provido por mulheres desse grupo social.

O governo federal, atendendo à necessidade de regulamentação, publicou o Decreto nº 11.430, de 08 de março de 2023, estipulando o percentual mínimo de 8% de mão de obra constituída por mulheres vítimas de violência doméstica e, também, dentro do mesmo normativo regulamentador, previu ações de promoção da equidade entre homens e mulheres no ambiente de trabalho como critério de desempate nas licitações conduzidas pela Administração Pública Federal.

Essas medidas visam combater a desigualdade histórica e promover a equidade no mercado de trabalho, assegurando oportunidades para grupos vulneráveis. A implementação dessas políticas de inclusão e diversidade é um passo significativo para uma administração pública mais justa e representativa, alinhada com os princípios de responsabilidade social, governança e sustentabilidade.

Vale dizer que o decreto regulamentador supramencionado também abrange mulheres trans, travestis e outras identidades de gênero feminino, ao mesmo tempo em que orienta as empresas a darem prioridade à contratação de mulheres pretas e pardas.

No âmbito municipal, o exemplo foi seguido pela Prefeitura de Belo Horizonte, que publicou o Decreto nº 18.422/2023 com o objetivo de oferecer suporte às mulheres, auxiliando-as a superar situações de vulnerabilidade e criando condições que as permitam ingressar no mercado de trabalho, fomentando, assim, sua autonomia econômica.

Com efeito, a ausência de autonomia econômica é um dos principais fatores que perpetuam o ciclo de abuso e violência contra as mulheres. Este cenário demanda uma abordagem proativa do governo e da sociedade para adotar políticas públicas que visem melhorar a situação das vítimas, alinhando-se aos Objetivos de Desenvolvimento Sustentável (ODS) 05, Igualdade de Gênero, e ODS 10, Redução das

Desigualdades. Sem a independência financeira, muitas mulheres permanecem presas a relacionamentos abusivos, sendo essencial a implementação de estratégias que promovam a autonomia econômica para quebrar esse ciclo.

Infelizmente, os dados sobre violência doméstica no Brasil são alarmantes e revelam a urgência de medidas eficazes para enfrentar o problema. O Anuário Brasileiro de Segurança Pública 2023[11] reporta mais de 245 mil casos de violência doméstica no ano anterior, com mais de 600 mil ameaças e cerca de 900 mil chamadas para o número de emergência 190, o que corresponde a uma média de 102 chamadas por hora. Esses números destacam a necessidade urgente de estratégias integradas de prevenção e apoio às vítimas, além de iniciativas focadas em garantir a autonomia econômica das mulheres afetadas.

Frequentemente, mulheres vítimas de violência enfrentam barreiras significativas para alcançar a independência financeira, como o controle financeiro exercido pelos agressores, a falta de acesso a recursos econômicos e a interrupção de carreiras profissionais. Para superar essas barreiras, é crucial desenvolver políticas e programas que promovam o empoderamento econômico das mulheres. Alinhadas aos ODS, essas iniciativas não apenas beneficiam as mulheres individualmente, mas também fortalecem suas famílias e comunidades, contribuindo para um desenvolvimento mais sustentável e inclusivo.

Nessa seara, a Lei nº 14.133/2021, que prevê a contratação de mulheres vítimas de violência doméstica em terceirizações, exemplifica uma política pública crucial para promover a inclusão econômica. No entanto, é necessário enfrentar os desafios dessa implementação com uma abordagem eficaz. As entidades públicas devem estabelecer processos claros e bem definidos para garantir a aplicação dessa política, bem como definir os papéis e responsabilidades de todos os envolvidos e criar estruturas adequadas para proteger a privacidade e dignidade das mulheres beneficiadas.

A proteção da confidencialidade das informações sobre mulheres vítimas de violência doméstica é fundamental para garantir sua privacidade e segurança. A criação de sistemas adequados para o manejo desses dados sensíveis é essencial para evitar estigmatização e proteger a integridade das vítimas, uma vez que a confidencialidade não só preserva a privacidade, mas também cria um ambiente seguro

---

[11] BRASIL. *Anuário Brasileiro de Segurança Pública.* Disponível em: https://forumseguranca.org.br/wp-content/uploads/2023/07/anuario-2023.pdf. Acesso em:15 jul. 2024.

e acolhedor, incentivando as mulheres a buscarem oportunidades de emprego e reintegração na sociedade.

Além de proteger a privacidade, a confidencialidade das informações também é vital para assegurar a segurança física e emocional das vítimas. Manter dados pessoais em sigilo impede que agressores ou pessoas mal-intencionadas usem essas informações para causar mais danos

Importa ressaltar que garantir a confidencialidade das informações vai além de uma exigência legal; é uma questão de respeito pelos direitos fundamentais das mulheres. Proteger os dados das vítimas é uma forma de assegurar sua integridade e bem-estar, permitindo sua reintegração ao mercado de trabalho com segurança.

Um desafio adicional é o desenvolvimento de sistemas de seleção e avaliação que considerem as experiências das mulheres vítimas de violência doméstica. É importante criar critérios que reconheçam habilidades transferíveis e competências adquiridas em contextos não tradicionais de trabalho, além de considerar as dificuldades enfrentadas na manutenção de uma carreira profissional contínua.

O Estado, em colaboração com o setor privado, deve promover processos seletivos eficazes e oferecer capacitação adaptada às necessidades dessas mulheres. Políticas específicas devem focar não apenas no aprimoramento das habilidades profissionais, mas também no suporte psicossocial necessário para a reintegração no mercado de trabalho, aumentando o número de mulheres qualificadas para as oportunidades disponíveis.

Outrossim, a fiscalização rigorosa do cumprimento das cotas durante a execução contratual é crucial para a efetividade das políticas de inclusão. Estabelecer responsabilidades claras e procedimentos transparentes visa evitar fraudes e manipulações, garantindo que as mulheres beneficiadas pelas cotas tenham oportunidades reais de emprego e permaneçam ativas no mercado de trabalho.

Destaca-se, ademais, que a coleta de dados precisos é fundamental para monitorar o cumprimento dessas políticas. Com efeito, sistemas confiáveis de coleta e análise dos dados permitem acompanhar de perto o cumprimento das cotas, fornecendo informações sobre o progresso e desafios enfrentados e possibilitando ajustes para melhorar a eficácia das políticas ao longo do tempo. Não se pode olvidar que a ausência de um monitoramento adequado pode comprometer os esforços para promover a inclusão de mulheres vítimas de violência doméstica no mercado de trabalho.

Finalmente, após mais de um ano desde a promulgação do Decreto nº 11.430/2023, é evidente que os órgãos públicos enfrentam desafios na implementação efetiva dessa medida. Importante, por fim, mencionar que a extensão dessas medidas para contratações diretas e a priorização da vulnerabilidade econômica como critério de seleção são pontos importantes para aprimorar a eficácia das políticas públicas. A adoção de medidas concretas e ajustes baseados em experiências bem-sucedidas são fundamentais para construir uma sociedade mais inclusiva e equitativa.

3 Planejamento das contratações públicas: critérios de sustentabilidade social no ETP e TR

Inicialmente, antes de adentrar propriamente sobre a importância da definição dos critérios de sustentabilidade no estudo técnico preliminar e no termo de referência, convém traçar breves comentários sobre a fase preparatória à luz da Lei nº 14.133/21.

É notório que a Lei nº 14.133/21 trouxe uma ênfase maior à etapa preparatória quando comparada às previsões das legislações pretéritas, já revogadas.[12] Marçal Justen Filho[13] sustenta inclusive que um dos pilares dessa lei é a promoção do planejamento:

> Um dos pilares da Lei nº 14.133/21 consiste em promover o planejamento, reconhecido como essencial e indispensável para a gestão eficiente dos recursos públicos e a obtenção de contratações satisfatórias e bem executadas. A lei pressupõe que o planejamento pode neutralizar os defeitos fundamentais das contratações administrativas, que são a ineficiência e a corrupção.

Como bem pontuado por Joel de Menezes Niebuhr,[14] o planejamento foi considerado como princípio na nova lei de licitações e contratos:

---

12 As Leis nº 8.666/93, a Lei 12.462/2011 e a Lei 10.520/2002 foram revogadas em 31 de dezembro de 2023, já revogadas, portanto, na data de escrita do presente artigo.

13 JUSTEN FILHO, Marçal. *Comentários à lei de licitações e contratos administrativos.* 2. ed. São Paulo: Thomson Reuters Brasil, 2023, p. 336.

14 NIEBUHR. Joel de Menezes. *Licitação Pública e Contrato Administrativo.* 6. ed. Belo Horizonte: Fórum, 2023. p. 407.

O planejamento foi elevado a princípio das licitações e dos contratos, em conformidade com o *caput* do art. 5º da Lei nº 14.133/21, e o legislador houve por bem dedicar à fase preparatória, em que ocorre o planejamento, um capítulo inteiro da nova lei, o Capítulo II do Título II. Bem que se vê que o planejamento das licitações e dos contratos foi bastante realçado na Lei nº 14.133/21, constituindo-se num dos seus pilares fundamentais.

Nessa fase são delineados todos os artefatos necessários para suprir a demanda administrativa, iniciando-se pelo Documento de Formalização de Demanda (DFD), onde é descrita a necessidade da Administração, qual problema será necessário resolver, o estudo técnico preliminar, o mapa de riscos, o termo de referência, o projeto básico, o projeto executivo e o anteprojeto e a estimativa de custos. Neste artigo, será tratado apenas e tão somente sobre o ETP e TR, com enfoque nos critérios de sustentabilidade.

O art. 18 da Lei nº 14.133/21 possui a seguinte previsão:

> Art. 18. A fase preparatória do processo licitatório é caracterizada pelo planejamento e deve compatibilizar-se com o plano de contratações anual de que trata o inciso VII do caput do art. 12 desta Lei, sempre que elaborado, e com as leis orçamentárias, bem como abordar todas as considerações técnicas, mercadológicas e de gestão que podem interferir na contratação, compreendidos:
>
> I – a descrição da necessidade da contratação fundamentada em estudo técnico preliminar que caracterize o interesse público envolvido;
>
> II – a definição do objeto para o atendimento da necessidade, por meio de termo de referência, anteprojeto, projeto básico ou projeto executivo, conforme o caso;
>
> III – a definição das condições de execução e pagamento, das garantias exigidas e ofertadas e das condições de recebimento;
>
> IV – o orçamento estimado, com as composições dos preços utilizados para sua formação;
>
> V – a elaboração do edital de licitação;
>
> VI – a elaboração de minuta de contrato, quando necessária, que constará obrigatoriamente como anexo do edital de licitação;
>
> VII – o regime de fornecimento de bens, de prestação de serviços ou de execução de obras e serviços de engenharia, observados os potenciais de economia de escala;
>
> VIII – a modalidade de licitação, o critério de julgamento, o modo de disputa e a adequação e eficiência da forma de combinação desses parâmetros, para os fins de seleção da proposta apta a gerar o resultado de

> contratação mais vantajoso para a Administração Pública, considerado todo o ciclo de vida do objeto;
>
> IX – a motivação circunstanciada das condições do edital, tais como justificativa de exigências de qualificação técnica, mediante indicação das parcelas de maior relevância técnica ou valor significativo do objeto, e de qualificação econômico-financeira, justificativa dos critérios de pontuação e julgamento das propostas técnicas, nas licitações com julgamento por melhor técnica ou técnica e preço, e justificativa das regras pertinentes à participação de empresas em consórcio;
>
> X – a análise dos riscos que possam comprometer o sucesso da licitação e a boa execução contratual;
>
> XI – a motivação sobre o momento da divulgação do orçamento da licitação, observado o art. 24 desta Lei.

Nesse artigo são apontados todos os elementos que devem fazer parte da fase preparatória, de modo a retratar todas as necessidades da Administração, com o intuito de encontrar a melhor solução que atenda ao interesse público. Para tanto, faz-se necessária a descrição da necessidade da contratação fundamentada em estudo técnico preliminar que caracterize o interesse público envolvido, a descrição do objeto, a elaboração do edital, a definição das condições e dos requisitos do instrumento convocatório, dentre outros, conforme estabelecido no artigo mencionado.

Para Cecília Costa e Franklin Brasil,[15] o estudo da necessidade é composto pelo levantamento dos atores interessados no problema; pela definição da necessidade; pelo levantamento de critérios que definem a necessidade e pelo estudo dos fatores que influenciam ou que são influenciados pelos critérios. Ademais, os autores destacam a importância de colacionar soluções que possam atender a essa necessidade:

> Antes de escolher uma solução, no entanto, é necessário levantar quais as soluções possíveis para atender a necessidade. Nesse momento não se deve fazer qualquer julgamento, apenas trazer tantas soluções quanto possível, para uma análise posterior.

---

15 COSTA, Cecília de Almeida; SANTOS, Franklin Brasil. Estudo técnico preliminar: o dilema entre necessidade e solução. *In*: LIMA, Francisco Fernando Antônio Albuquerque; CORRÊA, Rogério (coord.). *Licitações e Contratos Administrativos na Lei nº 14.133/21: aspectos gerais*. São José dos Pinhais: Negócios Públicos, 2022, p.126.

Daí a importância de estabelecer quais serão esses critérios, de maneira assertiva, no estudo técnico preliminar, para depois analisar qual será a melhor solução que possa atender à demanda administrativa.

A confecção do ETP é o momento ideal para que a Administração possa refletir sobre as soluções disponíveis no mercado para atender à necessidade administrativa, o objeto que se pretende contratar, seja por meio de licitação ou por contratação direta. Oportuno salientar que pode ocorrer, inclusive, a decisão pela não realização de qualquer procedimento licitatório, pela inviabilidade ou inconveniência da contratação,[16] com o aproveitamento de alguma outra forma de suprir essa demanda, de maneira eficiente, com o que a Administração já possui dentro de sua organização.

O artigo 6º da Lei nº 14.133/21 traz uma série de definições e conceitos de nomenclaturas relativas ao procedimento licitatório, e o inciso XX, especificamente, trata sobre o ETP como o documento constitutivo da primeira etapa do planejamento de uma contratação que caracteriza o interesse público envolvido e a sua melhor solução e dá base ao anteprojeto, ao termo de referência ou ao projeto básico a serem elaborados, caso se conclua pela viabilidade da contratação.

Trata-se, portanto, de um elemento estratégico para a reflexão de elementos exógenos (por exemplo, soluções mercadológicas para o atendimento da demanda administrativa) e endógenos (ferramentas relativas à seleção do objeto que se pretende contratar), fundamentais para uma boa definição do objeto da licitação e do mecanismo de seleção e contratação a ser adotado.[17]

Ainda consoante o art. 18, o estudo técnico preliminar deverá evidenciar o problema a ser resolvido e a sua melhor solução, mas para sua elaboração são exigidos alguns elementos necessários, conforme prevê o parágrafo primeiro:

> §1º O estudo técnico preliminar a que se refere o inciso I do caput deste artigo deverá evidenciar o problema a ser resolvido e a sua melhor solução, de modo a permitir a avaliação da viabilidade técnica e econômica da contratação, e conterá os seguintes elementos:
>
> I – descrição da necessidade da contratação, considerado o problema a ser resolvido sob a perspectiva do interesse público;

---

[16] JUSTEN FILHO, Marçal. *Comentários à lei de licitações e contratos administrativos*. 2. ed. São Paulo: Thomson Reuters Brasil, 2023, p. 348.

[17] TORRES. Ronny Charles Lopes de. *Leis de Licitações Públicas comentadas*. 14. ed. São Paulo: Juspodivm, 2023. p. 158.

> II – demonstração da previsão da contratação no plano de contratações anual, sempre que elaborado, de modo a indicar o seu alinhamento com o planejamento da Administração;
>
> III – requisitos da contratação;
>
> IV – estimativas das quantidades para a contratação, acompanhadas das memórias de cálculo e dos documentos que lhes dão suporte, que considerem interdependências com outras contratações, de modo a possibilitar economia de escala;
>
> V – levantamento de mercado, que consiste na análise das alternativas possíveis, e justificativa técnica e econômica da escolha do tipo de solução a contratar;
>
> VI – estimativa do valor da contratação, acompanhada dos preços unitários referenciais, das memórias de cálculo e dos documentos que lhe dão suporte, que poderão constar de anexo classificado, se a Administração optar por preservar o seu sigilo até a conclusão da licitação;
>
> VII – descrição da solução como um todo, inclusive das exigências relacionadas à manutenção e à assistência técnica, quando for o caso;
>
> VIII – justificativas para o parcelamento ou não da contratação;
>
> IX – demonstrativo dos resultados pretendidos em termos de economicidade e de melhor aproveitamento dos recursos humanos, materiais e financeiros disponíveis;
>
> X – providências a serem adotadas pela Administração previamente à celebração do contrato, inclusive quanto à capacitação de servidores ou de empregados para fiscalização e gestão contratual;
>
> XI – contratações correlatas e/ou interdependentes;
>
> XII – descrição de possíveis impactos ambientais e respectivas medidas mitigadoras, incluídos requisitos de baixo consumo de energia e de outros recursos, bem como logística reversa para desfazimento e reciclagem de bens e refugos, quando aplicável;
>
> XIII – posicionamento conclusivo sobre a adequação da contratação para o atendimento da necessidade a que se destina.

Esse rol de incisos destaca, detalhadamente, quais as informações devem constar no ETP, entretanto, vale ressaltar que o ETP deverá conter, no mínimo, os elementos previstos nos incisos I, IV, VI, VIII e XIII acima descritos e, quando não contemplar os demais elementos, deve o agente público apresentar as devidas justificativas.[18] Entende-se, portanto, que é possível elaborar um ETP simplificado, de acordo com

[18] Previsão do §2º do art. 18 da Lei nº 14.133/21.

a previsão legal, em algumas situações, devendo, necessariamente, o agente público justificar a sua utilização nesse formato "reduzido".

Em relação ao inciso III desse artigo, sobre os "requisitos da contratação", o Enunciado 32 do 2º Simpósio de Licitações e Contratos da Justiça Federal[19] pontua:

> Na confecção do Estudo Técnico Preliminar (ETP), os requisitos da contratação (art. 18, § 1º, inciso III, da Lei n. 14.133/2021) devem ser entendidos como os necessários e suficientes à escolha da solução, e não como os requisitos de habilitação a serem exigidos na licitação ou na contratação direta, estes últimos constantes do art. 6º, inciso XXIII, "d", da mencionada lei.

Quando se tratar de obras e serviços comuns de engenharia, se demonstrada a inexistência de prejuízo para a aferição dos padrões de desempenho e qualidade almejados, a especificação do objeto poderá ser realizada apenas em termo de referência ou em projeto básico, dispensada a elaboração de projetos, de acordo com o §2º do art. 18 da Lei nº 14.133/21.

No âmbito federal, a regulamentação pertinente ao tema do ETP e seus elementos é estabelecida através da Instrução Normativa nº 58/2022, que dispõe sobre a elaboração dos Estudos Técnicos Preliminares (ETP), para a aquisição de bens e a contratação de serviços e obras, no âmbito da administração pública federal direta, autárquica e fundacional, e sobre o Sistema ETP digital.

Nesse diploma, há previsão de que um dos elementos que devem ser registrados no Sistema do ETP Digital é a descrição dos requisitos da contratação necessários e suficientes à escolha da solução, prevendo critérios e práticas de sustentabilidade, observadas as leis ou regulamentações específicas, bem como padrões mínimos de qualidade e desempenho.[20]

Percebe-se, portanto, que o agente público deve prever critérios e práticas de sustentabilidade no ETP, pois é nesse momento que serão estabelecidas reflexões a respeito da demanda administrativa e as suas possíveis soluções, além de construir os requisitos e critérios que os fornecedores deverão atender.

---

[19] Disponível em: https://www.cjf.jus.br/cjf/corregedoria-da-justica-federal/centro-de-estudos-judiciarios-1/publicacoes-1/outras_publicacoes. Acesso em: 08 jul. 2024.

[20] Previsão do art. 9º, inciso II da IN nº 58/2022.

André Trajano[21] propõe três passos para a implementação de critérios de sustentabilidade no ETP: a) **identificação e seleção** dos critérios que sejam coerentes com os objetivos da compra; b) **definição dos requisitos e indicadores** necessários que o produto ou o serviço deve dispor; e c) **análise de mercado e pesquisa com potenciais fornecedores** para aplicação dos critérios. O autor ainda destaca que a análise de mercado se refere à identificação de fornecedores que atendam aos requisitos definidos, ao passo em que a pesquisa de fornecedores se refere à identificação de empresas que ofereçam produtos ou serviços sustentáveis.

Segundo o autor,[22] no tocante à dimensão social da sustentabilidade, alguns parâmetros podem ser definidos visando o desenvolvimento social do país:

> Por exemplo, a acessibilidade e inclusão podem ser consideradas na escolha de fornecedores que tenham políticas claras de inclusão e que ofereçam produtos e serviços que atendam às necessidades de pessoas com deficiência. Já a defesa das minorias pode ser contemplada ao se priorizar a contratação de empresas que promovam a diversidade e a igualdade de oportunidades em seu ambiente de trabalho. O combate ao trabalho escravo e análogo pode ser contemplado por meio da exigência de certificações e comprovações de condições de trabalho adequadas pelos fornecedores.

Em relação ao termo de referência, outro artefato de planejamento, é um documento para a contratação de bens e serviços que deve obedecer a alguns parâmetros e elementos delimitados em lei, no art. 6º, inciso XXIII:

> XXIII – termo de referência: documento necessário para a contratação de bens e serviços, que deve conter os seguintes parâmetros e elementos descritivos:
>
> a) definição do objeto, incluídos sua natureza, os quantitativos, o prazo do contrato e, se for o caso, a possibilidade de sua prorrogação;
>
> b) fundamentação da contratação, que consiste na referência aos estudos técnicos preliminares correspondentes ou, quando não for possível

---

21 TRAJANO. André. Cartilha ETP: Tornando a compra pública sustentável: inserindo critérios de sustentabilidade no estudo técnico preliminar. Disponível em: https://www.linkedin.com/feed/update/urn:li:activity:7061431955128561666/. Acesso em: 07 jul. 2024.

22 TRAJANO. André. Cartilha ETP: Tornando a compra pública sustentável: inserindo critérios de sustentabilidade no estudo técnico preliminar. Disponível em: https://www.linkedin.com/feed/update/urn:li:activity:7061431955128561666/. Acesso em: 07 jul. 2024, p. 8.

divulgar esses estudos, no extrato das partes que não contiverem informações sigilosas;

c) descrição da solução como um todo, considerado todo o ciclo de vida do objeto;

d) requisitos da contratação;

e) modelo de execução do objeto, que consiste na definição de como o contrato deverá produzir os resultados pretendidos desde o seu início até o seu encerramento;

f) modelo de gestão do contrato, que descreve como a execução do objeto será acompanhada e fiscalizada pelo órgão ou entidade;

g) critérios de medição e de pagamento;

h) forma e critérios de seleção do fornecedor;

i) estimativas do valor da contratação, acompanhadas dos preços unitários referenciais, das memórias de cálculo e dos documentos que lhe dão suporte, com os parâmetros utilizados para a obtenção dos preços e para os respectivos cálculos, que devem constar de documento separado e classificado;

j) adequação orçamentária;

Percebe-se que, assim como o Estudo técnico Preliminar, o termo de referência também deve conter elementos, estipulados expressamente em lei. O termo de referência é o documento necessário à indicação do objeto de forma precisa, suficiente e clara, devendo conter elementos capazes de propiciar a avaliação do custo pela Administração, diante de orçamento detalhado, com base nos preços praticados no mercado.[23]

O termo de referência é um documento bem abrangente, de modo que consolida as principais informações da fase preparatória não apenas em relação ao objeto da licitação, do contrato administrativo e sua execução, mas também em relação à forma e critério de seleção do fornecedor, estimativa do valor da contratação e a adequação orçamentária.[24]

Angelina Leonez[25] destaca a importância da produção dos artefatos de planejamento, bem como a elaboração do termo de referência:

---

23 TORRES. Ronny Charles Lopes de. *Leis de Licitações Públicas comentadas*. 14. ed. São Paulo: Juspodivm, 2023. p. 167.

24 NIEBUHR. Joel de Menezes. *Licitação* pública e contrato adm*inistrativo*. 6. ed. Belo Horizonte: Fórum, 2023. p. 425.

25 LEONEZ. Angelina. O TR e sua importância para a fase de planejamento. Disponível em: https://sollicita.com.br/Noticia/?p_idNoticia=19958 . Acesso em: 08 jul. 2024.

Portanto, nesse sistema de produção dos artefatos que constituem a fase preparatória, é imprescindível um Termo de Referência bem elaborado, pois toda sua essência, alinhada à escolha da melhor solução identificada no Estudo Técnico Preliminar, sustentará a contratação a ser concretizada.

No âmbito federal, a regulamentação pertinente ao tema do TR e seus elementos é estabelecida através da Instrução Normativa nº 81/2022, que dispõe sobre a elaboração do TR, para a aquisição de bens e a contratação de serviços, no âmbito da administração pública federal direta, autárquica e fundacional, e sobre o Sistema TR digital.

Ultrapassada essa parte preliminar a respeito dos artefatos de planejamento, conceituando e trazendo características a respeito do estudo técnico preliminar e do termo de referência, convém tratar sobre a importância de considerar os critérios de sustentabilidade sob o viés social, tratados no segundo tópico deste artigo.

Nas palavras de Joel de Menezes Niebuhr, a expressão desenvolvimento nacional sustentável é bastante ampla, abarcando não somente a perspectiva ambiental, como também, a econômica e a social:

> A expressão "desenvolvimento nacional sustentável" é amplíssima, especialmente diante do entendimento de que a sustentabilidade comporta aspectos ecológicos, econômicos, sociais, culturais e espaciais. A sustentabilidade, sob essa dimensão tão ampla, confunde-se com o próprio conceito de interesse público.[26]

Caroline Rodrigues da Silva[27] colaciona características de cada uma dessas dimensões:

> Para a compreensão da *sustentabilidade em sua dimensão ambiental* deve ser incluída a manutenção das funções e componentes dos ecossistemas, a qualidade e equilíbrio dos recursos ambientais, o respeito à biodiversidade e a manutenção aos ciclos naturais. *A sustentabilidade econômica* abrange as práticas econômicas, financeiras e administrativas que orientam o desenvolvimento econômico, como a capacidade de

[26] NIEBUHR, Joel de Menezes. *Licitação pública e contrato administrativo*. 6. ed. Belo Horizonte: Fórum, 2023. p. 117.

[27] SILVA. Caroline Rodrigues da. A sustentabilidade na nova lei de licitações. Teoria e prática. Diálogos sobre a nova lei de licitações e contratações Lei 14.133/2021. Disponível em: https://www.novaleilicitacao.com.br/2020/08/05/a-sustentabilidade-na-nova-lei-de-licitacoes-como-principio-e-objetivo-um-breve-estudo-a-partir-de-sua-base-historica/. Acesso em: 20 abr. 2024.

> produção, distribuição e utilização equitativa das riquezas produzidas pelo homem, avaliação de custos e benefícios e economicidade com planejamento a longo prazo, subordinando a eficiência à eficácia. Por fim, quanto à *sustentabilidade social*, essa dimensão eleva o equilíbrio social, com redução do nível de pobreza, promovendo o bem-estar social, os direitos fundamentais sociais, a inclusão e responsabilidade social, o empoderamento e inclusão de minorias, o incremento da equidade intra e intergeracional e a aptidão para desenvolvimento das potencialidades humanas. (grifou-se)

No presente escrito, em virtude da temática escolhida pelas autoras, tem sido abordada, tão somente, a sustentabilidade sob o viés social.

A Lei nº 14.133/21 trouxe, em diversos momentos, em seu diploma normativo, critérios de sustentabilidade sob a dimensão social, conforme já descritos no tópico 2 deste escrito: preferência por mão de obra e indústria locais; preferência por materiais, tecnologias e matérias primas de origem local; preferência por empresas que contratem pessoas com deficiência; não utilização de trabalho escravo ou infantil; maior geração de empregos; adequação às normas de segurança e medicina do trabalho, cotas de gênero e raça nas contratações; e também cotas para mulheres vítimas de violência doméstica e egressos do sistema prisional.

Pode-se citar, por exemplo, a previsão do art. 25, §9º da Lei nº 14.133/21, que trata sobre a possibilidade de exigência de um percentual mínimo da mão de obra responsável pela execução do objeto da contratação seja constituído por mulheres vítimas de violência doméstica e oriundos ou egressos do sistema prisional. O art. 25 aborda o edital como um todo e, portanto, sugere essa disposição para que o agente público possa refletir e considerar, especialmente quando estiver elaborando o ETP, na fase preparatória.

Importa salientar que o edital que optar por essa exigência deverá considerá-la como obrigação contratual, não sendo possível exigi-la como critério de habilitação, muito menos que seja condicionante para a participação na licitação. Essa exigência, caso seja instituída no instrumento convocatório, deverá ser implementada pelo licitante na fase de execução contratual.

Conforme mencionado linhas acima, o Decreto Federal nº 11.430/2023 regulamentou essa temática, entre outros temas, estipulando regras sobre a exigência de contratação de mulheres vítimas de violência doméstica no percentual mínimo de 8% de vagas:

> Art. 3º Os editais de licitação e os avisos de contratação direta para a contratação de serviços contínuos com regime de dedicação exclusiva de mão de obra, nos termos do disposto no inciso XVI do caput do art. 6º da Lei nº 14.133, de 2021, preverão o emprego de mão de obra constituída por mulheres vítimas de violência doméstica, *em percentual mínimo de oito por cento das vagas*. (grifou-se)

Trata-se de um critério de sustentabilidade social, que possibilita a inclusão dessas mulheres no ambiente das contratações públicas. Abre-se um espaço, no presente escrito, para destacar que essa temática é relevante em diversos cenários, não somente no Brasil, como também na Espanha e em Portugal. Valnêda Cássia Santos Carneiro[28] tratou dessa questão, sob uma perspectiva histórica, sociológica e jurídica, trazendo uma correlação entre as legislações brasileira, espanhola e portuguesa, sobretudo em relação à necessidade de refletir sobre os impactos da violência contra a mulher na sociedade como um todo. A autora sustenta que a violência contra a mulher é manifestada por comportamentos derivados de vários aspectos:

> A violência contra a mulher é manifestada através de uma série de comportamentos prejudiciais que lhes são dirigidos em razão de seu sexo, incluindo o abuso psicológico-emocional, o abuso sexual, o homicídio, o abuso de meninas, a prostituição forçada e a própria mutilação sexual feminina. Especificamente, a violência às mulheres inclui todo ato de força verbal ou física, de coerção ou ameaça, dirigida individualmente a uma mulher, causando o dano físico ou psicológico, humilhação ou privação arbitrária da liberdade, com viés de perpetuação (HEISE; PITANGUY;GERMAINE, 1994).

Ademais, imperioso destacar que a Administração Pública e o Estado, em sentido lato, possuem relevante papel na garantia e proteção a essas mulheres, vítimas de violência doméstica. No que tange às contratações públicas, tornou-se relevante perceber a ênfase dada a esse tema quando da inclusão dessa possibilidade nos editais de licitação, prevista no art. 25, §9º da Lei nº 14.133/21.

---

[28] CARNEIRO, Valnêda Cássia Santos. *O combate institucional da violência contra a mulher*: estudo comparativo entre Brasil, Portugal e Espanha na implantação de políticas públicas. Tese Doutoral: Universidade Católica do Salvador. Salvador, Ba, 2012, p.97-98.

Ainda nesse mesmo sentido, o texto da Lei nº 14.133/21 estabelece no art. 60, inciso III que o desenvolvimento de ações de equidade e homens e mulheres no ambiente de trabalho são considerados como critérios de desempate:

> Art. 60. Em caso de empate entre duas ou mais propostas, serão utilizados os seguintes critérios de desempate, nesta ordem:
>
> (...) III – desenvolvimento pelo licitante de ações de equidade entre homens e mulheres no ambiente de trabalho, conforme regulamento;

Ao regulamentar o referido dispositivo, o Decreto nº 11.430/2023 estipulou as seguintes ações:

> Inserção e participação igualitária e de ascensão profissional entre mulheres e homens, incluindo a proporção de mulheres em cargos de direção do licitante; Promoção da igualdade de oportunidades e de tratamento em matéria de emprego e ocupação; Igualdade de remuneração e paridade salarial de mulheres e homens; Práticas de prevenção e de enfrentamento ao assédio moral e sexual; Programas voltados à equidade de gênero e raça; Ações em saúde e segurança do trabalho que considerem as diferenças entre os gêneros.

A promoção da igualdade de gênero no mercado de trabalho requer um comprometimento significativo tanto do setor público quanto do setor privado. No que diz respeito à inserção e participação igualitária, é papel do setor público estabelecer políticas e regulamentações que incentivem a diversidade e equidade nas empresas, inclusive definindo metas para a presença de mulheres em cargos de direção, garantindo representatividade efetiva e a quebra de barreiras histórica e culturalmente existentes.

Cabe ressaltar, por oportuno, que ainda permanece pendente de regulamentação o §2º do artigo 5º do decreto, que determina que a forma de aferição pela administração e de comprovação pelo licitante do desenvolvimento das ações de equidade será definida por ato do Secretário de Gestão e Inovação do Ministério da Gestão e da Inovação em Serviços Públicos. A falta dessa regulamentação específica cria uma lacuna na aplicação das disposições do decreto, aguardando a definição dos procedimentos a serem seguidos.

Nesse sentido, mais uma vez, percebe-se a relevância do tema envolvendo o aspecto social da sustentabilidade, considerando que, quando da elaboração do estudo técnico preliminar e uma vez previstos os requisitos de aferição, será necessário adentrar nesse quesito, e para que possa ser exigido, esse critério deve estar previsto no edital de licitação.

É importante perceber que não basta conhecer os dispositivos trazidos pela Lei nº 14.133/21 como critérios sustentáveis, é preciso entender o fluxo de toda a contratação, principalmente, no que se refere à fase preparatória e seus artefatos, que são objetos de estudo neste escrito.

Renato Cader e Teresa Villac[29] sustentam que devem ser consideradas quatro fases para que uma contratação seja sustentável: a) planejamento com foco na avaliação da necessidade da contratação, quantitativos, escolha da especificação técnica, substituição da aquisição pela função serviço, gerenciamento de riscos também em questões ambientais; b) editais e documentos anexos incluindo disposições relativas às dimensões da sustentabilidade; c) execução contratual com efetivação prática das contratações sustentáveis envolvendo fiscalização e sanção pelo descumprimento; e d) gestão de resíduos originalmente examinada na fase de planejamento.

Pode-se notar que, na minuta padronizada de termo de referência elaborada pela AGU,[30] constam notas explicativas em relação à inclusão dos critérios de sustentabilidade, dentre outros, no tópico "Requisitos da Contratação":

> Nota Explicativa 1: *O Termo de Referência e os Estudos Técnicos Preliminares deverão estar alinhados com o Plano Diretor de Logística Sustentável,* Plano de Contratações Anual além de outros instrumentos de planejamento da Administração, de acordo com o art. 7º da IN Seges/ME nº 81, de 2022, e art. 7º, da Instrução Normativa Seges ME nº 58, de 2022. (...)
>
> Nota Explicativa 3: *Os preceitos do desenvolvimento sustentável devem ser observados na fase preparatória da licitação,* em suas dimensões econômica, social, ambiental e cultural, no mínimo, com base nos planos de gestão de logística sustentável dos órgãos e das entidades, conforme prevê o parágrafo único do artigo 11 da Instrução Normativa SEGES/ME nº 73, de 2022. (...)

---

[29] CADER. Renato; VILLAC. Teresa. *Governança e sustentabilidade:* um elo necessário no Brasil. Belo Horizonte: Fórum, 2023, p. 94-95.

[30] Disponível em: https://www.gov.br/agu/pt-br/composicao/cgu/cgu/modelos/licitacoesecontratos/14133/pregao-e-concorrencia . Acesso em: 08 jul. 2024.

> Nota Explicativa 7: De acordo com o Guia Nacional de Contratações Sustentáveis da AGU, *a inclusão de critérios de sustentabilidade deve ser feita de modo claro e objetivo*. Deve-se evitar a transcrição literal e automática das previsões legais ou normativas, sem efetuar o exame da incidência real e efetiva delas na contratação em apreço. Assim, uma vez exigido qualquer requisito ambiental na especificação do objeto e/ou edital, e/ou contrato, deve ser prevista a forma objetiva de comprovação. **É preciso saber quais critérios de sustentabilidade devem ser incluídos nas peças editalícias, como fazer essas exigências e de que forma as pretendidas contratadas devem comprovar o cumprimento desses critérios de sustentabilidade exigidos pela Administração.** (artigo 9, inciso XII, da Instrução Normativa SEGES/ME nº 58, de 2022, que dispõe sobre a elaboração dos Estudos Técnicos Preliminares – ETP). (grifou-se)

O Guia da Advocacia Geral da União, citado na minuta padronizada acima descrita, dispõe de orientação para essa implementação na fase preparatória:

> Neste momento da escolha do objeto a ser contratado se dá a inserção de critérios de sustentabilidade nas especificações dos bens, serviços ou obras, no estudo técnico preliminar, no termo de referência/projeto básico, no projeto executivo, no anteprojeto e/ou na minuta do contrato (especificação técnica do objeto e/ou obrigação da contratada).

O guia também chama a atenção a respeito da definição clara dos critérios de sustentabilidade, para que, de fato, os pregoeiros e agentes de contratação possam exigi-los, e os fornecedores possam comprová-los, de maneira suficiente e eficaz:

> Atente-se que as exigências de sustentabilidade não devem ser genéricas. Deve-se evitar a transcrição literal e automática das previsões legais ou normativas, sem efetuar o exame da incidência real e efetiva delas na contratação em apreço. *Os critérios de sustentabilidade devem ser objetivamente exigidos, para que possam ser objetivamente comprovados.* Esta inclusão de critérios de sustentabilidade deve ser feita de modo claro e objetivo. Portanto, não é permitido incluir critérios genéricos de sustentabilidade ou exigir declarações abstratas de cumprimento indistinto da legislação pertinente. O estabelecimento de requisitos de sustentabilidade precisos, além de viabilizar sua exigibilidade pelo pregoeiro/comissão de licitação ou pela fiscalização/gestão do contrato, também permitem sua comprovação concreta pelas licitantes. (Grifou-se)

Ademais, o guia traz um quadro explicativo[31] a respeito de como o agente público deve atuar no ETP, de acordo com os incisos II e XII do art. 9º da IN/ME nº 58/2022:

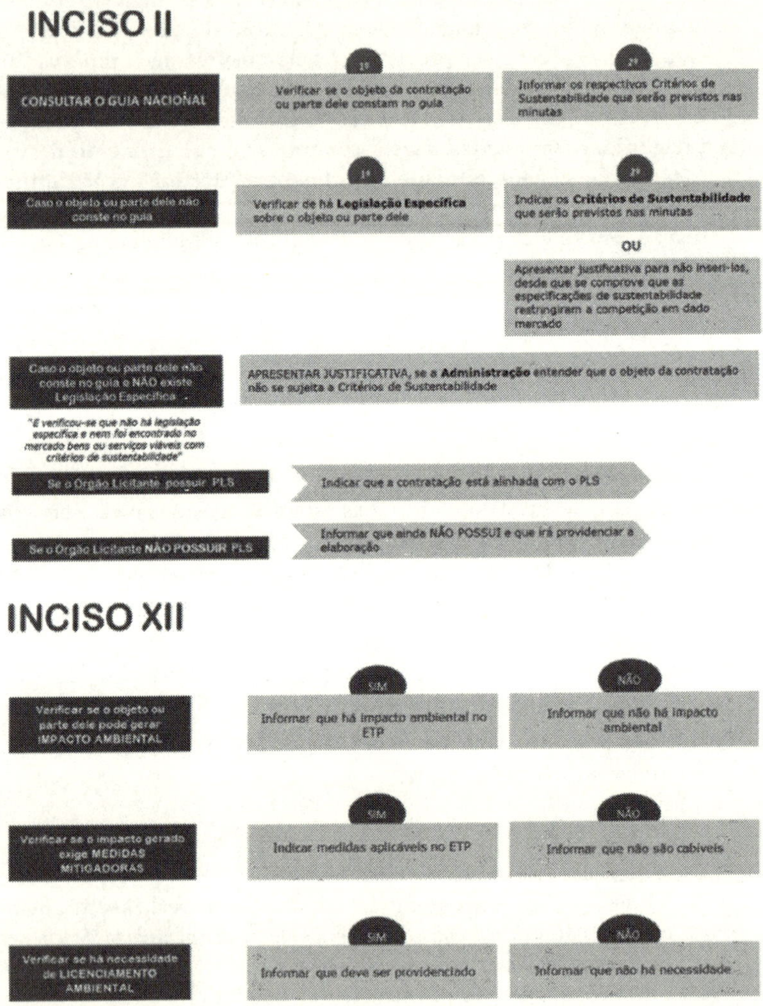

31 BRASIL. Advocacia-Geral da União (AGU). Consultoria-Geral da União. *Guia Nacional de Contratações Sustentáveis*. 4. ed. Brasília: AGU, agosto, 2021. Disponível em: https://www.gov.br/agu/pt-br/comunicacao/noticias/AGUGuiaNacionaldeContrataesSustentveis4edio.pdf. Acesso em: 07 jul. 2024, p. 41.

Ainda, visando facilitar o entendimento por parte dos agentes públicos, bem como os gestores, responsáveis pela implementação dos critérios de sustentabilidade, a CGU publicou uma Cartilha[32] complementar ao *Guia Nacional de Contratações Sustentáveis*/AGU, e trata dos tipos de contratação mais usuais na Administração Pública, abarcando compras, serviços e obras e toma como norte as orientações trazidas pela nova Lei de Licitações e Contratos, a Lei nº 14.133, de 2021.

A cartilha estabelece critérios que devem ser adotados para a implementação dos critérios sustentáveis nas contratações: a primeira providência a ser realizada é a pesquisa no *Guia Nacional de Contratações Sustentáveis* e a segunda providência a ser realizada é a pesquisa da legislação.

De acordo com a referida cartilha, uma vez definidos os critérios de sustentabilidade, esses devem ser inseridos no Estudo técnico preliminar, no termo de referência, no projeto básico, no anteprojeto e no edital: "Termo de referência — nas especificações do objeto e/ou nas obrigações da contratada — na análise do ciclo de vida do objeto".

O agente público deverá verificar a aplicabilidade em relação ao objeto contratual, e a ausência dessas informações deverá ser justificada. Nesse mesmo sentido é o Parecer nº 00001/2021/CNS/CGU/AGU,[33] dispondo que os órgãos e entidades que compõem a Administração Pública são obrigados a adotar critérios e práticas de sustentabilidade socioambiental e de acessibilidade nas contratações públicas em todo o processo, inclusive na fase de planejamento:

> EMENTA: I. *Os órgãos e entidades que compõem a administração pública são obrigados a adotar critérios e práticas de sustentabilidade socioambiental e de acessibilidade nas contratações públicas*, nas fases de planejamento, seleção de fornecedor, execução contratual, fiscalização e na gestão dos resíduos sólidos; II. *A impossibilidade de adoção de tais critérios e práticas de sustentabilidade nas contratações públicas deverá ser justificada pelo gestor* competente nos autos do processo administrativo, com a indicação das pertinentes razões de fato e/ou direito; III. Recomenda-se aos agentes da administração pública federal encarregados de realizar contratações

[32] Cartilha como inserir critérios de sustentabilidade nas contratações públicas – CGU. Disponível em: https://www.gov.br/agu/pt-br/composicao/cgu/cgu/modelos/licitacoesecontratos/cartilha-como-inerir-criterios-de-sustentabilidade-nas-contratacoes-publicas.pdf . Acesso em: jul. 2024.

[33] Parecer nº 00001/2021/CNS/CGU/AGU. Disponível em: https://www.gov.br/agu/pt-br/composicao/cgu/cgu/modelos/licitacoesecontratos/copy_of_PARECER01.2021CNS.pdf. Acesso em: 08 jul. 2024.

públicas, que, no exercício de suas atribuições funcionais, consultem o Guia Nacional de Contratações Sustentáveis da Advocacia-Geral da União. (Grifou-se)

Daí a importância de os agentes públicos instituírem esses critérios, e se não for possível, deverá haver justificativa e motivação adequadas no processo. O referido parecer faz uma analogia entre a licitação e os processos de contratação direta e o uso de critérios de sustentabilidade, destacando sobre a observância de que a utilização dos critérios de sustentabilidade é a regra geral, e a exceção é a não utilização, necessitando, portanto, de justificativa:

> Esclareça-se que a não adoção de critérios e práticas de sustentabilidade, de um lado, importa em limitação de direitos e interesses transindividuais (meio ambiente, saúde pública etc.), ainda que por motivos justificáveis. Por outro, acarreta a declaração da dispensa ou inexigibilidade de uma "contratação sustentável", ou seja, *um procedimento que incorpora ditames de sustentabilidade, que, como visto, é a regra.* Frise-se: no nosso ordenamento jurídico, a regra é a realização de licitação; por isso, a dispensa ou inexigibilidade devem ser justificadas. *Do mesmo modo, a regra também é que a licitação seja sustentável; logo, a dispensa ou inexigibilidade de critérios e práticas de sustentabilidade na contratação pública igualmente devem ser motivadas.* (grifou-se)

A relevância da definição de critérios de sustentabilidade no ETP e no TR é inegável e, para tanto, os agentes públicos devem refletir sobre a implementação dessas medidas quando da elaboração dos artefatos de planejamento. Não à toa o tema da sustentabilidade possui um pano de fundo constitucional e é tratado em diversos momentos na Lei nº 14.133/21. O destaque ao viés social é importante, na medida em que auxilia na promoção do desenvolvimento da sociedade como um todo, por meio de mecanismos de redução da desigualdade, da promoção de políticas voltadas às minorias, dentre outras situações acima expostas.

4 Conclusão

Ao vislumbrar o clássico tripé da sustentabilidade: ambiental, social e econômico, busca-se não apenas o crescimento econômico, mas a construção de uma sociedade mais justa, resiliente e capaz de preservar os recursos para as gerações vindouras.

De fato, priorizar a dimensão social implica que as compras públicas podem se tornar instrumentos poderosos para promover equidade, inclusão e responsabilidade social, o que envolve a adoção de critérios que valorizem fornecedores comprometidos com práticas laborais justas, respeito aos direitos humanos e à diversidade. Além disso, as compras públicas sustentáveis podem impulsionar a geração de empregos locais, contribuindo para o desenvolvimento social e econômico das comunidades.

No âmbito do novo regramento sobre compras governamentais, tem-se um evidente destaque para a forma como as contratações públicas são planejadas e executadas, com um destaque especial para a fase preparatória. Esta ênfase no planejamento é crucial para assegurar que os processos licitatórios sejam conduzidos de maneira eficiente e transparente.

O objetivo principal é evitar os problemas recorrentes de ineficiência, proporcionando uma gestão mais eficaz dos recursos públicos e garantido contratações que realmente atendam às necessidades da Administração Pública.

No contexto da fase preparatória, a Lei nº 14.133/21 estabelece uma série de documentos e processos que devem ser elaborados para definir claramente as demandas e os requisitos das contratações. Entre esses documentos, destaca-se no presente artigo, o estudo técnico preliminar (ETP) e o termo de referência (TR), cuja adequada elaboração é essencial para garantir que as contratações atendam ao interesse público de forma efetiva e sustentável.

A regulamentação da Lei nº 14.133/21, por meio da Instrução Normativa nº 58/2022, reforça a necessidade de incorporar critérios e práticas de sustentabilidade em todas as fases do planejamento e, cumpre ressaltar que a sustentabilidade não deve ser vista apenas sob a perspectiva ambiental, mas também em termos de impacto social. O planejamento das contratações públicas deve considerar a inclusão social e a equidade, promovendo a acessibilidade e a igualdade de oportunidades.

A previsão e o atendimento dos requisitos e critérios que promovem a diversidade e a inclusão são fundamentais para garantir que os processos licitatórios contribuam para o desenvolvimento social e econômico de forma justa e responsável.

Outrossim, o foco na sustentabilidade social no planejamento das contratações também envolve a consideração de impactos sociais e econômicos das compras públicas. Deve-se avaliar como as contratações podem contribuir para o desenvolvimento das comunidades locais e para a melhoria das condições de vida. A elaboração de Termos de Referência e Estudos Técnicos Preliminares que integrem essas preocupações sociais é fundamental para assegurar que as contratações públicas não apenas atendam às necessidades administrativas, mas também promovam o bem-estar social e econômico.

Portanto, a Lei nº 14.133/21 e suas regulamentações destacam a importância de um planejamento robusto e integrado, que considere não apenas os aspectos técnicos e econômicos, mas também os aspectos sociais das contratações.

À luz dessas considerações, é essencial que o poder público adote medidas concretas para superar os obstáculos enfrentados na implementação das políticas de inclusão previstas no atual regramento das compras governamentais.

Referências

BRASIL. Advocacia-Geral da União (AGU). Consultoria-Geral da União. *Implementando licitações sustentáveis na Administração Pública Federal*. Brasília: AGU, 2013. Disponível em: https: //www.gov.br/agu/pt-br/composicao/consultoria-geral-da-uniao-1/arquivos/ManualImplementandoLicitacoesSustentaveisnaAdministracaoPublicaFederal.pdf. Acesso em: 21 abr. 2024.

BRASIL. Advocacia-Geral da União (AGU). Consultoria-Geral da União. *Guia Nacional de Contratações Sustentáveis*. 4. ed. Brasília: AGU, agosto, 2021. Disponível em:https://www.gov.br/agu/pt-br/comunicacao/noticias/AGUGuiaNacionaldeContrataesSustentveis4edio.pdf. Acesso em: jul. 2024.

BRASIL. Advocacia-Geral da União (AGU). *Parecer n. 00001/2021/CNS/CGU/AGU*. Brasília: AGU, agosto, 2021. Disponível em: https://www.gov.br/agu/pt-br/composicao/cgu/cgu/modelos/licitacoesecontratos/copy_of_PARECER01.2021CNS.pdf Acesso em: 08 jul. 2024.

BRASIL. Advocacia-Geral da União (AGU). Consultoria-Geral da União. *Cartilha Como Inserir Critérios de Sustentabilidade nas Contratações Públicas*. Barth, Maria Leticia B. G (Autora); Contribuições: Brandão, Gabriela; Cabral, Flávio. G.; Carvalho, Flávia G. de; Clare, Celso V.; Fernandes, Viviane V. S.; Passos, Cynthia R. L; Pereira, Rodrigo M.; Villac, Teresa. Brasília: AGU, dezembro 2022. Disponível em: https://www.gov.br/agu/pt-r/composicao/cgu/cgu/modelos/licitacoesecontratos/cartilha-como-inerir-criterios-de-sustentabilidade-nas-contratacoes-publicas.pdf. Acesso em: 06 jul. 2024.

BRASIL. *Anuário Brasileiro de Segurança Pública*. Disponível em: https://forumseguranca.org.br/wp-content/uploads/2023/07/anuario-2023.pdf Acesso em 15 de julho de 2024.

BRUNDTLAND, Gro. Harlem. *Nosso futuro Comum*: Comissão Mundial Sobre Meio Ambiente e Desenvolvimento. 2. ed. Rio de Janeiro: Fundação Getúlio Vargas, 1991.

CADER. Renato; VILLAC. Teresa. *Governança e sustentabilidade:* um elo necessário no Brasil. Belo Horizonte: Fórum, 2023.

CARNEIRO, Valnêda Cássia Santos. *O combate institucional da violência contra a mulher:* estudo comparativo entre Brasil, Portugal e Espanha na implantação de políticas públicas. Tese Doutoral: Universidade Católica Do Salvador. Salvador, Ba, 2012. Disponível em: http://ri.ucsal.br:8080/jspui/bitstream/123456730/235/1/TESEVALNEDACARNEIRO.pdf. Acesso em: 05 jul. 2024.

COMISSÃO MUNDIAL SOBRE MEIO AMBIENTE E DESENVOLVIMENTO. *Nosso Futuro Comum*. 1. ed. São Paulo: Fundação Getúlio Vargas, 1988. Disponível em: https://smastr16.blob.core.windows.net/portaleducacaoambiental/sites/11/2024/05/Nosso-Futuro-Comum.pdf. Acesso em: 16 jul. 2024.

COSTA, Cecília de Almeida; SANTOS, Franklin Brasil. Estudo técnico preliminar: o dilema entre necessidade e solução. In: LIMA, Francisco Fernando Antônio Albuquerque; CORRÊA, Rogério (coord.). *Licitações e Contratos Administrativos na Lei nº 14.133/21:* aspectos gerais. São José dos Pinhais: Negócios Públicos, 2022.

FERREIRA, Daniel. Função social da licitação pública: o desenvolvimento nacional sustentável (no e do Brasil, antes e depois da MP n. 495/2010). *Fórum de Contratação e Gestão Pública*, Belo Horizonte, v. 9, n. 107, p. 49-64, nov. 2010.

FREITAS, Juarez. Princípio da Sustentabilidade: licitações e a redefinição da proposta mais vantajosa. *Revista do Direito UNISC*, n 38, 2012 (jul./dez.), p. 74-94.

JUSTEN FILHO, Marçal. Desenvolvimento nacional sustentável: contratações administrativas e o regime introduzido pela Lei nº 12.349/2010". *Informativo Justen, Pereira, Oliveira e Talamini*. Curitiba, n. 50, abr. 2011. Disponível em: https://www.zenitenews.com.br/dho/eventos/ea0082/documentos/doutrina/doutrina_11ago-745.pdf. Acesso em: 14jul. 2024.

JUSTEN FILHO, Marçal. *Comentários à lei de licitações e contratos administrativos*. 2. ed. São Paulo: Thomson Reuters Brasil, 2023.

NIEBUHR, Joel de Menezes. *Licitação pública e contrato administrativo*. 6. ed. Belo Horizonte: Fórum, 2023.

ORGANIZAÇÃO DAS NAÇÕES UNIDAS. *Agenda 2030 para o Desenvolvimento Sustentável*. Disponível em: https://brasil.un.org/pt-br/91863-agenda-2030-para-o-desenvolvimento-sustent%C3%A1vel. Acesso em: 12 jul. 2024.

PEREIRA JUNIOR, Jessé Torres; DOTTI, Marinês Restelatto. *Políticas Públicas nas licitações e contratações administrativas*. Belo Horizonte: Fórum, 2009.

SEBRAE (Serviço Brasileiro de Apoio às Micro e Pequenas Empresa). Centro Sebrae de Sustentabilidade. *Sustentabilidade econômica*: como sua empresa pode ser mais lucrativa com a sustentabilidade. Cuiabá: Sebrae, 2017. ISBN: 978-85-7361-107-6.

SILVA. Caroline Rodrigues da. *A sustentabilidade na nova lei de licitações:* teoria e prática: diálogos sobre a nova lei de licitações e contratações Lei 14.133/2021. Disponível em: https://www.novaleilicitacao.com.br/2020/08/05/a-sustentabilidade-na-nova-lei-de-licitacoes-como-principio-e-objetivo-um-breve-estudo-a-partir-de-sua-base-historica/ Acesso em: 08jul. 2024.

TORRES, Ronny Charles Lopes de. *Leis de licitações públicas comentadas*. 14. ed. Salvador: Juspodivm, 2023.

TRAJANO. André. Cartilha *ETP – Tornando a Compra Pública Sustentável* – Inserindo Critérios de sustentabilidade no estudo técnico preliminar. Disponível em: https://www.linkedin.com/feed/update/urn:li:activity:7061431955128561666/ Acesso em: 07 jul. 2024.

Informação bibliográfica deste texto, conforme a NBR 6023:2018 da Associação Brasileira de Normas Técnicas (ABNT):

BOMFIM, Daiesse Quênia Jaala Santos; BOAVENTURA, Carmen. O planejamento das contratações públicas com foco na sustentabilidade social. *In:* FURTADO, Madeline Rocha; FURTADO, Monique Rafaella Rocha (coord.). *O planejamento das contratações*: estudos técnicos preliminares e termos de referência: teoria e aplicação sob a égide da Lei nº 14.133/2021. Belo Horizonte: Fórum, 2025. p. 71-102. ISBN 978-65-5518-944-5.

TÍTULO II

AS CONTRATAÇÕES NA PRÁTICA

CAPÍTULO 1

ASPECTOS PRÁTICOS ENVOLVENDO OS ESTUDOS TÉCNICOS PRELIMINARES E O TERMO DE REFERÊNCIA – LEI Nº 14.133/2021

MARINÊS RESTELATTO DOTTI

1 Introdução

A nova lei de licitações e contratações administrativas, a Lei nº 14.133, de 1º de abril de 2021, prevê a elaboração dos estudos técnicos preliminares, assim como do termo de referência, por órgãos e entidades da Administração Pública, seja nas contratações decorrentes de procedimento licitatório, seja nas hipóteses de dispensa e inexigibilidade de licitação. A elaboração do projeto básico também é confiada à Administração Pública, ressalvada a adoção do regime de contratação de obras e serviços de engenharia denominado de contratação integrada, em que o contratado é responsável por elaborar e desenvolver aquele instrumento, assim como o projeto executivo.

O estudo técnico preliminar é definido no art. 6º, inciso XX, do novel diploma, como sendo o documento constitutivo da primeira etapa do planejamento de uma contratação que caracteriza o interesse público envolvido e a sua melhor solução e dá base ao anteprojeto, ao termo de referência ou ao projeto básico a serem elaborados caso se conclua pela viabilidade da contratação; o termo de referência, por sua vez, encontra definição no mesmo art. 6º, inciso XXIII, traduzido, resumidamente, no documento técnico necessário para a contratação de bens e serviços. Ambos os instrumentos (estudo técnico preliminar e termo de referência) devem ser elaborados na fase preparatória do procedimento licitatório e, também, na de contratação direta.

A elaboração dos estudos técnicos preliminares encontrava previsão legal na revogada Lei nº 8.666, de 21 de junho de 1993, cujo art. 6º, inciso IX, definia o projeto básico como sendo o conjunto de elementos necessários e suficientes, com nível de precisão adequado, para caracterizar a obra ou serviço, ou complexo de obras ou serviços objeto da licitação, elaborado com base nas indicações dos "estudos técnicos preliminares", que assegurassem a viabilidade técnica e o adequado tratamento do impacto ambiental do empreendimento, e que possibilitasse a avaliação do custo da obra e a definição dos métodos e do prazo de execução.

No âmbito da administração pública federal direta, autárquica e fundacional, a necessária elaboração dos estudos técnicos preliminares é antecedente à Lei nº 14.133/2021. A Instrução Normativa SEGES/ME nº 40, de 22 de maio de 2020, ainda vigente e regente de todos os procedimentos administrativos autuados ou registrados sob a égide da Lei nº 8.666/1993, da Lei nº 10.520, de 17 de junho de 2001, e da Lei nº 12.462, de 4 de agosto de 2011 (RDC), dispõe sobre a elaboração dos estudos técnicos preliminares para a aquisição de bens e a contratação de serviços e obras, e sobre o Sistema ETP digital.

Posteriormente, em 08 de agosto de 2022, já sob a vigência da Lei nº 14.133/2021, foi publicada a Instrução Normativa SEGES/ME nº 58, dispondo, similarmente à Instrução Normativa SEGES/ME nº 40/2020, sobre a elaboração dos estudos técnicos preliminares para a aquisição de bens e a contratação de serviços e obras, também no âmbito da administração pública federal direta, autárquica e fundacional.

Ambas as instruções normativas consideram o estudo técnico preliminar como sendo o documento constitutivo da primeira etapa do planejamento de uma contratação, que descreve sua necessidade para a administração, assim como as análises realizadas em termos de requisitos, alternativas, escolhas, resultados pretendidos, dando base ao anteprojeto, ao termo de referência ou ao projeto básico, caso se conclua pela viabilidade da contratação.

O termo de referência é documento técnico elaborado com base nos estudos técnicos preliminares, ou seja, por agente(s) que possui(em) conhecimento(s) relacionado(s) ao objeto da licitação, e visa a estabelecer a sua qualificação, quantidade, normas técnicas aplicáveis, condições para a perfeita execução pelo contratado, garantias, obrigações e responsabilidades.

No âmbito da administração pública federal direta, autárquica e fundacional, a Instrução Normativa CGNOR/ME nº 81, de 25 de novembro de 2022, dispõe sobre a elaboração do termo de referência para a aquisição de bens e a contratação de serviços. Segundo a referida instrução normativa, o termo de referência é o documento constitutivo da fase preparatória da instrução do processo de licitação (também da contratação direta) e deve conter os parâmetros e elementos descritivos estabelecidos em seu art. 9º, quais sejam: (a) definição do objeto, incluídos: i) sua natureza, os quantitativos, o prazo do contrato e, se for o caso, a possibilidade de sua prorrogação; ii) a especificação do bem ou do serviço, preferencialmente conforme catálogo eletrônico de padronização de que trata a Portaria nº 938, de 2 de fevereiro de 2022, observados os requisitos de qualidade, rendimento, compatibilidade, durabilidade e segurança; iii) indicação dos locais de entrega dos produtos e das regras para recebimentos provisório e definitivo, quando for o caso; iv) a especificação da garantia exigida e das condições de manutenção e assistência técnica, quando for o caso; (b) fundamentação da contratação, que consiste na referência aos estudos técnicos preliminares correspondentes, quando elaborados, ou, quando não for possível divulgar esses estudos, no extrato das partes que não contiverem informações sigilosas; (c) descrição da solução como um todo, considerado todo o ciclo de vida do objeto, com preferência a arranjos inovadores em sede de economia circular; (d) requisitos da contratação; (e) modelo de execução do objeto, que consiste na definição de como o contrato deverá produzir os resultados pretendidos desde o seu início até o seu encerramento; (f) modelo de gestão do contrato, que descreve como a execução do objeto será acompanhada e fiscalizada pelo órgão ou entidade; (g) critérios de medição e de pagamento; (h) forma e critérios de seleção do fornecedor, optando-se pelo critério de julgamento de técnica e preço, conforme o disposto no §1º do art. 36 da Lei nº 14.133/2021, sempre que a avaliação e a ponderação da qualidade técnica das propostas que superarem os requisitos mínimos estabelecidos no edital forem relevantes aos fins pretendidos pela administração; (i) estimativas do valor da contratação, nos termos da Instrução Normativa nº 65, de 7 de julho de 2021, acompanhadas dos preços unitários referenciais, das memórias de cálculo e dos documentos que lhe dão suporte, com os parâmetros utilizados para a obtenção dos preços e para os respectivos cálculos, que devem constar de documento separado e classificado; e (j) adequação orçamentária, quando não se tratar de sistema de registro de preços.

A introdução dos estudos técnicos preliminares na Lei nº 14.133/2021, assim como a previsão quanto à utilização de termo de referência e de projeto básico geraram dúvidas a respeito de suas respectivas implementações no âmbito dos processos administrativos de licitação e de contratação direta autuados sob o novo diploma. Este estudo, de forma prática, propõe-se a esquadrinhar algumas dessas questões e suas possíveis soluções. São elas: (a) quando devem ser utilizados o projeto básico e o termo de referência? (b) a Administração Pública pode valer-se, para nova contratação de bens ou serviços, de termo de referência integrante de licitação ou de contratação direta anterior? (c) o projeto básico e o termo de referência devem ser aprovados pela autoridade competente? (d) a quem compete a elaboração dos estudos técnicos preliminares e do termo de referência? (e) a elaboração dos estudos técnicos preliminares e do termo de referência pode ser confiada a um terceiro, sem vínculo com a administração? (f) é possível afastar-se a elaboração do estudo técnico preliminar e do termo de referência? (g) a inaplicabilidade do estudo técnico preliminar afasta a elaboração do termo de referência? (h) órgãos e entidades da administração pública estadual, distrital e municipal devem valer-se de regulamento federal à elaboração de estudos técnicos preliminares? (i) a estimativa do valor da contratação, com base no art. 23 da Lei nº 14.133/2021, deve ser realizada quando da elaboração do estudo técnico preliminar ou do termo de referência? e (j) o estudo técnico preliminar que deu origem ao termo de referência ou ao projeto básico deve ser publicado juntamente com o edital ou o aviso de contratação direta?

Vejamos a seguir.

2 Utilização de projeto básico ou termo de referência

A utilização do instrumento adequado, projeto básico ou termo de referência, em licitações e contratações diretas regidas pela Lei nº 14.133/2021 deve ser definida em razão do objeto.

De acordo com os artigos 6º, inciso XXIII,[1] e 40, §1º, da Lei nº 14.133/2021,[2] o termo de referência é o documento aplicável à

---

[1] "Art. 6º Para os fins desta Lei, consideram-se: [...] XXIII – termo de referência: documento necessário para a contratação de bens e serviços, que deve conter os seguintes parâmetros e elementos descritivos: [...]"

[2] "Art. 40. O planejamento de compras deverá considerar a expectativa de consumo anual e observar o seguinte: [...] §1º O termo de referência deverá conter os elementos previstos no

contratação de bens e serviços. Já o art. 6º, inciso XXV, da Lei,[3] dispõe que o projeto básico constitui-se no conjunto de elementos necessários e suficientes, com nível de precisão adequado, para definir e dimensionar a obra ou o serviço, ou o complexo de obras ou de serviços objeto da licitação, elaborado com base nas indicações dos estudos técnicos preliminares, que assegure a viabilidade técnica e o adequado tratamento do impacto ambiental do empreendimento e que possibilite a avaliação do custo da obra e a definição dos métodos e do prazo de execução.

No regime de contratação integrada, aplicável a obras e serviços de engenharia, a Lei nº 14.133/2021 atribui à empresa contratada a elaboração do projeto básico (art. 6º, inciso XXXII).[4] No regime de contratação semi-integrada, também aplicável a obras e serviços de engenharia, dispõe o art. 46, §5º, da Lei,[5] que, mediante prévia autorização da administração, o projeto básico poderá ser alterado, desde que demonstrada a superioridade das inovações propostas pelo contratado em termos de redução de custos, de aumento da qualidade, de redução do prazo de execução ou de facilidade de manutenção ou operação, assumindo o contratado a responsabilidade integral pelos riscos associados à alteração do projeto básico.

---

inciso XXIII do caput do art. 6º desta Lei, além das seguintes informações: I – especificação do produto, preferencialmente conforme catálogo eletrônico de padronização, observados os requisitos de qualidade, rendimento, compatibilidade, durabilidade e segurança; II – indicação dos locais de entrega dos produtos e das regras para recebimentos provisório e definitivo, quando for o caso; III – especificação da garantia exigida e das condições de manutenção e assistência técnica, quando for o caso."

[3] "Art. 6º Para os fins desta Lei, consideram-se: [...] XXV – projeto básico: conjunto de elementos necessários e suficientes, com nível de precisão adequado para definir e dimensionar a obra ou o serviço, ou o complexo de obras ou de serviços objeto da licitação, elaborado com base nas indicações dos estudos técnicos preliminares, que assegure a viabilidade técnica e o adequado tratamento do impacto ambiental do empreendimento e que possibilite a avaliação do custo da obra e a definição dos métodos e do prazo de execução, devendo conter os seguintes elementos: [...]"

[4] "Art. 6º Para os fins desta Lei, consideram-se: [...] XXXII – contratação integrada: regime de contratação de obras e serviços de engenharia em que o contratado é responsável por elaborar e desenvolver os projetos básico e executivo, executar obras e serviços de engenharia, fornecer bens ou prestar serviços especiais e realizar montagem, teste, pré-operação e as demais operações necessárias e suficientes para a entrega final do objeto;

[5] Art. 46. Na execução indireta de obras e serviços de engenharia, são admitidos os seguintes regimes: [...] §5º Na contratação semi-integrada, mediante prévia autorização da Administração, o projeto básico poderá ser alterado, desde que demonstrada a superioridade das inovações propostas pelo contratado em termos de redução de custos, de aumento da qualidade, de redução do prazo de execução ou de facilidade de manutenção ou operação, assumindo o contratado a responsabilidade integral pelos riscos associados à alteração do projeto básico."

Registre-se que o *Manual de Obras e Serviços de Engenharia*, publicado pela AGU, (https://www.gov.br/agu/pt-br/composicao/cgu/cgu/ecju/engenharia), consolidou o seguinte posicionamento: "Para os serviços de engenharia cujos padrões de qualidade e desempenho sejam provenientes de especificações usuais praticadas no mercado, licitados por meio da modalidade Pregão, o Termo de Referência (TR) deverá fazer as vezes do Projeto Básico...". No âmbito da AGU, portanto, a contratação de serviço comum de engenharia deve ser precedida de termo de referência. Por exclusão, sendo o serviço de engenharia de natureza especial, o documento adequado será o projeto básico.

No tocante às contratações diretas, dispõe o inciso I do art. 72 da Lei nº 14.133/2021[6] que o processo administrativo, que compreende os casos de inexigibilidade e de dispensa de licitação, deverá ser instruído com o documento de formalização da demanda e, se for o caso, o estudo técnico preliminar, a análise de riscos, o termo de referência, o projeto básico ou o projeto executivo, ou seja, o dispositivo não define qual deve ser o instrumento adequado às contratações diretas de bens, serviços e obras: projeto básico ou termo de referência.

O art. 6º, §1º, da Instrução Normativa SEGES/ME nº 81/2022, preceitua que os processos de contratação direta de que trata o art. 72 da Lei nº 14.133/2021 serão instruídos com o termo de referência. Depreende-se da Instrução Normativa que o termo de referência é o documento a ser utilizado nas contratações diretas, ou seja, nas dispensas e inexigibilidades que visem à contratação de obras, compras e serviços. Observe-se, contudo, que a Instrução Normativa SEGES/ME nº 81/2022[7] dispõe sobre a elaboração de termo de referência para a aquisição de bens e a contratação de serviços, somente não sendo aplicável à execução de obras.

Entende-se que ante o disposto nos artigos 6º, incisos XXII, XXV e XXXII, 40, §1º, e 46, §5º, da Lei nº 14.133/2021, o termo de referência, a ser elaborado a partir do estudo técnico preliminar, é o documento aplicável à licitação e à contratação direta de bens e serviços em geral.

---

[6] "Art. 72. O processo de contratação direta, que compreende os casos de inexigibilidade e de dispensa de licitação, deverá ser instruído com os seguintes documentos: I – documento de formalização de demanda e, se for o caso, estudo técnico preliminar, análise de riscos, termo de referência, projeto básico ou projeto executivo;"

[7] Dispõe sobre a elaboração do Termo de Referência (TR), para a aquisição de bens e a contratação de serviços, no âmbito da administração pública federal direta, autárquica e fundacional, e sobre o Sistema TR digital.

No tocante à contratação de obras e serviços de engenharia, seja por meio de licitação ou de forma direta (inexigibilidade ou dispensa de licitação), o instrumento a ser elaborado, a partir dos estudos técnicos preliminares, é o projeto básico.

O projeto básico e o termo de referência são documentos técnicos e, por isso, devem ser desenvolvidos por profissional ou equipe técnica habilitada, capacitada e qualificada, os quais integrarão o edital da licitação como anexos. Assim na Lei nº 14.133/2021:

> Art. 25 [...] §3º Todos os elementos do edital, incluídos minuta de contrato, termos de referência, anteprojeto, projetos e outros anexos, deverão ser divulgados em sítio eletrônico oficial na mesma data de divulgação do edital, sem necessidade de registro ou de identificação para acesso.

3 Utilização de termo de referência integrante de licitação ou de contratação direta anterior

A Administração Pública deve assegurar aos licitantes e aos futuros contratados a definição do objeto baseada em parâmetros e elementos que traduzam sua atualizada adequação, evitando-se a apresentação de propostas com base em realidade que não mais exista e que, por isso, poderão vir a redundar na necessidade de termos aditivos que acabem por descaracterizar o objeto. Apreenda-se, a propósito, o seguinte precedente do Tribunal de Contas da União acerca da utilização de projeto básico anteriormente elaborado para outra contratação:

> [...] a atualidade do projeto básico é, antes de qualquer exigência legal, uma questão de lógica, porque, se a entidade se propõe a realizar determinado procedimento licitatório, tem dever de assegurar aos participantes que o que se busca está balizado em parâmetros e elementos que traduzem fielmente o objeto almejado, na sua adequação, composição e atualidade. Caso contrário, induz os participantes a erro na apresentação da proposta baseada em realidade que não mais existe, o que acarreta, como ocorreu nestes autos, a celebração de uma série de termos aditivos, que descaracterizaram totalmente o objeto licitado, uma vez que foram feitas alterações substanciais em serviços necessários à execução da obra. (Acórdão nº 1.169/2013 – Plenário, Rel. Min. Ana Arraes, Processo nº 007.286/2008-3)

Anote-se o teor do Verbete nº 261 da Súmula da Corte de Contas federal:

> Em licitações de obras e serviços de engenharia, é necessária a elaboração de projeto básico adequado e atualizado, assim considerado aquele aprovado com todos os elementos descritos no art. 6º, inciso IX, da Lei nº 8.666, de 21 de junho de 1993, constituindo prática ilegal a revisão de projeto básico ou a elaboração de projeto executivo que transfigurem o objeto originalmente contratado em outro de natureza e propósito diversos.

Ainda de acordo com a Corte de Contas federal (Acórdão nº 1.309/2014 – Plenário, Rel. Min. Walton Alencar Rodrigues, Processo nº 003.183/2014-9), o aproveitamento de projetos de arquitetura e complementares de outra obra similar já executada (repetição de projetos) é ato discricionário da administração, a qual, caso assim decida, deve fazer constar no processo da licitação autorização pormenorizada por parte dos respectivos autores quanto à repetição do projeto, à abrangência das adaptações e à definição de quais profissionais podem realizá-las (os próprios autores ou terceiros), atualizando-se as Anotações de Responsabilidade Técnica (ART) correspondentes.

O Decreto nº 11.997, de 16 de abril de 2024, que alterou o Decreto nº 7.983, de 08 de abril de 2013, estabeleceu a definição de "projeto padronizado",[8] traduzindo-se no projeto referencial de obras e serviços de engenharia que possa ser reproduzido repetidas vezes e que possua nível de precisão suficiente para assegurar que os projetos e os detalhamentos subsequentes sejam executados apenas com as adequações necessárias às especificidades locais de sua implantação.

Conclui-se não haver vedação legal a que a Administração utilize projeto básico, termo de referência e também estudo técnico preliminar integrante de edital de licitação ou de processo de contratação direta anteriormente realizada, desde que se ajuste fielmente à obra, compra ou ao serviço a ser futuramente contratado e se mantenha tecnicamente atualizado.

---

[8] "Art. 2º [...] XVII – projeto padronizado – projeto referencial de obras e serviços de engenharia que possa ser reproduzido repetidas vezes e que possua nível de precisão suficiente para assegurar que os projetos e os detalhamentos subsequentes sejam executados apenas com as adequações necessárias às especificidades locais de sua implantação." (NR)

4 Aprovação do projeto básico e do termo de referência

A Lei nº 14.133/2021, em seu art. 45, §3º,[9] dispõe que, no regime de execução denominado de contratação integrada, após a elaboração do projeto básico pelo contratado, o conjunto de desenhos, especificações, memoriais e cronograma físico-financeiro deverá ser submetido à aprovação da Administração, que avaliará sua adequação em relação aos parâmetros definidos no edital e a conformidade com as normas técnicas, vedadas alterações que reduzam a qualidade ou a vida útil do empreendimento e mantida a responsabilidade integral do contratado pelos riscos associados ao projeto básico. A contratação integrada expressa regime de contratação de obras e serviços de engenharia em que o contratado é responsável por elaborar e desenvolver os projetos, básico e executivo, executar obras e serviços de engenharia, fornecer bens ou prestar serviços especiais e realizar montagem, teste, pré-operação e as demais operações necessárias e suficientes para a entrega final do objeto.

Salvo essa previsão, aplicável ao regime de contratação integrada, acerca da aprovação, pela administração contratante, do conjunto de desenhos, especificações, memoriais e cronograma físico-financeiro que integram o projeto básico, elaborado pelo contratado, inexiste disposição na nova lei de licitações e contratos administrativos a respeito da necessária aprovação de projeto básico ou termo de referência pela autoridade competente, como prevista no regime da Lei nº 8.666/1993 (art. 7º, §2º, inciso I), no pregão eletrônico (art. 14, inciso II, do Decreto nº 10.024/2019) e no regime diferenciado de contratações públicas (art. 8º, §5º, da Lei nº 12.462/2011), respectivamente:

> Art. 7º As licitações para a execução de obras e para a prestação de serviços obedecerão ao disposto neste artigo e, em particular, à seguinte sequência:
>
> [...]
>
> §2º As obras e os serviços somente poderão ser licitados quando:

---

[9] "Art. 45. As licitações de obras e serviços de engenharia devem respeitar, especialmente, as normas relativas a: [...] §3º Na contratação integrada, após a elaboração do projeto básico pelo contratado, o conjunto de desenhos, especificações, memoriais e cronograma físico-financeiro deverá ser submetido à aprovação da Administração, que avaliará sua adequação em relação aos parâmetros definidos no edital e conformidade com as normas técnicas, vedadas alterações que reduzam a qualidade ou a vida útil do empreendimento e mantida a responsabilidade integral do contratado pelos riscos associados ao projeto básico."

> I – houver projeto básico aprovado pela autoridade competente e disponível para exame dos interessados em participar do processo licitatório;
>
> Art. 14. No planejamento do pregão, na forma eletrônica, será observado o seguinte:
>
> [...]
>
> II – aprovação do estudo técnico preliminar e do termo de referência pela autoridade competente ou por quem esta delegar;
>
> Art. 8º [...] §5º Nas licitações para a contratação de obras e serviços, com exceção daquelas onde for adotado o regime previsto no inciso V do caput deste artigo, deverá haver projeto básico aprovado pela autoridade competente, disponível para exame dos interessados em participar do processo licitatório.

O Parecer nº 00002/2021/CNMLC/CGU/AGU (NUP 00688.000 716/2019-43), produzido pela Câmara Nacional de Modelos de Licitações e Contratos Administrativos, da Consultoria-Geral da União, órgão da Advocacia-Geral da União, acerca da aplicação da Lei nº 14.133/2021, observa:

> [...] A presente interpretação busca, por conseguinte, compatibilizar o conteúdo da norma constante do art. 189 com a parte final do art. 191, que aponta a impossibilidade de se criar uma "colcha de retalhos", combinando dispositivos da antiga Lei nº 8.666, de 1993, com a Lei nº 14.133, de 2021.
>
> 161. A parte final do art. 191 impede, ainda, qualquer interpretação no sentido de que as referências constantes da Lei nº 8.666, de 1993, poderiam eventualmente ser lidas automaticamente como referências aos dispositivos constantes da nova lei, em virtude do texto constante do art. 189.
>
> 162. Exemplifique-se: o Parágrafo Único do art. 8º da Lei nº 8.666, de 1993, faz referência ao despacho circunstanciado da autoridade referida no art. 26 da mesma lei, que fundamenta dispensas e inexigibilidades. Seria possível entender que essa referência ao art. 26 poderia ser entendida como direcionada ao art. 72 da nova lei? A resposta deve ser, indubitavelmente, negativa. Assentir com essa interpretação seria criar insegurança jurídica insanável, e é exatamente tal situação que o art. 191 da Lei nº 14.133, de 2021, busca evitar.
>
> 163. Assim, o comando do artigo 189 do atual estatuto de licitações deve ser interpretado seguindo as disposições constantes notadamente do artigo 191, sob pena de se criar um "terceiro sistema jurídico", que, aliás, foi expressamente vedado pela lei.

Consoante estabelecido no art. 191 da Lei nº 14.133/2021,[10] até o decurso do prazo de que trata o inciso II do *caput* do art. 193, ou seja, até 29 de dezembro de 2023, a Administração Pública pôde optar por licitar ou contratar diretamente, de acordo com a nova lei ou de acordo com as Leis nº 8.666/1993, nº 10.520/2002 ou os artigos 1º a 47-A da Lei nº 12.462/2011 (RDC), e a opção escolhida precisou ser indicada expressamente no edital ou no ato autorizativo de contratação direta, vedando-se a aplicação combinada da Lei nº 14.133/2021 com as Leis de nº 8.666/1993, nº 10.520/2002 e os artigos 1º a 47-A da Lei nº 12.462/2011. O retrocitado Parecer nº 00002/2021 conclui que:

> [...] XIII – Não é possível a recepção de regulamentos das leis nº 8.666/93, 10.520/02 ou 12.462/11 para a Lei nº 14.133/21, enquanto todas essas leis permanecerem em vigor, independentemente de compatibilidade de mérito, ressalvada a possibilidade de emissão de ato normativo, pela autoridade competente, ratificando o uso do regulamento para contratações sob a égide da nova legislação.

Por força do disposto no art. 191 da Lei nº 14.133/2021, inexistindo, nesse diploma (Lei nº 14.133/2021) e em norma editada para o fim de regulamentá-la (ex.: decreto, instrução normativa), disposição a respeito da necessária aprovação de projeto básico ou termo de referência pela autoridade competente, não se estenderão ou aplicarão as disposições da Lei nº 8.666/1993, da Lei nº 10.520/2002 e dos artigos 1º a 47-A da Lei nº 12.462/2011 e seus regulamentos ao rito procedimental das licitações e contratações regidas pela Lei nº 14.133/2021, ou seja, não se aplicarão o art. 7º, §2º, inciso I, da Lei nº 8.666/1993, o art. 14, inciso II, do Decreto nº 10.024/2019, e o art. 8º, §5º, da Lei nº 12.462/2011 ao novo regime de licitações e contratações regido pela Lei nº 14.133/2021.

Caso norma editada para o fim de regulamentar a Lei nº 14.133/2021 estabeleça a incidência de norma anteriormente editada, regulamentadora da Lei nº 8.666/1993, da Lei nº 10.520/2002 ou da Lei nº 12.462/2011, neste caso, por disposição expressa, aplica-se a norma anterior.

---

[10] "Art. 191. Até o decurso do prazo de que trata o inciso II do caput do art. 193, a Administração poderá optar por licitar ou contratar diretamente de acordo com esta Lei ou de acordo com as leis citadas no referido inciso, e a opção escolhida deverá ser indicada expressamente no edital ou no aviso ou instrumento de contratação direta, vedada a aplicação combinada desta Lei com as citadas no referido inciso. Parágrafo único. Na hipótese do caput deste artigo, se a Administração optar por licitar de acordo com as leis citadas no inciso II do caput do art. 193 desta Lei, o contrato respectivo será regido pelas regras nelas previstas durante toda a sua vigência."

Registre-se que, no âmbito das contratações de soluções de Tecnologia da Informação e Comunicação (TIC), pelos órgãos e entidades integrantes do Sistema de Administração dos Recursos de Tecnologia da Informação (SISP), do Poder Executivo Federal, o art. 12, §6º, da Instrução Normativa SGD/ME nº 94, de 23 de dezembro de 2022, estabelece que o termo de referência será assinado pela equipe de planejamento da contratação e pela autoridade máxima da área de TIC e aprovado pela autoridade competente. Tal instrução normativa, portanto, exige a aprovação do termo de referência pela autoridade cuja competência será estabelecida em regulamento ou regimento interno. Acompanhe-se:

> Art. 12. O Termo de Referência será elaborado pela Equipe de Planejamento da Contratação a partir do Estudo Técnico Preliminar da Contratação, incluindo, no mínimo, as seguintes informações:
>
> [...]
>
> §6º O Termo de Referência será assinado pela Equipe de Planejamento da Contratação e pela autoridade máxima da Área de TIC e aprovado pela autoridade competente.

5 Competência para a elaboração dos estudos técnicos preliminares

No âmbito da administração pública federal direta, autárquica e fundacional, os estudos técnicos preliminares deverão ser elaborados conjuntamente por servidores da área técnica e requisitante ou, quando houver, pela equipe de planejamento da contratação (art. 8º da Instrução Normativa SEGES nº 58/2022).

Requisitante é o agente ou unidade responsável por identificar a necessidade de contratação de bens, serviços e obras e requerê-la. Área técnica é o agente ou unidade com conhecimento técnico-operacional sobre o objeto demandado, responsável por analisar o documento de formalização de demanda e promover a agregação de valor e a compilação de necessidades de mesma natureza. Equipe de planejamento da contratação constitui-se no conjunto de agentes que reúnem as competências necessárias à completa execução das etapas de planejamento da contratação, o que inclui conhecimentos sobre aspectos técnico-operacionais e de uso do objeto, licitações e contratos, dentre outros.

Os papéis de requisitante e de área técnica poderão ser exercidos pelo mesmo agente público ou unidade, desde que, no exercício dessas atribuições, detenha conhecimento técnico-operacional sobre o objeto demandado.

6 Competência para a elaboração do termo de referência

De acordo com o art. 8º da Instrução Normativa CGNOR/ME nº 81/2022, o termo de referência será elaborado conjuntamente por servidores da área técnica e requisitante ou, quando houver, pela equipe de planejamento da contratação.

Segundo esse normativo (art. 3º, incisos III, IV e V), em sintonia com a citada Instrução Normativa SEGES nº 58/2022, requisitante é o agente ou unidade responsável por identificar a necessidade de contratação de bens, serviços e obras e requerê-la. Área técnica é o agente ou unidade com conhecimento técnico-operacional sobre o objeto demandado, responsável por analisar o documento de formalização de demanda, e promover a agregação de valor e a compilação de necessidades de mesma natureza. Equipe de planejamento da contratação constitui-se no conjunto de agentes que reúnem as competências necessárias à completa execução das etapas de planejamento da contratação, o que inclui conhecimentos sobre aspectos técnico-operacionais e de uso do objeto, licitações e contratos, dentre outros.

7 Elaboração dos estudos técnicos preliminares por terceiro sem vínculo com a Administração

Dispõe o art. 8º da Instrução Normativa SEGES nº 58/2022, que os estudos técnicos preliminares deverão ser elaborados, conjuntamente, por servidores das áreas técnica e requisitante ou, quando houver, pela equipe de planejamento da contratação. No âmbito da Instrução Normativa SGD/ME nº 94/2022, aplicável à contratação de soluções de Tecnologia da Informação e Comunicação (TIC), consta que a elaboração dos estudos técnicos preliminares ficará a cargo de integrantes técnico (servidor representante da área de TIC, indicado pela autoridade competente dessa área) e requisitante (servidor representante da área requisitante da solução, indicado pela autoridade competente dessa área).

O art. 74, inciso III, alínea "a", da Lei nº 14.133/2021,[11] autoriza a contratação direta de profissional ou empresa de notória especialização para a elaboração de estudos técnicos, planejamentos, projetos básicos ou projetos executivos, com base na inexigibilidade de licitação. O estudo técnico preliminar é documento técnico, constitutivo da primeira etapa do planejamento de uma contratação que caracteriza o interesse público envolvido e a sua melhor solução, e dá base ao anteprojeto, ao termo de referência ou ao projeto básico a serem elaborados caso se conclua pela viabilidade da contratação.

O art. 37, §2º, da Lei nº 14.133/2021, estabelece que, ressalvados os casos de inexigibilidade de licitação, na licitação para contratação dos serviços técnicos especializados de natureza predominantemente intelectual, previstos nas alíneas "a", "d" e "h" do inciso XVIII do *caput* do art. 6º da lei, ou seja, contratação de serviços técnicos especializados de natureza predominantemente intelectual relativos a estudos técnicos, cujo valor estimado da contratação seja superior a R$376.353,48 (trezentos e setenta e seis mil trezentos e cinquenta e três reais e quarenta e oito centavos), o julgamento será por: melhor técnica ou técnica e preço, na proporção de 70% (setenta por cento) de valoração da proposta técnica.

Inexistindo, pois, na estrutura do órgão ou entidade pública, os profissionais indicados na Instrução Normativa SEGES nº 58/2022 e na Instrução Normativa SGD/ME nº 94/2022, com qualificação específica e necessária para descrever a melhor solução técnica a constar nos estudos técnicos preliminares, pode tal tarefa ser confiada a terceiro, sem vínculo com a administração, que poderá ser contratado com base no art. 74, inciso III, alínea "a", da Lei nº 14.133/2021, ou por meio de licitação, conforme disposto no art. 37, §2º, da lei.

A alta administração do órgão ou entidade pública é responsável pela governança das contratações, a ela competindo implementar processos e estruturas com vistas a promover eficiência, efetividade e eficácia em suas contratações (art. 11, parágrafo único, da Lei nº 14.133/ 2021).[12] Para esse fim, apropriado valer-se de terceiro qualificado para

---

[11] "Art. 74. É inexigível a licitação quando inviável a competição, em especial nos casos de: [...] III – contratação dos seguintes serviços técnicos especializados de natureza predominantemente intelectual com profissionais ou empresas de notória especialização, vedada a inexigibilidade para serviços de publicidade e divulgação: a) estudos técnicos, planejamentos, projetos básicos ou projetos executivos;"

[12] "Art. 11. O processo licitatório tem por objetivos: [...] Parágrafo único. A alta administração do órgão ou entidade é responsável pela governança das contratações e deve implementar

a elaboração dos estudos técnicos preliminares quando, na estrutura do órgão ou entidade pública, não houver técnico habilitado.

8 Contratação de terceiro para a elaboração de termo de referência

O art. 74, inciso III, alínea "a", da Lei nº 14.133/2021, autoriza a contratação direta de profissional ou empresa de notória especialização para a elaboração de projeto básico com base na inexigibilidade de licitação. O projeto básico é documento técnico, aplicável a obras e serviços de engenharia, que deverá conter o conjunto de elementos necessários e suficientes, com nível de precisão adequado, para definir e dimensionar a obra ou o serviço, ou o complexo de obras ou de serviços objeto da licitação, elaborado com base nas indicações dos estudos técnicos preliminares, que assegure a viabilidade técnica e o adequado tratamento do impacto ambiental do empreendimento e que possibilite a avaliação do custo da obra e a definição dos métodos e do prazo de execução, devendo conter os elementos descritos nas alíneas do inciso XXV do art. 6º da lei.

O termo de referência também é documento técnico, necessário à contratação de bens e serviços, que deverá conter, de ordinário, os parâmetros e elementos descritivos previstos nas alíneas do inciso XXIII do art. 6º da Lei nº 14.133/2021. Sendo possível à Administração Pública contratar profissional ou empresa para a elaboração de projeto básico, não há impropriedade na contratação desses profissionais, desde que de notória especialização, para a elaboração de termo de referência, que se traduz em documento técnico equivalente ao projeto básico.

Por aplicação extensiva, aplicam-se as mesmas vedações previstas nos incisos I e II do art. 14 da Lei nº 14.133/2021[13] ao autor

---

processos e estruturas, inclusive de gestão de riscos e controles internos, para avaliar, direcionar e monitorar os processos licitatórios e os respectivos contratos, com o intuito de alcançar os objetivos estabelecidos no *caput* deste artigo, promover um ambiente íntegro e confiável, assegurar o alinhamento das contratações ao planejamento estratégico e às leis orçamentárias e promover eficiência, efetividade e eficácia em suas contratações."

[13] "Art. 14. Não poderão disputar licitação ou participar da execução de contrato, direta ou indiretamente: I – autor do anteprojeto, do projeto básico ou do projeto executivo, pessoa física ou jurídica, quando a licitação versar sobre obra, serviços ou fornecimento de bens a ele relacionados; II – empresa, isoladamente ou em consórcio, responsável pela elaboração do projeto básico ou do projeto executivo, ou empresa da qual o autor do projeto seja dirigente, gerente, controlador, acionista ou detentor de mais de 5% (cinco por cento) do capital com direito a voto, responsável técnico ou subcontratado, quando a licitação versar sobre obra, serviços ou fornecimento de bens a ela necessários;"

do termo de referência, seja pessoa física ou jurídica. As vedações previstas nos incisos I e II do art. 14 da lei derivam dos princípios da moralidade pública e da isonomia, pois objetivam afastar do certame pessoas físicas ou jurídicas que detenham informações privilegiadas a respeito da contratação. É evidente que o autor do termo de referência dispõe de conhecimentos concernentes a detalhes da contratação que lhe permite participar do certame com vantagem relativamente aos demais concorrentes.

9 Afastamento da elaboração dos estudos técnicos preliminares

Relembre-se que o estudo técnico preliminar é definido no art. 6º, inciso XX, da Lei nº 14.133/2021, como sendo o documento constitutivo da primeira etapa do planejamento de uma contratação que caracteriza o interesse público envolvido e a sua melhor solução e dá base ao anteprojeto, ao termo de referência ou ao projeto básico a serem elaborados caso se conclua pela viabilidade da contratação. É, portanto, documento obrigatório.

Importante a elaboração de estudo técnico preliminar em licitações e também em contratações diretas, pois a partir dele elaboram-se o projeto básico (art. 6º, inciso XXV) e o termo de referência (art. 6º, inciso XXIII, alínea "b"), ressalvadas as hipóteses em que for dispensado, conforme regulamento publicado.

No âmbito da administração pública federal, o art. 14 da Instrução Normativa SEGES nº 58/2022 faculta a elaboração de estudo técnico preliminar nas seguintes hipóteses:

> Art. 14. A elaboração do ETP:
>
> I – é facultada nas hipóteses dos incisos I, II, VII e VIII do art. 75 e do §7º do art. 90 da Lei nº 14.133, de 2021; e

O administrador poderá optar pela elaboração de estudo técnico preliminar nas seguintes hipóteses de dispensa de licitação:

a) para contratação direta em razão do valor, no caso de obras e serviços de engenharia ou de serviços de manutenção de veículos automotores, observado o limite de valor vigente;
b) para contratação direta em razão do valor, no caso de outros serviços e compras, também observado o limite de valor vigente;

c) nos casos de guerra, estado de defesa, estado de sítio, intervenção federal ou de grave perturbação da ordem; e
d) nos casos de emergência ou de calamidade pública, quando caracterizada urgência de atendimento de situação que possa ocasionar prejuízo ou comprometer a continuidade dos serviços públicos ou a segurança de pessoas, obras, serviços, equipamentos e outros bens, públicos ou particulares.

Nos casos de dispensa de licitação em razão do valor, a faculdade quanto à elaboração de estudo técnico preliminar visa a racionalizar e desburocratizar o processo da contratação direta. Mesmo nesse caso, nada obsta que a Administração desenvolva estudo técnico preliminar padronizado para atender contratações de mesmo objeto e corriqueiras. No tocante às dispensas de licitação nos casos de guerra, estado de defesa, estado de sítio, intervenção federal, grave perturbação da ordem e nos casos de emergência ou de calamidade pública, a faculdade quanto à elaboração de estudo técnico preliminar visa a agilizar o processo da contratação, conferindo-se a celeridade almejada.

Também é facultada a elaboração de estudo técnico preliminar na hipótese de a Administração convocar os demais licitantes classificados na licitação para a contratação de remanescente de obra, de serviço ou de fornecimento em consequência de rescisão contratual, na forma estatuída no art. 90, §7º, da Lei nº 14.133/2021. A faculdade, nesse caso, justifica-se em razão da existência de estudo técnico preliminar elaborado na fase preparatória da licitação.

Estabelece a Instrução Normativa SEGES nº 58/2022 que:

> Art. 14. A elaboração do ETP:
>
> [...]
>
> II – é dispensada na hipótese do inciso III do art. 75 da Lei nº 14.133, de 2021, e nos casos de prorrogações dos contratos de serviços e fornecimentos contínuos.

A Instrução Normativa, no seu art. 14, inciso II, dispensa a elaboração de estudo técnico preliminar nas contratações diretas resultantes de licitação em que não surgiram licitantes interessados ou não foram apresentadas propostas válidas ou, ainda, na hipótese de licitação realizada em que as propostas apresentadas consignaram preços manifestamente superiores aos praticados no mercado ou incompatíveis com os fixados pelos órgãos oficiais competentes, desde que ditas licitações tenham sido realizadas a menos de 1 (um) ano. Justifica-se a dispensa, ou seja, o afastamento da elaboração de estudo técnico preliminar nesses casos: referido documento foi previamente elaborado na fase preparatória da licitação, sendo desnecessária nova elaboração em vista da manutenção das condições previamente justificadas no estudo técnico original. Contudo, se dentro do período de um ano as condições traçadas no estudo técnico preliminar modificaram-se a ponto de ser outro o objeto ou as condições para sua execução, convém não apenas elaborar novo estudo técnico preliminar, mas também, a realização de nova licitação.

A mesma instrução normativa, ainda, dispensa a elaboração de estudos técnicos preliminares nos casos de prorrogações dos contratos de serviços e fornecimentos contínuos, ou seja, a Instrução Normativa afasta a elaboração de estudos técnicos preliminares quando da prorrogação do prazo de vigência contratual em contratos de serviços e fornecimentos contínuos com ou sem dedicação exclusiva de mão de obra.

Outras alterações contratuais, como, por exemplo, acréscimos e supressões contratuais (art. 125 da Lei nº 14.133/2021),[14] exigem a elaboração de estudo técnico preliminar.

10 Dispensa da elaboração do termo de referência

Consoante estabelece o art. 11 da Instrução Normativa CGNOR/ME nº 81/2022,[15] a elaboração do termo de referência pode ser dispensada na hipótese do inciso III do art. 75 da Lei nº 14.133/2021,[16]

---

14 "Art. 125. Nas alterações unilaterais a que se refere o inciso I do caput do art. 124 desta Lei, o contratado será obrigado a aceitar, nas mesmas condições contratuais, acréscimos ou supressões de até 25% (vinte e cinco por cento) do valor inicial atualizado do contrato que se fizerem nas obras, nos serviços ou nas compras, e, no caso de reforma de edifício ou de equipamento, o limite para os acréscimos será de 50% (cinquenta por cento)."

15 "Art. 11. A elaboração do TR é dispensada na hipótese do inciso III do art. 75 da Lei nº 14.133, de 2021, nas adesões a atas de registro de preços e nos casos de prorrogações dos contratos de serviços e fornecimentos contínuos. Parágrafo único. Nas adesões a atas de registro de preços de que trata o **caput**, o estudo técnico preliminar deverá conter as informações que bem caracterizam a contratação, tais como o quantitativo demandado e o local de entrega do bem ou de prestação do serviço."

16 "Art. 75. É dispensável a licitação: [...] III – para contratação que mantenha todas as condições definidas em edital de licitação realizada há menos de 1 (um) ano, quando se verificar que naquela licitação: a) não surgiram licitantes interessados ou não foram

nas adesões a atas de registro de preços e nos casos de prorrogações dos contratos de serviços e fornecimentos contínuos. Justificam-se essas dispensas tendo em vista que os respectivos termos de referência foram elaborados quando da realização da licitação.

10.1 Elaboração do termo de referência nas adesões a atas de registro de preços

Nas adesões a atas de registro de preços, é dever do órgão ou entidade aderente ("carona") elaborar termo de referência e justificar que o procedimento se traduz na melhor solução?

Durante a elaboração do estudo técnico preliminar, pode a Administração concluir que a solução mais vantajosa advirá da adesão à ata de registro de preços vigente, contendo objeto adequado ao atendimento de sua necessidade e preços registrados abaixo dos praticados pelo mercado.

Consoante estabelece o art. 11 da Instrução Normativa CGNOR/ME nº 81/2022, a elaboração do termo de referência é dispensada nas adesões a atas de registro de preços. Justifica-se essa dispensa tendo em vista que o respectivo termo de referência foi elaborado quando da realização da licitação.

Nas adesões a atas de registro de preços, o estudo técnico preliminar deverá conter as informações que bem caracterizam a contratação, tais como o quantitativo demandado e o local de entrega do bem ou de prestação do serviço. Em vista do disposto no §1º do art. 18 da Lei nº 14.133/2021,[17] apropriado que o estudo técnico preliminar evidencie também que a pretensa adesão à ata de registro de preços vigente se traduz na melhor solução para a Administração.

---

apresentadas propostas válidas; b) as propostas apresentadas consignaram preços manifestamente superiores aos praticados no mercado ou incompatíveis com os fixados pelos órgãos oficiais competentes;"

[17] "Art. 18. A fase preparatória do processo licitatório é caracterizada pelo planejamento e deve compatibilizar-se com o plano de contratações anual de que trata o inciso VII do caput do art. 12 desta Lei, sempre que elaborado, e com as leis orçamentárias, bem como abordar todas as considerações técnicas, mercadológicas e de gestão que podem interferir na contratação, compreendidos: [...]§1º O estudo técnico preliminar a que se refere o inciso I do **caput** deste artigo deverá evidenciar o problema a ser resolvido e a sua melhor solução, de modo a permitir a avaliação da viabilidade técnica e econômica da contratação, e conterá os seguintes elementos:"

11 Inaplicabilidade do estudo técnico preliminar e afastamento do termo de referência

Conforme disposto no inciso XX do art. 6º da Lei nº 14.133/2021, o estudo técnico preliminar é o documento constitutivo da primeira etapa do planejamento de uma contratação, o qual dá base à elaboração do termo de referência, caso se conclua pela viabilidade da contratação.

A elaboração de estudo técnico preliminar é facultada nas hipóteses dos incisos I, II, VII e VIII do art. 75 e do §7º do art. 90 da Lei nº 14.133/2021 e dispensada na hipótese do inciso III do art. 75 do mesmo diploma e nos casos de prorrogações dos contratos de serviços e fornecimentos contínuos (art. 14 da Instrução Normativa SEGES nº 58/2022).

Há casos, portanto, em que o estudo técnico preliminar, o qual dá base à elaboração do termo de referência, pode ser afastado.

Dispõe o art. 9º, §1º, da Instrução Normativa CGNOR/ME nº 81/2022, que trata da elaboração do termo de referência para a aquisição de bens e a contratação de serviços, no âmbito da administração pública federal direta, autárquica e fundacional, que na hipótese de o processo de contratação não dispor de estudo técnico preliminar, com base no art. 14 da Instrução Normativa nº 58/2022, a fundamentação da contratação consistirá em justificativa de mérito para a contratação e do quantitativo pleiteado, competindo ao termo de referência apresentar demonstrativo de previsão da contratação no Plano de Contratações Anual, de modo a indicar o seu alinhamento com os instrumentos de planejamento do órgão ou entidade. Assim:

> Art. 9º Deverão ser registrados no Sistema TR Digital os seguintes parâmetros e elementos descritivos:
>
> [...]
>
> §1º Na hipótese de o processo de contratação não dispor de estudo técnico preliminar, com base no art. 14 da Instrução Normativa nº 58, de 8 de agosto de 2022:
>
> I – a fundamentação da contratação, conforme disposto no inciso II do caput, consistirá em justificativa de mérito para a contratação e do quantitativo pleiteado;
>
> II – o TR deverá apresentar demonstrativo da previsão da contratação no Plano de Contratações Anual, de modo a indicar o seu alinhamento com os instrumentos de planejamento do órgão ou entidade.

Depreende-se, pois, que a inaplicabilidade do estudo técnico preliminar não afasta a elaboração do termo de referência. Este será obrigatório em toda licitação e contratação direta que vise à aquisição de bens e a prestação de serviços, ressalvadas as hipóteses previstas no inciso III do art. 75 da Lei nº 14.133/2021, nas adesões a atas de registro de preços e nos casos de prorrogações dos contratos de serviços e fornecimentos contínuos, porque, nesses casos, os respectivos termos de referência foram previamente elaborados quando da realização das respectivas licitações.

12 Elaboração dos estudos técnicos preliminares por órgãos e entidades da administração pública estadual, distrital e municipal

Dispõe o art. 187 da Lei nº 14.133/2021,[18] que Estados, Distrito Federal e Municípios poderão (facultado), portanto, aplicar os regulamentos editados pela União para execução do novo diploma de licitações e contratações administrativas. Significa que tais entes federativos poderão expedir regulamentos próprios para aplicação da Lei nº 14.133/2021, respeitando-se, contudo, as regras gerais previstas nesse diploma ou, ainda, valer-se de regulamentos federais.

A adoção de regulamentos editados pela União, sublinhe-se, produz atuação uniforme de agentes públicos em processos de licitação e de contratação direta e a padronização de propostas a cargo de licitantes e contratados, independentemente do órgão ou entidade pública que licita ou contrata, traduzindo-se, ao fim, em maior vantagem competitiva e tratamento uniforme sobre matéria cuja previsão legislativa aplica-se, indistintamente, a todos os entes federativos.

Registre-se, contudo, que órgãos e entidades da administração pública estadual, distrital ou municipal, direta ou indireta, quando executarem recursos da União decorrentes de transferências voluntárias, deverão observar as regras e os procedimentos de que dispõe a Instrução Normativa SEGES nº 58/2022,[19] que trata da elaboração de estudos

[18] "Art. 187. Os Estados, o Distrito Federal e os Municípios poderão aplicar os regulamentos editados pela União para execução desta Lei."

[19] 'Art. 2º Os órgãos e entidades da administração pública estadual, distrital ou municipal, direta ou indireta, quando executarem recursos da União decorrentes de transferências voluntárias, deverão observar as regras e os procedimentos de que dispõe esta Instrução Normativa."

técnicos preliminares para a aquisição de bens e a contratação de serviços e obras, assim como as regras e os procedimentos de que dispõe a Instrução Normativa SEGES/ME nº 81/2022,[20] sobre a elaboração de termo de referência para a aquisição de bens e a contratação de serviços.

Tais órgãos e entidades poderão valer-se do Sistema ETP Digital, ferramenta informatizada integrante da plataforma do Sistema Integrado de Administração de Serviços Gerais (SIASG), disponibilizada pela Secretaria de Gestão da Secretaria Especial de Desburocratização, Gestão e Governo Digital do Ministério da Economia.

Em caso de não utilização do Sistema ETP Digital pelos órgãos e entidades estaduais, distrital ou municipais, a elaboração do estudo técnico preliminar deverá ocorrer em ferramenta informatizada própria.

13 Realização de estimativa do valor da contratação

Do texto da Lei nº 14.133/2021 exsurge o seguinte questionamento: a estimativa do valor da contratação, com base no seu art. 23, deve ser realizada quando da elaboração do estudo técnico preliminar ou do termo de referência?

Dispõe a Lei nº 14.133/2021 acerca da estimativa do valor da contratação quando da elaboração do estudo técnico preliminar:

> Art. 18. A fase preparatória do processo licitatório é caracterizada pelo planejamento e deve compatibilizar-se com o plano de contratações anual de que trata o inciso VII do caput do art. 12 desta Lei, sempre que elaborado, e com as leis orçamentárias, bem como abordar todas as considerações técnicas, mercadológicas e de gestão que podem interferir na contratação, compreendidos:
>
> I – a descrição da necessidade da contratação fundamentada em estudo técnico preliminar que caracterize o interesse público envolvido;
>
> [...]
>
> §1º O estudo técnico preliminar a que se refere o inciso I do caput deste artigo deverá evidenciar o problema a ser resolvido e a sua melhor solução, de modo a permitir a avaliação da viabilidade técnica e econômica da contratação, e conterá os seguintes elementos:
>
> [...]

---

20 "Art. 2º Os órgãos e entidades da administração pública estadual, distrital ou municipal, direta ou indireta, quando executarem recursos da União decorrentes de transferências voluntárias, deverão observar as regras e os procedimentos de que dispõe esta Instrução Normativa."

> VI – estimativa do valor da contratação, acompanhada dos preços unitários referenciais, das memórias de cálculo e dos documentos que lhe dão suporte, que poderão constar de anexo classificado, se a Administração optar por preservar o seu sigilo até a conclusão da licitação;

No tocante ao termo de referência, o mesmo diploma também estabelece a respeito da estimativa do valor da contratação:

> Art. 6º Para os fins desta Lei, consideram-se:
>
> [...]
>
> XXIII – termo de referência: documento necessário para a contratação de bens e serviços, que deve conter os seguintes parâmetros e elementos descritivos:
>
> [...]
>
> i) estimativas do valor da contratação, acompanhadas dos preços unitários referenciais, das memórias de cálculo e dos documentos que lhe dão suporte, com os parâmetros utilizados para a obtenção dos preços e para os respectivos cálculos, que devem constar de documento separado e classificado;

De acordo com a Lei nº 14.133/2021, o estudo técnico preliminar e, também, o termo de referência devem contemplar a estimativa do valor da contratação, acompanhada dos preços unitários referenciais, das memórias de cálculo e dos documentos que lhe dão suporte.

Segundo o Enunciado 17, do Conselho Federal de Justiça (CFJ), decorrente do I Simpósio de Licitações e Contratos da Justiça Federal,[21] realizado em agosto de 2022, a estimativa do valor da contratação realizada por meio dos estudos técnicos preliminares, de que trata o art. 18, §1º, inciso VI, da Lei nº 14.133/2021, será, via de regra, uma análise inicial dos preços praticados no mercado por servir unicamente à análise da autoridade competente quanto à viabilidade econômica da contratação.

A estimativa do valor da contratação realizada pelo setor competente da Administração, conforme o art. 6º, inciso XXIII, "i", da Lei nº 14.133/2021, ou seja, no termo de referência, servirá como base à análise da aceitabilidade das propostas na fase externa do processo licitatório, por isso utilizará os parâmetros do art. 23 e seus parágrafos.

---

[21] Disponível em: https://www.cjf.jus.br/cjf/corregedoria-da-justica-federal/centro-de-estudos-judiciarios-1/publicacoes-1/licita-contat-jf.

O Ministério da Gestão e da Inovação em Serviços Públicos, por meio da Secretaria de Gestão e Inovação, publicou *Caderno de Logística*[22] contendo diretrizes para a realização de pesquisa de preços, formuladas com base na Instrução Normativa SEGES/ME nº 65, de 7 de julho de 2021.[23]

Estabelece o *Caderno de Logística* que:

> Semelhantemente, no momento da elaboração dos estudos técnicos preliminares, busca-se conhecer o mercado, por meio do levantamento das alternativas de soluções, as quais serão avaliadas e comparadas economicamente, podendo-se concluir pela inviabilidade da contratação ou que a necessidade da Administração será mais bem atendida por outros meios, ou ainda, que não será efetivada no momento. Assim, não é obrigatório que a estimativa do valor da contratação, para fins de ETP, siga os procedimentos da IN nº 65, de 2021. Não obstante, o órgão ou entidade pode optar por sua utilização no referido momento, se for o caso.

Ainda de acordo com o *Caderno de Logística*, a Lei nº 14.133/2021 diferenciou a redação do art. 6º, XXIII, alínea "i", que trata do valor estimado no termo de referência, daquela do art. 18, §1º, que trata do valor estimado nos estudos técnicos preliminares, de modo que, apenas no primeiro (termo de referência) foi referenciada a necessidade de se apresentar os parâmetros utilizados para a obtenção dos preços e para os respectivos cálculos.

Conclui-se, pois, que a Administração, quando da elaboração dos estudos técnicos preliminares, não é obrigada a realizar estimativa do valor da contratação (pesquisa de preços) nos estritos moldes do art. 23 da Lei nº 14.133/2021 e de seu regulamento (Instrução Normativa SEGES/ME nº 65/2021), bastando efetivar uma análise inicial dos preços praticados no mercado, a servir de conclusão acerca da viabilidade econômica da contratação.

---

22 Disponível em: https://www.gov.br/compras/pt-br/agente-publico/cadernos-de-logistica/midia/caderno-de-pesquisa-de-precos-2023_final.pdf/.

23 Dispõe sobre o procedimento administrativo para a realização de pesquisa de preços para aquisição de bens e contratação de serviços em geral, no âmbito da administração pública federal direta, autárquica e fundacional.

14 Divulgação do termo de referência e do estudo técnico preliminar como seu anexo

O termo de referência, a partir do estudo técnico preliminar, definirá o objeto para atendimento da necessidade da Administração, sendo aplicável para compras e serviços. Conforme definição constante no art. 6º, inciso XXIII, da Lei nº 14.133/2021, o termo de referência constitui-se no documento necessário para a contratação de bens e serviços, que deve conter os seguintes parâmetros e elementos descritivos: a) definição do objeto, incluídos sua natureza, os quantitativos, o prazo do contrato e, se for o caso, a possibilidade de sua prorrogação; b) fundamentação da contratação, que consiste na referência aos estudos técnicos preliminares correspondentes ou, quando não for possível divulgar esses estudos, no extrato das partes que não contiverem informações sigilosas; c) descrição da solução como um todo, considerado todo o ciclo de vida do objeto; d) requisitos da contratação; e) modelo de execução do objeto, que consiste na definição de como o contrato deverá produzir os resultados pretendidos desde o seu início até o seu encerramento; f) modelo de gestão do contrato, que descreve como a execução do objeto será acompanhada e fiscalizada pelo órgão ou entidade; g) critérios de medição e de pagamento; h) forma e critérios de seleção do fornecedor.

O termo de referência deverá ser divulgado na mesma data de divulgação do edital ou do aviso de contratação direta no Portal Nacional de Contratações Públicas (PNCP), como anexo, sem necessidade de registro ou de identificação para acesso, conforme a Instrução Normativa CGNOR/ME nº 81/2022, *verbis*:

> Art. 12. O TR deverá ser divulgado na mesma data de divulgação do edital ou do aviso de contratação direta no Portal Nacional de Contratações Públicas – PNCP, como anexo, sem necessidade de registro ou de identificação para acesso.

Segundo a Instrução Normativa CGNOR/ME nº 81/2022, o termo de referência deve ser publicado como anexo do edital ou do aviso de contratação direta.

E quanto ao estudo técnico preliminar que deu origem ao termo de referência (ou ao projeto básico): também deve ser publicado juntamente com o edital ou o aviso de contratação direta?

Segundo o Acórdão nº 2273/2024 – Plenário (Rel. Min. Benjamin Zymler, Processo nº 002.316/2024-2), do Tribunal de Contas da União, a Lei nº 14.133/2021 não obriga a inclusão do estudo técnico preliminar como um anexo do instrumento convocatório. Acompanhe-se:

> [...] 9.3. dar ciência ao Ministério da Gestão e da Inovação em Serviços Públicos e à Câmara Nacional de Licitações e Contratos Administrativos (CNLCA/AGU/CGU) de que a Lei 14.133/2021 não obriga a inclusão do ETP como um anexo do instrumento convocatório;

De fato, não há dispositivo na nova lei de licitações e contratações administrativas que obrigue a divulgação do estudo técnico preliminar como parte integrante do edital.

Nas contratações de serviços, com ou sem dedicação exclusiva de mão de obra, dispõe o item 2.2, "a", da Instrução Normativa SEGES/MPDG nº 5, de 26 de maio de 2017, que o estudo técnico preliminar será anexo do termo de referência, quando for possível a sua divulgação. Assim:

> 2. São diretrizes específicas a cada elemento do Termo de Referência ou Projeto Básico:
>
> [...]
>
> 2.2. Fundamentação da contratação:
>
> a) Os Estudos Preliminares serão anexos do TR ou PB, quando for possível a sua divulgação;
>
> b) Quando não for possível divulgar os Estudos Preliminares devido a sua classificação, conforme a Lei nº 12. 527, de 2011, deverá ser divulgado como anexo do TR ou PB um extrato das partes que não contiverem informações sigilosas.

Quando não for possível divulgar o estudo técnico preliminar devido a sua classificação, deverá ser divulgado como anexo do termo de referência um extrato das partes que não contiverem informações sigilosas (item 2.2, "b", da Instrução Normativa SEGES/MPDG nº 5/2017).

Depreende-se, pois, em resumo: (a) não há dispositivo na Lei nº 14.133/2021 que obrigue a divulgação do estudo técnico preliminar como parte integrante do edital; (b) no âmbito da administração pública federal não há regulamento que obrigue a divulgação do estudo técnico preliminar juntamente com o edital ou o aviso de contratação direta, ou seja, como anexo do edital ou do aviso de contratação direta, salvo nas contratações de serviços, com ou sem dedicação exclusiva de mão de obra, em que o estudo técnico preliminar figurará como anexo do termo de referência, segundo disposto na Instrução Normativa SEGES/MPDG nº 5/2017, aplicável à Lei nº 14.133/2021 por força da Instrução Normativa SEGES/ME nº 98, de 26 de dezembro de 2022, a qual dispõe:

> Art. 1º Fica autorizada a aplicação da Instrução Normativa nº 5 de 26 de maio de 2017, que dispõe sobre as regras e diretrizes do procedimento de contratação de serviços sob o regime de execução indireta no âmbito da Administração Pública federal direta, autárquica e fundacional, no que couber, para a realização dos processos de licitação e de contratação direta de serviços de que dispõe a Lei nº 14.133, de 1º de abril de 2021.

15 Conclusão

Do texto da Lei nº 14.133/2021, a nova lei de licitações e contratações administrativas, colhe-se a diferenciação de estudo técnico preliminar, projeto básico, termo de referência e edital.

O estudo técnico preliminar é definido no art. 6º, inciso XX, da lei, como sendo o documento constitutivo da primeira etapa do planejamento de uma contratação que caracteriza o interesse público envolvido e a sua melhor solução e dá base ao anteprojeto, ao termo de referência ou ao projeto básico a serem elaborados caso se conclua pela viabilidade da contratação. O projeto básico e o termo de referência são documentos técnicos, elaborados com base nos estudos técnicos preliminares, ou seja, por agente(s) que possui(em) conhecimento(s) relacionado(s) ao objeto da licitação ou da contratação direta e visam a estabelecer a qualificação do objeto, quantidade e condições para a sua perfeita execução pelo contratado, garantias, obrigações e responsabilidades. A definição de termo de referência e seus principais elementos constam no art. 6º, inciso XXIII, da lei, enquanto a definição de projeto básico encontra-se no inciso XXV do mesmo art. 6º. O edital da licitação, elaborado a partir do projeto básico ou termo de referência, visa a estabelecer as condições para participação no certame, os critérios para formulação e aceitação de propostas, requisitos de habilitação, processamento de recurso administrativo, penalidades aplicáveis à licitação, fiscalização e gestão do contrato, entrega do objeto e condições de pagamento, consoante estabelece o art. 25, *caput*, da lei.

Termos de referência e projetos básicos devem ser elaborados a partir de estudos técnicos preliminares, na fase interna de processos administrativos de licitação e de contratação direta, a retratar, sob uma visão macro, o efetivo planejamento da administração, suas necessidades, o específico objeto e os resultados pretendidos.

A questão de não ser possível licitar ou contratar diretamente serviço ou compra com termo de referência que não atenda aos requisitos legais não constitui mera formalidade. Tanto é assim que o art. 150 da Lei nº 14.133/2021 dispõe que, nenhuma contratação será feita sem a "caracterização adequada de seu objeto" e sem a indicação dos créditos orçamentários para pagamento das parcelas contratuais vincendas no exercício em que for realizada a contratação, sob pena de nulidade do ato e de responsabilização de quem lhe tiver dado causa.

Destaque-se a importância dada pela nova lei de licitações e contratos administrativos à caracterização do objeto. A contratação de serviço ou compra sem ter por base termo de referência adequado é, na nova lei (assim como era na Lei nº 8.666/1993, em seu art. 7º, §6º, para o projeto básico), causa expressa de nulidade, haja vista os enormes riscos em que incorre a Administração ao admitir a contratação de execução de objeto não claramente definido, a impedir a adequada orçamentação e programação de aporte de recursos.

Este estudo esquadrinhou algumas questões práticas relacionadas aos estudos técnicos preliminares e ao termo de referência, cujas conclusões, resumidamente, são transcritas a seguir:

✓ **Utilização de projeto básico e termo de referência**

O termo de referência, a ser elaborado a partir do estudo técnico preliminar, é o documento aplicável à licitação e à contratação direta de bens e serviços em geral. No tocante à contratação de obras e serviços de engenharia, seja por meio de licitação ou de forma direta (inexigibilidade ou dispensa de licitação), o instrumento a ser elaborado, a partir dos estudos técnicos preliminares, é o projeto básico.

✓ **Utilização de termo de referência integrante de licitação ou de contratação direta anterior**

Inexiste vedação legal a que a Administração utilize termo de referência (assim como projeto básico e estudos técnicos preliminares) integrante de edital de licitação ou de processo de contratação direta anteriormente realizada, desde que se ajuste fielmente ao objeto a ser futuramente contratado e se mantenha tecnicamente atualizado.

✓**Aprovação do projeto básico e do termo de referência pela autoridade competente**

Inexiste, na Lei nº 14.133/2021, e em norma editada para o fim de regulamentá-la (ex.: decreto, instrução normativa), disposição a respeito da necessária aprovação do projeto básico ou termo de referência pela autoridade competente. Exceção há no âmbito das contratações de soluções de Tecnologia da Informação e Comunicação (TIC), pelos órgãos e entidades integrantes do Sistema de Administração dos Recursos de Tecnologia da Informação (SISP), do Poder Executivo Federal, cujo art. 12, §6º, da Instrução Normativa SGD/ME nº 94, de 23 de dezembro de 2022, estabelece que o termo de referência será assinado pela equipe de planejamento da contratação e pela autoridade máxima da área de TIC e aprovado pela autoridade competente.

✓**Competência para a elaboração dos estudos técnicos preliminares e do termo de referência**

No âmbito da administração pública federal direta, autárquica e fundacional, os estudos técnicos preliminares e o termo de referência devem ser elaborados conjuntamente por servidores da área técnica e requisitante ou, quando houver, pela equipe de planejamento da contratação.

✓ **Contratação de terceiro para a elaboração dos estudos técnicos preliminares e do termo de referência**

Inexistindo, na estrutura do órgão ou entidade pública, profissionais com qualificação específica e necessária para elaboração dos estudos técnicos preliminares e do termo de referência, pode tal tarefa ser confiada a terceiro, sem vínculo com a Administração.

✓**Afastamento dos estudos técnicos preliminares**

É facultado ao administrador elaborar os estudos técnicos preliminares nas seguintes hipóteses:

a) para contratação direta em razão do valor, no caso de obras e serviços de engenharia ou de serviços de manutenção de veículos automotores, observado o limite de valor vigente;
b) para contratação direta em razão do valor, no caso de outros serviços e compras, também observado o limite de valor vigente;
c) nos casos de guerra, estado de defesa, estado de sítio, intervenção federal ou de grave perturbação da ordem;
d) nos casos de emergência ou de calamidade pública, quando caracterizada urgência de atendimento de situação que possa ocasionar prejuízo ou comprometer a continuidade dos serviços públicos ou a segurança de pessoas, obras, serviços, equipamentos e outros bens, públicos ou particulares; e
e) quando a Administração convocar os demais licitantes classificados na licitação para a contratação de remanescente de

obra, de serviço ou de fornecimento em consequência de rescisão contratual, na forma estatuída no art. 90, §7º, da Lei nº 14.133/2021.

É dispensada a elaboração de estudos técnicos preliminares nas contratações diretas resultantes de licitação em que não surgiram licitantes interessados ou não foram apresentadas propostas válidas ou, ainda, na hipótese de licitação realizada em que as propostas apresentadas consignaram preços manifestamente superiores aos praticados no mercado ou incompatíveis com os fixados pelos órgãos oficiais competentes, desde que ditas licitações tenham sido realizadas a menos de 1 (um) ano.

✓Dispensa da elaboração de termo de referência

A elaboração de termo de referência pode ser dispensada na hipótese do inciso III do art. 75 da Lei nº 14.133/2021, nas adesões a atas de registro de preços e nos casos de prorrogações dos contratos de serviços e fornecimentos contínuos.

✓Inaplicabilidade dos estudos técnicos preliminares e afastamento do termo de referência

A inaplicabilidade do estudo técnico preliminar não afasta a elaboração do termo de referência. Este será obrigatório em toda licitação e contratação direta que vise à aquisição de bens e a prestação de serviços, ressalvadas as hipóteses previstas no inciso III do art. 75 da Lei nº 14.133/2021, nas adesões a atas de registro de preços e nos casos de prorrogações dos contratos de serviços e fornecimentos contínuos.

✓Elaboração dos estudos técnicos preliminares pela administração pública estadual, distrital e municipal

Os Estados, o Distrito Federal e os Municípios poderão aplicar os regulamentos editados pela União para execução do novo diploma de licitações e contratações administrativas, facultando-se, a tais entes federativos, a expedição de regulamentos próprios para aplicação da Lei nº 14.133/2021, respeitando-se, contudo, as regras gerais previstas nesse diploma.

✓Realização da estimativa do valor da contratação

A Administração, quando da elaboração dos estudos técnicos preliminares, não é obrigada a realizar estimativa do valor da contratação (pesquisa de preços) nos estritos moldes do art. 23 da Lei nº 14.133/2021 e de seu regulamento (Instrução Normativa SEGES/ME nº 65/2021), bastando efetivar uma análise inicial dos preços praticados no mercado, a servir de conclusão acerca da viabilidade econômica da contratação.

✓Publicação dos estudos técnicos preliminares

Não há dispositivo na Lei nº 14.133/2021 que obrigue a divulgação do estudo técnico preliminar como parte integrante do edital. No âmbito da administração pública federal não há regulamento que obrigue a divulgação dos estudos técnicos preliminares juntamente com o edital ou o aviso de contratação direta, salvo nas contratações de serviços, com ou sem dedicação exclusiva de mão de obra, em que tal instrumento figurará como anexo do termo de referência.

Referências

FURTADO, Madeline Rocha *et al.* *Gestão de contratos de terceirização na Administração Pública:* teoria e prática. 8. ed. rev. e ampl. Belo Horizonte: Fórum, 2023.

FURTADO, Madeline Rocha; DOTTI, Marinês Restelatto. *A fase preparatória da licitação e seu rito procedimental (Lei nº 14.133/2021).* Porto Alegre: Ordem Jurídica. 2021. https://www.ordemjuridica.com.br/opiniao/a-fase-preparatoria-da-licitacao-e-seu-rito-procedimental-lei-no-14-133-2021.

HEINEN, Juliano. *Comentários à lei de licitações e contratos administrativos:* Lei nº 14.133/21. 5. ed. Salvador: Juspodivm. 2024.

NIEBUHR, Joel de Menezes. *Licitação pública e contrato administrativo.* 7. ed. Belo Horizonte: Fórum, 2024.

PEREIRA JUNIOR, Jessé Torres; DOTTI, Marinês Restelatto. *2000 perguntas e respostas sobre a nova lei de licitações e contratos:* Lei nº 14.133/2021. Porto Alegre: Ordem Jurídica, 2023.

PEREIRA JUNIOR, Jessé Torres; DOTTI, Marinês Restelatto. *Da responsabilidade de agentes públicos e privados nos processos de licitação e contratação:* Lei nº 14.133/2021. Porto Alegre: Ordem Jurídica, 2022.

SANTANA, Jair Eduardo; CAMARÃO, Tatiana; CHRISPIM, Anna Carla Duarte. *Termo de Referência*: o impacto da especificação do objeto e do termo de referência na eficácia das licitações e contratos. 6. ed. Belo Horizonte: Fórum, 2020.

SANTOS, José Anacleto Abduch. *Licitação e contratação pública:* de acordo com a Lei nº 14.133/21. Belo Horizonte: Fórum, 2023.

Informação bibliográfica deste texto, conforme a NBR 6023:2018 da Associação Brasileira de Normas Técnicas (ABNT):

DOTTI, Marinês Restelatto. Aspectos práticos envolvendo os estudos técnicos preliminares e o termo de referência – Lei nº 14.133/2021. *In:* FURTADO, Madeline Rocha; FURTADO, Monique Rafaella Rocha (coord.). *O planejamento das contratações*: estudos técnicos preliminares e termos de referência: teoria e aplicação sob a égide da Lei nº 14.133/2021. Belo Horizonte: Fórum, 2025. p. 105-135. ISBN 978-65-5518-944-5.

CAPÍTULO 2

OS IMPACTOS DA ELABORAÇÃO DO ESTUDO TÉCNICO PRELIMINAR E DO TERMO DE REFERÊNCIA NAS CONTRATAÇÕES DE ENGENHARIA

PAULO SÉRGIO DE MONTEIRO REIS

1 Introdução

Com o advento da Lei nº 14.133, de 1º de abril de 2021, ganhou ênfase na fase preparatória dos processos de contratação na administração pública direta, autárquica e fundacional a elaboração do estudo técnico preliminar e do termo de referência. Expressamente, em seu art. 18, a nova lei dispõe:

> Art. 18. A fase preparatória do processo licitatório é caracterizada pelo planejamento e deve compatibilizar-se com o plano de contratações anual de que trata o inciso VII do caput do art. 12 desta Lei, sempre que elaborado, e com as leis orçamentárias, bem como abordar todas as considerações técnicas, mercadológicas e de gestão que podem interferir na contratação, compreendidos:
>
> I – a descrição da necessidade da contratação fundamentada em estudo técnico preliminar que caracterize o interesse público envolvido;
>
> II – a definição do objeto para o atendimento da necessidade, por meio de termo de referência, anteprojeto, projeto básico ou projeto executivo, conforme o caso;

Quando estamos tratando de engenharia, entretanto, falar de ETP é uma tradição praticada há muito tempo, como marco inicial dos processos relativos à contratação de obras e serviços, passo importante dos procedimentos para elaboração do projeto básico e do consequente projeto executivo. Afinal, em sendo a engenharia e a arquitetura profissões regulamentadas, os respectivos Conselhos possuem competência expressa para publicar resoluções para regulamentação e execução das respectivas leis. E, através da Resolução nº 361, de 10 de dezembro de 1991, o Conselho Federal de Engenharia e Agronomia (CONFEA), que, naquela época, também englobava a arquitetura, já dispunha sobre a necessidade de o projeto básico ser antecedido por estudos preliminares.

Já em relação ao TR, sua utilização, mais reduzida em comparação com o ETP na área enfocada, ganhou incremento com o advento do pregão como modalidade licitatória, a partir, portanto, da Medida Provisória nº 2.026, de 4 de maio de 2000. Afinal, foi o Decreto federal nº 3.555, de 8 de agosto de 2000, em seu art. 8º, inc. II, o primeiro regulamento a mencionar a necessidade de sua existência. Não podemos esquecer, nesse início de conversa, que o mencionado decreto, no art. 5º, trazia disposição vedando a utilização do pregão nas contratações de obras e serviços de engenharia. Reconhecendo a evolução que o tema ganhou com o passar do tempo, o certo é que, até os dias de hoje, ficou pacificada a não utilização dessa modalidade licitatória para as contratações de obras e de serviços especializados de engenharia, como bem dispõe a Lei nº 14.133, de 2021, *verbis*:

> Art. 29. A concorrência e o pregão seguem o rito procedimental comum a que se refere o art. 17 desta Lei, adotando-se o pregão sempre que o objeto possuir padrões de desempenho e qualidade que possam ser objetivamente definidos pelo edital, por meio de especificações usuais de mercado.
>
> Parágrafo único. O pregão não se aplica às contratações de serviços técnicos especializados de natureza predominantemente intelectual e de obras e serviços de engenharia, exceto os serviços de engenharia de que trata a alínea "a" do inciso XXI do *caput* do art. 6º desta Lei.[1]

Portanto, ao analisarmos a utilização do termo de referência nas contratações da Administração que tratem de engenharia/arquitetura, precisamos considerar necessariamente o papel que esse documento deve exercer e as especificidades dessas áreas técnicas com regulamentação própria.

---

1 O citado art. 6º, inc. XXI, alínea "a", da Lei nº 14.133, de 2021, trata dos serviços comuns de engenharia.

Planejar é fundamental para o atingimento dos melhores resultados, utilizando os melhores caminhos, com eficiência, eficácia e efetividade. Engenharia e arquitetura são ciências que objetivam criar, construir, inovar, engenhar, arquitetar. Tentar fazê-lo sem planejamento será sempre um tiro no escuro, uma vã tentativa de chegar a bons desideratos. Nesse sentido, precisamos entender a importância desses dois documentos, para que o processo de contratação se perfaça da melhor maneira, atingindo resultados favoráveis ao interesse público. Daí a importância fundamental do estudo técnico preliminar e do termo de referência nessas áreas em que a técnica deve prevalecer.

2 Desenvolvimento do estudo técnico preliminar

Fundamentalmente, quando falamos de estudo técnico preliminar, estamos nos referindo a um documento que analisa as alternativas existentes no mercado para atender às necessidades da administração descritas no programa de necessidades. Este, por sua vez, é o documento no qual a administração define as principais condições a serem atendidas na obra/serviço a ser contratada, de forma a direcionar o trabalho dos arquitetos encarregados da identificação do partido arquitetônico a ser adotado e da elaboração do respectivo projeto. Segundo a Norma Brasileira NBR 16636-1, da Associação Brasileira de Normas Técnica (ABNT), o programa geral de necessidades é um conjunto sistematizado de precisões humanas, socioambientais e funcionais do contratante, objetivando a materialização do projeto.

Como bem afirmou o arquiteto Louis Kann, "o programa (de necessidades) não é arquitetura, são meramente instruções, assim como é uma receita médica. Porque no programa há um lobby que o arquiteto deve transformar em um local de entrada. Corredores devem ser transformados em galerias (...), áreas devem ser transformadas em espaços".[2]

Na área de engenharia, o programa de necessidades faz o mesmo papel que, em outros objetos, é destinado ao Documento de Formalização de Demandas (DFD): define o problema que a administração está enfrentando e a necessidade de solução, já identificando os parâmetros básicos a serem nela utilizados.

---

[2] KAHN in RONNER *et al.*, 1977, p. 325, *apud* TAVARES FILHO, Arthur C.; LASSANCE, Guilherme. Transições entre os planos conceitual e material da concepção arquitetônico. KAHN Louis I., *Arquitetura Revista*-Unisinos, jan./jun. 2008, p. 33-48.

A Lei nº 14.133, de 2021, define estudo técnico preliminar como sendo o documento constitutivo da primeira etapa do planejamento de uma contratação, que caracteriza o interesse público envolvido e a sua melhor solução e dá base ao anteprojeto, ao termo de referência ou ao projeto básico a serem elaborados caso se conclua pela viabilidade da contratação.

É inegável que, quando falamos de obra/serviço de engenharia, o projeto-mãe é o de arquitetura. Assim afirmamos tendo em vista que todos os demais, como, por exemplo, o estrutural, o de instalações elétricas e hidrossanitárias, o de lógica, o de paisagismo, entre outros, devem necessariamente estar em perfeita compatibilidade com o projeto arquitetônico.

Desse modo, o programa de necessidades deve se voltar prioritariamente aos aspectos de arquitetura a serem atendidos, definindo a futura ocupação do imóvel, os parâmetros a serem observados em termos de dimensões, chegando até a avaliação expedita do valor que deverá ser despendido na obra. Com essas informações, o arquiteto selecionado poderá definir o partido arquitetônico que conterá as bases fundamentais para o desenvolvimento do respectivo processo.

Quando estamos tratando de objetos fora da engenharia, as disposições do art. 18, §1º, da Lei nº 14.133/2021, que tratam do conteúdo do estudo técnico preliminar, podem e devem ser atendidas quase sempre integralmente, salvo situações especiais previstas no §2º do mesmo artigo. Já quando estamos falando de engenharia, o ETP passa por algumas outras necessidades, como a avaliação do impacto ambiental e a definição das características do solo, por exemplo.

Na fase de estudo técnico preliminar, o profissional contratado ou pertencente aos quadros de pessoal da administração definirá os requisitos fundamentais para atendimento ao partido arquitetônico por ele escolhido, possibilitando, assim, que, através de uma análise das opções disponíveis no mercado, possa concluir sobre a melhor alternativa a ser adotada. Usualmente, o mercado específico possui alternativas já previamente definidas, sendo possível concluir sobre qual delas é a mais indicada para a obtenção dos melhores resultados naquele processo específico. Com isso, nesse momento já será possível definir, igualmente, qual o regime de execução mais indicado para ser utilizado nos futuros trabalhos.

A norma atual trouxe a possibilidade da adoção, nas obras e serviços de engenharia na administração pública, de 7 regimes de execução. É o que vemos no art. 46, *verbis*:

> Art. 46. Na execução indireta de obras e serviços de engenharia, são admitidos os seguintes regimes:
>
> I – empreitada por preço unitário;
>
> II – empreitada por preço global;
>
> III – empreitada integral;
>
> IV – contratação por tarefa;
>
> V – contratação integrada;
>
> VI – contratação semi-integrada;
>
> VII – fornecimento e prestação de serviço associado.

Para quem não tem o conhecimento necessário na área, essa parece ser uma relação disponibilizada pela lei, para que dela seja "escolhido" o regime de execução a ser utilizado. Na realidade, sabem os especialistas que, em cada processo, existe um regime adequado e que poderá trazer os melhores resultados. Não se trata, portanto, de uma simples "escolha". Na fase de ETP, os profissionais devem definir qual o melhor regime para aquele processo concreto. O fluxograma a ser utilizado na elaboração do ETP, para possibilitar a definição do regime de execução de uma obra pública, é o seguinte:

Figura 1 – Fluxograma de definição do regime de execução de obra pública

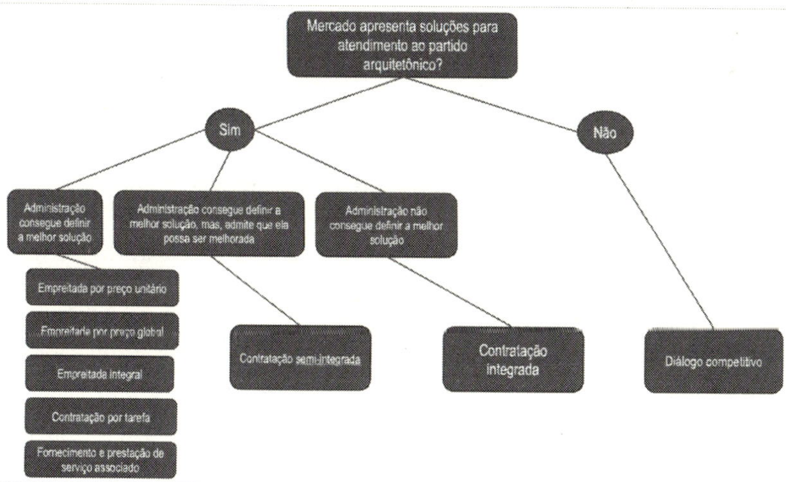

Fonte: Elaboração do autor.

Como deve proceder a Administração, através de sua área técnica de engenharia/arquitetura, para, no caso de encontrar no mercado a solução que lhe parece mais adequada, definir entre os regimes de empreitada qual o que melhor se aplica ao caso concreto? O procedimento a adotar é este:

Figura 2 – Definição de regime de empreitada

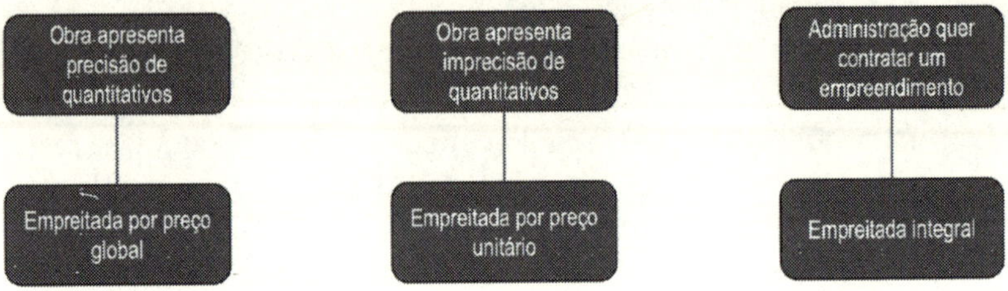

Fonte: Elaboração do autor.

Já no caso da contratação de serviços de engenharia, o ETP deve definir o melhor regime de execução. Neste caso, devemos registrar que a elaboração de projetos de engenharia e de arquitetura representa sempre uma criação do intelecto humano, como bem dispõe a Lei nº 9.610, de 19 de fevereiro de 1998, conhecida como Lei dos Direitos Autorais, em seu art. 7º, inc. X. Como não existe repetição do intelecto humano, o resultado vai depender do profissional que o elabora. Não significa, no entanto, que estaremos diante de um serviço inédito, pois o mercado tem parâmetros para a elaboração de projetos. Nesse sentido, denominamos serviço inédito aquele para o qual o mercado não tem parâmetros previamente definidos. Feita essa consideração, a contratação de serviços de engenharia/arquitetura no estudo técnico preliminar deverá ser analisada utilizando o seguinte fluxograma:

Figura 3 – Análise da contratação de serviços de engenharia/arquitetura no estudo técnico preliminar

Fonte: Elaboração do autor.

Desse modo, ainda que a Lei das Estatais, a Lei nº 13.303, de 30 de junho de 2016, disponha em seu art. 42, §4º, que o regime de contratação semi-integrada deve ser utilizado como regra, devendo ser justificada a utilização de outro regime, não existe, realisticamente, um regime genericamente ideal. Deve a administração fazer a "escolha" do regime exatamente na fase de elaboração do estudo técnico preliminar.

É indispensável nessa fase também definir o valor estimado da contratação. Afinal, a administração só poderá dar sequência ao processo se demonstrar nos autos que possui recursos financeiros em seu orçamento, destinados a esse tipo de empreendimento. Por outro lado, não se pode permitir aos profissionais que vão trabalhar nesse momento uma liberdade absoluta em relação à definição da solução que melhor atenderá o programa geral de necessidades. Além da limitação de recursos orçamentários, deve-se levar em consideração as disposições do art. 20 da Lei nº 14.133, de 2021, que, muito embora se direcionem literalmente à aquisição de bens de consumo, também devem ser aplicadas às obras e serviços de engenharia, que, igualmente, não devem ter qualidade superior à necessária para cumprir as finalidades às quais se destinam.

No ETP, temos apenas croquis que indicam a solução arquitetônica idealizada, para melhor entendimento por parte da administração pública que pretende realizar a obra. Representa sempre uma dúvida a possibilidade de elaboração de um orçamento da futura obra nesse momento do processo e o seu nível de precisão. O tema já foi objeto de estudo por parte do Instituto Brasileiro de Auditoria de Obras Públicas (IBRAOP), que registrou seu entendimento na Orientação Técnica OT-IBR 004/2012. Não podemos nos esquecer de que orçamento de obra deve ser preciso, mas não é exato. Embora a engenharia e a arquitetura sejam ciências exatas, a orçamentação não consegue atingir o nível de precisão absoluta, conquanto os profissionais disponham hoje de suporte tecnológico evoluído. Em 1991, na Resolução nº 391, o CONFEA registrou que o orçamento constante do projeto básico, documentação que sucede o anteprojeto, deveria ter um nível de precisão de mais ou menos 15%. Esses estudos foram aperfeiçoados, em 2012, pelo IBRAOP, que analisou o nível de precisão do orçamento nas diversas fases de elaboração de um projeto. Afinal, um projeto completo para uma obra passa pelas seguintes fases:

Figura 3 – Fases do projeto

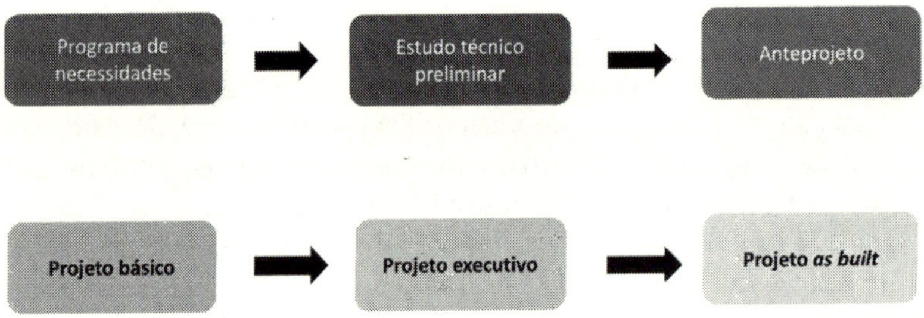

Fonte: Elaboração do autor.

Na OT-IBR 004/2012, o IBRAOP concluiu que, na fase de ETP, o orçamento de referência deve ser denominado ESTIMATIVA DE CUSTO, definido como sendo uma avaliação feita com base em custos históricos, índices, gráficos, estudos de ordens de grandeza, correlações ou comparação com projetos similares. Para obras de edificações, segundo o IBRAOP, a faixa de precisão da estimativa de custo é de mais ou menos 30%, bem ampla na medida em que a documentação técnica da futura obra ainda estará em uma fase inicial. Assim, para exemplificar, se a estimativa de custo chegar a R$1 milhão, o valor final da obra deverá ficar situado entre R$700 mil e R$1,3 milhão. Na medida em que a documentação técnica for evoluindo, essa faixa vai se estreitando, chegando a mais ou menos 5% quando estamos em nível de projeto executivo.

Concluído o estudo técnico preliminar e em sendo ele aprovado, a administração autorizará o desenvolvimento do projeto respectivo. Interessante disposição dessa fase posterior, ainda não bem entendida por parte da doutrina, temos no art. 18 da nova lei. Dispõe a Lei nº 14.133/2021:

> Art. 18. (...)
>
> (...)
>
> §3º Em se tratando de estudo técnico preliminar para contratação de obras e serviços comuns de engenharia, se demonstrada a inexistência de prejuízo para a aferição dos padrões de desempenho e qualidade almejados, a especificação do objeto poderá ser realizada apenas em termo de referência ou em projeto básico, dispensada a elaboração de projetos.

É oportuno registrar a importância do projeto básico no planejamento e na execução de obras e serviços de engenharia. É nessa fase que teremos a obra/serviço perfeitamente definida. Assim estabelece a própria lei de licitações:

> Art. 6º Para os fins desta Lei, consideram-se:
>
> (...)
>
> XXV – projeto básico: conjunto de elementos necessários e suficientes, com nível de precisão adequado para definir e dimensionar a obra ou o serviço, ou o complexo de obras ou de serviços objeto da licitação, elaborado com base nas indicações dos estudos técnicos preliminares, que assegure a viabilidade técnica e o adequado tratamento do impacto ambiental do empreendimento e que possibilite a avaliação do custo da obra e a definição dos métodos e do prazo de execução, devendo conter os seguintes elementos:

Por sua vez, o projeto executivo representa o detalhamento do projeto básico, objetivando a execução da obra. Sem poder alterá-lo, o projeto executivo acrescenta ao projeto básico os detalhes construtivos necessários e suficientes "para a perfeita instalação, montagem e execução dos serviços e obras, elaborado de acordo com as normas técnicas pertinentes e sem alterar o projeto básico, inclusive seus quantitativos, orçamento e cronograma", como bem dispõe a OT-IBR 008/2020, do IBRAOP.

Significa dizer que só teremos a perfeita definição da obra quando dispusermos do respectivo projeto básico. O projeto executivo é apenas um complemento do projeto básico, necessário para a definição da execução da obra. Com isso, conseguimos interpretar adequadamente as disposições do art. 18, §3º, da NLLC, acima transcrita. Quando a lei menciona a possibilidade de, em obras e serviços comuns de engenharia, ser "dispensada a elaboração de projetos", está se referindo à possibilidade de realizarmos a obra sem projeto executivo. Ou seja, a norma legal está reconhecendo a possibilidade de, em obras e serviços comuns de engenharia, os trabalhos serem realizados apenas a partir de um projeto básico/termo de referência, sem a necessidade de termos também o projeto executivo, indispensável nas demais situações.

3 Desenvolvimento do termo de referência

Quando da publicação da Lei nº 8.666, de 1993, norma legal que continha as normas gerais de licitações e contratos, em perfeita compatibilidade, portanto, com a Constituição Federal de 1988, encontrávamos em seu art. 7º a seguinte disposição:

> Art. 7º As licitações para a execução de obras e para a prestação de serviços obedecerão ao disposto neste artigo e, em particular, à seguinte sequência:
>
> I – projeto básico;
>
> II – projeto executivo;
>
> III – execução das obras e serviços.

Três condições importantes devem ser observadas em relação a essa disposição legal: a uma, não tratava da contratação do fornecimento de bens, limitando-se às obras e serviços; a duas, mencionava exclusivamente a necessidade da presença do projeto básico, documento específico para a área de engenharia desde a publicação da Resolução nº 361/1991 do CONFEA; a três, generalizava o tratamento dos serviços, não distinguindo aqueles específicos da área de engenharia com os demais.

Tal condição acabou impondo dificuldades na utilização da lei geral da época. De um lado, afirmavam alguns doutrinadores que qualquer processo que tratasse da contratação de serviços, mesmo fora da engenharia, necessitava de projeto básico. De outro, como agir quando o objeto da contratação fosse a aquisição de um bem?

Na primeira situação, começaram a surgir problemas na formalização dos processos. Em não se tratando de engenharia, como atender integralmente as disposições do art. 6º, inc. IX, da Lei nº 8.666/1993, que mencionava, diversas vezes, a palavra "obras"? Surgia natural dificuldade, que acabava por implicar adaptações ao conceito de projeto básico nas situações em que o objeto do processo estivesse fora da área de engenharia/arquitetura.

No segundo caso, a administração acabava por inserir a especificação completa do bem e todos os demais detalhes fundamentais no próprio edital ou em um anexo, que não recebia uma denominação específica.

Nesse contexto, como já comentado alhures, com o advento da legislação do pregão, passamos a ter no ordenamento jurídico pátrio um regulamento tratando especificamente de um novo documento: o termo de referência. O Decreto federal nº 3.555, de 2000, ao regulamentar o pregão, então nova modalidade licitatória, na sua espécie presencial, dispôs, em seu Anexo I:

> Art. 8º A fase preparatória do pregão observará as seguintes regras:
>
> I – a definição do objeto deverá ser precisa, suficiente e clara, vedadas especificações que, por excessivas, irrelevantes ou desnecessárias, limitem ou frustrem a competição ou a realização do fornecimento, devendo estar refletida no termo de referência;
>
> II – o termo de referência é o documento que deverá conter elementos capazes de propiciar a avaliação do custo pela Administração, diante de orçamento detalhado, considerando os preços praticados no mercado, a definição dos métodos, a estratégia de suprimento e o prazo de execução do contrato;

Claramente, o novo documento passava a exercer, no caso das contratações de bens e serviços comuns, o mesmo papel que a Lei nº 8.666/1993 destinava às obras e aos serviços. Posteriormente, o Decreto federal nº 3.697, de 21 de dezembro de 2000, ao regulamentar o pregão na forma eletrônica, tratou apenas da fase externa do processo, não mencionando, dessa forma, o TR.

Em 2005, o Decreto federal nº 5.450, de 31 de maio de 2005, novo regulamento do pregão eletrônico, tratou do assunto de forma mais completa, contendo, entre outras, as seguintes disposições, na parte que nos interessa:

> Art. 9º Na fase preparatória do pregão, na forma eletrônica, será observado o seguinte:

> I – elaboração de termo de referência pelo órgão requisitante, com indicação do objeto de forma precisa, suficiente e clara, vedadas especificações que, por excessivas, irrelevantes ou desnecessárias, limitem ou frustrem a competição ou sua realização;
>
> II – aprovação do termo de referência pela autoridade competente;
>
> (...)
>
> §2º O termo de referência é o documento que deverá conter elementos capazes de propiciar avaliação do custo pela administração diante de orçamento detalhado, definição dos métodos, estratégia de suprimento, valor estimado em planilhas de acordo com o preço de mercado, cronograma físico-financeiro, se for o caso, critério de aceitação do objeto, deveres do contratado e do contratante, procedimentos de fiscalização e gerenciamento do contrato, prazo de execução e sanções, de forma clara, concisa e objetiva.

Ficava, então, bem mais clara a similaridade do termo de referência com o projeto básico, como documento que definia objetivamente o objeto do processo.

Um ponto comum entre os Decretos nº 3.555/2000 e nº 5.450/2005 era a vedação da aplicação do pregão às obras de engenharia. Aliás, o primeiro deles vedava também a aplicação da nova modalidade licitatória aos serviços de engenharia, vedação que não mais constou do posterior.

Finalmente, tivemos a edição do Decreto federal nº 10.024, de 20 de setembro de 2019, regulamentação do pregão eletrônico que teve vigência até a revogação da Lei nº 10.520, de 17 de julho de 2002. Em seu art. 4º, inc. I, o regulamento, igualmente aos anteriores, vedava a utilização do pregão para contratação de obras, adicionando essa vedação aos bens e serviços especiais, incluídos os serviços de engenharia, que o regulamento não considerava comuns.

Já a Lei nº 14.133/2021 menciona o projeto básico e o termo de referência em diversas de suas disposições. Um ponto em comum entre elas é a alternatividade de suas utilizações.

O art. 6º da nova lei traz as definições a serem aplicadas em sua utilização. Delas, destacamos:

> Art. 6º Para os fins desta Lei, consideram-se:
>
> (...)
>
> XXIII – termo de referência: documento necessário para a contratação de bens e serviços, que deve conter os seguintes parâmetros e elementos descritivos:

a) definição do objeto, incluídos sua natureza, os quantitativos, o prazo do contrato e, se for o caso, a possibilidade de sua prorrogação;

b) fundamentação da contratação, que consiste na referência aos estudos técnicos preliminares correspondentes ou, quando não for possível divulgar esses estudos, no extrato das partes que não contiverem informações sigilosas;

c) descrição da solução como um todo, considerado todo o ciclo de vida do objeto;

d) requisitos da contratação;

e) modelo de execução do objeto, que consiste na definição de como o contrato deverá produzir os resultados pretendidos desde o seu início até o seu encerramento;

f) modelo de gestão do contrato, que descreve como a execução do objeto será acompanhada e fiscalizada pelo órgão ou entidade;

g) critérios de medição e de pagamento;

h) forma e critérios de seleção do fornecedor;

i) estimativas do valor da contratação, acompanhadas dos preços unitários referenciais, das memórias de cálculo e dos documentos que lhe dão suporte, com os parâmetros utilizados para a obtenção dos preços e para os respectivos cálculos, que devem constar de documento separado e classificado;

j) adequação orçamentária;

(...)

XXV – projeto básico: conjunto de elementos necessários e suficientes, com nível de precisão adequado para definir e dimensionar a obra ou o serviço, ou o complexo de obras ou de serviços objeto da licitação, elaborado com base nas indicações dos estudos técnicos preliminares, que assegure a viabilidade técnica e o adequado tratamento do impacto ambiental do empreendimento e que possibilite a avaliação do custo da obra e a definição dos métodos e do prazo de execução, devendo conter os seguintes elementos:

a) levantamentos topográficos e cadastrais, sondagens e ensaios geotécnicos, ensaios e análises laboratoriais, estudos socioambientais e demais dados e levantamentos necessários para execução da solução escolhida;

b) soluções técnicas globais e localizadas, suficientemente detalhadas, de forma a evitar, por ocasião da elaboração do projeto executivo e da realização das obras e montagem, a necessidade de reformulações ou variantes quanto à qualidade, ao preço e ao prazo inicialmente definidos;

c) identificação dos tipos de serviços a executar e dos materiais e equipamentos a incorporar à obra, bem como das suas especificações, de modo a assegurar os melhores resultados para o empreendimento e a segurança executiva na utilização do objeto, para os fins a que se destina,

> considerados os riscos e os perigos identificáveis, sem frustrar o caráter competitivo para a sua execução;
>
> d) informações que possibilitem o estudo e a definição de métodos construtivos, de instalações provisórias e de condições organizacionais para a obra, sem frustrar o caráter competitivo para a sua execução;
>
> e) subsídios para montagem do plano de licitação e gestão da obra, compreendidos a sua programação, a estratégia de suprimentos, as normas de fiscalização e outros dados necessários em cada caso;
>
> f) orçamento detalhado do custo global da obra, fundamentado em quantitativos de serviços e fornecimentos propriamente avaliados, obrigatório exclusivamente para os regimes de execução previstos nos incisos I, II, III, IV e VII do caput do art. 46 desta Lei;

Se compararmos as duas definições, vemos que possuem o mesmo objetivo: trata-se de dois documentos distintos que se destinam a definir, em todos os seus ângulos, o objeto do processo de contratação. Mas, com uma diferença fundamental, literalmente descrita na lei: enquanto o termo de referência destina-se às contratações de bens e serviços, o projeto básico destina-se às contratações de obras de engenharia. Isso justifica a existência de dois documentos similares, que, se pudessem ser utilizados sem limitações, seriam excludentes. Não haveria sentido na lei trazer duas espécies de documentos se eles fossem absolutamente iguais e destinados às mesmas aplicações.

A partir dessa conceituação, a lei deixa clara a distinção da utilização alternativa desses documentos: usamos um ou o outro. Vemos tal condição, por exemplo, no art. 18, II, e §3º. Mais adiante, a lei possui uma Subseção específica para tratar das compras. No art. 40, §1º, a norma traz o conteúdo do termo de referência. A Subseção II trata das obras e serviços de engenharia. Nesta, em nenhum momento a recente Lei trata da figura do termo de referência, trazendo especificamente a necessidade da existência do projeto básico sempre que trata da definição do objeto. No art. 46, §2º, temos uma disposição legal que deveria fulminar o debate:

> Art. 46. (...)
>
> (...)
>
> §2º A Administração é dispensada da elaboração de projeto básico nos casos de contratação integrada, hipótese em que deverá ser elaborado anteprojeto de acordo com metodologia definida em ato do órgão competente, observados os requisitos estabelecidos no inciso XXIV do art. 6º desta Lei.

Em uma interpretação principiológica, se o legislador, na subseção que trata especificamente das contratações na área de engenharia da Administração Pública, fez questão de destacar a situação que possibilita a dispensa da elaboração do projeto executivo, deve-se entender que, em todos os demais processos nessa área, esse conjunto de documentos é indispensável. E, para chegar ao projeto executivo, precisamos do projeto básico, que será por ele detalhado.

É oportuno destacar que, na nova lei geral, a modalidade licitatória denominada pregão não pode ser utilizada para contratação de obras e nem de serviços especializados de engenharia, limitando-se seu uso nessa área aos serviços comuns. É a disposição que encontramos no parágrafo único do art. 29. Essa possibilidade de usarmos o pregão como modalidade licitatória para contratação de serviços comuns de engenharia é que justifica o entendimento das disposições do art. 18, §3º. Tal disposição legal trata da contratação de obras comuns e serviços comuns de engenharia, mencionando a possibilidade de, nesse caso, ser dispensado o projeto executivo, permitindo-se que os trabalhos sejam executados a partir de um projeto básico ou de um termo de referência. Entenda-se: projeto básico, no caso de obras comuns, ou termo de referência, no caso de serviços comuns.

A Lei nº 14.133, de 2021, ao tratar do procedimento auxiliar denominado Sistema de Registro de Preços, estabelece a possibilidade de sua utilização para contratação de obras e serviços de engenharia, dispondo assim:

> Art. 85. A Administração poderá contratar a execução de obras e serviços de engenharia pelo sistema de registro de preços, desde que atendidos os seguintes requisitos:
>
> I – existência de projeto padronizado, sem complexidade técnica e operacional;
>
> II – necessidade permanente ou frequente de obra ou serviço a ser contratado.

Observe-se que a lei trata apenas da existência de um "projeto padronizado", não mencionando, nesse momento, a possibilidade da existência de um termo de referência. No Decreto federal nº 11.462, de 31 de março de 2023, que regulamenta a utilização do Sistema de Registro de Preços na administração federal direta, autárquica e fundacional, temos uma disposição diferente:

> Art. 3º O SRP poderá ser adotado quando a Administração julgar pertinente, em especial:
>
> (...)
>
> Parágrafo único. O SRP poderá ser utilizado para a contratação de execução de obras e serviços de engenharia, desde que atendidos os seguintes requisitos:
>
> I – existência de termo de referência, anteprojeto, projeto básico ou projeto executivo padronizados, sem complexidade técnica e operacional; e
>
> II – necessidade permanente ou frequente de obra ou serviço a ser contratado.

O regulamento federal menciona expressamente a existência de termo de referência, provavelmente considerando que esse documento é válido quando utilizado para contratação de serviços de engenharia, como previsto expressamente.

Esse tema foi objeto de recente análise do IBRAOP, que se manifestou através da Nota Técnica nº 01/2024 desta forma:[3]

> Quanto à "existência de projeto padronizado", no âmbito federal, o Decreto nº 11.462/2023 substituiu essa expressão por "existência de termo de referência, anteprojeto, projeto básico ou projeto executivo padronizados".
>
> Art. 3º (...)
>
> Parágrafo único. O SRP poderá ser utilizado para a contratação de execução de obras e serviços de engenharia, desde que atendidos os seguintes requisitos:
>
> I – existência de termo de referência, anteprojeto, projeto básico ou projeto executivo padronizados, sem complexidade técnica e operacional; e
>
> II – necessidade permanente ou frequente de obra ou serviço a ser contratado. (grifou-se)

Assim, segundo o decreto Federal, cabe ao conteúdo dessas peças técnicas a função de evidenciar a existência de "projeto padronizado, sem complexidade técnica e operacional.", conforme previsto no inciso II do art. 85 da Lei nº 14.133/2021.

Ressalta-se, entretanto, que "termo de referência" é o documento que pode ser utilizado para a contratação de bens e serviços — conforme

[3] Nota Técnica nº 01/2024, do IBRAOP. Disponível em: http://www.ibraop.org.br. Acesso em: 27 jun. 2024.

dispositivo a seguir transcrito —, ou seja, inexiste previsão na Lei nº 14.133/2021 para contratações de obras embasadas apenas com esse tipo de documentação.

> Art. 6º Para os fins desta Lei, consideram-se:
>
> (...)
>
> XXIII – termo de referência: documento necessário para a contratação de bens e
>
> serviços, que deve conter os seguintes parâmetros e elementos descritivos:
>
> (...). (grifou-se).

Ademais, nos casos de contratações de serviços comuns de engenharia, por meio de termo de referência, a Lei nº 14.133/2021 admitiu a possibilidade de esta documentação dispensar a elaboração de projetos, "se demonstrada a inexistência de prejuízo para a aferição dos padrões de desempenho e qualidade almejados", conforme dispositivo a seguir transcrito.

> Art. 18. (...)
>
> §3º Em se tratando de estudo técnico preliminar para contratação de obras e serviços comuns de engenharia, se demonstrada a inexistência de prejuízo para a aferição dos padrões de desempenho e qualidade almejados, a especificação do objeto poderá ser realizada apenas em termo de referência ou em projeto básico, dispensada a elaboração de projetos. (grifou-se)

Objetivamente, o texto trazido pelo Decreto nº 11.462/2023, que substituiu a palavra "projeto padronizado" por "termo de referência padronizado", aplica-se aos casos de contratações de serviços comuns de engenharia que, além de atender aos demais requisitos relativos ao SRP, evidenciem a "inexistência de prejuízo para a aferição dos padrões de desempenho e qualidade almejados". Essa premissa alinha-se, por exemplo, às práticas atuais de registro de preços para serviços comuns de engenharia destinados às intervenções prediais corretivas ou preventivas.

Encerramos, então, esta parte inicial da análise do TR, concluindo que esse documento só é passível de ser utilizado, nas contratações públicas na área de engenharia, quando o objeto for enquadrado como um serviço, devendo ser substituído pelo projeto básico quando estivermos diante da necessidade de contratar uma obra, ou particularmente pelo anteprojeto, quando o regime de contratação a ser usado for o da contratação integrada.

Muito embora passível de ser utilizado nas contratações de serviços de engenharia, especialmente os serviços comuns, para os quais a elaboração de um projeto básico, além de ser onerosa e demandar um longo tempo, pouco produtível seria, o conteúdo do termo de referência está mencionado na Lei nº 14.133/2021 no art. 40, §1º, que faz parte da Seção IV – Disposições Setoriais, Subseção I – Das Compras, o que confirma tudo o que acima foi analisado.

O conteúdo do TR está relacionado em sua própria conceituação, constante do art. 6º, inc. XXIII:

> Art. 6º Para os fins desta Lei, consideram-se:
>
> (...)
>
> XXIII – termo de referência: documento necessário para a contratação de bens e serviços, que deve conter os seguintes parâmetros e elementos descritivos:
>
> a) definição do objeto, incluídos sua natureza, os quantitativos, o prazo do contrato e, se for o caso, a possibilidade de sua prorrogação;
>
> b) fundamentação da contratação, que consiste na referência aos estudos técnicos preliminares correspondentes ou, quando não for possível divulgar esses estudos, no extrato das partes que não contiverem informações sigilosas;
>
> c) descrição da solução como um todo, considerado todo o ciclo de vida do objeto;
>
> d) requisitos da contratação;
>
> e) modelo de execução do objeto, que consiste na definição de como o contrato deverá produzir os resultados pretendidos desde o seu início até o seu encerramento;
>
> f) modelo de gestão do contrato, que descreve como a execução do objeto será acompanhada e fiscalizada pelo órgão ou entidade;
>
> g) critérios de medição e de pagamento;
>
> h) forma e critérios de seleção do fornecedor;
>
> i) estimativas do valor da contratação, acompanhadas dos preços unitários referenciais, das memórias de cálculo e dos documentos que lhe dão suporte, com os parâmetros utilizados para a obtenção dos preços e para os respectivos cálculos, que devem constar de documento separado e classificado;
>
> j) adequação orçamentária;

Vamos analisar alguns desses componentes que nos parecem importantes quando tratamos de serviços em uma área técnica especializada e que exige formação específica e registro na entidade profissional competente para o exercício da atividade. Começamos pela própria definição do objeto. O serviço deve ser definido através do detalhamento de todos os seus componentes, com especificações claras e objetivas. Ainda que não consideremos obrigatório, pode-se admitir a necessidade de termos no TR o memorial descritivo e o caderno de encargos, a depender das especificidades do serviço a ser contratado, compondo com as especificações técnicas um trio de documentos que vão englobar toda a definição indispensável. A lei fala, ainda, na definição dos quantitativos, dos quais trataremos adiante, e dos prazos. É natural na engenharia trabalharmos com um cronograma físico-financeiro, que acaba por determinar precisamente o prazo de execução do objeto. Além dele, precisaremos estabelecer também o prazo de vigência do contrato, que engloba todo o relacionamento jurídico entre contratante e contratado. Precisaremos, então, aditar ao prazo de execução um lapso temporal suficiente para a realização do recebimento do objeto e todas as suas consequências.

É oportuno destacar que, também na engenharia, poderemos ter serviços enquadrados como de escopo e serviços que devam ser contratados a termo. No primeiro caso, temos contratos que se extinguem pela perfeita conclusão das obrigações do contrato, representada pela conclusão do objeto, com o consequente recebimento por parte da administração contratante. No segundo caso, temos os serviços que não possuem a característica de uma conclusão, por serem essenciais para o funcionamento da administração pública permanentemente, obrigando a contratação por prazos mais longos. Nesse caso, os contratos se extinguem pelo decurso do prazo da contratação, ainda que a necessidade do objeto permaneça presente. São os chamados serviços contínuos, que também existem na área de engenharia.

Para os serviços contratados por escopo, o prazo de vigência contratual é definido pelo somatório do prazo de execução, constante do respectivo cronograma, com aquele necessário para o recebimento, liberação de garantia (se for o caso) e demais providências necessárias para o atingimento do objetivo.

Já no caso de serviços contínuos, a nova lei trouxe novidades em termos de prazo de vigência: a uma, permitindo que a contratação inicial seja feita por um prazo de até 5 anos, que pode ser estabelecido já no início da contratação ou pode ser atingido através de prorrogações; a duas, a lei permite que, além dos 5 anos, a vigência contratual venha a atingir um decêndio, nesse caso obrigatoriamente através de prorrogações sucessivas, expressamente previstas no edital. Assim dispõe a lei:

> Art. 105. A duração dos contratos regidos por esta Lei será a prevista em edital, e deverão ser observadas, no momento da contratação e a cada exercício financeiro, a disponibilidade de créditos orçamentários, bem como a previsão no plano plurianual, quando ultrapassar 1 (um) exercício financeiro.
>
> Parágrafo único. Não serão objeto de cancelamento automático os restos a pagar vinculados a contratos de duração plurianual, senão depois de encerrada a vigência destes, nem os vinculados a contratos rescindidos, nos casos dos §§8º e 9º do art. 90 desta Lei.
>
> Art. 106. A Administração poderá celebrar contratos com prazo de até 5 (cinco) anos nas hipóteses de serviços e fornecimentos contínuos, observadas as seguintes diretrizes:
>
> I – a autoridade competente do órgão ou entidade contratante deverá atestar a maior vantagem econômica vislumbrada em razão da contratação plurianual;
>
> II – a Administração deverá atestar, no início da contratação e de cada exercício, a existência de créditos orçamentários vinculados à contratação e a vantagem em sua manutenção;
>
> III – a Administração terá a opção de extinguir o contrato, sem ônus, quando não dispuser de créditos orçamentários para sua continuidade ou quando entender que o contrato não mais lhe oferece vantagem.
>
> §1º A extinção mencionada no inciso III do *caput* deste artigo ocorrerá apenas na próxima data de aniversário do contrato e não poderá ocorrer em prazo inferior a 2 (dois) meses, contado da referida data.
>
> §2º Aplica-se o disposto neste artigo ao aluguel de equipamentos e à utilização de programas de informática.
>
> Art. 107. Os contratos de serviços e fornecimentos contínuos poderão ser prorrogados sucessivamente, respeitada a vigência máxima decenal, desde que haja previsão em edital e que a autoridade competente ateste que as condições e os preços permanecem vantajosos para a Administração, permitida a negociação com o contratado ou a extinção contratual sem ônus para qualquer das partes.

Se estivermos contratando um serviço de engenharia por escopo (exemplos: elaboração de projetos de engenharia/arquitetura, conserto de um equipamento específico, pintura de um imóvel), as disposições do art. 105 mostram que o prazo de vigência deve ser estabelecido no edital, em consonância com o prazo de execução constante do respectivo cronograma. Interessantes as disposições do parágrafo único do art. 105, incluído pela Lei nº 14.770, de 22 de dezembro de 2023, estabelecendo o não cancelamento automático dos restos a pagar quando o contrato tiver vigência que ultrapasse o final do exercício financeiro. Como regra, a vigência do crédito orçamentário em nosso país coincide com o ano civil, ou seja, inicia-se em 1º de janeiro e termina em 31 de dezembro, consoante disposição da Lei nº 4.320, de 17 de março de 1964, art. 34. O art. 35, inc. II, traz a regra de que pertencem ao exercício financeiro as despesas nele empenhadas. Dessa forma, realizado o empenho, as despesas correspondentes devem ser executadas até o final do exercício. Mas a mesma norma legal traz a exceção denominada de Restos a Pagar. Significa dizer que, realizado o empenho, mas não sendo possível liquidar a despesa no mesmo exercício, deve o valor correspondente ser inscrito em Restos a Pagar, para que possa ser utilizado até o final do exercício seguinte. Mais: em se tratando de contrato com vigência plurianual, isto é, cuja execução do objeto é prevista para um período abrangendo vários anos, os empenhos eventualmente não liquidados na época prevista só devem ser computados como Restos a Pagar no último ano de vigência do respectivo contrato (Lei nº 4.320/1964, art. 36, parágrafo único).

Rotineiramente, os Restos a Pagar devem ser liquidados até o final do exercício seguinte ao de sua inscrição, sob pena de cancelamento. Pois bem, o citado art. 105 da Lei nº 14.133/2021, especificamente em seu parágrafo único, estabelece que, em se tratando de contrato cuja duração normal abranja mais de um ano, não haverá o cancelamento automático dos Restos a Pagar vinculados a contratos plurianuais a não ser após o encerramento da vigência das respectivas avenças

No caso dos contratos a termo, de serviços contínuos (exemplos: manutenção predial, manutenção específica de equipamentos), ao permitir a contratação inicial por até 5 anos, prazo esse a ser determinado através de análise do caso específico que possa demonstrar a vantajosidade de sua adoção, a lei estabeleceu a necessidade de, no início de cada exercício financeiro, a administração analisar as condições de execução, para atestar a vantagem da sua manutenção, verificando, igualmente, a disponibilidade de créditos orçamentários. Nesse último aspecto, não podemos nos esquecer de que se trata de um serviço contínuo, para o qual a administração, deve, como regra, prever recursos em seu orçamento, tendo em vista a essencialidade do serviço. Já em relação às condições de execução, se não estiverem sendo favoráveis, terá a administração a faculdade de extinguir o contrato sem ônus, só podendo fazê-lo, entretanto, na data de aniversário e desde que tenha avisado formalmente a contratada com uma antecedência de pelo menos dois meses, contados dessa data (de aniversário).

Outra situação em que o prazo de vigência precisa ser devidamente analisado é quando estivermos aplicando o regime de execução denominado fornecimento e prestação de serviço associado. Trata-se um regime de execução absolutamente novo, previsto no art. 46, inc. VII, da nova lei, para o qual, em relação à duração do respectivo contrato, a lei prevê:

> Art. 113. O contrato firmado sob o regime de fornecimento e prestação de serviço associado terá sua vigência máxima definida pela soma do prazo relativo ao fornecimento inicial ou à entrega da obra com o prazo relativo ao serviço de operação e manutenção, este limitado a 5 (cinco) anos contados da data de recebimento do objeto inicial, autorizada a prorrogação na forma do art. 107 desta Lei.

Desse modo, quando contratar, por exemplo, o serviço de *retrofit* de um elevador ou de um sistema central de ar condicionado, a administração poderá incluir nesse contrato a manutenção e até a operação, estabelecendo um prazo de vigência inicial de cinco anos, contado a partir do recebimento definitivo, podendo, ainda, ser objeto de prorrogação por até mais 5 anos, desde que previsto no edital.

Outra condição muito importante a ser estabelecida no TR de um serviço de engenharia é a definição do modelo de execução, que estabelece a forma de atuação da fiscalização e as condições para remuneração do contratado, ou seja, impacta diretamente nos critérios de medição e de pagamento. Essa condição é estabelecida através do regime de execução do serviço, dentre aqueles relacionados no art. 46. Os 7 regimes disponibilizados pela lei podem ser divididos em dois grandes grupos: um constituído pelos regimes de preço global e o outro, pelos regimes de preço unitário. Cada grupo tem suas características próprias, que ficam mais clarificadas com as disposições do §9º do citado art. 46:

> Art. 46. Na execução indireta de obras e serviços de engenharia, são admitidos os seguintes regimes:
>
> I – empreitada por preço unitário;
>
> II – empreitada por preço global;

> III – empreitada integral;
>
> IV – contratação por tarefa;
>
> V – contratação integrada;
>
> VI – contratação semi-integrada;
>
> VII – fornecimento e prestação de serviço associado.
>
> (...)
>
> §9º Os regimes de execução a que se referem os incisos II, III, IV, V e VI do *caput* deste artigo serão licitados por preço global e adotarão sistemática de medição e pagamento associada à execução de etapas do cronograma físico-financeiro vinculadas ao cumprimento de metas de resultado, vedada a adoção de sistemática de remuneração orientada por preços unitários ou referenciada pela execução de quantidades de itens unitários.

Os regimes de preço global devem ser utilizados quando estivermos diante de uma obra/serviço que, pelas suas características inerentes, possua um adequado nível de precisão dos quantitativos. Se a obra for imprecisa (não por falha no planejamento, mas pelas características próprias), deve-se utilizar um regime de preço unitário. No primeiro grupo, a administração contrata o serviço por preço global certo, obrigando-se o contratado a executar o respectivo termo de referência, sendo remunerado pelos valores constantes da planilha orçamentária. Assim, se, durante a execução, for constatada alguma variação quantitativa de pequeno porte entre o TR e a planilha, não devem ser formalizados aditivos. Diz-se, então, que, nos regimes de preço global, a administração transfere os riscos para o contratado, que deverá incluí-los no valor de sua proposta (especificamente, no item "riscos", constante da planilha de BDI – Bonificação e Despesas Indiretas). Por esse motivo, o valor inicial do contrato acaba por ser um pouco mais elevado, o que será compensado por uma fiscalização menos onerosa, pois os representantes da administração não terão a incumbência de fazer medições para efeito de definição do quanto a ser pago. Adicionalmente, em se tratando de um regime de preço global, o contratado obriga-se a concluir, nos prazos estabelecidos no cronograma, todos os serviços que estejam incluídos em cada parcela. Só poderá ser liberado o pagamento se a parcela do cronograma estiver integralmente concluída.

No segundo caso, a administração contrata o serviço por preços unitários certos. Os preços totais, no entanto, podem variar, tendo em vista que os quantitativos constantes da planilha orçamentária são aproximados, pela impossibilidade de obtermos valores precisos (imprecisão inerente do serviço). Nesse caso, a administração paga nos prazos estabelecidos o total executado pelo contratado, formalizando-se aditivos sempre que esse total tiver variações em relação aos quantitativos medidos. Fica clara a importância da atuação da fiscalização nessa hipótese, pois o que for por ela medido representará o valor a ser pago.[4]

Deve-se adotar, portanto, um regime de preço global quando o orçamento puder ser elaborado com precisão. Nos demais casos, deve-se adotar um regime de preço unitário. Se lermos atentamente o art. 46, §9º, verificaremos que esse é o comando ali contido, tendo a lei classificado os regimes da seguinte maneira:

REGIMES DE PREÇO GLOBAL	REGIMES DE PREÇO UNITÁRIO
Empreitada por preço global	Empreitada por preço unitário
Empreitada integral	Fornecimento e prestação de serviço associado
Contratação por tarefa	
Contratação integrada	
Contratação semi-integrada	

Queremos destacar também a elaboração da planilha orçamentária e os respectivos critérios de aceitabilidade de propostas. Vale lembrar que o valor de referência da administração é o máximo aceitável na licitação.

A nova lei estabelece que, para obras e serviços de engenharia, os parâmetros a serem adotados para elaboração da planilha orçamentária são os seguintes:

> Art. 23. (...)
>
> (...)
>
> §2º No processo licitatório para contratação de obras e serviços de engenharia, conforme regulamento, o valor estimado, acrescido do

---

4 Vale lembrar que, de acordo com o Acórdão nº 1.643/2024-P, do TCU, nas empreitadas por preço unitário fazem-se regulares a promoção de pequenas alterações de quantitativos na planilha orçamentária, sem a necessidade de celebração de termo aditivo, desde que atendidas as condições ali estabelecidas. Recomenda-se a leitura do texto integral do excelente acórdão.

percentual de Benefícios e Despesas Indiretas (BDI) de referência e dos Encargos Sociais (ES) cabíveis, será definido por meio da utilização de parâmetros na seguinte ordem:

I – composição de custos unitários menores ou iguais à mediana do item correspondente do Sistema de Custos Referenciais de Obras (Sicro), para serviços e obras de infraestrutura de transportes, ou do Sistema Nacional de Pesquisa de Custos e Índices de Construção Civil (Sinapi), para as demais obras e serviços de engenharia

II – utilização de dados de pesquisa publicada em mídia especializada, de tabela de referência formalmente aprovada pelo Poder Executivo federal e de sítios eletrônicos especializados ou de domínio amplo, desde que contenham a data e a hora de acesso;

III – contratações similares feitas pela Administração Pública, em execução ou concluídas no período de 1 (um) ano anterior à data da pesquisa de preços, observado o índice de atualização de preços correspondente;

IV – pesquisa na base nacional de notas fiscais eletrônicas, na forma de regulamento.

§3º Nas contratações realizadas por Municípios, Estados e Distrito Federal, desde que não envolvam recursos da União, o valor previamente estimado da contratação, a que se refere o caput deste artigo, poderá ser definido por meio da utilização de outros sistemas de custos adotados pelo respectivo ente federativo.

§4º Nas contratações diretas por inexigibilidade ou por dispensa, quando não for possível estimar o valor do objeto na forma estabelecida nos §§1º, 2º e 3º deste artigo, o contratado deverá comprovar previamente que os preços estão em conformidade com os praticados em contratações semelhantes de objetos de mesma natureza, por meio da apresentação de notas fiscais emitidas para outros contratantes no período de até 1 (um) ano anterior à data da contratação pela Administração, ou por outro meio idôneo.

§5º No processo licitatório para contratação de obras e serviços de engenharia sob os regimes de contratação integrada ou semi-integrada, o valor estimado da contratação será calculado nos termos do §2º deste artigo, acrescido ou não de parcela referente à remuneração do risco, e, sempre que necessário e o anteprojeto o permitir, a estimativa de preço será baseada em orçamento sintético, balizado em sistema de custo definido no inciso I do §2º deste artigo, devendo a utilização de metodologia expedita ou paramétrica e de avaliação aproximada baseada em outras contratações similares ser reservada às frações do empreendimento não suficientemente detalhadas no anteprojeto.

§6º Na hipótese do §5º deste artigo, será exigido dos licitantes ou contratados, no orçamento que compuser suas respectivas propostas, no mínimo, o mesmo nível de detalhamento do orçamento sintético referido no mencionado parágrafo.

Os parâmetros fundamentais a serem adotados para a orçamentação de um serviço de engenharia, em relação aos custos unitários, são os referenciais SINAPI e SICRO. Mas administrações estaduais e municipais bem como do Distrito Federal poderão, desde que não estejam utilizando na contratação recursos federais, utilizarem-se de sistemas orçamentários próprios. Aliás, é oportuno registrar que o referencial SINAPI contém, em tese, preços médios de mercado apurado nas capitais dos Estados brasileiros. Assim, se o serviço estiver previsto para cidade localizada no interior do Estado, talvez seja necessário fazer algum ajuste nesse referencial, em função de dificuldade de acesso, distâncias, disponibilidade de materiais e outras características específicas.

Em relação ao BDI, o Tribunal de Contas da União definiu parâmetros aceitáveis no Acórdão nº 2.622/2013-P.[5] Deve-se observar, no entanto, que esses parâmetros não representam valores máximos e mínimos, como está bem formalizado no Relatório e no Voto, pois sempre será possível ao licitante, considerando que o preço é representado pelo custo acrescido do BDI, fazer variações nesses dois valores, compensando-os, de tal modo que um BDI mais elevado pode vir a ser compensado por custos menores, tornando o preço aceitável.

Dois outros pontos importantes devem ser tratados no TR para contratação de serviços de engenharia. O primeiro, trata dos critérios de aceitabilidade das propostas; o segundo, da definição de preço inexequível. Em relação a esses temas, assim dispõe a nova lei:

> Art. 59. Serão desclassificadas as propostas que:
>
> I – contiverem vícios insanáveis;
>
> II – não obedecerem às especificações técnicas pormenorizadas no edital;
>
> III – apresentarem preços inexequíveis ou permanecerem acima do orçamento estimado para a contratação;
>
> IV – não tiverem sua exequibilidade demonstrada, quando exigido pela Administração;
>
> V – apresentarem desconformidade com quaisquer outras exigências do edital, desde que insanável.
>
> §1º A verificação da conformidade das propostas poderá ser feita exclusivamente em relação à proposta mais bem classificada.

---

5 BRASIL. Tribunal de Contas da União. Acórdão nº 2.622/13-P. Disponível em: http://www.tcu.gov.br. Acesso em: 27 jun. 2024.

> §2º A Administração poderá realizar diligências para aferir a exequibilidade das propostas ou exigir dos licitantes que ela seja demonstrada, conforme disposto no inciso IV do *caput* deste artigo.
>
> §3º No caso de obras e serviços de engenharia e arquitetura, para efeito de avaliação da exequibilidade e de sobrepreço, serão considerados o preço global, os quantitativos e os preços unitários tidos como relevantes, observado o critério de aceitabilidade de preços unitário e global a ser fixado no edital, conforme as especificidades do mercado correspondente.
>
> §4º No caso de obras e serviços de engenharia, serão consideradas inexequíveis as propostas cujos valores forem inferiores a 75% (setenta e cinco por cento) do valor orçado pela Administração.
>
> §5º Nas contratações de obras e serviços de engenharia, será exigida garantia adicional do licitante vencedor cuja proposta for inferior a 85% (oitenta e cinco por cento) do valor orçado pela Administração, equivalente à diferença entre este último e o valor da proposta, sem prejuízo das demais garantias exigíveis de acordo com esta Lei.

Os critérios de aceitabilidade devem ser objetivos. Esse é um dos princípios expressamente indicados no art. 5º da lei. Há, ainda, na engenharia, a preocupação em evitar a possibilidade de existência de duas situações que podem ser extremamente danosas para administração, que são conhecidas como "jogo de cronograma" e "jogo de planilha". No primeiro caso, temos o atendimento ao valor global de referência, mas, a proposta é elaborada de tal modo que os itens constantes das primeiras parcelas do cronograma possuam valores mais elevados, compensados com os valores dos itens constantes das últimas parcelas. Nesse caso, o grande risco é o contratado executar as primeiras parcelas e abandonar o serviço. Ele teria, então, uma remuneração superior ao quantitativo de serviço efetivamente realizado. Por exemplo: executaria 30% do total contratado, mas como os valores dessas parcelas iniciais são mais elevados, teria recebido o equivalente a 50% do valor global, com prejuízo ao erário.

Denomina-se "jogo de planilha" a cotação de preços unitários mais elevados para itens da planilha que tendem a ser objeto de aditivos de acréscimo durante a execução do contrato e, inversamente, preços mais baixos para os itens que tendem a ser objeto de supressão. Então, o preço inicial é considerado vantajoso, mas essa vantajosidade acaba sendo derrubada pelos aditivos.

Para atendimento dessas situações, consideramos muito interessantes os critérios de aceitabilidade previstos no Decreto federal nº 7.983, de 8 de abril de 2013. Embora seja anterior à Lei nº 14.133/2021, o mencionado decreto pode continuar a ser utilizado, tendo em vista as disposições da Instrução Normativa Seges/ME nº 91, de 16 de dezembro de 2022. Esses critérios estão no art. 13 do decreto:

> Art. 13. Em caso de adoção dos regimes de empreitada por preço global e de empreitada integral, deverão ser observadas as seguintes disposições para formação e aceitabilidade dos preços:
>
> I – na formação do preço que constará das propostas dos licitantes, poderão ser utilizados custos unitários diferentes daqueles obtidos a partir dos sistemas de custos de referência previstos neste Decreto, desde que o preço global orçado e o de cada uma das etapas previstas no cronograma físico-financeiro do contrato, observado o art. 9º, fiquem iguais ou abaixo dos preços de referência da administração pública obtidos na forma do Capítulo II, assegurado aos órgãos de controle o acesso irrestrito a essas informações; e
>
> II – deverá constar do edital e do contrato cláusula expressa de concordância do contratado com a adequação do projeto que integrar o edital de licitação e as alterações contratuais sob alegação de falhas ou omissões em qualquer das peças, orçamentos, plantas, especificações, memoriais e estudos técnicos preliminares do projeto não poderão ultrapassar, no seu conjunto, dez por cento do valor total do contrato, computando-se esse percentual para verificação do limite previsto no §1º do art. 65 da Lei nº 8.666, de 1993.

Temos, assim, dois critérios de aceitabilidade, a serem aplicados concomitantemente: 1) o valor global de referência é máximo; 2) o valor de cada parcela do cronograma físico-financeiro, calculado pelos preços de referência, também é máximo. Veja-se que, na administração federal (ou para outros entes federativos que estejam usando recursos federais), no caso da utilização de um regime de preço global, o limite para aditivos decorrentes de diferenças entre quantitativos dos projetos e da planilha está limitado a 10% do valor global, percentual considerado dentro da limitação prevista, hoje, no art. 125 da nova lei (25% ou 50%, conforme o caso).

Em relação à inexequibilidade, o art. 59, acima transcrito, em seu §4º, dispõe que o piso de exequibilidade deve ser estabelecido em 75% do valor total de referência. Embora o inc. III do artigo disponha literalmente que devem ser desclassificadas propostas com valores inexequíveis, o inc. IV esclarece sobre a necessidade de a administração conceder ao autor da proposta o direito de demonstrar sua exequibilidade, quando o seu valor global estiver abaixo do piso estabelecido. Nesse mesmo sentido já se posicionou o TCU, confirmando, mesmo na vigência da nova lei, a Súmula nº 262, como vemos, por exemplo, no Acórdão nº 465/2024-P:[6]

> 9.3. dar ciência à Universidade Federal Rural de Pernambuco de que o critério definido no art. 59, §4º, da Lei 14.133/2021 conduz a uma presunção relativa de inexequibilidade de preços, devendo a Administração dar à licitante a oportunidade de demonstrar a exequibilidade de sua proposta, nos termos do art. 59, §2º, da mesma lei;

Importante também colocar no termo de referência as regras referentes à garantia contratual. Lembre-se de que a administração tem a faculdade de estabelecer a obrigatoriedade dessa garantia, mas precisa elaborar o regramento no edital, parecendo-nos ser o TR o documento ideal para isso. Em relação a esse tema, tivemos algumas novidades na Lei nº 14.133/2021. A uma, embora a regra continue sendo uma garantia limitada a 5% do valor do contrato, a nova lei permite a ampliação desse limite para 10% "desde que justificada mediante análise da complexidade técnica e dos riscos envolvidos". Na legislação antiga, essa elevação só era permitida no caso de contratos de grande vulto. Entendemos que ficou mais fácil exigir essa elevação, pois não nos parece difícil falar em complexidade técnica e riscos quando estamos tratando de uma contratação na área de engenharia. Não podemos nos esquecer, entretanto, de que essa elevação vai implicar majoração do valor do contrato, pois o licitante repassará o custo que lhe for cobrado pela seguradora. Resta à administração ponderar as vantagens e desvantagens em cada processo.

De outro lado, temos a possibilidade de passar a aplicar, nas contratações de obras e serviços de engenharia, o seguro-garantia com cláusula de retomada, nos termos do art. 102 da lei. É uma alternativa muito interessante, especialmente no caso de obras, pois representa uma garantia da conclusão do objeto no caso de abandono do contrato pela empreiteira. Também, nesse caso, há de se sopesar a questão do custo dessa exigência.

Caminhando para o final, entendemos que o TR deve trazer objetivamente as regras para realização de aditivos em contratos de engenharia. Afinal, a existência de aditivos contratuais não só é legal

---

6 BRASIL. Tribunal de Contas da União. Acórdão nº 465/24-P. Disponível em: http://www.tcu.gov.br. Acesso em: 27 jun. 2024.

como acaba sendo comum, razão pela qual as regras devem estar previamente estabelecidas, para evitar qualquer dificuldade por ocasião da execução do objeto da avença.

A Lei nº 14.133/2021 incorporou disposição que já constava do citado Decreto federal nº 7.983/2013, através da qual ficam eliminados na prática os riscos de "jogo de planilha" e da existência de sobrepreço, este um dos objetivos da nova legislação. Aliás, deve-se lembrar de que a lei define sobrepreço como sendo "preço orçado para licitação ou contratado em valor expressivamente superior aos preços referenciais de mercado, seja de apenas 1 (um) item, se a licitação ou a contratação for por preços unitários de serviço, seja do valor global do objeto, se a licitação ou a contratação for por tarefa, empreitada por preço global ou empreitada integral, semi-integrada ou integrada", como consta do art. 6º, inc. LVI.

A disposição incorporada pela nova lei consta expressamente de seu art. 128, *verbis*:

> Art. 128. Nas contratações de obras e serviços de engenharia, a diferença percentual entre o valor global do contrato e o preço global de referência não poderá ser reduzida em favor do contratado em decorrência de aditamentos que modifiquem a planilha orçamentária.

Essa regra é fundamental. Vamos exemplificar com valores numéricos, para melhor entendimento. Imaginemos que, em determinada licitação, o valor global de referência é de R$1 milhão. Pressupõe-se que esse preço representa a mediana dos valores praticados no mercado. Um licitante vence o certame oferecendo valor total de R$900 mil. Deve-se concluir que esse licitante aceitou realizar a obra ou o serviço por um valor 10% inferior à mediana do mercado. Esse parâmetro deverá ser, no mínimo, mantido durante toda a execução contratual.

Ocorre que o percentual de 10% de diferença, utilizado no exemplo acima, é relativo ao preço global. Na engenharia, esse preço global é obtido através da planilha orçamentária, composta de uma quantidade "n" de itens. Não significa, no entanto, que o licitante tenha ofertado essa mesma diferença percentual em todos os itens da planilha, a não ser que esteja sendo utilizado no certame o critério de julgamento de "maior desconto", hipótese em que obrigatoriamente o licitante oferecerá um desconto em relação aos preços de referência, a ser aplicado de modo uniforme em todos os itens da planilha. Nos demais critérios de julgamento, teremos itens com diferenças percentuais variáveis.

Imaginemos que, no curso da execução, a administração pretenda realizar aditivo de itens novos (que não constaram da planilha original) e de acréscimo em alguns itens da planilha e que, nesses itens, a diferença percentual ofertada tenha sido inferior aos 10% utilizados exemplificativamente acima. Em hipótese como essa, temos duas situações possíveis:

1. alteração qualitativa, que é a inclusão de itens novos. Nesse caso, o cálculo deverá ser feito considerando o custo de referência (para simplificar, vamos denominar de custo SINAPI), verificado na mesma data de referência do orçamento original. Esse custo deverá ser multiplicado pelo quantitativo a ser acrescido, aplicando-se sobre esse valor o menor dos dois BDIs (o orçado pelo contratado e constante do orçamento de referência), para obter o preço. Finalmente, sobre esse preço, deve ser aplicada a mesma diferença percentual que foi obtida na licitação em relação ao preço global;
2. alteração quantitativa, que é o acréscimo (ou a supressão) de itens que constam da planilha original. Aqui, fazemos dois cálculos. Primeiramente, calculamos o valor do aditivo utilizando os preços contratados. Em seguida, calculamos o valor que o aditivo teria utilizando-se os preços de referência. Comparamos os dois valores, para verificar qual a diferença percentual. Se esta for igual ou superior àquela obtida na licitação, o aditivo pode ser formalizado. Se, entretanto, a diferença percentual aqui obtida for inferior àquela da licitação, a administração precisará aplicar uma parcela compensatória negativa para atender integralmente as disposições do art. 128 da lei. A referência a essa parcela compensatória consta expressamente do Acórdão nº 2.699/2019-Plenário:[7]

> 9.2.2. em caso de necessidade de celebração de termos aditivos em contratos de obras públicas, deve ser observado o disposto nos arts. 14 e 15 do Decreto 7.983/2013, sendo necessário, para tanto, que se realize análise da planilha confrontando a situação antes e depois do aditivo pretendido para averiguar quanto à eventual redução no percentual do desconto originalmente concedido;
>
> 9.2.3. na hipótese de celebração de aditivos contratuais para a inclusão de novos serviços, tal qual consta na publicação "Orientações para

[7] BRASIL. Tribunal de Contas da União. Acórdão nº 2.699/19-P. Disponível em: http://www.tcu.gov.br. Acesso em: 27 jun. 2024.

> Elaboração de Planilhas Orçamentárias de Obras Públicas" (TCU, 2014), o preço desses serviços deve ser calculado considerando o custo de referência e a taxa de BDI de referência especificada no orçamento-base da licitação, subtraindo desse preço de referência a diferença percentual entre o valor do orçamento-base e o valor global do contrato obtido na licitação, com vistas a garantir o equilíbrio econômico-financeiro do contrato e a manutenção do percentual de desconto ofertado pelo contratado, em atendimento ao art. 37, inciso XXI, da Constituição Federal e aos arts. 14 e 15 do Decreto n. 7.983/2013;
>
> 9.2.4. nas situações em que, em virtude do aditivo, houver diminuição do desconto originalmente concedido, pode-se incluir parcela compensatória negativa como forma de se dar cumprimento ao art. 14 do Decreto 7.983/2013, ressalvada a exceção prevista em seu parágrafo único;

Finalmente, deve o TR trazer as disposições sobre a aplicação do reajustamento em sentido estrito ou da repactuação, esta aplicada exclusivamente aos contratos de serviços contínuos com dedicação exclusiva de mão de obra ou predominância de mão de obra. Trata-se de um comando constitucional, pois consta do art. 37, inc. XXI, da nossa Carta Magna, de aplicação imperativa, portanto, em todos os contratos, independentemente do prazo de vigência estabelecido, como deixou bem claro a nova lei.

Para o reajustamento em sentido estrito, três parâmetros fundamentais devem constar do TR: o índice a ser aplicado, o período para aplicação e o marco inicial da contagem desse período. Na engenharia, costuma-se adotar como índice o INCC – Índice Nacional de Custo da Construção. O período é anual, como consta da Lei nº 10.192, de 14 de fevereiro de 2001, art. 2º, §1º. O marco inicial está definido na Lei nº 14.133/2021:

> Art. 25. O edital deverá conter o objeto da licitação e as regras relativas à convocação, ao julgamento, à habilitação, aos recursos e às penalidades da licitação, à fiscalização e à gestão do contrato, à entrega do objeto e às condições de pagamento.
>
> (...)
>
> §7º Independentemente do prazo de duração do contrato, será obrigatória a previsão no edital de índice de reajustamento de preço, com data-base vinculada à data do orçamento estimado e com a possibilidade de ser estabelecido mais de um índice específico ou setorial, em conformidade com a realidade de mercado dos respectivos insumos.

A data-base é, como dispõe a lei, a data do orçamento estimado. Por exemplo, se o orçamento estimado foi elaborado tendo como base o SINAPI de junho de 2024, essa será a data-base. Sempre se indaga: em qual dia do mês de junho deve-se aplicar a variação do índice, para calcular o reajustamento em sentido estrito. Assim decidiu o TCU:[8]

> 9.2 determinar ao DNIT que:
>
> 9.2.1 estabeleça já a partir dos editais de licitação e em seus contratos, de forma clara, se a periodicidade dos reajustes terá como base a data-limite para apresentação da proposta ou a data do orçamento, observando-se o seguinte:
>
> 9.2.1.1 se for adotada a data-limite para apresentação da proposta, o reajuste será aplicável a partir do mesmo dia e mês do ano seguinte;
>
> 9.2.1.2 se for adotada a data do orçamento, o reajuste será aplicável a partir do mesmo dia e mês do ano seguinte se o orçamento se referir a um dia específico, ou do primeiro dia do mesmo mês do ano seguinte caso o orçamento se refira a determinado mês;

No caso da utilização de referenciais mensais, como o SINAPI, o reajustamento em sentido estrito será concedido a partir do 1º dia do mesmo mês utilizado no orçamento de referência, do ano seguinte.

Já no caso de serviços contínuos com dedicação exclusiva de mão de obra, a forma de reajustamento a ser aplicada denomina-se de repactuação. Para esta, embora também prevaleça o princípio da anualidade, a aplicação se faz em duas parcelas, sendo a primeira relativa à mão de obra e a segunda relativa aos materiais e equipamentos. No tocante à mão de obra, deve-se aplicar o mesmo percentual que tenha sido concedido à categoria envolvida no novo acordo, convenção ou dissídio coletivo de trabalho. A aplicação é feita assim: 1. considera-se a data-base da categoria envolvida na contratação; 2. considera-se que o valor da mão de obra constante da proposta é aquele estabelecido no instrumento de negociação vigente na época de sua apresentação; 3. aplica-se o valor concedido à categoria no novo instrumento de negociação, mantida a anualidade. Por exemplo:

- Data-base da categoria: 1º de junho de cada ano;
- Data de apresentação da proposta: outubro de 2023;
- Data de início da vigência do contrato: janeiro de 2024;
- Concessão da 1ª repactuação: 1º de junho de 2024;
- Concessão da 2ª repactuação: 1º de junho de 2025.

[8] BRASIL. Tribunal de Contas da União. Acórdão nº 1.707/03-P. Disponível em: http://www.tcu.gov.br. Acesso em: 27 jun. 2024.

Para os materiais e equipamentos, recomenda-se a adoção de reajustamento em sentido estrito, através de um índice de preços que seja o mais compatível possível com o objeto do contrato. Aplica-se esse índice um ano após a data de apresentação da proposta. No entanto, se a administração preferir adotar a repactuação também para os materiais e equipamentos, caberá ao contratado fazer a devida solicitação, demonstrando a variação dos respectivos custos no mercado. Após atestar a veracidade da demonstração, a administração concederá a repactuação.

É oportuno registrar as diferenças entre o reajustamento em sentido estrito e a repactuação. A principal delas é que o reajuste é automático e deve ser concedido de ofício pela administração contratante, nas datas estabelecidas. Por sua vez, a repactuação deve ser, necessariamente, solicitada pelo contratado. Mais: há um limite para essa solicitação. Se ela não for feita até a data de prorrogação do prazo de vigência ou da extinção do contrato, precluirá o direito do contratado a essa repactuação específica. Não haverá essa preclusão, no caso específico da mão da obra, se a contratada registrar, antes de prorrogar o prazo, que ainda não a solicitou por não ter sido público o instrumento de negociação respectivo. Nesse caso, publicado o instrumento, a contratada faz a solicitação e a administração deverá aplicar a repactuação, retroagindo ao fato gerador.

4 Conclusão

Tanto o ETP como o TR são documentos muito importantes nas contratações a serem realizadas pela Administração Pública na área de engenharia. Enquanto o estudo técnico preliminar é fundamental tanto nas obras como nos serviços de engenharia, o termo de referência deve ser aplicado exclusivamente na contratação de serviços de engenharia, de vez que, quando estamos tratando de obras, deverá ser utilizado o projeto básico.

Informação bibliográfica deste texto, conforme a NBR 6023:2018 da Associação Brasileira de Normas Técnicas (ABNT):

REIS, Paulo Sérgio de Monteiro. Os impactos da elaboração do estudo técnico preliminar e do termo de referência nas contratações de engenharia. *In:* FURTADO, Madeline Rocha; FURTADO, Monique Rafaella Rocha (coord.). *O planejamento das contratações*: estudos técnicos preliminares e termos de referência: teoria e aplicação sob a égide da Lei nº 14.133/2021. Belo Horizonte: Fórum, 2025. p. 137-170. ISBN 978-65-5518-944-5.

CAPÍTULO 3

ELABORANDO O ETP SOB A PERSPECTIVA DA CENTRALIZAÇÃO DE COMPRAS E DA GOVERNANÇA DE CONTRATAÇÕES PÚBLICAS

VIRGÍNIA BRACARENSE LOPES

ANDRÉA HELOISA DA SILVA SOARES

1 Introdução

As compras públicas são uma das maiores despesas dos governos, sendo o meio hábil para o Estado viabilizar bens, serviços e obras que assegurem a prestação de serviços e a execução de políticas públicas para atendimento às necessidades da sociedade.

Outra forma de perceber as compras é pela perspectiva da riqueza que elas movimentam, tendo estudos que registram participação em aproximadamente 12,6% do Produto Interno Bruto (PIB) entre 2006-2016,[1] quantificando o poder de compra do Estado.

Diante de um cenário de constante busca pela melhoria da qualidade do gasto público, diversas iniciativas vêm sendo adotadas como forma de promover avanços, eficiência e evoluções nas contratações, seja quanto ao modo como o Estado se organiza para realizá-las, seja quanto às estratégias e institutos utilizados para viabilizá-las.

[1] RIBEIRO, Cássio Garcia; INÁCIO JÚNIOR, Edmundo. Texto para Discussão (TD) 2476: O Mercado de compras governamentais brasileiro (2006-2017): mensuração e análise. Instituto de Pesquisa Econômica Aplicada- Brasília: Rio de Janeiro. 2019. Disponível em: https://repositorio.ipea.gov.br/handle/11058/9315. Acesso em: 19 jun. 2024.

Com a edição da Lei Federal nº 14.133, de 1º de abril de 2021, conhecida como Nova Lei de Licitações e Contratos Administrativos (NLLC), reforça-se essa necessidade de evolução, especialmente quando considerados alguns dos princípios insculpidos no art. 5º, como eficiência, planejamento, eficácia, celeridade, economicidade e desenvolvimento nacional sustentável; combinados com os objetivos do procedimento licitatório nos termos do art. 11, a exemplo da geração de resultado mais vantajoso considerado o ciclo de vida do objeto e o fomento à inovação e à sustentabilidade.

Dentre os diversos recursos e institutos trazidos pela NLLC para alcance desses princípios e objetivos, pode-se destacar a centralização de compras. Ela pode ser observada tanto na perspectiva da centralização de procedimentos nos termos do art. 19, I, da Lei Federal nº 14.133/2021 (tendo, por exemplo, no procedimento auxiliar do Sistema de Registro de Preços uma das estratégias adotadas mais estabelecida na prática), quanto à forma de organização da Administração para prover seus procedimentos de contratação, por meio, por exemplo, de centrais de compras que tenham como propósito realizar compras em grande escala para atendimento às necessidades de diversos órgãos e entidades (art. 181, da NLLC).

Seja numa ou noutra perspectiva, é necessário, a fim de orientar os procedimentos de contratação e a tomada de decisão pelas soluções a serem contratadas, que haja diretrizes claras que impactarão nas escolhas feitas e, por sua vez, nos resultados a serem alcançados.

E é nesse sentido, de busca por direcionamento e objetivos, que a NLLC trouxe a governança como fator crítico de sucesso das contratações, cabendo à alta administração atuar diretamente na implementação de processos e estruturas que permitam o alcance de metas e resultados estabelecidos, no caso das compras, aqueles constantes no art. 11. Também compete à alta administração promover a gestão por competências, designando profissionais aptos a desenvolver as atividades necessárias à execução das contratações (art. 7º, da NLLC).

Nesse contexto de necessidade de direcionamento, orientação e definição de objetivos e metas a serem alcançados, bem como de ganhos de eficiência, economicidade e qualidade das compras, a alta administração pode (ou, na verdade, deve) valer-se de instrumentos e institutos diversos, dentre os quais destaca-se o estudo técnico preliminar (ETP).

Para um processo de uma contratação específica, o ETP é justamente o *locus* onde se deve olhar para o planejamento das contratações anual, a fim de verificar necessidades comuns que possam ser trabalhadas de forma conjunta e, assim, auferir maiores ganhos de oportunidade de inovação, eficiência, economia; bem como deverá recepcionar diretrizes da governança institucional que orientarão a análise e escolha da solução mais adequada, passando, por exemplo, pela avaliação de conveniência e oportunidade de centralização.

E é no nível do ETP que o presente artigo pretende trazer suas reflexões, enquanto instrumento que permite à Administração manusear diferentes institutos, conceitos e diretrizes, de modo a buscar melhores arranjos de contratações para atendimento de uma necessidade ou resolução de um problema públicos. E o quanto de oportunidades que são potencializadas quando ele é elaborado sob a perspectiva da centralização de compras, em que pese alguns desafios serem também ampliados.

Nesse contexto, iremos passar por breves considerações acerca da centralização de compras e da governança das contratações em um alinhamento conceitual para compreender como podem orientar desde a construção ao conteúdo e conclusões a que se pode chegar a um ETP. Posteriormente, nos dedicaremos a explorar esse documento, abordando como alguns de seus elementos podem se comportar num contexto em que a centralização é um fator orientador, destacando as oportunidades e pontos de atenção ao longo de sua construção.

2 Compras públicas e a centralização como estratégia de melhoria do gasto e da qualidade

As compras públicas são uma plataforma de atendimento de necessidades da Administração Pública na busca pela realização de seus compromissos e deveres junto à sociedade, provendo bens, serviços e obras para viabilizar políticas e serviços públicos.

Nesse sentido, as compras tanto são um meio para viabilizar grande parte das políticas públicas, como também são uma política pública em si quando utilizadas, por exemplo, para promoção do desenvolvimento nacional sustentável e inovação e para a implementação de ações afirmativas. O próprio poder de compras, como mencionado pelo Tribunal de Contas da União no Acórdão nº 1.514/2019-Plenário,[2] seria utilizado em prol dessa promoção de políticas públicas.

---

2 TRIBUNAL DE CONTAS DA UNIÃO (TCU). Acórdão nº 1.514/2019 – Plenário. Disponível em: https://pesquisa.apps.tcu.gov.br/redireciona/acordao-completo/ACORDAO-COMPLETO-2350708. Acesso em: 19 jun. 2024.

Como formato convencional de realização de compras públicas tem-se que cada instituição realiza seus procedimentos de forma individual. Assim, temos uma replicação de estruturas organizacionais buscando um mesmo propósito, além de um volume significativo de processos sendo executados, o que, além do custo em si dos bens, serviços e obras, representa uma despesa administrativa relevante. Nesse sentido, o TCU se manifestou no Acórdão nº 1.514/2019-Plenário:[3]

> 6. As contratações do Governo Federal são materializadas por meio de procedimentos administrativos que, somente em 2018, resultaram na autuação de 102.635 processos por 187 diferentes organizações da administração direta, autárquica e fundacional (...).
>
> (...)
>
> 8. *Essa dispersão das contratações públicas entre diferentes organizações do Governo Federal pode representar um cenário de fragmentação, sobreposição ou duplicidade de esforços, ocasionando riscos de ineficiência, ineficácia e prejuízos na atuação estatal.*
>
> (...)
>
> 10. *Aplicada ao contexto das compras governamentais, a fragmentação ocorre quando mais de uma organização pública adota iniciativas para contratar objetos ou serviços similares, com a consequente sobreposição, ou duplicidade, de esforços para o alcance da mesma finalidade, que, nesse caso, é a obtenção de um bem ou serviço demandado.* [grifos nossos]

Diante desse cenário, ganha força a discussão em prol da centralização de compras de modo a reduzir os custos operacionais de processamento das contratações, bem como pela oportunidade de ganhos de escala a partir da concentração das demandas das instituições. Ademais, no mesmo Acórdão nº 1.514-2019-Plenário, o TCU[4] cita as compras compartilhadas como uma forma de favorecer o poder de compra estatal, pois promove a eficiência, a economicidade e a transparência no gasto público, além de mitigar dificuldades encontradas em licitações isoladas.

Dizemos que ganha força, pois o movimento pela centralização de compras não é uma novidade no Brasil. Há registros de seu início em 1931 por meio da Comissão Central de Compras (CCC) em nível federal,[5]

---

[3] TCU, 2019.

[4] TCU, 2019.

[5] SANTOS, Felippe Vilaça Loureiro; FERNANDES, Ciro Campos Christo. Modelos de centralização de compras na administração pública brasileira. *In:* LOPES, Virgínia

sob a perspectiva de uma unidade administrativa competente para licitar e contratar para outras unidades, prática que também foi adotada por outros entes federativos.[6] Além dessa perspectiva organizacional, também houve movimentos de centralização de esforços a partir do uso de alguns institutos que promovem o compartilhamento de compras, como o Sistema de Registros de Preços, sem que para isso houvesse a necessidade de criar uma unidade dedicada ao processamento das compras.

Mesmo não sendo movimento recente, a Lei Federal nº 14.133/ 2021 consolidou a centralização de compras como estratégia a ser perseguida e implementada tanto sob a perspectiva processual, quanto organizacional.

Na primeira delas, temos no art. 19, I, a previsão de forma expressa: "instituir instrumentos que permitam, preferencialmente, a centralização dos procedimentos de aquisição e contratação de bens e serviços"[7] Talvez fique a pergunta: como fazer essa centralização e quais instrumentos poderiam viabilizá-la? Nesse sentido, podemos elencar algumas figuras, como:[8]

- o planejamento de compras ser feito considerando a expectativa do consumo anual (art. 40, *caput*), a fim de permitir a *concentração de demandas em um menor número de procedimentos*;
- a utilização do Sistema de Registro de Preços (art. 40, II; arts 82 a 86), viabilizando tanto a *concentração de demandas futuras e incertas em um* único *procedimento*, quanto a *agregação de demandas de diversos* órgãos *e entidades*, uma vez que o procedimento pode ser feito por um órgão gerenciador em benefício dos demais participantes (e até não participantes, os conhecidos caronas);

Bracarense; SANTOS, Felippe Vilaça Loureiro (coord.). *Compras Públicas Centralizadas no Brasil*: teoria, prática e perspectivas. Belo Horizonte: Fórum, 2022. p. 29-57.

6 Para conhecer experiências de centralização de compras, tanto na perspectiva da estratégia utilizadas, quanto dos desafios enfrentados, sugerimos a leitura da obra LOPES, Virgínia Bracarense; SANTOS, Felippe Vilaça Loureiro (coord.). *Compras públicas centralizadas no Brasil*: teoria, prática e perspectivas. Belo Horizonte: Fórum, 2022. 476 p., que em sua Parte I traz um relato da evolução do modelo de centralização no Brasil e casos internacionais e, em sua Parte II apresenta oito relatos de experiências, federais, estaduais e municipais, sobre o tema.

7 BRASIL, Lei nº 14.133 de primeiro de abril de 2021. Lei de Licitações e Contratos Administrativos. Disponível em: https://www.planalto.gov.br/ccivil_03/_ato2019-2022/2021/lei/l14133.htm 2021. Acesso em: 15 jun. 2024.

8 BRASIL, 2021.

- a elaboração do Planejamento de Contratações Anual (PCA) (art. 12, VII e §1º), como forma de ter clareza das demandas da instituição e buscar a racionalização das contratações por meio, por exemplo, da *junção de diversas necessidades em um* único *procedimento.*

Esses instrumentos guardam relação direta com as análises que serão feitas no nível do ETP, influenciando desde a correta e completa descrição da necessidade ou problema a ser resolvido, bem como as alternativas disponíveis para atendê-las. Iremos tratar disso com mais detalhes na seção 4 deste artigo.

Sob a perspectiva organizacional da centralização, a NLLC traz, em seu art. 181, a previsão de criação de centrais de compras pelos entes federados, e o uso de consórcios públicos pelos municípios com até 10.000 habitantes, com "o objetivo de realizar compras em grande escala, para atender a diversos *órgãos* e entidades sob sua competência e atingir as finalidades desta Lei".[9]

Nesse sentido, também teremos a elaboração do ETP influenciada por essa condição, seja por ter na origem uma unidade competente por estudar a demanda de diversas instituições, seja por ter um espaço dedicado a trabalhar e discutir a temática de compras públicas com um olhar mais focado e, inclusive, mais permeável à implementação de inovações.

Algumas inovações são viabilizadas justamente por ser a contratação feita de forma centralizada, trazendo o poder de compras como moeda de negociação com o mercado para novas modelagens. Exemplos disso são a compra direta de passagens aéreas e o TáxiGov, desenvolvidos e implementados pela Central de Compras do Governo Federal em 2014 e 2016, respectivamente.[10]

A compra direta de passagens aéreas[11] significou uma revisão da forma como a Administração Pública federal adquiria bilhetes aéreos para viagens em território nacional. A partir dos estudos técnicos preliminares, saiu-se de um modelo em que se contratava somente

---

[9] BRASIL, 2021.

[10] Para conhecer as experiências em detalhes, inclusive os desafios e formas de superação, sugerimos a leitura do artigo LOPES, Virgínia Bracarense; GEBRIM, Isabela Gomes. A centralização de compras como fator de estímulo à inovação em compras públicas: o caso da Central de Compras do Governo Federal e suas iniciativas da Compra Direta de Passagens Aéreas e do TáxiGov. *In:* PÉRCIO, Gabriela Verona; FORTINI, Cristiana (coord.). *Inteligência e inovação em contratação pública.* 2. ed. Belo Horizonte: Fórum, 2023. p. 135-157.

[11] LOPES; GEBRIM, 2023.

agências de viagem por meio de pregões eletrônicos, feitos de forma individual por cada órgão e entidade, para intermediarem a emissão de bilhetes aéreos, para um formato ancorado em quatro pilares: (a) o credenciamento de companhias aéreas nacionais para a busca, reserva e emissão diretamente com elas de bilhetes para voos domésticos; (b) a contratação de uma solução de tecnologia — um buscador de passagens — que integrasse o Sistema de Concessão de Diárias e Passagens (SCDP) aos sistemas das companhias aéreas, viabilizando a consulta de voos diretamente; (c) a contratação de uma solução de pagamento eletrônico que viabilizasse o pagamento de bilhetes via sistema, feito por meio do Cartão de Pagamentos do Governo Federal (CPGF); (d) a realização de pregão para registro de preços para viabilizar a contratação de agência de viagem que atendesse a demanda não contemplada na compra direta (exemplo, viagens internacionais, regionais e situações de indisponibilidade de sistema).

Esse modelo somente foi possível por ter uma área central dedicada aos estudos, levantamentos e modelagem das novas soluções, como também só foi viabilizado por concentrar na negociação a demanda de todas as unidades administrativas do Poder Executivo federal.

Quanto ao TáxiGov,[12] foi implementado um novo modelo de transporte administrativo de servidores, substituindo processos de contratação individuais feitos pelos órgãos e entidades para aquisição de veículos, locação, compra de combustível, manutenção, contratação de motoristas e outros objetos afetos à gestão de frotas. A nova formatação considerou a implementação, a partir do ETP, de uma contratação de um serviço de agenciamento de táxis,[13] com a disponibilização de sistema e aplicativo para solicitação de viagens pelos servidores, aumentando a transparência no uso do serviço e a economia pelo menor preço e compartilhamento de corridas. Além de ser uma licitação feita pela Central de Compras, o modelo também presumiu um contrato centralizado, em que toda a gestão contratual e a execução orçamentário-financeira seria feita na unidade central.

Nesses dois casos temos a centralização como fator fundamental para a viabilização de grandes inovações nas compras públicas, e foi no

---

[12] LOPES; GEBRIM, 2023.

[13] O primeiro modelo do TáxiGov limitou-se ao agenciamento de táxis, pois o transporte por meio de aplicativos ainda não estava regulamentado no Governo do Distrito Federal. Posteriormente, as licitações passaram a contratar serviço de agenciamento de transporte, deixando o espaço aberto para taxis, aplicativos, empresas locadoras etc.

ETP[14] que a Administração encontrou o espaço apropriado para análise e proposição de soluções para atendimento mais eficiente e econômico de uma necessidade pública.

Apesar de ter o ETP como esse *locus* de estudo e subsídio à tomada de decisão, bem como as estratégias e instrumentos que viabilizem a centralização de compras, a Administração, considerando especialmente os níveis tático e operacional, carece de diretrizes e orientações para balizar os trabalhos, bem como medir os resultados gerados, o que ocorre na perspectiva da chamada governança das contratações públicas, que passamos a tratar na próxima seção.

3 Governança como instância orientadora da centralização de compras

Governança trata-se de termo com destaque recente, em especial nas contratações públicas, chegando a constar expressamente na Lei Federal nº 14.133/2021, em seu artigo 11, parágrafo único.[15]

Porém, o termo é antigo e de uso amplo tanto no setor público quanto no privado. No primeiro, emerge no contexto de modelos de administração gerencial, que buscavam (e ainda buscam) alternativas para mais eficiência e efetividade da atuação estatal diante do esgotamento ou das falhas do modelo burocrático de administração.[16]

Juridicamente, no Brasil, segundo o *Referencial Básico de Governança Aplicável a* Órgãos *e Entidades da Administração Pública* do TCU, desde 1994 tem-se a edição de normativos que buscam construir um ambiente mais favorável à governança pública, com destaque para o Decreto federal nº 9.203, de 22 de novembro de 2017, que "dispõe sobre a política de governança da administração pública federal direta, autárquica e fundacional."[17]

---

[14] Nesses modelos o ETP ainda não tinha a estrutura trazida na Lei Federal nº 14.133/2021 nem na Instrução Normativa SEGES nº.40, de 22 de maio de 2020, porém, tinha o mesmo propósito e os elementos, de forma geral, eram similares (descrição do problema, prospecção de mercado, análise de quantidade e custo total, escolha da solução, providências a serem tomadas, conclusão).

[15] BRASIL, 2021.

[16] TRIBUNAL DE CONTAS DA UNIÃO (TCU). *Referencial básico de governança aplicável a organizações públicas e outros entes jurisdicionados ao TCU*. 3. ed. Brasília: TCU, Secretaria de Controle Externo da Administração do Estado – Secex Administração, 2020. Disponível em: https://portal.tcu.gov.br/imprensa/noticias/tcu-publica-a-3-edicao-do-referencial-basico-de-governanca-organizacional.htm. Acesso em: 19 jun. 2024.

[17] BRASIL. Decreto Federal nº 9.203, de 22 de novembro de 2017. Dispõe sobre a política de governança da administração pública federal direta, autárquica e fundacional. Disponível

Segundo essa normativa, governança pública é o "(...) conjunto de mecanismos de liderança, estratégia e controle postos em prática para avaliar, direcionar e monitorar a gestão, com vistas à condução de políticas públicas e à prestação de serviços de interesse da sociedade".[18]

No campo das compras públicas, o Tribunal de Contas da União (TCU) vem sendo um dos grandes atores impulsionadores da governança, antes mesmo da NLLC, tendo o Acórdão nº 2.622/2015-Plenário[19] como um dos grandes marcos na temática, destacando, por exemplo que:

> 15. A governança das aquisições é a aplicação desses princípios e práticas com enfoque na função aquisição das organizações. Nesse sentido, com base no art. 2º, II, da Resolução-TCU 247/2011, *pode-se entender governança das aquisições como o conjunto de diretrizes, estruturas organizacionais, processos e mecanismos de controle que visam a assegurar que as decisões e as ações relativas à gestão das aquisições estejam alinhadas às necessidades da organização, contribuindo para o alcance das suas metas.*
>
> 16. *A necessidade de se aperfeiçoar continuamente os sistemas de governança e de gestão das aquisições no setor público decorre da sua forte relação com a geração de resultados para a sociedade e da elevada materialidade dos gastos associados.*
>
> (...)
>
> 22. Embora 'governança das aquisições' seja um conceito em construção, com base no exposto acima e em outras referências utilizadas no presente trabalho, esta Unidade Técnica elaborou a seguinte definição, a qual será utilizada no presente relatório: *governança das aquisições compreende essencialmente o conjunto de mecanismos de liderança, estratégia e controle postos em prática para avaliar, direcionar e monitorar a atuação da gestão das aquisições, com objetivo de que as aquisições agreguem valor ao negócio da organização, com riscos aceitáveis.*
>
> 23. De forma mais detalhada, a governança das aquisições tem por objetivo:
>
> 23.1. alinhar as políticas e as estratégias de gestão das aquisições às prioridades do negócio da organização em prol de resultados;
>
> 23.2. assegurar a utilização eficiente de recursos;

---

em: https://www.planalto.gov.br/ccivil_03/_ato2015-2018/2017/decreto/d9203.htm. Acesso em: 19 jun. 2024.

[18] BRASIL, 2017.

[19] TRIBUNAL DE CONTAS DA UNIÃO (TCU). Acórdão nº 2.622/2015 – Plenário. Disponível em: https://pesquisa.apps.tcu.gov.br/redireciona/acordao-completo/ACORDAO-COMPLETO-1539501. Acesso: em 19 jun. 2024.

> 23.3. otimizar a disponibilidade e o desempenho dos objetos adquiridos;
>
> 23.4. mitigar riscos nas aquisições;
>
> 23.5. auxiliar a tomada de decisão sobre aquisições;
>
> 23.6. assegurar o cumprimento dos papéis e das responsabilidades, e a transparência dos resultados na função aquisição. [grifos nossos]

Na perspectiva da centralização de compras, a governança tem papel fundamental, pois orienta a forma como os procedimentos serão conduzidos e, inclusive, se haverá, como estratégia, a instituição de centrais de compras especializadas na temática.

Nesse contexto, podemos destacar alguns normativos que materializam como a governança das contratações é definidora da forma de implementação da centralização de compras como diretriz, a saber:

- Decreto estadual de Minas Gerais nº 46.944, de 29 de janeiro de 2016,[20] determina a centralização da contratação e do gerenciamento de contratos administrativos como estratégia para o atendimento a demandas de bens e serviços de uso em comum pelos órgãos e entidades do Poder Executivo estadual;
- Decreto estadual de Minas Gerais nº 47.390, de 23 de março de 2018,[21] prevê a definição de um órgão ou entidade como gestor responsável por uma determinada família de compra considerada estratégica, cujas atribuições contemplam desde a padronização de objetos e a definição de estratégias de contratação à realização de licitações de forma centralizada e à instituição de comitês para coordenação e gestão das temáticas;
- Portaria MGI nº 2.264, de 26 de maio de 2023,[22] institui comitês e subcomitês dedicados à temática de compras públicas,

---

20 MINAS GERAIS. Decreto nº 46.944, de 29 de janeiro de 2016. Dispõe sobre a centralização da contratação e do gerenciamento de contratos administrativos. Disponível em: https://www.almg.gov.br/legislacao-mineira/texto/DEC/46944/2016/. Acesso em: 19 jun. 2024.

21 MINAS GERAIS. Decreto nº 47.390, de 23 de março de 2018. Dispõe sobre políticas e diretrizes para as aquisições e contratações de bens e serviços de famílias de compras estratégicas, realizadas no âmbito da administração pública direta, autárquica e fundacional do Poder Executivo. Disponível em: https://www.almg.gov.br/legislacao-mineira/DEC/47390/2018/. Acesso em: 19 jun. 2024.

22 BRASIL. Portaria MGI nº 2.264, de 26 de maio de 2023a. Institui, no âmbito do Ministério da Gestão e da Inovação em Serviços Públicos, o Comitê de Compras e Contratações Estratégicas e seus subcomitês. Disponível em: https://www.in.gov.br/en/web/dou/-/portaria-mgi-n-2.264-de-26-de-maio-de-2023-486237949. Acesso em: 19 jun. 2024. Vale lembrar que, apesar de recente, essa normativa substitui a Portaria ME nº 339, de 8 de outubro de 2020, que havia criado originalmente o Comitê de Compras e Contratos Centralizados do Ministério da Economia (C4ME), com competências similares.

com destaque para o Comitê de Compras e Contratações Estratégicas, que decide sobre estratégias de centralização de compras e contratos. A norma também define critérios que orientam as decisões de centralização, como redução de custos, ganhos de eficiência, sustentabilidade etc.;

- Decreto Federal nº 11.837, de 21 de dezembro de 2023,[23] institui o ColaboraGov como modelo centralizado de prestação de serviços de suporte administrativo para atendimento a 13 órgãos do Poder Executivo Federal,[24] bem como cria o Comitê Interministerial de Governança de Serviços Compartilhados, que tem, dentre suas competências, "acompanhar a estratégia de implementação das medidas propostas para a prestação de serviços de suporte administrativo compartilhados", "assegurar, no *âmbito* do ColaboraGov, as condições necessárias *à* execução das atividades de implementação, disponibilização de informações e integração de bases de dados", e "propor e avaliar a adoção de medidas de gestão de riscos a serem implementadas no *âmbito* do ColaboraGov.", todas elas representando fielmente o conceito de governança;
- Decreto estadual de Minas Gerais nº 48.798, de 16 de abril de 2024,[25] dispõe sobre a ampliação da centralização de compras no Estado de Minas Gerais, com vistas à redução de custos, padronização de procedimentos, ampliação de eficiência e transparência.

Esses normativos deixam evidentes as diretrizes estabelecidas pela alta administração, assim como os processos e estruturas que deverão ser viabilizados para garantir o alcance dos resultados pretendidos. Por sua vez, também apresentam os requisitos e parâmetros que deverão ser considerados em sede dos estudos técnicos preliminares, a

---

[23] BRASIL. Decreto Federal nº 11.837, de 21 de dezembro de 2023b. Dispõe sobre o compartilhamento de serviços de suporte administrativo de que tratam os §2º e §3º do art. 50 da Lei nº 14.600, de 19 de junho de 2023, e institui o Centro de Serviços Compartilhados e o Comitê Interministerial de Governança de Serviços Compartilhados. Disponível em: https://www.planalto.gov.br/ccivil_03/_ato2023-2026/2023/decreto/D11837.htm. Acesso em: 19 jun. 2024.

[24] O decreto prevê nominalmente 13 instituições, mas em seu art. 4º, §2º, prevê a possiblidade de inclusão de outros órgãos.

[25] MINAS GERAIS. Decreto nº 48.798, de 16 de abril de 2024. Dispõe sobre a ampliação da centralização de compras no âmbito da Administração Pública direta, autárquica e fundacional do Poder Executivo. Disponível em: https://www.almg.gov.br/legislacao-mineira/texto/DEC/48798/2024/. Acesso em: 19 jun. 2024. O modelo dessa normatização inspirou-se no Decreto Federal nº 11.837, de 21 de dezembro de 2023.

fim de garantir o alinhamento entre a governança, a gestão e a operação das contratações públicas.

Cabe destacar que o tema de governança, específico sob a perspectiva de centralização de compras, também já foi objeto de análise pelo TCU no âmbito do Acórdão nº 2.348/2017-Plenário,[26] em que foram acompanhadas as aquisições realizadas pela Central de Compras do então Ministério do Planejamento, Desenvolvimento e Gestão, atual Ministério da Gestão e Inovação em Serviços Públicos. Os pontos desse acórdão serão mais bem explorados na próxima seção, uma vez que dialogam com os elementos do ETP. Todavia, cabe destacar esse trecho:

> Uma análise perfunctória das respostas ao referido questionário demonstra que *a Central de Compras apresenta um perfil de governança das suas aquisições não muito distinto da média dos demais órgãos da Administração.* Por isso, percebe-se que muitas das recomendações genéricas que tem sido feita pelo TCU aos demais órgãos da Administração podem ser aproveitadas para melhoria da governança na Central de Compras.
>
> (...)
>
> Embora essa recomendação tenha sido feita diretamente à então SLTI/MP, entende-se que *a falta de diretrizes específicas formalmente emanadas pela Seges à Central de Compras é uma fonte constante de ausência de especificações e de políticas que deveriam guiar os processos desse órgão, principalmente no que se refere à sustentabilidade a médio e longo prazo das aquisições promovidas pela Central.* [grifos nossos]

Esse destaque demonstra a importância da governança para direcionar os trabalhos da instituição, bem como o reflexo desses norteadores nos procedimentos de contratação realizados pela unidade, dado seu potencial de maiores impactos (tanto para a Administração, quanto para o mercado). No caso em tela, os normativos anteriormente mencionados do Governo Federal, em especial a criação dos comitês relacionados às contratações centralizadas, foi resposta direta a esse apontamento do órgão de controle.

Feitas essas considerações gerais, passamos a abordar o reflexo tanto da centralização de compras, quanto das diretrizes da governança na dinâmica de elaboração do ETP, trazendo destaques a oportunidades e pontos de atenção.

---

26 TRIBUNAL DE CONTAS DA UNIÃO (TCU). Acórdão nº 2.348/2017 – Plenário. Disponível em: https://pesquisa.apps.tcu.gov.br/redireciona/acordao-completo/ACORDAO-COMPLETO-2259310. Acesso em: 19 jun. 2024.

4 Estudo técnico preliminar: oportunidades e pontos de atenção, considerando a centralização de compras e a governança das contratações públicas

Antes de iniciarmos nossas considerações sobre alguns elementos do Estudo Técnico Preliminar na centralização de compras, precisamos trazer algumas noções básicas do instrumento.

Embora a previsão de estudos para subsidiar a confecção de especificação técnica/projeto básico venha sendo tratada desde 1993 na recém-revogada Lei Federal nº 8.666, de 21 de junho de 1993,[27] no, também agora revogado, Regime Diferenciado de Contratação (RDC), Lei Federal nº 12.462, de 04 de agosto de 2011,[28] e na Lei das Estatais, Lei Federal nº 13.303, de 30 de junho 2016,[29] apenas com a publicação do Decreto Federal nº 10.024, de 20 de setembro de 2019,[30] que atualizou o regulamento do "antigo" pregão no âmbito federal, o ETP ganhou destaque.

O decreto trouxe o conceito de ETP (art. 3º) e sua obrigatoriedade no caso de pregões eletrônicos (art. 14). Embora os tribunais de contas já cobrassem a elaboração de estudos que justificassem determinadas exigências (ou não), quantidades e demais detalhamentos constantes na licitação, a prática geral não caminhava nesse sentindo. Nesse contexto, destacamos alguns acórdãos do Plenário do TCU: 2802/2013, 3.016/2015 e 2.240/2020.

---

[27] BRASIL. Lei nº 8.666 de 21 de junho de 1993. Regulamenta o art. 37, inciso XXI, da Constituição Federal, institui normas para licitações e contratos da Administração Pública e dá outras providências. Disponível em: https://www.planalto.gov.br/ccivil_03/leis/l8666cons.htm (revogada). Acesso em: 25 jun. 2024. Ver art. 6º, IX: a lei condiciona a elaboração de projeto básico às indicações trazidas nos estudos técnicos preliminares.

[28] BRASIL, Lei nº 12.462 de 04 de agosto de 2011. Institui o Regime Diferenciado de Contratação - RDC (...). Disponível em: https://www.planalto.gov.br/ccivil_03/_ato2011-2014/2011/lei/l12462.htm. (revogada) Acesso em: 25/06/2024. Ver art. 2º, IV: indica que o projeto básico deve observar as indicações dos estudos técnicos preliminares.

[29] BRASIL. Lei nº 13.303, de 30 de junho de 2016. Dispõe sobre o estatuto jurídico da empresa pública, da sociedade de economia mista e de suas subsidiárias, no âmbito da União, dos Estados, do Distrito Federal e dos Municípios. Disponível em:
Disponível em: https://www.planalto.gov.br/ccivil_03/_ato2015-2018/2016/lei/l13303.htm. Acesso em: 25 jun. 2024. Ver art. 42, VIII: no regime das empresas estatais, o projeto básico é orientado pelas indicações dos estudos técnicos preliminares.

[30] BRASIL. Decreto Federal nº 10.024, de 20 setembro de 2019. Regulamenta a licitação, na modalidade pregão, na forma eletrônica, para a aquisição de bens e a contratação de serviços comuns, incluídos os serviços comuns de engenharia, e dispõe sobre o uso da dispensa eletrônica, no âmbito da administração pública federal. Disponível em: https://www.planalto.gov.br/ccivil_03/_ato2019-2022/2019/decreto/d10024.htm. Acesso em: 25 jun. 2024.

Não podemos deixar de registrar que havia, para algumas linhas de serviço/fornecimento, algo já mais elaborado. É possível citar o caso de compras de bens e contratações de serviços de tecnologia da informação e comunicação (TIC), que em 2014, na Instrução Normativa (IN) SLTI/MP nº 04,[31] trouxe o conceito de ETP e seus elementos (também em resposta a monitoramentos do TCU). Havia uma preocupação com as decisões tomadas em relação às soluções a serem contratadas para que, por exemplo, fosse verificada a existência de software livre ou software público, análise de projetos similares na Administração Pública e mecanismos de continuidade em eventual interrupção contratual. Esses itens já existiam desde a primeira IN criada para contratações de TIC, IN STLI nº 04/2008, porém esse estudo tinha o nome de "Análise de Viabilidade de Contratação". Também a IN nº 05, de 26 de maio de 2017,[32] que dispõe sobre contratação de serviços sob regime de execução indireta (terceirização), trouxe os elementos dos estudos preliminares, incluindo o rol mínimo obrigatório que deveria conter o ETP em seu artigo 24.

Ocorre que, para compras de outros bens e contratações de serviços em geral, os elementos mínimos do ETP só vieram regulamentados durante a *vacatio legis* do decreto federal do pregão, por meio da IN SEGES nº 40, de 22 de maio de 2020,[33] a qual foi, por sua vez, a referência do texto da NLLC. Inclusive, os demais entes federados acabaram por seguir o decreto e, consequentemente, a instrução normativa, para a garantia do recebimento de recursos de transferências voluntárias, imposição da IN SEGES nº 206, de 18 de outubro de 2019.[34]

---

31 BRASIL. Instrução Normativa SLTI/MP nº 4, de 11 de setembro de 2014, que dispõe sobre o processo de contratação de Soluções de Tecnologia da Informação pelos órgãos integrantes do Sistema de Administração dos Recursos de Tecnologia da Informação - SISP do Poder Executivo Federal. revogada pela Instrução Normativa SGD/ME nº 1, de 4 de abril de 2019. Disponível em: https://www.gov.br/governodigital/pt-br/contratacoes-de-tic/instrucao-normativa-no-4-2014.pdf/view Acesso em: 25 jun. 2024.

32 BRASIL. Instrução Normativa nº 5, de 26 de maio de 2017. Dispõe sobre as regras e diretrizes do procedimento de contratação de serviços sob o regime de execução indireta no âmbito da Administração Pública federal direta, autárquica e fundacional. Disponível em: https://www.gov.br/compras/pt-br/acesso-a-informacao/legislacao/instrucoes-normativas/instrucao-normativa-no-5-de-26-de-maio-de-2017-atualizada. Acesso em: 25 jun. 2024.

33 BRASIL. Instrução Normativa nº 40, de 22 de maio de 2020. Dispõe sobre a elaboração dos Estudos Técnicos Preliminares - ETP - para a aquisição de bens e a contratação de serviços e obras, no âmbito da Administração Pública federal direta, autárquica e fundacional, e sobre o Sistema ETP digital. Disponível em: https://www.gov.br/compras/pt-br/acesso-a-informacao/legislacao/instrucoes-normativas/instrucao-normativa-no-40-de-22-de-maio-de-2020. Acesso em: 25 jun. 2024.

34 BRASIL. Instrução Normativa nº 206, de 18 de outubro de 2019. Estabelece os prazos para que órgãos e entidades da administração pública estadual, distrital ou municipal,

Quando a NLLC foi promulgada, o ETP foi instituído como instrumento em uma norma geral de licitações e contratações, e teve a definição no art. 6º, como:

> XX – estudo técnico preliminar: documento constitutivo da primeira etapa do planejamento de uma contratação que caracteriza o interesse público envolvido e a sua melhor solução e dá base ao anteprojeto, ao termo de referência ou ao projeto básico a serem elaborados caso se conclua pela viabilidade da contratação;

O documento se dedica, então, ao entendimento da demanda ou do problema a ser resolvido pela Administração, buscando alternativas possíveis em mercado para subsidiar uma decisão por uma ou mais soluções que seriam aquelas técnica e economicamente viáveis de serem implementadas por meio de uma contratação pública (ou até mesmo indicando quando não é necessária a contratação). Assim, ele é a base de um processo de contratação, por isso é o documento inaugural da fase preparatória (ou planejamento da contratação). Segundo Camarão *apud* Santana, Camarão, Chrispim, 2020[35]

> Nota-se, portanto, que o ETP assume função estratégica na engrenagem das contratações públicas, pois pavimenta o caminho para o atendimento da demanda ao avaliar os cenários possíveis e demonstrar a viabilidade técnica e econômica das soluções disponíveis.

Para fins de orientar nossa análise quanto às oportunidades e pontos de atenção na elaboração do ETP sob a perspectiva da centralização de compras, retomamos o Acórdão nº 2.348/2017-Plenário TCU,

---

direta ou indireta, utilizem obrigatoriamente a modalidade de pregão, na forma eletrônica, ou a dispensa eletrônica, quando executarem recursos da União decorrentes de transferências voluntárias, tais como convênios e contratos de repasse, para a aquisição de bens e a contratação de serviços comuns. Disponível em: https://www.gov.br/plataformamaisbrasil/pt-br/legislacão-geral/instrucoes-normativas/instrucao-normativa-no-206-de-18-de-outubro-de-2019. Acesso em: 25 jun. 2024. Ver art. 1º Ficam estabelecidos os seguintes prazos para que os órgãos e entidades da administração pública estadual, distrital ou municipal, direta ou indireta, utilizem obrigatoriamente a modalidade de pregão, na forma eletrônica, ou a dispensa eletrônica, observadas as regras previstas no Decreto nº 10.024, de 20 de setembro de 2019, quando executarem recursos da União decorrentes de transferências voluntárias, tais como convênios e contratos de repasse, para a aquisição de bens e a contratação de serviços comuns

35 SANTANA, Jair Eduardo; CAMARÃO, Tatiana; CHRISPIM, Anna Carla Duarte. Termo de Referência: *O impacto da especificação do objeto e do Termo de Referência na eficácia das licitações e contratos*. 6. ed. Belo Horizonte: Fórum, 2020, p. 224.

que acompanhou as aquisições realizadas pela Central de Compras do então Ministério do Planejamento, Desenvolvimento e Gestão.

O julgado se debruçou sobre processos de contratação feitos pela unidade, como aqueles referentes a passagens aéreas (contemplando o credenciamento de companhias aéreas e o agenciamento de passagens aéreas); imagens orbitais; frota (TáxiGov); videoconferência; folha de pagamento e monitoramento da governança e gestão das aquisições. Ao final, o TCU apresentou as seguintes recomendações:[36]

> 9.1 recomendar à Secretaria de Gestão do Ministério do Planejamento, Desenvolvimento e Gestão, com fundamento no art. 250, III, do Regimento Interno do TCU, que avalie a conveniência e a oportunidade de *estabelecer diretrizes para as aquisições* da Central de Compras, *principalmente quanto ao aspecto de sustentabilidade, gestão de riscos nas aquisições e capacitação dos seus gestores*, nos termos análogos aos dos itens 9.2.1.2., 9.2.1.5. e 9.2.1.6. do Acórdão 2622/2015-TCU-Plenário, com vistas ao aperfeiçoamento das atividades dessa Central;
>
> 9.2 recomendar à Central de Compras do Ministério do Planejamento, Desenvolvimento e Gestão, com fundamento no art. 250, III, do Regimento Interno do TCU, que avalie a conveniência e a oportunidade de, nos termos análogos aos dos itens 9.2.1.7 a 9.2.2.8. do Acórdão 2622/2015-TCU-Plenário, e com vistas ao *aperfeiçoamento das aquisições centralizadas* da Administração Pública Federal:
>
> 9.2.1. *realizar a gestão de risco de suas aquisições, principalmente quanto aos aspectos de sustentabilidade do fornecimento*; e
>
> 9.2.2. *elaborar modelos de processos de aquisições e dos respectivos artefatos* a serem produzidos; [grifos nossos]

A partir das análises realizadas, o TCU apontou alguns riscos sobre os quais a Central de Compras deveria dedicar sua atenção e que recaem de forma geral na elaboração do ETP, a saber:

- **Concentração de mercado**: com a expressiva materialidade e a abrangência de órgãos governamentais envolvidos, a atuação da Central, que amplifica o poder de compra do Estado, pode afetar de forma significativa a configuração do mercado. Nesse ponto cita-se a não previsão de participação companhias aéreas internacionais e locadoras de veículos nos processos analisados;[37]

---

[36] TCU, 2017.

[37] Cabe registrar que ambos os procedimentos, de credenciamento de companhias aéreas e

- **Deficiências no Planejamento de Licitações**: além de ser um ponto em comum com compras não centralizadas, na centralização deve haver um cuidado maior no dimensionamento da demanda, que não se resume ao somatório do informado por cada órgão ou entidade que será contemplado pela contratação, demandando uma análise que evite aquisições excessivas e duplicidades, tendo em vista, por exemplo, possibilidades de uso compartilhado de soluções por mais de uma instituição;[38]
- **Concentração de recursos em grandes contratações por uma única unidade**: o que pode ampliar a ocorrência de ilícitos. Além disso, a monopolização do fornecimento de alguns bens e serviços pode provocar distorções significativas no mercado fornecedor, as quais podem gerar riscos à continuidade do fornecimento, vital para garantir o funcionamento da Administração. Também pode haver progressiva ausência de parâmetros para a aferição de preços de mercado por inexistência de outros fornecedores.

Para fazer frente a esses riscos e visando ao aprimoramento das contratações centralizadas, o Tribunal recomendou que a Central de Compras adotasse algumas medidas, como, por exemplo,

- realizar gestão de riscos nas aquisições;
- elaborar um modelo de processo de aquisições;
- elaborar modelos de artefatos a serem produzidos;
- incluir os controles internos em nível de atividade;
- definir modelos formais de papéis de trabalho para os membros da equipe.

Outro ponto que merece destaque foi a sugestão para que a Secretaria de Gestão (SEGES), unidade superior à Central de Compras, estudasse alternativas para a evolução das compras governamentais.

TáxiGov, trouxeram em seus estudos os embasamentos necessários que justificavam a não abrangência desses fornecedores, o que reforça a importância da análise de mercado feita no ETP, trazendo maior segurança para decisões como estas, que, numa primeira análise, poderiam suscitar conclusões acerca de um cerceamento de competitividade, mas que foram justificadas ou pela inviabilidade técnica (inclusão de companhias internacionais) ou pela ausência de regulamentação para viabilizar a participação de fornecedores que não só táxis (TáxiGov). O texto de LOPES; GEBRIM (2023) traz em mais detalhes essas contextualizações.

[38] Um exemplo é o TáxiGov, que permitia que mais de um servidor, inclusive de instituições distintas, compartilhassem a corrida considerando alguns parâmetros objetivos que tornassem a viagem mais econômica.

Um dos exemplos é a descentralização de alguns objetos para outras estruturas de órgãos parceiros que pudessem realizar as licitações e compartilhar seus resultados com o restante da Administração.

Esse acórdão reforça pontos já tratados ao longo desse artigo: a relação direta entre governança das contratações, a centralização de compras e o estudo técnico preliminar. Sobre este, destacaremos alguns pontos mais relevantes a seguir.

Feitas tais considerações sobre uma perspectiva geral do ETP, cabe fazermos destaques sobre alguns de seus elementos e seu comportamento diante da NLLC e da lógica de centralização. Para uma melhor didática e compressão, vamos estruturar a análise organizando os elementos em quatro dimensões de conteúdo: diagnóstico da situação atual; prospecção de soluções; detalhamento da solução escolhida e conclusão do ETP.

4.1 Diagnóstico da situação atual

Entendemos que, nessa dimensão, quatro elementos do ETP precisam ser estudados: descrição da necessidade, alinhamento com planejamento, estimativa de quantidade e requisitos da contratação.

Quando um ETP é iniciado pensando não só na necessidade de um único órgão, é indispensável entender os pontos de convergência e de divergência, locais de entrega/prestação dos serviços, requisitos mínimos que precisam ser atendidos, custos de mudança da solução atual, custos de implantação de uma solução nova, os resultados pretendidos, a forma como cada órgão/entidade vem tratando a necessidade, o nível de especialização dos órgãos em relação à necessidade, dentre outros pontos.

Dessa forma, há um esforço de análise de diversas necessidades a fim de avaliar o quanto elas poderão ser reunidas em um mesmo estudo, uma vez que poderão existir soluções possíveis para todas ou para uma parte delas. Por exemplo: em função de quantidades em baixo volume em uma localidade, um órgão contrataria diretamente em função de valor e para uma capital ele participaria de um Registro de Preços realizado pela unidade centralizadora.[39]

---

[39] Por unidade centralizadora, nesse artigo, entende-se tanto central de compras instituída na estrutura do ente, quanto situações em que um órgão ou entidade que realiza uma procedimentos de forma centralizada nos termos do art. 19, I, da NLLC como abordado neste artigo na seção 2.

Descrever a necessidade pública numa compra centralizada exige, então, entender as particularidades dos prováveis/possíveis participantes para que a solução adotada consiga satisfazer a situação analisada. Esse ponto é crucial para o processo centralizado e para a futura gestão contratual dos participantes.

Não é difícil imaginar, por exemplo, que para órgãos com atividades e funções especializadas, que utilizam em volume e complexidade um equipamento de proteção individual (EPI), como os bombeiros militares, as necessidades e os requisitos fundamentais para atendimento da demanda (como o cumprimento de uma exigência técnica do equipamento para maiores níveis de segurança) sejam divergentes da mesma necessidade de uma secretaria administrativa. Cabe à unidade centralizadora a ponderação das diferentes realidades para que o atendimento a todos ocorra respeitando os princípios licitatórios.

Em relação ao **alinhamento com planejamento**, também já abordamos como o PCA, disposto na NLLC, é um ferramental importante para o entendimento do que pode ser centralizado, além de contribuir para a construção de outro elemento, a estimativa de quantidade.[40]

É possível, sob o olhar de uma unidade centralizadora, pensar nas necessidades que são apresentadas pelos órgãos e entidades para o exercício, porque o PCA permite ter uma visão geral do que as unidades apontam que precisam comprar, sendo que a centralização permite agrupar o que poderiam ser vários procedimentos em um menor número de contratações. No esforço para que essa atuação surta melhores resultados, a governança das contratações é ponto crucial. Para isso, a unidade centralizadora precisa de diretrizes de atuação, o que lhe orienta a propor melhorias que vão além da centralização na seleção de fornecedores (como alcançar, em algumas situações, a gestão contratual), chegando a oportunidades de padronização de bens e aprimoramentos nos fluxos de demandas. Tudo isso voltado para melhores decisões de centralização, como redução de custos, ganhos de eficiência, sustentabilidade, transparência e aumento da eficiência.

Pode parecer um desafio para muitos a questão de conhecer a solução que melhor atenda à necessidade pública já na elaboração do PCA para informar os itens a serem contratados, isso porque,

---

[40] Sobre esse ponto o Acórdão nº 2387/2017-Plenário do TCU trouxe apontamentos relevantes sobre a análise das demandas como um todo para racionalizar e estimar a quantidade correta.

atualmente, o planejamento já exige a indicação de quais itens serão adquiridos e qual procedimento será utilizado. E parece haver uma incoerência, já que a mesma norma geral impõe a elaboração do ETP que dá passos atrás ao entender a necessidade pública e indicar a melhor solução, que poderá não ser a mesma indicada no PCA, o que "prejudicaria" o alinhamento deste instrumento com o planejamento.

Apesar desse suposto descompasso, os órgãos precisam pensar nas suas soluções independentemente de participarem de uma compra centralizada ou não e precisam refletir suas demandas no PCA. E a unidade centralizadora, dentro de seu papel estratégico de pensar as compras públicas, tanto tratará das necessidades que têm solução já conhecidas que são consolidadas, racionalizadas, parceladas e licitáveis, mas também aquelas que podem/devem ser tratadas de forma inovadora. Em relação a estas, a centralização tem prerrogativas, caso a governança assim aponte, de propor um novo modelo de contratação a partir da análise dos planejamentos, da escuta dos órgãos, de consultas públicas, de estudos de melhoria próprios. A partir daí, soluções serão disponibilizados para que os órgãos mensurem as quantidades necessárias nessa nova ótica.

Por fim, nos **requisitos da contratação**, a compra por unidade centralizadora se equipara a uma compra individualizada. Podemos citar como pontos de atenção gerais:

- devem ser levantados os requisitos necessários, indispensáveis e desejáveis, porém estes últimos podem ser mantidos somente se não restringirem a competição;
- quanto à seleção de fornecedores, deve-se definir as exigências e referências necessárias para o atendimento da necessidade, justificando sempre a escolha realizada, assim como normativos a serem cumpridos;
- quanto à execução, tem-se a necessidade de identificar se a demanda dos futuros participantes é frequente ou contínua, o início e a duração do prazo de execução contratual, se há demanda de profissional ou tecnologia específicos, requisitos de instalação, treinamento, garantia, manutenção, assistência técnica, se a futura contratada deverá promover a transição contratual com transferência de conhecimento, tecnologia e técnicas empregadas e quais padrões mínimos de qualidade e condições indispensáveis.

Nos requisitos também é onde devem ser aportadas as diretrizes e orientações da governança das contratações, pois influenciarão na construção dos outros elementos do ETP, como no levantamento de mercado e na escolha da solução (exemplo: se há uma política específica de sustentabilidade, um maior peso para a inovação, dentre outros, esses critérios deverão ser considerados).

A título de ponto de atenção, citamos o Acórdão nº 181/2021-Plenário[41] do TCU, que apontou irregularidades no Pregão Eletrônico para Registro de Preços (SRP) nº 10/2020 do então Ministério da Economia para terceirização de serviços de apoio administrativo recepção e secretariado.[42]

Dentre os apontamentos, destaca-se, em especial, a falta de motivação para o prazo contratual de 30, e não 12 doze meses, como um dos três pontos para a concessão de medida cautelar de suspensão do processo, em especial por tratar-se de projeto piloto, com exigências inovadoras em relação aos modelos mais tradicionais, a exemplo do software de gerenciamento.

Dele também extraímos a boa prática de que soluções inovadoras e projetos pilotos serão mais bem construídos se amplamente discutidos com o mercado e com órgãos de controle na fase de planejamento para evitar paralizações ou mesmo anulações de processos quando já publicados.

4.2 Prospecção de soluções

Nesse item enquadramos dois elementos: levantamento de mercado e justificativa da escolha e estimativa de valor.

O **levantamento do mercado** permite a análise de possíveis alternativas e o conhecimento de como os fornecedores atuam. Algumas ferramentas que podem ser utilizadas para auxiliar essa construção: a conversa com o mercado por meio de consultas ou audiências públicas, a análise de contratações similares de outros órgãos e entidades que

---

41 TRIBUNAL DE CONTAS DA UNIÃO (TCU). Acórdão nº 181/2021 - Plenário. Disponível em: https://pesquisa.apps.tcu.gov.br/#/redireciona/acordao-completo/ACORDAO-COMPLETO-2455370. Acesso em: 25 jun. 2024.

42 No artigo SOARES, Andréa Heloisa da Silva; LOPES, Virgínia Bracarense. Estudo Técnico Preliminar na contratação de serviços terceirizados: um instrumento para uma atuação estratégica e inovadora. *In:* FORTINI, Cristiana; PAIM, Flaviana Vieira (coord.). *Terceirização na Administração Pública*: boas práticas e atualização à luz da Nova Lei de Licitações. Belo Horizonte: Fórum, 2022. p. 125-157, é possível acessar informações mais detalhadas da experiência em questão

desde janeiro de 2024 estão obrigatoriamente no PNCP,[43] *benchmarking*, dentre outros.

Outra questão quando se fala na prospecção por soluções é a busca por inovação. Nesse ponto já citamos o TáxiGov e a compra direta de passagens aéreas. Para isso, ter diretrizes claras da governança impacta em maior grau, pois estabelecem parâmetros gerais para avaliação quanto à centralização, incluindo a necessidade, por exemplo, de ter, na estrutura organizacional, unidades administrativas dedicadas à inteligência em compras.[44]

Na centralização de compras esse item ganha destaque, como já visto no acórdão citado no início dessa seção. Falhas no levantamento podem ocasionar concentração de recursos em grandes contratações por uma única unidade e concentração de mercado, ambos riscos de alto impacto para a Administração.

Nesse ponto também há de se analisar a existência de ME e EPPs atuando no segmento, a possibilidade de atendimento isolado por uma empresa ou a necessidade de reunião de empresas em consórcio, as restrições impostas por órgãos reguladores à atuação, os modelos de aquisição x locação, dentre outros.

Todos esses estudos serão essenciais para a construção futura do Termo de Referência e, não raro, sua ausência ou falha são motivos de impugnações e denúncias de processos licitatórios, inclusive de compras centralizadas.[45]

Quanto à **estimativa de valor**, trazemos novamente o Acórdão nº 1.514/2019-Plenário do TCU,[46] que teve como escopo fragmentação das compras. Ele trata da redução de cursos unitários em uma compra centralizada:

---

[43] BRASIL - Portal Nacional de Contratações Públicas - PNCP. Consulta de contratos assinados. Disponível em: https://pncp.gov.br/app/contratos?q=&status=vigente&pagina=1. Acesso em: 25, junho de2024.

[44] Citamos o Decreto Estadual Minas Gerais nº 48.636, de 19 de junho de 2023 que dispõe em seu art. 57 "A Superintendência Central de Planejamento de Contratações tem como competência propor e desenvolver modelos, mecanismos, processos e procedimentos relacionados à inteligência e à modelagem de estratégias de aquisição e contratação, e atuar na fase preparatória das contratações, com atribuições de (...). Disponível em: https://www.almg.gov.br/legislacao-mineira/texto/DEC/48636/2023/. Acesso em: 25 jun. 2024.

[45] Citamos os Acórdãos do Plenário nº 2.348/2017 e nº 181/2021, ambos referentes à Central de Compras.

[46] TCU, 2019.

> 12. A fragmentação das compras possui efeitos positivos e negativos. No primeiro caso, desde que gerenciada com base em uma estratégia que considere os diferentes aspectos envolvidos, descritos na seção 2.5 deste relatório, pode-se citar, entre outros, como efeitos positivos: visão completa por parte da organização de todas as etapas do processo, adoção de critérios que considerem as peculiaridades da organização, baixo risco de concentração de mercado pela diluição de fornecedores entre diversos órgãos.
>
> 13. Por outro lado, os efeitos negativos envolvem o aumento do custo geral do processo de trabalho, considerando que *cada organização precisa repetir as mesmas etapas em diferentes processos para alcançar os mesmos resultados*, aumento do custo unitário do produto pela dispersão da demanda geral entre diferentes órgãos, falta de padronização entre os diversos objetos contratados para fins similares, prejudicando a comparação de preços entre eles, fundamental para avaliar a vantagem na contratação.
>
> 18. *Por outro lado, além da economia no custo operacional, existiria também a possibilidade de economizar por meio de uma melhor consolidação das demandas pelos órgãos públicos, o que poderia acarretar redução do custo unitário dos objetos contratados pela economia de escala.*
>
> 19. O Relatório "Um Ajuste Justo", elaborado pelo Banco Mundial em 2017 — (peça 31, p. 61), numa análise dos dados das compras públicas, revelou um alegado potencial de economia entre R$24 e R$35 bilhões em um período de três anos (considerando todos os poderes do estado e as 3 esferas de governo), economia que poderia materializar-se por meio de melhores estratégias e políticas de compras, sem necessidade de modificar as leis de licitações e contratos.
>
> 20. Dentre os elementos que impactariam essa economia potencial, o mais relevante seria a *quantidade comprada em cada processo* de contratação. Segundo estimativa do relatório, uma melhor consolidação da demanda do governo federal poderia resultar numa *economia média de 8% nos preços contratados* (peça 31, p. 58). [grifos nossos]

A estimativa de valor no ETP não se confunde com a pesquisa de preços do Termo de Referência. No primeiro, ela orientará a Administração na definição da solução mais vantajosa, não sendo o valor estimado que irá compor a futura contratação (art. 18, §1º, VI). Nessa perspectiva, considerar os custos totais envolvidos na solução, inclusive os custos de transação e processuais, é fundamental, pois subsidiará decisões por soluções que, aparentemente, têm um preço menor, mas que, na análise de custo, são mais caras para a Administração.

Já no segundo, ela será feita após a definição do Termo de Referência, que possui descrição completa e detalhada de um objeto específico (podendo equivaler a toda a solução do ETP ou a parte dela, como visto no exemplo da compra direta de passagens aéreas), obrigações, exigências, prazos, estabelecendo o valor de referência a ser negociado durante fase de lances no processo licitatório (art. 6º, XXIII, i e art. 23).

Assim, a análise das soluções, do mercado fornecedor, a estimativa de valor, todos em consonância com o atendimento aos requisitos da contratação, permitem justificar qual solução foi a escolhida. Deve-se, assim, apontar para a solução mais aderente e detalhar os motivos que auxiliaram na definição da escolha, inclusive se foram avaliados critérios de funcionalidade, confiabilidade, usabilidade, eficiência, manutenção, padronização, assistência técnica, assim como os benefícios a serem alcançados e as justificativas dos descartes de soluções. Mais uma vez, lembramos que a análise deve considerar se a centralização será uma forma de viabilizar a solução[47] e se a solução (ou soluções diversas) atenderá a todos os envolvidos.

O Poder Executivo do Estado de Minas Gerais, por exemplo, por meio da Resolução Seplag nº 115/2021,[48] regulamentação do ETP, apontou parâmetros objetivos para auxiliar a decisão pela solução a ser adotada:

> Art. 6º (...)
>
> §2º – A justificativa técnica e econômica da escolha do tipo de solução de que trata o inciso V do caput será orientada por uma análise comparativa entre as soluções identificadas, que poderá ser realizada a partir de um ou mais dos seguintes critérios, sem prejuízo de outros relevantes para o objeto em análise:

---

[47] É possível que nessa análise seja considerado mais vantajoso e eficiente não centralizar a contratação. E no caso da opção pela centralização, deve-se analisar quais etapas do macroprocesso de compras (fase preparatória, seleção do fornecedor, gestão do contrato) serão centralizadas. Essa decisão também é de grande relevância, pois pode-se considerar que a centralização seja suficiente até a padronização de ETP, TR, gerando, por exemplo insumos para o catálogo eletrônico de padronização, sendo que cada instituição passará a fazer suas contratações. Pode-se considerar que a centralização será feita até a seleção do fornecedor, gerando uma ata de registro de preços em que a gestão do contrato ficará a cargo de cada órgão ou entidade participante. Como pode-se, também, chegar à conclusão pela centralização até a gestão do contrato, como foi o caso do TáxiGov, em que a Central de Compras era a responsável por toda a gestão contratual.

[48] MINAS GERAIS. Resolução Seplag nº 115, de 29 de dezembro de 2021. Dispõe sobre a elaboração dos Estudos Técnicos Preliminares - ETP - para a aquisição de bens e a contratação de serviços de qualquer natureza e, no que couber, para contratação de obras, no âmbito da Administração Pública Estadual direta, autárquica e fundacional do Estado de Minas Gerais. Disponível em: https://www.pesquisalegislativa.mg.gov.br/LegislacaoCompleta.aspx?cod=198711. Acesso em: 25 jun. 2024

> I – relação de custo-benefício do ponto de vista financeiro, preferencialmente pela *comparação do custo total das soluções propostas e da solução atual*, quando for o caso;
>
> II – *ganhos de eficiência* na utilização dos recursos;
>
> III – *sustentabilidade social, econômica e ambiental*, por meio da consideração de objetivos secundários da política de compras públicas;
>
> IV – *presença de riscos* e sua distribuição entre as partes.
>
> §3º – Na justificativa técnica e econômica da escolha do tipo de solução, quando houver a possibilidade de compra ou locação de bens, deverão ser considerados os custos e os benefícios de cada opção, com indicação da alternativa mais vantajosa.
>
> §4º – Na hipótese de, após o levantamento de que trata o inciso V do caput, a quantidade de fornecedores ser considerada restrita, deve-se verificar se os requisitos que limitam a participação são realmente indispensáveis, flexibilizando-os sempre que possível. [grifos nossos]

A resolução em questão é outro exemplo de instrumento de governança que sinaliza diretrizes e orientações para a gestão considerar nos procedimentos de contratação, ganhando ainda mais relevância em um cenário de centralização de compras, em que alguns ganhos podem ser ampliados, mas também alguns riscos.

4.3 Detalhamento da solução escolhida

Uma vez escolhida a solução, é o momento de detalhá-la: descrição da solução como um todo, justificativas para parcelamento ou não, contratações correlatas ou interdependentes, resultados pretendidos, providências a serem adotadas e impactos ambientais. Vamos focar nos elementos que, em nossa análise, demandam mais atenção sob perspectiva das compras centralizadas.

A descrição da solução como um todo deve ser descrita de forma clara, minuciosa, não direcionada, completa, registrando todos os itens mínimos e necessários para o correto atendimento à demanda posta. Os **resultados pretendidos** devem usar indicadores factíveis, objetivos, aferíveis ao longo da contratação e usados como referência para acompanhamento do processo por órgãos de controle.[49]

[49] TRIBUNAL DE CONTAS DA UNIÃO (TCU). Acórdão nº 558/2021 - Plenário Disponível em: https://pesquisa.apps.tcu.gov.br/redireciona/acordao-completo/ACORDAO-COMPLETO-2466334. Acesso em: 28, junho de2024.

As **providências a serem adotadas** incluem tanto aquelas relacionadas à fase de planejamento, como a solicitação, por exemplo, pela unidade centralizadora de criação de novo item no catálogo de materiais e serviços referente a soluções inovadoras ou simplesmente que não tenham item correlato para que os órgãos apontem suas demandas (em caso de registro de preços, por exemplo), à preparação de ambiente para realização de prova de conceito na seleção de fornecedores e à necessidade de treinamento de servidores quando da execução contratual. Dessa forma, devem ser informadas as providências que precisarão ocorrer em todas as fases do macroprocesso assim como a responsabilidade: unidade centralizadora, unidade técnica, órgãos participantes.

Outro elemento crítico nos ETPs centralizados é o **parcelamento do objeto** e a justificativa de parcelamento ou não e, mais que isso, a forma de realizar tal parcelamento. Dispõe a NLLC[50] que:

> Art. 40 (...)
>
> §2º Na aplicação do *princípio do parcelamento*, referente às compras, *deverão ser considerados*:
>
> I – a viabilidade da divisão do objeto em lotes;
>
> II – o aproveitamento das peculiaridades do mercado local, com vistas à economicidade, sempre que possível, desde que atendidos os parâmetros de qualidade; e
>
> III – o dever de buscar a ampliação da competição e de evitar a concentração de mercado.

O parcelamento por uma unidade centralizadora tem a necessidade de olhar no caso do parcelamento qual o melhor arranjo que melhor atenda as disposições acima, nesse contexto pode-se pensar em parcelamento por itens, por localidades, por grupos de órgãos. O importante é que tal parcelamento seja justificado como a melhor alternativa para o caso concreto.

4.4 Conclusão

A conclusão do ETP pode apontar a viabilidade de contratação e a forma que irá viabilizá-la (licitação, contratação direta, uso de

---

[50] BRASIL, 2021.

procedimentos auxiliares como registro de preços, credenciamento, dentre outros), mas também a não necessidade de contratação por existir solução interna ou solução cedida gratuitamente (como o SEI, Sistema Eletrônico de Informação, desenvolvido pelo Tribunal Regional Federal da 4ª Região para entes e poderes diversos para centenas de órgãos e entidades, inclusive estatais. Apenas no Governo Federal mais de 120 órgãos utilizam[51]).

No caso de centralização, considerando o volume de realidades diversas, não é raro pensar que a conclusão pode apontar mais de uma solução. Um ponto de atenção, nesse caso, é que a unidade centralizadora aponte a solução para cada caso.

Como exemplo citamos o ETP do processo Nuvem 3.0 da SDG/MGI,[52] cujo termo de referência esteve disponível para consulta pública. O documento fez um estudo profundo sobre a utilização de nuvem para as necessidades de órgãos e entidades para criar, ampliar ou renovar infraestrutura de centro de dados e por diversas vezes informa que cabe aos órgãos também realizar ETPs para identificar se essa solução (nuvem) é a mais adequada (comparada à aquisição/ampliação de datacenter próprio).[53]

> Dessa forma, verificou-se que a escolha pela solução dependente das características dos recursos de computação a serem utilizados e das necessidades de negócio de cada órgão. No modelo utilizado neste estudo, verificou-se que em ambientes menos densos computacionalmente, a solução de computação em nuvem apresentou melhor resultado em termos financeiros. Por outro lado, em ambientes mais densos computacionalmente, a solução de computação em nuvem apresentou maior gasto em relação a solução *on-premisses* com o passar dos anos. Além disso, a solução de computação em nuvem apresentou um menor gasto em cenários cujo perfil de servidores possui menor quantidade de núcleos de processamento, ou seja, necessidade de capacidade de processamento menor.
>
> *Portanto, faz-se necessário que a instituição dimensione corretamente a solução pretendida em termos de quantidade de servidores e do seu parque*

---

[51] TRIBUNAL REGIONAL FEDERAL DA 4ª REGIÃO. TRF4 e governo federal retomam parceria para desenvolvimento colaborativo do SEI. Disponível em: https://www.trf4.jus.br/trf4/controlador.php?acao=noticia_visualizar&id_noticia=27183. Acesso em: 25 jun. 2024.

[52] BRASIL. Consulta Pública nº 01/2023 - Termo de Referência e artefatos de planejamento para a Contratação Centralizada de Serviços de Computação em Nuvem. Disponível em: https://www.gov.br/participamaisbrasil/nuvem. Acesso em: 25 jun. 2024.

[53] BRASIL, 2023

> *computacional (quantidade de núcleos de processamento, memória RAM alocadas, armazenamento, tráfego, balanceamento de carga, entre outros).*
>
> Assim, os *estudos técnicos devem ser individualizados para cada órgão ou entidade,* abordando a análise comparativa entre os diferentes cenários (on-premisses, totalmente em nuvem ou híbrido). A fim de que se escolha a estratégia de uso de serviços em nuvem mais adequada e vantajosa para cada realidade de TIC apresentada nos diversos cenários organizacionais trazidos pelos órgãos e entidades públicas. Tal ponto, é parte fundamental do estudo a fim de se consegui as melhores e maiores vantagens trazidas pela implementação de uma solução de uso de serviços de computação em nuvem. [grifo nosso]

Ora, quando a necessidade recai sobre temática extremamente técnica e que a maioria dos órgãos e entidades não têm nível de maturidade suficiente, e possivelmente dependeriam de consultoria externa, seja das estatais de TIC, seja do mercado; havendo um órgão central especializado na temática e conhecedor das necessidades dos órgãos e entidades, a conclusão do ETP mais pragmática seria nos apontamentos de quais órgãos devem utilizar a nuvem e quais devem investir em estrutura própria.

Não havendo disposição geral no Governo Federal (nem na normativa federal de ETP, nem na de Registro de Preços sobre isso) para casos de TIC, a Instrução Normativa SGD nº 94/2022[54] impõe essa obrigação:

> Art. 9º – A fase de Planejamento da Contratação consiste nas seguintes etapas:
>
> I – instituição da Equipe de Planejamento da Contratação;
>
> II – *elaboração do Estudo Técnico Preliminar da Contratação;* e
>
> III – elaboração do Termo de Referência.
>
> (...)
>
> §2º O órgão ou entidade interessada em participar de uma contratação conjunta no Sistema de Registro de Preços *deverá fundamentar a compatibilidade do seu Estudo Técnico Preliminar e demais documentos de planejamento da contratação com o Termo de Referência do órgão gerenciador.*
>
> §3º O órgão ou entidade interessada em aderir à Ata de Registro de Preços *deverá registrar no Estudo Técnico Preliminar o ganho de eficiência, a*

[54] BRASIL. Instrução Normativa SGD/ME nº 94, de 23 de dezembro de 2022. Disponível em: https://www.gov.br/governodigital/pt-br/contratacoes-de-tic/instrucao-normativa-sgd-me-no-94-de-23-de-dezembro-de-2022. Acesso em: 19 jun. 2024.

> *viabilidade e a economicidade para a administração pública federal da utilização da ata de registro de preços*, conforme o disposto no §2º do art. 86 da Lei nº 14.133, de 2021. [grifos nossos]

Já Minas Gerais permitiu a dispensa da construção do ETP, de forma ampla, da seguinte forma:[55]

> Art. 4º (...)
> §2º – **É dispensável a elaboração do ETP**:
> I – por órgão ou entidade beneficiário de licitação, de contratação ou de procedimento auxiliar cujo ETP tenha sido elaborado por unidade. centralizadora de compras ou por unidade que for autorizada por ela a conduzir o respectivo procedimento;

Nesse contexto, sendo essas normativas mais um exemplo de atuação da governança das contratações públicas, é fundamental ter uma perspectiva de racionalidade e economia processual, apontando, por exemplo, situações em que somente a unidade centralizadora realizará o ETP, pois somente ela terá condições técnicas para indicar as condições ou os órgãos e entidades para cada solução. No caso da normativa federal, *data venia*, percebe-se o uso do ETP pelas unidades beneficiárias, sendo que a solução já está definida pelo órgão central, fazendo com que, muitas das vezes, o estudo seja apenas um documento pró-forma na instrução processual (como vemos que é o caso na contratação de nuvem, tema tão complexo e técnico).

5 Considerações finais

As contratações públicas são tema de valor estratégico para a atuação do Estado no cumprimento de suas funções e buscar estratégias para ampliar sua eficiência e economicidade paralelamente ao ganho de qualidade e promoção de políticas públicas por meio da própria contratação é um desafio e um compromisso constantes.

Nesse contexto, ter a alta administração envolvida e responsável por apresentar diretrizes e resultados a serem alcançados de forma clara, promovendo a governança das contratações, é fator crítico de sucesso para a melhoria do ambiente e dos processos de compras. Dentre os

[55] MINAS GERAIS, 2021.

instrumentos e institutos previstos na Lei Federal nº 14.133/2021 (NLLC) dos quais ela pode se valer estão a centralização de compras e o estudo técnico preliminar.

A centralização não é novidade nem no Brasil, nem no mundo. Há mais de 90 anos, já havia registro de uma comissão federal para comprar em benefício de outros órgãos, o que agora encontra previsão expressa, em nível de norma geral de licitações e contratações públicas, no art. 181 da NLLC, por meio da criação de centrais de compras ou do uso de consórcios públicos para promoção de compras em maior escala. Outra perspectiva também que não é nova, mas tem seu amparo reforçado na Lei Federal nº 14.133/2021, é a centralização de procedimentos em busca de mais eficiência processual (art. 19, I).

Propor, entretanto, a realização de compras centralizadas, seja por uma central, nos termos da lei, seja por atribuição a um ou a vários órgãos, requer cuidados extras, e vários deles irão refletir na elaboração do Estudo Técnico Preliminar (ETP), que busca entender a necessidade da Administração e as alternativas para viabilizar a melhor solução, e que pode ser considerado um instrumento-chave para a construção da fase preparatória de uma contratação pública.

Segundo o Tribunal de Contas da União (TCU), alguns riscos atrelados e que podem ser minimizados durante a construção do ETP são: concentração de mercado, deficiência do planejamento de compras e concentração de recursos em grandes concentrações por uma única unidade.

A fim de mitigar esses riscos, no presente artigo apontamos considerações que entendemos ser úteis para a construção do ETP por uma unidade centralizadora.

Em relação ao diagnóstico da situação atual, o entendimento das necessidades dos órgãos, seja pela análise do PCA, seja por levantamento próprio, são base para busca de melhor(es) alternativa(s). Apesar de parecer haver uma incoerência entre o PCA e o ETP, uma vez que aquele exige a indicação dos itens e a forma de sua aquisição; enquanto este volta na origem do entendimento de necessidades, podendo concluir por itens e formas de aquisição diversas das originalmente sinalizadas, isso não isenta os órgãos de levantarem suas demandas e as apontarem com antecedência, permitindo à unidade centralizadora pensar melhores alternativas. E os requisitos da contratação deverão observar os parâmetros e condições necessários para atendimento de órgãos diversos, em locais diferentes, como também diretrizes de governança como a política de sustentabilidade e, inclusive, a de centralização.

Na prospecção de soluções buscam-se opções no mercado, estudos, contratações similares e inovações, sejam elas coletadas externamente à Administração, sejam aquelas construídas internamente. Para isso, ferramentas como consulta e audiência públicas têm função primordial no debate com transparência. Também a preferência de contratação de ME e EPP, dentre outras políticas de fomento, precisam ser verificadas para análise de viabilidade ou não de parcelamento para lotes exclusivos, respeitando, é claro, a economia de escala e a eficiência de gestão contratual.

A estimativa de valor das soluções não se confunde com a estimativa de valor da contratação. Ela seria o último item para basear a escolha da melhor solução, que atenda às necessidades e respeite os requisitos necessários.

A solução definida precisa então de um refinamento: descrição da solução como um todo, justificativas para parcelamento ou não, contratações correlatas ou interdependentes, resultados pretendidos, providências a serem adotadas e impactos ambientais. Destacamos que todos eles precisam apresentar um nível de detalhamento e justificativa capazes de basear a construção do(s) futuro(s) Termo(s) de Referência. Quando se fala de centralização também pesa na decisão de parcelar a melhor forma de gestão de contratos diversos, as localidades e a necessidade de pessoal técnico *in loco*.

Nas providências a serem adotadas, a centralização inclui atuação em todas as fases da contratação, desde a atuação da unidade centralizadora diretamente, quanto das áreas técnicas e dos órgãos. Recursos tecnológicos mais diversos, criação de itens, de plataforma de entrada de demandas, regras de realização de provas de conceito são alguns exemplos.

Já a conclusão pela viabilidade da contratação pode servir, conforme regulamentação, para substituir o ETP nos participantes ou ser a base dos mesmos, no que for pertinente a cada realidade.

Assim, espera-se ter trazido pontos de reflexão sobre a importância do estudo técnico preliminar nas contratações públicas, em especial quando se trata de centralização de compras realizadas sob as mais diversas formas, destacando-se como a governança é ponto-chave no estabelecimento de diretrizes e estruturas organizacionais capazes de cumprir essa missão.

Informação bibliográfica deste texto, conforme a NBR 6023:2018 da Associação Brasileira de Normas Técnicas (ABNT):

LOPES, Virgínia Bracarense; SOARES, Andréa Heloisa da Silva. Elaborando o ETP sob a perspectiva da centralização de compras e da governança de contratações públicas. *In:* FURTADO, Madeline Rocha; FURTADO, Monique Rafaella Rocha (coord.). *O planejamento das contratações*: estudos técnicos preliminares e termos de referência: teoria e aplicação sob a égide da Lei nº 14.133/2021. Belo Horizonte: Fórum, 2025. p. 171-202. ISBN 978-65-5518-944-5.

CAPÍTULO 4

ESTUDO TÉCNICO PRELIMINAR DE SOLUÇÕES DE TECNOLOGIA DA INFORMAÇÃO: UMA ANÁLISE SOBRE AS DIFERENTES MÉTRICAS E MODALIDADES DE REMUNERAÇÃO DE SERVIÇOS DE TI

CRISTIANO POUBEL

Introdução

A contratação pública de serviços de tecnologia da informação é um pilar fundamental para garantir uma infraestrutura digital pública resiliente, capaz de impulsionar a transformação digital sustentável do Estado e, assim, fornecer serviços governamentais de alta qualidade, aumentando a capacidade de resposta e a confiabilidade do setor público.[1]

Segundo o Programa para Desenvolvimento das Nações Unidas,[2] uma infraestrutura digital pública (do inglês *Digital Public Infrastructure* – DPI) é composta pela combinação de uma estratégia sólida para os resultados pretendidos com o uso da tecnologia, a utilização de padrões tecnológicos abertos e interoperáveis, a governança do uso desses recursos e o estímulo a um ambiente de mercado competitivo.

---

1 OECD Digital Government Index: Results and key findings. 2024. Paris. Disponível em: https://doi.org/10.1787/1a89ed5e-en.

2 NAÇÕES UNIDAS. Digital Public Infrastructure (DPI). 2024. Disponível em: https://www.undp.org/digital/digital-public-infrastructure.

No contexto do Poder Executivo Federal, a criação do Sistema de Administração dos Recursos de Tecnologia da Informação (SISP), por meio do Decreto nº 7.579, de 11 de outubro de 2011, possibilitou avanços significativos na consolidação de uma DPI, coordenando o planejamento, organização e operação dos recursos tecnológicos de mais de 250 órgãos públicos integrantes desse sistema, além de servir como modelo para outros órgãos de diferentes poderes e esferas.

Nos 13 anos de existência do SISP, a governança assumiu um papel central no processo de consolidação de uma DPI na Administração Pública federal, impulsionando a entrega de serviços para apoiar a transformação digital dos serviços públicos. No entanto, a maior parte dessas entregas só foi alcançada por meio de contratações públicas bem-sucedidas de soluções de tecnologia.

Durante esse período, a Administração Pública experimentou uma série de sucessos e diversos desafios. Essa jornada permitiu a criação e consolidação de um conjunto robusto de métricas para a contratação, avaliação e remuneração de soluções tecnológicas, possibilitando a obtenção dos resultados desejados para os usuários dos serviços públicos.

Pretende-se explorar em detalhes cada uma dessas métricas, todas padronizadas pela Administração Pública federal para a contratação de variados tipos de serviços de tecnologia. Cada métrica será contextualizada em relação às suas aplicações práticas e correlacionada com os principais riscos que busca mitigar.

Contudo, é importante entender o porquê de haver um procedimento específico para a contratação de bens e serviços de tecnologia e qual a diferença fundamental entre a contratação de um serviço de tecnologia e de serviços gerais. Posteriormente, focaremos na análise das métricas de contratação para serviços de tecnologia baseados em softwares, serviços de computação em nuvem e relacionadas ao desenvolvimento e manutenção de softwares.

O estudo técnico preliminar em contratações de soluções de tecnologia

Os serviços de tecnologia da informação se distinguem dos serviços gerais principalmente pelo seu potencial de impulsionar a entrega de valor nas áreas finais das instituições quando aplicados corretamente. Por outro lado, quando mal aplicados, podem comprometer ou até mesmo inviabilizar as atividades das instituições.

Essa característica intrínseca aos serviços de tecnologia da informação tem moldado, ao longo dos anos, a maneira como empresas e instituições públicas lidam com o uso desses recursos e serviços. Elas adotaram práticas e mecanismos que garantem a criação efetiva de valor para as atividades finais das instituições. Essas práticas fazem parte do conceito de "Governança de TI", que é uma extensão das práticas já consolidadas de Governança Corporativa aplicadas ao universo de gestão de recursos de tecnologia da informação.

Atualmente, existem modelos consolidados de Governança de TI, como o *framework Control Objectives for Information Technologies* (COBIT) e o *framework* de gestão de serviços de TI denominado *Information Technology Infrastructure Library* (ITIL 4). Esses modelos cobrem todo o ciclo da informação, desde o nível estratégico até o nível operacional, incluindo as atividades de concepção, planejamento, aquisição, gestão e operação dos recursos de tecnologia.

Nesse contexto, as contratações públicas de tecnologia da informação se orientam aos princípios de governança de TI para mitigar riscos e assegurar a entrega efetiva de valor às organizações. No âmbito do Poder Executivo Federal, a Instrução Normativa SGD/MGI nº 94/2023 estabelece diretrizes de governança e de gestão sobre o processo de contratação de bens e serviços de tecnologia da informação.

Além do processo de contratação, cada segmento de tecnologia tem suas peculiaridades que devem ser levadas em conta durante o planejamento da contratação e, principalmente, durante a execução dos serviços. Assim, para cada tipo de serviço de tecnologia, existem orientações e métricas específicas de remuneração, bem como diretrizes para o dimensionamento adequado dos volumes a serem contratados, critérios de qualidade mínima a serem estabelecidos, entre outros elementos de gestão e execução.

O principal objetivo do estudo técnico preliminar em contratações de soluções de tecnologia é apoiar a tomada de decisão sobre a solução mais adequada em termos de custo-benefício para a entrega efetiva de valor às atividades finais. Nas contratações de Soluções de Tecnologia da Informação, a relação entre o Estudo Técnico Preliminar e o Gerenciamento de Riscos deve ser mais profunda, a fim de realizar um planejamento orientado a riscos. Ou seja, a probabilidade e o impacto dos riscos associados ao apetite a riscos de cada entidade devem ser elementos de tomada de decisão durante a seleção da solução mais adequada, principalmente sob o aspecto de análise econômica e qualitativa das alternativas.

Segundo a Instrução Normativa SGD/ME nº 94, de 2022, o Estudo Técnico Preliminar pode ser dividido em três etapas interdependentes que devem ser cumpridas sequencialmente para alcançar e documentar os elementos de informação necessários para a tomada de decisão.

Essa sequência se assemelha à da Cadeia de Geração de Valor introduzida pelo framework ITIL 4. Começa-se com o entendimento das necessidades de negócio que refletem um problema a ser resolvido ou uma oportunidade a ser explorada. Em seguida, identificam-se as necessidades tecnológicas necessárias para alcançar o objetivo estabelecido. A partir dessas necessidades, são identificados os requisitos de negócio e tecnológicos associados, ou seja, as características fundamentais que as diversas alternativas, soluções ou cenários a serem identificados devem atender para alcançar os resultados pretendidos.

A análise de soluções deve utilizar os requisitos de negócio e tecnológicos como parâmetros. A identificação de quais soluções ou cenários são considerados viáveis utilizará esses requisitos como referência. Além do aspecto qualitativo relacionado à viabilidade das soluções, os requisitos de negócio e tecnológicos auxiliam na quantificação dos custos de cada solução ou cenário.

Nesse processo de análise de soluções, a quantificação de riscos é uma ferramenta relevante que pode auxiliar na tomada de decisão, seja na identificação de custos associados a eventuais impactos causados pela materialização de determinados riscos, seja pela quantificação de medidas de tratamento para evitar ou mitigar determinados riscos.

O quadro a seguir representa a relação entre o estudo técnico preliminar e o gerenciamento de riscos, enfatizando o papel da quantificação de riscos no processo de identificação e seleção da solução de tecnologia mais adequada.

Figura 1 – Relação entre o estudo técnico preliminar e o gerenciamento de riscos

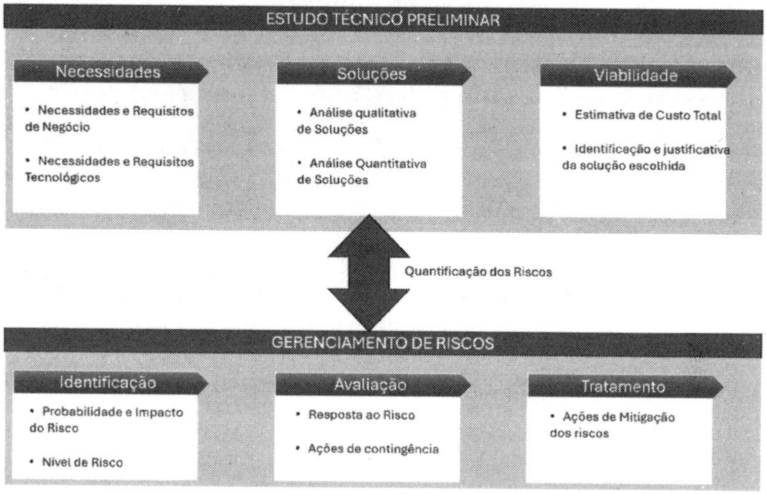

Fonte: Elaboração própria.

No processo de planejamento para a contratação de soluções tecnológicas, os requisitos de negócio e tecnológicos identificados no estudo técnico preliminar não possuem a mesma granularidade dos requisitos que serão detalhados no Termo de Referência. Os requisitos descritos no estudo técnico preliminar são as características fundamentais para a qualificação de um conjunto de soluções que serão comparadas.

Por exemplo, se uma organização específica tem uma necessidade de armazenamento de dados, os requisitos de negócio e tecnológicos passíveis de serem explorados no estudo técnico preliminar podem incluir as necessidades de tempo de resposta para a recuperação dos dados, a necessidade de redundância territorial, as limitações para o armazenamento de dados fora do território brasileiro e os riscos associados ao tipo de informação a ser armazenada, entre outros aspectos.

O quadro a seguir apresenta um caso hipotético de identificação de necessidades de negócio e tecnológicas, além de destacar a diferença entre os requisitos de negócio e tecnológicos.

Figura 2 – Diferenças entre necessidades e requisitos

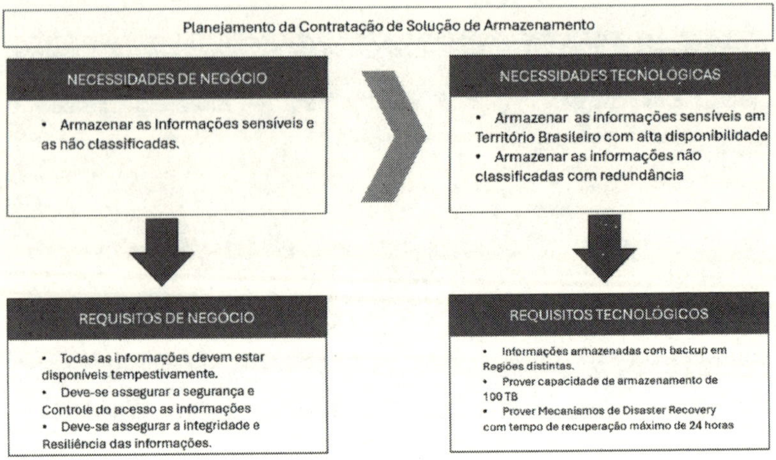

Fonte: Elaboração própria.

No nível do Termo de Referência, os requisitos identificados devem ser detalhados de acordo com a solução selecionada e traduzidos em uma especificação técnica mínima.

Uma característica única do planejamento para a contratação de soluções de Tecnologia da Informação é a distinção entre o custo e a precificação da solução. Os bens e serviços de tecnologia, por sua natureza, possuem estruturas de custos que diferem dos bens e serviços em geral, pois adotam modelos de comercialização específicos e podem impactar na mudança de processos ou na forma de prestação dos serviços finais.

Durante o planejamento para a contratação de soluções de TIC, é crucial distinguir entre a dimensão de custos considerada no Estudo Técnico Preliminar e a dimensão de precificação usada no Termo de Referência. O Estudo Técnico Preliminar visa identificar todos os elementos de custos, tanto diretos quanto indiretos, associados à contratação da solução. Isso inclui desde os custos de preparação para a implantação da solução até os custos de reposição após o término do seu ciclo de vida. Por outro lado, o Termo de Referência se concentra na determinação do preço de referência, que será usado para orientar o processo de seleção do fornecedor.

O diagrama a seguir ilustra a diferença entre a identificação de custos e a precificação de uma contratação de licenciamento de software. A precificação da solução diz respeito a apenas uma parcela dos custos envolvidos durante todo ciclo de vida da solução. Segundo a publicação Life-Cycle Costing realizada pela OCDE,[3] A precificação da solução diz respeito aos custos externos, ou seja, aqueles facilmente visíveis, os demais custos relacionados à operação, manutenção, reposição e até substituição da solução são denominados custos internos que não são tão facilmente identificados.

Figura 3 – Diferença entre precificação e custos

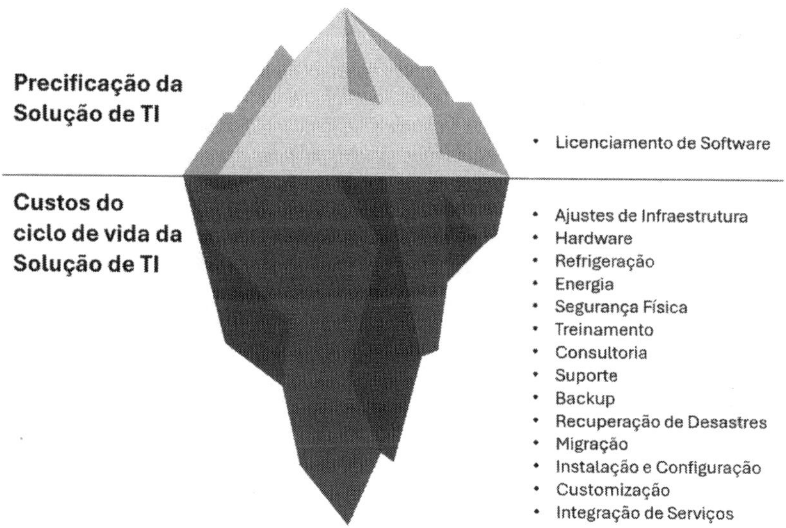

Fonte: Elaboração própria.

Essa distinção entre precificação e custos se aplica a todas as outras soluções de Tecnologia, tornando-se necessário entender a composição de custos diretos e indiretos associados a cada tipo de solução. A decisão sobre a escolha de uma determinada solução, baseada no seu custo total ao longo do ciclo de vida das diferentes

[3] OCDE. (2016). Life-cycle Costing in public procurement. Disponível em: https://www.sigmaweb.org/publications/Public-Procurement-Policy-Brief-34-200117.pdf.

soluções, permite uma maior precisão econômica. Isso ocorre ao se considerar encargos e custos que vão além do escopo da precificação da contratação, além de possibilitar a identificação de riscos que poderiam afetar a sustentabilidade econômica da solução a ser contratada.

Uma vez que a solução é escolhida com base em análises quantitativas e qualitativas, levando em conta os riscos e o alinhamento com as necessidades de negócio, inicia-se o processo de elaboração do Termo de Referência. Esse documento irá aprofundar o detalhamento das especificações e demais condições para contratação, conforme ilustrado a seguir.

Figura 4 – Principais etapas do planejamento da contratação de soluções de TI

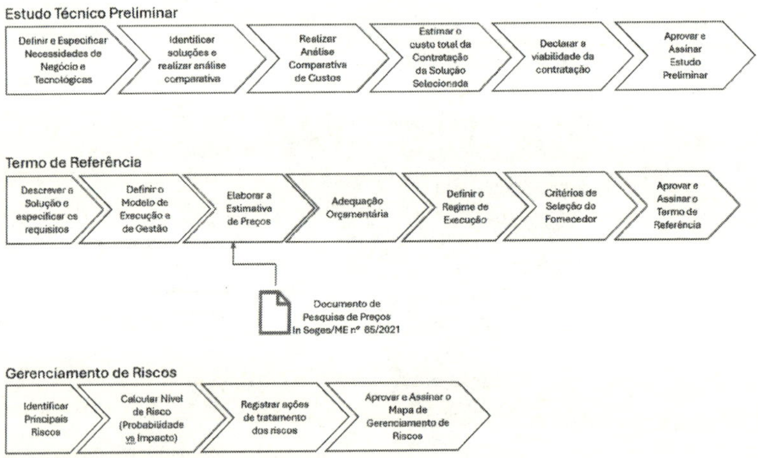

Fonte: Elaboração própria baseada na IN SGD/ME nº 94/2022.

O processo de elaboração dos Estudos Técnicos Preliminares antecede a criação do Termo de Referência, mas ocorre simultaneamente ao gerenciamento de riscos. Este último permeia todo o processo de planejamento da contratação e se estende às fases de seleção do fornecedor e gestão contratual.

As métricas em contratações de soluções de tecnologia

As contratações de soluções de tecnologia da informação baseiam-se em métricas próprias que descrevem como a solução será dimensionada, como será remunerada e como o modelo de gestão e execução da contratação será adaptado para potencializar a entrega de valor.

Segundo o Acórdão TCU n° 1.432/2023, em todo processo de contratação, principalmente naqueles relacionados a bens e serviços de tecnologia da informação, há certo nível de assimetria de informações entre o órgão que pretende adquirir ou contratar um serviço e o mercado de soluções de TI.

Segundo Oliveira e Rodas,[4] a assimetria de informações é um estado em que alguns agentes econômicos possuem mais informações do que outros, ou que os conjuntos de informações de diferentes agentes sejam diferentes entre si. Esse cenário induz mudanças no comportamento estratégico desses agentes com maior quantidade de informações buscando maximização de ganhos em detrimento da redução de ganhos daqueles que possuem menor quantidade de informações.

Essa diferença de informações entre as partes compradoras e vendedoras pode gerar dois efeitos indesejados a uma das partes: a seleção adversa e o risco moral.

Varian[5] explica que a seleção adversa é um fenômeno que ocorre quando um lado do mercado não pode observar ou se certificar previamente da qualidade dos bens ou serviços do outro lado do mercado, esse problema também é chamado de "informação oculta". Já o risco moral, ou perigo moral, se refere a situação em que um lado do mercado não consegue observar as ações dos agentes do outro lado do mercado, esse problema é denominado de "ação oculta".

O risco de ocorrência de ambos os problemas podem ser reduzidos se forem adotadas métricas capazes de modelar mecanismos de controle e acompanhamento da execução dos contratos e de verificação da qualidade dos bens e serviços prestados. De outro lado, métricas subjetivas ou com falhas de modelagem podem estimular comportamentos oportunistas ou predatórios que explorem os cenários de seleção adversa ou de risco moral.

---

4 OLIVEIRA, G.; RODAS, j. G. *Direito e economia da concorrência. 2018.* São Paulo: Revista dos Tribunais.

5 VARIAN, H. R. *Microeconomia*: uma abordagem moderna. Elsevier, 2016.

O diagrama a seguir ilustra as características que as métricas devem possuir para estimular comportamentos positivos dos prestadores de serviços, por meio de modelagens dos mecanismos de controle e acompanhamento (níveis mínimos de serviços, pagamento, dimensionamento e critérios de aceitação), vinculadas ao alcance de resultados ao órgão contratante.

Figura 5 – Dimensões fundamentais de métricas de contratações de tecnologia

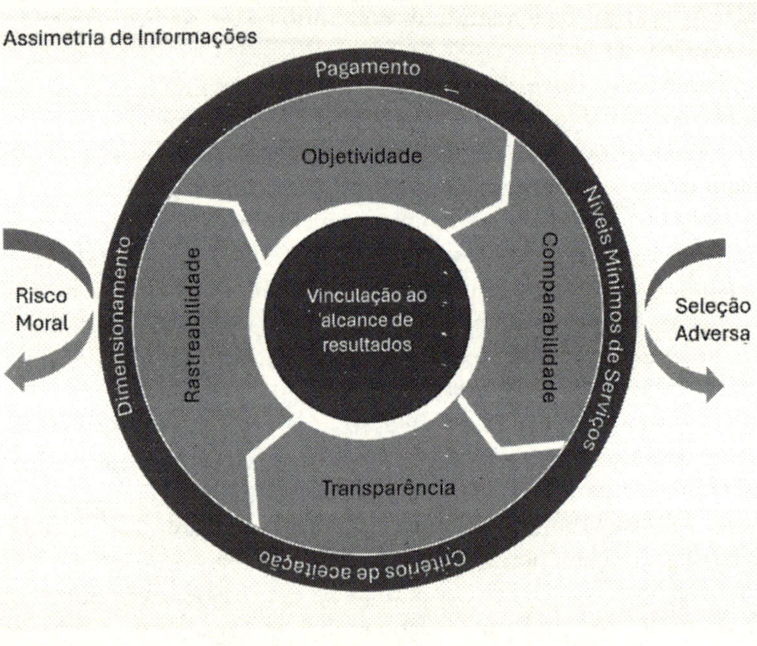

Fonte: Elaboração própria.

As características fundamentais das métricas indutoras de comportamentos efetivos em contratações de TIC são: objetividade, rastreabilidade, comparabilidade e transparência.

A objetividade está relacionada diretamente ao princípio da vinculação ao edital e ao julgamento objetivo, pois assegura que a mensuração dos serviços ou produtos seja realizada de forma clara e racional, evitando-se interpretações distintas e conflitos entre as partes. Por exemplo, em aquisições de bens, a quantidade é uma métrica objetiva. A quantidade de licenciamentos de software ou a quantidade unitária de turmas de treinamento são exemplos de métricas objetivas.

Considere, por exemplo, que um determinado órgão, ao contratar serviços de consultoria, adote uma métrica que utilize um fator baseado na complexidade do problema a ser resolvido como elemento para incrementar a remuneração. Nesse caso, a métrica utilizada possui uma característica altamente subjetiva, pois o que pode ser complexo para um profissional pode não ser para outro. Além disso, essa métrica tende a incentivar a alocação de profissionais com menor conhecimento para aumentar a interpretação da complexidade.

A rastreabilidade está associada aos princípios da eficácia e do interesse público, pois garante a identificação única do serviço efetivamente prestado ou do resultado pretendido alcançado. Uma métrica rastreável permite a verificação do produto resultante do serviço prestado e possibilita que o contratante estabeleça critérios de aceitação dos serviços para assegurar a qualidade esperada do produto a ser entregue.

Um exemplo de métrica rastreável pode ser observado nas contratações de desenvolvimento de software baseadas na alocação de perfis profissionais. Nesse caso, o perfil profissional efetivamente alocado pode ser identificado de forma única durante a gestão contratual, garantindo, assim, a verificação precisa dos recursos empregados.

A terceira característica, a comparabilidade, está relacionada ao princípio da economicidade, pois permite que existam parâmetros de referência para a precificação baseada em contratações públicas similares. Isso evita o sobrepreço gerado por precificação baseada em propostas comerciais obtidas junto a fornecedores, conforme o entendimento nº 9 da Nota Técnica nº 8/2023, publicada pelo Tribunal de Contas da União, que versa sobre a elaboração de orçamento estimado de contratações de bens e serviços de TI.

Por fim, a transparência se refere à capacidade de identificar os insumos e custos unitários dos elementos associados à métrica. Segundo o Acórdão nº 1.432/2024 – TCU – Plenário, o entendimento da formação dos preços dos serviços ofertados possibilita a análise crítica desses preços, tanto os decorrentes de cotações de fornecedores, como os decorrentes de outras contratações públicas. Dessa forma, essa característica dialoga diretamente com os princípios da economicidade e da eficiência. A transparência dos insumos e componentes que compõem determinado bem de tecnologia, por exemplo, permite maior assertividade na definição do preço de referência desse objeto, além de reduzir o risco de seleção adversa ao possibilitar a verificação exata do tipo de insumo a ser fornecido para compor determinado bem de tecnologia. Em contratações de softwares, essa característica é fundamental principalmente para produtos que possuem regras complexas de licenciamento e inúmeras derivações de formas de licenciamento. Neste caso, ao se adotar uma métrica associada à transparência quanto ao detalhamento da respectiva SKU (identificador único do produto), evita-se o fornecimento de produto distinto da especificação exigida.

Contratações de softwares

As soluções de Software, segundo Varian,[6] por sua natureza possuem três características que as diferem das propriedades econômicas tradicionais presentes em bens físicos: a elevada capacidade de aprisionamento (*Lock-in*), o custo marginal próximo a zero e as externalidades de rede, conforme descrito no diagrama a seguir.

Figura 6 – Características econômicas dos serviços de tecnologia

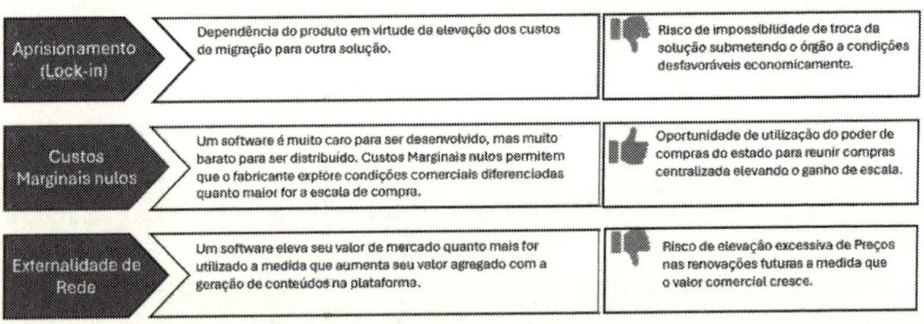

Fonte: Elaboração própria baseada na obra de VARIAN, 2016.

Ao iniciar um processo de planejamento da contratação de soluções de software, é fundamental entender o papel que essas características desempenham nas relações comerciais para que seja possível mitigar riscos e criar condições antes, durante e após a contratação para assegurar o alcance dos resultados pretendidos.

6 VARIAN, H. R. *Microeconomia*: uma abordagem moderna. Elsevier, 2016.

Ao longo dos últimos anos, o modelo de comercialização de softwares migrou de um modelo baseado em licenciamento para um modelo baseado em serviços, também conhecido como *Software as a Service (SaaS)* ou Subscrição. O modelo antigo consistia na compra do direito de uso de determinado software por um período ou até mesmo sem limites de tempo (licenças perpétuas). Nesse modelo, eventualmente era necessária a aquisição apenas de pacotes de atualização ou novas versões do software.

O modelo atual adotado por praticamente a totalidade dos grandes fabricantes de softwares baseia-se na comercialização de uma assinatura que dá o direito de uso do software sob demanda e sem a necessidade, em muitos casos, de sequer instalar o software, sendo necessária apenas a conexão via internet.

Se por um lado o modelo SaaS possui a flexibilidade de acréscimo ou redução das assinaturas contratadas implementando um modelo de pagamento conforme o uso e, por consequência, sendo mais econômico para os clientes se comparado com o modelo de aquisição de um número fixo de licenças, por outro lado o órgão necessita se preparar orçamentariamente para desembolsos contínuos para evitar a eventual descontinuidade do serviço caso seja interrompido o pagamento continuado.

O diagrama a seguir ilustra a diferença entre as curvas de custos entre um modelo baseado em licenciamento o modelo baseado em serviços.

Figura 7 – Custos de licenciamento de software *vs* custos de SaaS

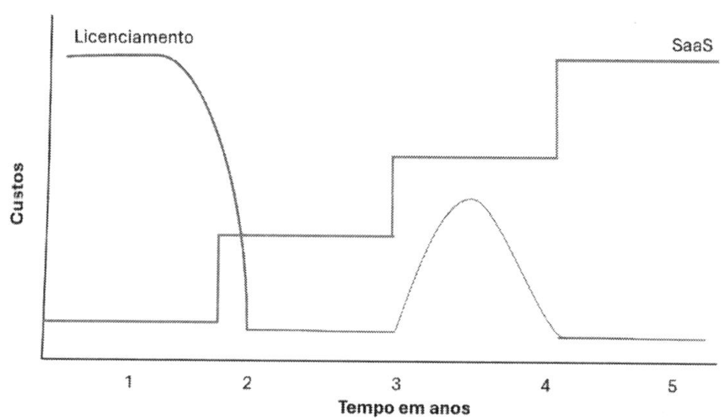

Fonte: Elaboração própria baseada na obra de VARIAN, 2016.

No modelo de custos tradicional, há um elevado custo inicial na aquisição do licenciamento e eventuais picos de custos nos anos seguintes caso seja necessário expandir a quantidade de licenças ou incluir funcionalidades não contratadas originalmente. Nesse modelo de licenciamento perpétuo, há um viés futuro de redução dos custos em comparação aos custos originais.

Já no modelo de custos em SaaS, verifica-se que há um viés crescente no aumento dos custos, pois o pagamento assume um caráter continuado, sendo reajustado anualmente. Nesse modelo, em geral, não há proteção dos preços contra aumentos excessivos, também chamados de reposicionamento de produtos, ou seja, não há garantia futura de que o mesmo produto tenha sua política de preços reajustada impactando significativamente no preço final do Produto.

Em atenção ao Acórdão TCU n° 2.569/2018, a Secretaria de Governo Digital elaborou a Portaria SGD/MGI nº 5.950/2023 que estabelece um modelo de contratação de software e de serviços de computação em nuvem, no âmbito dos órgãos e entidades integrantes do Sistema de Administração dos Recursos de Tecnologia da Informação (SISP), do Poder Executivo Federal, contemplando orientações para contratação tanto o licenciamento quanto para a contratação do software como serviço (SaaS). Porém, além dessas formas de contratação (licenciamento perpétuo ou Software como serviço), os fabricantes de softwares adotam diferentes métricas de remuneração, por exemplo, baseada na quantidade de usuários, usuários ativos, usuários simultâneos, no volume de dados, no volume de transações, precificação em camadas de funcionalidades, entre outras.

Durante a elaboração dos estudos técnicos preliminares, diferentes modelos de comercialização dos softwares devem ser considerados, bem como diferentes tipos de softwares devem ser avaliados. A análise de custo total de propriedade (TCO) deverá ser realizada para cada tipo de solução identificada com vistas a identificar de forma comparativa a solução mais adequada a cada realidade.

Em contratações de software, o perfil da demanda e das necessidades de negócio a serem atendidas pode determinar a vantajosidade econômica entre duas ou mais soluções. Por exemplo, suponha que para atendimento de uma necessidade há duas soluções disponíveis com métricas distintas, o software A adota uma modelagem de precificação baseada em camadas de funcionalidades (*Tiering*) por quantidade de usuários, enquanto o software B adota uma precificação baseada em quantidades de núcleos de processadores, independentemente das funcionalidades.

Nesse cenário hipotético, não há uma solução incondicionalmente mais vantajosa economicamente que a outra. Para um órgão que possui poucos usuários, a solução poderia ser mais econômica, ao passo que para um órgão com uma elevada demanda de usuários, a solução B poderia ser a mais indicada. A análise comparativa de custos deverá abranger o cálculo dos custos totais para cada solução, incluindo custos diretos e indiretos.

Ainda utilizando esse cenário hipotético, o papel da análise de custos indiretos assume uma posição determinante na tomada de decisão. Por exemplo, a solução B pode influenciar na necessidade de aumento da capacidade dos equipamentos servidores caso seus respectivos processadores possuírem poucos núcleos, uma vez que a métrica do software B utiliza a quantidade de núcleos como parâmetro, sendo necessário contabilizar os custos indiretos associados à aquisição de novos equipamentos, instalação, treinamento, migração, entre outros.

Contratações de serviços de computação em nuvem

O conceito de computação em nuvem não é recente. Na década de 1960, Jonh McCarthy, renomado cientista da computação que instrumentalizou os conceitos de inteligência artificial, iniciou um movimento conceitual para transformar os recursos de computação como utilidade pública por meio do intenso compartilhamento de recursos computacionais.[7] O advento da nuvem computacional foi alcançado a partir dos anos 2000, com o avanço da abordagem de recursos de computação e redes definidos por software (*Software Defined Network*).

Atualmente, os recursos de computação em nuvem são amplamente utilizados por organizações e empresas em diversos setores produtivos, inclusive no âmbito governamental. Os principais benefícios desses serviços estão associados a maior resiliência e disponibilidade dos recursos, menor tempo no aumento da capacidade computacional e acesso a serviços especializados de tecnologia sob demanda

Contudo, os serviços de computação em nuvem apresentam riscos e desafios, é necessário atenção aos riscos potenciais de segurança da informação, a exemplo de acesso não autorizado, brechas de integridade dos dados, vazamento de dados e violações de propriedade

---

[7] ABRAMS, S. Cloud Native Architectures Comprehensive Guide to Resilient and Scalable Systems. 2024.

intelectual.[8] Além dos riscos de segurança, os serviços de computação em nuvem apresentam desafios relacionados ao aprisionamento tecnológico, gerenciamento de custos e privacidade dos dados.

Nesse contexto, a contratação de serviços de computação em nuvem deve estar alinhada às diretrizes estratégicas, táticas e operacionais da organização. As diretrizes estratégicas devem refletir as orientações dos órgãos de Governança Superior (OGS) de cada esfera ou poder, além de apresentar estreito alinhamento aos objetivos finalísticos e de negócio de cada organização, considerando principalmente os riscos inerentes a cada atividade e função organizacional.

As diretrizes táticas e operacionais devem orientar cada organização em assegurar a entrega de resultados de forma sustentável economicamente, observando as necessidades específicas de cada área finalística. Segundo Dorian Richard,[9] essas diretrizes envolvem a definição de planos de migração, segurança, operações, gerenciamento de custos, aprimoramento contínuo, governança e mitigação dos riscos de aprisionamento (*Lock-in*).

A prestação dos serviços em nuvem envolve diferentes atores, conforme apresentado na figura a seguir.

Figura 8 – Taxonomia da prestação de Serviços de Nuvem

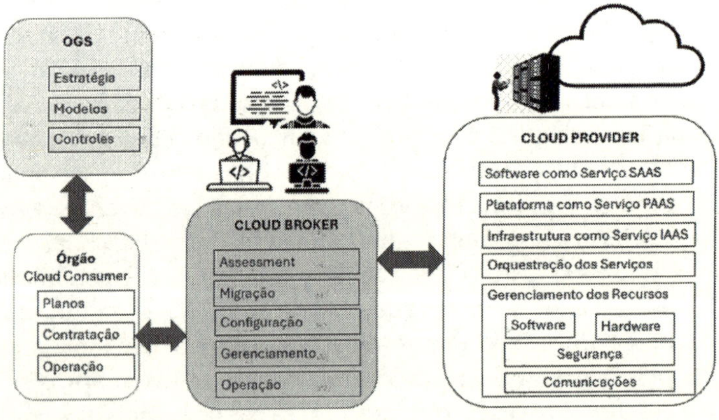

Fonte: Elaboração própria baseada na Taxonomia publicada pelo National Institute of Standards and Technology.

---

8 EKEN, H. Fundamentals of Cloud and Cloud Security, 2023.

9 RICHARD, D. Leading Cloud Strategy: Implement a CCOE as the orchestra for cloud excellence, 2023.

O provedor de nuvem (*Cloud Provider*) é responsável pelo fornecimento dos serviços e recursos de nuvem propriamente dito, incluindo toda infraestrutura física e lógica de sustentação dos recursos físicos de tecnologia, incluindo hardwares, rede, softwares, datacenters, comunicações, entre outros.

O integrador (*Cloud Broker*) é responsável por intermediar e agregar valor por meio de mão de obra técnica especializada, para gerenciar e operar os serviços de computação em nuvem disponibilizados pelo provedor de nuvem.

Por fim, o órgão (*Cloud Consumer*) é o cliente da prestação dos serviços e deve estabelecer o alinhamento da contratação aos seus objetivos, priorizando as demandas e estabelecendo as diretrizes técnicas e de negócio para alcançar os resultados pretendidos, mantendo o *compliance* às diretrizes, modelos e estratégia estabelecida pelo órgão de governança superior (OGS).

A contratação dos serviços de computação em nuvem é apenas um dos elementos necessários para assegurar a prestação efetiva dos serviços. Diferentemente de outros serviços, esse tipo de contratação, por se tratar do fornecimento da base da infraestrutura de tecnologia do órgão, insere-se em uma estrutura robusta de governança, sendo operada sob rigorosos padrões técnico, operacionais e de segurança, além de observar modelos contratuais que assegurem a sustentabilidade técnica e econômica da solução.

A Portaria SGD/MGI nº 5.950/2023 estabelece um modelo de contratação de serviços de computação em nuvem com diferentes métricas de contratação desse tipo de serviço. Cada métrica apresenta características específicas capazes de melhor atender a diferentes tipos de demanda ou de conjuntos distintos de necessidades do órgão.

Há diferentes serviços prestados em uma contratação de *cloud brokers*, o fornecimento de recursos de computação em nuvem (Infraestrutura como Serviço – IAAS, Plataforma com Serviço – PAAS e Software como Serviço – SAAS), a prestação de serviços de operação dos recursos (Gerenciamento dos recursos oferecidos e migração desses recursos) e a prestação de serviços de assessoramento técnico especializado por meio de consultorias.

Em atenção aos Acórdãos TCU nº 2.037/ 2019 e nº 1.508/2020, buscou-se estabelecer métricas específicas para cada tipo de serviço prestado pelo *Cloud Broker* estabelecendo-se como diretriz assegurar o alinhamento às quatro características fundamentais de métricas em contratações de TI (Objetividade, Rastreabilidade, Transparência e

Comparabilidade). A figura a seguir apresenta as métricas por tipo de serviço.

Figura 9 – Métricas de contratação de serviços de computação em nuvem

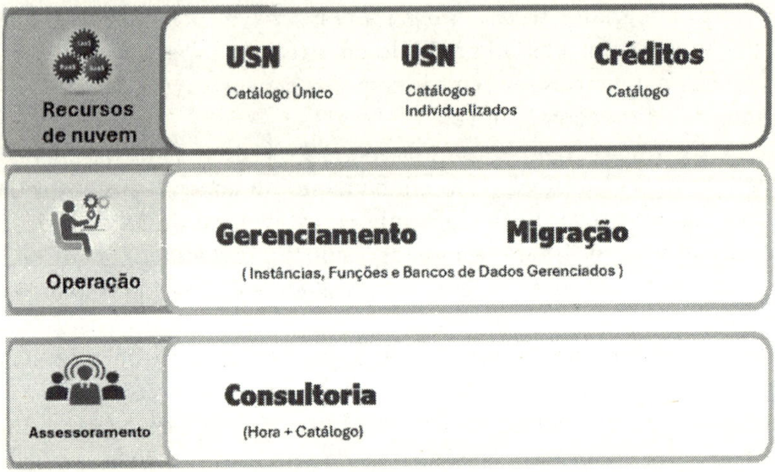

O acesso aos recursos de computação em nuvem foi modelado pela métrica Unidade de Serviços de Nuvem (USN). A concepção dessa métrica pautou-se na criação de um mecanismo capaz de ser flexível o suficiente para acompanhar as mudanças na utilização dos diferentes recursos de computação em nuvem e ao mesmo tempo assegurar e proteger o contrato de oscilações de preço dos recursos de forma unilateral por terceiros.

A USN é uma métrica que provê ao instrumento contratual o direito ao uso dos diferentes serviços de computação em nuvem por meio de catálogos previamente definidos que identificam univocamente para cada serviço uma quantidade de serviços computacionais a serem consumidos para cada unidade de medida de execução demandada. Por exemplo, o consumo de recursos de processamento de dados em nuvem é realizado por meio de instâncias de computação denominadas Máquinas Virtuais. Existem inúmeros tipos de máquinas virtuais com diferentes capacidades de processamento, sendo remuneradas por hora de uso efetivo. Assim, no catálogo de referência a constar do instrumento convocatório serão previstas a identificação do tipo de máquina virtual, a unidade medida equivalentes (no caso: hora) e a quantidade de USN a ser consumida a cada acionamento, também chamada de fator da USN.

Além do fator da USN, a métrica é formada pela unidade da USN que representa o valor monetário associado à métrica USN. Enquanto o fator de cada serviço representa a formação do custo de oferta do serviço na moeda original do provedor, a unidade da USN é responsável por agregar os elementos comerciais de composição do preço da métrica (câmbio, *markup*, lucro, custos rateados de operação e demais elementos comerciais de composição do preço).

A formação do fator da USN baseia-se no custo original do recurso ou serviço do provedor de nuvem em moeda original sem aplicação de conversão cambial ou qualquer outro elemento comercial de precificação. Assim obtém-se um valor adimensional de referência que será multiplicado ao valor da unidade da USN (melhor preço adjudicada da USN) e à quantidade demandada do serviço no período apurado para o cálculo do valor total de consumo do serviço a ser remunerado, sem considerar eventuais reduções advindas da aplicação dos níveis mínimos de serviços (NMS).

O diagrama a seguir ilustra a diferença da composição entre os elementos da USN e demonstra a forma de cálculo do custo de determinado serviço.

Figura 10 – Métrica USN

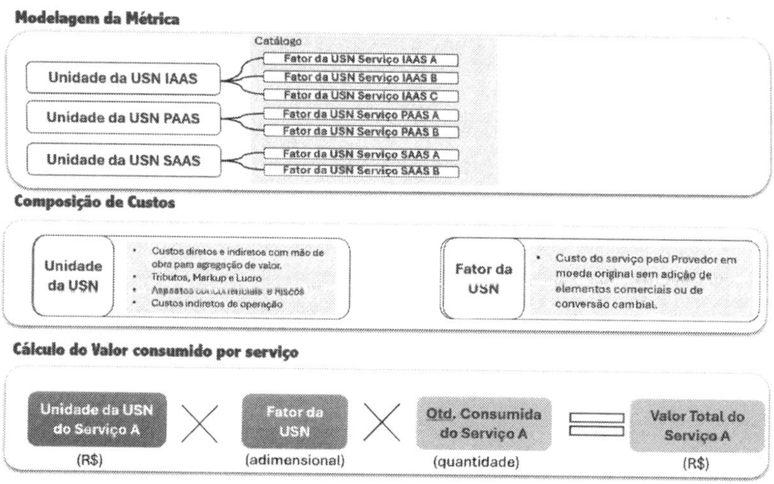

Fonte: Elaboração própria baseada na Portaria SGD/MGI nº 5.950/2023.

A unidade de USN possui uma composição de custos que pode variar a depender do tipo de serviço de nuvem contratado (IAAS, PAAS e SAAS). Atualmente, há diferentes classificações orçamentárias para cada tipo de serviço de nuvem, sendo necessário tratar em itens de contratação separados os serviços IAAS, PAAS e SAAS. Por exemplo, os serviços baseados em IAAS possuem maior lastro em ativos físicos em sua formação dos custos quando comparados ao SAAS. Já os serviços do tipo PAAS estão mais suscetíveis ao efeito de externalidades de rede em comparação aos demais tipos de serviços. Essas diferenças reforçam a necessidade de se trabalhar com precificações por tipo de serviço de computação em nuvem (IAAS, PAAS e SAAS).

A contratação de serviços de computação em nuvem enfrenta como principal desafio a superação dos riscos de aprisionamento tecnológico. As organizações devem estabelecer estratégias para criar as chamadas "condições de saída", ou seja, adotar arquiteturas e padrões que possibilitem manter os custos de migração em patamares baixos o suficiente para redução da dependência tecnológica. Nesse sentido, a Instrução Normativa GSI/PR nº 05, de 2021, que dispõe sobre os requisitos mínimos de segurança da informação para utilização de soluções de computação em nuvem pelos órgãos e pelas entidades da Administração Pública federal, ao conceituar o papel do *cloud broker*, trouxe a diretriz de implementação da abordagem *multicloud*, pois estabelece que um *cloud broker* deve intermediar mais de um *Cloud Provider*.

Nesse contexto, a Portaria SGD/MGI nº 5.950/2023 prevê duas abordagens de aplicação da métrica USN. A primeira consiste na construção de um catálogo único que compatibiliza a forma de prestação dos serviços prestados pelos provedores de nuvem. Nesta modelagem, a definição do fator da USN é realizada por meio do cálculo da mediana dos custos dos serviços de diferentes provedores em moeda original sem a inclusão de elementos de precificação, conforme diagrama a seguir.

Figura 11 – Diferentes abordagens da métrica USN

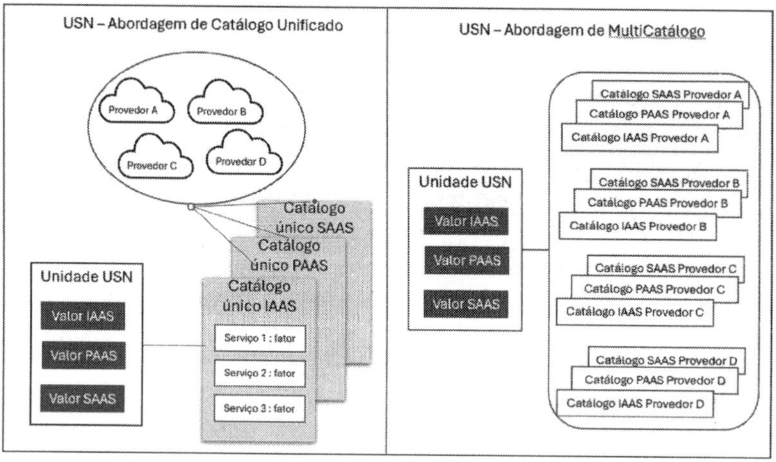

Fonte: Elaboração própria baseada na Portaria SGD/MGI nº 5.950/2023.

A segunda abordagem consiste em estabelecer valores de fatores por serviço em catálogos individualizados por provedores. Por exemplo, em um cenário econômico em que há 7 provedores de nuvem com capacidade de operação em território brasileiro, essa abordagem preconiza a previsão de catálogos com produtos IAAS, PAAS e SAAS para todos esses provedores. Essa abordagem não implica a indicação de provedores, mas estabelece as condições de ofertas de serviços independentemente dos provedores ofertados pela licitante vencedora. Em geral, são exigidos ao menos três provedores, quantidade adequada para assegurar uma diversidade de ofertas de serviços e suficiente para assegurar a competitividade do certame.

Ambas as abordagens possuem vantagens e desvantagens que devem se ponderadas durante o planejamento da contratação diante da realidade de cada órgão. A primeira abordagem é mais adequada para demanda concentrada em serviços do Tipo IAAS, pois são serviços altamente padronizados entre os provedores. Uma vantagem da primeira abordagem é a realização do dimensionamento de forma mais simplificada, uma vez que há um catálogo limitado que possibilita a estimativa dos volumes por serviço.

A segunda abordagem é mais adequada às demandas que necessitam de maior diversidade de serviços do tipo PAAS e SAAS.

A principal vantagem dessa abordagem está na amplitude de serviços possíveis de serem contratados, porém o grande obstáculo dessa abordagem está no dimensionamento dos serviços e no risco de subdimensionamento, uma vez que a falta de harmonização dos fatores para efeitos de dimensionamento pode resultar em uma estimativa irreal em relação a determinados provedores de nuvem.

Além da métrica USN, a Portaria SGD/MGI nº 5.950/2023 prevê a contratação de recursos de computação em nuvem por meio de créditos. Essa métrica se diferencia da USN, pois implica a indicação de marca ou modelo de nuvem. Apesar de ser baseada em créditos, essa métrica necessita da previsão no instrumento convocatório de um catálogo de serviços que descreva cada serviço e a respectiva quantidade de créditos necessários a cada execução dos serviços.

A modalidade baseada em crédito não é novidade no mercado de serviços em nuvem. Porém no modelo de contratação publicado pelo órgão Central do SISP, houve o tratamento de alguns riscos inerentes a essa abordagem de mercado resultando em mudanças na modelagem dessa métrica. Por exemplo, a contratação por créditos pressupõe a elaboração e vinculação a catálogo de serviços contendo no mínimo a descrição dos serviços e limites de créditos a serem consumidos em cada execução. Além disso, essa métrica não admite extinção de créditos cujo valor já foi pago antecipadamente, sendo necessária a devolução no numerário relacionado a parcela não executada de serviços em determinado período.

Os catálogos a serem vinculados no instrumento convocatório possuem a finalidade de preservação do princípio à vinculação ao Edital, objetividade, previsibilidade e segurança jurídica. Além disso, esses catálogos são instrumentos anticíclicos, protegendo o contrato de flutuações externas que possam afetar unilateralmente o valor do contrato sem a anuência prévia da contratante. A lógica que ampara a abordagem baseada em catálogos se baseia no conceito de "*hedge*", ou seja, mecanismo de proteção contra variações excessivas do mercado, por meio de práticas predatórias de terceiros, ou do câmbio decorrente de práticas especulativas que alteram substancialmente o valor da moeda americana em relação ao real, afetando a sustentabilidade do contrato.

Além dos recursos e serviços computacionais, a contratação de serviços de nuvem requer serviços técnicos especializados de gerenciamento e migração. O gerenciamento de serviços de computação em nuvem (*managed cloud service provider*) complementa a disponibilização de recursos por meio da otimização, segurança, configuração, operação, atualização e manutenção da arquitetura de *cloud* sustentada, além de monitorar o uso, identificar proativamente problemas e responder a incidentes.

Há diferentes formas de o *cloud broker* prestar serviços de gerenciamento de computação em nuvem, seja por meio de equipe técnica especializada, seja utilizando serviços técnicos complementares dos provedores de nuvem, seja de forma híbrida, por meio de equipes especializadas apoiadas por soluções específicas do provedor de nuvem. Independentemente da forma adotada pelo *cloud broker* em ofertar esses serviços, o órgão central do SISP padronizou a forma de contratação desses serviços de gerenciamento e de migração por meio de instâncias gerenciadas, funções gerenciadas ou banco de dados gerenciados.

Uma instância é a representação de um recurso computacional ofertado pelo provedor de nuvem, uma abstração física da infraestrutura de computação utilizando a tecnologia de virtualização de máquinas. A métrica instância gerenciada possui uma estrutura de custos composta pela dimensão de pessoal, softwares e recursos computacionais especializados para o gerenciamento desses recursos. Essa métrica é objetiva, pois pauta-se na quantidade de instâncias gerenciadas no mês, é rastreável, pois pode-se facilmente identificar quais instâncias foram objeto de gerenciamento, otimização, configurações, monitoramento e atualizações, e comparável, uma vez que as atividades de gerenciamento e os recursos necessários para essas atividades possuem alto grau de padronização entre os provedores de nuvem.

Assim como as instâncias computacionais, a mesma modelagem de métrica se aplica às instâncias de banco de dados gerenciados, recursos classificados como PAAS destinados a implementar plataformas de bancos de dados sob demanda como serviço, e às funções sem servidor (*servless*), recursos lógicos que permitem a alocação de recursos computacionais diretamente às aplicações ou programas desenvolvidos nativamente em ambiente de nuvem sem a necessidade utilização de recursos IAAS.

As instâncias gerenciadas, funções gerenciadas e banco de dados gerenciados, apesar de possuírem a mesma modelagem de métrica, apresentam estruturas de custos diferentes, sendo necessário tratar tais serviços em itens distintos no Termo de Referência.

Por fim, a Portaria SGD/MGI nº 5.950/2023 estabelece uma métrica específica para os serviços de consultoria especializada em nuvem, adaptando um modelo baseado em horas de consultoria.

O aprimoramento em relação à medida de esforço (hora) é a associação a catálogos pré-definidos, que incluem descrições detalhadas dos serviços e os limites de horas estabelecidos para cada um, a identificação clara dos produtos a serem entregues, os critérios de aceitação correspondentes e o perfil profissional necessário para a execução dos serviços.

Contratações de serviços de desenvolvimento e manutenção de softwares

Os serviços de desenvolvimento e manutenção de software, apesar de não possuírem as características intangíveis típicas dos serviços de software e computação em nuvem, se diferenciam dos serviços gerais que têm predominância de mão de obra ou dedicação exclusiva de mão de obra. Essa distinção é devida à sua conexão direta com a engenharia de software, um campo altamente regulamentado. Atualmente, existem 219 normas técnicas publicadas e 40 em processo de elaboração, todas sob a supervisão do Subcomitê de Engenharia de Software e Sistemas da Organização Internacional para Padronização (ISO).

As normas técnicas de engenharia de software atualmente abrangem todo o espectro de atividades relacionadas ao ciclo de vida de desenvolvimento e sustentação de softwares personalizados, ou seja, aqueles criados especificamente para a organização, conforme ilustrado na figura a seguir.

Figura 12 – Padrões e *frameworks* relacionados à engenharia de software

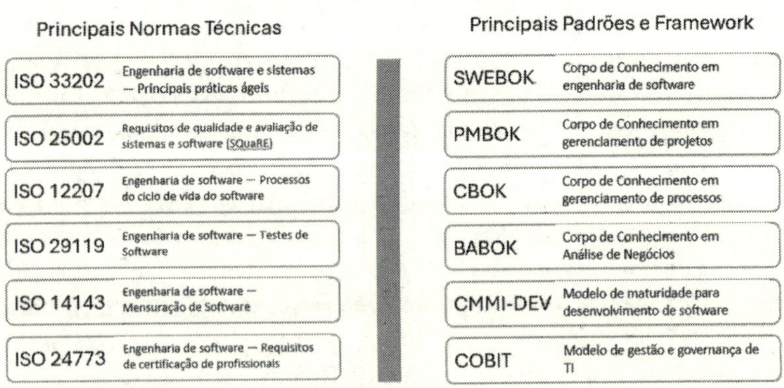

Fonte: Elaboração própria.

Além das normas técnicas internacionais, há padrões e *frameworks* que estabelecem diretrizes, práticas e procedimentos para exercício das atividades de desenvolvimento de software. Nesse contexto, a contratação de serviços de desenvolvimento de softwares necessita lidar com um ambiente regulatório vasto e em constante mudança.

Em resposta a esses desafios constantes e observando que muitas contratações de software não estavam atingindo seus objetivos, o órgão central do SISP estabeleceu um modelo para a contratação de serviços de desenvolvimento, manutenção e sustentação de software. Esse modelo inclui métricas padronizadas para a contratação desses serviços.

Atualmente, a Portaria SGD/MGI nº 750/2023 estabelece o modelo para a contratação de serviços de desenvolvimento, manutenção e sustentação de software, aplicável aos órgãos e entidades que fazem parte do Sistema de Administração dos Recursos de Tecnologia da Informação (SISP).

Nos últimos anos, as práticas de desenvolvimento de software passaram por significativas transformações com a introdução das metodologias ágeis (*Agile Process*). No entanto, apesar da implementação de métodos que prometiam superar as limitações dos métodos tradicionais de desenvolvimento de software, muitas contratações públicas ainda não conseguiram atingir os resultados esperados.

O diagnóstico inicial conduzido pelo órgão central do SISP, com o objetivo de entender a causa fundamental do insucesso de várias contratações para o desenvolvimento de softwares — utilizando tanto métodos tradicionais quanto ágeis — identificou duas causas principais. A primeira é a incapacidade da área de TI em definir e gerenciar projetos de desenvolvimento. A segunda é a existência de deficiências nas métricas e nos mecanismos contratuais que respaldam a prestação dos serviços.

Em relação ao primeiro desafio, a Portaria SGD/MGI nº 750/2023 estabelece diretrizes estratégicas para que a organização possa estruturar uma área de tecnologia capaz de implementar um processo de desenvolvimento de software robusto e bem-definido, com foco na entrega de valor para a organização de maneira controlada e rápida.

A estruturação da área de TI da organização deve estar focada na execução de um processo de desenvolvimento e manutenção de software que seja ágil, seguro e com foco na qualidade e entrega de produtos. Esse processo deve estar alinhado com as metas e prioridades das áreas finalísticas, representadas em uma estrutura de governança superior. A sustentabilidade da entrega de valor deve ser garantida por uma gestão de capacidade, seja interna da equipe de TI ou em relação às áreas demandantes (áreas finalísticas). Um processo de desenvolvimento ágil requer o envolvimento ativo das áreas de negócio. Por fim, para garantir a tomada de decisão e o controle do processo de produção, a organização deve ter a capacidade de medir a entrega de produtos de software, seja para controle da produtividade ou para garantir uma gestão orçamentária e financeira eficaz dos serviços. O diagrama a seguir ilustra esses pontos estratégicos que a organização deve atingir para viabilizar processos de contratações vinculados à entrega de resultados.

Figura 13 – Pirâmide estratégica em contratações de desenvolvimento de software

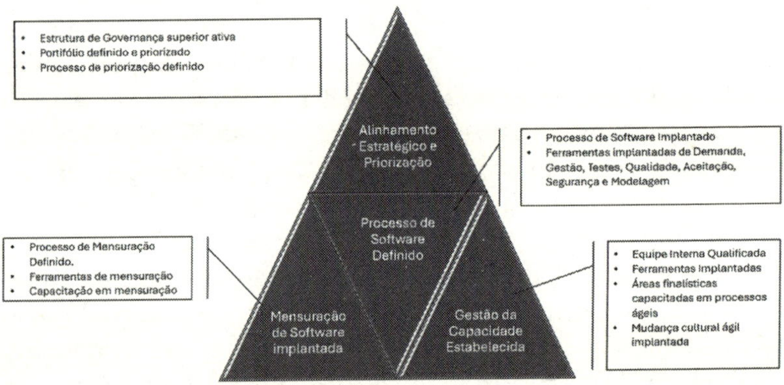

Fonte: Elaboração própria.

No que diz respeito às métricas e mecanismos contratuais, a Portaria SGD/MGI nº 750/2023 introduziu quatro modalidades de remuneração. A modelagem dessas modalidades foi centrada na entrega de valor (software funcional entregue), qualidade (uso intensivo de testes no processo de produção do software e critérios claramente definidos para aceitação dos produtos entregues), objetividade (métricas baseadas em critérios objetivos e rastreáveis) e foco na obtenção de resultados (pagamento sempre vinculado à entrega do produto de software).

Dessa forma, com a implementação da Portaria SGD/MGI nº 750/2023 até mesmo as métricas tradicionalmente utilizadas, como a contratação por pontos de função, foram adaptadas significativamente para incorporar os direcionadores estabelecidos pelo novo modelo e superar deficiências estruturais históricas, em especial as falhas identificadas em processos de auditorias do Tribunal de Contas da União assentadas nos Acórdãos n° 2037/2019 e n° 1508, de 2020.

A contratação de serviços de desenvolvimento e manutenção de software, embora tenha uma predominância de mão de obra, requer uma vinculação estrita à entrega de resultados. Por essa razão, a simples alocação de profissionais no regime de dedicação exclusiva de mão de obra não resolve os desafios desse tipo de contratação, conforme observado ao longo do tempo e evidenciado na Súmula nº 269 do Tribunal de Contas. Essa súmula estabelece que, nas contratações para a prestação de serviços de tecnologia da informação, a remuneração deve estar vinculada a resultados ou ao atendimento de níveis de serviço. O pagamento por hora trabalhada ou por posto de serviço é admitido apenas quando as características do objeto não permitirem outra forma, situação em que a excepcionalidade deve estar previamente e adequadamente justificada nos respectivos processos administrativos.

Todas as modalidades de remuneração previstas na Portaria SGD/MGI nº 750/2023 estão interconectadas aos mecanismos de dimensionamento, precificação, modelo de execução e gestão com o enfoque em assegurar os balizadores de vinculação a entrega de resultados, qualidade, segurança e celeridade, conforme exemplificado no diagrama a seguir.

Figura 14 – Métricas de desenvolvimento de software

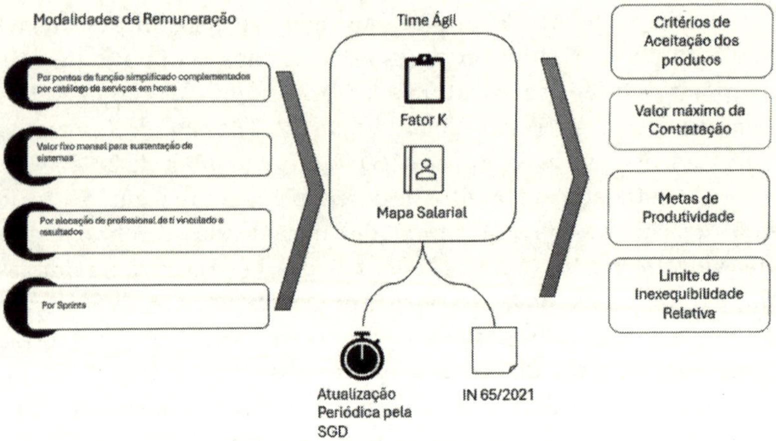

Fonte: Elaboração própria.

O primeiro grande avanço na modelagem dessas métricas de contratação está na transparência dos insumos produtivos com vistas a possibilitar que a administração faça uma análise crítica da formação do preço e, durante a seleção do fornecedor e a execução do contrato, seja capaz de evitar comportamentos predatórios por parte de licitantes que resultam na materialização dos riscos associados à assimetria de informações.

Outro movimento do órgão central do SISP com a publicação desse modelo foi a desoneração da pesquisa de preços, uma das atividades-chave no processo de planejamento da contratação. Para isso, é mantido atualizado um mapa salarial de referência que orientará a composição da precificação para todas as modalidades. Esses valores observam integralmente as diretrizes de pesquisa de preços constantes da Instrução Normativa SGD/MGI nº 65/2023.

Nesse contexto, a primeira modalidade de remuneração se baseia na alocação de perfis profissionais sob demanda, sem dedicação exclusiva de mão de obra, com mecanismos de controle de produtividade e de alcance de resultados claramente definidos. A alocação de perfis profissionais não deve ser confundida com a contratação de postos de trabalho, pois está centrada na entrega de resultados por meio de indicadores previamente definidos e vinculados a métricas de produtos de software, como pontos de função, linhas de código, pontos de história (*Story Points*), entre outras métricas relacionadas a produtos.

A segunda modalidade proposta é uma reestruturação da modalidade baseada na entrega de pontos de função. A Análise de Pontos de Função é uma técnica para aferição objetiva de produtos de software, fundamentada em normas técnicas internacionais da ISO. Uma grande deficiência identificada em contratações com remuneração associada a pontos de função é a ausência de definição de parâmetros mínimos para a composição dos insumos produtivos associados à execução dos serviços e a dificuldade da contratante em aferir a contagem de pontos de função de maneira clara e assertiva.

Para superar essas deficiências, o modelo proposto exige a definição da composição da equipe e uma avaliação dos valores salariais apresentados, observando as diretrizes da portaria. Além disso, foi utilizada como referência uma métrica simplificada de contagem de pontos de função, denominada *Simple Function Point* (SFP), que reduz a complexidade da contagem. Outro avanço foi a definição de uma métrica complementar, vinculada a um catálogo de produtos baseado em horas para as atividades que não estão diretamente associadas ao desenvolvimento do software, mas que são necessárias para a entrega dos produtos, como, por exemplo, a construção do *backlog* do produto, visão do produto, entre outras.

A portaria também introduz uma métrica baseada na remuneração de *sprints* de desenvolvimento. Uma *sprint* é um período de duas a quatro semanas durante o qual uma equipe ágil trabalha para entregar um produto esperado. Essa métrica exige que a organização tenha fluência na aplicação dos métodos ágeis e se baseia na alocação sob demanda de equipes específicas para atuar em um determinado número de *sprints*. Essa métrica utiliza a mesma vinculação à composição dos insumos produtivos relacionados aos perfis profissionais.

Além disso, para serviços de sustentação de software (serviços contratados para manter operacionais softwares críticos que não podem ter interrupções ou indisponibilidades), existe uma modalidade baseada na alocação de uma equipe a um preço fixo, associado ao cumprimento de metas e níveis mínimos de serviço.

Todas as métricas apresentadas estão vinculadas a um processo de desenvolvimento de software previamente definido e estão associadas a metas de produtividade e níveis mínimos de serviço modelados para garantir a entrega efetiva de produtos de software.

Conclusão

Este estudo oferece uma análise detalhada das diversas métricas e modalidades de remuneração para serviços de Tecnologia da Informação (TI), explorando os aspectos técnicos e estratégicos da contratação pública de soluções de TI. Destaca-se a importância crucial de alinhar os serviços de TI com os objetivos estratégicos do governo, a fim de assegurar uma infraestrutura digital pública robusta e impulsionar a transformação digital sustentável do Estado.

O estudo técnico preliminar é a ferramenta primordial para auxiliar a administração na escolha da solução de TI mais adequada. Esse estudo leva em consideração tanto os aspectos qualitativos, que estão relacionados ao atendimento das necessidades de negócio, quanto os aspectos quantitativos, que estão relacionados à análise dos custos totais de incorporação da solução. Isso inclui custos associados à aquisição, operação, migração, transição e até substituição, não se limitando apenas ao preço externo da solução.

As diversas métricas apresentadas são fundamentadas em objetividade, rastreabilidade, comparabilidade e transparência. Essas métricas foram desenvolvidas com o objetivo de mitigar riscos inerentes às características específicas dos serviços de tecnologia da informação.

As métricas e modelos apresentados fazem parte de um processo mais amplo de reestruturação da maneira como o governo contrata soluções de tecnologia. Esse processo utiliza como principal ferramenta a padronização, a excelência técnica, a vinculação à entrega de resultados e a orientação para o tratamento de riscos.

Referências

NAÇÕES UNIDAS. Digital Public Infrastructure (DPI). 2024. Disponível em: https://www.undp.org/digital/digital-public-infrastructure.

OECD. Digital Government Index: Results and key findings. 2024. Paris. Disponível em: https://doi.org/10.1787/1a89ed5e-en.

OCDE. Life-cycle Costing in public procurement. 2016. Disponível em: https://www.sigmaweb.org/publications/Public-Procurement-Policy-Brief-34-200117.pdf.

OLIVEIRA, G.; RODAS, J. G. *Direito e economia da concorrência*. 2018. São Paulo: Revista dos Tribunais.

VARIAN, H. R. *Microeconomia*: uma abordagem moderna. 2016. Elsevier.

ABRAMS, S. Cloud Native Architectures: Comprehensive Guide to Resilient and Scalable Systems. 2024.

EKEN, H. Fundamentals of Cloud and Cloud Security. 2023.

RICHARD, D. Leading Cloud Strategy: Implement a CCOE as the orchestra for cloud excellence. 2023.

Informação bibliográfica deste texto, conforme a NBR 6023:2018 da Associação Brasileira de Normas Técnicas (ABNT):

POUBEL, Cristiano. Estudo técnico preliminar de soluções de tecnologia da informação: uma análise sobre as diferentes métricas e modalidades de remuneração de serviços de TIC. *In:* FURTADO, Madeline Rocha; FURTADO, Monique Rafaella Rocha (coord.). *O planejamento das contratações*: estudos técnicos preliminares e termos de referência: teoria e aplicação sob a égide da Lei nº 14.133/2021. Belo Horizonte: Fórum, 2025. p. 203-233. ISBN 978-65-5518-944-5.

TÍTULO III

CONVERGÊNCIA DE SABERES

O PLANEJAMENTO NAS LICITAÇÕES DE COMUNICAÇÃO: DESAFIOS E PECULIARIDADES DA FASE PREPARATÓRIA

MONIQUE RAFAELLA ROCHA FURTADO

ANDRESSA CAROLINE ROCHA FURTADO

Introdução

Em um contexto de Administração Pública gerencialista, que se orienta por princípios de governança, objetivando a entrega de resultados à sociedade e buscando aproximar a Administração Pública das práticas de gestão do setor privado, a comunicação pública ganha novos contornos.

Conforme Bresser-Pereira[1] define, a Administração Pública gerencialista visa transformar a administração pública tradicional, burocrática, em uma administração mais eficiente e orientada para resultados, enfatizando a descentralização das decisões, a flexibilidade organizacional e o foco em resultados concretos, em vez de processos rígidos, com o intuito de concretizar o princípio da eficiência estabelecido no artigo 37, *caput* da Constituição Federal.

Nesse contexto de administração orientada para resultados, a comunicação pública se destaca como ferramenta fundamental

[1] BRESSER-PEREIRA, Luiz Carlos. *A Reforma do estado nos anos 90:* lógica e mecanismos de controle. Brasília: Ministério da Administração Federal e Reforma do Estado, 1997.

para a entrega de valor público, conforme estabelecido pelo Decreto nº 9.203/2017[2], que define:

> Art. 2º Para os efeitos do disposto neste Decreto, considera-se:
>
> II – valor público – produtos e resultados gerados, preservados ou entregues pelas atividades de uma organização que representem respostas efetivas e úteis às necessidades ou às demandas de interesse público e modifiquem aspectos do conjunto da sociedade ou de alguns grupos específicos reconhecidos como destinatários legítimos de bens e serviços públicos;

É evidente, portanto, que a atividade estatal deve estar atenta aos reais anseios do cidadão, enxergando-o como um cliente que deve ser servido com serviços de qualidade, visando gerar, preservar e entregar respostas que sejam efetivas e úteis às necessidades e demandas.

A comunicação é uma habilidade inerente ao ser humano, essencial para a interação e o funcionamento de qualquer organização. Em todos os aspectos das relações humanas, a comunicação desempenha um papel fundamental, desde interações pessoais até grandes estratégias de grandes corporações e instituições públicas.

No setor público, onde a clareza e a eficiência são essenciais, a comunicação deve ser especialmente assertiva e estar perfeitamente alinhada com o planejamento estratégico da instituição. Assim, a compreensão de que os agentes públicos devem estar conectados com as novas tendências gerenciais, como a gestão por resultados e a centralidade do cidadão, torna a comunicação um ponto fulcral para que o valor público seja alcançado.

Este artigo analisa as peculiaridades do planejamento das licitações de comunicação, se tornando imprescindível não apenas para a conformidade legal, mas também para garantir que a comunicação pública atenda aos princípios da Administração Pública gerencialista, gerando valor e atendendo ao interesse público de forma efetiva.

1 Das diversas ramificações da comunicação pública

Por muito tempo, as contratações de comunicação pública estiveram centradas na atividade publicitária. Não por acaso, a Lei

---

2 BRASIL. Decreto nº 9.203, de 22 de novembro de 2017. Dispõe sobre a política de governança da administração pública federal direta, autárquica e fundacional. Disponível em: https://www.planalto.gov.br/ccivil_03/_Ato2015-2018/2017/Decreto/D9203.htm. Acesso em: 26 ago. 2024.

nº 12.232/2010 foi especialmente criada para estabelecer normas gerais para licitação e contratação pela Administração Pública de serviços de publicidade, prestados por intermédio de agências de propaganda.

Isso se deve, em parte, ao fato de que o ofício do publicitário é consolidado, possuindo legislação específica, sendo tratado como uma categoria profissional diferenciada pela ótica trabalhista.

A Lei nº 4.680, de 18 de junho de 1965, estabelece as definições e regulamentações fundamentais para o exercício das profissões de Publicitário e Agenciador de Propaganda no Brasil. Essa legislação define com precisão quem são os profissionais considerados publicitários, caracterizando-os como aqueles que exercem funções técnicas especializadas em caráter regular e permanente em agências de propaganda, veículos de divulgação ou empresas que produzam propaganda.

Inclusive, a designação profissional de Publicitário é exclusiva dos profissionais que atendam aos requisitos estabelecidos na presente lei, sendo vedada sua utilização por indivíduos que não se enquadrem nas disposições previstas na Lei nº 4.680/1965. Assim, durante muito tempo, o foco das contratações de comunicação esteve nas agências de propaganda, encarregadas de executar serviços de publicidade.

No entanto, sabe-se que a comunicação evolui juntamente com a sociedade e, hoje, é impulsionada pelas tecnologias de informação e comunicação, que trazem os meios digitais como grandes transformadores da vida das pessoas globalmente[3].

É inegável, portanto, que a tecnologia reconfigurou a comunicação entre governo e sociedade, tornando necessário internalizar as práticas do mundo privado no âmbito da Administração Pública, de forma a se conectar com o cidadão de forma mais assertiva e moderna.

Nesse ponto, vale invocar a Lei nº 14.129/2021, conhecida como a Lei do Governo Digital, que representa um avanço significativo na modernização da administração pública no Brasil. Com o objetivo de aumentar a eficiência dos serviços prestados pelo Estado, esta legislação promove princípios essenciais como a desburocratização, inovação, transformação digital e a participação ativa dos cidadãos.

Em resumo, a Lei nº 14.129/2021 pretende trazer um ambiente mais moderno, inclusivo e responsivo às demandas da sociedade atual, alicerçado na transformação digital para construir uma relação mais próxima e eficiente entre o Estado e os cidadãos.

---

[3] LASTRES, H. M. M.; ALBAGLI, S. (org.). *Informação e globalização na era do conhecimento*. Rio de Janeiro: Campus, 1999.

Com efeito, no contexto do setor público, a comunicação desempenha um papel crítico, em razão da necessidade de transparência, exacerbada pela responsabilidade de gerir recursos públicos e a obrigação de prestar contas à sociedade. Desse modo, a administração precisa ter claro o que deseja comunicar, para quem comunicar e qual ferramenta será necessária para atingir esse objetivo.

No âmbito da comunicação pública, é imperativo que toda estratégia reflita fielmente os objetivos e diretrizes estabelecidos no planejamento estratégico da organização, este consolidado com Plano de Contratação Anual (PCA), refletidos no Documentos de Formalização da Demanda (DFD), Estudos Técnicos Preliminares (ETP) e Termos de Referência (TR) ou Projetos Básicos (PB), estes últimos sendo importante base para a elaboração dos editais e dos contratos.

Tal alinhamento institucional com a comunicação assegura que as mensagens veiculadas estejam em perfeita consonância com as metas e valores institucionais, promovendo assim uma imagem uniforme e consistente. A ausência de um planejamento assertivo pode resultar em graves inconsistências comunicativas, falhas na transmissão de informações cruciais e, não raro, em dispêndio injustificado de recursos públicos.

Nesse contexto, é fundamental ressaltar que a etapa de planejamento constitui o alicerce sobre o qual se ergue o êxito de qualquer estratégia comunicacional. Sua importância torna-se ainda mais evidente quando se opta pela externalização da função comunicativa, inerente ao órgão público.

A fase preparatória da contratação representa o momento crítico em que a unidade demandante deve escrutinar minuciosamente suas necessidades comunicacionais. É nesta etapa que se determinará, com precisão, qual vertente ou área específica da comunicação deverá ser objeto de contratação externa. De modo que todo aparato de comunicação necessário serão traduzidos em requisitos contratuais, sendo seus elementos descritos no estudo técnico preliminar e no termo de referência.

A comunicação pública, em sua amplitude e complexidade, abrange diversas áreas especializadas, cada uma desempenhando um papel crucial e possuindo características distintivas.

A Instrução Normativa SECOM/PR nº 01/2023 delineia quatro principais vertentes: publicidade, promoção, comunicação institucional e comunicação digital. Cada uma dessas áreas requer uma abordagem específica e está sujeita a regulamentações particulares, conforme detalhado a seguir.

- Publicidade

Esta área concentra-se primordialmente na disseminação ampla e eficaz de ações, programas e serviços públicos. Utiliza-se de meios de comunicação de massa para atingir um público vasto e diversificado. Sua execução é regida por um processo de contratação específico, conforme estabelecido pela Lei nº 12.232/2010, que dispõe sobre as normas gerais para licitação e contratação de serviços de publicidade pela Administração Pública. Essa legislação estabelece procedimentos especiais que visam garantir a transparência, a eficiência e a qualidade técnica nas contratações publicitárias governamentais.

Conforme preconiza o artigo 2º da Lei nº 12.232/2010, considera-se serviços de publicidade:

> o conjunto de atividades realizadas integradamente que tenham por objetivo o estudo, o planejamento, a conceituação, a concepção, a criação, a execução interna, a intermediação e a supervisão da execução externa e a distribuição de publicidade aos veículos e demais meios de divulgação, com o objetivo de promover a venda de bens ou serviços de qualquer natureza, difundir ideias ou informar o público em geral.
>
> §1º Nas contratações de serviços de publicidade, poderão ser incluídos como atividades complementares os serviços especializados pertinentes:
>
> I – ao planejamento e à execução de pesquisas e de outros instrumentos de avaliação e de geração de conhecimento sobre o mercado, o público-alvo, os meios de divulgação nos quais serão difundidas as peças e ações publicitárias ou sobre os resultados das campanhas realizadas, respeitado o disposto no art. 3º desta Lei;
>
> II – à produção e à execução técnica das peças e projetos publicitários criados;
>
> III – à criação e ao desenvolvimento de formas inovadoras de comunicação publicitária, em consonância com novas tecnologias, visando à expansão dos efeitos das mensagens e das ações publicitárias.

Observe que as licitações de publicidade regidas pela Lei nº 12.232/2010 tem rito diferenciado, e conforme o artigo 7º requer um plano de comunicação, exigindo requisitos específicos, como raciocínio básico, estratégia de comunicação e soluções criativas, que se correlacionarão com as diretrizes institucionais. As licitações de publicidade requerem a presença de comissões específicas, uma para licitar e uma subcomissão (escolhida por sorteio) exclusivamente técnica que irá julgar os requisitos técnicos.

A Instrução Normativa SECOM/PR nº 1/2023 amplia a utilização dos institutos incialmente contidos na Lei nº 12.232/2010 e traz regras para as licitações e os contratos de serviços de publicidade, promoção, comunicação institucional e comunicação digital, prestados a órgão ou entidade do Sistema de Comunicação de Governo do Poder Executivo federal (SICOM).

O parágrafo primeiro do art. 1º da referida instrução normativa define como uma ação de comunicação aquela que "compreende serviços de publicidade, de promoção, de comunicação institucional e de comunicação digital".

Desse modo, as ações de comunicação públicas têm o propósito de cumprir o princípio da publicidade e promover transparência, essencial para consolidar a comunicação social no país.

Ao disseminar informações de forma clara e acessível, o setor público garante que as políticas públicas sejam efetivamente conhecidas e compreendidas pelos cidadãos. Isso fortalece a relação de confiança e engajamento entre o Estado e a sociedade, permitindo uma participação mais ativa da população nas decisões públicas e assegurando que as medidas governamentais sejam efetivadas de maneira eficiente e eficaz.[4]

Nesse contexto, a Portaria MCOM nº 3.948/2021 traz um rol contemplando as áreas que compreendem o ambiente em que se efetivarem as ações de comunicação:

> Art. 3º As ações de comunicação do Poder Executivo federal compreendem as áreas de:
>
> I – comunicação digital;
>
> II – comunicação pública;
>
> III – promoção;
>
> IV – patrocínio;
>
> V – publicidade, classificada em:
>
> a) publicidade de utilidade pública;
>
> b) publicidade institucional;
>
> c) publicidade mercadológica; e

---

4 BRASIL. Portaria MCOM nº 3.948, DE 26 DE OUTUBRO DE 2021. Disponível em: https://www.gov.br/secom/pt-br/acesso-a-informacao/legislacao/PORTARIA_3.948___Conceituacao_das_acoes_de_comunicacao.pdf.

d) publicidade legal;

VI – relações com a imprensa; e

VII – relações públicas.

Observa-se ainda na IN nº 01/2023 que o artigo 5º estabelece que a Equipe de Planejamento para Contratação de serviços de comunicação, ao elaborar os Estudos Técnicos Preliminares (ETP), precisa se concentrar estritamente no objeto definido, em consonância com o artigo 14.

Este, por sua vez, proíbe a realização de licitação que envolva a contratação integrada de múltiplos serviços, especificados no artigo 1º, dentro de um único objeto para execução, por uma única empresa ou consórcio.

Em outras palavras, não é permitido combinar diferentes áreas de comunicação em uma única licitação, visando garantir maior transparência e especialização na contratação dos serviços.

- Promoção

Na promoção, também conhecida como marketing promocional, destaca-se a criação e execução de eventos e ações que fomentam a participação cidadã e o engajamento público, estabelecendo uma conexão direta e tangível entre o governo e a população.

Um exemplo disso é a "Caravana de Serviços Públicos", em que se organizam eventos itinerantes em diversas cidades para oferecer serviços públicos em um único local. Esses eventos permitem que os cidadãos renovem documentos, acessem serviços de saúde preventiva e recebam orientações sobre diversos direitos sociais. Além de facilitar o acesso a esses serviços, a caravana visa aproximar a Administração Pública dos cidadãos, promovendo maior engajamento e participação ativa.

As ações de promoção, devido à sua natureza diferenciada, exigem estudos técnicos detalhados para avaliar suas estratégias e assegurar que sejam direcionadas e impactantes, focando na interação do cidadão, podendo lançar mão de diversos instrumentos inovadores para alcançar seu objetivo, tal como realidade virtual, *e-sports*, experiências sensoriais, entre outros.

Embora sua contratação seja primariamente regida pela Lei nº 14.133/2021 (Nova Lei de Licitações e Contratos Administrativos) ou pela Lei nº 13.303/2016, quando tratando do braço empresarial do Estado, há particularidades importantes trazidas pela Lei nº 12.232/2010 que devem ser observadas e serão esmiuçadas em tópico próprio. Essas peculiaridades visam assegurar que as atividades promocionais sejam conduzidas com o mesmo rigor e transparência aplicados aos serviços de publicidade, garantindo a eficácia e a lisura dos processos.

- Comunicação Institucional:

Essa vertente é fundamental para a construção e manutenção da imagem e reputação das instituições públicas. Seu objetivo primordial é assegurar que todas as mensagens transmitidas estejam em perfeita consonância com os valores, missão e objetivos da organização.

A contratação de serviços nessa área é realizada sob a égide da Lei nº 14.133/2021 ou Lei nº 13.303/2016 e seus regulamentos internos, porém, assim como na promoção, deve-se atentar para as especificidades introduzidas pela Lei nº 12.232/2010. Essas particularidades visam garantir que a comunicação institucional seja conduzida com o máximo de profissionalismo e alinhamento estratégico.

- Comunicação digital

Em um cenário de constante evolução tecnológica, essa área dedica-se à interação com o público através de plataformas digitais, incluindo, mas não se limitando a, redes sociais, *websites* e aplicativos móveis. A Portaria MCOM nº 3.948/2021, em seu artigo 4º, inciso I, afirma que a comunicação digital: é a "ação de comunicação que consiste na criação e na convergência de conteúdos e mídias, para a disseminação, interação, acesso e troca de informações na internet", muito utilizada nos últimos anos.

Nesse ponto vale destacar as recentes formas de comunicação, como a gestão de tráfego (orgânico e pago), o marketing de influência e a gestão de influenciadores, pessoas físicas de relevância para um público específico que se conectam primordialmente por meio digital.

Assim, utiliza-se de tecnologias de ponta, que permitem uma comunicação mais direta, imediata e interativa com os cidadãos. Embora sua contratação seja primariamente regulada pela Lei nº 14.133/2021, é imperativo também observar as nuances introduzidas pela Lei nº 12.232/2010, especialmente no que tange à seleção de fornecedores e à avaliação técnica dos serviços prestados.

É fundamental ressaltar que, independentemente da área específica, todas as contratações no âmbito da comunicação pública devem ser pautadas pelos princípios da Administração Pública, notadamente a legalidade, impessoalidade, moralidade, publicidade e eficiência.

Consideram-se canais digitais: *websites, blogs, landing pages,* aplicativos, redes sociais, *e-mails, podcasts, analytics,* mídia *display* (*banners*), entre outros.

Todas essas possibilidades de comunicação, sejam físicas ou digitais, por meio de variadas ferramentas, serão objeto de contratação, e, portanto, necessitam de estudos técnicos preliminares que possibilitem viabilizar a contratação de forma correta, eficiente e eficaz, atendendo ao interesse público envolvido.

Ademais, nesse contexto, deve-se sempre buscar a otimização dos recursos públicos, garantindo que as estratégias de comunicação adotadas sejam não apenas eficazes, mas também economicamente viáveis e socialmente responsáveis. Essa abordagem multifacetada da comunicação pública reflete a complexidade e a importância estratégica desse setor na gestão governamental contemporânea, demandando dos gestores públicos um profundo entendimento das peculiaridades de cada área e um criterioso planejamento na execução das ações comunicacionais

É, portanto, na fase preparatória da contratação que deve estar evidenciada com precisão as ferramentas de comunicação que melhor atendem às necessidades estratégicas da instituição, elegendo o ramo que norteará todo o processo de contratação.

2 Das peculiaridades relevantes a serem perseguidas na fase preparatória de uma licitação de comunicação

A Lei nº 14.133/2021, em seu artigo 75, assim como sua antecessora, a Lei nº 8.666/1993, em seu artigo 24, estabelece de forma inequívoca a necessidade de garantir a competitividade nos processos de contratação de serviços de comunicação pública. Ambos os diplomas legais são categóricos ao vedar a inexigibilidade de licitação para tais contratações, enfatizando que estas devem, obrigatoriamente, decorrer de um processo licitatório devidamente instaurado.

Uma vez que o objeto a ser escolhido necessita categoricamente de uma licitação para que seja contratado, é importante ressaltar que a Lei nº 12.232/2010 já havia destacado a natureza intelectual, intangível e indivisível dos objetos das contratações de publicidade. Desse modo, partindo da necessária formalização processual, com os devidos artefatos, todas as diretrizes do objeto precisam ser minunciosamente estudadas para que possam ser tomadas as decisões que irão compor a estruturação dos serviços.

Essa abordagem é posteriormente corroborada e reforçada pela Instrução Normativa nº 01/2023 da Secretaria de Comunicação Social da Presidência da República (SECOM/PR), consolidando o entendimento sobre as características específicas desses serviços no âmbito da Administração Pública.

Consequentemente, a natureza jurídica do objeto pretendido passa por avaliações importantes que trarão a clareza necessária desde a evidencialização do objeto no ETP até a construção dele no documento que irá detalhar o objeto nas suas especificidades qualitativas e quantitativas, definidos no modelo de execução.

No âmbito da Lei nº 14.133/2021, os objetos das contratações de serviços de comunicação são classificados como "bens e serviços especiais". Essa categorização implica que tais contratações devem, obrigatoriamente, ser processadas por meio da modalidade de concorrência.

A definição da natureza jurídica dos objetos (bens ou serviços), classificados de modo geral como sendo comuns ou especiais, e suas especificidades são o que definem os critérios de julgamento. Uma vez que o critério de julgamento a ser adotado nesses tipos de objeto deve basear-se na melhor técnica ou na combinação de técnica e preço, conforme preconiza a referida lei, essa escolha precisa ser pré-discutida, e pré-avaliada, e nesse aspecto, pré-estudada.

A escolha da ramificação da comunicação que melhor atende às necessidades do órgão é crucial para facilitar o que virá a seguir: a descrição do objeto. Cada ramificação da comunicação apresenta peculiaridades distintas que não podem ser ignoradas.

Por exemplo, se o órgão define que sua necessidade será atendida por meio de uma contratação de serviços de publicidade, estes só podem ser executados por agências de propaganda que possuam a certificação do Conselho Executivo das Normas-Padrão (CENP).

O CENP é um certificado de qualidade que objetiva assegurar que a agência dispõe de estrutura técnica e profissional conforme a legislação e as normas-padrão da atividade publicitária. Trata-se, inclusive, de uma exigência a ser requerida na fase de habilitação da licitante e somente é cabível em contratações de serviços publicitários. Por isso a importância de se estabelecer os estudos técnicos preliminares com a área requisitante (comunicação).

Outrossim, nas contratações de publicidade, a figura do desconto-padrão de agência é uma constante. O desconto-padrão é uma forma recorrente de remuneração, envolvendo o veículo de divulgação, a licitante e a Administração Pública. Essa figura de remuneração é originária dos veículos de divulgação tradicionais, e, apesar do nome, em nada se assemelha a um abatimento de valor.

Trata-se de uma forma de remuneração da agência publicitária de onde decorre grande parte de suas receitas, provenientes de TV, revistas e jornais. De forma sucinta, via de regra, do valor cobrado ao órgão público que deseja veicular uma campanha em veículos tradicionais de divulgação, vinte por cento do valor é destinado à agência contratada, enquanto que 80% é do veículo de divulgação.

Desse modo, se a Administração Pública decidir contratar serviços de publicidade deverá utilizar integralmente a Lei nº 12.232/2010, em que apenas as agências de publicidade poderão concorrer.

As Leis nºs 14.133/2021 e 13.303/2016 e seus regulamentos internos são utilizados de forma subsidiária, naquilo que a lei específica não versar.

Por outro lado, caso o objeto a ser contratado seja de comunicação digital, comunicação institucional e promoção, a lógica muda, e deve-se utilizar as Leis nºs 14.133/2021 e 13.303/2016 e seus regulamentos internos de forma prioritária.

É imperativo destacar o impacto do Acórdão nº 6.227/2016 da 2ª Câmara do Tribunal de Contas da União (TCU), em que se convencionou denominar como "boas práticas" os institutos próprios da Lei nº 12.232/2010. Neste acórdão, o TCU determinou a aplicação desses institutos nos segmentos de comunicação digital, institucional e promocional, diretriz que foi posteriormente incorporada pela Secretaria de Comunicação Social da Presidência da República (SECOM) em sua normativa.

Essa determinação implica que, mesmo nos ramos de comunicação não diretamente regidos pela Lei nº 12.232/2010, certos requisitos devem necessariamente constar no instrumento convocatório das licitações, quais sejam:

1. a adoção obrigatória da modalidade concorrência, com critério de julgamento baseado na melhor técnica ou na combinação de técnica e preço;
2. A elaboração de um *briefing* detalhado para orientar a confecção da proposta técnica, a qual deverá ser apresentada em dois envelopes distintos: um não identificado e outro idêntico, porém com identificação, para posterior cotejo da autoria;
3. A entrega de um invólucro ou envelope não identificado pelo licitante, destinado à análise técnica por uma subcomissão especialmente designada para esta finalidade;
4. A constituição de uma subcomissão técnica autônoma e independente, composta por membros que não tenham

participado da fase de planejamento da licitação, responsável pelo julgamento do envelope sem identificação do licitante;

5. A previsão da possibilidade de contratação de múltiplas agências, quando for o caso, visando ampliar a competitividade e a diversidade de soluções comunicacionais.

A incorporação desses elementos nos processos licitatórios para contratação de serviços de comunicação, mesmo fora do escopo direto da Lei nº 12.232/2010, visa assegurar a transparência, a imparcialidade e a eficiência na seleção das propostas. Essas "boas práticas" buscam garantir que a avaliação das propostas seja realizada com base em critérios técnicos objetivos, minimizando a possibilidade de favorecimentos indevidos e maximizando a qualidade dos serviços contratados pela Administração Pública.

É fundamental ressaltar que, sem um planejamento estruturado, a comunicação não alcançará a objetividade e o direcionamento necessários para sua eficácia. Nesse sentido, a fase preparatória da licitação assume um papel crucial, devendo definir com clareza e precisão os objetivos da comunicação, o público-alvo a ser atingido, bem como os canais e as mensagens a serem utilizados. Essa definição prévia é essencial para facilitar a elaboração de uma estratégia comunicacional assertiva e eficiente.

Nesse contexto, o estudo técnico preliminar emerge como um instrumento de suma importância, atuando como um aliado preventivo e uma ferramenta eficaz de gestão de riscos para a execução contratual. Sua relevância se evidencia ao auxiliar de forma substancial o processo de tomada de decisão do agente público incumbido de planejar essa licitação de comunicação, reconhecidamente peculiar, única e complexa.

O estudo técnico preliminar proporciona uma base sólida, permitindo uma análise detalhada do cenário comunicacional, identificando potenciais desafios e oportunidades, além de oferecer *insights* valiosos sobre as melhores práticas e tendências do setor.

Ademais, esse instrumento contribui significativamente para:

- a identificação precisa das necessidades comunicacionais do órgão contratante;
- a análise de viabilidade técnica e econômica da contratação;
- o levantamento de possíveis soluções disponíveis no mercado;
- a avaliação dos riscos associados à contratação e as estratégias para mitigá-los;
- a definição de critérios objetivos para a avaliação das propostas técnicas.

Ao fornecer uma visão abrangente e fundamentada do projeto de comunicação, o estudo técnico preliminar não apenas auxilia na elaboração de um edital mais robusto e alinhado às necessidades da Administração Pública, mas também contribui para a transparência e a eficiência do processo licitatório como um todo.

É importante salientar que a complexidade inerente às licitações de comunicação exige uma abordagem cautelosa e bem embasada. O estudo técnico preliminar, nesse cenário, atua como um farol, iluminando o caminho a ser seguido e permitindo que o agente público responsável pelo planejamento da licitação tome decisões mais informadas e estratégicas.

Dessa forma, o investimento de tempo e recursos na elaboração de um estudo técnico preliminar detalhado e abrangente se traduz em um processo licitatório mais seguro, eficiente e alinhado com os princípios da Administração Pública, maximizando as chances de uma contratação bem-sucedida e que atenda plenamente às necessidades comunicacionais do órgão contratante.

A relevância atribuída ao Estudo Técnico Preliminar (ETP) em uma licitação de comunicação é fundamental, pois esse instrumento pode desempenhar um papel relevante na construção dos documentos peculiares e obrigatórios inerentes a esse tipo específico de certame. Essa importância é especialmente notável considerando que a legislação confere atenção particular ao conteúdo das propostas apresentadas pelas licitantes nesse segmento.

O ETP, quando elaborado com rigor e profundidade, proporciona uma base sólida e abrangente que auxilia na definição precisa dos elementos que comporão o edital e seus anexos, incluindo o *briefing* e os critérios de avaliação das propostas técnicas. Essa fundamentação robusta é essencial, uma vez que se espera das licitantes uma demonstração de compreensão aprofundada e acurada do desafio de comunicação proposto.

Nesse contexto, o Estudo Técnico Preliminar pode contribuir significativamente para:

- a elaboração de um *briefing* mais detalhado e contextualizado, fornecendo às licitantes informações cruciais para o desenvolvimento de propostas alinhadas às necessidades reais do órgão contratante;
- a definição de critérios de avaliação mais objetivos e pertinentes, que permitam uma análise precisa da capacidade técnica e criativa das licitantes;

- a identificação e descrição clara dos desafios comunicacionais a serem enfrentados, possibilitando que as licitantes demonstrem sua compreensão e capacidade de resposta a esses desafios;
- o estabelecimento de parâmetros qualitativos e quantitativos para a avaliação do raciocínio básico e da própria estratégia de comunicação, elementos fundamentais da proposta técnica;
- a delimitação precisa do escopo dos serviços a serem contratados, evitando ambiguidades e facilitando a elaboração de propostas mais assertivas por parte das licitantes.

É importante ressaltar que a expectativa de uma compreensão aprofundada e acurada por parte das licitantes não se limita apenas à interpretação superficial do *briefing*. Espera-se que as empresas participantes sejam capazes de analisar criticamente o contexto comunicacional apresentado, identificar oportunidades e desafios implícitos, e propor estratégias que não apenas atendam às demandas explícitas, mas também agreguem valor à comunicação do órgão contratante.

Dessa forma, o estudo técnico preliminar se consolida como um instrumento valioso na preparação de licitações de comunicação, contribuindo para a elaboração de editais alinhados às necessidades específicas do órgão, e consequentemente, para a seleção de propostas que efetivamente demonstrem uma compreensão acurada dos desafios comunicacionais apresentados.

3 Dos requisitos específicos de uma licitação de comunicação

É notório que as licitações de comunicação possuem características peculiares, as quais envolvem requisitos específicos que circundam a avaliação técnica das licitantes.

Há uma preocupação acentuada em verificar se a contratada possui condições técnicas para solucionar os desafios de comunicação apresentados pelos órgãos públicos.

Diante disso, passaremos a discorrer brevemente sobre esses institutos e sua correlação com a fase preparatória da licitação.

3.1 *Briefing*

De acordo com a Instrução Normativa nº 01/2023 – SECOM/PR, o *briefing* é um documento fundamental que consolida, de maneira clara, precisa e objetiva, o conjunto de informações essenciais e suficientes para embasar a elaboração de uma proposta técnica no âmbito de um processo licitatório, ou para orientar a proposição de ações específicas durante a execução contratual.

Esse instrumento serve como base norteadora, fornecendo os parâmetros necessários para que os proponentes ou contratados possam compreender integralmente as necessidades e expectativas do órgão público, assegurando assim a adequação e eficácia das propostas ou ações a serem desenvolvidas.

O *briefing* é parte integrante e indissociável do edital de licitação, estabelecendo as diretrizes informacionais essenciais para a elaboração das propostas pelos licitantes, seguindo orientações específicas detalhadas em anexo próprio.

Os licitantes devem basear suas propostas técnicas nos desafios e objetivos de comunicação delineados no *briefing*. Uma característica singular do *briefing* no contexto do procedimento licitatório é seu caráter temporariamente sigiloso. Diferentemente dos demais documentos do processo, a versão final do *briefing*, após aprovação pela autoridade competente, é inserida no processo licitatório apenas um dia antes da publicação do edital. Essa medida visa garantir a equidade e a integridade do processo competitivo.

A elaboração do *briefing* é uma tarefa de grande responsabilidade, em que o dirigente do órgão ou entidade, ou alguém por ele formalmente designado, indica os responsáveis por sua elaboração através de um ato específico. Estes profissionais, antes de iniciarem seus trabalhos, devem assinar um termo de confidencialidade, reforçando o caráter sigiloso do documento.

A confidencialidade do *briefing* deve ser tratada com relevância, eis que qualquer divulgação não autorizada ou antecipada desse documento acarretará a adoção de medidas administrativas e penais contra os responsáveis, conforme previsto na legislação vigente e na anulação do *briefing* e determinação de seu refazimento, com evidente retrabalho para a equipe responsável.

Na fase preparatória da contratação de serviços de comunicação, o *briefing* é um documento que tem o condão de esclarecer a real necessidade comunicacional do órgão público, abordando aspectos essenciais que nortearão toda a estratégia subsequente.

Primordialmente, o *briefing* deve elucidar, com clareza e objetividade, a mensagem que o órgão público pretende transmitir. Essa definição é o alicerce sobre o qual toda a estratégia de comunicação será construída. Em seguida, é imperativo que se estabeleça, de forma inequívoca, o objetivo primordial da comunicação, delineando as metas a serem alcançadas e os resultados esperados.

A identificação do público-alvo é outro elemento crucial que o *briefing* deve contemplar. Essa análise demográfica e comportamental permitirá uma comunicação mais eficaz e direcionada, maximizando o impacto da mensagem. Paralelamente, é fundamental que o documento especifique o orçamento destinado à contratação, proporcionando uma base realista para o planejamento e execução das ações propostas. É importante ressaltar que o não atendimento ao orçamento estabelecido pode resultar na desclassificação de licitantes que apresentem soluções intangíveis ou incompatíveis com os recursos disponíveis.

O *briefing* deve, ainda, incluir informações técnicas detalhadas sobre o órgão contratante. Esse conhecimento aprofundado sobre a instituição permitirá que as propostas sejam mais alinhadas com sua cultura, valores e objetivos estratégicos, demonstrando o compromisso do licitante em atender as necessidades de seu futuro cliente.

Ademais, um levantamento minucioso das necessidades e expectativas do órgão deve ser realizado e explicitado no *briefing*, garantindo que todas as nuances e particularidades sejam consideradas no processo de contratação.

Esse conjunto abrangente de diretrizes e procedimentos, cuidadosamente delineado no *briefing*, visa assegurar não apenas a transparência e a eficácia do processo de contratação, mas também promover a equidade entre os potenciais prestadores de serviço. Ao fornecer um panorama das necessidades e expectativas do órgão público, o *briefing* possibilita que as propostas apresentadas estejam mais próximas aos objetivos da Administração Pública.

A confecção do *briefing* é um passo fundamental da fase de planejamento, sendo essencial para o sucesso da licitação e da futura execução contratual.

3.2 Subcomissão técnica e dinâmica dos envelopes

A Lei nº 12.232/2010 introduziu um procedimento inovador buscando garantir a imparcialidade e a qualidade técnica na avaliação das propostas em licitações de serviços de publicidade, incorporada como boa prática para os demais ramos de comunicação, como já se sabe.

A subcomissão técnica é um órgão auxiliar, responsável pela análise e julgamento das propostas técnicas. Conforme estabelecido no artigo 10 da Lei nº 12.232/2010, essa subcomissão deve ser composta por, no mínimo, três membros formados em comunicação, publicidade ou marketing, ou que atuem em uma dessas áreas. Ademais, pelo menos 1/3 (um terço) dos membros não pode manter nenhum vínculo funcional ou contratual, direto ou indireto, com o órgão ou entidade responsável pela licitação.

A compreensão dessa regra é indispensável e pode desdobrar na necessidade de deflagração de um procedimento auxiliar paralelo e concomitante, que é o credenciamento, para efetivar a composição dessa subcomissão.

Releva observar que os membros dessa subcomissão não podem ter participado da fase preparatória, pois não devem conhecer o *briefing* previamente, evitando assim direcionar seus pensamentos a alguma ideia preconcebida. Essa restrição apresenta um desafio significativo, especialmente em cenários onde os órgãos públicos possuem setores de comunicação enxutos, o que é uma realidade na grande maioria dos casos.

Diante dessa dificuldade, o credenciamento tem se tornado uma possibilidade viável e bastante utilizada para suprir esse "gap". Essa solução é particularmente relevante considerando que a entidade responsável pela licitação deve realizar um sorteio público para escolher os membros da subcomissão técnica, em sessão previamente designada.

O procedimento de credenciamento, nesse contexto, serve como um mecanismo para criar um banco de profissionais qualificados, externos ao órgão, que podem ser sorteados para compor a subcomissão técnica. Esse processo permite que o órgão público tenha acesso a um *pool* diversificado de especialistas em comunicação, publicidade ou marketing, garantindo, assim, a imparcialidade e a expertise necessárias para a avaliação das propostas técnicas.

É inegável, portanto, que a questão da composição da subcomissão técnica e a possível necessidade de um processo de credenciamento são aspectos a serem discutidos no estudo técnico preliminar, em que se pode abordar:

- a disponibilidade de profissionais qualificados dentro do órgão e a necessidade de buscar expertise externa;
- a viabilidade e os procedimentos para a realização de um processo de credenciamento;
- os critérios técnicos para o credenciamento de profissionais;
- as implicações orçamentárias e logísticas da utilização de uma subcomissão com membros externos;
- as estratégias para garantir a imparcialidade e a confidencialidade no processo de avaliação;

Essa abordagem proativa na fase de planejamento pode prevenir potenciais problemas durante o processo licitatório, além de assegurar que a avaliação das propostas técnicas seja realizada com o mais alto nível de competência e imparcialidade, contribuindo, assim, para a seleção da proposta mais vantajosa para a Administração Pública.

Ato contínuo, a utilização de invólucros distintos, conforme estabelecido no artigo 9º da Lei nº 12.232/2010, é um aspecto inerente aos certames de comunicação, e o ETP deve considerar os aspectos logísticos relacionados à preparação e fornecimento do Invólucro nº 1 (Via não Identificada), onde se ressalta a análise de riscos contemplando:

a) possíveis falhas no processo de anonimização das propostas;
b) riscos de identificação indevida das propostas não identificadas;
c) estratégias para mitigar esses riscos, como treinamento da equipe envolvida e estabelecimento de protocolos rigorosos de manuseio dos invólucros (seja digital ou presencial).

Mais que isso, deve-se atentar para a definição de critérios técnicos no ETP, considerando:

a) a necessidade de critérios objetivos que possam ser aplicados às propostas não identificadas;
b) a importância de evitar critérios que possam, mesmo que indiretamente, levar à identificação dos proponentes.
c) a metodologia para abertura dos invólucros não identificados;
d) o processo de avaliação pela subcomissão técnica;
e) procedimentos de confidencialidade e imparcialidade no processo.

A dinâmica dos envelopes e a atuação da subcomissão técnica são elementos que buscam garantir a qualidade e a imparcialidade na seleção de serviços de publicidade para a Administração Pública, refletindo o compromisso com a transparência e a eficiência na gestão dos recursos públicos.

3.3 Modelo de múltiplas contratações

Outra peculiaridade relevante é a natureza indivisível dos serviços de comunicação a serem contratados, o que impede o parcelamento da solução de comunicação. É fundamental esclarecer que o parcelamento da solução de comunicação não se confunde com a possibilidade de contratar simultaneamente várias agências. Embora possa parecer inicialmente complexo, esse conceito é crucial para a compreensão adequada das contratações no âmbito da comunicação pública.

Os serviços de comunicação, devido à sua natureza essencialmente intelectual, não se prestam a uma divisão ou repartição entre diversas contratadas para fins de planejamento, execução e monitoramento de resultados de forma segmentada. Essa característica intrínseca dos serviços de comunicação demanda uma abordagem integrada e coesa.

Assim, quando se determina a execução de uma estratégia específica de comunicação, é imperativo que a contratada assuma a responsabilidade pelo ciclo completo do projeto, desde sua concepção inicial até a conclusão e avaliação dos resultados. Esse processo contínuo e interligado garante a coerência e a eficácia da mensagem transmitida, além de possibilitar uma gestão mais eficiente dos recursos e uma melhor avaliação do impacto das ações implementadas.

A contratação simultânea de múltiplas agências, por outro lado, refere-se à possibilidade de o órgão público manter contratos com diferentes prestadores de serviços de comunicação, cada um responsável por projetos ou campanhas distintas. Essa abordagem pode ser adotada para atender a demandas variadas ou para garantir uma diversidade de perspectivas criativas, sem comprometer a integridade de cada projeto individual.

Assim, enquanto cada agência contratada é responsável pela execução integral de seus projetos designados, o órgão público mantém a flexibilidade de distribuir diferentes desafios de comunicação entre as agências contratadas, de acordo com suas especialidades ou capacidades específicas.

Esta distinção é importante para a gestão eficaz dos contratos de comunicação no setor público. Ela permite que cada projeto seja conduzido de forma coesa e integrada por uma única agência, garantindo a unidade conceitual e estratégica, ao mesmo tempo que proporciona ao órgão contratante a versatilidade de contar com diferentes parceiros para atender à diversidade de suas necessidades comunicacionais, quando for o caso.

Em suma, o não parcelamento da solução de comunicação assegura a integridade e eficácia de cada projeto, enquanto a possibilidade de contratação simultânea de múltiplas agências oferece ao órgão público a flexibilidade necessária para abordar uma variedade de desafios comunicacionais com expertise diversificada.

Para determinar se haverá múltipla execução ou não, tal questão deve ser cuidadosamente analisada nos estudos técnicos preliminares, levando em consideração critérios como:

a) se o objeto da contratação pode ser executado de forma concorrente e simultânea por mais de um contratado; e
b) se a múltipla execução é conveniente para atender às necessidades da Administração.

A Instrução Normativa nº 01/2023 da Secretaria de Comunicação Social da Presidência da República (SECOM/PR) estabelece o número de agências a serem contratadas, que varia de acordo com o valor do contrato. Esse valor utiliza como base o "valor de grande vulto" estabelecido pela Lei nº 14.133/2021, servindo como referência para as decisões de contratação.

Para os serviços de publicidade, a normativa estabelece as seguintes diretrizes:

- contratos até 9,99% do valor de grande vulto: o órgão pode optar por contratar uma ou duas agências de propaganda;
- contratos entre 10% e 49,99% do valor de grande vulto: contratação de duas agências;
- contratos entre 50% e 79,99% do valor de grande vulto: contratação de três agências;
- contratos acima de 80% do valor de grande vulto: requerem a contratação de quatro agências.

Para os serviços de comunicação digital, comunicação institucional e promoção, a normativa apresenta parâmetros distintos:

- contratos até 19,99% do valor de grande vulto: o órgão pode escolher entre contratar uma ou duas empresas;
- contratos entre 20% e 49,99% do valor de grande vulto: devem ser contratadas três empresas;
- contratos acima de 50% do valor de grande vulto: exigem a contratação de quatro empresas.

É importante ressaltar que, embora múltiplas agências venham a ser contratadas, projetos ou campanhas específicos devem ser conduzidos integralmente por uma única agência, conforme discutido anteriormente. Isso garante a coesão e a integridade de cada iniciativa de comunicação.

Essa abordagem permite que o órgão público tenha acesso a uma diversidade de perspectivas criativas e estratégicas, potencialmente enriquecendo suas campanhas e ações de comunicação. Também proporciona maior flexibilidade na gestão dos projetos, permitindo a alocação de tarefas específicas às agências mais adequadas para cada demanda.

Por outro lado, essa sistemática pode apresentar risco de direcionamento interno para uma agência em específico, pelo que se deve realizar processo simplificado de seleção interna entre as agências já contratadas, com requisitos claros e objetivos de escolha.

Conclusão

O planejamento nas licitações de comunicação pública é um processo complexo e multifacetado que demanda atenção e uma compreensão profunda das peculiaridades desse campo. Ao longo deste artigo, exploramos os diversos aspectos que compõem esse cenário, desde a evolução da Administração Pública gerencialista até as especificidades técnicas e legais das contratações de serviços de comunicação.

A comunicação pública, em suas diversas ramificações — publicidade, promoção, comunicação institucional e comunicação digital — exige uma abordagem diferenciada no processo licitatório. A fase preparatória, em particular, emerge como um momento crítico, em que o ETP se destaca como uma ferramenta fundamental para o sucesso da contratação.

O *briefing*, a subcomissão técnica, a dinâmica dos envelopes e o modelo de múltiplas contratações são elementos que requerem atenção especial no planejamento. Cada um desses componentes pode — se executados em conformidade — contribui para garantir a transparência, a imparcialidade e a eficácia do processo licitatório, alinhando-se aos princípios da Administração Pública e às necessidades específicas da comunicação governamental.

A complexidade inerente a essas contratações, evidenciada pela necessidade de observância de múltiplas legislações e normativas, reforça a importância de um planejamento robusto. As Leis nºs 12.232/2010, 14.133/2021, e as instruções normativas da SECOM/PR formam um arcabouço legal que deve ser cuidadosamente considerado e aplicado.

Em suma, o planejamento eficaz nas licitações de comunicação pública não é apenas uma exigência legal, mas uma necessidade estratégica.

Ele assegura que os recursos públicos sejam utilizados de forma eficiente, que as mensagens governamentais sejam transmitidas com clareza e eficácia, e que o interesse público seja sempre priorizado. Ao investir tempo e recursos em um planejamento detalhado, os órgãos públicos não apenas cumprem suas obrigações legais, mas também maximizam o potencial de suas ações comunicativas, contribuindo para uma administração mais transparente, eficiente e alinhada com as expectativas da sociedade contemporânea.

Referências

BRASIL. Decreto nº 9.203, de 22 de novembro de 2017. Dispõe sobre a política de governança da administração pública federal direta, autárquica e fundacional. Disponível em: https://www.planalto.gov.br/ccivil_03/_Ato2015-2018/2017/Decreto/D9203.htm. Acesso em: 26 ago. 2024.

BRASIL. PORTARIA MCOM Nº 3.948, DE 26 DE OUTUBRO DE 2021. Disponivel em: https://www.gov.br/secom/pt-br/acesso-a-informacao/legislacao/P

BRESSER-PEREIRA, Luiz Carlos. *A reforma do estado nos anos 90*: lógica e mecanismos de controle. Brasília: Ministério da Administração Federal e Reforma do Estado, 1997.

LASTRES, H. M. M.; ALBAGLI, S. (org.). *Informação e globalização na era do conhecimento.* Rio de Janeiro: Campus, 1999.

Informação bibliográfica deste texto, conforme a NBR 6023:2018 da Associação Brasileira de Normas Técnicas (ABNT):

FURTADO, Monique Rafaella Rocha; FURTADO, Andressa Caroline Rocha. O planejamento nas licitações de comunicação: desafios e peculiaridades da fase preparatória. *In:* FURTADO, Madeline Rocha; FURTADO, Monique Rafaella Rocha (coord.). *O planejamento das contratações*: estudos técnicos preliminares e termos de referência: teoria e aplicação sob a égide da Lei nº 14.133/2021. Belo Horizonte: Fórum, 2025. p. 237-258. ISBN 978-65-5518-944-5.

CAPÍTULO 2

O PLANEJAMENTO DAS LICITAÇÕES INTERNACIONAIS E AS PARTICULARIDADES PARA O ETP E O TR

JONAS LIMA

1 Introdução essencial sobre as licitações internacionais

A licitação internacional, em termos realistas, é aquela que é obrigatória quando, em razão de limitações ou condições do mercado nacional, o Estado precisa, necessariamente, convocar, de forma expressa e em meios nacionais e internacionais de divulgação, licitantes estrangeiros a participarem da disputa e cujo edital convocatório é especialmente preparado para isso.

Não há discricionariedade para deixar de realizar a licitação internacional quando se está diante de um determinado mercado invertido, que é aquele no qual existem mais competidores em potencial no exterior do que no Brasil, como ocorre em áreas de veículos blindados, aeronaves, armamentos e munições, produtos militares em geral, insumos para pesquisa em laboratórios, equipamentos médico-hospitalares, equipamentos de telecomunicações mais específicos, grandes obras de infraestrutura e outros objetos de nichos de negócios bem peculiares.

1.1 Base constitucional

A base do artigo 37, *caput*, inciso XXI, da Constituição Federal é a mesma para as licitações internacionais, sejam com recursos brasileiros, sejam com recursos de doações ou recursos do exterior, como em projetos do BID e do BIRD e outros entes de cooperação internacional.

1.2 Base legal

Em nível infraconstitucional, a Lei nº 14.133/21 é a primeira contendo uma definição de licitação internacional, no caso, em seu artigo 6º, inciso, XXXV, *verbis*: "licitação processada em território nacional na qual é admitida a participação de licitantes estrangeiros, com a possibilidade de cotação de preços em moeda estrangeira, ou licitação na qual o objeto contratual pode ou deve ser executado no todo ou em parte em território estrangeiro".

Máxima vênia, o legislador deixou de considerar que é obrigatória a isonomia da informação sobre cada oportunidade de contratação dessa natureza também para as empresas estrangeiras, o que passa por adicional publicidade, que é simples e de baixo custo:

1. envio do aviso do edital e seu arquivo para os mais de 100 (cem) Setores de Promoção Comercial e Investimentos (SECOMs) do Brasil no exterior (https://www.gov.br/empresas-e-negocios/pt-br/invest-export-brasil/exportar/busque-apoio/ministerio-das-relacoes-exteriores-mre/setores-de-promocao-comercial-secoms-privado), que ficam nas embaixadas e consulado brasileiros e multiplicam informações de oportunidades de negócios em listas locais de eventuais interessados; e
2. inclusão do aviso e do edital no www.dgmarket.com, que surgiu de uma iniciativa do Banco Mundial em 2001 e hoje é o maior portal de contratações públicas do mundo, divulgando em tempo real licitações de mais de 170 países (https://www2.dgmarket.com/aboutdgMarket).

No aspecto de planejamento, ainda existem particularidades relacionadas à elaboração do estudo técnico preliminar, do termo de referência e do edital e seus anexos, valendo citar exemplos de situações "customizadas" (nem previstas nos atuais modelos padronizados de editais): regramento do representante legal do licitante estrangeiro no Brasil, habilitação com documentos estrangeiros e as suas formalidades específicas, modelos de propostas diferenciados para os licitantes brasileiros e os estrangeiros, minuta de contrato com potencial pagamento em moeda estrangeira, além de outros aspectos típicos de comércio exterior ou de regulação de certas atividades, inclusive, de engenharia.

Assim, a licitação internacional não é apenas aquela na qual se "permite" licitantes estrangeiros e moeda estrangeira e cujo objeto será executado no todo ou em parte no exterior. Ela vai muito além disso.

Aliás, até a publicação dos avisos dos editais de licitações internacionais precisa ter maior antecedência, porque no exterior o tempo para obter documentos equivalentes ou confirmar que pode nem haver certos equivalentes aos brasileiros, mais procedimentos de *compliance*, planilhamento de custos e formação de preços com logística internacional e outros detalhes, tudo isso demanda mais tempo em relação à realidade de uma licitação nacional.

Importante notar, ainda, que o artigo 52 da Lei nº 14.133/21 confirma as várias e obrigatórias customizações, quando em seu *caput* menciona que, nas licitações de âmbito internacional, o edital deverá ajustar-se às diretrizes da política monetária e do comércio exterior e atender às exigências dos órgãos competentes.

No caso, política monetária está ligada a temas como taxa de câmbio e outros aspectos das operações com moedas estrangeiras; comércio exterior tem relação com aspectos aduaneiros, como as tarifas nas importações, NCM (Nomenclatura Comum do Mercosul) e uso do SISCOMEX (Sistema Integrado de Comércio Exterior); e órgãos competentes são aqueles de anuência e/ou de regulação, como são ANVISA (Agência Nacional de Vigilância Sanitária), ANAC (Agência Nacional de Aviação Civil), ANATEL (Agência Nacional de Telecomunicações), CNEN (Comissão Nacional de Energia Nuclear), Exército etc.

Em termos resumidos, ainda quanto ao mesmo artigo 52 da lei, os seus parágrafos estabelecem que:

1. quando for permitido ao licitante estrangeiro cotar preço em moeda estrangeira, o licitante brasileiro igualmente poderá fazê-lo (medida de isonomia);
2. o pagamento feito ao licitante brasileiro eventualmente contratado em virtude de licitação nas condições dessa regra acima será efetuado em moeda corrente nacional (por ser a oficial no seu território);
3. as garantias de pagamento ao licitante brasileiro serão equivalentes àquelas oferecidas ao licitante estrangeiro (igualdade de tratamento);
4. os gravames incidentes sobre os preços constarão do edital e serão definidos a partir de estimativas ou médias dos tributos (basicamente, IPI, PIS, COFINS e ICMS, como forma de

simular a tributação local para as propostas de licitantes estrangeiros, para razoável isonomia em relação aos encargos incidentes sobre as propostas de licitantes brasileiros);

5. as propostas de todos os licitantes estarão sujeitas às mesmas regras e condições, na forma estabelecida no edital (por exemplo, de modo que todos calculem custos para entrega em mesmo local e termos, pois não se pode comparar propostas com bases desiguais); e
6. o edital não poderá prever condições de habilitação, classificação e julgamento que constituam barreiras de acesso ao licitante estrangeiro, admitida a previsão de margem de preferência para bens produzidos no país e serviços nacionais que atendam às normas técnicas brasileiras, na forma definida no art. 26 da lei (outra medida de isonomia).

Essa é uma visão básica da matéria.

E aqui cabe lembrar que não há permissão na lei para suposta figura de "licitação nacional de abrangência internacional", uma teratologia e ilícito grave (que ainda aparece em alguns processos), pois da definição de licitação internacional no artigo 6º, inciso XXXV, da lei consta que a permissão de participação de licitantes estrangeiros e de oferta em moeda estrangeira ocorre na licitação internacional. E não há outra hipótese, porque o Brasil, até o momento, não completou seu processo de acessão ao Acordo de Compras Públicas (GPA) da Organização Mundial do Comércio (WTO).

E a efetiva impossibilidade de se fazer uma licitação nacional de abrangência internacional se confirma no detalhamento que consta do artigo 52 da lei, sendo importante notar que esse artigo está inserido em subseção denominada: "Das Licitações Internacionais". Portanto, só há um caminho para a legalidade.

Em termos de avaliação de consequências práticas (artigo 20 da Lei de Introdução às Normas de Direito Brasileiro), tentar denominar algo como sendo uma licitação de nacional de abrangência internacional é o mesmo que fazer o processo da licitação internacional, mas repleto de nulidades absolutas, que não permitem saneamento, pois não se terá edital preparado adequadamente para a verdadeira e efetiva competição com empresas estrangeiras, com todos os regramentos essenciais e, ainda, sem a devida publicação adicional no exterior.

Por isso é necessário planejar e executar o processo da licitação internacional de forma correta em suas especificidades, sem que se tente forçar a internacional irregular disfarçada "dentro" de uma nacional.

No contexto das licitações internacionais, ainda cabe fazer a menção de que a Lei nº 13.303/2016 (Estatuto das Estatais) não traz detalhamento da matéria, de modo que ela é disciplinada dentro do texto de cada regulamento de cada estatal, com maior ou menor flexibilidade e similitude ou não em relação às disposições da Lei nº 14.133/21, tudo a depender da realidade e do objeto da estatal e se ela tem atividade econômica em concorrência no mercado.

Por fim, resta lembrar que nas situações de uso de recursos de entes de cooperação internacional, como o BID e o BIRD, além de outros, que são frequentes em doações e financiamentos para áreas específicas, como saneamento, meio ambiente, educação e outras, devem ser observados princípios administrativos licitatórios brasileiros, mas as regras daqueles entes devem ser observadas. Em suma, as suas diretrizes para métodos de aquisição, etapas de elaboração, modelos instrumentos convocatórios e regras de julgamento, para os mais diversos tipos de objetos, e até de suas auditorias.

Essa ambientação no universo das licitações internacionais é essencial.

2 O planejamento das licitações internacionais e as particularidades para ETP e TR

Em um ambiente de planejamento dessas licitações tão diferenciadas, é pressuposto que se considere que não é possível copiar, colar e tentar adaptação de ETP, TR e edital de certames nacionais, porque certas circunstâncias mudam, radicalmente, até a instrução dos processos e a redação dos chamados "artefatos".

2.1 Aspectos técnicos e mercadológicos para um ETP de processo internacional

A primeira questão diferenciada que interfere desde o estudo técnico preliminar é a pesquisa de mercado para a decisão de licitação internacional ou eventual contratação direta, que começa por pesquisar produtos e serviços não apenas com base de dados como a que se tem de processos do compras.gov.br e outros bancos de dados de portais brasileiros, como aqueles de painéis de preços ou similares, que na sua maioria estão repletos de preços de contratações locais ou de objetos até trazidos do exterior, mas importados por intermediários brasileiros.

Lidar com o mercado no exterior vai muito além disso e envolve ter uma visão de possibilidades que concretizam o efetivo respeito ao artigo 18 da Lei nº 14.133/21, que determina que a fase preparatória do processo licitatório é caracterizada pelo planejamento e deve compatibilizar-se com o plano de contratações anual e leis orçamentárias, bem como abordar todas as considerações "TÉCNICAS, MERCADOLÓGICAS" e de gestão que possam interferir na contratação.

Assim, não é correto em um ETP internacional partir para uma simplória pesquisa de preços de fornecedores de um objeto que se considere apenas o que há no Brasil e até se tenha como absolutas as declarações de exclusividade e de não similaridade, porque as informações no Brasil são limitadas, ao passo que no exterior há um ambiente de potenciais negócios muito mais amplo (várias são as situações nas quais há apenas um competidor no Brasil, mas dezenas no exterior).

Basta ver o que ocorre em certos nichos de negócio, como os de defesa e segurança nacional, médico-hospitalares, de grandes projetos de infraestrutura e mobilidade e outros específicos, como já ponderado.

Por isso que no estudo técnico preliminar de um certame internacional se adotam duas etapas de pesquisa:

1. inicialmente, no mercado nacional, com os dados públicos, como em qualquer processo licitatório; e
2. depois no mercado no exterior, com pesquisas de diversas fontes de dados e informações, de modo sequenciado, combinando estatística e elementos que levam a outros, como será adiante detalhado.

Colocando em foco os aspectos acima, no caso da pesquisa nacional, além de bases de dados comuns, que são as mesmas utilizadas para licitações nacionais, pode-se adicionar ao ferramental que se utiliza para qualquer processo também a pesquisa específica dentro de dados constantes do Painel de Empresas Estrangeiras do Governo Federal, pois nessa plataforma há razoável compilação de licitações internacionais concretizadas com editais, atas de pregões, documentos de empresas de países diversos e muitos outros elementos, além de viabilizar uma clara noção da participação de estrangeiras com SICAF próprio, ou seja, de sua titularidade, evitando o acesso ao portal compras.gov.br com o uso "emprestado" do SICAF do procurador da empresa estrangeira no Brasil, o que ainda se verifica em certas ocasiões de inviabilidade do registro cadastral estar concluído, em tempo hábil, em nome da licitante estrangeira.

De outro lado, dados de certames do regime da Lei nº 14.133/21 no Portal Nacional de Contratações Públicas não estão separados entre aqueles de licitações nacionais e internacionais, de modo que será necessário afinar os filtros de busca pelos objetos específicos que se pretende encontrar.

Quanto ao mercado no exterior, é interessante começar por uma simples pesquisa no www.google.com, para se perceber que, anualmente, existe para cada segmento de mercado o que se chama de "market report", que é o relatório com os dados de cada ambiente competição, por objeto, empresas, países, continentes, valores, sendo visível isso em mercados dos mais variados, como os de munição ("ammunition"), dispositivos médicos ("medical devices"), raio-x de carga ("cargo x-ray") e tantos outros. Mas é importante notar que essa pesquisa precisa ser feita diretamente com os termos técnicos do objeto em inglês, para conseguir resultados efetivos e com foco.

Para fins de referência, esses são alguns dos sites com monitoramento e relatórios de mercado, dos mais variados setores econômicos: www.reportlinker.com, www.marketsandmarkets.com, www.fortunebusinessinsights.com, www.mordorintelligence.com e www.statista.com.

Os mencionados relatórios de mercado revelam dados importantíssimos de cada ano, como os de 2023 e 2024, que servem de base para os processos de 2025, por exemplo, e assim sucessivamente. Nesses relatórios constam ainda os números e/ou percentuais de "market share" (com as proporções de participação de mercado de cada empresa), estatísticas por ano e projeções e o que mais irá importar, a lista dos principais fornecedores ("top suppliers") ou fabricantes ("key manufacturers"), sendo interessante lembrar que variações desses termos acima, na pesquisa, podem levar a resultados diferentes (pode haver necessidade de fazer uma busca com outro nome técnico de um mesmo tipo de produto e serviço, por exemplo, "bulletproof vest" e "body armor", expressões que levam ao mercado de coletes balísticos).

No contexto acima, as pesquisas pelos objetos a serem compreendidos em um estudo técnico preliminar precisam ser feitas com nível de descrições técnicas que acertem no foco pretendido, por exemplo: "5.56×45mm NATO firearms" (armas de fogo nesse calibre e em padrões técnicos da OTAN), ".40 S&W" ou "9mm" (para pistolas), "fire truck" (caminhão de combate a incêndio), "patrol boat" (barco de patrulha), "XRF mineral analyzer" (analisador de metais) e outros.

Esse trabalho pode ser facilitado também com ajuda de explicações e análise técnicas e de mercado a serem realizadas com ajuda de ferramentas de inteligência artificial, pois ChatGPT, Perplexity, Gemini e Copilot, por exemplo, buscam e ainda organizam dados de competidores e produtos e serviços de forma mais sistemática e coerente, o que leva a mais eficiência no processo, embora não se possa, de forma alguma, dispensar o dever do agente público de validar dados e acessar os portfólios de produtos e serviços diretamente dos sites das empresas estrangeiras que forem localizadas.

Outra questão peculiar com a qual deparam os gestores públicos na fase de estudo técnico preliminar das contratações internacionais é a dificuldade de obter informações mais diretas das empresas estrangeiras, pois uma parte delas, por receio de questões típicas do Brasil, como atrasos de pagamentos, condições de pagamento, excesso de burocracia e outras, simplesmente, nem possuem um interesse efetivo de vendas no país. Mas ainda assim o gestor deve insistir em fazer eventuais contatos caso o que ele encontre em *folder* ou catálogo, por exemplo, não lhe dê a visão clara ou completa de especificações e funcionalidade de certo objeto.

A recomendação, portanto, é que antes de qualquer tentativa de contato direto com as empresas estrangeiras se proceda, ao menos, a uma busca razoável por materiais e informações livremente disponíveis via internet, sobre o que cada uma das empresas informa que atende ou com o que trabalha, especificamente.

Em estágio mais avançado de elaboração do estudo técnico preliminar para licitação internacional, que irá levar ao respectivo termo de referência, será necessário compilar tudo que se conseguiu encontrar do mercado brasileiro e isso junto com o que se teve na busca do mercado estrangeiro, até para equiparar tecnicamente os objetos e definir a melhor escolha, além de se fazer a primeira equalização de valores em uma planilha, para que se tenha comparação clara e segura mesmo com diferentes cotações, de diferentes moedas, por exemplo. Isso será essencial, porque a equalização que se faz em fase interna será a base de uma competição correta, justa, com a equalização no momento de propostas e lances.

Para concluir, se a competição ocorre, nos termos do parágrafo quarto do artigo 52 da Lei nº 14.133/21, com equalização, qualquer cotação internacional de preços em um momento anterior deve conter a equalização, inclusive, para se fechar o tão conhecido mapa de preços ou similar, para que haja coerência de preços com a realidade a viabilizar a competição segura e sem preços predatórios.

Para fins de esclarecimento, a equalização tributária funciona como um meio de aproximar as condições concorrenciais para uma disputa isonômica entre os licitantes brasileiros e os estrangeiros, "simulando" ou "adicionando" os percentuais da tributação local dos brasileiros para as propostas dos estrangeiros, com esses encargos: Imposto sobre Produtos Industrializados (IPI), Contribuição para o Programa de Integração Social (PIS), Contribuição para Financiamento da Seguridade Social (COFINS) e Imposto sobre Circulação de Mercadorias e Serviços (ICMS).

Vale notar que as alíquotas de tributação variam de acordo com a classificação fiscal de cada produto e suas regras específicas, além de ser essencial considerar que existem as regras relativas ao modo de cálculo sequenciado dos encargos. Por exemplo, hipoteticamente, com alíquotas relativamente comuns, tem-se IPI em 15%, PIS em 1,65%, COFINS em 7,6% e ICMS em 18%. Disso, deve haver a aferição dos percentuais e valores tendo em vista a base de cálculo de cada um dos encargos, seguindo a ordem entre eles e, ainda, com o ICMS ao final, com suas regras próprias.

2.2 Destaques de dispositivos normativos no contexto do ETP internacional

Os notórios dispositivos da Lei nº 14.133/21 que tratam de detalhes do estudo técnico preliminar ganham abordagem diferenciada quando da aplicação para certames internacionais.

Inicialmente, quando se trata do disposto no artigo 18, §1º, da lei, ao se evidenciar o problema a ser resolvido e a sua melhor solução, de modo a permitir a avaliação da viabilidade técnica e econômica da contratação, isso não pode ser trabalhado apenas considerando o mercado brasileiro, como já ficou claro.

Nesse contexto, passando para a análise dos incisos daquele parágrafo, um levantamento de mercado nacional e internacional levará a conclusões mais amplas e seguras, de modo que uma possível compra direta pode até terminar sendo convertida em obrigação de se fazer um pregão internacional, por exemplo, quando se descobre um mercado que parecia não existir.

Já a descrição da solução como um todo passa por aspectos práticos do momento "pós licitação", com as questões relativas a garantia, manutenção e assistência técnica de algo vindo do exterior, mas vendido a órgão público brasileiro, ou seja, importa muito trabalhar com cautela esse ETP diferenciado, para viabilizar a devida segurança a ser tratada no TR para evitar ou buscar minimizar riscos para a execução do futuro contrato.

Por fim, quando se chega às conclusões de ser aquela a melhor escolha, deve ficar bem justificado e informando tudo que se encontrou no Brasil e no exterior, explicando a decisão por tal ou qual produto ou tipo de serviço definido, que irá para o TR a ser elaborado em seguida.

Essas são particularidades de aplicação das conhecidas normas sobre ETP, mas com as particularidades para o processo internacional.

2.3 Destaques de dispositivos normativos no contexto do TR internacional

No tocante ao termo de referência internacional há a mesma realidade do dever de "customizar" a aplicação das normas da Lei nº 14.133/21.

No caso, o artigo 6º, inciso XXIII, da lei deve ser seguido com ajustes nos trabalhos a serem empreendidos pela equipe de planejamento da contratação.

Isso leva a destaques que podem ser assim exemplificados quando se comparam as regras do dispositivo acima tratado:

1. ao se tratar de parâmetros e descritivos não se pode ter em mente apenas certificações ou características de normas técnicas de um país específico, mas se compatibilizar o respeito com as regulações brasileiras e certa convergência regulatória média na comparação e aceitabilidade de normas técnicas estrangeiras, em prol de manutenção da competitividade;
2. os prazos de entrega não podem ser irrealistas em face do que há no mercado internacional, até porque alguns objetos como aeronaves, veículos, armamentos e outros levam meses para ter a sua produção iniciada e o processo de aprovações de importação e exportação ter sua conclusão, o que impacta em prazos contratuais diferenciados no TR e na minuta do contrato;
3. o ciclo de vida também deve ser considerado em relação ao produto do Brasil e do Exterior, com comparativo de ambas as situações;

4. os requisitos podem ser moldados para um meio termo que não venha a prejudicar a competição para brasileiros ou estrangeiros, sendo importante notar que a decisão precisará considerar muito o que há em ambos os mercados, para se ter certeza da melhor especificação para a demanda específica a ser atendida;
5. a gestão e a fiscalização contratual com empresas estrangeiras será diferenciada, com garantias que podem vir do exterior, profissionais estrangeiros em serviços específicos no Brasil, pagamentos com a via da carta de crédito e outros aspectos que nem nos modelos de editais padronizados isso consta (em razão de significativa variação de especificidades dos processos de contratações internacionais, ainda não há modelos estabelecidos pelos entes de controle ou procuradorias, bastando exemplificar que um edital para pregão internacional visando ao registro de preços para a aquisição de armamentos ou munições possui evidentes diferenças regulatórias e na sua estrutura de anexos e desdobramentos de comércio exterior, para as respectivas importações, quando comparado a um edital de concorrência internacional para obra pública, que terá potencial de execução local do objeto com presença de profissionais de engenharia com formação no exterior);
6. a estimativa de valores precisa considerar a realidade dos valores de brasileiro e de estrangeiros em comparação com equalização de encargos, o que é essencial repetir, para não se levar a licitação a um ponto de partida já irreal no teto ou máximo admitido de preços; e
7. requisitos específicos da contratação e detalhes como antecipações de pagamento, que são essenciais para determinados objetos, como já mencionados veículos e aeronaves, e alguns outros, afetam o molde de regras dentro do TR, que ficam bem diferentes em relação ao que se teria em um TR de licitação nacional.

Essas são realidades típicas da aplicação de normas de TR que devem ser consideradas na elaboração desse tipo de artefato, quando o mercado está mais no exterior que no Brasil, como já tão alertado.

3 Conclusões

Em síntese, os gestores públicos e os licitantes precisam compreender que o processo de planejamento, incluindo o estudo técnico preliminar e o termo de referência de uma licitação internacional passam longe do simples uso de padrões ou modelos, porque a especificidade é tão grande que não se pode tentar forçar um artefato de um certame nacional como sendo base de uma disputa internacional.

Informação bibliográfica deste texto, conforme a NBR 6023:2018 da Associação Brasileira de Normas Técnicas (ABNT):

LIMA, Jonas. O planejamento das licitações internacionais e as particularidades para o ETP e o TR. *In:* FURTADO, Madeline Rocha; FURTADO, Monique Rafaella Rocha (coord.). *O planejamento das contratações*: estudos técnicos preliminares e termos de referência: teoria e aplicação sob a égide da Lei nº 14.133/2021. Belo Horizonte: Fórum, 2025. p. 259-270. ISBN 978-65-5518-944-5.

CAPÍTULO 3

INTELIGÊNCIA ARTIFICIAL, ETP, TR E O COELHO BRANCO

JANDESON DA COSTA BARBOSA

Introdução

As contratações públicas, tradicionalmente marcadas por desafios burocráticos e procedimentos complexos, têm enfrentado seu maior período de transformação da história recente. Com a chegada da Lei nº 14.133/2021, muitas das práticas antigas foram revisitadas e novos requisitos foram introduzidos, como a obrigatoriedade da elaboração do Estudo Técnico Preliminar (ETP) para todos os entes federados.

No entanto, essa transição trouxe à tona disparidades preexistentes entre diferentes esferas governamentais, especialmente em pequenos municípios, que agora enfrentam o desafio de adaptar-se a um novo marco legal sem os recursos adequados.

Nesse cenário de mudança, uma questão central se impõe: como superar as limitações estruturais e culturais que dificultam a adoção de práticas mais maduras de gestão. A implementação da Lei nº 14.133/2021 revelou a importância estratégica do estudo técnico preliminar (ETP) e do termo de referência (TR) como instrumentos indispensáveis na fase de planejamento das contratações públicas.

Aqui convém mencionar o importante Acórdão TCU-Plenário nº 1.917/2024[1] em que o Tribunal de Contas da União (TCU) analisou a maturidade de implementação da Nova Lei de Licitações nas três esferas federativas. O *decisum* destaca que a elaboração do ETP deve

---

[1] BRASIL. Tribunal de Contas da União. Acórdão TCU-Plenário 1.917/2024.

ir além de uma formalidade burocrática, consolidando-se como um estudo robusto que integra as demandas identificadas com as soluções mais adequadas, em conformidade com os princípios de economicidade e eficiência. A insuficiência ou a superficialidade desses documentos tende a comprometer a eficácia das contratações e a gestão subsequente dos contratos, reiterando a necessidade de capacitação técnica para sua correta execução.

É nessa senda que a Inteligência Artificial (IA) emerge como uma solução inovadora, capaz de transformar a fase de planejamento das contratações públicas. Ferramentas como o ChatGPT oferecem uma maneira de simplificar e otimizar a elaboração de documentos técnicos, propondo uma resposta moderna a problemas antigos. São "ferramentas como o ChatGPT que oferecem um potencial inédito para transformar práticas rotineiras em abordagens mais dinâmicas e assertivas"[2].

Este artigo explora como a IA, quando corretamente integrada ao processo de contratações públicas, pode não apenas auxiliar na conformidade com a nova legislação, mas também promover uma gestão mais estratégica e eficiente. Contudo, a adoção dessa tecnologia exige discernimento e uma compreensão profunda dos desafios e oportunidades que ela traz. Ao longo do texto, serão discutidas as nuances dessa transformação, bem como as armadilhas e as promessas que acompanham a incorporação da IA no planejamento das contratações públicas.

Ao propor uma nova perspectiva sobre um problema antigo, este artigo convida o leitor a refletir sobre o potencial da IA na Administração Pública e a considerar como ela pode ser usada para superar desafios históricos, sem perder de vista a necessidade de um olhar crítico e fundamentado.

Uma solução nova para problemas antigos

No curioso mundo de *Alice no País das Maravilhas*, há um momento em que Alice, já exausta de tentar entender a lógica peculiar daquele universo, questiona o Coelho Branco sobre o significado da expressão

---

2 BARBOSA, Jandeson da Costa. Licitações do Futuro: como criar agentes personalizados no ChatGPT. Disponível em: https://ronnycharles.com.br/wp-content/uploads/2024/11/Licitacoes-do-Futuro-como-criar-agentes-personalizados-no-ChatGPT.pdf. Acesso em: 10 jan. 2025.

"para sempre". A resposta, tão surpreendente quanto o próprio País das Maravilhas, é desconcertante: "Às vezes, apenas um segundo".[3]

Aqui, o tempo, que em nosso mundo costuma ser uma linha reta e previsível, se transforma em algo maleável, quase irreconhecível. Esse jogo com a ideia de tempo nos faz pensar em como conceitos que consideramos fixos podem, na verdade, ser repensados e reinterpretados.

Essa mesma reflexão nos leva a um terreno que, para muitos servidores públicos, é quase tão enigmático quanto o País das Maravilhas: a fase de planejamento das contratações públicas. Anteriormente referida como "fase interna", essa etapa sempre foi vista como um desafio considerável, especialmente quando se trata do ETP.

Sob a égide da Lei nº 8.666/1993, o ETP não era exigido para a contratação de bens e serviços comuns, o que deixava um vácuo significativo na fase de planejamento. No entanto, a ausência de uma previsão legal não significava a inexistência dessa prática. Assim salientamos em outra obra:

> O Estudo Técnico Preliminar (ETP) é uma das grandes "novidades" da Lei 14.133/2021. Novidade em termos de previsão legal e abrangência de objetos nos processos de contratação pública de acordo com o novo diploma legal. Isso porque a Lei 8.666/1993 dispusera apenas que o projeto básico (nos casos em que era cabível) seria 'elaborado com base nas indicações dos estudos técnicos preliminares'.
>
> Tivemos, também, instruções normativas e resoluções de diversos órgãos tornando o ETP obrigatório para as contratações de tecnologia da informação. Mas o ETP, parecido em abrangência e conteúdo com o temos hoje, surgiu mesmo com a IN-Seges 40/2020, de observância obrigatória pelo Poder Executivo federal "para a aquisição de bens e a contratação de serviços e obras" (art. 1º).
>
> Enquanto isso, muitos estados e municípios, e até órgãos dos outros Poderes da União, continuaram alheios a esse 'ilustre desconhecido' em relação às contratações em geral. E mesmo nos órgãos que já o adotavam, o ETP era considerado por muitos um *calcanhar de Aquiles*.[4]

Diversos órgãos da administração pública federal e de outras unidades federativas já utilizavam o ETP por meio de normativas

---

[3] O diálogo ocorreu na adaptação cinematográfica da obra-prima de Lewis Carroll *Alice Através do Espelho* (2016), dirigida por James Bobin e produzida pela Disney.

[4] BARBOSA, Jandeson da Costa. *Fase de planejamento da contratação com apoio da Inteligência Artificial.* 2. ed. Natal: Virtú, 2024, p. 61-62.

infralegais. O próprio Tribunal de Contas da União já enunciava expressamente, nos idos de 2012, que as "aquisições de bens pela Administração devem estar baseadas em estudos prévios que demonstrem a necessidade e viabilidade das aquisições, a fim de evitar o mau uso de recursos públicos e não limitar o sucesso dos objetivos que se buscam atingir".[5] Mesmo assim, o ETP era visto por muitos servidores como uma tarefa árdua, complexa, e, por vezes, desnecessária.

A inexistência da previsão do ETP na Lei nº 8.666/1993 para bens e serviços comuns, aliada à sua adoção infralegal apenas em algumas esferas do Governo Federal e em outras unidades federativas, contribuiu significativamente para ampliar o abismo de maturidade nas contratações públicas entre esses entes e, especialmente, os pequenos municípios.

Enquanto o governo federal e outros entes que já utilizavam o ETP se tornaram mais maduros e sofisticados na gestão das contratações, muitos municípios menores permaneceram estagnados, ainda utilizando práticas desatualizadas que não acompanhavam as inovações trazidas por ferramentas como o Plano de Contratações Anual (PCA) e sistemas de gestão de riscos.

Essa disparidade entre os níveis federativos é uma questão central, pois os municípios menores, com menor capacidade técnica e financeira, enfrentaram uma barreira quase intransponível para implementar essas práticas mais avançadas. A Lei nº 14.133/2021, ao tornar o ETP obrigatório para todas as contratações, revelou ainda mais essa lacuna, expondo os municípios a um risco maior de fracasso na implementação da nova lei. Sem a adoção prévia de práticas de planejamento como o ETP, que já eram comuns no âmbito federal, esses pequenos entes federativos se viram despreparados para atender às novas exigências legais, ampliando o risco de falhas nas suas contratações públicas.

O desnível na adoção de práticas mais maduras de gestão e planejamento nas contratações públicas, destacada no artigo "Nova Lei de Licitações: poema de sete prazos",[6] evidencia a necessidade urgente de medidas estruturantes e de capacitação para que esses pequenos

---

5 BRASIL. Tribunal de Contas da União. Acórdão nº 2221/2012-TCU-Plenário.

6 BARBOSA, Jandeson da Costa; MACIEL, Francismary Souza Pimenta; KHOURY, Nicola Espinheira da Costa; CHIOATO, Tânia Lopes Pimenta. Nova Lei de Licitações: poema de sete prazos. Disponível em: https://conteudojuridico.com.br/consulta/artigos/61822/nova-lei-de-licitaes-poema-de-sete-prazos. Acesso em: 9 ago. 2024.

municípios possam alcançar um nível de maturidade compatível com os novos desafios trazidos pela Lei nº 14.133/2021. Tal previsão foi naturalmente comprovada inclusive pelo atraso de grande parte dos pequenos municípios na adoção do novo marco legal.[7]

Curiosamente, tal discrepância não é maior em razão de outro problema: mesmo os órgãos e entidades que já elaboravam ETP anteriormente, em regra, o faziam com bastante dificuldade, por vezes encarando-o como um mero documento formal, uma "coisa a mais a ser feita". Servidores encarregados de elaborar esses estudos frequentemente se sentiam desamparados, tendo que lidar com uma miríade de variáveis, desde a identificação das necessidades reais da administração até a pesquisa de mercado e análise de alternativas. A falta de padronização e de ferramentas adequadas agravava o problema, resultando em documentos superficiais ou mal direcionados, que comprometiam a qualidade das contratações subsequentes.

Vejamos trecho do voto do Relator de acórdão do TCU, que demonstra em um caso concreto que o ETP não cumpria sua finalidade básica de identificar as diversas soluções do mercado e aponta, justificadamente, a melhor para adoção no processo:

> Caso o planejamento deste pregão tivesse sido adequado, o estudo técnico preliminar mostraria quais as formas e/ou modelos de licenciamento da solução pretendida existem no mercado e, dentre essas, qual(is) a(s) mais adequada(s) ao que o [órgão] buscava contratar. Ou seja, o ETP deveria ter avaliado, entre outras questões, as seguintes: (i) quais empresas atuam no mercado da solução pretendida pelo [órgão]; (ii) como essas empresas atuam, quais são seus modelos de licenciamento; (iii) qual a sistemática utilizada por essas empresas para formação de preços; e (iv) qual a opção mais adequada ao atendimento das necessidades do [órgão]. Acórdão 1.567/2018-TCU-Plenário.[8]

Mas o problema não era "apenas" esse. Havia outra disparidade a ser desafiada: a obsolescência do arcabouço jurídico então existente com a transformação do mundo real. Esse fenômeno já era, de longa data, observado por ampla doutrina, dentre os quais citamos:

---

7 NARDONE, José Paulo. Desafios e oportunidades do primeiro ano da nova Lei de Licitações e Contratos. Disponível em: https://www.tce.sp.gov.br/6524-artigo-desafios-e-oportunidades-primeiro-ano-nova-lei-licitacoes-e-contrato. Acesso em: 11 ago. 2024.

8 BRASIL. Tribunal de Contas da União. Acórdão nº 1.567/2018-TCU-Plenário.

> O texto burocrático e analógico da Lei nº 8.666/93 foi isolacionista e ignorou a mudança comportamental gerada pela comunicação em rede, caracterizada pelo verbo "compartilhar", recebendo a contratação pública como uma relação isolada entre o órgão licitante e o fornecedor, desprezando o mundo virtual e a conectividade a ele inerente.
>
> Mesmo no campo doutrinário houve pouco debate sobre as evidentes disfuncionalidades de nosso regime licitatório tradicional, pois poucas vezes aprofundou-se uma análise econômica que tentasse "explicar, prever e entender o comportamento dos atores envolvidos nos processos de contratação pública".
>
> Com as recentes mudanças tecnológicas e mercadológicas, a defasagem do formato tradicional de licitação e contratação, com seu caráter nitidamente analítico, burocrático e detalhista, ficou cada vez mais patente, o que se agigantou com as dificuldades vivenciadas no ano de 2020, pelo enfrentamento à pandemia decorrente do Coronavírus.[9]

Esse previsível déficit em relação aos entes municipais foi demonstrado no amplo estudo do TCU. O Índice de Maturidade na Implementação da Lei de Licitações (IMIL), conforme descrito no Acórdão TCU-Plenário nº 1.917/2024[10], é um instrumento desenvolvido para mensurar a capacidade técnica e institucional de órgãos e entidades públicas em adotar as práticas exigidas pela Lei nº 14.133/2021. Esse índice avalia, em diferentes dimensões, aspectos como governança, planejamento, gestão de contratos e controle interno, oferecendo um panorama detalhado sobre a adequação das administrações públicas à nova legislação. Sua metodologia combina questionários aplicados aos entes públicos com análise de dados qualitativos e quantitativos, permitindo identificar áreas críticas que necessitam de melhorias.

Os resultados do IMIL indicam disparidades significativas entre os entes federativos. No âmbito municipal, o índice revelou um grau de maturidade consideravelmente inferior, em diversos segmentos, incluindo a "Dimensão B – Planejamento das Contratações".

Em contraste, os órgãos da esfera federal e parte dos estaduais mostraram níveis mais elevados de maturidade no IMIL. Apesar disso, os dados ostentados por esses entes em relação ao planejamento das contratações também não são animadores. Vejamos:[11]

---

9 TORRES, Ronny Charles Lopes de. *Leis de Licitações Públicas comentadas*. 15. ed. São Paulo: Juspodivm, 2024, p. 59.

10 BRASIL. Tribunal de Contas da União. Acórdão TCU-Plenário nº 1.917/2024.

11 BRASIL. Tribunal de Contas da União. Acórdão TCU-Plenário nº 1.917/2024.

Tabela 17 - Distribuição por Esferas e Faixas de Maturidade na Dimensão B

Grau de Maturidade/Esfera	Federal	(%)	Estadual	(%)	Municipal	(%)
Insuficiente	33	23,8%	11	39,3%	1.078	69,8%
Básico	73	52,5%	16	57,1%	407	26,3%
Intermediário	2	1,4%	0	0,0%	30	1,9%
Avançado	31 (*)	22,3%	1 (**)	3,6%	31 (***)	2,0%
Total Geral	139	100%	28	100%	1.546	100%
(*) 25 (vinte e cinco) com pontuação máxima.						
(**) com obtenção de pontuação máxima.						
(***) 24 (vinte e quatro) com total de pontos da dimensão.						

Fonte: elaboração própria

Isso ocorre, dentre outros motivos, porque, com a chegada da Lei nº 14.133/2021, esse abismo entre órgãos que elaboravam ou não o ETP foi desconsiderado: o documento passou a ser uma exigência obrigatória para todas as contratações, trazendo uma nova camada de complexidade para a fase de planejamento.

Decerto, "é o ETP que tem o potencial de impregnar as contratações públicas com as cores vivas do planejamento".[12] Todavia, para muitos municípios menores, essa mudança parecia um verdadeiro quebra-cabeça, com peças difíceis de encaixar. Afinal, como se adaptar a essas novas exigências sem os recursos necessários? Seria como tentar decifrar as regras do País das Maravilhas sem a ajuda do Gato de Cheshire. Já pontuamos, contudo, que o ETP pode ser o *matchpoint* para os entes estaduais e sobretudo municipais:

> A estados e municípios, tenho repetido que eles têm uma dupla oportunidade. A primeira advém do ETP em si, pois é uma ferramenta que – se bem executada – pode revolucionar as contratações públicas. A segunda oportunidade é a possibilidade de aprender com os erros dos órgãos federais que já utilizam o ETP. Portanto, nesta obra, tentarei, humildemente, e com base nessas experiências e impressões, ensinar o "jeito certo" de elaborar o ETP, sem os vícios até aqui verificados.[13]

E é exatamente nesse cenário que surge uma nova ferramenta, tão surpreendente quanto a resposta do Coelho Branco: a Inteligência Artificial. Ferramentas como o ChatGPT[14], com sua capacidade de

---

[12] BARBOSA, Jandeson da Costa. *Fase de planejamento da contratação com apoio da Inteligência Artificial*. 2. ed. Natal: Editora Virtú, 2024, p. 62.

[13] BARBOSA, Jandeson da Costa. *Fase de planejamento da contratação com apoio da Inteligência Artificial.*. 2. ed. Natal: Editora Virtú, 2024, p. 63.

[14] O ChatGPT é "uma ferramenta desenvolvida pela OpenAI, uma organização de pesquisa em inteligência artificial com o objetivo de promover e desenvolver IA responsável e segura. Ele é baseado na tecnologia de transformadores pré-treinados, que foi inicialmente

gerar textos e análises complexas, apresentam uma solução inovadora para um problema antigo. O que antes parecia um "para sempre" de dificuldades, pode agora ser resolvido de forma mais eficiente e acessível. A IA generativa é capaz de transformar a maneira como elaboramos documentos técnicos complexos, como o ETP e o TR. Como já sentenciava Madeline Furtado: "a eficiência na Administração Pública no mundo atual passa pela necessária implementação de tecnologia digital nos serviços públicos dos Governos"[15].

Logo após o lançamento do ChatGPT, muitos viram — dentre os primeiros estava este humilde escriba — o potencial de revolucionar a gestão pública. Com sua capacidade de processamento de linguagem natural e geração de texto, essa ferramenta tem o potencial de reduzir drasticamente o custo transacional associado à fase de planejamento. Se bem utilizada, a IA pode descomplicar a elaboração de ETPs, oferecendo suporte na coleta e organização de informações, na análise de alternativas e até na redação do documento final.

A verdadeira revolução trazida pela IA reside na sua capacidade de simplificar processos sem comprometer a qualidade ou a profundidade das análises. Se "[n]ão há como negar o paralelo existente entre a aplicação da nova lei e o avanço tecnológico, considerando que ambos estão intrinsecamente relacionados",[16] o acaso tratou de providenciar para que a mais poderosa ferramenta de IA já criada pela humanidade fosse lançada praticamente ao mesmo tempo que passou a ter vigência a Nova Lei de Licitações.

Para os pequenos municípios, que antes se viam à beira do colapso diante das exigências da nova lei, o ChatGPT pode ser uma verdadeira "tábua de salvação", oferecendo um meio de cumprir as exigências legais com eficiência e dentro das suas limitações operacionais.

Nessa senda, o nobre leitor deve estar agora questionando se este autor está a narrar uma "solução mágica" para todos os problemas das contratações públicas, ou se, ao contrário, essa é mais uma falsa

---

introduzida com o modelo GPT da OpenAI em 2018". *In*: VELÁSQUEZ, Fidel Rodríguez. O ChatGPT na pesquisa em Humanidades Digitais: oportunidades, críticas e desafios. *TEKOA*, v. 2, 2023.

[15] FURTADO, Madeline. A evolução do Direito Administrativo e sua correlação com as políticas públicas na era da tecnologia. Disponível em: https://www.novaleilicitacao.com.br/2024/04/24/a-evolucao-do-direito-administrativo-e-as-politicas-publicas-na-era-da-tecnologia/. Acesso em: 10 jan. 2025.

[16] SACRAMENTO, Francis Cláudia. AMARAL, Ana Cláudia. Dúvidas e desafios ainda enfrentados para a aplicação da nova Lei de Licitações. Disponível em: https://www.conjur.com.br/2022-nov-16/sacramentoe-amaral-desafios-envolvendo-aplicacao-lei-licitacoes/. Acesso em: 9 ago. 2024.

promessa que não trará grandes repercussões práticas. Este escriba defende que não se trata de nenhuma das duas hipóteses.

Embora a IA ofereça um vasto potencial para transformar o planejamento das contratações públicas, é fundamental reconhecer que ela não substitui o discernimento humano. A IA deve ser vista como uma ferramenta complementar, cujo verdadeiro valor se revela quando integrada ao conhecimento técnico e à experiência dos servidores públicos. Essa sinergia entre a inovação tecnológica e a expertise humana tem o poder de elevar significativamente a qualidade dos processos, permitindo decisões mais informadas e estratégicas, e conduzindo a uma gestão pública mais eficiente e eficaz.

Assim, ao refletirmos sobre esse paralelo entre a obra de Carroll e os desafios das contratações públicas, percebemos que o segredo para enfrentar problemas antigos não está apenas em novas regras, mas em novas perspectivas e ferramentas. O "para sempre" dos problemas do passado pode, finalmente, durar apenas o tempo necessário para uma solução inovadora entrar em cena.

VocêGPT

É certo que a IA surge como uma aliada poderosa na transformação da gestão de contratações públicas, prometendo ampliar as capacidades humanas e otimizar processos complexos. No entanto, a verdadeira eficácia da IA depende não apenas de sua sofisticação tecnológica, mas, principalmente, da qualidade da interação com o usuário que a opera.

Nesse contexto, este autor adotou o conceito de "VocêGPT", destacando a simbiose necessária entre as habilidades humanas e a Inteligência Artificial, criando um resultado que transcende as capacidades de qualquer uma das partes isoladamente. Ao final, o texto resultante do esforço comum será indubitavelmente a soma das habilidades e dos conhecimentos da IA com o humano que a operou.

A IA, quando bem utilizada, tem o potencial de multiplicar exponencialmente as habilidades do servidor, automatizando tarefas repetitivas, analisando vastos conjuntos de dados, e oferecendo *insights* baseados em padrões que seriam imperceptíveis ao olhar humano. No entanto, esse poder de amplificação só se realiza plenamente quando o usuário — no nosso caso, o servidor público — possui um profundo conhecimento das áreas envolvidas.

Assim, ao se selecionar servidores para operar a IA na fase de planejamento das contratações, não deve ser o foco da seleção encontrar servidores especialistas em tecnologia da informação, mas especialistas em ETP, Termo de Referência (TR), em suma, pessoas que dominam licitações e contratos administrativos.

Sem esse conhecimento fundamental, a IA pode facilmente se desviar, gerando o que no campo da inteligência artificial é conhecido como "alucinações" — conteúdos que, apesar de parecerem convincentes, estão incorretos ou fora de contexto. E aqui não é necessário citar as sérias consequências para o usuário, para a Administração Pública e para a sociedade em geral.

A questão central aqui é que a IA não possui uma compreensão intrínseca das nuances e especificidades das contratações públicas; ela opera com base em dados e padrões pré-existentes. Portanto, cabe ao servidor, através de *prompts* bem elaborados e de uma condução estratégica, guiar a IA para que os resultados produzidos sejam não apenas tecnicamente corretos, mas também juridicamente seguros e faticamente alinhados aos objetivos institucionais. Nesse processo, o servidor atua como um *maestro*, orquestrando as capacidades da IA para atingir a sinergia desejada.

Essa relação pode ser comparada à dinâmica entre os personagens Atlas e Smith no filme *Atlas*.[17] Ambos os personagens dependem de uma sincronização perfeita para alcançar seus objetivos; suas habilidades individuais, embora poderosas, só atingem o pleno potencial quando trabalham em harmonia. De forma semelhante, o servidor e a IA devem operar em sincronia para que o resultado final seja mais do que a soma das partes. A IA expande as capacidades do servidor, mas é o conhecimento, a experiência e a intuição humana que orientam e moldam essa expansão de forma produtiva.

Dessa integração emerge o conceito de "VocêGPT". Este termo reflete a fusão da inteligência humana com a artificial, criando um novo nível de produtividade e eficiência que nenhum dos dois poderia alcançar sozinho. "VocêGPT" é o resultado da colaboração estreita, onde a inteligência do servidor alimenta a IA com dados contextuais e diretivas precisas, enquanto a IA processa e devolve informações refinadas e analisadas, prontas para a tomada de decisão.

Na prática, "VocêGPT" não é um sistema fechado ou autossuficiente, mas um modelo de interação contínua e dinâmica. Ele exige que o servidor não apenas conheça as ferramentas de IA, mas também

---

17 *Atlas* é um filme de ação e ficção científica lançado em 2024. O filme é estrelado por Jennifer Lopez, e é dirigido por Brad Peyton. Disponível na plataforma Netflix.

compreenda profundamente o campo em que atua. Isso inclui a capacidade de criticar, ajustar e refinar as saídas geradas pela IA, garantindo que estas estejam alinhadas com as complexidades e exigências específicas da gestão de contratações públicas.

A inteligência artificial, a inteligência natural e o discernimento

A crescente adoção da IA nas atividades da Administração Pública tem trazido consigo um novo conjunto de desafios e oportunidades. No entanto, para que a IA produza resultados adequados e realmente úteis, é necessário que o usuário desenvolva e aplique uma gama de habilidades que vão além da simples operação de ferramentas tecnológicas. Aqui, entramos no domínio da "inteligência natural" — a capacidade humana de pensar criticamente, interpretar contextos, e tomar decisões informadas — que se torna essencial para moldar e orientar a atuação da IA. Vejamos algumas diretrizes nessa nova caminhada que precisam ser observadas pelos agentes públicos.

A "sincronização"

Primeiramente, o usuário precisa desenvolver a habilidade de dialogar com a IA de maneira eficaz. Esse diálogo não é meramente uma troca de comandos e respostas, mas um processo interativo de refinamento. A IA, em sua essência, trabalha com base em padrões e dados preexistentes, mas carece de uma compreensão profunda das complexidades contextuais que muitas vezes são cruciais para a tomada de decisão em ambientes como as licitações e contratos públicos. Essa troca de conhecimentos entre a IA e o ser humano é nomeada por este autor como "sincronização", em referência ao filme "Atlas" (2024).

O conhecimento do usuário

Ao redigir um Termo de Referência, o servidor deve ser capaz de explicar conceitos específicos, fornecer o contexto fático adequado, e, se necessário, ensinar à IA as nuances de uma situação particular. Isso exige que o usuário seja não apenas um operador da ferramenta, mas também um mentor, guiando a IA na direção correta.

A capacidade de fornecer *feedback* é igualmente importante. Quando a IA apresenta uma resposta que não está totalmente alinhada com as necessidades ou expectativas, cabe ao usuário analisar criticamente o que foi produzido, identificar as lacunas ou erros, e reorientar a IA com informações mais precisas ou *prompts* mais bem elaborados. Esse ciclo contínuo de interação é o que permite que a IA aprenda e ajuste suas saídas de forma mais eficaz, resultando em um produto final que reflete tanto a capacidade da máquina quanto a expertise do humano.

O discernimento ou "inteligência natural"

Além dessas habilidades interativas, o discernimento — a capacidade de julgar quando e como utilizar a IA — é uma competência crítica que o servidor precisa desenvolver. Não é porque a IA está disponível que ela deve ser usada para todas as tarefas. Nessa toada, deve o servidor utilizar o seu discernimento, o "bom e velho bom senso", na escolha de quando a IA é a ferramenta adequada e quando métodos mais simples ou tradicionais podem ser mais eficientes.

Um exemplo claro disso é o uso de instrumentos contratuais pré-aprovados pela Administração Pública. Esses documentos já passaram por um rigoroso processo de validação jurídica e administrativa, garantindo sua conformidade com as normas vigentes. Se o servidor precisa apenas ajustar detalhes como os dados das partes envolvidas ou realizar pequenas adequações, recorrer à IA para gerar um novo contrato pode ser um uso excessivo e desnecessário de tecnologia.

Nesse caso, ferramentas de TI menos complexas, que permitem edições diretas em modelos pré-aprovados, são mais apropriadas e eficazes. Aqui, o discernimento do usuário se mostra fundamental para evitar o desperdício de recursos e para garantir que o trabalho seja realizado da maneira mais prática e segura possível.

Em um aparentemente longínquo junho de 2023, já havíamos publicado um alerta semelhante:

> é necessário que os servidores analisem a exatidão e congruência das informações fornecidas pelo chat, verifique se tais elementos se amoldam ao caso concreto, além da irrenunciável análise escrita do autor com considerações acerca dos textos trazidos pelo ChatGPT.[18]

---

[18] BARBOSA, Jandeson da Costa. ChatGPT: Dorian Gray, Direito e Administração Pública. Disponível em: https://www.conjur.com.br/2023-jun-26/jandeson-barbosa-dorian-gray-direito-administracao-publica/. Acesso em: 11 ago. 2024.

A essa altura, o nobre leitor já deve ter compreendido que a verdadeira maestria no uso da IA não reside apenas em conhecer a tecnologia, mas em saber integrá-la de forma sábia e estratégica nas atividades diárias. O servidor público deve ser capaz de balancear a inovação tecnológica com a simplicidade e eficiência que, em muitos casos, soluções menos sofisticadas podem oferecer. O discernimento, aliado à capacidade de interagir criticamente com a IA, é o que permitirá ao servidor alcançar os melhores resultados, evitando tanto a subutilização quanto o uso indevido da tecnologia.

Em suma, a combinação da inteligência natural com a inteligência artificial, mediada por um discernimento aguçado, é o que permitirá que a IA seja uma verdadeira aliada na Administração Pública, potencializando as capacidades humanas sem perder de vista a eficiência, a praticidade e a segurança jurídica. Essa interação consciente e bem calibrada é a chave para o sucesso na era digital das contratações públicas.

Conclusão

Ao longo deste artigo, exploramos como a Inteligência Artificial generativa, representada por ferramentas como o ChatGPT, tem o potencial de revolucionar o planejamento das contratações públicas, oferecendo soluções inovadoras para desafios antigos.

A obrigatoriedade do ETP pela Lei nº 14.133/2021, e diversos outros pontos do novo diploma legal, revelou disparidades significativas entre diferentes esferas governamentais, especialmente evidenciando as dificuldades enfrentadas por pequenos municípios na adaptação ao novo marco legal.

Nesse contexto, a IA surge como uma ferramenta poderosa para nivelar essas diferenças, facilitando a elaboração de documentos técnicos complexos e aprimorando a qualidade das contratações.

Entretanto, como discutido, o uso da IA não é uma panaceia. A verdadeira eficácia dessa tecnologia depende da capacidade do servidor de interagir criticamente com a IA, utilizando seu discernimento para decidir quando e como aplicá-la. A Inteligência Artificial deve ser vista como um complemento ao conhecimento humano, não como um substituto. Somente através da integração inteligente dessas duas forças — a expertise humana e o poder de processamento da IA — é que se pode alcançar resultados realmente transformadores.

A provocação inicial deste artigo, sobre a possibilidade de encontrar novas soluções para problemas antigos, encontra aqui uma resposta afirmativa, mas com uma ressalva importante: o sucesso dessa nova abordagem depende tanto da tecnologia quanto da habilidade e do discernimento daqueles que a utilizam. A IA oferece uma oportunidade sem precedentes para melhorar a eficiência e a eficácia das contratações públicas, mas sua implementação deve ser cuidadosamente conduzida, com uma visão clara dos objetivos a serem alcançados e dos limites que essa tecnologia impõe.

Assim, ao incorporar a IA no planejamento das contratações públicas, estamos não apenas adotando uma ferramenta inovadora, mas também repensando profundamente como abordamos os desafios tradicionais da gestão pública.

Em última análise, o Acórdão TCU-Plenário nº 1.917/2024[19] enfatiza que o sucesso na aplicação da Nova Lei de Licitações e Contratos está intrinsicamente ligado à maturidade na gestão pública, o que inclui a adoção de práticas robustas de planejamento, como o uso assertivo do ETP e do TR. A falha em planejar adequadamente não apenas aumenta os riscos contratuais, mas também reduz a capacidade de alcançar resultados que efetivamente atendam ao interesse público. A inteligência artificial, nesse contexto, apresenta-se como um recurso poderoso, mas que exige um uso consciente e bem fundamentado para realmente transformar as contratações públicas.

O "para sempre" das dificuldades que antes pareciam intransponíveis pode, agora, ser transformado, desde que a inovação seja acompanhada de discernimento, conhecimento e uma visão estratégica clara. Dessa forma, a Administração Pública estará mais bem equipada para enfrentar os desafios do presente e do futuro, garantindo que as práticas de contratação evoluam para atender às necessidades complexas de uma sociedade em constante mudança.

Referências

BARBOSA, Jandeson da Costa. *Fase de planejamento da contratação com apoio da inteligência artificial*. 2. ed. Natal: Virtú, 2024.

BARBOSA, Jandeson da Costa. ChatGPT: Dorian Gray, Direito e Administração Pública. Disponível em: https://www.conjur.com.br/2023-jun-26/jandeson-barbosa-dorian-gray-direito-administracao-publica/. Acesso em: 11 ago. 2024.

---

[19] BRASIL. Tribunal de Contas da União. Acórdão TCU-Plenário nº 1.917/2024.

BARBOSA, Jandeson da Costa. Licitações do Futuro: como criar agentes personalizados no ChatGPT. Disponível em: https://ronnycharles.com.br/wp-content/uploads/2024/11/Licitacoes-do-Futuro-como-criar-agentes-personalizados-no-ChatGPT.pdf. Acesso em: 10 jan. 2025.

BARBOSA, Jandeson da Costa; MACIEL, Francismary Souza Pimenta; KHOURY, Nicola Espinheira da Costa; CHIOATO, Tânia Lopes Pimenta. Nova Lei de Licitações: poema de sete prazos. Disponível em: https://conteudojuridico.com.br/consulta/artigos/61822/nova-lei-de-licitaes-poema-de-sete-prazos. Acesso em: 9 ago. 2024.

BRASIL. Tribunal de Contas da União. Acórdão nº 1.917/2024- TCU-Plenário.

BRASIL. Tribunal de Contas da União. Tribunal de Contas da União. Acórdão nº 2.221/2012-TCU-Plenário.

BRASIL. Tribunal de Contas da União. Tribunal de Contas da União. Acórdão nº 1.567/2018-TCU-Plenário.

FURTADO, Madeline. A evolução do Direito Administrativo e sua correlação com as políticas públicas na era da tecnologia. Disponível em: https://www.novaleilicitacao.com.br/2024/04/24/a-evolucao-do-direito-administrativo-e-as-politicas-publicas-na-era-da-tecnologia/. Acesso em: 10 jan. 2025.

NARDONE, José Paulo. Desafios e oportunidades do primeiro ano da nova Lei de Licitações e Contratos. Disponível em: https://www.tce.sp.gov.br/6524-artigo-desafios-e-oportunidades-primeiro-ano-nova-lei-licitacoes-e-contratos. Acesso em: 11 ago. 2024.

SACRAMENTO, Francis Cláudia. AMARAL, Ana Cláudia. Dúvidas e desafios ainda enfrentados para a aplicação da nova Lei de Licitações. Disponível em: https://www.conjur.com.br/2022-nov-16/sacramentoe-amaral-desafios-envolvendo-aplicacao-lei-licitacoes/. Acesso em: 9 ago. 2024.

TORRES, Ronny Charles Lopes de. *Leis de Licitações Públicas comentadas*. 15. ed. São Paulo: Juspodivm, 2024.

VELÁSQUEZ, Fidel Rodríguez. O ChatGPT na pesquisa em humanidades digitais: oportunidades, críticas e desafios. *TEKOA*, v. 2, ano 2023.

Informação bibliográfica deste texto, conforme a NBR 6023:2018 da Associação Brasileira de Normas Técnicas (ABNT):

BARBOSA, Jandeson da Costa. Inteligência artificial, ETP, TR e o coelho branco. *In:* FURTADO, Madeline Rocha; FURTADO, Monique Rafaella Rocha (coord.). *O planejamento das contratações*: estudos técnicos preliminares e termos de referência: teoria e aplicação sob a égide da Lei nº 14.133/2021. Belo Horizonte: Fórum, 2025. p. 271-285. ISBN 978-65-5518-944-5.

TÍTULO IV

DIRETRIZES GERAIS PARA ELABORAÇÃO DE ETPs E TRs

CAPÍTULO 1

A (IN)SIGNIFICÂNCIA DO ETP NO PLANEJAMENTO DAS CONTRATAÇÕES NAS ESTATAIS

MADELINE ROCHA FURTADO

Introdução

Em linhas gerais, o comando principal do planejamento das aquisições públicas era e ainda continua sendo, basicamente, o planejamento orçamentário das instituições. No caso específico das organizações públicas submetidas ao orçamento geral da União, orçar sempre foi um ponto determinante no planejamento das contratações, sendo o grande vilão da "falta" desse planejamento nas licitações federais, a ausência de recursos orçamentários. Essa realidade, durante muitos anos, se tornou a merecida justificativa para a ineficiência e ineficácia das contratações nos órgãos públicos.

Ainda hoje, os instrumentos de planejamentos orçamentários continuam sendo a base das aquisições públicas, e tais instrumentos são representados pelas leis orçamentárias.[1]

Mas, além da existência de orçamento como principal motor nas licitações e contratações públicas, outros fatores contribuem para seu efetivo resultado, como, por exemplo, a necessidade de planejamento das futuras demandas da organização, mediante as suas prioridades, elencadas de forma escalonada e organizada, em termos quantitativos, em médio e longo prazos.

[1] A legislação orçamentária traz como instrumentos de planejamento, o Plano Plurianual (PPA), a Lei de Diretrizes Orçamentárias (LDO) e a Lei Orçamentária Anual (LOA).

Assim, surgem os planos institucionais, a exemplo dos instituídos pelo Governo Federal, como os planejamentos estratégicos de compras, de terceirização, de capacitação etc., coadunando-se com o planejamento orçamentário. Nesse compasso, surge a Lei nº 14.133, em 1º de abril de 2021, quebrando paradigmas e trazendo uma nova vestimenta para velhos procedimentos, porém, inserindo o protagonismo do planejamento nas licitações e contratações, com a observância ao Plano de Contratação Anual, entre outras diretrizes. Como num passe de mágica, todas as gradativas mudanças que já vinham sendo inseridas pelo Governo Federal, por meio de instruções normativas no sentido de regulamentar o planejamento das suas licitações e contratos, agora passam a valer para toda a Administração Pública.[2]

Muitas dessas mudanças, fundamentadas em razão da influência e até mesmo recomendação de Decisões e Acórdãos do Tribunal de Contas da União.

A Lei Geral de Licitações nº 14.133/21 inaugurou um novo tempo, trazendo para o cerne do processo das aquisições de bens, serviços e obras públicas, **o planejamento**, este de uma forma expressiva e ressignificada. Muito embora esse tema não seja novidade, podemos afirmar que novo foi o modo como ele foi inserido na Lei de Licitações e Contratos Administrativos, podendo ser identificado em vários momentos da lei e apresentando-se de várias formas, como: princípio (art. 5º); elemento de governança do processo licitatório (parágrafo único do art. 11), materializado no Plano de Contratação Anual (art. 12, VII); característica da fase preparatória (art. 18); elemento do ETP (§1º, II do art. 18), observando ainda o planejamento das compras alinhado ao planejamento anual (art. 40), além da sua disponibilização mediante um sistema de planejamento (§3º, inciso III do art. 174), entre outras diretrizes.

Observa-se ainda que o excesso de normativos que disciplinam os procedimentos e instituem artefatos, exarados pelo Governo Federal na fase de planejamento parecem trazer certa "burocracia" ao processo, e que esses procedimentos podem, a princípio, não ser apropriados às

---

2 Lei nº 14.133, de 1º de abril de 2021. Ver (...) "Art. 1º Esta Lei estabelece normas gerais de licitação e contratação para as Administrações Públicas diretas, autárquicas e fundacionais da União, dos Estados, do Distrito Federal e dos Municípios, e abrange: I – os órgãos dos Poderes Legislativo e Judiciário da União, dos Estados e do Distrito Federal e os órgãos do Poder Legislativo dos Municípios, quando no desempenho de função administrativa; II – os fundos especiais e as demais entidades controladas direta ou indiretamente pela Administração Pública".

estatais, dado o seu caráter privado. Porém, as regras estabelecidas na fase de planejamento da Lei nº 14.133/21, ao contrário do que possa parecer, são extremamente necessárias e eficientes na avaliação dos riscos contratuais futuros.

No processo definido desde antes da Lei nº 14.133/21 pelas regras do Governo Federal por meio de suas instruções normativas, vê-se uma divisão do processo em etapas, que se inicia no Planejamento, e neste se insere a elaboração do ETP, TR/PB e se realiza o gerenciamento de riscos por meio de um mapa de riscos, sendo os estudos realizados por uma equipe de planejamento (IN/MPDG nº 05/2017). Resta compreender a finalidade de cada artefato e sua efetiva utilização, para que não se torne obsoleto.

As contratações públicas seguiam no passado as regras da Lei nº 8.666/93, incluindo, até 2016, tal regra as empresas públicas e sociedades de economia mista, as estatais. Paralelamente, em 2016, foi publicada a Lei nº 13.303/2016 como novo marco das estatais, e com isso, fortalece-se sua independência em relação às regras da Lei nº 8.666/93.

Em que pese a separação em 2016, alguns anos depois ainda se têm tais empresas envolvidas em contratos oriundos da regra anterior, ou mesmo revestida por tais regras de forma implícita. Isso porque nem todas as estatais, que são organizações públicas de direito privado, conseguiram se desvencilhar das suas rotinas administrativas as quais se subterram por tantos anos. Mas agora já se pode visualizar algumas dessas estatais exercendo suas atividades em pleno vapor sob a égide de suas próprias regras, ou seja, a Lei nº 13.303/2016 e seus próprios regulamentos.

Assim, cabe a esses regulamentos disciplinar a forma de planejamento das aquisições dessa lei, de modo que cada estatal tem liberdade para que, de acordo com as suas diretrizes, definam seus procedimentos. Sob essa regra procedimental se estabelecerá o processo de planejamento das compras de bens, serviços e obras, e demais negócios necessários ao desenvolvimento das suas atividades.

1 O processo de planejamento das contratações do Poder Executivo federal

Para que se possa compreender melhor a realidade das contratações públicas e o seu formato procedimental, não se pode fugir das regras emanadas pelo Poder Executivo Federal que definiu o planejamento das contratações públicas por meio de várias instruções normativas, porém, com grande repercussão nacional. Assim, muito embora os regulamentos federais não sejam aplicados compulsoriamente aos demais entes federativos, nem mesmo as suas estatais federais, os demais órgãos de outras esferas governamentais e poderes, assim como a Administração indireta acabam utilizando os parâmetros de seus regulamentos.

Podemos citar como exemplo, a Instrução Normativa (IN) nº 1/2019, que regia a elaboração do Plano de Contratação Anual (PCA). Essa diretriz inaugurou no Governo Federal tal prática, que trouxe sua implementação por meio de uma ferramenta eletrônica, a qual consolida todas as contratações a serem realizadas pelos órgãos ou entidades do Poder Executivo Federal para o exercício subsequente. Posteriormente, a referida IN foi revogada e suas regras transformadas no Decreto nº 10.947, de 25 de janeiro de 2022, dando mais robustez à iniciativa federal de priorizar o planejamento das aquisições públicas.

Na mesma linha de sistematização das informações e planejamento das contratações, já havia sido publicada a IN nº 5/2017, sobre a contratação de serviços terceirizados, trazendo regras específicas desde o planejamento das licitações e contratações até sua gestão e fiscalização, criando a necessidade de elaboração de vários artefatos, como o Documento de Formalização de Demanda (DFD), Estudo Técnico Preliminar (ETP), Termo de Referência (TR), Análise de Risco (AR) e Instrumento de Medição de Resultados (IMR), modelos de planilhas, ordens de serviços, etc.

Entre outras instruções normativas, destaca-se a IN nº 58/2022, que disciplina a elaboração do ETP na Lei nº 14.133/21. Do mesmo modo, a IN/SEGES nº 81/2022, regulamentando elaboração do TR, para a aquisição de bens e a contratação de serviços, entre outras. Registra-se que a finalidade do TR é trazer a solução escolhida com base no ETP que o subsidiou, sendo o TR, muitas vezes, o resultado encontrado das possíveis alternativas de soluções observadas no estudo, mas nem sempre essa solução é a melhor, ou seja, é a que atende a todas as necessidades da Administração, mas é a solução que se encontra dentro da realidade institucional, técnica e orçamentariamente. Isso porque o ETP pode indicar uma solução que não seja orçamentariamente viável à instituição.

Várias normas federais que antecederam a Lei nº 14.133/21, de certo modo, foram absorvidas por esta. Nesse contexto, há quem diga que existe na lei certa "federalização", pois é possível identificar várias dessas normas federais no texto da lei geral.[3] Entretanto, após a sua publicação, foi publicada uma grande quantidade de regulamentos que trouxeram inúmeros procedimentos subsequentes. Desse modo, a tarefa árdua de planejamento se encontra bastante regulamentada no Poder Executivo federal.

Por que tanto regulamento para definir os procedimentos? De onde vem essa obrigatoriedade? Na realidade a quantidade de regras, como já mencionado, é decorrente das recomendações e determinações do TCU à Secretaria de Gestão e Inovação do Governo Federal, órgão competente para "formular e promover a implementação de políticas e diretrizes relativas à gestão sustentável de materiais, de obras e serviços, de transportes, de licitações e contratações da administração pública federal direta, autárquica e fundacional", além de outras atividades pertinentes.

A IN/MPDG nº 05/2017, editada ainda na estrutura anterior, ou seja, o Ministério de Planejamento, Desenvolvimento e Gestão (MPDG), atual, Ministério da Gestão e da Inovação (MGI) em serviços públicos, é o maior exemplo de uma norma regulamentar específica que foi incorporada nas melhores práticas dos mais variado órgãos da Administração Pública. Dessa regra vem a consolidação das etapas processuais que veremos adiante.

1.1 A produção dos artefatos da Lei nº 14.133/21 e da Lei nº 13.303/16

Muito embora a antiga Lei nº 8.666/93 não trouxesse a sistematização dos documentos de uma forma bem definida como o fez a IN/MPDG nº 05/2017, contemplou a exigência de vários documentos importantes, partindo da necessidade da descrição do objeto a ser contratado no projeto básico, seguido pelo projeto executivo, edital e contrato, porém, os processos eram formatados conforme as regras de cada órgão, ou seja, não havia uma única padronização de documentos. Com a chegada da antiga IN/MPDG nº 05/2017, dividindo o processo em etapas: planejamento, seleção e contratação e instituindo modelos de artefatos (documentos processuais), foi se emoldurando um formato padronizado no âmbito do Poder Executivo, esses modelos foram

[3] FORTINI, Cristiana; PAIM, Flaviana Vieira (coord.). *Terceirização na Administração Pública:* boas práticas e atualização à luz da Nova Lei de Licitações. Belo Horizonte: Fórum, 2022, p. 25-26.

incorporados pela Lei nº 14.133/2021, que ressignificou cada etapa, trazendo, na fase de Planejamento, os estudos técnicos preliminares como verdadeiro protagonista.

Porém, a Lei nº 13.303/2016, que seguiu a linha de raciocínio da antiga Lei nº 8.666/93, diferentemente da Lei nº 14.133/21, não contempla essa formatação em toda a sua estrutura. No que diz respeito à exigência do estudo técnico preliminar, esta veio apenas como parte na elaboração dos projetos básicos, disposto na redação do item VIII do artigo 42, que se refere às licitações de obras e serviços de engenharia. Desse modo, a formatação processual dos contratos das estatais traz a concepção de um ETP diferente do disposto no inciso XX do artigo 6º da Lei nº 14.133/21.

Para melhor compreensão, ressalta-se que a exigência do ETP pode ser compreendida sob dois aspectos:

a) obrigatoriedade, mediante lei ou regulamento;

b) finalidade e conteúdo.

Se a avaliação para sua utilização seguir apenas o cumprimento de uma lei ou regulamento, uma vez que esta não existe especificamente na lei das estatais, não se discute sua obrigação, e sua utilização torna-se facultativa, mas se existe por lei ou regulamento, não cabe descumpri-la. Entretanto, serventia nenhuma há se, uma vez exigida, esta seja cumprida apenas por essa razão. Ou seja, não importa seu conteúdo, nem sua finalidade, apenas o cumprimento de uma formalidade, o que, infelizmente, se tem visto por aí. Nesse aspecto, o TCU se manifestou por meio Acórdão nº 2.037/2019-P, acerca da elaboração dos ETP de maneira "proforma", ou seja, apenas para cumprir formalidade, conforme se pode ver abaixo:

> 18. Dessa forma, foi constatado que os processos de planejamento, quando continham os artefatos exigidos na instrução normativa supracitada, como o Documento de Oficialização de Demanda (DOD), o Estudo Técnico Preliminar (ETP) e o Termo de Referência (TR), que os mesmos haviam sido elaborados de maneira pro forma, isto é, o planejamento da contratação não havia ocorrido de fato. (Grifo nosso)

Observe que não faz sentido o mero cumprimento de uma norma, sem atingir a finalidade para qual foi instituída. Há casos em que o agente público apenas "copia" e "cola" as informações da internet em seu documento, sem nenhum critério, por vezes, apenas para servir de base para uma contratação, sem que se compreenda a finalidade do documento frente à realidade do objeto, não se observando que todo esse estudo deve estar alinhado com o planejamento estratégico, às respectivas leis orçamentárias, necessidade específica e singular da sua instituição._

No acórdão citado, foram identificadas outras irregularidades no planejamento das contratações:

> 20.1. inversão das etapas da fase de planejamento previstas na IN – SLTI/MP 4/2014;
>
> 20.2. ausência de estudo técnico preliminar;
>
> 20.3. ausência de alinhamento ao PDTI;
>
> 20.4. ausência de justificativas técnicas e econômicas;
>
> 20.5. ausência de estudo de soluções alternativas;
>
> 20.6. ausência de metodologia de cálculo para os quantitativos de bens e serviços;
>
> 20.7. ausência de detalhamento dos custos unitários dos serviços;
>
> 20.8. ausência de catálogo de serviços para contratações que pretendiam utilizar a metodologia UST para remuneração da empresa contratada;
>
> 20.9. desconsideração de recomendações da área jurídica para ampliação da pesquisa de preços; e
>
> 20.10. elaboração do planejamento em prazo incompatível com a complexidade das soluções demandadas.

Se o ETP não existe, ou se existe como artefato no processo apenas como mero instrumento formal, sem que haja uma discussão prévia com todos os interessados no processo (requisitantes, área técnica, área de licitações e contratos), ou seja, aqueles que compõem a "equipe" de planejamento, não há êxito nessa contratação, podendo, inclusive, haver prejuízo, considerando que a análise pormenorizada do ETP e a sua conclusão será a base do TR/PB.

Lembrando que as terminologias TR e PB foram empregadas no passado aos documentos, quais sejam, termo de referência e projeto básico, utilizadas nos pregões e nas demais modalidades, respectivamente, quando tratavam dos objetos com caraterísticas diferenciadas, comuns e não comuns. Entretanto, a definição desses documentos no artigo 6º da Lei nº 14.133/21 não traz essa correlação. Sendo o TR previsto no inciso XXIII do artigo 6º, como sendo o "documento necessário para a contratação de bens e serviços", sem necessariamente se tratar de objetos "comuns", enquanto que a definição de projeto básico da lei é muito semelhante ao que previa a Lei nº 8.666/93. Conforme disposto no inciso XXV do mesmo artigo.

Observa-se que a existência de uma equipe na fase de planejamento da contratação trará uma nova metodologia de trabalho que romperá com a uma prática rotineiramente praticada em vários órgãos da Administração Pública, uma prática antiga de instrução em que o processo é "verticalizado", ou seja, os envolvidos produzem seus documentos individualmente e encaminham para as áreas responsáveis, conforme fluxograma definido na instituição.

A Administração Pública tem formalizado seus processos nessa linha de produção, a qual denominamos de linha "vertical", caracterizada por um fluxo em que a distribuição das tarefas é segmentada por área (setores) ou indivíduos, seguindo cronologicamente até a sua conclusão. Em que pese haver reuniões administrativas acerca dos pontos divergentes no processo, ou para tomada de decisões, observa-se que o processo, de forma geral, pauta-se na divisão das atividades em que cada área age de forma segmentada, conforme suas atribuições e competências, sem, no entanto, buscar a solução numa visão sistêmica.

Comumente se tem visto a substituição de setores por pessoas, quando não há servidores/empregados públicos suficientes e as atividades acabam sendo atribuídas às pessoas ao invés de áreas ou setores criados para esse fim. De modo geral, a dinâmica tem sido o famoso "ao" fulano e "ao" beltrano, etc.

Na realidade, quando a metodologia de trabalho traz cada passo processual individualizado, não é possível ter uma visão sistêmica do processo, pois, à medida que cada um cuida do seu, não se tem a ideia do todo. A metodologia de trabalho que foi inserida brilhantemente pelo artigo 21 na IN nº 05/2017, implantando alguns atores logo no início no processo no DFD, pode ser vista como uma atividade desenvolvida de forma "horizontalizada", ou seja, quando há a indicação do servidor ou servidores para compor uma equipe de planejamento e da futura fiscalização. Assim, ao se indicar inicialmente quem irá elaborar os estudos preliminares, realizar o gerenciamento de risco inserindo-os em uma equipe, interromper-se-á segmentação das atividades do processo, possibilitando um debate inicial sobre a necessidade do objeto, evidenciando o problema a ser resolvido em conjunto e de forma simultânea entre os interessados.

1.2 Da necessidade de horizontalização do processo

De fato, na prática, o debate inicial acerca da necessidade do objeto será de suma importância na evidenciação do problema. O artigo 6º da IN/SEGES nº 58/2022 afirma que "O ETP deverá evidenciar o problema a ser resolvido e a melhor solução, de modo a permitir a avaliação da viabilidade técnica, socioeconômica e ambiental da contratação". Assim, são várias questões multidisciplinares a se avaliar, e não há modo melhor de avaliar tantas áreas distintas que não seja realizada em conjunto, pois nessa avaliação deve se observar os requisitos técnicos, jurídicos e do negócio a ser realizado, sendo o ETP vinculado às regras do ato convocatório ou ato que autoriza a contratação direta.

Uma crítica importante se faz necessária ao ETP Digital instituído pelo Governo Federal na IN citada, que busca a sistematização das informações, mas que pode, com isso, simplificar demais o processo de evidenciação do problema e torná-lo inútil ou ineficaz.

Tendo em vista o aspecto relativo à elaboração do ETP, à gestão dos riscos envolvidos, segundo o *Manual de Gestão de Riscos do TCU*,[4] é importante ressaltar que o fluxo da comunicação pode ocorrer duas formas: vertical e horizontal. Segundo o manual, a "comunicação vertical ocorre da base para a cúpula ou vice-versa", enquanto a horizontal permite o fluxo da informação entre todos os que trabalham no processo.

Assim, a "horizontalização" exige uma participação equânime. Com isso, os participantes de uma equipe de planejamento, com formações diversas e conteúdos multidisciplinares, devem, além de deter conhecimentos sobre aspectos técnicos e de uso do objeto, licitações e contratos, apresentar-se de forma proativa e desprendida de preconceitos ou inseridos naquela velha máxima, de "que sempre foi feito assim".

O nível de discussão técnica na construção do processo exige conhecimento, disponibilidade para aprender a ouvir os demais participantes, além de estar aberto a mudanças e inovações, rompendo os silos organizacionais. O desencadeamento das atividades relativas à construção do objeto contratual exige avaliação pormenorizada dos riscos envolvidos e uma sensibilidade de todos os participantes ao interesse público envolto.

---

[4] *Manual de Gestão de Riscos do TCU*. Ver item 5.7, p. 35. (...) "A comunicação vertical pode ser no sentido da base para a cúpula ou vice-versa, proporcionando que a cúpula da organização seja informada de riscos por todas as unidades organizacionais e que os servidores tenham ciência dos principais riscos que afetam a organização. Por sua vez, a comunicação horizontal é importante para que os riscos de um processo que envolva diferentes unidades (processos transversais), às vezes, de diferentes secretarias gerais, sejam conhecidos igualmente por todos os que trabalham nesse processo.

Desse modo, é inconcebível realizar um estudo qualquer que seja o objeto, mapear os seus riscos, sem que haja discussões em torno do modelo de execução do objeto e da gestão do contrato.

Teoricamente, é possível listar os principais riscos de um contrato, mas entender e compreender a dimensão e o impacto desses riscos na realidade necessita de maior internalização do problema, exige debates em vários aspectos. Todo esse aparato que envolve a evidenciação do problema e a busca da solução passa pela necessidade de identificar, avaliar, mitigar e ou extinguir os riscos, sejam esses processuais, sejam contratuais.

Nos termos do manual,[5] "Comunicar riscos é fornecer as informações relativas ao risco e ao seu tratamento para todos aqueles que possam influenciar ou ser influenciados por esse risco, sob pena de ele se materializar plenamente". É o que ocorre naturalmente nos processos de contratação não gerenciados, ainda na fase de planejamento.

Toda a discussão processual deve levar ao objeto da contratação, à solução pretendida, à resolução do problema. O processo não é fim em si mesmo e o planejamento também não. Planeja-se para alcançar eficiência, eficácia e efetividade no que se deseja realizar. O que se pretende é o alcance do núcleo do contrato, que é o seu objeto. Assim, toda essa preparação induzirá a obtenção de um contrato que possibilite o alcance dos resultados desejados. Portanto, a comunicação entre os participantes da equipe de planejamento "horizontalizada" trará a possibilidade de conhecimento simultâneo do objeto, seus problemas e solução.

2 O ETP e a dita "burocracia"

As instruções normativas podem trazem uma ideia de serem essencialmente burocráticas: "Quando a sociedade, organização ou grupo se baseia em leis racionais exigindo modelos mais bem definidos de organizações é uma burocracia". As regras servem para controlar o comportamento humano, trazem formalismo, impessoalidade e profissionalismo,[6] porém, quando são exaradas em demasia, criam-se as dificuldades.

---

5 Manual de Gestão de Riscos do TCU. Ver item 5.7, p. 35. https://portal.tcu.gov.br/data/files/46/B3/C6/F4/97D647109EB62737F18818A8/Manual_gestao_riscos_TCU_2_edicao.pdf

6 MAXIMINIANO, Antonio Cesar Amaru, NOHARA, Irene Patrícia. *Gestão pública*: abordagem integrada da Administração e do Direito Administrativo, p. 50.

O conjunto dessas instruções normativas, com seus recortes específicos, estrutura de planejamento das licitações e contratos, e, em alguns pilares, desenhando, de modo geral, uma espécie de fluxo procedimental, a exigência de plano anual de contratação, catálogos padronizados, estudo técnico preliminar, termo de referência ou projeto básico, orçamentação, análise de risco, instrumentos de medição de resultado, mecanismos de controle de serviços terceirizados, planilhas, minutas de editais e contratos padronizados, etc., traz uma quantidade de informações e procedimentos encaixotados, deixando os agentes condicionados a regras processuais, sem muita liberdade de agir. O excesso de normativos publicados pelo Governo Federal traz uma sobrecarga de procedimentos operacionais regulados e sistematizados, criando uma estrutura "burocrática" nos procedimentos da administração pública. Para Niebuhr:[7]

> A crítica que desde logo se faz à Lei nº 14.133/2021 é pertinente ao excesso de burocracia, porque cada uma dessas providências demanda, pela redação do projeto, diversos levantamentos, investigações e definições, algo muito complicado de ser cumprido, especialmente por órgãos e entidades menos estruturados. Também chama a atenção que tais exigências burocráticas são presentes para a preparação de todas as licitações e contratos, até mesmo para aqueles cujos objetos são simples e usuais ou que não envolvam valores muito elevados.

O autor alega haver um excesso de burocracia trazido pela Lei nº 14.133/21 e chama atenção da sua aplicação pela Administração naquelas instituições governamentais menos estruturadas, assim como para aquisição de objetos simples. Concorda-se que o nível de exigência e pormenorização de procedimentos da lei traz dificuldades de ordem prática nessas estruturas.

Porém, não custa lembrar que a ideia de "burocracia" no senso comum indica uma situação prejudicial, ou seja, diz-se que algo é burocrático por trazer obstáculos desnecessários para o alcance de um determinado fim. Mas, na realidade, a burocracia nasceu com outra finalidade, qual seja, criar regramentos que permitissem trazer formalidade e padronização aos procedimentos para o alcance dos melhores resultados pretendidos, o que não significa dizer que com isso se estabeleçam dificuldades instransponíveis ou desnecessárias.

---

7 NIEBUHR, Joel de Menezes. *Licitação pública e contrato administrativo*, p. 409.

Todas as regras que têm como finalidade criar parâmetros, metodologias de procedimentos que possibilitem aos interessados o alcance de seus objetivos, criando estruturas procedimentais transparentes, com padrões sistematizados, possibilitando a sua utilização por todos de forma igualitária, são exemplos de normativos que podem auxiliar o processo, e não meros instrumentos para "burocratizá-lo".

Dessa forma, diante de tantos normativos, eis que dentre eles se destaca o ETP, já previsto na Lei nº 14.133/21: "é documento constitutivo da primeira etapa do planejamento de uma contratação", não sendo possível omitir tal artefato, salvo nos casos em que a própria lei traz a faculdade, a exemplo, das contratações diretas previstas no artigo 72. Como se não fosse suficiente, a Administração Pública regulamenta o ETP por meio de norma específica, dando-lhe ainda mais protagonismo.

Compreender a importância da necessidade de se exigir a elaboração de tantos artefatos específicos, a exemplo do ETP e do TR nos processos de contratação a serem instituídos nas estatais é a questão. O ETP tem a premissa de caracterizar em sua descrição "o interesse público envolvido e a sua melhor solução, dando base ao anteprojeto, ao termo de referência ou ao projeto básico a serem elaborados caso se conclua pela viabilidade da contratação".

Assim, se o ETP traz em sua essência e finalidade, "descrever e evidenciar o problema a ser resolvido", na buscar da melhor solução para tal problema, como, então, compreender a ausência desse artefato nas contratações realizadas pelas estatais, visto que a lei que rege suas contratações, a Lei nº 13.303/2016, não prevê a utilização de tal documento.

No caso das estatais, as quais se vestem de natureza privada, diferentemente das demais instituições regidas pelo direito público, o orçamento também é determinante de planejamento, mas também traz um outro viés, que é a obtenção de lucro. Além desse detalhe, pode-se destacar várias diferenças na essência das governanças dessas organizações, pois classificadas em empresas públicas ou sociedades de economia mista e suas subsidiárias. Nesse aspecto, havendo regras de orçamentação e planejamento diferentes, destaca-se a variedade de aplicação dos seus recursos, conforme a sua finalidade.

Observa-se que as estatais têm seu próprio regramento e estilo, porém as suas diretrizes estão envoltas na tríade GRC, ou seja, regras de Governança, regras de Riscos e de *Compliance*, o que significa dizer que, ainda que não tenham sido instituídos mecanismos que tragam um maior grau de detalhamento na instrução processual, o grau de controle será exigido em várias etapas processuais, podendo ser identificada, por exemplo, a presença dos programas de integridade, instituídos em toda a sua estrutura.[8]

Em que pese a Lei nº 13.303/2016 não traga em seu conteúdo as famosas "cláusulas exorbitantes", consideradas como sendo aquelas que não seriam comuns ou que seriam ilícitas em contrato celebrado entre particulares, pois trazem prerrogativa a uma das partes, no caso, a Administração (supremacia do público sobre o privado), ainda assim os gestores, mediante a aplicação da Lei nº 13.303/2016, precisam fundamentar, motivar sua tomada de decisão frente ao particular. Lembrando que as modificações contratuais serão consensuais,[9] nos termos do artigo 72. "Os contratos regidos por esta Lei somente poderão ser alterados por acordo entre as partes, vedando-se ajuste que resulte em violação da obrigação de licitar".

O ETP, com seu "formalismo" exarado no formato trazido pela Lei nº 14.133/21 em seu artigo 6º, inciso XX, c/c §1º do art. 18, de forma geral, não se distancia do processo a ser elaborado pelas estatais, com as devidas adaptações. Vejamos:

> Artigo 6º (...)
>
> XX – estudo técnico preliminar: documento constitutivo da primeira etapa do planejamento de uma contratação que caracteriza o interesse público envolvido e a sua melhor solução e dá base ao anteprojeto, ao termo de referência ou ao projeto básico a serem elaborados caso se conclua pela viabilidade da contratação.
>
> (...)
>
> §1º O estudo técnico preliminar a que se refere o inciso I do **caput** deste artigo deverá evidenciar o problema a ser resolvido e a sua melhor solução, de modo a permitir a avaliação da viabilidade técnica e econômica da contratação, e conterá os seguintes elementos:

Como se pode verificar numa rápida leitura, não há nenhuma restrição em se aplicar o artefato definido acima às estatais, se considerarmos que:

i) o documento ETP é um estudo, o que significa, em linha gerais, que se trata de um documento que nos permite realizar previamente uma análise comparativa;

---

[8] FURTADO, Madeline Rocha *et al*. *Gestão de contratos de terceirização na Administração Pública: teoria e prática*. 8. ed. rev. e ampl. Belo Horizonte: Fórum, 2023, p. 288.

[9] *Idem*, p. 530.

ii) é um documento que evidencia um problema a ser resolvido, trazendo as perspectivas reais do problema e da solução pretendida;
iii) tal análise será realizada na fase de planejamento de uma contratação, antecedendo visibilizar os problemas, os riscos e as possíveis alternativas de soluções;
iv) tem como diretriz principal o interesse público envolvido frente a busca da melhor solução;
v) é documento (artefato) embasador de demais documentos subsequentes TR ou PB;
vi) traz um parecer técnico conclusivo acerca da viabilidade da contratação.

As diretrizes anteriores consolidam a ideia de que, uma vez conhecida a necessidade da contratação, evidenciando o problema, será possível a construção de duas vertentes: a arquitetura do modelo de execução do objeto e a arquitetura do modelo de gestão dos contratos.

Quando se constrói o modelo de execução contratual no TR, faz-se necessário conhecer antecipadamente onde está o objeto, o mercado e seu comportamento, assim, são várias as questões a serem identificadas. Sobre esse tema, citamos o seguinte entendimento:[10]

> Pois bem, o que se deseja em um Estudo Técnico Preliminar? Que este traga levantamentos, justificativas, comparações e análises, como: análises de custos x análise da viabilidade técnica do objeto; composição do objeto e sua adequação à necessidade; tecnologia a ser utilizada e o resultado a ser alcançado (materiais, financeiros, de recursos humanos empregados).

São diversas informações que farão parte do modelo de execução a ser descrito tecnicamente no TR, oriundas da necessidade identificada no ETP. Assim, veremos que o TR será a resposta mais adequada à solução do problema.

Furtado,[11] resume que o modelo de execução traz, entre outros quesitos:

---

[10] FURTADO, Madeline Rocha. O ETP, a gestão e a fiscalização dos contratos na Lei nº 14.133/2021. A Nova Lei de Licitações: o que vem por aí?. *Fórum de Contratação e Gestão Pública – FCGP*, Belo Horizonte, ano 20, n. 233, p. 81-104, maio 2021, p. 86.

[11] *Idem*, 88

1. A definição dos prazos de execução do objeto;
2. A metodologia de entrega e a forma de aceite;
3. A definição da unidade de medida do objeto;
4. A descrição dos métodos, rotinas de trabalho, procedimentos técnicos específicos;
5. As responsabilidades profissionais ligadas à execução;
6. O local da execução ou entrega, horários, periodicidade, etc.;
7. Os cronogramas e as especificações dos serviços;
8. Os materiais e equipamentos a serem utilizados na execução;
9. Os tipos de execução de serviços com ou sem mão de obra (sob demanda x disponibilidade de mão de obra exclusiva);
10. O uso de solução de TIC e novas tecnologias;
11. A documentação (legislação) exigida para execução do objeto;
12. A possibilidade ou não de subcontratação ou consórcios.

Resta saber o quanto esse documento é significante à organização (estatais), ao qual não está obrigada.

Se consideramos outras questões que envolvem as motivações para tomada de decisões nos processos licitatórios, outros pontos relevantes precisam ser observados antes da elaboração do TR ou do PB, como dos demais artefatos. Assim, as regras que definirão as exigências habilitatórias, por exemplo, são de suma importância e necessitam ser avaliadas por todos os envolvidos.

São vários os acórdãos que tratam de questões envolvendo as licitações das estatais, e muitas irregularidades nascem na ausência de motivação das exigências contidas em seus editais. Exigências como utilização do Grau de Risco de Integridade (GRI), como requisito de habilitação dos fornecedores em processos licitatórios; ausência de matriz de riscos em seus editais com contratação integrada ou mesmo independente do regime de execução, como garantia da manutenção do equilíbrio econômico financeiro; não justificativas de utilização de outras fontes de orçamento que não sejam SIPRO e SINAPI; situações que não trazem motivação para a dispensa de licitação ou que propiciem a terceirização ilícita, indicação indevida de marca sem a devida justificativa; exigência de atestados de capacidade técnica sem a devida justificativa, etc.

Pois bem, para compreender a magnitude do documento (ETP), faz-se necessário ter uma visão sistêmica do processo de contratação, e diante dessa observação identificar a necessidade ou não da elaboração desse documento, que nem sempre se consolida na melhor solução encontrada, mas na solução mais adequada à realidade institucional (técnica, econômica e estratégica) dentre as alternativas possíveis.

A visão sistêmica do processo de contratação considera verificar a legislação envolvida na contratação, o mercado, o preço, os procedimentos internos, os procedimentos licitatórios, a dinâmica da licitação e da contratação, o modelo de execução, o modelo de gestão e fiscalização contratual, e, ainda, os demais elementos que compõe o ETP, quais sejam, aqueles eleitos pelo rol do §1º do artigo 18 da Lei nº 14.133/21, o disposto nos incisos I ao XIII.

Veja-se o que afirma o inciso I do artigo 18 citado, que trata da instrução processual:

> Art. 18. A fase preparatória do processo licitatório é caracterizada pelo planejamento e deve compatibilizar-se com o plano de contratações anual de que trata o inciso VII do **caput** do art. 12 desta Lei, sempre que elaborado, e com as leis orçamentárias, bem como abordar todas as considerações técnicas, mercadológicas e de gestão que podem interferir na contratação, compreendidos:
>
> I – a descrição da necessidade da contratação fundamentada em estudo técnico preliminar que caracterize o interesse público envolvido;

A necessidade da descrição da contratação está intrinsecamente ligada ao interesse público envolvido, e, sob essa ótica, o interesse público envolvido presente na esfera estatal traz consigo a finalidade da sua própria existência.

As empresas estatais são pessoas jurídicas com personalidade jurídica de Direito privado (Lei nº 13.303/2016) e são instituídas por lei específica, de acordo com a Constituição Federal, art. 37, XIX. Tais empresas, como é sabido, sujeitas ao regime jurídico de direito privado, ressalvadas as hipóteses previstas na Constituição Federal, podem desenvolver atividades de natureza empresarial ou prestar serviços públicos, e fazem parte da Administração Pública indireta. Conforme a CF, seguem os princípios constitucionais e os princípios da Lei nº 13.303/16, estão obrigadas a realizar licitação, conforme artigo 28, ressalvadas as hipóteses lá previstas.

Nesse compasso, os processos de contratação adentram na necessidade de planejamento e passam por procedimentos pormenorizados, e instituídos pela lei e por seus respectivos regulamentos. Assim, a demonstração da necessidade da contratação, dos valores estimados, do modelo de execução do objeto, do resultado pretendido, entre outros, abrange também as estatais, conforme se pode ver no Acórdão nº 299/2024-TCU-P, aplicado a uma Estatal, conforme abaixo:

> a) ausência de justificativa, com base em critérios objetivos, para os quantitativos especificados nos processos de contratação;
>
> b) fragilidades na elaboração do estudo técnico preliminar *(ETP)* e do projeto básico (PB), com especial relevo para a fundamentação insuficiente de processos de contratação por inexigibilidade de licitação; e
>
> c) fragilidades na formação dos preços de referência para as contratações, sejam diretas ou por licitação.
>
> (...)
>
> 15. A CGU também analisou a frequência com que os problemas identificados ocorreram na amostra e descobriu que as fragilidades na elaboração do *ETP* e do PB ocorreram em todos os processos da amostra (alínea "b" do item 13). Por sua vez, os problemas relacionados com os quantitativos especificados e com a formação do preço de referência ocorreram em 67% da amostra (alínea "a" e "c" do item 13) (peça 53, p. 7).
>
> 16. Como se vê, são falhas graves identificadas em processos de alta materialidade da *estatal*. Por isso, a unidade técnica do TCU entendeu pertinente complementar as medidas já recomendadas pela CGU e propor a ciência em discussão (peça 53, p. 12).

A citação demonstra a necessidade de estudos técnicos preliminares bem fundamentados, entre outras irregularidades detectadas.

No tocante aos demais elementos do ETP, destaca-se a necessidade de se estabelecer as estimativas das quantidades para a contratação, sempre acompanhadas das memórias de cálculo e dos documentos que lhes dão suporte, além da necessidade de se realizar o levantamento de mercado, estimativa do valor da contratação, entre outras, e, por fim, o posicionamento conclusivo.

É importante destacar que nem todos os negócios jurídicos das estatais são delineados em contratos administrativos, por ser uma instituição de direito privado, parcerias também são realizadas com outros entes privados. Assim, muito embora não haja a necessidade de um ETP ou um TR, as parcerias necessitam de documentos que explanem a necessidade do acordo pretendido, deixando claro as justificativas que permitem tal ajuste. Algumas estatais utilizam um documento denominado de "Qualificação Técnica da Parceria", o que permite o detalhamento técnico do futuro acordo.

Como se pode ver, não se trata de "burocratizar", mas deixar de forma clara e transparente a atuação dessas empresas que foram criadas com fins específicos e fazem parte da Administração Pública.

Nessa seara, não se trata apenas de observar o cumprimento de regras positivadas, mas os princípios constitucionais e os previstos na Lei nº 13.303/2016, que sistematizam toda a atividade estatal. Desse modo, destacam-se os princípios da: "impessoalidade, da moralidade, da igualdade, da publicidade, da eficiência, da probidade administrativa, da economicidade, do desenvolvimento nacional sustentável, da vinculação ao instrumento convocatório, da obtenção de competitividade e do julgamento objetivo", previsto no artigo 31. Soma-se a esses o princípio da legalidade, muito embora, não se faça expressamente presente no texto legal, ainda assim, será respeitado. Vejamos o que diz o ilustre professor Lucas Rocha Furtado, sobre esse princípio:[12]

> Diversos princípios gerais da Administração Pública são aplicáveis à licitação. É o caso do princípio da legalidade.[24] Não obstante, a Lei nº 13.303/2016 não o menciona entre os princípios das licitações das empresas estatais (art. 31, caput) em razão de um critério bastante lógico: a elas se aplica o Direito privado.[25]

Assim, a lei das estatais traz a supressão do princípio da legalidade para afastar das "empresas estatais o Direito Administrativo, considerando que a legalidade restrita é princípio típico do Direito Público", ou seja, o princípio tradicional da legalidade administrativa, em que a Administração não pode praticar qualquer ato ou exercer qualquer atividade, sem lei que autorize.[13]

Em relação ao princípio da motivação, muito embora não esteja de forma expressa na Lei nº 13.303/2016, está presente de forma implícita em vários momentos, seja quando se refere às exigências do edital, acerca da capacidade econômica, quando trata da empreitada integral e das contratações integradas e semi-integradas, quando houver necessidade de contratação sem licitação, entre outras. Em que pesem as estatais se encontrarem em um patamar diferenciado, visto que se revestem do direito privado, porém, em alguma medida estão absortas no direito público.

---

[12] FURTADO, Lucas Rocha. *Curso de licitações e contratos administrativos*, p. 40

[13] *Idem*, p. 46.

Portanto, as regras das licitações e contratos públicos, ainda que não se apliquem às estatais, se submetem aos princípios constitucionais e aos seus próprios princípios que sustentam a base do sistema jurídico.

3 Conclusão

O planejamento das aquisições públicas sempre se mostrou como um elemento crucial, guiado majoritariamente pelo orçamento das instituições. Historicamente, a falta de recursos orçamentários tem sido frequentemente utilizada como justificativa para a ineficiência nas licitações federais. No decorrer dos últimos anos, vem ocorrendo algumas mudanças nesse cenário, mediante a implementação de planos institucionais e estratégicos, assim como os planejamentos de compras, de terceirização e de capacitação, etc.

A Lei nº 14.133/21 trouxe maior enfoque no planejamento, estabelecendo-o como um princípio fundamental e incorporando-o em diversas fases do processo licitatório, com isso foram publicadas uma grande quantidade de regulamentos e normas federais disciplinando o processo de planejamento das contratações públicas.

Tais procedimentos se justificam pelas recomendações e determinações do Tribunal de Contas da União (TCU), e visam assegurar uma gestão sustentável e eficiente dos materiais, obras, serviços e licitações. Assim, a evolução das normas que regem as licitações e contratos públicos no Brasil, especialmente com a introdução da Lei nº 14.133/2021, representou uma transformação significativa no planejamento e na execução das contratações públicas, repercutindo na necessidade de se atualizar ou ao menos aproveitar as boas práticas também no âmbito das estatais.

O maior protagonista da Lei nº 14.133/21 é o planejamento e sua materialização por meio dos artefatos, em especial, a elaboração dos ETPs. No caso das estatais, esta tem tratamento menos rigoroso e abrangente, sendo obrigatório apenas para projetos básicos de obras e serviços de engenharia, conforme o artigo 42.

Um dos desafios identificados é a necessidade ou não de elaboração desses documentos no âmbito das estatais, visto sua desobrigação legal. Porém, a sua mera instituição, apenas para cumprir formalidades legais, sem uma real compreensão de sua finalidade e importância, também não faz sentido.

Essa prática de "cumprir tabela", como se costuma dizer popularmente quando se faz algo apenas para cumprir uma regra, sem se importar com o resultado, pode levar a problemas como a elaboração de documentos superficiais e desconectados da realidade do objeto da contratação, o que foi criticado pelo TCU no Acórdão nº 2.037/2019-P. Destaca-se, nessa linha de raciocínio, a fascinação exercida pela IA e a propagação do ChatGPT na construção de documentos, a exemplo dos próprios artefatos contratuais, que podem estar sendo utilizados sem uma análise critica da realidade.

Para superar esses desafios, é crucial a implementação de uma metodologia de trabalho que promova a horizontalização do processo, envolvendo todos os *stakeholders* desde o início. Essa metodologia permite um debate mais profundo e abrangente sobre as necessidades e soluções, garantindo que o planejamento seja realmente eficaz e alinhado com os objetivos estratégicos e ao orçamento dessas organizações.

Como demonstrado, a horizontalização do processo de planejamento requer uma comunicação eficiente entre todos os membros da equipe, possibilitando uma avaliação multidisciplinar dos riscos e soluções. Essa abordagem integrada e colaborativa é fundamental para o sucesso das contratações, assegurando que o processo não seja apenas uma sequência de tarefas burocráticas, mas um meio eficaz de alcançar os resultados desejados com eficiência, eficácia e efetividade.

Em suma, o planejamento das contratações públicas, conforme delineado pela Lei nº 14.133/2021 e as instruções normativas correlatas, deve ser visto como um processo integrado e colaborativo, essencial para a melhoria da gestão pública e a obtenção de resultados que realmente atendam às necessidades da sociedade, devendo ser aplicado de forma rotineira, também aos processos das estatais.

Em que pesem as instruções normativas frequentemente serem vistas como burocráticas, o caso específico dos artefatos necessários às contratações públicas, em especial o ETP, não se mostra burocrático, no sentido comum que se dá à palavra, ou seja, não traz formalidades excessivas e desnecessárias ao processo, ao contrário, mostra-se um artefato eficiente e eficaz, pois é um documento constitutivo da primeira etapa do planejamento e desempenha um papel crucial nesse contexto, servindo como documento-base que justifica a necessidade da contratação e orienta a elaboração de outros documentos, como o TR e o PB.

A implementação de procedimentos e artefatos como o ETP, TR ou PB, assim como os instrumentos de gerenciamento de riscos intrínsecos ao próprio ETP, não deve ser vista como mera formalidade ou burocracia, mas como uma medida para garantir a transparência e a eficiência nas contratações.

Referências

FORTINI, Cristiana; PAIN, Flaviana. A Nacionalização de regras federais sobre Terceirização por meio da nova Lei de Licitações. *In*: FORTINI, Cristiane; PAIN, Flaviana Vieira (coord.). *Terceirização na Administração Pública:* boas práticas e atualização à luz da Nova Lei de Licitações. Belo Horizonte: Fórum, 2022.

FURTADO, Lucas Rocha. *Curso de licitações e contratos administrativos*. 8. ed. Belo Horizonte Fórum, 2019.

FURTADO, Madeline Rocha *et al*. *Gestão de contratos de terceirização na Administração Pública: teoria e prática*. 8. ed. rev. e ampl. Belo Horizonte: Fórum, 2023.

FURTADO, Madeline Rocha. O ETP, a gestão e a fiscalização dos contratos na Lei nº 14.133/2021. A Nova Lei de Licitações: o que vem por aí?. *Fórum de Contratação e Gestão Pública – FCGP*, Belo Horizonte, ano 20, n. 233, p. 81-104, maio 2021.

MAXIMINIANO, Antonio Cesar Amaru, NOHARA, Irene Patrícia. *Gestão* pública: abordagem integrada da Administração e do Direito Administrativo. 1. ed. 3. reimpr. São Paulo: Atlas, 2021.

NIEBUHR, Joel de Menezes. *Licitação pública e contrato administrativo*. 6. ed. Belo Horizonte Fórum, 2023.

TCU. Manual de Gestão de Riscos do TCU. Disponível em: https://portal.tcu.gov.br/data/files/46/B3/C6/F4/97D647109EB62737F18818A8/Manual_gestao_riscos_TCU_2_edicao.pdf.

Informação bibliográfica deste texto, conforme a NBR 6023:2018 da Associação Brasileira de Normas Técnicas (ABNT):

FURTADO, Madeline Rocha. A (in)significância do ETP no planejamento das contratações nas estatais. *In:* FURTADO, Madeline Rocha; FURTADO, Monique Rafaella Rocha (coord.). *O planejamento das contratações*: estudos técnicos preliminares e termos de referência: teoria e aplicação sob a égide da Lei nº 14.133/2021. Belo Horizonte: Fórum, 2025. p. 289-309. ISBN 978-65-5518-944-5.

TÉCNICAS DE ELABORAÇÃO DE ESTUDOS TÉCNICOS PRELIMINARES E TERMO DE REFERÊNCIA NA LEI Nº 14.133/2021: APRIMORANDO A TRANSPARÊNCIA E EFICIÊNCIA NAS CONTRATAÇÕES PÚBLICAS

LUANA CARVALHO DE ALMEIDA

1 Introdução

A Lei nº 14.133, promulgada em abril de 2021, instituiu um marco regulatório significativo nas contratações públicas brasileiras, introduzindo diretrizes de fundamental importância para os procedimentos de licitação e contratação direta na Administração Pública. Esse novo ordenamento jurídico conferiu uma estruturação mais rigorosa aos procedimentos, visando assegurar maior transparência e eficácia da instrução processual. Além disso, a lei elevou o planejamento a um patamar de destaque, consagrando-o como um princípio setorial, ao lado de outros, como a vinculação ao instrumento convocatório e o julgamento objetivo.

Ao consagrar o planejamento como um princípio setorial, conforme estipulado no artigo 5º, a Lei nº 14.133/2021 enraíza uma diretriz ampla que permeia todas as etapas do macroprocesso de contratação, incluindo a fase preparatória, a seleção do fornecedor e a execução contratual. Nesse contexto, um servidor formalmente designado, por exemplo, como agente de contratação ou pregoeiro, tem como tarefa planejar a realização do torneio licitatório (sessão pública).

Essa preparação envolve, por exemplo, o estudo detalhado da etapa preparatória, a avaliação do perfil do potencial mercado participante, a análise de atas de sessões públicas com serviço e/ou fornecimentos similares, com vistas a avaliar o comportamento do futuro certame, a organização de procedimentos de verificação e controle, dentre outros.

De modo análogo, o gestor ou fiscal do contrato, formalmente designado, é incumbido de planejar o acompanhamento da execução contratual. Isso inclui a avaliação dos riscos identificados na análise da fase preparatória, frequentemente documentada em um mapa de risco, visando à identificação ou atualização de controles internos que mitigam a probabilidade de tais riscos.

A partir desses exemplos simplificados, avalia-se que o planejamento é essencial em todas as três fases do processo de contratação e vai além. Conforme estipulado no parágrafo único do artigo 11 do regime geral, a alta administração do órgão ou entidade é incumbida da governança das contratações, o que inclui a implementação de processos e estruturas. Essa implementação engloba gestão de riscos e controles internos, visando promover a eficiência, eficácia e efetividade nas contratações.

Apreciando, em virtude do artigo supracitado, a nova Lei de Licitações, embora não seja tão recente quanto outrora, estabelece, em suas diretrizes de governança, um macroplanejamento institucional implementado em diversos órgãos e entidades por meio de um plano anual de contratações, estruturando o planejamento de todas as aquisições e serviços necessários para suportar suas atividades.

Assim, o aprimoramento do planejamento se torna uma exigência no novo regime geral de Licitações, visando potencializar a conformidade e a eficiência dos contratos públicos.

Realizada essa contextualização, sobre a importância do planejamento, temos, por claro, a etapa preparatória do procedimento licitatório e suas exceções, como a primeira fase do processo de contratação, que será denominado, aqui, como o microplanejamento, ou seja, o planejamento de cada demanda propriamente dita, onde a lei traduziu uma maior estruturação.

No microplanejamento, inserem-se os *estudos técnicos preliminares* e o *termo de referência*, pilares fundamentais para conferir segurança jurídica, transparência e qualidade às aquisições de bens e serviços.

Os estudos técnicos preliminares organizam de maneira estruturada a pesquisa do mercado fornecedor de determinado bem ou serviço, criando a base sobre a qual o termo de referência é construído.

O termo de referência, por sua vez, desdobra e detalha a solução identificada como mais adequada nos estudos técnicos preliminares, servindo de referência crucial para as etapas subsequentes do processo de contratação, que incluem a seleção do fornecedor e a execução contratual.

2 Eficiência documental: da etimologia à regulação contemporânea

A palavra "termo" deriva do latim *terminus*,[1] cujo sentido original remete a "limite" ou "ponto final", enquanto "referência" provém de *referentia*,[2] forma relacionada ao verbo *referre* ("trazer de volta" ou "relatar"), de modo que o vocábulo assume a conotação de "base ou fonte de informações".[2] Nesse sentido, o documento termo de referência consolida informações preliminares, garantindo que cada etapa subsequente da contratação pública esteja alinhada às necessidades e expectativas identificadas no planejamento, assegurando, assim, maior eficiência e conformidade às normas vigentes.

Dado o papel integral desses documentos na busca de eficiência e conformidade nas contratações públicas, torna-se essencial que os estudos técnicos preliminares e os termos de referência sejam construídos utilizando técnicas específicas, denominadas técnica normativa e técnica instrumental.

Historicamente, a preocupação com a forma e o método de elaboração de documentos remonta aos primórdios do Direito, quando glosadores e comentaristas medievais, como Accursius, já buscavam *sistematizar textos jurídicos* para garantir maior segurança interpretativa nas universidades de Bolonha. No cenário brasileiro, a importância de técnicas específicas para confecção de petições, minutas contratuais ou mesmo termos de referência é reiterada por juristas como Manoel Gonçalves Ferreira Filho e Celso Antônio Bandeira de Mello,[3] que

---

[1] "Terminus" é um verbo em latim clássico, que designa limite ou fronteira. Ver LEWIS, Charlton T.; SHORT, Charles. *A Latin Dictionary*. Oxford: Clarendon Press, 1879, v. II, p. 1873. Ver também ERNOUT, Alfred; MEILLET, Antoine. *Dictionnaire* étymologique *de la langue latine:* histoire des mots. 4. ed. Paris: Klincksieck, 1959, p. 701.

[2] "Referentia" não aparece como forma consagrada no latim clássico, mas é normalmente associada à raiz referre, cujo significado envolve "trazer de volta" ou "relatar". A evolução semântica conduz à noção de algo que serve de suporte ou fonte informativa (referência). Cf. GAFFIOT, Félix. *Dictionnaire Illustré Latin-Français*. Paris: Hachette, 1934, verbete "refero", p. 1336.

[3] BANDEIRA DE MELLO, Celso Antônio. *Curso de Direito Administrativo*. 35. ed. São Paulo: Malheiros, 2017, p. 112.

destacam a necessidade de rigor formal e clareza, sob pena de acarretar nulidades ou interpretações equivocadas.[1]

Em âmbito prático, o Tribunal de Contas da União (TCU), no Acórdão nº 2803/2016-Plenário, relatado pelo Ministro Vital do Rêgo[4], salientou a necessidade de que o termo de referência contenha requisitos funcionais e não funcionais[5] de modo expresso e detalhado, de forma a minimizar riscos de direcionamento e prejuízos ao Erário.

A menção a requisitos funcionais e não funcionais *refere-se primeiramente ao conteúdo*, que deve constar no termo de referência (ou outro documento técnico) — ou seja, o "o quê" será demandado e em quais condições o objeto deve ser fornecido ou executado. Entretanto, a estrutura do documento também é impactada, pois a forma de organizar essas especificações (por exemplo, dedicando subseções para requisitos funcionais e não funcionais, incluindo uma tabela de requisitos mínimos, etc.) ajuda a garantir maior clareza e a não omitir elementos importantes.

Portanto, embora se trate essencialmente de conteúdo (o detalhamento do que se espera do objeto contratado), há também um aspecto *estrutural* que consiste em *dispor* esses requisitos de maneira lógica e sistemática, evitando lacunas e confusões sobre onde cada informação está inserida. Em outras palavras, o TCU quer que a Administração esclareça tudo o que se espera (conteúdo) e também apresente esses itens de modo organizado e transparente (estrutura).

Além disso, no direito comparado, a União Europeia impõe, por meio de suas diretivas de contratação pública, exigências rigorosas quanto à descrição de objeto e requisitos formais, visando promover a concorrência e coibir fraudes.

Assim, seja na petição inicial de uma demanda judicial, seja no termo de referência de um procedimento licitatório, a aplicação de técnicas adequadas — reconhecidas pela doutrina, jurisprudência e regulações internas ou internacionais — funciona como garantia de segurança jurídica e transparência nos diversos ramos do Direito.

---

4 BRASIL. Tribunal de Contas da União. Acórdão nº 2803/2016 – Plenário. Rel. Min. Vital do Rêgo, Sessão de 19/10/2016. Disponível em: https://pesquisa.apps.tcu.gov.br/

5 Acórdão nº 2803/2016-Plenário: "9.2. Determinar ao CNPq que, nos futuros procedimentos licitatórios, elabore termo de referência contendo requisitos funcionais e não funcionais de forma expressa e detalhada, de modo a minimizar riscos de direcionamento e eventuais prejuízos à competitividade do certame [...]"

3 Técnica normativa: elementos constitutivos e conformidade legal

A técnica normativa refere-se à incorporação de todos os elementos constitutivos exigidos pela Lei de Licitações nos respectivos artefatos. O novo regime dedicou-se a estruturar os elementos que devem constar do artefato.

Assim, aplicar a técnica normativa é realizar uma análise sistêmica da Lei Geral de Licitações e dos normativos internos do órgão ou entidade para entender quais informações, denominadas elementos constitutivos, devem compor a construção do documento. Com isso, assegura-se que o artefato tenha validade, no mínimo.

Para o estudo técnico preliminar, a estrutura do documento está delineada nos incisos I a XIII do §1º do art. 18 da Lei nº 14.133/2021. Portanto, o servidor e/ou a equipe designados para elaborar a fase preparatória do processo devem identificar as exigências de treze informações que a norma estabeleceu para instrumentalizar os estudos técnicos, econômicos, estratégicos e sustentáveis para a aquisição de bens e/ou materiais e para a prestação de um serviço.

São todos esses elementos obrigatórios em todas as contratações? A resposta a esse questionamento é expressamente declarada na lei, conforme especificado no §2º do mesmo artigo, que estabelece: o estudo técnico preliminar deve conter ao menos os elementos previstos nos incisos I, IV, VI, VIII e XIII do §1º desse artigo e, quando não incluir os demais elementos previstos no referido parágrafo, deve apresentar as justificativas adequadas.

Frequentemente ocorre uma interpretação equivocada desse dispositivo, com muitos operadores da norma concluindo erroneamente que apenas cinco elementos são 'obrigatórios', justificando, assim, na instrução processual, que o estudo técnico cumpre os requisitos mínimos da lei.

A interpretação correta deve ser realizada em conjunto com o §3º do art. 18, de modo que, se os demais elementos não forem incorporados ao artefato, é necessária a apresentação de justificativas adequadas. A validade do artefato é garantida pela justificativa de não aplicabilidade de determinada informação, como no caso de não existirem impactos ambientais significativos de uma solução. Se não há impactos ambientais relevantes, o artefato deve incluir uma justificativa para a ausência de tais impactos, muitas vezes devido à natureza dos serviços prestados, como a simples disponibilização de *login* e senha para acesso a uma plataforma de dados.

Na elaboração do termo de referência, a técnica legislativa utilizada revelou-se inadequada. Embora o artefato pertença à fase preparatória, a organização das informações necessárias não foi eficazmente disposta no Título II, Capítulo II, similarmente ao que ocorre com o estudo técnico preliminar.

A aplicação da técnica normativa requer uma análise sistêmica da legislação, envolvendo uma consulta ao Título I, especificamente ao inciso XXIII do artigo 6, e um subsequente exame do Título II, para compreender as diretrizes de preenchimento de cada elemento constitutivo. Isso se deve ao fato de a norma abordar, no Capítulo I, Seção IV, disposições setoriais para compras em geral, obras e serviços de engenharia, serviços em geral, incluindo os realizados com mão de obra em regime de dedicação exclusiva, alocação de imóveis e licitações internacionais.

Por essa razão, as alíneas de "a" a "j" especificam os dez elementos que devem compor o termo de referência. No entanto, ao contrário do que ocorre no §2º do art. 18, relativo ao estudo técnico preliminar, a lei não estabelece informações mínimas necessárias. Diante disso, como interpretar esse silêncio? Seriam todas as informações do inciso XXIII obrigatórias, sob pena de o artefato ser considerado não conforme ou tecnicamente inadequado?

Seria excessivo avaliar a inconformidade sumária do artefato sem considerar uma possível justificativa de inviabilidade para a incorporação da informação (elemento constitutivo) no documento. Tal justificativa pode ser necessária seja porque a informação foi apresentada nos autos do processo por outro meio, como, por exemplo, a adequação orçamentária firmada pelo setor de execução orçamentária e financeira do órgão em despacho ou modelo próprio apartado do artefato, seja pela não aplicação de um dos elementos no caso concreto, devidamente fundamentada.

Assim, o silêncio da lei requer uma reflexão aprofundada por parte dos órgãos ou entidades. Como mencionado anteriormente, para o estudo técnico, a lei trouxe uma regra objetiva no §2º do art. 18. Já para o termo de referência, a lei permaneceu silente. Não obstante, para a minuta de contrato, por exemplo, o *caput* do art. 92 estabelece que todos os elementos previstos em seus incisos são necessários, leitura que remete à obrigatoriedade, salvo justificativa da inaplicabilidade em razão da própria lei, que em seis dos dezenove incisos indica: 'quando for o caso'.

E quando será o caso? Fica à discricionariedade dos servidores ou empregados designados para elaborar a fase preparatória? Essa expressão remete à inaplicabilidade em razão da natureza ou do objeto da contratação, devidamente justificada.

Esse conjunto de requisitos não é apenas uma formalidade, mas estabelece a estrutura legal e operacional dentro da qual o objeto da contratação será desenvolvido e entregue. A aplicação cuidadosa dessa técnica assegura que o termo de referência, por exemplo, esteja alinhado com as normas legais e regulatórias vigentes, servindo como um documento de referência autoritativo durante todo o processo de contratação.

4 Técnica instrumental: prática de estruturação lógica e evolutiva

Por sua vez, a técnica instrumental na elaboração dos estudos técnicos preliminares e do termo de referência envolve a organização e sistematização dos elementos constitutivos indicados no tópico anterior, de modo que esses se apresentem em uma sequência lógica e construtiva.

Os elementos indicados nos incisos I a XIII do §1º do art. 18, que traduzem as informações do estudo técnico preliminar, devem ser apresentados nessa ordem no artefato? Estão dispostos de maneira lógica, construtiva e evolutiva? Pode-se estimar as quantidades para a contratação sem antes levantar as opções de mercado, as soluções disponíveis e definir qual é a mais adequada?

Muitas vezes, as soluções diferem por unidade de medida, o que influencia a quantificação. Por essa razão, sem uma definição prévia, a estimativa da quantidade a ser contratada, se realizada antecipadamente, sempre direcionará a um objeto pré-determinado, não atingindo o objetivo da lei para o artefato.

Assim, a técnica instrumental deve avaliar a ordenação dos elementos constitutivos no respectivo artefato, bem como cuidar do conteúdo de cada um deles, para que não conflitem ou usurpem a competência de outro artefato.

Desse modo, a elaboração de um Estudo Técnico Preliminar deve iniciar-se com a **identificação da necessidade** do órgão ou instituição, **verificando** se tal demanda está contemplada no **macroplanejamento** correspondente, a exemplo do Planejamento Estratégico e Plano de Contratação Anual. Uma vez confirmada a pertinência dessa necessidade, **apura-se a existência de requisitos** a serem observados para atender a necessidade e não a contratação em sentido estrito.. Em seguida, *levantam-se as alternativas disponíveis no mercado*, avaliando, com base em *critérios técnicos e econômicos*, qual a *solução mais apropriada*. A partir dessa conclusão, *definem-se quantidades* e *estabelece-se a estimativa de custos*, para então *descrever a solução* de forma abrangente. Concluída essa etapa, *examina-se* se o objeto deve/pode ou não ser *parcelado*, bem como a *existência de contratações correlatas* ou interdependentes. Avaliam-se, ainda, **riscos, possíveis impactos ambientais e medidas mitigadoras**. Com esse conjunto de informações, é que é possível, com a qualidade necessária, verificar **possíveis providências a serem tomadas pela Administração**, de forma prévia ao contrato, considerando, inclusive as contratações interdependentes, impactos ambientais e medidas mitigadoras, que podem ser tomadas, neste momento. Logo após, avalia-se a **economia** resultante e **melhor aproveitamento** dos recursos, culminando em um **posicionamento conclusivo** acerca da adequação da contratação para suprir, de maneira efetiva e racional, a necessidade identificada.

Nesse sentido, a sequência lógica dos elementos constitutivos do Estudo Técnico Preliminar, em consonância com o §1º do art. 18 da Lei nº 14.133/2021, pode ser organizada como segue, mantendo-se *exatamente* o texto legal, porém em *ordem* correspondente ao raciocínio exposto:

I – *descrição da necessidade da contratação*, considerado o problema a ser resolvido sob a perspectiva do interesse público;

II – *demonstração da previsão da contratação no plano de contratações anual*, sempre que elaborado, de modo a indicar o seu alinhamento com o planejamento da Administração;

III – *requisitos da contratação;*

V – *levantamento de mercado*, que consiste na análise das alternativas possíveis, e justificativa técnica e econômica da escolha do tipo de solução a contratar;

IV – *estimativas das quantidades para a contratação*, acompanhadas das memórias de cálculo e dos documentos que lhes dão suporte, que considerem interdependências com outras contratações, de modo a possibilitar economia de escala;

VI – *estimativa do valor da contratação*, acompanhada dos preços unitários referenciais, das memórias de cálculo e dos documentos que lhe dão suporte, que poderão constar de anexo classificado, se a Administração optar por preservar o seu sigilo até a conclusão da licitação;

VII – *descrição da solução como um todo*, inclusive das exigências relacionadas à manutenção e à assistência técnica, quando for o caso;

VIII – *justificativas para o parcelamento ou não da contratação;*

XI – *contratações correlatas e/ou interdependentes;*

XII – *descrição de possíveis impactos ambientais e respectivas medidas mitigadoras*, incluídos requisitos de baixo consumo de energia e de outros recursos, bem como logística reversa para desfazimento e reciclagem de bens e refugos, quando aplicável;

IX – *demonstrativo dos resultados pretendidos* em termos de economicidade e de melhor aproveitamento dos recursos humanos, materiais e financeiros disponíveis;

X – *providências a serem adotadas pela Administração previamente à celebração do contrato*, inclusive quanto à capacitação de servidores ou de empregados para fiscalização e gestão contratual;

XIII –*posicionamento conclusivo* sobre a adequação da contratação para o atendimento da necessidade a que se destina.

É imperativo ter em mente que cada artefato da fase de planejamento possui uma função específica. Quantas vezes nos deparamos com a dúvida se uma informação, ou seja, um elemento deve estar contido no termo de referência ou no instrumento contratual? Se uma informação deve constar no termo de referência ou no edital? Ou se deve constar em ambos, cada um com um nível de detalhamento? Ou ainda, se deve iniciar em um e ser complementada por outro?

Como exemplo, consideremos a possibilidade de subcontratação: trata-se disso no termo de referência ou no instrumento contratual? As informações sobre garantia contratual devem constar no termo de referência ou no estudo técnico preliminar?

No caso da subcontratação, o estudo técnico preliminar deve revelar para o processo que determinada contratação possui, por exemplo, um número muito restrito de fornecedores ou prestadores de serviços para executá-la na integralidade ou, se executada por uma única empresa, seria demasiadamente onerosa para a Administração. Portanto, deve-se permitir a subcontratação ou até o consórcio, se for necessário ampliar a competição. É preciso fomentar a competição? Sim, essa é uma diretriz estrutural da Lei Geral de Contratações.

E o termo de referência, no aspecto de subcontratação, o que deve contemplar? O termo de referência deve consolidar os aspectos técnicos da subcontratação, ou seja, se há necessidade de subcontratação e quais parcelas podem ser objeto dessa medida.

E o instrumento contratual? O contrato deve, com base no termo de referência, estabelecer as condições jurídicas da subcontratação, tais como a necessidade de autorização prévia do contratante e a responsabilidade da contratada pelos subcontratados. Por quê? Porque essas últimas não são condições que possam ser decididas pela área técnica ou de planejamento, pois são quesitos legais que toda subcontratação exige.

Então, se um termo de referência que exige subcontratação deixar de indicar, por exemplo, que a subcontratada precisa cumprir a mesma condição de habilitação da empresa principal, isso significa que o termo de referência está carente e que não é possível dar continuidade ao processo para elaborar o edital e o instrumento contratual?

Não. Partindo da informação técnica da viabilidade e de qual é a parcela dessa subcontratação, a elaboração do instrumento contratual e do edital devem estabelecer as condições jurídicas das subcontratadas e as condições de habilitação, respectivamente.

A técnica instrumental indica foi objeto de aplicação nos modelos de artefatos padrões elaborados pela Câmara Nacional de Modelos de Licitações e Contratos da Consultoria-Geral da União (CNMLC/CGU/AGU).[6]

Pensemos em uma contratação específica – serviços contínuos de operação e manutenção predial (*facilities*), incluindo pequenas adaptações, por meio de postos de trabalho, com fornecimento de ferramentas e insumos, peças e materiais de reposição, serviços especializados, além de eventuais serviços eventuais. Nesse contexto, pode haver a *necessidade de subcontratação* em certas parcelas do objeto (por exemplo, manutenção de elevadores, chaveiro, manutenção de ar-condicionado – serviços especializados).

A seguir, apresenta-se, de forma exemplificativa, como cada artefato do planejamento deve tratar esse tema:

1. Estudo técnico preliminar (ETP)

- **Levantamento de alternativas e identificação da solução**: deve analisar se, dada a complexidade dos serviços (manutenção elétrica, hidráulica, civil etc.), há um mercado restrito ou oneroso caso uma única empresa seja responsável por todas as áreas de atuação. Caso se conclua que permitir a subcontratação (ou mesmo um consórcio) ampliará a concorrência ou tornará a execução mais eficiente, essa informação precisa constar no ETP.

2. Termo de referência (TR)

- **Aspectos técnicos da subcontratação**: deve *indicar e justificar* se a subcontratação é ou não permitida, especificando *quais*

[6] Disponível em: https://www.gov.br/agu/pt-br/composicao/cgu/cgu/modelos/licitacoesecontratos/nota-de-atualizacao-lei-14133.pdf.

parcelas do serviço podem ser subcontratadas e *sob quais condições* técnicas ou de qualidade. *Por exemplo*, considerando que a solução engloba quatro itens:
(i) pequenas adaptações por meio de postos de trabalho;
(ii) fornecimento de ferramentas e insumos, peças e materiais de reposição;
(iii) serviços especializados (manutenção de ar-condicionado, sistema de combate a incêndio, chaveiro, manutenção de elevadores etc.); e
(iv) serviços eventuais – pode-se concluir, em razão da especialidade e da qualificação específica exigidas, que *o item relativo aos serviços especializados seja apto à subcontratação.*

- Dessa forma, o documento deverá *fundamentar* essa decisão, demonstrando *por que* a contratação de terceiros altamente capacitados em áreas técnicas pontuais torna a execução mais eficiente ou amplia a competitividade, fixando, quando cabível, *limites e requisitos* para o subcontratado (habilitação, certificações, experiências, etc.)
- **Limites e detalhamento**: deve observar/justificar os limites de percentual para subcontratação, requisitos de desempenho e padrões mínimos de capacitação profissional, bem como procedimentos de controle e acompanhamento.

3. Instrumento contratual (contrato)

- **Garantias e responsabilidade**: dispõe sobre a responsabilidade integral da contratada pela execução do objeto, incluindo serviços prestados pelo subcontratado, determinando eventuais sanções em caso de descumprimento, bem como sobre os requisitos e viabilidade de substituir o subcontratado durante a execução contrato, etc.

4. Edital

- **Participação e habilitação**: prevê se o licitante pode (ou deve) indicar já na proposta a intenção de subcontratar partes do serviço, exigindo, se for o caso, a demonstração de qualificação técnica mínima por parte do subcontratado.
- **Critérios de julgamento**: especifica como as propostas que prevejam subcontratação serão analisadas e quais documentos comprobatórios ou autorizações serão exigidos, garantindo competitividade e isonomia no certame.

5 Conclusões

Em síntese, a aplicação das técnicas normativa e instrumental na elaboração dos estudos técnicos preliminares e dos termos de referência é crucial para garantir a conformidade e a eficácia dos processos de contratação pública. A técnica normativa assegura que todos os elementos exigidos pela legislação sejam incorporados, enquanto a técnica instrumental organiza esses elementos de maneira lógica e construtiva, evitando conflitos e sobreposições.

A compreensão e a adoção dessas técnicas permitem uma atuação mais transparente, eficiente e alinhada com as melhores práticas e regulamentações vigentes, contribuindo para a realização dos objetivos da administração pública e a otimização dos recursos disponíveis. A correta aplicação dessas técnicas é, portanto, um fator determinante para o sucesso das contratações públicas no contexto da Lei nº 14.133/2021.

Por fim, cabe ressaltar que a conjugação de esforços entre a área técnica e a alta administração, materializada em um planejamento sólido e sustentado por estudos técnicos preliminares e termos de referência bem elaborados, promove a gestão de riscos, a eficiência e a efetividade na contratação pública. Dessa maneira, o regime introduzido pela Lei nº 14.133/2021 reforça a importância de técnicas e ferramentas cuidadosamente desenvolvidas, tornando-se indispensável à Administração Pública a adoção de boas práticas que assegurem o sucesso das contratações e o melhor aproveitamento dos recursos disponíveis.

Referências

JUSTEN FILHO, Marçal. *Comentários à Lei de Licitações e Contratações Administrativas*. 2. ed. Thompson Reuters Brasil, 2023.

OLIVEIRA, Rafael Carvalho Rezende; MARÇAL, Thaís (org.). *Estudos sobre a Lei 14.133/2021:* nova Lei de Licitações e Contratos Administrativos. 1. ed. Juspodivm, 2021.

SAADI, Mario. *Nova Lei de Licitações (Lei nº 14.133/2021)*: sistematizada. Fórum, 2021.

SANTOS, Márcio Fernando Elias Rosa dos; BERTOLIN, Patrícia Tuma Martins. *Comentários à Nova Lei de Licitações Públicas e Contratos Administrativos*: Lei nº 14.133, de 1º de abril de 2021. 2. ed. Revista dos Tribunais, 2021.

Informação bibliográfica deste texto, conforme a NBR 6023:2018 da Associação Brasileira de Normas Técnicas (ABNT):

ALMEIDA, Luana Carvalho de. Técnicas de elaboração de estudos técnicos preliminares e termo de referência na Lei nº 14.133/2021: aprimorando a transparência e eficiência nas contratações públicas. *In:* FURTADO, Madeline Rocha; FURTADO, Monique Rafaella Rocha (coord.). *O planejamento das contratações*: estudos técnicos preliminares e termos de referência: teoria e aplicação sob a égide da Lei nº 14.133/2021. Belo Horizonte: Fórum, 2025. p. 311-322. ISBN 978-65-5518-944-5.

CAPÍTULO 3

CONTRATAÇÕES PÚBLICAS SEM ETP: UM RISCO À EFICIÊNCIA ADMINISTRATIVA?

> *(...) Poderia me dizer, por favor, que caminho devo tomar para ir embora daqui?*
>
> *Depende bastante de para onde quer ir, respondeu o Gato.*
>
> *Não me importa muito para onde, disse Alice.*
>
> *Então não importa que caminho tome, disse o Gato.*
>
> *Contanto que eu chegue a algum lugar (...)*[1]

CARIN PREDIGER

SIMONE TARASCONI FRAGA

1 O ETP e a eficiência nas contratações públicas sem licitação

Na vida e nas licitações, definir uma solução que melhor atenderá nossas necessidades permite que saibamos qual o caminho mais viável a seguir para satisfazê-las.

---

[1] CARROLL, Lewis. *Alice no País das Maravilhas.* [1865] Tradução Maria Luiza X. de A. Borges. Rio de Janeiro: Zahar, 2009. p. 76-77.

Numa viagem, traçar a rota mais viável aos nossos propósitos, saber qual a época mais favorável à realização do percurso, a duração do trajeto, estudar os riscos, orçar e prever quanto combustível e quais os outros insumos serão consumidos é parte do planejamento que permitirá chegar ao destino de forma segura e eficiente. Não à toa, portanto, a Lei nº 14.133/21 parece concordar com o famoso Gato de *Alice no País das Maravilhas*: se quiser saber qual a estrada tomar, o melhor a se fazer é definir aonde e como se quer chegar. Em outras palavras, se a Administração possui uma demanda, é preciso planejar a licitação para bem delimitar o problema a ser resolvido e encontrar a melhor solução para atender a sua necessidade, reduzindo o risco de se ter obras inacabadas, de adquirir objetos inadequados, receber serviços mal executados, ver cobrados preços muito superiores aos de mercado e outras tantas situações tão comuns na realidade nacional.

Enquanto a Lei nº 8.666/93 parecia priorizar o respeito à legalidade do procedimento, na nova Lei de Licitações, planejar passou a ser a atividade básica sobre a qual se constrói a satisfação das necessidades da Administração Pública.. E, nesse pilar básico, o estudo técnico preliminar aparece como elemento fundante do processo de contratação.

O estudo técnico preliminar — ou simplesmente ETP — é definido pelo art. 6º, XX,[2] e conta com seus elementos previstos no art. 18, §1º, da Lei nº 14.133/21. É por meio do elenco desses requisitos que podemos perceber o quão essencial é esse documento. Afinal, ele delimita a necessidade da contratação a partir de um problema a ser resolvido com vistas ao atendimento do interesse público. Deve incluir quantidades, estimativa de valor total da contratação com base nos preços unitários referenciais, a justificativa para a contratação ser ou não parcelada, além de oferecer necessariamente um "posicionamento conclusivo sobre a adequação da contratação para o atendimento da necessidade a que se destina".[3] Abrange o levantamento de mercado (ou a justificativa de sua não realização), com a justificativa técnica e econômica da escolha do tipo de solução a contratar, dentre outros dados que evidenciam que o ETP consta da lei para não dar espaço a improvisos ou às sempre famosas contratações feitas "sem qualidade e

---

2 "documento constitutivo da primeira etapa do planejamento de uma contratação que caracteriza o interesse público envolvido e a sua melhor solução e dá base ao anteprojeto, ao termo de referência ou ao projeto básico a serem elaborados caso se conclua pela viabilidade da contratação;"

3 Art. 18,§1º, XIII.

por baixo preço", como se diz na famosa crítica às licitações que corre à boca pequena da população em geral.

Exemplificativamente, podemos cogitar de aquisições destinadas a modernizar e/ou informatizar as escolas públicas. A elaboração de um ETP efetivo deverá considerar qual o número de estudantes, sem descuidar de condições mínimas ao uso dos equipamentos, como a capacitação dos professores, a inclusão dos equipamentos no projeto pedagógico e a existência de internet disponível nos locais de instalação, a suficiência da rede elétrica ou necessidade de sua adaptação, o suporte à instalação e manutenção dos equipamentos,[4] dentre outros dados que se mostrem indispensáveis a que o equipamento será de fato colocado em utilização para uma finalidade que atenda o interesse público.

Assim, a legislação oferece ferramentas à Administração que estabelecem as condições necessárias para atender a uma necessidade real de um ente público definindo que o ETP conterá, de modo integral, o problema e a solução necessária, seu valor, seus riscos, o impacto ambiental e eventuais interfaces com outras contratações. Ou, voltando à abertura deste texto, diante de vários caminhos a tomar para fazer a viagem, o ETP funcionará como um mapa que vai definir a melhor rota possível, acompanhado de todas as demais especificações que o viajante possa necessitar para chegar ao seu destino sem grandes percalços e com muito sucesso.

O destaque à fase de planejamento da licitação resulta de uma transformação pela qual vem passando a Administração Pública desde o período que antecedeu à EC nº 19/1998, a qual incluiu a eficiência dentre os princípios que vinculam o Administrador Público brasileiro (art. 37, *caput*, CF). A reforma administrativa capitaneada pelo então Ministro Bresser Pereira pretendia "aprofundar a administração burocrática clássica naquilo que ela tem de mais positivo: a profissionalização do serviço público protegendo o contra o clientelismo e a corrupção", ao mesmo tempo em que entendia necessário "combater os excessos desse tipo de administração que a tornam lenta e cara: a rigidez, o formalismo, a desconfiança nas pessoas, o controle centrado nos processos ou procedimentos".[5]

---

[4] No exemplo, citamos contratações correlatas (art. 18, XI da Lei nº 14.133/21), providências a serem adotadas pela Administração, como as capacitações de servidores (art. 18, X) e exigências destinadas à manutenção e assistência técnica (art. 18, VII, da Lei nº 14.133/21).

[5] BRESSER PEREIRA, Luiz Carlos. *A reforma do aparelho do Estado e a Constituição brasileira*. Brasília: ENAP, 1995, p. 11.

Essa estrutura da NLL, calcada no planejamento e em figuras como o ETP, vem, portanto, ao encontro da necessidade de concretizar o princípio da eficiência. Esse princípio — ainda que trazido à Constituição por força da EC nº 19/98 — não apresentou condições de efetividade integral a partir da sua inclusão expressa. Como característico das normas desse tipo, sua concretização é paulatina e exige medidas que aos poucos possam viabilizar o incremento de sua aplicação.

Por outro lado, a obrigatoriedade de incluir o ETP no início da instrução de um processo de contratação não é absoluta. E é a própria legislação que tanto apregoa o planejamento que deixa isso explícito. Haveria aí um choque entre a consagração do princípio da eficiência que deve orientar a Administração e a possível ausência do ETP?

Para analisarmos essa hipotética contradição, passamos a apresentar as situações em que o ETP pode legalmente estar ausente, para analisar se disso decorre ameaça de prejuízo ao interesse público e à eficiência das contratações.

2 A facultatividade do ETP nas contratações diretas: uma subversão da diretriz que orienta a manter o foco no planejamento?

O art. 72, I da Lei nº 14.133/21 define os elementos mínimos que devem instruir os processos de contratação direta (dispensa e inexigibilidade de licitação) e alerta que o ETP é exigível "se for o caso".

Ainda assim, o elenco desses elementos na NLL é maior do que o que constava de forma expressa na Lei nº 8.666/93. Vale destacar que na Lei nº 8.666/93 sequer havia menção ao ETP como elemento que poderia ser exigido nas contratações diretas, sendo que sua necessidade foi surgindo na legislação periférica e de regramentos específicos, como o RDC, o regramento federal do pregão eletrônico, e em normativas administrativas relativas às aquisições na área de TIC.[6] Para alguns autores, o fato de os arts. 6º, IX, e 7º, da Lei nº 8.666/93 darem destaque

---

[6] O ETP já constava expressamente exigível no Decreto Federal nº 10.024/2019, que regulamentou o pregão eletrônico, no art. 11 da IN nº 1/2019 SGD/ME, no art. 2º, IV, "a" da Lei nº 12.462/11 (RDC), na IN nº 40/2020/ SGD/ME e no art. 42, VIII da Lei nº 13.303 (Lei das Estatais), normalmente como antecedente ao Projeto Básico. E seu antepassado mais remoto é o Plano de Trabalho previsto pelo Decreto Federal nº 2.271/1997 (art. 2º), consoante relata FURTADO, Madeline Rocha. *Gestão de contratos de terceirização na administração pública:* teoria e prática. 8. ed., rev. e ampl. Belo Horizonte: Fórum, 2023, p. 220-221.

ao projeto básico, é fator que permitia inferir, à época da aplicação da Lei nº 8.666/93, que o EPT era indispensável onde o projeto básico tivesse de existir, visto que o ETP lhe era antecedente e visava reduzir o risco de uma contratação tecnicamente inviável.[7]

Nesse contexto em que na vigência da Lei nº 8.666/93 os posicionamentos já se inclinavam no sentido da relevância de se ter presente o ETP em um processo de contratação, a redação da Lei nº 14.133/21 parece relativizar ou deixar em aberto sua necessidade em alguns casos e nos coloca a questão: estaria o art. 72, I, deixando espaço indevido a que se subverta a diretriz do planejamento como foco central que viabiliza a eficiência nas contratações públicas?

Os casos de contratação direta por dispensa de licitação que se apresentam como possivelmente sujeitos à faculdade de apresentar um ETP são os relacionados ao baixo valor (art. 75, I e II), a situações em que o ETP já existente ainda pode ser considerado válido porquanto recente (como no art. 75, III, que cuida da dispensa no caso de licitação deserta ou fracassada), e em alguma situação excepcional (art. 75, VII e VIII), sem contar essas situações se ligadas a eventos extremos (MPV nº 1.221/2024, de 17/05/2024, que dispôs sobre medidas excepcionais destinadas a enfrentamento de casos de calamidade pública, revogada pela Lei nº 14.981, de 20/09/2024). As demais hipóteses de dispensa eleitas pelo legislador, relacionadas ao objeto a ser adquirido, ou à pessoa do fornecedor/prestador aparentemente não deixam espaço à faculdade de avaliar o cabimento da elaboração do ETP, ou não.[8-9]

Ainda na vigência da Lei nº 8.666/93, no âmbito federal, a IN nº 40/2020 expressamente afirmava que a elaboração do ETP era uma faculdade para os casos do art. 24, I, II, III, IV e XI, e dispensada nos casos de prorrogações contratuais relativas a objetos de prestação de

7 ANDRIOLI, Luiz Gustavo Gomes; BRAGA, Carlos Renato Araújo; COSTA, Antônio França da. Estudos técnicos preliminares: o calcanhar de Aquiles das aquisições públicas. *Revista do TCU*, 139. 2017, p. 11. Esta posição também encontrou guarida no entendimento no TCU, a exemplo da Decisão nº 233/1996, da 1ª Câmara, citada por esses autores.

8 Cite-se, por exemplo, situações tais como as do art. 75, IV, "f" (bens ou serviços produzidos ou prestados no País que envolvam, cumulativamente, alta complexidade tecnológica e defesa nacional;), ou art. 75, IV, "h" (bens e serviços para atendimento dos contingentes militares das forças singulares brasileiras empregadas em operações de paz no exterior), as quais permitem que se vislumbre a inocorrência de licitação, mas dificilmente serão casos que dispensem a elaboração do ETP, visto que deixam evidente a necessidade de avaliar de forma integral a melhor solução a ser encontrada às necessidades da Administração.

9 BRASIL. Instrução Normativa SEGES/ME nº 40/2020. Disponível em: https://www.gov.br/compras/pt-br/acesso-a-informacao/legislacao/instrucoes-normativas/instrucao-normativa-no-40-de-22-de-maio-de-2020. Acesso em: 28 jul. 2024.

natureza continuada. Camila Palhares Sanson destaca que, por força do art. 189 da Lei nº 14.133/21, o qual consta das disposições finais e transitórias, a referida norma infralegal pode ser aplicada, mesmo que elaborada quando ainda vigente a Lei nº 8.666/93.[10] Sem deixar lacuna nesse ponto, a União em seguida editou a Instrução Normativa SEGES nº 58/2022, que dispôs sobre o ETP e o Sistema ETP digital, que manteve a aplicabilidade da IN nº 40/20 para os processos de contratação autuados quando ainda em vigor a Lei nº 8.666/93, e trouxe as excepcionalizações à elaboração do ETP no seu art. 14:

> Art. 14. A elaboração do ETP:
>
> I – é facultada nas hipóteses dos incisos I, II, VII e VIII do art. 75 e do §7º do art. 90 da Lei nº 14.133, de 2021; e
>
> II – é dispensada na hipótese do inciso III do art. 75 da Lei nº 14.133, de 2021, e nos casos de prorrogações dos contratos de serviços e fornecimentos contínuos.

Desse modo, no âmbito federal a suposta lacuna do art. 72, I, da Lei nº 14.133/21 restou preenchida. E nada mencionou sobre as contratações diretas por inexigibilidade do art. 74 da Lei nº 14.133/2021. No município de Porto Alegre, temos exemplo similar, visto que houve a regulamentação da fase do planejamento por meio do Decreto Municipal nº 21.859/2023. Esse diploma trata do ETP nos artigos 7º a 13, sendo que no art. 12 traz norma similar à federal, identificando as situações em que há faculdade da sua produção e um único caso de dispensa (art. 75, III, da Lei nº 14.133/21).[11]

Nos entes públicos que ainda não regulamentaram a fase do planejamento da licitação, é possível que se compreenda que a regra infralegal federal sirva de orientação, aplicando-se a interpretação integrativo-normativa que admite a aplicação da norma de forma

---

10 SANSON, Camila Palhares. *Hipóteses de dispensa de Estudo Técnico Preliminar – ETP, na nova lei de licitações*. Portal Migalhas, 27 jan. 2023. Disponível em: https://www.migalhas.com.br/depeso/380643/hipoteses-de-dispensa-de-estudo-tecnico-preliminar. Acesso em: 28 jul. 2024.

11 PORTO ALEGRE. Decreto Municipal nº 21.859 de 6 fev. 2023. Disponível em: https://leismunicipais.com.br/a/rs/p/porto-alegre/decreto/2023/2186/21859/decreto-n-21859-2023-dispoe-sobre-fase-preparatoria-das-contratacoes-da-administracao-publica-municipal-direta-autarquica-e-fundacional-relativos-aos-processos-de-licitacao-dispensa-e-inexigibilidade-em-cumprimento-as-disposicoes-da-lei-federal-n-14133-de-1-de-abril-de-2021-que-estabelece-a-lei-geral-de-licitacoes-e-contratos-administrativos. Acesso em: 22 jan. 2025.

subsidiária, tal qual fez o STJ em relação à Lei nº 9.784/99 (Súmula nº 633).[12]

Em relação às hipóteses de dispensa de licitação em razão do valor, o advento da NLL ampliou o leque de aquisições abrangidas pelos limites de valor atuais (R$125.451,15 para obras e serviços de engenharia, e R$62.725,59 para outros serviços e compras, conforme o Decreto federal nº 12.343, de 30/12/2024). Porém, o baixo valor não significa necessariamente que se trata de uma contratação de baixa complexidade, ou que não exija investigar as várias soluções possíveis no mercado, a preços distintos, para melhor atender à necessidade de interesse público. O que se pode cogitar, em algumas situações, é a apresentação de um ETP simplificado, mediante justificativa, tal como constatamos em alguns exemplos retirados de contratações do TRE-SP Como exemplos de situações daquele Tribunal, verificamos a contratação singela de medalhas e placas para homenagens a autoridades, no valor estimado de R$26.579,20, ou a escolha, dentre outras 5 opções cogitadas, de locação de ônibus executivo com motorista para transportar os participantes do IV Encontro Nacional de Memória do Poder Judiciário, em valor orçado médio de R$16.800,00 para 320 pessoas (8 veículos). Nem todos os elementos de um ETP se faziam indispensáveis.[13] Para a contratação de medalhas e placas — apenas para detalhar mais esse exemplo — não havia a necessidade de demonstrar resultados pretendidos em termos de economicidade e aproveitamento de recursos humanos (art. 18, IX), nem especificar contratações correlatas e/ou interdependentes (art. 18, XI), ou outros dados previstos no art. 18, incisos VII e X. Esse ETP simplificado se adapta ao previsto no art. 18, §2º, da Lei nº 14.133/21, do mesmo modo que ocorreu com a contratação direta da locação de ônibus executivo com motorista. Ainda assim, e mesmo havendo o amparo da lei para simplificar o documento, aquele TRE citou todos os elementos do ETP,

---

12 "A Lei nº n. 9.784/1999, especialmente no que diz respeito ao prazo decadencial para a revisão de atos administrativos no âmbito da Administração Pública federal, pode ser aplicada, de forma subsidiária, aos estados e municípios, se inexistente norma local e específica que regule a matéria." (BRASIL, Superior Tribunal de Justiça. Súmula nº 633. Primeira Seção, em 12.6.2019. *DJe* 17 jun. 2019).

13 Disponível em: https://www.tre-sp.jus.br/++theme++justica_eleitoral/pdfjs/web/viewer.html?file=https://www.tre-sp.jus.br/transparencia-e-prestacao-de-contas/licitacoes/estudos-tecnicos-preliminares-gerais-e-stic/copy_of_estudos-tecnicos-preliminares-geral-2023-1/prestacao-do-servico-de-locacao-de-onibus-executivo.pdf/@@download/file/ETP_FINAL_SeAAC_18_03.pdf. Acesso em: 22 jan. 2025.

porém, de modo mais sintético, e, segundo nosso entendimento, mais singelo e talvez, desnecessário.

Veja-se que as situações de baixo valor acima descritas efetivamente não impedem a elaboração do ETP. Apenas provocam uma elaboração simplificada do documento, pois o estudo completo, com todos os elementos do art. 18 da NLL, não se justifica, especialmente se confrontarmos as exigências do dispositivo com a necessidade de garantir eficiência à contratação. Se elaborado um ETP completo nesses casos, incidiríamos naquelas situações em que esse estudo seria meramente formal e burocrático, destinado a repetir fórmulas prontas e fadado a, ao longo do tempo, desacreditar a finalidade real do instrumento em questão.

Quando dirigimos nosso exame às obras e serviços de engenharia considerados de baixo valor, a situação não nos parece ser diferente. Obras de engenharia singelas, como a adequação de um imóvel específico do ente público para que tenha acessibilidade, ou serviço de engenharia considerado comum (como manutenção de ar-condicionado e sistema de refrigeração), caso apresentem orçamento de baixo valor nos termos da NLL, dificilmente terão o ETP completamente dispensado, sendo mais provável que demandem a realização de um ETP simplificado (art. 18, §2º). Ainda assim, é importante destacar que a Lei nº 14.133/21 prevê a dispensabilidade da elaboração de projetos se a contratação pretendida de obras ou serviços comuns de engenharia tiver demonstrada a inexistência de prejuízo para a aferição dos padrões de desempenho e qualidade almejados apenas com a especificação do objeto efetivada em termo de referência ou projeto básico (art. 18, §3º).

Marçal Justen Filho critica a norma do art. 18, §2º, da Lei nº 14.133/2021, a qual reconhece que nem sempre estarão presentes ou serão indispensáveis os requisitos do ETP elencados no §1º do art. 18. Para esse autor, a norma parece legitimar o estudo técnico preliminar insuficiente.[14] Nessa linha de argumentação, poderíamos avançar para afirmar que a facultatividade do ETP ou sua elaboração somente com elementos mínimos, de modo simplificado, entraria em choque com o princípio da eficiência? E o que dizer, então, da sua legalmente admitida ausência?

Maria Sylvia Zanella Di Pietro, ao nos ensinar sobre o princípio da eficiência no seu clássico manual, destaca que ele se apresenta sob

---

14 JUSTEN FILHO, Marçal. *Comentários à lei de licitações e contratações administrativas:* Lei 14.133/2021. São Paulo: Thomson Reuters Brasil, 2021, p. 358.

o aspecto do agente público, que deve executar suas funções com o melhor desempenho possível para obter os melhores resultados, e de outro lado, tem-se a própria Administração, que precisa se estruturar, organizar, disciplinar, também com os mesmos propósitos.[15] E, na licitação, mostra que esse princípio abrange os subprincípios da celeridade, economicidade, planejamento e eficácia. Mas sublinha que a celeridade e a economicidade devem ser utilizadas de modo a não comprometer a eficácia, que é a obtenção dos melhores resultados.[16]

Do pensamento desses doutrinadores podemos extrair que a presença sintética do ETP ou sua ausência legitimada pela lei somente podem ser consideradas em conformidade com o sistema jurídico das licitações se disso decorrer um bom resultado para a Administração e para o interesse público, sem descuidar — evidentemente — da legalidade e da moralidade administrativas. O fundamental é que da instrução do processo se tenham os elementos indispensáveis dotados do **conteúdo necessário** para que disso resulte uma contratação direta que atenda a demanda e resolva o problema colocado diante da Administração.[17] Como bem afirmam Egon Bockmann Moreira e Renato Geraldo Mendes, "é preciso adaptar as exigências a cada situação concreta. Esse *é* um aspecto fundamental a ser observado, pois não se deve burocratizar o que não precisa nem fazer exigências desnecessárias".[18]

Esta é a justificativa que entendemos estar por detrás da possível ausência de ETP, ou ainda, de sua apresentação de forma simplificada, em casos de guerra, estado de defesa, estado de sítio, intervenção federal ou grave perturbação da ordem (art. 75, VII da Lei nº 14.133/2021) assim como nas situações de emergência ou calamidade pública (art. 75, VIII da Lei nº 14.133/2021 e art. 3º da MPV nº 1.221, de 17.05.2024, posteriormente revogada pela Lei nº 14.981, de 2024 [19]).

---

15 DI PIETRO, Maria Sylvia Zanella. *Direito Administrativo*. 37. ed. rev., atual. e ampl. Rio de Janeiro: Forense, 2024, p. 94-95.

16 DI PIETRO, Maria Sylvia Zanella. *Op. cit.*, p. 375.

17 Nesse sentido, citamos Marçal Justen Filho, que afirma "A Lei 14.133/2021 exige a existência de documentos que apresentem certo conteúdo e apresentem certos requisitos. É irrelevante se esse documento é denominado projeto básico, termo de referência ou qualquer outro. Mais ainda, a simples denominação é insuficiente para assegurar o atendimento ao dever de planejamento imposto à Administração." (*op. cit.*, p. 348).

18 MENDES, Renato Geraldo. MOREIRA, Egon Bockmann. *Inexigibilidade de licitação:* repensando a contratação pública e o dever de licitar. 2. ed. Curitiba: Zênite, 2023, p. 465.

19 A Medida Provisória nº 1.221/2024, embora destinada genericamente a reger as contratações públicas em situações de calamidade, surgiu em meio à crise climática que se

O próprio TCU admitiu nessas situações excepcionais, ainda na vigência da Lei nº 8.666/1993, a contratação sem a existência de projeto básico:

> Todavia concordo com a análise da unidade técnica no sentido de que a questão admite temperamento, em casos excepcionais, em que a premência do tempo e baixa complexidade do reparo a ser executado permitem a substituição do projeto básico por planilha estimativa, devidamente fundamentada em relatório técnico. A jurisprudência do Tribunal é tranquila nesse sentido, consoante os exemplos citados pelo auditor-instrutor: Acórdãos 103/2007, 2.364/2006, 2.263/2008, todos do Plenário. (Acórdão nº 614/2010, Plenário, rel. Min. Valmir Campelo).[20]

A citação acima é feita por Marçal Justen Filho, o qual reconhece que podem existir casos de urgência que demandem uma contratação despida de maiores observâncias de planejamento (no caso, ele se referia ao projeto básico), mas isso jamais pode afastar do Administrador providências que reduzam o risco e a possibilidade de efetuar uma contratação de limites imprecisos.[21]

Ainda assim, o tema merece tratamento com cautelas. Madeline Rocha Furtado, ao tratar do projeto básico e do termo de referência — elementos posteriores ao ETP — destaca entendimento do TCU pela necessidade da presença dos elementos da etapa do planejamento ainda que se trate de contratação direta de caráter emergencial. Se ausentes, há risco de anulação dos contratos, com ressalvas apenas para obras emergenciais de baixa complexidade executiva em que haja a possibilidade de substituição do projeto básico por planilha estimativa fundamentada em relatório técnico (Acórdão nº 1.644/2008-Plenário. Relator Min. Ubiratan Aguiar).[22]

A situação de calamidade vivida pela quase integralidade das cidades do RS em maio de 2024 também trouxe exemplos que, no

abateu sobre o Estado do Rio Grande do Sul, a partir de 1º de maio de 2024, quando a maior quantidade de chuvas da história caiu sobre o território do Estado, atingindo quase 95% das cidades gaúchas. Para mais, veja-se em https://www.cnnbrasil.com.br/nacional/chuvas-no-rs-quase-80-das-cidades-gauchas-foram-afetadas-veja-lista/ (Acesso em: 22 jan. 2025), onde consta a lista das 471 cidades atingidas, de um total de 497 existentes no RS. A ela sobreveio a Lei nº 14.981, de 20/09/2024, já de maior amplitude.

20 JUSTEN FILHO, Marçal. *Comentários à Lei de Licitações e Contratações Administrativas:* Lei 14.133/2021. São Paulo: Thomson Reuters Brasil, 2021, p. 353.

21 JUSTEN FILHO, Marçal. *Op. cit.*, p. 352.

22 FURTADO, Madeline Rocha. *Gestão de contratos de terceirização na administração pública:* teoria e prática. 8. ed., rev. e ampl. Belo Horizonte: Fórum, 2023, p. 247.

futuro, poderemos avaliar se efetivamente (e em que medida) trouxeram prejuízos à eficiência administrativa. Podemos citar situações em que o contrato foi verbal,[23] e outros que não referem a MPV nº 1.221 como fundamento, mas apenas o art. 75, VIII, da Lei nº 14.133/2021 aliado ao decreto de calamidade.

Dentre esses exemplos, citamos a contratação emergencial da prestação de serviços de desobstrução e limpeza das redes pluviais por hidrojateamento,[24] a contratação emergencial de fornecimento de infraestrutura para implantação de Hospital de Campanha[25] e outro, mais complexo, que teve por objeto a execução do Dique do Araçá , voltada exclusivamente ao enfrentamento do estado de calamidade pública.[26] São contratos que se reportam a um TR que os antecedeu, porém, dada a situação caótica em que se encontrava o Estado e o sem-número de emergências para abrigar, alimentar e salvar pessoas das áreas alagadas, para providenciar reparos emergenciais em estradas e pontes, para cuidar de animais, efetuar a limpeza e desobstrução da canalização tomada pela lama, para desbloquear ruas invadidas

---

23 Parecer Jurídico SMLC/DJ nº 259/2024, da Secretaria Municipal de Licitações e Contratos do Município de Canoas, sobre a locação de tendas. Disponível em: https://www.canoas.rs.gov.br/pareceresjuridicosdelicitacoesecontratos/. Acesso em: 23 jan. 2025.

24 CANOAS. Secretaria Municipal de Licitações e Contratos. Contrato n° 048/2024. Contratação emergencial de prestação de serviços de desobstrução e limpeza das redes de águas pluviais por hidrojateamento por pressão e/ou sucção a vácuo, para atender a demanda da Secretaria Municipal de Obras, do Município de Canoas/RS, voltadas exclusivamente ao enfrentamento do estado de calamidade pública reconhecido pelo Decreto n° 176/2024. Disponível em: https://sistemas.canoas.rs.gov.br/transparencia/servlet/wpinfocontrato?048,26320pdf. Acesso em: 24 jan. 2025.

25 CANOAS. Secretaria Municipal de Licitações e Contratos. Contrato n° 027/2024. Contratação emergencial de empresa especializada para fornecimento de estrutura para implantação de Hospital de Campanha anexo à UPA Guajuviras, para atender a demanda da Secretaria Municipal de Saúde, do Município de Canoas/RS. Disponível em: https://sistemas.canoas.rs.gov.br/transparencia/servlet/wpinfocontrato?027,26216. Acesso em: 24 jan. 2025. Há menção, no contrato 0027/2024, à existência de TR. Mas há plausibilidade em cogitar que não houve ETP, pois a contratada é do ramo de eventos, o que talvez, em situações normais, poderia ter afastado a contratada deste objeto, que aparentemente não encontra amparo na sua área de atuação Destaca-se que este contrato foi rescindido por ato unilateral com fundamento no art. 137, VIII, e 138, I, da Lei nº 14.133 em novembro de 2024.

26 CANOAS. Secretaria Municipal de Licitações e Contratos. Contrato n° 199/2024. Contratação emergencial de pessoa jurídica da área de engenharia para a execução do Dique do Araçá, em atendimento à demanda do Escritório de Projetos do Município de Canoas/RS. Disponível em: https://sistemas.canoas.rs.gov.br/transparencia/servlet/wpinfocontrato?199,27040. Acesso em: 24 jan. 2025. Valor estimado de R$45.150.000,00. O rompimento de dique foi causado pelo excesso de chuvas e acarretou o alagamento de parte daquela cidade, o que determinou a realização de obras de reparos e também de execução

por escombros e dar a destinação ao entulho em aterros provisórios e tantas outras situações surpreendentes, é bem provável que não tenha havido ETP.

No Município de Porto Alegre, o portal da transparência apresenta a Informação Jurídica Referencial RAJ-PGM nº 13/2024 que explicitou os elementos indispensáveis às contratações emergenciais decorrentes da enchente de 2024, e deixou claro que o ETP era, nos termos da MPV nº 1.221,[27] dispensável, o mesmo não se podendo afirmar do TR e do projeto básico ou executivo.[28] A superveniente Lei nº 14.981/2024, que revogou a MPV nº 1.221/2024, também dispensou o ETP quando se tratar de aquisição de bens e contratação de obras e serviços comuns, inclusive de engenharia.

O site do TCE/RS – LicitaCon permite encontrar todos os processos de contratação direta destacados pela temática das enchentes.[29] Uma das situações que merece destaque é a da implantação, por Porto Alegre, de mais uma via de saída da cidade, para superar a dificuldade de acesso à capital e trânsito de caminhões-pipa, suprimentos, doações, ambulâncias, carros de resgate: o chamado "corredor humanitário". Uma situação inusitada, jamais prevista, contratada emergencialmente por R$1.134.524,66, e cuja execução do objeto teve ordem de início antes da formalização do contrato, acarretando pagamento por indenização.[30] [31] Muitos outros casos exigiram providências urgentes e nunca previstas, como o serviço de limpeza urbana pós-enchentes,[32]

---

27 Conforme citado anteriormente, a MPV nº 1.221/2024 foi revogada pela Lei nº 14.981, de 20/09/2024.

28 PORTO ALEGRE. Procuradoria-Geral do Município. Informação jurídica referencial RAJ-PGM nº 13/2024. Contratação direta por dispensa emergencial fundada no estado de calamidade pública. Art. 75, inciso VIII, da Lei nº 14.133/2021. Medida Provisória nº 1.221, de 17 de maio de 2024. Análise jurídica. Porto Alegre: PGM PMPA, 2024. Disponível em: https://dspace.portoalegre.rs.gov.br/items/266594af-6c7b-4bfe-b36b-f4e3d6958dc0. Acesso em: 24 jan. 2024.

29 Disponível em: https://portal.tce.rs.gov.br/aplicprod/f?p=50500:18:::NO:::. Acesso em: 22 jan. 2025.

30 PORTO ALEGRE (RS). Extrato de Indenização Administrativa. Processo de Dispensa 244/2024.[Execução do corredor humanitário da Av. Assis Brasil]. Porto Alegre: DOPA, ano XXIX, n. 7302, p. 34, 9 julho 2024. Disponível em: www2.portoalegre.rs.gov.br/dopa/ver_conteudo.php?protocolo=482579 . Acesso em: 23 jan. 2025.

31 RIO GRANDE DO SUL. Tribunal de Contas do Estado. Processo de dispensa nº 244/2024. Porto Alegre: TCE RS, 2024. Disponível em: https://portal.tce.rs.gov.br/aplicprod/f?p=50500:18:::NO:::. Acesso em: 22 jan. 2025.

32 RIO GRANDE DO SUL. Tribunal de Contas do Estado. Processo de dispensa nº 219/2024. Porto Alegre: TCE RS, 2024. Disponível em: https://portal.tce.rs.gov.br/aplicprod/f?p=50500:18:::NO:::. Acesso em: 22 jan. 2024.

a exigir uma dinâmica e organização diversa da limpeza urbana usual. Acreditamos que naquele momento a regra tenha sido contratar de forma direta, sem ETP, por absoluta impossibilidade, e com respaldo da MPV nº 1.221, que veio ao encontro das necessidades de atendimento daquela situação crítica.

No tocante ao momento da instrução do processo de contratação, a cartilha editada pelo TCE/RS durante a calamidade climática admitiu que diante da gravidade e da intensidade da crise instaurada, a Administração poderia ter de agir de imediato, sem tempo suficiente para abrir e instruir o processo de dispensa para contratação de bens e serviços para enfrentamento do desastre, o que legitimaria a instrução processual concomitante ou posterior à contratação já efetivada.[33] Verifica-se disso que o órgão de controle se manteve próximo da realidade vivida pelos seus jurisdicionados. Primeiro, salvar as vidas; depois, o ETP, o contrato, a formalização.

A casuística indica que na maior parte dos casos citados e, aqui, de alguma forma exemplificados, ainda que contratados sem que tenham sido antecedidos de ETP, ou limitando-se a ter um ETP simplificado, podem não ter acarretado prejuízos à eficiência administrativa. Não estavam intencionalmente decididos a deixar de lado o planejamento. A realidade fática impunha que a instrução do processo de contratação não contivesse detalhes em profundidade. É como se estivéssemos diante de uma Alice que precisa correr até determinado destino, mas não sabe se vai de avião, a pé, de ônibus... Vai gastar? Sim! Quanto, não sabe exatamente. Sabe apenas que precisa chegar ao local necessário. Da mesma forma, o atendimento à emergência contém em si um risco que somente vale a pena correr se realmente há impossibilidade de planejar minimamente a contratação (ou, no caso de Alice, a viagem), porque esta é inafastável. Não chegar ao destino é um risco maior do que viajar sem o mapa.

A flexibilização legal traz consigo o desafio de garantir que as contratações, apesar da urgência e do planejamento rarefeito ou inexistente, sejam realizadas de forma transparente e responsável. A ausência do ETP pode aumentar o risco de irregularidades e prejuízos ao erário, caso não haja um controle adequado sobre as decisões tomadas. Há risco de ineficiência. Portanto, é essencial que os gestores, mesmo diante da dispensa do ETP, adotem boas práticas de governança,

---

33 Disponível em: https://cloud.tce.rs.gov.br/s/c4j2m3pnRcXBf79. Acesso em: 22 jan. 2025.

documentando suas decisões e justificativas, para assegurar a integridade do processo e a adequada aplicação dos recursos públicos. (O Gato diria para Alice documentar todos os pedágios e despesas do caminho a fim de comprovar o rumo tomado e justificar a opção por uma rota específica a cada encruzilhada do percurso. Sem esquecer, é claro, de fazer uma foto ao chegar, para publicar nas redes...)

3 A impossibilidade de elaborar o ETP: casos práticos que podem levar à inexigibilidade de licitação e repercussão na eficiência administrativa

Para além da facultatividade atribuída a hipóteses específicas do art. 75, também existe a impossibilidade de elaboração do ETP trazida pelas características do objeto contratado. E esta não consta expressamente das normas infralegais, tal como nos casos de dispensa de licitação. Pelo menos, não encontramos menção às situações do art. 74 da Lei nº 14.133/2021, a não ser de forma genérica, no art. 72, I. A impossibilidade de elaborar o ETP nas situações em que as próprias condicionantes do objeto a ser contratado provocam a contratação direta por inexigibilidade não tem sido evidenciada. Portanto, sua relação com a maior ou menor eficiência administrativa precisa ser avaliada a partir da casuística.

A inexigibilidade de licitação nos apresenta alguns desses casos que merecem um enfrentamento, ainda que sem esgotá-los.

Nesse ponto, vale lembrar que o ETP se propõe a detalhar um problema a ser resolvido, e a apresentar uma solução dentre as possíveis como sendo a mais adequada ao ente público.[34] Quando nos deparamos com a inexigibilidade "inata", temos um objeto a ser contratado que já nasce inexigível. O próprio objeto a ser contratado traz consigo a inviabilidade de competição desde o seu surgimento. O ente público se vê diante da solução de um problema que, na maioria das vezes, não parte de um ETP.

Aqui trazemos um exemplo. A administração pública, em cumprimento de sua própria legislação[35] — e ao dever de promover a

[34] MENDES, Renato Geraldo. MOREIRA, Egon Bockmann. *Inexigibilidade de licitação:* repensando a contratação pública e o dever de licitar. 2. ed. Curitiba: Zênite, 2023, p. 454.

[35] Veja-se, a exemplo disso, a Instrução Normativa nº 006/2023 da PGM-POA, que estabelece critérios para a participação e custeio dos servidores da PGM em cursos e eventos técnicos e/ou científicos. Disponível em: https://legislacao.portoalegre.rs.gov.br/norma/47238. Acesso em: 23 jan. 2025.

eficiência administrativa —, tem por objetivo capacitar seus servidores por meio do custeio de cursos de pós-graduação. Para isso, publica edital de livre acesso a servidores, que ao atenderem no prazo devido, podem pleitear a sua inscrição em cursos de pós-graduação.[36] O servidor elege o curso que mais lhe atenda, sendo que isso pode ocorrer mediante seleção prévia junto às instituições de ensino ou não, desde que devidamente regulares diante do MEC. Uma vez definidos os servidores contemplados segundo os critérios do edital, temos a seguinte situação: sem efetuar um ETP, o objeto das contratações subsequentes com as instituições de ensino já se encontra previamente definido. As contratações ocorrerão com fulcro no art. 74, inc. III, alínea "f" e §3º da Lei nº 14.133/2021.

Em tese, haveria de se observar o art. 72 e passar à instrução do processo. A elaboração do ETP para esses casos deveria considerar as possíveis alternativas de solução do problema, instruídas por pesquisa comparativa de mercado, entre outros elementos garantidores desse processo. Ocorre que a solução é única: o servidor apresentou a sua intenção de cursar especificamente uma pós-graduação em uma instituição acreditada, tendo feito seleção, ou não, para os casos de mestrado. Como se poderia preliminarmente criar um estudo, para a demanda que era desconhecida?

A fonte de recursos para custeio de pós-graduação, presente no PCA, já estava estabelecida no orçamento. É possível, por isso iniciar a referida contratação com o DFD e sua relação orçamentária já estabelecida e pré-aprovada. Porém, com relação aos elementos da contratação em si, como a escolha do fornecedor, não partiram de considerações e avaliações da Administração. O problema nesse caso já está resolvido pelo próprio beneficiário do custeio do curso, e o foco, então, passa a ser no objeto a ser contratado. Por isso, entendemos cabível a elaboração de uma sintética justificativa de dispensa de apresentação de ETP constante, se possível, no parecer jurídico.

O caso permite utilizar a figura simplificada do ETP, mas não há como ocultar que o problema já está resolvido e que as preliminares não pertencem à Administração. Ou seja: a escolha do fornecedor — que é o ponto central da contratação por inexigibilidade — se deu por

[36] A título exemplificativo, citamos PORTO ALEGRE. Procuradoria-Geral do Município. Centro de Estudos de Direito Municipal. Edital 001/2023. Porto Alegre: CEDIM, 2024. Disponível em: www2.portoalegre.rs.gov.br/dopa/ver_conteudo.php?protocolo=458224. Acesso em: 22 jan. 2025.

critérios externos ao contratante e sem a observância do art. 18, §1º, da Lei nº 14.133/21.

E quanto à eficiência? E o planejamento? No caso dado, por se tratar de fomento à capacitação, é preciso que o edital a que os servidores acorrem preveja critérios relacionados aos cursos e às instituições de ensino superior que possam ser eleitas, de modo a que condicionantes mínimas prevejam temáticas e projetos pedagógicos ou linhas de pesquisa voltadas à consecução mais aprimorada das políticas públicas, a dar mais agilidade às tarefas executadas e possibilitar a atualização dos contemplados. Com isso, o próprio teor do edital poderá conter elementos capazes de preencher dados básicos exigidos pela Lei nº 14.133/2021 ao estipular critérios de aceitabilidade das manifestações de interesse, tais como valor máximo a ser subsidiado, temática dos cursos que possa ser aplicada no serviço público, delimitação de contratações correlatas (passagens aéreas para frequentar o curso) etc.

Em mais um exemplo de impossibilidade fática de elaborar o ETP — e que pode, conforme o caso, além de levar a uma contratação direta, conduzir a uma inexigibilidade de licitação quase que integralmente engessada —, temos a questão das contratações para atendimento a emendas impositivas.[37]

As emendas parlamentares impositivas surgiram no cenário nacional por força da Emenda Constitucional nº 86/2015, que alterou o art. 166 da Constituição. Posteriormente, o texto sofreu alteração pela EC nº 126/2022.[38] Esse instrumento legislativo passou a prever a obrigatoriedade de o Poder Executivo dar execução a essas alterações promovidas pelos legisladores no projeto de lei do orçamento público encaminhado anualmente pelo Presidente, pelo governador ou pelo prefeito. Em rigor, uma lei orçamentária deveria ser objeto de cumprimento obrigatório. Afinal, é uma lei. Porém, sabe-se que o orçamento anual fica sujeito a uma série de contingenciamentos e flexibilizações. A criação da figura das emendas parlamentares

[37] Nem toda emenda impositiva conduz necessariamente a uma contratação direta. Em muitos casos o Poder Executivo realiza o processo licitatório normalmente. Aqui, contudo, tratamos de situações em que as emendas individuais dos legisladores trazem um detalhamento de grau elevado.

[38] "Art. 166 – (...) §11. É obrigatória a execução orçamentária e financeira das programações oriundas de emendas individuais, em montante correspondente ao limite a que se refere o §9º deste artigo, conforme os critérios para a execução equitativa da programação definidos na lei complementar prevista no §9º do art. 165 desta Constituição, observado o disposto no §9º-A deste artigo". BRASIL. Constituição Federal de 1988. Disponível em: https://www.planalto.gov.br/ccivil_03/constituicao/constituicao.htm. Acesso em: 31 jul. 2024.

impositivas, inserta no texto constitucional, é uma resposta a esses mecanismos de flexibilização, realocamento de recursos e/ou contingenciamento frequentemente usados pelo Executivo. Contudo, a crítica que é feita a essa figura da "emenda impositiva" diz respeito ao poder conferido ao Legislativo de utilizar recursos públicos para contemplar interesses que dificilmente estão alinhados ao planejamento da consecução das políticas públicas do governo em exercício, além de possibilitarem a criação de favorecimentos contrários a qualquer lógica isonômica.[39] A Lei Complementar nº 210, de 25/11/2024, foi editada justamente para estabelecer limites e regrar a proposição e a execução de emendas parlamentares na lei orçamentária anual, e previu, inclusive, impedimentos de ordem técnica para a sua execução (art. 10).[40]

No município de Porto Alegre, a previsão das emendas impositivas consta do art. 116-A da Lei Orgânica do Município, introduzido a partir da Emenda à Lei Orgânica nº 46, de 14/8/2019,[41] e é possível consultá-las — assim como as demais normas dessa espécie — no Portal da Transparência da CGU,[42] ou ainda efetuando a busca direta a partir da leitura de alguma Lei Orçamentária Anual específica, em seus anexos.[43] Ao promover essa consulta, podemos encontrar vários casos que exemplificam o tema que aqui tratamos e evidenciam que a elaboração de um ETP para a contratação a ser realizada para o atendimento a uma emenda impositiva pode ser impossível, ou ineficaz por ser desprovido de necessidade.

As emendas parlamentares impositivas, não raro, atingem um grau de detalhamento que impossibilitam por completo o planejamento e a avaliação da necessidade, da adequação e do próprio interesse

39 MASCARENHAS, Caio Gama. Emendas de orçamento impositivo prejudicam as contas públicas? *Migalhas* n. 5.904, de 14/6/2023. Disponível em: https://www.migalhas.com.br/depeso/388169/emendas-de-orcamento-impositivo-prejudicam-as-contas-publicas. Acesso em: 23 jan. 2025.

40 BRASIL. Lei Complementar nº 210 de 25 de novembro de 2024. Brasília, DF, 2024. Disponível em: https://www.planalto.gov.br/ccivil_03/leis/lcp/lcp210.htm. Acesso em: 23 jan. 2025.

41 PORTO ALEGRE. Lei Orgânica do Município de Porto Alegre. Porto Alegre, 1990. Disponível em: https://leismunicipais.com.br/lei-organica-porto-alegre-rs. Acesso em: 23 jan. 2025.

42 Disponível em: https://portaldatransparencia.gov.br/emendas/consulta?ordenarPor=autor&direcao=asc. Acesso em: 23 jan. 2025.

43 A propósito do exemplo da LOA de 2024 do Município de Porto Alegre, veja-se PORTO ALEGRE. Lei 13.775, de 21 de dezembro de 2023, Porto Alegre, RS, 2023. https://prefeitura.poa.br/smpae/lei-orcamentaria-anual-loa. Deve ser efetuada consulta ao Anexo III da Lei Municipal nº 13.775/2023. Acesso em: 23 jan. 2025.

público contido na contratação.

Como exemplo da inviabilidade/desnecessidade absoluta de elaboração de um ETP citamos o caso da Emenda nº 556/2024, destinada à Secretaria Municipal da Saúde de Porto Alegre, no valor de R$40.000,00, para "aquisição de equipamentos à Clínica da Família IAPI. Aquisição de armário vestiário para a Sala da Vigilância; armários para guarda de pertences, televisão, ar-condicionado, esteira elétrica, sofás confortáveis, mesas, cadeiras, cafeteira, micro-ondas, frigobar, etc. para a Sala de Descanso da Clínica da Família IAPI (localizada no segundo andar) e também para a Sala da Equipe da Manutenção".

Ou seja, o gestor local da SMS não teria problema algum a resolver na Unidade Básica de Saúde IAPI, pois a emenda deliberou de antemão quais os equipamentos que devem guarnecer uma "sala de descanso" para os profissionais, sem sequer esquecer de uma esteira elétrica. A mesma UBS teve a si destinada a Emenda nº 61, no valor de R$211.591,00, para a aquisição dos seguintes materiais: "1 foco cirúrgico de teto com 2 cúpulas, 3 focos cirúrgicos auxiliares, lâmpada fria, 1600 lux, 4 camas elétricas sem balança e 1 mesa cirúrgica universal, comandos elétricos 220v". O detalhamento das especificações do que deverá ser adquirido é tão minucioso que afirma a potência da lâmpada e quantas cúpulas deve ter o foco cirúrgico. E, para completar os exemplos minuciosos, a Emenda nº 864 destina recursos para a UPA Cruzeiro do Sul no valor de R$ 100.000,00 enumerando vários itens de material permanente, dentre os quais "colchões densidade 33 com capa de couro, frigobar pequeno, quadro lousa para recados acrílica, canetas e apagador, espelho grande, filtro elétrico purificador de água, cabideiro de chão, televisão para alojamento/sala de descanso masculina; bicama couro para sala dos médicos pediatras (...)". Sequer o administrador pode eleger a densidade e o revestimento do colchão.[44]

Em casos como os acima exemplificados, a elaboração do ETP perde sua razão de ser, pois não há um problema a ser resolvido pela Administração, e a definição e especificações do objeto a ser contratado já existem, pouco restando a ser contemplado pelo termo de referência. Em situações como essa, novamente a sugestão é que se elabore um ETP simplificado, ou que exista no parecer jurídico uma dispensa da elaboração do ETP em razão do caso concreto. O mesmo poderá ocorrer na contratação de um profissional do setor artístico ou ainda,

---

[44] Os exemplos podem ser consultados em Disponível em: https://prefeitura.poa.br/smpae/lei-orcamentaria-anual-loa . Anexo III da Lei Municipal nº 13.775/2023.

para a aquisição de uma obra de arte ou consultoria dotada de notória especialização.

E o impacto produzido por essas circunstâncias ora abordadas sobre a eficiência nas contratações públicas?

Quando se trata de eficiência, não estamos tratando simplesmente de cortar gastos, de economizar fazendo o que há de mais barato no mercado. Trata-se de gastar, mas com eficiência e racionalidade. Obter os melhores resultados contratando o que é necessário e que efetivamente atenderá a alguma demanda da Administração para o bom atendimento ao interesse público e para a consecução das políticas públicas.

Diante desse entendimento, contratar sem licitação e sem ETP prévio por inexigibilidade a realização de um curso não vai ferir o princípio da eficiência. Mas, para tanto, como já afirmado antes, caberá à Administração estipular critérios para que o servidor escolha o seu curso dentre instituições respeitáveis e que abordem temáticas que promovam a atualização do agente e da instituição de forma ampla, global, ou ainda, no plano particular, capacitem esse servidor a melhor atuar dentro de suas competências.

Nas hipóteses em que a contratação já se encontra previamente delimitada e definida por meio de uma emenda impositiva, o princípio da eficiência pode ter sido relativizado em momento antecedente à contratação. Isso, caso a definição do objeto contemplada pela emenda não guarde relação com a satisfação de um interesse público nem seja capaz de promover algum avanço social relevante. Porém, não é impossível de se imaginar que uma emenda contemple, em consonância com a necessidade de incremento de alguma política pública, por exemplo, algum grupo de brinquedos a mais em uma praça, a complementação/modernização de uma sala cirúrgica ou um novo tomógrafo. A preservação e/ou a maior concretização do princípio da eficiência, nestes casos, dependerá da qualidade da atuação do legislador individual, e não da presença e/ou ausência do estudo técnico preliminar. E o mesmo raciocínio se aplicará ao gestor público responsável por deliberar acerca da contratação do profissional consagrado do setor artístico, do consultor, ou da aquisição da obra de arte.

Conclusões

O ETP normalmente é associado ao planejamento e ao incremento da eficiência e do maior controle sobre as contratações públicas. Por isso, diante do art. 72, I da Lei nº 14.133/2021, o aplicador da norma pode ficar confuso ou mesmo duvidar da possibilidade de contratar com eficiência sem sua elaboração, apenas seguindo a facultatividade desse dispositivo. É como se o Gato da história de Alice, depois de sugerir que sem definições não chegamos aos lugares que precisamos, dissesse: "leve o mapa, mas apenas se for o caso".

Porém, vimos que existem várias atividades da Administração que demandam soluções simples. Seria pouco eficiente dispender recursos humanos e financeiros na elaboração de documentos complexos se o propósito pode ser atendido com um ETP simplificado. Essa é a avaliação que parece estar por detrás da expressão "se for o caso", e que oferece discricionariedade à elaboração do ETP, assim como o art. 18, §3º, oportuniza sua realização com apenas alguns elementos tidos como essenciais.

O que não se poderia cogitar é da elaboração de ETPs sem finalidade alguma, apenas para atender ao comando legal. Como afirma Ronny Charles "Não é incomum, na atividade de parecerista, identificar processos em que o ETP (percebido nessa compreensão formalista e burocrática) é juntado ao final do processo ou, mesmo antecipadamente, com meras repetições de trechos do termo de referência. Ele é juntado porque precisa ser juntado, mas não porque entendeu-se como funcionalmente necessário à contratação. Tal modelo amplia demasiadamente os custos transacionais, sem evidentes ganhos à qualidade da contratação pública".[45]

Em outros casos, a realidade se impõe, e a elaboração dessa peça-chave do planejamento pode não ser viável, como em uma emergência decorrente de calamidade. Ou pode não ser eficaz, se desnecessário, por conta do detalhamento de uma emenda impositiva. O fato é que, toda a vez que se estiver diante de um risco de ineficiência provocado pela ausência de um elemento que contribui sobremaneira para o adequado planejamento e para que o resultado de uma contratação atenda aos fins da Administração, é preciso avaliar se outros instrumentos, se juntados ao processo, podem suprir essa carência (como no caso do edital voltado à capacitação de servidores). Outro ponto de relevo é a necessidade de manter sempre robustos os instrumentos de boa governança, e mesmo nos casos de calamidade, providenciar ao máximo a documentação das

---

45 TORRES, Ronny Charles Lopes de. Da (não) obrigatoriedade de elaboração do Estudo Técnico Preliminar. Disponível em: https://ronnycharles.com.br/da-nao-obrigatoriedade-de-elaboracao-do-estudo-tecnico-preliminar/. Acesso em: 31 jul. 2024.

ações efetivadas, de modo a comprovar que eventual falta de elementos de planejamento não foi intencional, mas se deu por impossibilidade.

Ao fazer uma viagem e ao contratar, a eficiência pode estar na intenção do viajante assim como para o agente público ela estará no atendimento a uma necessidade da Administração. Se ele não tiver traçado o trajeto (ou seja, elaborado o ETP), a eficiência nem sempre o acompanhará em todo o percurso, pois isso será deixado ao acaso e aos riscos do caminho, na eventualidade de que não sejam mitigados por outros instrumentos. Mas é muito importante que ela, a eficiência, esteja presente no destino ao qual se deseja chegar: o atingimento do interesse público.

Informação bibliográfica deste texto, conforme a NBR 6023:2018 da Associação Brasileira de Normas Técnicas (ABNT):

PREDIGER, Carin; FRAGA, Simone Tarasconi. Contratações públicas sem ETP: um risco à eficiência administrativa? *In:* FURTADO, Madeline Rocha; FURTADO, Monique Rafaella Rocha (coord.). *O planejamento das contratações*: estudos técnicos preliminares e termos de referência: teoria e aplicação sob a égide da Lei nº 14.133/2021. Belo Horizonte: Fórum, 2025. p. 323-343. ISBN 978-65-5518-944-5.

TÍTULO V

DIRETRIZES ESPECÍFICAS PARA A ELABORAÇÃO DOS ETPs E TRs

O ESTUDO TÉCNICO PRELIMINAR E O TERMO DE REFERÊNCIA NA CONTRATAÇÃO DE SERVIÇOS TÉCNICOS PROFISSIONAIS ESPECIALIZADOS

MARILENE CARNEIRO MATOS

DANIEL DA SILVA ALMEIDA

Introdução

As contratações públicas no Brasil constituem uma das atividades mais relevantes para os interesses nacionais, pois delas dependem a prestação dos serviços públicos prestados aos cidadãos, além de envolver gastos de parcela considerável do Produto Interno Bruto (PIB) do país. Nesse sentido, há muito se propugnava por uma nova norma geral de licitações e contratos, para fazer frente à necessidade de incrementos à modernização e integridade das contratações, que veio a lume com a aprovação, em 01 de abril de 2021, da Lei nº 14.133/2021, a Lei de Licitações e Contratos Administrativos (LLCA).

A despeito de várias críticas dirigidas à nova norma, sendo uma delas a que a acusa de apenas repetir e compilar diplomas normativos esparsos, a lógica das contratações públicas sofreu considerável alteração, vez que o foco da Lei nº 14.133/2021 se deslocou para a fase interna ou preparatória das contratações, no que contrastou com a ênfase na fase competitiva da Lei nº 8.666/1993. Se a lei de licitações anterior voltava sua atenção para a fase externa das contratações, a atual norma geral de contratações tem como importante mote incrementar o planejamento e a governança das contratações, pontos esses considerados frágeis e que possibilitavam grandes problemas na seara das contratações públicas, relacionados à eficiência e à integridade das contratações.

Nesse contexto, assoma-se a importância do planejamento, erigido a princípio vinculante das contratações (art. 5º), que veio a ser explicitado de forma detalhada na LLCA. Se na esfera federal já havia normativos infralegais dispondo sobre o planejamento, a Lei nº 14.133/2021 veio a detalhar essa fase, impondo *iter* procedimental que vincula as contratações em todas as esferas da Administração Pública brasileira, da União, dos Estados e dos Municípios.

Por almejar promover verdadeira mudança de cultura das contratações, muitas dúvidas, inseguranças e perplexidades têm permeado esse primeiro quadriênio de existência da norma. A dificuldade de aplicação da Lei nº 14.133/2021 foi observada não só na esfera municipal e estadual, mas, surpreendentemente, a esfera federal também demonstrou insegurança pela baixa taxa de aplicação da LLCA nos seus primeiros 02 (dois) anos, demonstrada em estudo empreendido pelo Tribunal de Contas da União (TCU).[1]

Dessa forma, o presente trabalho pretende contribuir ao aperfeiçoamento da segurança jurídica dos atores envolvidos nas contratações públicas, considerando-se as circunstâncias atuais bastantes oportunas, vez que a Lei nº 14.133/2021 passou da fase de experimentação permitida pelo art. 191, para a fase de aplicação obrigatória. A convite das nobres professoras Madeline Rocha Furtado e Monique Rocha Furtado, os autores deste trabalho almejam destrinchar os melindres de dois artefatos essenciais ao planejamento das contratações, previstos na norma atual: o estudo técnico preliminar (ETP) e o termo de referência (TR), aplicáveis à contratação de serviços técnicos especializados, de natureza predominantemente intelectual.

1 Breve contexto histórico do planejamento nas contratações

A Lei nº 14.133/2021 (LLCA) deu início a um novo marco nas contratações públicas, colocando em evidência a obrigatoriedade de

---

1 BRASIL. Tribunal de Contas da União (Plenário). Acórdão nº 2154/2023 (Plenário). Relator: Ministro Benjamin Zymler. Data da Sessão: 25/10/2023. Disponível em: https://pesquisa.apps.tcu.gov.br/documento/acordao-completo/*/KEY:ACORDAO-COMPLETO-2631331/NUMACORDAOINT%20asc/0. Acesso em: 29 jul. 2024.

planejamento que, embora existisse anteriormente, não tinha o mesmo nível de detalhamento orientativo.

Na história das contratações públicas, observando sua sequência regencial, essa etapa preparatória foi permeada nas licitações pelo Decreto-Lei nº 200, de 25 de fevereiro de 1967 (arts. 6º e 7º), o qual, embora tratando sobre a organização da Administração Federal, estabelecendo diretrizes para a reforma administrativa, alcançava, à época, estados e municípios por força do artigo 1º da Lei nº 5.456/1968.[2]

Visto que a utilização do mencionado Decreto-Lei nº 200/1967 para as contratações públicas realizadas pela União, Estados e Municípios, em seus artigos 125 a 144, se deu até a revogação desses dispositivos específicos, conforme o artigo 90 do Decreto-Lei nº 2.300,[3] de 21 de novembro de 1986, tivemos um período de quase 20 anos em que o planejamento não apenas constituía um princípio, como possuía um capítulo próprio daquela legislação. No período regido pela mencionada norma, afigurava-se suficiente a definição do objeto a ser contratado e, caso se tratasse de obras, eventual anteprojeto e especificações bastantes para perfeito entendimento do que seria realizado (art. 139), como pressuposto para as contratações públicas.

A partir do novo ordenamento jurídico voltado exclusivamente às licitações e contratos — o Decreto-Lei nº 2.300/1986 —, assoma-se a ausência de vinculação explícita das contratações ao princípio do planejamento (art. 3º). Entretanto, a despeito da ausência de detalhamento da etapa de planejamento, a norma já prevê os primeiros artefatos concernentes a essa fase, o projeto básico e o projeto executivo. Para compras, o decreto limitou-se a apontar que não seriam iniciadas sem a adequada caracterização de seu objeto e indicação dos recursos financeiros para seu pagamento.

Posteriormente, adveio a Lei nº 8.666, de 23 de junho de 1993, que revogou o Decreto-Lei nº 2300/1986, contendo expressa menção

---

[2] Nesse sentido, a Lei nº 5.456/1968 dispõe textualmente no art. 1°: "Art. 1º. Aplicam-se aos Estados e Municípios as normas relativas às licitações para as compras, obras, serviços e alienações previstas nos arts. 125 a 144 do Decreto-lei nº 200 de 25 de fevereiro de 1967, que dispõe sôbre a organização da Administração Federal, estabelece diretrizes para a Reforma Administrativa e dá outras providências, atendidas as modalidades contidas nesta Lei" (BRASIL, 1968).

[3] Decreto-Lei nº 2.300/1986: "Art. 90. *Revogam-se* as disposições em contrário, especialmente as do Código da Contabilidade Pública da União referentes a licitação e contratos; o artigo 1º do Decreto-lei nº 185, de 23 de fevereiro de 1967; *os artigos 125 a 144 do Decreto-lei nº 200, de 27 de fevereiro de 1967; a Lei nº 5.456, de 20 de junho de 1968*; o artigo 1º da Lei nº 5.721, de 26 de outubro de 1971; e a Lei nº 6.946, de 17 de setembro de 1981."

ao estudo técnico preliminar (ETP), como balizador das contratações públicas, ainda de forma tímida, nos artigos 6º e 46.[4] O diploma ainda não mencionava o termo de referência (TR). Em processo de constante evolução, começaram a surgir orientações em regulamentos mais específicos, a exemplo das Instruções Normativas nºs 5/2017, 40/2020 e 49/2020, e do Decreto Federal nº 10.024/2019.

Fora do regramento geral, o TR foi mencionado primeiramente na regulamentação específica do pregão presencial, o Decreto Federal nº 3.555/2000 e, posteriormente, pela IN nº 5/2017 e pelo Decreto Federal nº 10.024/2019.

Com a Lei nº 14.133, de 1º de abril de 2021, tanto o estudo técnico preliminar quanto o termo de referência passaram a ser apresentados com condições de regramento geral, vinculando todos os entes federados. Depreende-se intento legislativo de detalhar a fase interna das contratações, direcionando-as para a eficiência, eficácia e efetividade, como veremos nos próximos tópicos.

2 Premissas básicas para confecção dos artefatos para aplicação da Lei nº 14.133/2021

Agora sob a égide da Lei nº 14.133/2021, a fase preparatória das contratações públicas restou caracterizada como aquela que terá o planejamento compatibilizado com o plano de contratações anual (PCA), sempre que elaborado, e com as leis orçamentárias (art. 18). O dispositivo estabelece também a necessária abordagem de todas as considerações técnicas, mercadológicas ou de gestão que tenham potencial de interferir no resultado da contratação.[5]

---

[4] Lei nº 8.666/1993: "Art. 6º Para os fins desta Lei, considera-se
(...)
IX – Projeto Básico – conjunto de elementos necessários e suficientes, com nível de precisão adequado, para caracterizar a obra ou serviço, ou complexo de obras ou serviços objeto da licitação, elaborado com base nas indicações dos estudos técnicos preliminares, que assegurem a viabilidade técnica e o adequado tratamento do impacto ambiental do empreendimento, e que possibilite a avaliação do custo da obra e a definição dos métodos e do prazo de execução, devendo conter os seguintes elementos:
(...)
Art. 46. Os tipos de licitação melhor técnica ou técnica e preço serão utilizados exclusivamente para serviços de natureza predominantemente intelectual, em especial na elaboração de projetos, cálculos, fiscalização, supervisão e gerenciamento e de engenharia consultiva em geral, e, em particular, para a elaboração de estudos técnicos preliminares e projetos básicos e executivos" (grifamos). (BRASIL, 1993)

[5] "Art. 18. A fase preparatória do processo licitatório é caracterizada pelo planejamento e deve compatibilizar-se com o plano de contratações anual de que trata o inciso VII do

Nesse diapasão, Oliveira (2023, p. 103-104) destaca que o planejamento propicia contratações mais eficientes, tratando-se de uma etapa determinante para o sucesso da licitação, onde a realização dos estudos prévios viabilizam novas modelagens e metodologias, devendo esta etapa ser compatível com o plano de contratação anual, que, por sua vez, se presta a subsidiar a LDO, LOA e PPA, instrumentos vinculados historicamente ao ordenamento jurídico de compras desde o Decreto-Lei nº 200/1967.[6]

Para que possamos limitar este tópico, faz-se necessário identificar quais seriam esses artefatos existentes na fase preparatória da

---

caput do art. 12 desta Lei, sempre que elaborado, e com as leis orçamentárias, bem como abordar todas as considerações técnicas, mercadológicas e de gestão que podem interferir na contratação, compreendidos:
I – a descrição da necessidade da contratação fundamentada em estudo técnico preliminar que caracterize o interesse público envolvido;
II – a definição do objeto para o atendimento da necessidade, por meio de termo de referência, anteprojeto, projeto básico ou projeto executivo, conforme o caso;
III – a definição das condições de execução e pagamento, das garantias exigidas e ofertadas e das condições de recebimento;
IV – *o orçamento estimado, com as composições dos preços utilizados para sua formação;*
V – a elaboração do edital de licitação;
VI – a elaboração de minuta de contrato, quando necessária, que constará obrigatoriamente como anexo do edital de licitação;
VII – o regime de fornecimento de bens, de prestação de serviços ou de execução de obras e serviços de engenharia, observados os potenciais de economia de escala;
VIII – a modalidade de licitação, o critério de julgamento, o modo de disputa e a adequação e eficiência da forma de combinação desses parâmetros, para os fins de seleção da proposta apta a gerar o resultado de contratação mais vantajoso para a Administração Pública, considerado todo o ciclo de vida do objeto;
IX – a motivação circunstanciada das condições do edital, tais como justificativa de exigências de qualificação técnica, mediante indicação das parcelas de maior relevância técnica ou valor significativo do objeto, e de qualificação econômico-financeira, justificativa dos critérios de pontuação e julgamento das propostas técnicas, nas licitações com julgamento por melhor técnica ou técnica e preço, e justificativa das regras pertinentes à participação de empresas em consórcio;
X – a análise dos riscos que possam comprometer o sucesso da licitação e a boa execução contratual;
XI – a motivação sobre o momento da divulgação do orçamento da licitação, observado o art. 24 desta Lei." (BRASIL, 2021)

[6] Decreto-Lei nº 200/1967: "Art. 7º *A ação governamental obedecerá a planejamento que vise a promover o desenvolvimento econômico-social do País e a segurança nacional, norteando-se segundo planos e programas elaborados, na forma do Título III, e compreenderá a elaboração e atualização dos seguintes instrumentos básicos:*
a) plano geral de govêrno;
b) programas gerais, setoriais e regionais, de duração plurianual;
c) orçamento-programa anual;
d) programação financeira de desembôlso."

contratação.[7] Podemos entender que são estes assim considerados, dentre outros: i) documento de formalização da demanda (DFD); ii) estudo técnico preliminar (ETP); iii) termo de referência (TR); iv) anteprojeto (AP); v) projeto básico (PB); vi) projeto executivo (PE); vii) plano de trabalho (PT); e viii) mapa de gerenciamento de riscos (MGR).

Sendo assim, analisando o artigo da LLCA, afigura-se cristalina a inserção na fase de planejamento de dois artefatos essenciais e estratégicos, objetos desta obra, o estudo técnico preliminar (ETP), cuja essência encontra-se em identificar a necessidade da contratação, tendo como premissa maior o apontamento ao interesse coletivo e o Termo de Referência (TR), que se presta a detalhar o objeto anteriormente apontado no ETP.

Será o ETP que evidenciará o problema a ser resolvido e qual será a melhor solução, de modo a permitir a avaliação da viabilidade técnica da contratação, conforme preceituado no §1º do artigo 18 da Lei nº 14.133/2021, pontuação esta que será abordada oportunamente, em contexto mais detalhado e focado para o presente artigo. Cabe ressaltar que, conforme anotam Fortini e Amorim (2023, p. 128), sob a ótica da Lei nº 14.133/2021, para se chegar "à melhor solução", há que se analisar todo o ciclo de vida do objeto, o que demanda análise, quando da elaboração do ETP, de todas as alternativas possíveis, devendo-se considerar inclusive os custos diretos e indiretos relacionados às possibilidades de contratação, para que se faça possível a concretização da vantajosidade da contratação. Nessa senda, Oliveira (2023, p. 127) destaca que o ETP não visa a uma contratação, mas resolver um problema, logo, é preciso evidenciá-lo antes. Assim, não se define o objeto no início do ETP, mas no final. É possível, inclusive, que o documento conclua pela inviabilidade da contratação.

Já o TR é o instrumento que irá detalhar as características do objeto a ser contratado, de forma a guarnecer segurança tanto à Administração, para que não contrate objetos aquém ou além de suas necessidades, como aos potenciais fornecedores, para que logrem apresentar proposta que se coadune com as necessidades do Poder Público. Especificações dúbias, contraditórias, frágeis, constituem motivos recorrentes de impugnações ao edital ou de anulação do certame.

---

[7] O Sistema de Compras do Governo Federal (Compras.Gov), utilizado obrigatoriamente pelos órgãos e entidades integrantes do Sistema de Serviços Gerais (SISG) e disponibilizado também para aqueles não integrantes (Não-SISG), disponibiliza os artefatos do planejamento mais utilizados em formato digital.

Interessa mencionar, quanto ao documento de formalização da demanda (DFD), que se trata de documento que se presta a apresentar, de forma sucinta, a solução preliminar, mas não definitiva, que poderá servir de base para o Plano de Contratações Anual, como prevê o inciso VII do artigo 12 da Lei nº 14.133/2021. Considerando sua justificativa, tem-se um orientador para a realização do ETP propriamente dito, com o intuito de alcançar a melhor solução, a qual poderá ser diversa da inicial. Mister ressaltar que o TR está para a contratação de bens e serviços comuns como está o anteprojeto, o projeto básico ou o projeto executivo para a contratação de obras. Dito isso, será algum desses documentos que apresentará a definição do objeto para a elaboração de propostas junto a potenciais interessados em atender às necessidades apontadas pelo ETP.

A partir das premissas básicas que informam a elaboração do ETP e do TR, os próximos tópicos se dispõem a discorrer acerca das particularidades e cuidados que devem ser observados na confecção de tais artefatos quando aplicados à contratação dos serviços técnicos profissionais especializados, de natureza predominantemente intelectual.

3 Essência dos serviços técnicos profissionais especializados

A contratação de serviços constitui pressuposto de funcionamento da Administração Pública e de oferta aos cidadãos de diversos serviços públicos essenciais, sendo parte relevante da rotina de contratações do Estado. Assim, se assomam duas ordens de serviços que são objetos de contratação pelo Poder Público: i) os serviços em geral e ii) os serviços técnicos profissionais especializados, de natureza predominantemente intelectual.

A LLCA traz uma definição *lato sensu* aos serviços técnicos profissionais especializados, de natureza predominantemente intelectual, exemplificando as respectivas áreas de alcance por meio do inciso XVIII do artigo 6º, o qual estabelece uma relação de trabalho compatível àquelas alíneas: "a) estudos técnicos, planejamentos, projetos básicos e projetos executivos; b) pareceres, perícias e avaliações em geral; c) assessorias e consultorias técnicas e auditorias financeiras e tributárias; d) fiscalização, supervisão e gerenciamento de obras e serviços; e) patrocínio ou defesa de causas judiciais e administrativas; f) treinamento e aperfeiçoamento de pessoal; g) restauração de obras de arte e de bens de valor histórico e h) controles de qualidade e tecnológico, análises, testes e ensaios de campo e laboratoriais, instrumentação e monitoramento de parâmetros específicos de obras e do meio ambiente e demais serviços de engenharia que se enquadrem na definição deste inciso".

Depreende-se do rol do dispositivo que onde a doutrina pende a entender ser exemplificativo e não taxativo, assim, o inciso XVIII do art. 6º perfaz uma interpretação listando uma série de hipóteses, o que chamou de "trabalhos" (HEINEN, 2023, p. 61). A tônica comum de envolver determinada expertise técnica requer a aferição de certas habilidades pelo prestador. Nesse sentido, é bom alertar que há trabalhos que sob a mesma designação podem ser considerados técnico-especializados ou não. Pode-se exemplificar o serviço de pintura, que, a depender do caso em concreto, pode constituir um serviço comum (*v. g*, pintura de prédios públicos) ou de natureza técnica, exemplo da pintura em restauração de obra de arte.

A relevância de se entender a essência de tais serviços é a forma de contratação passível de ser utilizada, à luz dos comandos da Lei nº 14.133/2021. A contratação dos serviços técnicos especializados, de natureza predominantemente intelectual, traz como essência básica a necessidade de envolvimento intelectual e pode ocorrer tanto por meio de um procedimento de licitação quanto por via de contratação direta, como será demonstrado nos próximos tópicos. Por serviços técnicos especializados de natureza predominantemente intelectual se compreende aquelas prestações cuja execução exige qualificação diferenciada do prestador de serviço, refletindo a personalidade e as habilidades próprias, tendo nas alíneas as principais e mais típicas manifestações desse serviço (MUKAI, 2023, p. 46).

Para Heinen (2023, p. 574) os serviços técnicos especializados são caracterizados por atividades que possam ser consideradas incomuns e/ou excepcionais, estando o profissional a executá-la acima da média, no entanto, o autor traz um alerta, pois, se no órgão que se pretende realizar a contratação houver agente público com capacidade igualmente enquadrável, não convém dar sequência à aplicação da LLCA.

3.1 Contratação mediante licitação

Os serviços técnicos profissionais especializados podem ser contratados por meio de certame licitatório, caso seja possível proceder-se à competição. Entretanto, na hipótese de licitação, há que ser possibilitada a análise da técnica do prestador pela Administração. Entende-se que a licitação para a contratação de tais serviços não possibilite a disputa com base somente em preços, conforme aduz Jacoby Fernandes (2021, p. 137).

É importante que se ressalte a vedação expressa para a utilização da modalidade pregão em tais contratações, constante do parágrafo único do artigo 29 da Lei nº 14.133/2021,[8] mas não para outras modalidades. Isso porque a modalidade pregão não admite análises mais aprofundadas acerca da técnica a ser utilizada pelo contratado, sendo a LLCA restrita quanto aos critérios de julgamento a serem em tal modalidade: ou o maior preço ou o maior desconto (art. 6º, inc. XLI), para a contratação de bens e serviços comuns, assim entendidos "aqueles cujos padrões de desempenho e qualidade podem ser objetivamente definidos pelo edital, por meio de especificações usuais de mercado" (art. 6º, inc. XIII).

Acerca do critério de julgamento a ser utilizado, o inciso I do §1º do artigo 36 da Lei nº 14.133/2021 determina que a licitação para contratação de tais serviços deve utilizar, preferencialmente, o critério de julgamento de técnica e preço, quando o ETP demonstrar que a avaliação e a ponderação da qualidade técnica das propostas que superarem os requisitos mínimos estabelecidos no edital forem relevantes aos fins pretendidos.

Caso a contratação ocorra para os casos previstos nas alíneas "a", "d" e "h" do inciso XVIII do *caput* do artigo 6º em valor superior R$359.436,08 (trezentos e cinquenta e nove mil quatrocentos e trinta e seis reais e oito centavos)[9] deverá, obrigatoriamente, ser observada como critério de julgamento a melhor técnica ou técnica e preço, esta última na proporção de 70% (setenta por cento) de valoração da proposta técnica, como preceitua o inciso II do §2º do artigo 37 da LLCA.

Heinen (2023, p. 61) defende que a definição de serviços técnicos especializados de natureza predominantemente intelectual é importante para excluir a contratação valendo-se da modalidade pregão, por

---

[8] "Art. 29. (...)
Parágrafo único. O pregão não se aplica às contratações de serviços técnicos especializados de natureza predominantemente intelectual e de obras e serviços de engenharia, exceto os serviços de engenharia de que trata a alínea "a" do inciso XXI do caput do art. 6º desta Lei". (grifamos) (BRASIL, 2021)

[9] Considerando os valores aplicados ao exercício de 2024, conforme Decreto Federal nº 11.871, de 29 de dezembro de 2023."

questões óbvias, não se trata de serviço comum, elegendo como critério de julgamento a melhor técnica. Mukai (2023, p. 46), por sua vez, sugere que essa contratação, se mediante licitação, adote o critério de julgamento técnica e preço.

Não nos parece razoável a aplicação do fator preço isoladamente, em contratações que envolvam propriedade intelectual, pois se corre o risco de incompatibilidade entre eficiência e eficácia, economicidade e segurança jurídica, celeridade e planejamento, mas, principalmente, não ser efetivo e ter o interesse coletivo alcançado.

3.2 Contratação direta

Mister ressaltar que, se mesmo alertado aos possíveis riscos de uma má contratação e consequente não atendimento aos resultados esperados, o gestor opte pela prevalência isolada do critério menor preço na contratação de serviços técnicos especializados, é possível que a estimativa da contratação alcance os incisos I e II do artigo 75 da Lei nº 14.133/2021, o que viabilizaria sua contratação de forma direta, desde que observadas as exigências de formalização contidas no artigo 72 e no parágrafo 3º do artigo 75, ambos da LLCA, bem como da utilização das ferramentas para realização das dispensas eletrônicas, conforme regulamentos específicos existentes.

A possibilidade de contratação direta dos serviços técnicos especializados de natureza predominantemente intelectual já era prevista na Lei nº 8.666/1993, como uma das hipóteses de inexigibilidade de licitação, vez que inviável a competição. O rol de tais serviços previstos no diploma de contratações atual, ora estabelecido no inciso III do artigo 74 da LLCA não se difere da previsão anterior, tampouco constitui novidade a exigência da notória especialização do profissional ou da empresa a ser contratada, definida na lei como a expertise do profissional ou empresa no campo de sua especialização, a ser demonstrada por meio de estudos, experiências, publicações, entre outras formas, que permitam aferir a essencialidade e reconhecimento do trabalho, de forma a adequá-lo à plena satisfação do objeto do contrato, assim como a vedação da inexigibilidade para contratação de serviço de publicidade e divulgação.

Os influxos de planejamento e governança previsto na Lei nº 14.133/2021, a toda evidência, permeiam e vinculam o processo de contratação direta dos serviços técnicos profissionais especializados, o que pode ser considerado uma relevante alteração na contratação de tais serviços. Ademais, a Lei nº 14.133/2021 inova ao estabelecer de forma expressa um iter procedimental para tais contratações, antes previsto de forma esparsa em normas e regulamentos infralegais. O procedimento é de observância obrigatória não apenas na esfera federal, mas também para o Distrito Federal, Estados e Municípios.

No entanto, a inovação da norma que mais tem provocado polêmica é a exclusão da menção à singularidade dos serviços, antes exigência expressa da Lei nº 8.666/1993, em seu artigo 25, inciso II, cuja aplicação sob a égide da norma anterior logrou provocar intermináveis discussões. Colocou-se a dúvida e o temor de que a contratação por inexigibilidade na forma permitida na LLCA atual enseje abusos e subjetividades dos gestores, que se sentiriam licenciados a se utilizarem de amplitude discricionária em contratações de profissionais que prestam serviços técnicos profissionais especializados.

A perplexidade quanto a tais contratações pode ser vista sob dúplice perspectiva: i) a norma atual permite contratar quaisquer serviços técnicos profissionais especializados, de natureza predominantemente intelectual, desde que o profissional seja notoriamente especializado? ii) a LLCA admite contratar quaisquer profissionais notoriamente habilitados a critério do administrador, para a prestação do serviço técnico profissional especializado?

Tendo em conta que a autorização legal para contratação direta por inexigibilidade de licitação se dá sempre que se afigure inviável a competição, segundo a inteligência do *caput* do dispositivo (art. 74), não nos parece razoável admitir que a contratação direta de fornecedor para prestação de serviço técnico especializado, visando ao atendimento de necessidades da administração, seja passível de ser atendida de forma satisfatória mediante certame licitatório. Corroborando com esse entendimento inicial, Heinen (2023, p. 574) ressalta que, se existe a possibilidade de firmar uma competitividade, a contratação por inexigibilidade não deverá ser realizada.

Não há que se confundir singularidade do objeto com exclusividade do fornecedor. A retirada do termo "singularidade" não induz à licenciosidade para contratações cuja disputa não seja inviável, mas reduz uma interminável disputa interpretativa sobre o tema. Faz-se imperioso ressaltar que a inexigibilidade para contratação de serviços técnicos especializados tampouco significa absoluta impossibilidade de competição, mas sim a inviabilidade do estabelecimento de critérios técnicos no edital de licitações que, de forma objetiva, permita aferir as características do prestador ideal.

Trata-se, então, de inviabilidade relativa de competição, a qual autoriza o Poder Público a se utilizar de certa margem de discricionariedade para contratar o prestador que melhor desempenhe o serviço contratado no interesse coletivo. Assim, o TCU já externou seu entendimento mediante súmula, no sentido da possibilidade de o elemento confiança servir de parâmetro à contratação do notório especialista por inexigibilidade de licitação, conforme a seguir se transcreve:

> Súmula nº 39
> A inexigibilidade de licitação para a contratação de serviços técnicos com pessoas físicas ou jurídicas de notória especialização somente é cabível quando de serviço de natureza singular, capaz de exigir, na seleção do executor de confiança, grau de subjetividade insuscetível de ser medido pelos critérios objetivos de qualificação inerentes ao processo de licitação, nos termos do art. 25, inciso II, da Lei nº. 8.666/93.[10]

Distinguindo singularidade de exclusividade, importante ressaltar trecho do Acórdão nº 7.840/2013, da Primeira Câmara do TCU:

> 8. Verifico, entretanto, que o requisito da singularidade de que trata o inciso II do art. 25 da Lei 8.666/1993 não se confunde com a ideia de unicidade. Ou seja, o fato de haver mais de uma empresa atuando em determinado segmento do mercado não é incompatível com a ideia de singularidade do objeto a ser contratado. Até porque, caso o conceito de singularidade significasse um único sujeito possível de ser contratado, estar-se-ia diante de inviabilidade de competição subsumível diretamente ao caput do art. 25 da Lei 8.666/1993. Não teriam, pois, qualquer aplicabilidade as disposições do inciso II desse artigo, que exigem o atributo da singularidade para as contratações diretas de serviços especializados com profissionais e empresas de notória especialização.
>
> 10. A respeito, cito as seguintes ponderações constantes do voto condutor do Acórdão 1074/2013-TCU-Plenário:
>
> 16. Em segundo lugar, porque singularidade, a meu ver, significa complexidade e especificidade. Dessa forma, a natureza singular não deve ser compreendida como ausência de pluralidade de sujeitos em condi-

---

10 BRASIL, Tribunal de Contas da União. Súmula nº 39. Disponível em: https://pesquisa.apps.tcu.gov.br/documento/sumula/*/NUMERO%253A39/DTRELEVANCIA%2520desc%252C%2520NUMEROINT%2520desc/0/sinonimos%253Dtrue. Acesso em 29 jul. 2024.

> ções de executar o objeto, mas sim como uma situação diferenciada e sofisticada a exigir acentuado nível de segurança e cuidado. (grifei) 11. Sob esse aspecto, entendo assistir razão ao recorrente quando afirma que a existência de outras empresas no ramo não afasta, por si, só a possibilidade de contratação direta.
>
> Nessa linha, cito, ainda, o seguinte posicionamento do Supremo Tribunal Federal em que se explicitou o requisito da "confiança" como um dos elementos justificadores da contratação direta de serviços especializados:
>
> 2. "Serviços técnicos profissionais especializados" são serviços que a Administração deve contratar sem licitação, escolhendo o contratado de acordo, em última instância, com o grau de confiança que ela própria, Administração, deposite na especialização desse contratado. Nesses casos, o requisito da confiança da Administração em quem deseje contratar é subjetivo. Daí que a realização de procedimento licitatório para a contratação de tais serviços — procedimento regido, entre outros, pelo princípio do julgamento objetivo — é incompatível com a atribuição de exercício de subjetividade que o direito positivo confere à Administração para a escolha do "trabalho essencial e indiscutivelmente mais adequado à plena satisfação do objeto do contrato" (cf. o §1º do art. 25 da Lei 8.666/93). (AP 348, Relator(a): Min. EROS GRAU, Tribunal Pleno, julgado em 15/12/2006, DJe-072 DIVULG 02-08-2007 PUBLIC 03-08-2007 DJ 03– 08-2007 PP-00030 EMENT VOL-02283-01 PP-00058 LEXSTF v. 29, n. 344, 2007, p. 305-322, grifei)

Exemplo interessante é o do serviço de assessoria jurídica, que pode ensejar tanto a inviabilidade de competição pela especial confiança que o serviço demanda — caso que se enquadraria em inexigibilidade com base no inciso III do art. 74 da Lei nº 14.133/2021, quanto pela possibilidade de múltiplas contratações a partir do estabelecimento de critérios mínimos a serem exigidos dos interessados, conforme prevê o inc. IV do mesmo dispositivo. O que leva à conclusão de que, no primeiro caso, há a justificativa de uma excepcional necessidade a ser atendida por um profissional notoriamente especializado, a partir de uma escolha subjetiva da administração, que leva em conta tanto seus atributos quanto a necessidade a ser atendida. Na segunda hipótese, trata-se de necessidades rotineiras, às quais podem ser atendidas por múltiplas e não excludentes contratações, caso da inexigibilidade por credenciamento.

A bem da verdade, esse é um ponto que exige muita cautela, principalmente na contratação de capacitação e desenvolvimento de pessoal, já que, por inúmeras vezes, decorrem de processos de inexigibilidade. O planejamento incorreto pode propiciar uma incompatibilidade de agenda entre a contratação realizada (agenda do facilitador indicado) e a data que, não prevista inicialmente pela Administração Pública, é apresentada como sendo a única que não compromete os serviços públicos. Com isso, os gestores aceitam a substituição daqueles indicados. Heinen (2023, p. 577-578) ressalta que não há dúvidas do enquadramento desse objeto como sendo serviços técnicos, mas que seu enquadramento deve observar a notória especialidade da empresa ou do profissional, possibilitando a participação em cursos abertos ou em formatos *in company*. Destacando ainda o Acórdão nº 439/1998, aquele autor aponta como um dos diferenciais, para formalizar esta contratação, a metodologia do curso ou do próprio palestrante. Posto isso, indevida seria a substituição posterior dos facilitadores, sem a realização de novo processo visando à contratação direta, se nele fundamentado.

Frisando ainda o tópico da notória especialização, não tem como deixar de mencionar a Lei nº 14.039, de 17 de agosto de 2020, que promoveu substancial alteração na contratação dos serviços prestados por advogados e por profissionais de contabilidade. Trata-se de norma que acresceu ao Estatuto da OAB e ao Decreto-Lei nº 9.295, de 27 de maio de 1946 (cria o Sistema CFC/CRC), dispositivos enfatizando a notória especialização para seus profissionais técnicos. Não obstante os dispositivos inseridos apresentarem texto assemelhado ao contido no inciso XIX do artigo 6º da LLCA, para Mukai (2023, p. 314), a exclusão da singularidade à contratação dos serviços técnicos pela Lei nº 14.133/2021 ocorreu para o ordenamento de licitações, mas não para enquadramento dos serviços jurídicos e contábeis.

A questão da notória especialização, no tocante aos serviços profissionais de advogado, há de ser aplicada a partir da vigência da nova Lei de Licitações e Contratos, com fundamento no inciso III do *caput* do art. 73, no §3º do mesmo artigo, c.c o art. 3º-A da Lei nº 8.906/1994, com redação dada pelo art. 1º da Lei nº 14.039/2020 (MUKAI, 2023, p. 314). O autor trouxe a análise baseado no parágrafo 2º do artigo 2º da LINDB,[11] o qual aponta que disposições gerais ou especiais estabelecidas por nova lei a par das já existentes não revoga nem modifica a anterior.

[11] A observância da Lei de Introdução às Normas do Direito Brasileiro – LINDB junto às contratações públicas encontra-se prevista no artigo 5º da Lei nº 14.133/2021: "Art. 5º Na aplicação desta Lei, serão observados os princípios (...), assim como as disposições do Decreto-Lei nº 4.657, de 4 de setembro de 1942 (Lei de Introdução às Normas do Direito Brasileiro)".

Para Heinen (2023, p. 575), a lei trouxe para a notória especialização uma interpretação autêntica quanto à expressão e que pode representar caráter absolutamente extraordinário e incontestável. Para o autor, essa notoriedade deve estar cabalmente demonstrada nos autos do processo. Afiliamo-nos a tal posição, entendendo que o ETP deve demonstrar a necessidade de contratação do notoriamente especializado, como a melhor forma de atendimento à necessidade da Administração, bem como a razão da escolha daquele profissional em específico.

A partir do conhecimento da essência que caracteriza o serviço técnico especializado, consoante a LLCA, os artefatos do planejamento devem ser pormenorizados para que se obtenha a melhor contratação. No entanto, percebe-se uma relutância muito forte para confecção de alguns desses, com especial destaque para a confecção do estudo técnico preliminar.

4 A (in)existência de discricionariedade para a elaboração de ETP e TR

Como dito, a Lei nº 14.133/2021 constitui norma com fortes intentos de planejamento e governança das contratações, mas que impõe a alguns entes federativos e a órgãos com estrutura mais precário consideráveis desafios de implementação. Nesse sentido, a elaboração dos artefatos de planejamento requeridos pela norma, a depender do caso em concreto, do montante envolvido na contratação e na estrutura de recursos humanos e materiais, pode significar um custo desproporcional aos benefícios a serem alcançados. Nesse cenário, assoma-se a discussão acerca da obrigatoriedade ou da discricionariedade na Elaboração do ETP e TR, ante a intensidade que o planejamento atingiu na nova norma.

4.1 Estudo técnico preliminar será sempre obrigatório?

À primeira vista, considerando-se a ênfase que a Lei nº 14.133/2021 conferiu ao Planejamento, erigido a princípio vinculante das contratações, pode parecer que o legislador intentou determinar a obrigatoriedade de elaboração do ETP em toda e qualquer contratação, independentemente do objeto. Entretanto, há que sopesar o custo-benefício de elaboração do instrumento em determinadas contratações, as quais podem importar ônus desproporcionais ao objeto a ser contratado.

Dessa forma, no âmbito federal, a Instrução Normativa nº 58/2022, que trata da elaboração dos ETP, estabeleceu hipóteses em que a elaboração do artefato é facultativa e dispensada. Nesse sentido, segundo os incisos I e II do art. 14 do normativo, faculta-se a elaboração do ETP nos casos de: dispensa por baixo valor (art. 75, I e II); guerra, estado de defesa, estado de sítio, intervenção federal ou de grave perturbação da ordem (art. 75, VII); emergência ou calamidade pública (art. 75, VIII) e contratação de remanescente de obra, de serviço ou de fornecimento em consequência de rescisão contratual (art. 90, §7º). Outrossim, é dispensada a elaboração do ETP nos casos de contratação direta decorrente de licitação deserta e prorrogações dos contratos de serviços e fornecimentos contínuos.

A normativa federal apresentou uma construção que extrapolou os aspectos da contratação direta, adentrando nas situações pertinentes à execução contratual propriamente dita. Esse entendimento evidencia que a necessidade de se realizar um estudo técnico preliminar está voltada para buscar a melhor solução, como prevê a legislação.

Nos dois casos envolvendo a etapa contratual, percebe-se uma extensão continuada a procedimentos de seleção de fornecedor que já ocorreram. Não há justificativa para se elaborar um ETP na contratação de remanescentes, vez que o documento já foi elaborado no início do processo que culminou no anteriormente contratado, o mesmo ocorrendo nos casos de prorrogação de contratos, que tiveram seu estudo igualmente já realizado.

4.2 Termo de referência pode ser dispensado em algum momento?

O Termo de Referência constitui documento necessário para a contratação de bens e serviços, conforme expressa previsão do inciso XXIII do artigo 6º da LLCA, para quaisquer objetos, independentemente da forma em que a contratação será formalizada.

Entretanto, a IN nº 81/2022 também previu hipóteses de dispensa da elaboração do TR (art. 11), a saber: i) contratações decorrentes de licitações realizadas a menos de 1 (um) ano, fracassadas ou desertas (art. 75, inc. III); ii) adesões a Atas de Registro de Preços (ARPs); e iii) prorrogações dos contratos de serviços e fornecimentos contínuos.

Assim como ocorreu no ETP, a normativa federal apresentou uma construção que extrapolou os aspectos da contratação direta, trazendo, desta feita, situações que envolvem o procedimento auxiliar do Sistema de Registro de Preços, quando da condição de órgão não participante, visando ao aproveitamento de ata pertencente a outrem. Nesse particular, importante ainda destacar que, embora a adesão à ARP, prevista no *caput* do artigo 11 da IN nº 81/2022, dispense o TR, tendo sido aquele apresentado no momento da contratação pelo órgão gerenciador, há uma necessidade de se providenciar o ETP, segundo o parágrafo único do mesmo dispositivo, em que se demonstre a vantajosidade da adesão à ARP, alinhada à necessidade do órgão que, por sua vez, já disporia de DFD e, consequentemente, previsão no PCA.

Tendo sido definido o objeto como contratação de um serviço técnico especializado, será, então, elaborado o TR contemplando os descritivos necessários.

5 Análise individual e materialização dos artefatos

Matos (2023, p. 275) ensina que planejamento e governança seriam mecanismos que tendem a exigir maior racionalização das contratações, considerando o planejamento estratégico dos órgãos que compõem a Administração Pública de modo a profissionalizá-la para resultados mais efetivos. Com o intuito de produzir os artefatos estudados para tal obtenção, analisaremos a relação entre os artefatos trazidos por esta obra, uma vez que é reconhecida a proximidade lógica na realização do Estudo Técnico Preliminar e do Termo de Referência.

5.1 Materialização do ETP na contratação de serviços técnicos especializados

Dada a necessidade de realização do ETP, o parágrafo 1º do artigo 18 da Lei nº 14.133/2021 elencou treze tópicos, os quais passaremos a analisar não apenas sua composição, como também faremos uma proposição de informações essenciais para cada um deles visando à contratação de serviço técnico especializado.

Compete destacar que o parágrafo 2º do artigo 18 da Lei nº 14.133/2021 propõe os valores mínimos a serem observados nesse preenchimento, assim elencados: i) necessidade da contratação (inc. I); ii) estimativa das quantidades da contratação (inc. IV); iii) estimativa do valor da contratação (inc. VI); iv) justificativa do parcelamento ou da não contratação (inc. VIII); e v) posicionamento conclusivo sobre a contratação (inc. XIII).

Prevê ainda que os demais itens, se não aplicados, estejam acompanhados de justificativa, considerando o vínculo com a relação necessidade x solução, não meramente "não se aplica". O porquê do não se aplica é que deverá ser considerado como justificativa plausível.

Curiosamente, o inciso V do artigo 18, que trata do levantamento de mercado, não foi enumerado. Uma vez que a premissa maior do ETP é encontrar a melhor solução. Seria possível encontrá-la sem que houvesse tal análise? Entendemos que não e que deveria, mesmo não previsto pelo regramento geral, ser determinado que se cumpra, trazendo solidez ao estudo.

Oliveira (2023, p. 136-137) traz idêntico entendimento ao afirmar que alguns itens são obrigatórios, enquanto outros devem ser completados, considerando o caso concreto. Destaca ainda que aqueles elencados como não sendo obrigatórios devem indicar sua não aplicabilidade para o caso *sub examine*, ressaltando impertinência ou mesmo inviabilidade de aplicação.

Supondo que o responsável pela elaboração do ETP opte tão somente pelas informações obrigatórias e que a solução venha em meio a juízo de valor formado, replicando o objeto preliminar contido no DFD, observar-se-ia, apenas, uma mudança de nome no artefato do planejamento, que pode insurgir em pseudoeficácia. Heinen (2023, p. 61) ressalta que a busca pelo profissional somente deverá ser desencadeada quando escolhido e delimitado o objeto a ser contratado pela Administração Pública.

Sendo assim, identificar a real necessidade da Administração Pública que apresente como solução a contratação de serviços técnicos especializados carece de cautela, posto que provocará o fator determinante acerca da realização de um procedimento licitatório ou de uma contratação direta, decorrente da correlação com o notório especialista. A necessidade de cuidados é ainda mais acentuada no que concerne à contratação direta por inexigibilidade, eis que, curiosamente, costumam despertar maiores suspeitas dos órgãos controladores e da imprensa, como se a realização de licitação conseguisse blindar a contratação de manobras corruptivas, o que, infelizmente, não corresponde à realidade. Estudo empreendido por Fortini e Motta (2024) demonstra que as práticas desviantes permeiam todo o ciclo de contratações públicas, desde a fase interna, ou de planejamento, perpassando pela fase competitiva até a fase de execução contratual.[12]

---

12 FORTINI, Cristiana; MOTTA, Fabrício. Corrupção nas licitações e contratações públicas: sinais de alerta segundo a Transparência Internacional. *A&C – Revista de Direito*

Identificada a melhor solução, haverá a confecção do termo de referência.

5.2 Materialização do TR na contratação de serviços técnicos especializados

O termo de referência é um artefato que, geralmente, está relacionado ao estudo técnico preliminar e surge nesse baseado, como pode ser observado na própria definição do ETP trazida pelo artigo 6º da Lei nº 14.133/2021.[13]

Diante dessa análise, é possível observar na Figura 1, exemplificativamente, a relação entre esses artefatos, não se tratando de absolutismo relacional.

Figura 1 – Relação entre ETP e TR

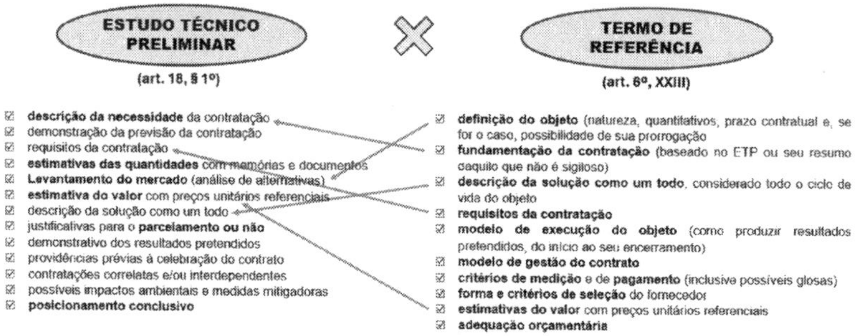

Fonte: Elaborada pelos autores, com base na Lei nº 14.133/2021.

Para que se possa alcançar a melhor proposta, as informações que serão postas em tal artefato deverão viabilizar a clareza daquilo que se pretende contratar, compatibilizado com o mercado, de modo a atrair

Administrativo & Constitucional, Belo Horizonte, ano 16, n. 64, p. 93-113, abr./jun. 2016. Disponível em: https://revistaaec.com/index.php/revistaaec/article/view/240. Acesso em: 15 jun. 2024.

[13] Lei nº 14.133/2021: "Art. 6º Para os fins desta Lei, consideram-se:
(...)
XX – estudo técnico preliminar: documento constitutivo da primeira etapa do planejamento de uma contratação que caracteriza o interesse público envolvido e a sua melhor solução e dá base ao anteprojeto, ao termo de referência ou ao projeto básico a serem elaborados caso se conclua pela viabilidade da contratação;"

bons fornecedores à contratação e, assim, alcançar a efetividade. Destaca Heinen (2023, p. 66) que os dados constantes no termo de referência não deveriam ser dispostos de modo impreciso, porque, se assim posto, geraria efeito na formulação das propostas e na execução do contrato.

Ao observar os modelos de termos de referência excelentemente produzidos pela AGU, um ponto merece destaque: quando aqueles orientam que o ETP seja apensado ao TR. Observe, por exemplo, texto extraído do modelo de TR para compras:

> 3. DESCRIÇÃO DA SOLUÇÃO COMO UM TODO CONSIDERADO O CICLO DE VIDA DO OBJETO E ESPECIFICAÇÃO DO PRODUTO
>
> 3.1. A descrição da solução como um todo encontra-se pormenorizada em tópico específico dos *Estudos Técnicos Preliminares, apêndice deste Termo de Referência.*[14] (grifei)

De ordem prática, tem sido observado que fornecedores aproveitam a presença de ambos os artefatos para solicitar esclarecimentos e, até mesmo, tentar impugnar o ETP apensado, que nada mais é que um documento de interesse interno da Administração Pública, quando deveriam se preocupar com a solução que aquela pretende contratar, apresentada no TR.

Se, por um lado, a ideia é a de propiciar melhor transparência ao processo e trazer a fiscalização social ao certame desde seu nascedouro, por outro, pode causar transtornos desnecessários àquilo que se planeja resolver com celeridade. Ao contrário do que sugere os nobres colegas, entendemos que a transcrição das informações seria suficiente para a complementação do TR. Quanto à divulgação do ETP na íntegra, que esta ocorra somente após a homologação juntamente aos demais documentos da etapa de planejamento, como prevê o parágrafo 3º do artigo 54 da Lei nº 14.133/2021.

---

[14] Modelos Padronizados de Licitações e Contratos Conforme Lei nº 14.133/21. Disponível em: https://www.gov.br/agu/pt-br/composicao/cgu/cgu/modelos/licitacoesecontratos/14133/pregao-e-concorrencia. Acesso em: 29 jul. 2024.

6 Considerações finais

A contratação de serviços técnicos profissionais de natureza predominantemente intelectual faz parte da realidade da Administração Pública, que, muitas vezes, principalmente em entidades e órgãos menores, não conta com profissionais habilitados a prestar o serviço necessário à Administração. Pode-se exemplificar, por pertinente, a alta demanda em capacitação focada na Lei nº 14.133/2021, nos últimos 4 (quatro) anos, que tem motivado em todas as esferas federativas a contratação de professores e palestrantes, com especial expertise na legislação de contratações, de forma a guarnecer de maior segurança jurídica os agentes públicos envolvidos nas contratações. Esse é apenas um dentre os incontáveis exemplos em que a Administração Pública não tem outra opção se não recorrer ao conhecimento especializado e experiência de profissionais nas mais diferentes áreas de conhecimento.

A contratação de tais serviços, desde longa data, tem gerado controvérsias doutrinárias e jurisprudenciais. São também objeto de atenção dos órgãos controladores e dos meios de comunicação, quer sejam licitados, quer sejam contratados por inexigibilidade de licitação. No primeiro caso, diante da necessidade de apreciação da técnica envolvida na execução dos serviços, não raro, levantam-se dúvidas acerca da isenção quanto ao julgamento das propostas. Na segunda hipótese, está sempre em pauta a discussão sobre a possibilidade de certos profissionais serem contratados pelo Poder Público em decorrência de seus contatos ou por outros motivos não republicanos, camuflados ao argumento da discricionariedade do gestor ou da necessária confiança que, em tese, faz-se necessária para tais avenças.

Nesse contexto, assomam-se com a Lei de Licitações atual os instrumentos obrigatórios da fase de planejamento das contratações, tendo sido objeto específico desse artigo o estudo técnico preliminar e o termo de referência. Ambos os mecanismos, antes de configurar injustificável burocracia, prestam-se a guarnecer o gestor de segurança jurídica e se servem ao desiderato de protegê-lo de desconfianças e questionamentos advindos das instâncias controladoras, eis que demonstram, de forma pormenorizadamente justificada, as razões pelas quais o gestor decidiu empreender a contratação daquele profissional notoriamente qualificado, seja por licitação em que se afira a técnica, seja por contratação direta por inexigibilidade de licitação, de forma a não restar dúvidas da cabal vantajosidade da contratação.

Como dissemos em evento de licitações, em que se questionava o custo-benefício da obrigatoriedade do mecanismo, "o ETP é Pop e é álibi",[15] eis que constitui um resguardo para o gestor, que tem como justificar a contratação, não raro questionada muito tempo depois, quando talvez se afigure a dificuldade de levantar os elementos que embasaram a decisão administrativa. Vale o primado de que: "Não basta a mulher de César ser honesta, ela também deve parecer honesta.

Referências

BRASIL. Decreto-lei nº 2.300, de 21 de novembro de 1986. Dispõe sobre licitações e contratos da Administração Federal e dá outras providências. Disponível em: https://www.planalto.gov.br/ccivil_03/Decreto-Lei/Del2300-86.htm#art90. Acesso em: 29 jul. 2024.

BRASIL. Decreto-Lei nº 200, de 25 de fevereiro de 1967. Dispõe sobre a organização da Administração Federal, estabelece diretrizes para a Reforma Administrativa e dá outras providências. Disponível em: https://www.planalto.gov.br/ccivil_03/decreto-lei/del0200.htm. Acesso em: 29 jul. 2024.

BRASIL. Lei nº 14.090, de 1º de abril de 2021. Altera a Lei nº 8.906, de 4 de julho de 1994 (Estatuto da OAB), e o Decreto-lei nº 9.295, de 27 de maio de 1946, para dispor sobre a natureza técnica e singular dos serviços prestados por advogados e por profissionais de contabilidade. Disponível em: http://www.planalto.gov.br/ccivil_03/_ato2019-2022/2020/lei/l14039.htm. Acesso em: 29 jul. 2024.

BRASIL. Lei nº 14.133, de 17 de agosto de 2021. Lei de Licitações e Contratos Administrativos. Disponível em: https://www.planalto.gov.br/ccivil_03/_ato2019-2022/2021/lei/l14133.htm#art6xxia. Acesso em: 29 jul. 2024.

BRASIL. Lei nº 5.456, de 20 de junho de 1968. Dispõe sobre a aplicação aos Estados e Municípios das normas relativas às licitações previstas no Decreto-lei nº 200, de 25 de fevereiro de 1967, que dispõe sobre a organização da Administração Federal, estabelece diretrizes para a Reforma Administrativa e dá outras providências. Disponível em: https://www.planalto.gov.br/ccivil_03/leis/1950-1969/l5456.htm. Acesso em: 29 jul. 2024.

BRASIL. Lei nº 8.666, de 21 de junho de 1993. Regulamenta o art. 37, inciso XXI, da Constituição Federal, institui normas para licitações e contratos da Administração Pública e dá outras providências. Disponível em: https://www.planalto.gov.br/ccivil_03/leis/l8666cons.htm. Acesso em: 29 jul. 2024.

BRASIL. Ministério da Economia. Secretário de Gestão da Secretaria Especial de Desburocratização, Gestão e Governo Digital do Ministério da Economia. Instrução Normativa SEGES nº 58, de 8 de agosto de 2022. Dispõe sobre a elaboração dos Estudos Técnicos Preliminares – ETP, para a aquisição de bens e a contratação de serviços e obras, no âmbito da administração pública federal direta, autárquica e fundacional, e sobre o Sistema ETP digital. Disponível em: https://www.gov.br/compras/pt-br/acesso-a-informacao/legislacao/instrucoes-normativas/instrucao-normativa-seges-no-58-de-8-de-agosto-de-2022. Acesso em: 29 jul. 2024.

---

15 ELO CONSULTORIA. 1º Congresso Elo de Licitações Públicas Municipais. 12 a 14 de março de 2024.

BRASIL. Ministério da Economia. Secretário de Gestão da Secretaria Especial de Desburocratização, Gestão e Governo Digital do Ministério da Economia. Instrução Normativa SEGES/ME nº 81, de 25 de novembro de 2022. Dispõe sobre a elaboração do Termo de Referência – TR, para a aquisição de bens e a contratação de serviços, no âmbito da administração pública federal direta, autárquica e fundacional, e sobre o Sistema TR digital. Disponível em: https://www.gov.br/compras/pt-br/acesso-a-informacao/legislacao/instrucoes-normativas/instrucao-normativa-seges-me-no-81-de-25-de-novembro-de-2024. Acesso em: 29 jul. 2024.

FORTINI, C.; AMORIM, R. A. Novo olhar para as contratações públicas: precedentes e perspectivas da Lei nº 14.133/2021. *In:* MATOS, M. C.; ALVES, F. D.; AMORIM, R. A. (org.). *Nova lei de licitações e contratos*. Brasília: Edições Câmara, 2023. p. 113-149.

HEINEN, J. *Comentários à Lei de Licitações e Contratos Administrativos Lei nº 14.133/21*. 3. ed. São Paulo: Juspodivm, 2023.

JACOBY FERNANDES, A. L.; JACOBY FERNANDES, J. U.; JACOBY FERNANDES, M. *Contratação direta sem licitação na Nova Lei de Licitações:* Lei nº 14.133/2021. 11. ed. Belo Horizonte: Fórum, 2021.

MATOS, M. C. Impactos da Nova Lei de Licitações e Contratos nos municípios brasileiros. *In*: MATOS, M. C.; ALVES, F. D.; AMORIM, R. A. (org.). *Nova lei de licitações e contratos*. Brasília: Edições Câmara, 2023. p. 267-282.

MUKAI, T. Arts. 1º a 6º. *In*: HIGA, A. S. *et al.* (coord.). *Comentários à Lei de Licitações e Contratos Administrativos*. São Paulo: Rideel, 2023. p. 3-55.

MUKAI, T. Arts. 71 a 75. *In*: HIGA, A. S. *et al.* (coord.). *Comentários à Lei de Licitações e Contratos Administrativos*. São Paulo: Rideel, 2023. p. 305-344.

OLIVEIRA, S. Z. Arts. 18 a 39. *In*: HIGA, A. S. *et al.* (coord.). *Comentários à Lei de Licitações e Contratos Administrativos*. São Paulo: Rideel, 2023. p. 103-192.

Informação bibliográfica deste texto, conforme a NBR 6023:2018 da Associação Brasileira de Normas Técnicas (ABNT):

MATOS, Marilene Carneiro; ALMEIDA, Daniel da Silva. O estudo técnico preliminar e o termo de referência na contratação de serviços técnicos profissionais especializados. *In:* FURTADO, Madeline Rocha; FURTADO, Monique Rafaella Rocha (coord.). *O planejamento das contratações*: estudos técnicos preliminares e termos de referência: teoria e aplicação sob a égide da Lei nº 14.133/2021. Belo Horizonte: Fórum, 2025. p. 347-369. ISBN 978-65-5518-944-5.

ELABORAÇÃO DE ESTUDO TÉCNICO PRELIMINAR E DE TERMO DE REFERÊNCIA NAS CONTRATAÇÕES DIRETAS

RAFAEL PACHECO DA SILVA COSTA

I Introdução: a importância do planejamento e alguns aspectos conceituais

Desde os debates em torno do projeto de lei que originou a Lei nº 14.133/2021, já se notava a ênfase e a importância que a nova legislação buscaria imprimir à fase preparatória dos procedimentos de contratação pública.

Esse maior foco nos atos do planejamento seguramente teve como origem a constatação, pelo legislador, de que o sucesso ou o não sucesso dos processos licitatórios (e de contratação, de modo geral) está diretamente relacionado à qualidade do que se desenvolve na etapa preparatória.

De fato, os principais percalços enfrentados na fase de seleção, ou seja, na etapa em que se concentram os atos do processo licitatório em sentido estrito ou em que se escolhe o contratado pela via direta, assim como na etapa de execução contratual, estão relacionados a falhas e equívocos identificados no âmbito do planejamento.

Cite-se, por exemplo, o certame deserto porque o orçamento foi mal elaborado ou, ainda, a atividade do fiscal dificultada por um modelo de gestão do contrato mal estruturado.

Pois bem. A tendência notada no texto do projeto de lei se confirmou com a redação da Lei nº 14.133, sancionada e publicada em 1º de abril de 2021: a denominada Nova Lei de Licitações e Contratos convocou o gestor público para um olhar bem mais sério, técnico e comprometido com os atos inseridos na gênese dos procedimentos de contratação.

Este artigo pretende examinar dois desses artefatos do planejamento — o estudo técnico preliminar (ETP) e o termo de referência (TR) — no contexto das contratações diretas, isto é, nas hipóteses de dispensa e de inexigibilidade de licitação. Para isso, cabe, previamente, assentar breves noções sobre esses conceitos e suas finalidades.

O estudo técnico preliminar encontra-se conceituado no inciso XX do artigo 6º da Lei nº 14.133/2021:

> documento constitutivo da primeira etapa do planejamento de uma contratação que caracteriza o interesse público envolvido e a sua melhor solução e dá base ao anteprojeto, ao termo de referência ou ao projeto básico a serem elaborados caso se conclua pela viabilidade da contratação.

Um pouco mais adiante, no parágrafo 1º do artigo 18, a lei acrescenta que o ETP deverá evidenciar o problema a ser resolvido e a sua melhor solução, de modo a permitir a avaliação da viabilidade técnica e econômica da contratação, listando os elementos que devem integrá-lo, dentre os quais, por exemplo, a descrição da necessidade da contratação e as estimativas das quantidades para a contratação.

No campo doutrinário, Rony Charles Lopes Torres faz pertinentes apontamentos acerca da função do ETP:

> A função do ETP é agregar novos elementos de planejamento, avaliando, entre outras coisas: as soluções disponíveis no mercado para o atendimento da pretensão contratual, eventuais requisitos necessários à contratação, ponderações sobre a modelagem contratual (como em relação ao parcelamento ou não da solução, contratação com ou sem dedicação exclusiva de mão de obra), entre outros.
>
> (...) A função do ETP é gerar reflexão prévia à definição do objeto licitatório, notadamente em relação às soluções disponíveis e questões técnicas pertinentes, para fins de melhor atendimento da pretensão contratual.[1]

---

1 TORRES, Rony Charles Lopes de. *Leis de Licitações Públicas comentadas.* São Paulo: Juspodivm, 2021, p. 139.

No campo jurisprudencial, citem-se os verbetes 11 e 12 do Prejulgado nº 2446 (Processo nº 2300548628) do Tribunal de Contas de Santa Catarina:

> 11. No estudo técnico preliminar – ETP – é identificado o problema a ser resolvido, são descritas as necessidades da contratação e apresentadas as soluções disponíveis no mercado, visando à tomada de decisão da autoridade competente acerca da melhor solução para atender ao interesse público, consideradas as questões técnicas, mercadológicas e de gestão
>
> 12. O estudo técnico preliminar – ETP – é um importante instrumento de planejamento a ser adotado pela alta administração como processo de governança das contratações, em atenção ao art. 11, parágrafo único, da Lei n. 14.133/2021.

Já o termo de referência é definido pela Lei nº 14.133/2021 (artigo 6º, XXIII) como o documento necessário para a contratação de bens e serviços, que deve conter diversos elementos necessários à caracterização mais concreta do objeto a ser licitado/contratado, como, por exemplo, a própria definição do objeto, incluídos sua natureza e os quantitativos, estimativas do valor, modelo de gestão do contrato e modelo de execução do objeto.

Nota-se, a partir dos conceitos normativos de ambos os instrumentos, que eles possuem suas finalidades voltadas para estruturar o processo de contratação em bases mais completas e seguras, sob os pontos de vista técnico e jurídico.

Nessa mesma perspectiva introdutória dos conceitos trabalhados neste artigo, impõe-se abordar a dispensa e a inexigibilidade de licitação, hipóteses de contratação direta, isto é, aquela cujo procedimento de seleção do futuro contratado se dá sem a intermediação de um procedimento licitatório em sentido estrito.

Dispensa e inexigibilidade se distinguem por alguns aspectos. Enquanto a dispensa de licitação origina-se da vontade/criação do legislador, a inexigibilidade tem como fundamento o mero reconhecimento, pelo texto legal, de situações fáticas em que há inviabilidade de competição.

Nesse sentido, correto afirmar que, quando se está diante de situação que a lei dispense o dever de licitar, em regra, o gestor, caso queira, pode licitar, pois a instauração de um ambiente concorrencial não está comprometida. Daí a conclusão de que a dispensa é facultativa e, portanto, alternativa à licitação.

Por outro lado, nos casos em que a licitação é inexigível, a competição está essencialmente comprometida, pois inviável no campo fático. Mesmo que quisesse, o gestor não conseguiria licitar, em regra. Esse dever, portanto, sequer lhe poderia ser exigido.

Dessas premissas se extraem outras conclusões: sendo a dispensa fruto de criação legislativa, seu rol na lei é de natureza taxativa, e a interpretação a ser utilizada em casos de dúvida sobre a amplitude de determinada hipótese deve ser restritiva; já os casos de inexigibilidade, por não nascerem da vontade do legislador, estão na lei apenas em rol exemplificativo e, dessa forma, a interpretação a ser aplicada pode ser ampliativa.

A evidência dessas conclusões encontra-se no *caput* do artigo 74, assim como no *caput* do artigo 75, ambos da Lei nº 14.133/2021.

Enquanto o *caput* do artigo 74, que traz as hipóteses de inexigibilidade, tem redação que indica rol aberto ("É inexigível a licitação quando inviável a competição, em especial nos casos de:"), o *caput* do artigo 75 é taxativo, sucinto e pontual: "É dispensável a licitação".

II A "porta regulamentar" na Lei nº 14.133/2021 e seus reflexos na etapa preparatória das contratações diretas

A Lei nº 14.133/2021 imprimiu significativo cuidado no que se refere à instrução do processo de contratação direta, abordando mais aspectos que a revogada Lei nº 8.666/93.

O *caput* do art. 72 da nova lei traz o que se pode denominar espinha dorsal do processo de contratação direta: uma lista de atos e documentos que devem ser praticados e elaborados nesses procedimentos.

Confira-se:

> Art. 72. O processo de contratação direta, que compreende os casos de inexigibilidade e de dispensa de licitação, deverá ser instruído com os seguintes documentos:
>
> I – documento de formalização de demanda e, se for o caso, estudo técnico preliminar, análise de riscos, termo de referência, projeto básico ou projeto executivo;
>
> II – estimativa de despesa, que deverá ser calculada na forma estabelecida no art. 23 desta Lei;
>
> III – parecer jurídico e pareceres técnicos, se for o caso, que demonstrem o atendimento dos requisitos exigidos;

IV – demonstração da compatibilidade da previsão de recursos orçamentários com o compromisso a ser assumido;

V – comprovação de que o contratado preenche os requisitos de habilitação e qualificação mínima necessária;

VI – razão da escolha do contratado;

VII – justificativa de preço;

VIII – autorização da autoridade competente.

Chama atenção no referido dispositivo uma expressão contida no inciso I, que trata justamente da elaboração dos artefatos de planejamento: "I – documento de formalização de demanda e, se for o caso, estudo técnico preliminar, análise de riscos, termo de referência, projeto básico ou projeto executivo".

A expressão que merece atenção é "se for o caso".

Veja-se que o inciso I menciona que o processo de contratação direta deve ser iniciado com o documento de formalização de demanda e seguido, se for o caso, de uma série de outros cinco documentos.

A interpretação que soa mais adequada acerca da abrangência e da finalidade dessa expressão é aquela que a enxerga sob dois vieses: como uma senha lógica, a ser decifrada em cada caso; e como uma "porta regulamentar" criada pela nova legislação.

Pelo primeiro viés, pode-se afirmar que será o caso de elaboração do projeto executivo, por exemplo, caso o objeto contratado for uma obra, pois o referido documento somente cabe para obras.[2]

Já o segundo viés enquadra a expressão "se for o caso" como uma "porta regulamentar", indicando que, ali, o legislador infralegal pode prever, fundamentada e coerentemente, hipóteses de eventual faculdade ou dispensa de elaboração dos documentos que estão na sequência do texto.

Nesse sentido, o Tribunal de Contas de Santa Catarina faz relevantes apontamentos no Prejulgado nº 2.414 (Processo nº 2300306020):

> 4. O art. 72, I, da Lei n. 14.133/21 possibilita a dispensa do Estudo Técnico Preliminar nos casos de contratação direta, devendo tal procedimento ser adotado em situações excepcionais, nos termos de regulamento.

---

[2] Confira-se o conceito de projeto executivo no art. 6º, XXVI, da Lei nº 14.133/2021: "conjunto de elementos necessários e suficientes à execução completa da obra, com o detalhamento das soluções previstas no projeto básico, a identificação de serviços, de materiais e de equipamentos a serem incorporados à obra, bem como suas especificações técnicas, de acordo com as normas técnicas pertinentes."

> 4.1. Cabe ao ente federativo com competência regulamentar realizar uma análise de proporcionalidade das situações em que permitirá a dispensa do ETP, considerando o tempo disponível para a contratação, o valor e a complexidade do objeto, em especial, quanto ao prévio conhecimento da solução a ser contratada.
>
> 4.2. Ainda que regulamentadas as situações em que seja dispensado o ETP, é necessário que conste no processo a devida justificativa para sua dispensa.

É sob essas premissas que será analisada a seguir a elaboração do ETP e do TR nas contratações diretas.

III O ETP e as contratações diretas

Em quais casos de contratação direta a elaboração do ETP pode ser facultada ou dispensada?

A resposta a essa pergunta passa necessariamente pelas premissas estabelecidas no tópico II, notadamente aquela que presume uma porta regulamentar no inciso I do art. 72 da Lei nº 14.133/2021.

Essa porta foi utilizada, por exemplo, pelo legislador autor da Instrução Normativa (IN) SEGES nº 58, de 8 de agosto de 2022, que dispõe sobre a elaboração dos estudos técnicos preliminares, para a aquisição de bens e a contratação de serviços e obras, no âmbito da administração pública federal direta, autárquica e fundacional, e sobre o Sistema ETP digital.

Sem prejuízo da existência de diversos outros diplomas regulamentares que cuidam do tema nas esferas estadual e municipal, por uma questão metodológica, este artigo analisará as situações contidas na IN nº 58/2022.

O art. 14 da IN nº 58/2022 prevê situações em que a elaboração do ETP é excepcionada, seja pela sua facultatividade, seja pela efetiva dispensa de sua confecção:

> Art. 14. A elaboração do ETP:
>
> I – é facultada nas hipóteses dos incisos I, II, VII e VIII do art. 75 e do §7º do art. 90 da Lei nº 14.133, de 2021; e
>
> II – é dispensada na hipótese do inciso III do art. 75 da Lei nº 14.133, de 2021, e nos casos de prorrogações dos contratos de serviços e fornecimentos contínuos.

Serão analisadas aqui as situações excepcionais que se referem às contratações diretas na IN nº 58/2022.

O inciso I do mencionado art. 14 prevê que a elaboração do ETP é facultada nas dispensas em razão de valor (incisos I e II do art. 75 da Lei nº 14.133/2021).

Certamente entendeu o legislador infralegal federal que seria o caso de criar essa faculdade, tendo em vista o baixo valor do objeto a ser contratado e a necessidade de simplificar o máximo possível a instrução processual nessas hipóteses.

Registre-se que essa faculdade criada pela IN nº 58/2022 está alinhada com outros dispositivos normativos que simplificam atos relacionados às dispensas em razão de valor, como, por exemplo, a possibilidade de substituição do instrumento de contrato por outros instrumentos hábeis (como nota de empenho), prevista no art. 95, I, da Lei nº 14.133/2021.

Prevê ainda o inciso I do art. 14 da IN nº 58/2022 que a elaboração do ETP é facultada na dispensa de licitação fundamentada nos casos de guerra, estado de defesa, estado de sítio, intervenção federal ou de grave perturbação da ordem (art. 75, VII, da Lei nº 14.133/2021).

Aqui a razão de ser da faculdade criada não está no baixo valor do objeto contratado, mas sim na complexidade e na alta tensão do contexto fático. Afinal, são casos em que estão em vigor mecanismos constitucionais de defesa do Estado e das instituições democráticas, situações absolutamente excepcionais e que reclamam ações urgentes e igualmente fora da normalidade.

A mesma lógica, porém, em grau naturalmente mais brando, permeia outra situação de faculdade de elaboração do ETP na IN nº 58/2022: em casos de dispensa de licitação em virtude de emergência ou de calamidade pública (art. 75, VIII, da Lei nº 14.133/2021).

Nessas situações está também em jogo a necessidade de adoção de medidas urgentes e céleres, muitas vezes inconciliáveis com todo o iter procedimental de planejamento desejável, com a elaboração de um ETP. Daí mais essa exceção criada pela IN nº 58/2022, a partir do contido no inciso I do art. 72 da Lei nº 14.133/2021.

Importante frisar que os casos até aqui analisados constituem faculdade de elaboração do ETP, o que induz à conclusão de que, caso seja necessário e até viável a confecção do estudo no contexto fático, cabe ao agente público fazê-lo. Nesses casos, a propósito, relembre-se a possibilidade de elaboração de ETP "simplificado", com elementos enxutos, consoante previsto no art. 18, §2º, da Lei nº 14.133/2021:

"O estudo técnico preliminar deverá conter ao menos os elementos previstos nos incisos I, IV, VI, VIII e XIII do §1º deste artigo e, quando não contemplar os demais elementos previstos no referido parágrafo, apresentar as devidas justificativas".

Além dos casos nos quais a IN nº 58/2022 criou hipóteses em que facultou ao gestor a elaboração do ETP, o inciso II do art. 14 prevê, relativamente às contratações diretas, situação em que a confecção do ETP é efetivamente dispensada, isto é, não deve ocorrer. Trata-se da dispensa de licitação em virtude de licitação anterior deserta ou fracassada (75, III, da Lei nº 14.133/2021).

A *ratio* dessa situação de exceção reside no fato de que, em verdade, já há (ou pelo menos deveria haver) um ETP elaborado quando da realização do certame que não foi exitoso.

Registre-se ainda um dos requisitos legais para a incidência do inciso III do art. 75 da Lei nº 14.133/2021: que sejam mantidas todas as condições definidas em edital de licitação realizada há menos de 1 (um) ano. Isso incluiu, naturalmente, o ETP outrora elaborado, onde estão localizados os fundamentos e as origens de várias condições do edital. Por isso, não há se falar em elaborar novo ETP nesses casos.

Tendo em vista que os casos abordados pelo regulamento federal envolvem basicamente dispensas de licitação, é de se questionar sobre eventual exceção à elaboração do ETP nas inexigibilidades.

Entende-se que a resposta a essa dúvida é negativa, de modo que, em qualquer hipótese de inexigibilidade, a elaboração do ETP seria atividade necessária e obrigatória. Afinal, conforme já exposto, a construção de um cenário de inexigibilidade envolve, dentre outras coisas, a constatação e até mesmo a comprovação de que incide, no caso concreto, algum elemento que torne inviável a competição.

Isso exige não só a elaboração do ETP, mas um cuidado especial nessa tarefa, pois deverá ser demonstrado no ETP que a necessidade da Administração somente será adequadamente satisfeita por meio de uma solução (aquisição, serviço, obra, etc.), cuja contratação envolve o afastamento do dever de licitar, por se reconhecer inviável a realização de um certame.

Além das situações até aqui apresentadas, pode-se ainda afirmar que a elaboração do ETP é tarefa que pode ser relativizada pontualmente, tanto em contextos de licitação, quanto de contratação direta, em decorrência de algumas situações de ordem prática.

Imagine-se que uma determinada solução já foi devidamente escolhida fundamentadamente em ETP pretérito. Nesse caso, bastaria uma simples checagem sobre eventual alteração da realidade mercadológica e, caso o cenário tenha sido mantido, o ETP anterior permanecerá válido para subsidiar novo processo de contratação.

Esse mesmo entendimento é defendido por Tatiana Camarão:

> Logo, o entendimento de que é proibido realizar uma contratação sem o ETP não tem como se sustentar, pois é essencial avaliar o universo no qual se situa a demanda e a real necessidade de produção do documento complexo para encontrar uma solução viável. Em apoio a essa posição, é o meu entendimento e o de Isabela Britto quando asseveramos: 'A escolha apontada no ETP de adotar um determinado tipo de equipamento ou material poderá subsidiar as próximas aquisições, não sendo necessária, a cada nova aquisição, a elaboração de novo documento, uma vez que a solução já foi identificada. Portanto, até que se mude a estratégia ou a necessidade, as compras futuras de tais materiais estarão resguardadas, bastando para tanto a referência ao estudo realizado em momento anterior e a juntada de justificativa que fundamente as novas quantidades a serem adquiridas.[3]

Ainda:

> Vejam, se já existe o ETP que analisou as diferentes soluções, considerando o aspecto econômico e qualitativo em termos de benefícios para o alcance do objetivo da contratação, não há necessidade de novo estudo. É suficiente que o registro elaborado para se chegar à solução seja resumido na justificativa sob pena do processo virar uma barafunda e gerar retrabalho com a produção de documentos desnecessários.[4]

IV O TR e as contratações diretas

Seguindo a mesma linha metodológica utilizada no tópico III, serão analisadas as hipóteses de exceção à elaboração do TR nas contratações diretas, previstas no ato regulamentar federal, a Instrução Normativa SEGES/ME nº 81, de 25 de novembro de 2022, que dispõe sobre a elaboração do termo de referência (TR), para a aquisição de

---

[3] FORTINI, Cristiana; OLIVEIRA, Rafael Sérgio Lima de; CAMARÃO, Tatiana (coord.). *Comentários à Lei de Licitações e Contratos Administrativos*: Lei nº 14.133, de 1º de abril de 2021. Belo Horizonte: Fórum, 2022, p. 289.

[4] CAMARÃO, Tatiana. Estudo técnico preliminar: arquitetura, conteúdo, obrigatoriedade e a previsão no PL 1292/95. Observatório da Nova Lei de Licitações, 2024. Disponível em: https://www.novaleilicitacao.com.br/2020/01/03/estudo-tecnico-preliminar-arquitetura-conteudo-obrigatoriedade-e-a-previsao-no-pl-1292-95/. Acesso em: 29 jul. 2024.

bens e a contratação de serviços, no âmbito da administração pública federal direta, autárquica e fundacional, e sobre o Sistema TR digital.

É o art. 11 da IN nº 81/2022 que prevê os casos de exceção à elaboração do TR. Note-se que, diversamente do que consta da IN nº 58/2022, não há, na IN nº 81/2022, situações em que a confecção do TR é facultada. A IN nº 81/2022 menciona de pronto situações em que há efetiva dispensa do artefato, isto é, nas quais ele não deve ser elaborado:

> Art. 11. A elaboração do TR é dispensada na hipótese do inciso III do art. 75 da Lei nº 14.133, de 2021, nas adesões a atas de registro de preços e nos casos de prorrogações dos contratos de serviços e fornecimentos contínuos.
>
> Parágrafo único. Nas adesões a atas de registro de preços de que trata o *caput*, o estudo técnico preliminar deverá conter as informações que bem caracterizam a contratação, tais como o quantitativo demandado e o local de entrega do bem ou de prestação do serviço.

Dessas situações, a única hipótese que de fato constitui contratação direta em sentido estrito é a que se refere ao art. 75, III, da Lei nº 14.133/2021, ou seja, dispensa de licitação em virtude de licitação anterior deserta ou fracassada.

A lógica aqui é a mesma já exposta no tópico III: dispensa-se a elaboração do TR nessa situação de contratação direta porque, tal como se dá com o ETP, presume-se que já há (ou pelo menos deveria haver) um TR elaborado quando da realização do certame deserto ou fracassado.

Outra hipótese excepcionada pela IN nº 81/2022 refere-se às adesões a atas de registro de preços.

Embora a natureza jurídica das adesões não seja a de contratação direta, devido ao fato de a Lei nº 14.133/2021 ter passado a admitir a utilização do sistema de registro de preços para as contratações diretas,[5] entende-se plausível e recomendável tecer breves linhas sobre essa exceção prevista na IN nº 81/2022.

A dispensa da confecção do TR nesses casos de adesão reside no raciocínio de que ela seria incompatível com o estabelecimento de condições e especificações distintas daquelas previstas pelo órgão

---

5 Art. 82, §6º O sistema de registro de preços poderá, na forma de regulamento, ser utilizado nas hipóteses de inexigibilidade e de dispensa de licitação para a aquisição de bens ou para a contratação de serviços por mais de um órgão ou entidade.

gerenciador da ata, de modo que seria inócua a elaboração de TR pelo órgão aderente, pois ele teria de "copiar" o texto do TR do gerenciador (como se isso já não ocorresse na prática...).

Pois bem. Nessas situações, a IN nº 81/2022 dispõe, no parágrafo único do art. 11, que "nas adesões a atas de registro de preços de que trata o caput, o estudo técnico preliminar deverá conter as informações que bem caracterizam a contratação, tais como o quantitativo demandado e o local de entrega do bem ou de prestação do serviço".

Ou seja, a IN nº 81/2022 adotou o ETP como instrumento bastante nos casos de adesão a atas de registro de preços.

Registre-se, por oportuno, entendimento oposto, adotado no âmbito do Tribunal de Contas do Estado do Rio de Janeiro, pela obrigatoriedade de elaboração do TR nos casos de adesões a atas de registro de preços:

> LICITAÇÃO. PREGÃO. PROJETO BÁSICO. NECESSIDADE. CONTRATAÇÃO DIRETA. ADESÃO ATA DE REGISTRO. A elaboração de termo de referência ou projeto básico se faz necessária, em regra, para qualquer contratação no âmbito da administração pública, independentemente da forma de seleção do fornecedor se dar por licitação, por contratação direta ou por adesão a ata de registro de preços.[6]

Tal como se deu o silêncio da IN nº 58/2022 em relação à elaboração de ETP nas inexigibilidades, a IN nº 81/2022 igualmente não prevê exceção à confecção de TR nesses casos.

E a razão é a mesma: não há, de fato, exceção; toda contratação por inexigibilidade deve ter seus contornos devidamente estruturados em um TR, que, especificamente no que toca à fundamentação, fará referência ao ETP já obrigatoriamente elaborado, conforme previsto no art. 6º, XXIII, "b", da Lei nº 14.133/2021.

V Conclusão

A Lei nº 14.133/2021 deixa claro seu apreço pelo planejamento e, por isso, contém diversos dispositivos com grau razoável de concretude e densidade a respeito desse tema.

---

[6] TCE/RJ - ACÓRDÃO nº 053753/2023-PLEN. Processo TCE-RJ nº 211.040-6/19. Relatora: Conselheira-Substituta Andrea Siqueira Martins. Plenário: 10/05/2023.

O estudo técnico preliminar e o termo de referência, ao lado da análise de riscos, constituem o conjunto de artefatos da fase preparatória que têm por objetivo estabelecer bases seguras e assertivas com a finalidade de obter contratações públicas mais eficientes.

Nada obstante tudo isso, é de se notar que, especialmente no que se refere às contratações diretas, a nova lei deu ao legislador infralegal, no campo regulamentar, a oportunidade de prever exceções à obrigatoriedade de confecção do ETP e do TR.

Essas exceções, como exposto neste artigo, estão ancoradas em fundamentos distintos (baixo valor, emergência, etc.) e estão divididas em hipóteses em que a elaboração dos documentos (especialmente o ETP) é facultada ou dispensada.

Cabe ao gestor fazer uso consciente, ponderado e proporcional das exceções, sem jamais perder de vista a luz que vem do farol do planejamento-princípio, estampado no art. 5º da nova lei.

Sem negar o caráter prático e lógico das exceções, que igualmente se revestem da devida juridicidade, o que se quer deixar registrado é que, mesmo no contexto excepcional das contratações diretas, não se deve perder de vista o cuidado com os atos de planejamento.

Que os gestores públicos não brilhem os olhos para as situações em que o ETP ou o TR não precisam ser elaborados, mas, antes, atentem para a real relevância desses documentos e se dediquem a aprendem a bem confeccioná-los.

Afinal, se as pessoas empenhassem a mesma energia direcionada para encontrar atalhos ao dever do bom planejamento na busca de conhecimento sobre a finalidade do ETP e do TR e na vontade genuína de aprender a elaborá-los, chegar-se-ia mais próximo do ideal de contratação pública eficiente.

Referências

BRASIL. Lei nº 14.133, de 1º de abril de 2021. Lei de Licitações e Contratos Administrativos. *Diário Oficial da União*, Brasília, DF, 1º abr. 2021. Disponível em: https://www.planalto.gov.br/ccivil_03/_ato2019-2022/2021/lei/l14133.htm. Acesso em: 29 de julho de 2024.

CAMARÃO, Tatiana. Estudo técnico preliminar: arquitetura, conteúdo, obrigatoriedade e a previsão no PL 1292/95. Observatório da Nova Lei de Licitações, 2024. Disponível em: https://www.novaleilicitacao.com.br/2020/01/03/estudo-tecnico-preliminar-arquitetura-conteudo-obrigatoriedade-e-a-previsao-no-pl-1292-95/. Acesso em: 29 jul. 2024.

FORTINI, Cristiana; OLIVEIRA, Rafael Sérgio Lima de; CAMARÃO, Tatiana (coord.). *Comentários à Lei de Licitações e Contratos Administrativos*: Lei nº 14.133, de 1º de abril de 2021. Belo Horizonte: Fórum, 2022.

INSTRUÇÃO NORMATIVA SEGES nº 58, de 8 de agosto de 2022. Disponível em https://www.gov.br/compras/pt-br/acesso-a-informacao/legislacao/instrucoes-normativas/instrucao-normativa-seges-no-58-de-8-de-agosto-de-2022. Acesso em 29 de julho de 2024.

INSTRUÇÃO NORMATIVA SEGES/ME nº 81, de 25 de novembro de 2022. Disponível em https://www.gov.br/compras/pt-br/acesso-a-informacao/legislacao/instrucoes-normativas/instrucao-normativa-seges-me-no-81-de-25-de-novembro-de-2022. Acesso em 29 de julho de 2024.

TORRES, Rony Charles Lopes de. *Leis de Licitações Públicas comentadas*. São Paulo: Juspodivm, 2021.

Informação bibliográfica deste texto, conforme a NBR 6023:2018 da Associação Brasileira de Normas Técnicas (ABNT):

COSTA, Rafael Pacheco da Silva. Elaboração de estudo técnico preliminar e de termo de referência nas contratações diretas. *In:* FURTADO, Madeline Rocha; FURTADO, Monique Rafaella Rocha (coord.). *O planejamento das contratações*: estudos técnicos preliminares e termos de referência: teoria e aplicação sob a égide da Lei nº 14.133/2021. Belo Horizonte: Fórum, 2025. p. 371-383. ISBN 978-65-5518-944-5.

ARTEFATOS PARA O PLANEJAMENTO DAS CONTRATAÇÕES NO SISTEMA "S": ESTUDO TÉCNICO PRELIMINAR E TERMO DE REFERÊNCIA

JULIETA MENDES LOPES

Introdução

Para concretizar o princípio da eficiência e assegurar a seleção da proposta mais vantajosa aos Serviços Sociais Autônomos, é imprescindível o adequado planejamento da contratação, de modo que, dentre outros aspectos, o objeto a ser contratado seja corretamente definido, com quantitativo suficiente, características técnicas e modo de execução adequados para suprir a totalidade da demanda.

Quando se fala em planejamento, é preciso ter em mente que o processo possui um fluxo, com etapas e prazos mínimos (divulgação do edital, impugnações, recursos, etc.). Muitas vezes, por desconhecer esse trâmite, o setor requisitante inicia o processo muito próximo da demanda, quando não há mais tempo hábil para uma ampla pesquisa de mercado com o fim de conhecer as soluções existentes, o que pode inviabilizar a precisa descrição do objeto, dos prazos e das obrigações das partes. Da mesma forma, a urgência criada pela falta de planejamento induz à estimativa de preços inadequada, falhas no edital que levam a impugnações e demandas judiciais, ou até mesmo contratações diretas indevidas, pela falta de tempo hábil para instaurar a licitação.

O termo de referência, por ser o documento que delimita o objeto e fixa as condições da futura contratação, garante o sucesso (ou fracasso) dessa contratação, razão pela qual a área demandante deve ter muita cautela ao elaborar esse documento. E, para melhor conhecer a necessidade e as soluções disponíveis no mercado, o Regulamento de Licitações e Contratos dos Serviços Sociais Autônomos estabelece mecanismos de interação com o mercado, o que muito se assemelha com o estudo técnico preliminar previsto no §1º do art. 18 da Lei nº 14.133, de 2021.

Assim, o presente artigo visa discorrer sobre a importância do planejamento da contratação e dos artefatos que integram essa fase do processo, mormente o estudo técnico preliminar e o termo de referência.

1 Regime jurídico aplicável aos Serviços Sociais Autônomos e o dever de licitar

O Serviço Social Autônomo consubstancia-se em entidade dotada de personalidade jurídica de direito privado, sem fins lucrativos, de caráter não governamental, de interesse coletivo e de utilidade pública, que tem por competência precípua a execução de políticas públicas não exclusivas do Estado.[1]

Essa modelagem foi concebida na década de 1940, diante da necessidade de promover educação profissional de qualidade para o desenvolvimento da indústria, bem como bem-estar social, face aos desafios do pós-guerra.

Nesse contexto surgiram as primeiras entidades do chamado Sistema "S": Serviço Nacional de Aprendizagem Industrial (SENAI), criado em 1942; Serviço Social da Indústria (SESI), criado em 1946; Serviço Nacional de Aprendizagem do Comércio (SENAC), criado em 1946; e Serviço Social do Comércio (SESC), criado no mesmo ano, 1946.

---

1 "O modelo SSA, face o exposto, deve ser considerado pelos gestores públicos como uma alternativa para a implementação de políticas públicas não exclusivas de Estado.
A consideração acima está alicerçada na quantidade de SSAs identificadas, na diversidade de áreas de atuação dos mesmos, e, ainda, na distribuição observada nas três esferas. A expansão do modelo, pós-CRFB, de 1988, deve ser interpretada como resposta à necessidade de modelos mais flexíveis para a implementação de políticas públicas não exclusivas de estado, pari passu com maior relação ou influência do próprio poder público". CUNHA JUNIOR, Luiz Arnaldo Pereira. da; SADDY, André; KNOPP, Glauco da Costa; AURELIANO JUNIOR, Eurípedes. Serviço Social Autônomo: alternativa à implementação de políticas públicas não exclusivas de Estado. *Revista de Direito Administrativo & Constitucional*, Belo Horizonte, v. 18, n. 72, p. 1-300, abr./jun. 2018. DOI: 10.21056/aec.v18i72. ISSN 1516-3210.

Com o advento da Constituição Federal em 1988, houve uma ampliação dessas entidades: Serviço Brasileiro de Apoio às Micro e Pequenas Empresas (SEBRAE), em 1990; Serviço Nacional de Aprendizagem Rural (SENAR), no ano seguinte, em 1991; Serviço Social de Transporte (SEST) e Serviço Nacional de Aprendizagem do Transporte (SENAT), ambos de 1993; Serviço Nacional de Aprendizagem do Cooperativismo (SESCOOP), de 1998.

Saliente-se que, embora a União tenha competência privativa para legislar sobre contribuições sociais, por força do disposto no art. 149, *caput*,[2] da Constituição Federal, o que em tese poderia afastar a criação de serviços sociais autônomos por estados e municípios, percebe-se um novo arranjo adotado pelos demais entes da federação, mediante financiamentos repassados por contrato de gestão, instituição de fundos públicos, entre outras modelagens.

São exemplos de Serviços Sociais Autônomos criados por estados: PARANAEDUCAÇÃO (1997); PARANAPREVIDENCIA (1998), PARANACIDADE (2006); Instituto Mato-Grossense da Carne – IMAC (2016).

Na concepção clássica, a doutrina costuma dividir os Serviços Sociais Autônomos em duas classes:

> (...) dois tipos distintos de Serviços Sociais Autônomos:
>
> a) aqueles aos quais foi atribuída capacidade tributária para arrecadar e gerir contribuições sociais, e que atuam em uma nova atividade criada pela iniciativa privada para o desenvolvimento de atividades do terceiro setor; e
>
> b) aqueles cuja subsistência decorre de repasses governamentais, decorrentes de receita própria, seja em razão de fundos públicos ou de transferência de empréstimos obtidos interna ou externamente, e que são criados a partir de um órgão público preexistente, assumindo-lhe as funções e que, para sua efetiva implementação como instrumentos da atuação do Estado nesta área, devem estar acompanhados de contrato de gestão".[3]

---

2 "Compete exclusivamente à União instituir contribuições sociais, de intervenção no domínio econômico e de interesse das categorias profissionais ou econômicas, como instrumento de suas respectivas áreas, observado o disposto nos arts. 146, III, e 150, I e III, sem prejuízo do previsto no art. 195, §6º, relativamente às contribuições a que alude o dispositivo". BRASIL. [Constituição (1988)]. *Constituição da República Federativa do Brasil de 1988*. Brasília, DF. Disponível em: http://www.planalto.gov.br/ccivil_03/constituicao/constituicao.htm. Acesso em: 21 jan. 2025.

3 SCAFF, Fernando Facury. Contrato de Gestão, serviços sociais autônomos e intervenção do Estado. *Interesse Público*, Belo Horizonte, v. 3, n. 12, out./dez. 2001.

Em julgamento proferido no Recurso Extraordinário nº 789.874/DF, o Supremo Tribunal Federal distinguiu os Serviços Sociais Autônomos vinculados a entidades sindicais (Sistema S) e os demais:

> Presente esse quadro normativo, pode-se afirmar que os serviços sociais do Sistema "S", vinculados às entidades patronais de grau superior e patrocinados, basicamente, por recursos recolhidos do próprio setor produtivo beneficiado, receberam, tanto da Constituição Federal de 1988, como das legislações que os criaram, inegável autonomia administrativa, limitada, formalmente, apenas ao controle finalístico, pelo Tribunal de Contas, de aplicação dos recursos recebidos.
>
> As características gerais básicas desses entes autônomos podem ser assim enunciadas:
>
> (a) dedicam-se a atividades privadas de interesse coletivo cuja execução não é atribuída de maneira privativa ao Estado;
>
> (b) atuam em regime de mera colaboração com o poder público;
>
> (c) possuem patrimônio e receita próprios, constituídos, majoritariamente, pelo produto das contribuições compulsórias que a própria lei de criação institui em seu favor; e
>
> (d) possuem a prerrogativa de autogerir seus recursos, inclusive no que se refere à elaboração de seus orçamentos, ao estabelecimento de prioridades e à definição de seus quadros de cargos e salários, segundo orientação política própria.
>
> 4. *É importante não confundir essas entidades, nem equipará-las com outras criadas após a Constituição de 1988, cuja configuração jurídica tem peculiaridades próprias. É o caso, por exemplo, da Associação das Pioneiras Sociais – APS (serviço social responsável pela manutenção da Rede SARAH, criada pela Lei 8.246/91), da Agência de Promoção de Exportações do Brasil – APEX (criada pela Lei 10.668/03) e da Agência Brasileira de Desenvolvimento Industrial – ABDI (criada pela Lei 11.080/04).*
>
> Diferentemente do que ocorre com os serviços autônomos do Sistema "S", essas novas entidades (a) tiveram sua criação autorizada por lei e implementada pelo Poder Executivo, não por entidades sindicais; (b) não se destinam a prover prestações sociais ou de formação profissional a determinadas categorias de trabalhadores, mas a atuar na prestação de assistência médica qualificada e na promoção de políticas públicas de desenvolvimento setoriais; (c) são financiadas, majoritariamente, por dotações orçamentárias consignadas no orçamento da própria União (art. 2º, §3º, da Lei 8.246/91, art. 13 da Lei 10.668/03 e art. 17, I, da Lei 11.080/04); (d) estão obrigadas a gerir seus recursos de acordo com os critérios, metas e objetivos estabelecidos em contrato de gestão cujos termos são definidos pelo próprio Poder Executivo; e (e) submetem-se à supervisão do Poder Executivo, quanto à gestão de seus recursos.

> Bem se vê, portanto, que ao contrário dos serviços autônomos do primeiro grupo, vinculados às entidades sindicais (SENAC, SENAI, SEST, SENAT e SENAR), os do segundo grupo (APS, APEX e ABDI) não são propriamente autônomos, pois sua gestão está sujeita a consideráveis restrições impostas pelo poder público, restrições que se justificam, sobretudo, porque são financiadas por recursos do próprio orçamento federal. (grifou-se)

Não obstante, julga-se mais adequado incluir entes como a Agência Brasileira de Desenvolvimento Industrial (ABDI), criada pela Lei nº 11.080/2004, e a Agência de Promoção de Exportações do Brasil (APEX), instituída pela Lei nº 10.668/2003, cujo custeio é feito essencialmente por recursos repassados pelo Poder Público e têm corpo dirigente diretamente nomeado pela Presidência da República numa terceira classe, conforme reconhecido pelo TCU no Acórdão nº 3.554/2014, do Plenário:

> 81. No voto condutor do Acórdão 519/2014-TCU-Plenário, o Ministro-Relator Aroldo Cedraz, com base na doutrina, distinguiu três classes de Serviços Sociais Autônomos: a) Sistema S vinculados ao sistema sindical, têm criação autorizada por lei e detém parte da capacidade tributária (salvo a de instituir tributos); b) serviços sociais mediante contratos de gestão: instituídos diretamente por lei após a extinção de órgão público preexistente e recebem recursos orçamentários (Associação das Pioneiras Sociais); e c) ABDI e APEX: custeio através de recursos repassados pelo Poder Público e corpo dirigente nomeado pela Presidência da República.

Saliente-se que os Serviços Sociais Autônomos tiveram sua criação autorizada por norma[4] e atuam em diversas áreas: assistência, educação, saúde, cultura, comércio e indústria, desenvolvimento científico, tecnológico e econômico, transporte, apoio à promoção agropecuária, ao cooperativismo e às pequenas empresas, dentre outros.

Para o desempenho de suas funções precípuas, tais entidades são mantidas, regra geral, por contribuições compulsórias ou parafiscais, conforme pontuado pela doutrina:

---

[4] "Isto significa que a participação do Estado, no ato de criação, se deu para incentivar a iniciativa privada, por meio de subvenção garantida por meio da instituição compulsória de contribuições parafiscais destinadas especificamente a essa finalidade. Não se trata de atividade que incumbisse ao Estado, como serviço público, e que ele transferisse para outra pessoa jurídica, por meio do instrumento de descentralização. Trata-se, isto sim, de atividade privada de interesse público que o Estado resolveu incentivar e subvencionar". DI PIETRO, Maria Sylvia Zanella. *Direito Administrativo.* 14. ed. São Paulo: Atlas, 2002, p. 221.

> Os Serviços Sociais Autônomos (SSAs) surgiram como entidades com personalidade jurídica de direito privado, sem fins lucrativos, criadas por confederações mediante autorização legislativa, atuando sem submissão à Administração Pública mas por ela controlada, para desenvolver atividades privadas de interesses públicos ministrando assistência ou ensino a certas categorias sociais ou profissionais, vinculadas ao sistema sindical, *mantidas por contribuições compulsórias ou parafiscais arrecadadas pelas próprias entidades e por estas geridos*. Sua finalidade é formar profissionais capacitados e qualificados para beneficiar a sociedade como um todo. Sua existência contribui para um aperfeiçoamento das mais diversas atividades realizadas pela iniciativa privada.[5] (grifou-se)

Nessa linha, as entidades que compõem o sistema sindical — foco deste artigo — apresentam as seguintes características: "i) dedicam-se a atividades privadas de interesse coletivo cuja execução não é atribuída de maneira privativa ao Estado; ii) atuam em regime de mera colaboração com o poder público; iii) possuem patrimônio e receitas próprios, constituídos, majoritariamente, pelo produto das contribuições compulsórias que a própria lei de criação institui em seu favor; e iv) possuem a prerrogativa de autogerir seus recursos, inclusive no que se refere à elaboração de seus orçamentos, ao estabelecimento de prioridades e à definição de seus quadros de cargos e salários, segundo orientação política própria, patrocinados basicamente por recursos recolhidos do próprio setor produtivo beneficiado".[6]

Irretocável, em nosso entender, o conceito apresentado por Luiz Arnaldo Pereira da Cunha Junior, Eurípedes Aureliano Junior e Thiago Alvim Camargo:

> (...) entidades privadas sem fins lucrativos, criadas por lei, não integrantes da Administração Pública direta ou indireta, que atuam em colaboração com o Poder Público em atividades de interesses públicos e utilidades públicas, sem subordinação hierárquica, segundo regime jurídico privado qualificado por derrogações de ordem pública.[7]

---

5 CUNHA JUNIOR, Luiz Arnaldo Pereira. da; SADDY, André; KNOPP, Glauco da Costa; AURELIANO JUNIOR, Eurípedes. Serviço Social Autônomo: alternativa à implementação de políticas públicas não exclusivas de Estado. *Revista de Direito Administrativo & Constitucional*, Belo Horizonte, v. 18, n. 72, p. 1-300, abr./jun. 2018. DOI: 10.21056/aec.v18i72. ISSN 1516-3210

6 BARBOSA, Ana Caroline Milhomens. O terceiro setor e as diferenças existentes entre serviço social autônomo e organização social. *Migalhas*, [S.l.], 2019. Disponível em: https://www.migalhas.com.br/depeso/311471/o-terceiro-setor-e-as-diferencas-existentes-entre-servico-social-autonomo-e-organizacao-social. Acesso em: 24 jul. 2024.

7 CAMARGO, Thiago Alvim; AURELIANO JUNIOR, Eurípedes; CUNHA JUNIOR, Luiz Arnaldo Pereira. da. O modelo serviço social autônomo: alternativa flexível para

Do conceito doutrinário *supra*, é possível concluir que, embora os Serviços Sociais Autônomos sejam entidades privadas sem fins lucrativos, possuem características semipúblicas ou atípicas, pois as atividades de interesse coletivo ou público que desempenham e a natureza dos recursos que administram trazem a incidência de um regime jurídico híbrido, ou seja, de direito privado, mas com derrogações de ordem pública, fato este que lhes concede prerrogativas e, ao mesmo tempo, lhes impõe obrigações/limitações.

Não integram a Administração Pública, nem direta tampouco indireta, mas desempenham função de relevante interesse público e/ou coletivo, em regime de colaboração com o Poder Público.

Diferenciam-se, portanto, de empresas ou entidades tipicamente de direito privado pela natureza pública e/ou coletiva das atividades que desempenham, pelas restrições impostas na gestão dos recursos e face ao necessário controle a que estão sujeitas, conforme já manifestou o Tribunal de Contas da União:

> 11. Obviamente que isso não implica descuidar de regras balizadoras da ação institucional, pois embora as entidades do Sistema 'S' sejam dotadas de personalidade jurídica de direito privado, são entes que prestam serviço de interesse público ou social, beneficiadas com recursos oriundos de contribuições parafiscais pelas quais hão de prestar contas à sociedade.[8]

Com efeito, o dever de licitar dos Serviços Sociais Autônomos decorre do fato de administrarem verbas oriundas de contribuições parafiscais.[9] Dessa forma, a fim de aplicar da melhor maneira possível tais recursos, devem buscar a proposta mais vantajosa e possibilitar a todos os interessados que atuam no ramo do objeto e que atendam às exigências estipuladas em igualdade de condições.

---

a implementação de atividades de interesse público. *In:* CONGRESSO CONSAD DE GESTÃO PÚBLICA, IV., Brasília, 25-27 maio 2011. *Anais...* Brasília, 2011.

[8] TCU. Acórdão nº 7/2002. Plenário.

[9] Em sentido diverso, vide Marçal Justen Filho: "Reputa-se que a origem pública dos recursos não acarreta a submissão da entidade ao regime licitatório. Nem cabe impor o dever de entidades privadas submeterem um regime de licitações à prévia aprovação do TCU. Não existe qualquer dispositivo legal criando esse dever, nem instituindo essa competência ao TCU. (...) Ademais, insiste-se e, que o regime licitatório é reservado para entidades 'sob controle estatal'. Isso não se passa com os entes integrantes do Sistema "S", os quais se encontram sob o controle da iniciativa privada. Nem existe uma atividade administrativa estatal – ainda que se possa aludir a uma atividade administrativa não estatal". JUSTEN FILHO, Marçal. *Comentários à lei de licitações e contratos administrativos.* 17. ed. rev., atual. e ampl. São Paulo: Revista dos Tribunais, 2016, p. 70-71.

Embora as entidades integrantes do Sistema "S" estejam obrigadas a licitar, não se submetem à norma geral de licitações e contratos (Lei nº 14.133/21), pois o art. 1º da referida lei, ao especificar os órgãos e entidades submetidos aos seus termos, não comtemplou os Serviços Sociais Autônomos.[10]

Com efeito, de longa data o Tribunal de Contas da União entende que os Serviços Sociais Autônomos podem editar regulamentos próprios de licitações e contratos, consoante exposto na Decisão nº 907/97 e ratificado no Acórdão nº 577/2020, do Plenário:

> 1.1 – improcedente, tanto no que se refere à questão da 'adoção' pelo SENAC/RS, da praça pública Daltro Filho, em Porto Alegre – RS, quanto no que tange aos processos licitatórios, *visto que, por não estarem incluídos na lista de entidades enumeradas no parágrafo único do art. 1º da Lei nº 8.666/1993, os Serviços Sociais Autônomos não estão sujeitos à observância dos estritos procedimentos na referida Lei, e sim aos seus regulamentos próprios devidamente publicados*. (TCU. Decisão nº 907/1997 – Plenário. Rel.: Min. Lincoln Magalhães da Rocha.).[11] (grifou-se)

Embora as entidades do Sistema "S" não estejam sujeitas aos estritos termos da Lei Federal de Licitações, mas sim aos seus **próprios regulamentos** e demais normas internas, cumpre alertar que essas normativas devem respeitar os **princípios** que incidem nas licitações públicas e nos contratos administrativos, por conta da natureza do recurso que administram. Sobre o tema, colaciona-se, mais uma vez, a posição do Tribunal de Contas da União:

---

10 "Art. 1º. Esta Lei estabelece normas gerais de licitação e contratação para as Administrações Públicas diretas, autárquicas e fundacionais da União, dos Estados, do Distrito Federal e dos Municípios, e abrange:
I – os órgãos dos Poderes Legislativo e Judiciário da União, dos Estados e do Distrito Federal e os órgãos do Poder Legislativo dos Municípios, quando no desempenho de função administrativa;
II – os fundos especiais e as demais entidades controladas direta ou indiretamente pela Administração Pública.
§1º. Não são abrangidas por esta Lei as empresas públicas, as sociedades de economia mista e as suas subsidiárias, regidas pela Lei nº 13.303, de 30 de junho de 2016, ressalvado o disposto no art. 178 desta Lei.
§2º. As contratações realizadas no âmbito das repartições públicas sediadas no exterior obedecerão às peculiaridades locais e aos princípios básicos estabelecidos nesta Lei, na forma de regulamentação específica a ser editada por ministro de Estado."

11 Acerca do tema, recomenda-se a leitura da *Revista JML de Licitações e Contratos Edição Especial:* Sistema "S" – dever de licitar – não aplicação direta da lei nº 8.666/1993 – observância de seus regulamentos. Comentários às decisões paradigmas, Curitiba, p. 83, dezembro de 2006.

> Quanto ao terceiro setor, tem-se que, para os serviços sociais autônomos (Sistema S), que recebem contribuições parafiscais, a jurisprudência do TCU é no sentido de que tais entidades não se sujeitam à estrita observância da Lei de Licitações e Contratos, mas sim aos seus regulamentos próprios devidamente publicados, os quais devem se pautar pelos princípios gerais da Administração Pública e específicos do processo licitatório. Tais regulamentos não podem, contudo, inovar na ordem jurídica, por exemplo, instituindo novas hipóteses de dispensa e inexigibilidade de licitação. Nas hipóteses de omissão dos regulamentos ou afronta (ou risco de afronta) aos princípios citados, o TCU pode recomendar ou determinar alterações dessas normas próprias.
>
> Nesse sentido, o Tribunal tem determinado ao Sistema S a utilização do pregão, preferencialmente eletrônico, para aquisição de bens e serviços comuns, inclusive de engenharia; o parcelamento do objeto, quando divisível; e a realização de procedimentos para o adequado planejamento das contratações, como a elaboração de estudo técnico preliminar e termo de referência ou projeto básico.[12]

Nessa perspectiva, as obras, serviços, compras e alienações realizadas pelas entidades do Sistema "S" subordinam-se aos regulamentos dessas entidades e aos princípios que informam a licitação, a exemplo da isonomia, transparência,[13] integridade, legalidade, moralidade, competitividade, julgamento objetivo, eficiência, dentre outros.

A licitação é a regra, conforme preceitua o art. 1º do Regulamento de Licitações e Contratos, excetuadas as hipóteses de dispensa e inexigibilidade que estão disciplinadas nos arts. 12 e 13 do Regulamento da maioria dos Serviços Sociais Autônomos. Alguns regulamentos, porém, disciplinam a matéria em outros artigos, a exemplo do SEBRAE, cujas hipóteses de dispensa e de inexigibilidade estão alocadas nos arts. 13 e 14.

---

12 TCU. *Licitações & Contratos*: orientações e jurisprudência do TCU/Tribunal de Contas da União. 5. ed., Brasília: TCU, Secretaria-Geral da Presidência, 2023, p. 134.

13 Sobre esse princípio, já se manifestou o TCU: "Boletim de Jurisprudência 447/2023. Acórdão 3585/2023-TCU-Primeira Câmara (Pedido de Reexame, Relator Ministro Walton Alencar Rodrigues). *INDEXAÇÃO.* Licitação. Sistema S. Legislação. Acesso à informação. Princípio da publicidade. Internet. *ENUNCIADO.* Nas contratações realizadas no âmbito do Sistema S, a falta de divulgação, no sítio oficial da entidade na internet ou no sistema Licitações-e do Banco do Brasil, dos documentos de habilitação da licitante vencedora, dos eventuais recursos e contrarrazões apresentados, do contrato administrativo e dos respectivos anexos e aditivos viola o princípio da publicidade, previsto no art. 37, caput, da Constituição Federal, bem como os arts. 6º, inciso I, e 8º, §§1º e 2º, da Lei 12.527/2011 (LAI), c/c o art. 64-A do Decreto 7.724/2012".

Independentemente do enquadramento em licitação ou contratação direta, é de suma importância para assegurar o objetivo precípuo da contratação — a seleção da proposta mais vantajosa — o adequado planejamento.

2 Planejamento da contratação

Para garantir o sucesso da contratação, é de suma importância o planejamento adequado, que parte justamente do conhecimento do fluxo do processo, da estimativa do tempo necessário para a conclusão de todas as etapas, o que deve ser definido conforme a complexidade do objeto da contratação e do próprio mercado.

O processo de contratação se divide em três etapas: planejamento, seleção do fornecedor e gestão de contratos. Embora sejam fases distintas, não se pode perder de vista que estão interligadas entre si, assim, um equívoco em qualquer etapa pode comprometer todas as demais.

Na fase preparatória/planejamento, são definidas as especificações da demanda (descrição do objeto, prazos, obrigações das partes, etc.), o valor estimado da contratação, o critério de julgamento das propostas, os requisitos de habilitação dos licitantes, dentre outros. Qualquer falha nessa etapa poderá comprometer a escolha satisfatória do fornecedor e, por consequência, conduzir à execução de um contrato desvantajoso.

Basta um exemplo para esclarecer essa relação: se a descrição do objeto, na fase preparatória, fica muito genérica, isso pode resultar na apresentação de propostas discrepantes, posto que cada empresa interpretará o termo de referência de uma forma. E, considerando que a Comissão e/ou Pregoeiro devem pautar seu julgamento em critérios objetivos, já previstos no edital e no termo de referência, o agente responsável pelo julgamento não terá subsídios para excluir eventuais objetos que não atendam à necessidade, o que pode comprometer a etapa de seleção do fornecedor. Do mesmo modo, o fiscal de contrato, ao receber o produto na etapa contratual, também não terá subsídios jurídicos para recusá-lo, pois a descrição no termo de referência, extremamente genérica, não foi capaz de delimitar o que realmente a área demandante almejava.

Pelos mesmos motivos, equívocos na estimativa de preços (que integra a fase de planejamento) podem resultar em contratações superfaturadas ou inexequíveis, o que traz prejuízos ao contratante e pode levar à responsabilização dos profissionais envolvidos no processo.

Em suma, se o processo não for bem instruído na fase preparatória, com a correta elaboração do termo de referência e uma acurada pesquisa de preços, acabará por comprometer as subsequentes (seleção do fornecedor e gestão de contratos), podendo acarretar: não atendimento da demanda, prorrogações e acréscimos contratuais desnecessários, prejuízo financeiro e, muitas vezes, a responsabilização dos envolvidos no processo.

A melhor forma de evitar a ocorrência desses problemas é por meio do adequado planejamento, que é fundamental para o sucesso das demais etapas da contratação. E, para tanto, as áreas demandantes devem elaborar o termo de referência com bastante antecedência, permitindo a ampla consulta ao mercado das soluções existentes, a adequada pesquisa de preços junto a fontes variadas (contratos formalizados por outros Serviços Sociais Autônomos, banco de preços, atas de registro de preços, etc.).

3 Interações com o mercado e estudo técnico preliminar

Os Regulamentos de Licitações e Contratos dos Serviços Sociais Autônomos não contemplam, como regra, a obrigatoriedade de elaboração de estudo técnico preliminar.

Os estudos preliminares visam identificar com precisão a demanda do Serviço Social Autônomo, bem como conhecer as soluções existentes no mercado, servindo de subsídio ao termo de referência para:

a) justificar a necessidade da contratação;
b) identificar, em face do mercado, especificações do objeto, requisitos de qualificação técnica, prazos de execução e vigência, obrigações das partes, dentre outros;
c) estimativa das quantidades, acompanhadas das memórias de cálculo e dos documentos que lhe dão suporte;
d) levantamento de mercado e justificativa da escolha do tipo de solução a contratar;
e) estimativas de preços ou referenciais;
f) justificativas para o parcelamento ou não da solução a fim de assegurar a ampla competitividade.
g) declaração da viabilidade ou não da contratação.

Conforme alertam Gabriela Pércio e Flaviana Paim:

> Os estudos preliminares são aqueles que darão suporte à contratação, sob o enfoque da economicidade, eficiência e da eficácia da solução licitada. Por isso, variarão conforme o caso concreto. Sua elaboração sempre foi obrigatória e sua ausência sempre foi apontada pelo Tribunal de Contas da União como irregularidade. A novidade, então, fica por conta de, agora, haver uma norma explicitando como um dever da Administração, a ser concretizado pela Equipe de Planejamento.
>
> Basicamente, os Estudos Preliminares se referem ao cabimento da solução adotada pela Administração, diante da existência de outra possível; às características necessárias ao objeto, especialmente aquelas que restringem a competição; ao custo e ao valor da contratação; às características da execução do objeto a ser contratado. Contudo, tais conteúdos não são excludentes de outros eventualmente identificados.[14] [15]

---

[14] PAIM, Flaviana; PÉRCIO, Gabriela. Instrução Normativa nº 05/17-MPDG. INGEP Editora, 2017, p. 45.

[15] No mesmo sentido o TCU orienta a ampla pesquisa no mercado com o escopo de justificar a solução adotada na contratação: "1. *No planejamento de suas aquisições de equipamentos, a Administração deve identificar um conjunto representativo dos diversos modelos existentes no mercado que atendam completamente suas necessidades antes de elaborar as especificações técnicas e a cotação de preços, de modo a caracterizar a realização de ampla pesquisa de mercado e evitar o direcionamento do certame para modelo específico pela inserção no edital de características atípicas.* Representação autuada a partir de manifestação encaminhada à Ouvidoria do TCU noticiara possíveis irregularidades ocorridas em pregão eletrônico realizado pelo Instituto Federal de Educação Ciência e Tecnologia do Mato Grosso do Sul (IFMS). O certame tinha por objeto o registro de preços para aquisição de equipamentos de TI. Em sua instrução inicial, a unidade técnica consignou haver indícios de "restrição à competitividade e ao princípio da isonomia, nos termos do art. 3º da Lei 8.666/1993, com indicação disfarçada de marca nas especificações técnicas, em afronta inclusive ao teor da Súmula TCU nº 270, uma vez que na forma em que foram definidos os itens componentes do Edital, especialmente no seu termo de referência, houve restrição da participação de outros concorrentes no certame, pois as especificações limitaram o fornecimento de equipamentos a um único fabricante". Realizadas audiências dos gestores, a unidade instrutiva concluiu que as alegações apresentadas foram insuficientes para elidir a falha, mas propôs o acolhimento parcial das razões de justificativas, considerando que a conduta dos responsáveis não teria causado prejuízo ao erário. O relator concordou com a procedência parcial da Representação, mas por outros fundamentos. Observou que não restaram devidamente comprovados "o detalhamento excessivo da especificação técnica, o direcionamento da licitação a fornecedores específicos e a preferência injustificada por determinada marca, ao contrário do que aduz a unidade instrutiva". Explicou o relator que "o direcionamento da licitação pode ocorrer, por exemplo, mediante a utilização de critério subjetivo, o favorecimento a alguma empresa, a preferência inadequada por determinada marca, a ausência do devido parcelamento ou o estabelecimento de exigências excessivas/limitadoras. O direcionamento na descrição do objeto caracteriza-se pela inserção, no instrumento convocatório, de características atípicas dos bens ou serviços a serem adquiridos". Acrescentou que "para mitigar tal risco, é indispensável atentar para a lição contida no Acórdão 2.383/2014-TCU-Plenário, no sentido de que,

A título de parâmetro, em face da omissão do Regulamento, cumpre citar o disposto no §1º do art. 18 da Lei nº 14.133, de 2021: "o estudo técnico preliminar a que se refere o inciso I do caput deste artigo deverá evidenciar o problema a ser resolvido e a sua melhor solução, de modo a permitir a avaliação da viabilidade técnica e econômica da contratação (...)".

Embora os Regulamentos de Licitações e Contratos dos Serviços Sociais Autônomos não prescrevam a obrigatoriedade de elaboração desse documento, cumpre destacar que o Tribunal de Contas da União já se manifestou sobre a necessidade de alterar tais normativos para a inclusão desse importante artefato que integra a fase de planejamento da contratação, conforme ilustra o seguinte julgado:

> 1.7.1. determinar ao Senac/PE, com base no art. 208, §2º, do RITCU, que efetue gestão junto ao Senac/DN, considerando a existência do Regulamento de Licitações e Contratos do Sistema Senac, para que, no prazo de 90 dias, promova as medidas necessárias à efetiva implementação das recomendações exaradas pela Controladoria-Geral da União em seu Relatório de Auditoria 201505383/2016 na avaliação dos controles internos da gestão da área de compras responsável pela aquisição de bens e serviços, que são as seguintes:
>
> 1.7.1.1. elaborar normativo interno relativo à realização de procedimentos licitatórios, estabelecendo:
>
> 1.7.1.1.1. a obrigatoriedade de realização dos estudos técnicos preliminares (ETP) que embasem a elaboração do Projeto Básico ou termo de referência, e sua inclusão no processo licitatório;[16]

em licitações para aquisição de equipamentos, havendo no mercado diversos modelos que atendam completamente as necessidades da Administração, deve o órgão licitante identificar um conjunto representativo desses modelos antes de elaborar as especificações técnicas e a cotação de preços, de modo a evitar o direcionamento do certame para modelo específico e a caracterizar a realização de ampla pesquisa de mercado". Nesse contexto, ressaltou o relator que, no caso em exame, "o Diretor de Gestão da TI do IFMS logrou êxito em esclarecer que modelos de outros fabricantes teriam sido analisados à época da elaboração do termo de referência para a composição da configuração solicitada, sendo que seis fabricantes teriam condições de atender ao que foi especificado para cada item". Por fim, concluiu que "a descrição do objeto de forma a atender às necessidades específicas da entidade promotora do certame não configura direcionamento da licitação, mormente quando não há no edital a indicação de marca específica e quando se verifica no mercado a existência de outros modelos que poderiam atender completamente as especificações descritas no edital". O Tribunal, endossando a proposta da relatoria, acolheu, no ponto, as justificativas apresentadas, e julgou a Representação parcialmente procedente em razão da ocorrência de outras impropriedades. Acórdão nº 2829/2015-Plenário, TC 019.804/2014-8, relator Ministro Bruno Dantas, 04.11.2015. TCU. *Informativo de Licitações e Contratos* n. 266.

16 TCU. Acórdão nº 6.192/2020. 1ª Câmara.

Mas os regulamentos contemplam importante inovação no art. 5º (ou art. 6º, no caso do SEBRAE) pertinente às interações entre as áreas responsáveis pela etapa preparatória da contratação e o mercado, com o intuito de dirimir eventuais dúvidas acerca da descrição do objeto, das condições de mercado, prazos, obrigações, dentre outras, ferramenta que se assemelha muito com o objetivo do estudo técnico preliminar. Embora tal interação já ocorra na prática (quando a área demandante elabora o termo de referência, por exemplo), não há dúvidas de que a previsão no regulamento confere maior segurança jurídica e também orienta os colaboradores do Sistema "S" a como realizar esse diálogo. É comum o demandante ter receio de dialogar com o mercado privado, por imaginar que isso pode levar a direcionamentos, afronta à isonomia ou mesmo a questionamentos pelos órgãos de controle.

Mas é preciso ter em mente que é o mercado quem oferece soluções aptas a atender às necessidades da entidade contratante, sendo assim imprescindível essa interação, pois o demandante precisa descrever o objeto da contratação de acordo com as soluções disponíveis no mercado. Com efeito, o desconhecimento da prática de mercado pode trazer consequências graves à contratação, a exemplo: descrição de solução obsoleta ou mesmo que não é mais comercializada no mercado; direcionamento a objetos contratados anteriormente; definição de prazos inexequíveis, dentre outros.

Assim, a interação ampla e transparente com o mercado contribui para o sucesso da contratação, sendo relevante destacar, porém, que a pesquisa junto a fornecedores é apenas uma das formas, dentre tantas possíveis, como consulta a outros serviços sociais autônomos e/ou órgãos da Administração Pública.

Essa interação pode ser feita por escrito, mediante solicitação via e-mail ou outro meio formal, em audiência presencial ou *on-line*. Independentemente da forma, é imprescindível transparência e isonomia na coleta das informações, além dos necessários registros no processo quanto às empresas consultadas e dados coletados, por força do disposto no §1º do art. 5º, do regulamento.

Para objetos mais complexos ou mesmo diante da inserção nos editais de exigências que eventualmente possam restringir a competitividade, a consulta pública pode ser uma estratégia para minimizar os riscos de direcionamento ou impugnações ao edital.

Nesse caso, a entidade deve publicar edital de convocação no sítio eletrônico, com indicação do prazo, do meio de participação, do escopo da futura licitação e das contribuições esperadas, permitindo aos interessados o encaminhamento prévio e por escrito de contribuições e questionamentos, para posterior consolidação da versão final do edital e demais documentos que compõem a etapa preparatória da contratação.

Cumpre alertar, porém, que a realização de consulta pública não impede posterior impugnação ao edital e/ou pedido de esclarecimento, com fundamento no art. 25, §2º, do regulamento,[17] mas com certeza minimiza essa ocorrência, porquanto as empresas poderão dirimir dúvidas e esclarecer pontos antes mesmo da divulgação do edital.

Realizada interação com o mercado e identificada a necessidade e a melhor solução, o próximo passo é a elaboração do termo de referência.

4 Termo de referência

O termo de referência, conforme definição que consta do inciso XXI[18] do art. 4º,[19] é "documento obrigatório para licitações e facultativo para contratações diretas em função do valor, elaborado, datado e assinado pelo demandante, contendo informações e elementos técnicos, práticos e operacionais, necessários e suficientes para caracterizar o objeto da contratação, contendo os demais termos e condições e as obrigações contratuais que serão assumidas pelo contratado, de modo a orientar a execução e fiscalização contratual e a permitir a definição do valor da contratação".

Do conceito, infere-se que o termo de referência é o documento que delimita o objeto da contratação e serve de fonte para os demais atos que serão produzidos — a exemplo do edital, da minuta de contrato — bem como orienta a fiscalização contratual.

Ponto interessante do novo regulamento é a dispensa desse documento para as contratações diretas em razão do valor (para o Sistema "S", os limites são R$92.000,00 para compras e serviços, e R$166.000,00 para obras, serviços de engenharia e/ou arquitetura e manutenção de veículos).

---

[17] Art. 25, § 2º, do Regulamento: "§2º. Qualquer interessado poderá questionar o edital, no todo ou em parte, conforme prazo estabelecido no referido edital, precluindo toda a matéria nele constante após esse prazo". BRASIL. *Regulamento de Licitações e Contratos do SESC*. Disponível em: https://www2.sesc.com.br/wps/wcm/connect/01cb7233-0d3f-4303-9b3c-396d050d5edb/RESOLUCOES+SESC+1593+E+SENAC+1270+QUE+ALTERAM+E+CONSOLIDAM+AS+MODIFICACOES+NO+RLC.pdf?MOD=AJPERES&CACHEID=01cb7233-0d3f-4303-9b3c-396d050d5edb. Acesso em: 21 Jan. 2025.

[18] Art. 5º, XIII, do Regulamento do SEBRAE.

[19] Art. 5º, XIII, do Regulamento do SEBRAE.

Embora o pequeno vulto da contratação justifique a adoção de procedimentos mais simplificados, recomenda-se cautela na interpretação do dispositivo, pois a dispensa do termo de referência não afasta o dever da área demandante de especificar o objeto, as quantidades, os prazos, as obrigações, ou seja, os requisitos indispensáveis para individualizar a solução necessária ao atendimento da demanda da entidade, sob pena de frustrar os objetivos da contratação e acarretar insegurança jurídica.

Em suma, embora o baixo vulto da contratação possa justificar a elaboração de documento mais simples, em comparação do termo de referência, não é possível simplesmente deixar de produzir qualquer documento.

Verifica-se que o Regulamento não estabelece, de forma taxativa, as cláusulas que devem constar do termo de referência, diferente da disciplina que consta na Lei Geral de Licitações (Lei nº 14.133, de 2021), mas apenas exemplifica algumas informações mínimas, sugerindo-se o seguinte conteúdo:

a) justificativa da necessidade;
b) descrição do objeto, inclusive com a análise da viabilidade do parcelamento;
c) quantitativos e unidade de medida;
d) estimativa de preços;[20]
e) forma de contratação;
f) critério de julgamento das propostas e eventual necessidade de amostras;
g) documentos de habilitação que guardem pertinência com o ramo de atividade e com o objeto da contratação;
h) requisitos da contratação;
i) prazos de execução e vigência;
j) local de execução e/ou entrega;
k) obrigações das partes;
l) modelo de gestão e de fiscalização;
m) informações quanto à inexecução contratual e penalidades;
n) eventuais garantias (tanto técnica quanto contratual);
o) viabilidade da participação de consórcio e da subcontratação;
p) previsibilidade da visita técnica;
q) outras exigências inerentes à contratação.

---

20 Salvo se adotado orçamento sigiloso, conforme permissão do art. 3º, do Regulamento de Licitações e Contratos.

Para os fins deste artigo, cumpre aprofundar a análise sobre a descrição do objeto que, em nosso entender, é a cláusula mais importante do termo de referência.

4.1 Descrição do objeto

Considerando que um dos princípios aplicáveis às licitações é o da competitividade, na descrição do objeto deve a área demandante indicar características comuns, que sejam usuais no mercado e que possam ser atendidas pela maioria das empresas do segmento. Porém não se deve esquecer de que a licitação visa à seleção da proposta mais vantajosa e, para alcançar tal objetivo, muitas vezes é preciso exigir certas características que poucas empresas atendem.

Conforme previsto no art. 25, §1º,[21] do Regulamento de Licitações e Contratos, na descrição do objeto poderão ser indicadas características e especificações exclusivas ou marcas, mediante justificativa prévia.

Em outras palavras, é possível incluir no termo de referência condições restritivas desde que estas guardem pertinência com a necessidade a ser atendida. O que se proíbe são condições que frustrem a competitividade e não guardem pertinência com a finalidade que se almeja alcançar com a contratação, conforme orienta o TCU:

> 24. Neste ponto, é importante observar que **toda licitação contém**, em maior ou menor grau, **restrição à ampla participação**, eis que a escolha do próprio objeto a ser licitado já delimita o campo dos possíveis participantes do certame.[22]

Mesmo nas licitações do tipo menor preço é necessário que o termo de referência contemple a descrição precisa do objeto, de modo que a Comissão de Licitação possa, por ocasião do julgamento das propostas, avaliar se as ofertas formuladas atendem aos requisitos mínimos de qualidade exigidos.

O fato de o preço ser preponderante para fins de julgamento não significa que a área demandante possa deixar de especificar as condições mínimas que o objeto deva conter. Ao contrário, todas as condições mínimas e necessárias para a obtenção de um produto ou

---

21 Art. 27, do Regulamento do SEBRAE.

22 TCU. Acórdão nº 679/2015. Plenário.

serviço de qualidade e que atenda a finalidade devem estar inseridas no termo de referência, e as empresas interessadas em concorrer terão que atendê-las, sob pena de exclusão do processo.

Em virtude de problemas na descrição do objeto, muitas vezes, o setor requisitante não consegue identificar o que precisa e, ainda, não detém conhecimento específico do objeto e do mercado em que este está disponível. Sobre o tema, veja-se a orientação do TCU:

> 9.4. determinar ao Serviço Nacional de Aprendizagem do Transporte – Conselho Nacional que, no futuro:
>
> 9.4.1. realize estudos prévios, devidamente formalizados em documentos, que comprovem *a real necessidade das especificações definidas para equipamentos* que serão adquiridos;
>
> 9.4.2. efetue prospecção de mercado que aponte a existência de um *número razoável de fornecedores* aptos a atender todas as especificações técnicas do edital e entregar o equipamento especificado no prazo estipulado naquele documento, apensando aos autos do processo de contratação os resultados desse trabalho.[23]

Assim, o responsável pela descrição do objeto deve evitar duas situações:

a) descrição muito genérica, pois corre o risco de contratar qualquer coisa e;
b) descrição muito específica, que pode acarretar o direcionamento da contratação.

Com efeito, para que a descrição do objeto atenda às necessidades e não restrinja indevidamente a competitividade, deve-se conhecer o que se pretende contratar por meio de pesquisa de mercado, comparando-se as diversas soluções existentes. Por isso a relevância do estudo técnico preliminar, que visa justamente permitir esse diagnóstico no mercado.

Em suma, na descrição do objeto deve o setor requisitante ponderar os objetivos que informam o dever de licitar, quais sejam, a contratação da proposta mais vantajosa, o que requer a especificação dos requisitos mínimos de qualidade (individualizando de forma precisa a demanda) e o respeito à isonomia, que proíbe a restrição imotivada.

Qualquer exigência que possa restringir a competitividade deve vir acompanhada de justificativa plausível, apta a comprovar a necessidade dessa exigência para o atendimento satisfatório da

[23] TCU. Acórdão nº 1676/2019. Primeira Câmara.

demanda. E, nesse mister, além de consultar os fornecedores do ramo do objeto, deve o setor requisitante buscar subsídios em eventuais normas que prescrevem um padrão mínimo de qualidade, a exemplo dos normativos da ABNT (Associação Brasileira de Normas Técnicas) ou equivalentes.

Cabe ao setor demandante especificar no termo de referência o objeto a ser contratado, definindo claramente as características essenciais desejadas, para atender plenamente às suas necessidades, sem o direcionamento ou imposição de condições restritivas à competitividade do certame, devendo a indicação de marcas se restringir aos casos em que houver justificativas técnicas, devidamente fundamentadas e formalizadas no processo, que demonstrem que a alternativa adotada é a mais vantajosa e a única capaz de atender a necessidade. Nesse sentido é a pacífica jurisprudência do TCU:

> 2. A indicação de marca no edital deve estar amparada em razões de ordem técnica, de forma motivada e documentada, que demonstrem ser aquela marca específica a única capaz de satisfazer o interesse público.[24]

Portanto, a indicação de marca é medida excepcional e, como tal, deve vir acompanhada das justificativas necessárias que comprovem:

a) que, por questões técnicas, somente uma marca é capaz de atender a demanda, o que se verifica em contratações que exijam a manutenção de um padrão ou mesmo interdependência entre soluções ou;
b) a necessidade de definir um padrão referencial de qualidade, sendo possível no caso a apresentação de marca diversa, desde que similar. E, em razão de a marca indicada consistir em um mero referencial para a apresentação das propostas, o termo de referência deverá estabelecer os critérios de similaridade que serão aceitos, isto é, os requisitos mínimos que os produtos devem conter para serem classificados.

Na visão do TCU, a indicação de marca sem justificativa caracteriza erro grosseiro (culpa grave) que leva à responsabilização do colaborador que a indicou, podendo culminar com a responsabilização também dos profissionais que atuam nos setores de compras, licitações e jurídico, caso não tenham alertado acerca da falha.

---

[24] TCU. Acórdão nº 113/2016. Plenário.

Boletim de Jurisprudência 268/2019

Acórdão 1264/2019-TCU-Plenário (Representação, Relator Ministro Augusto Nardes). Responsabilidade. Culpa. Erro grosseiro. Lei de Introdução às Normas do Direito Brasileiro. Licitação. Marca. Indicação. Justificativa. Ausência.

Enunciado

Para fins do exercício do poder sancionatório do TCU, pode ser tipificado como erro grosseiro (art. 28 do Decreto-lei 4.657/1942 – Lei de Introdução às Normas do Direito Brasileiro) *o direcionamento de licitação para marca específica sem a devida justificativa técnica.*

Também em face das regras de mercado e da necessidade a ser suprida, deve-se identificar a pertinência de exigências relativas à garantia do produto e/ou serviço e apresentação de amostras pelo licitante primeiro colocado. Na hipótese de amostra, a área demandante deve ponderar o custo para o licitante, o prazo de apresentação e os critérios objetivos para a realização dos testes. Além disso, é de suma importância que a entidade disponha de estrutura e equipe técnica qualificada para a realização dos testes, pois o julgamento da licitação deve ser objetivo. Caso não disponha de profissional qualificado nos quadros ou mesmo estrutura que viabilize tais testes, se não houver outra forma menos onerosa de aferir a qualidade do produto, é possível exigir do primeiro colocado a apresentação de laudo emitido por laboratório, conforme orienta o TCU.

Boletim de Jurisprudência 400/2022

Acórdão 966/2022-TCU-Plenário (Representação, Relator Ministro Benjamin Zymler)

Licitação. Habilitação de licitante. Exigência. Qualidade. Laudo. Certificado.

É ilegal, na fase de habilitação, a exigência de apresentação de laudos, testes ou certificados relativos à qualidade dos produtos licitados, por não se inserir no rol do art. 30 da Lei 8.666/1993. *Admite-se tal exigência, desde que prevista no instrumento convocatório, somente na etapa de julgamento das propostas e apenas para o licitante provisoriamente classificado em primeiro lugar,* ao qual deve ser concedido prazo suficiente para a obtenção da documentação".

(...)

Boletim de Jurisprudência 373/2021

Acórdão 2129/2021-TCU-Plenário (Representação, Relator Ministro Benjamin Zymler)

> Licitação. Proposta. Certificação. ABNT. Qualidade. Declaração. Laudo. Justificativa.
>
> É irregular a exigência de atendimento a normas técnicas da ABNT, declarações de qualidade, certificações, laudos técnicos e certificados de conformidade sem a demonstração da essencialidade dessas exigências para se garantir a qualidade e o desempenho suficientes do objeto a ser contratado.

O termo de referência deve indicar a natureza do objeto — se é padronizado, se caracteriza obra, por exemplo, ou ainda se pode ou não se enquadrar como contínuo — para viabilizar a escolha da modalidade de licitação e/ou o critério de julgamento.

Ademais, nos termos do §3º do art. 25, do Regulamento de Licitações e Contratos,[25] "na contratação de obras e serviços de engenharia, o objeto deverá ser especificado com base em projeto que contenha o conjunto de elementos necessários, suficientes e adequados para caracterizar a obra ou o serviço ou o complexo de obras ou serviços". O projeto, nesse caso, terá a mesma finalidade do termo de referência.

Outra informação indispensável diz respeito à estimativa dos quantitativos suficientes ao atendimento da demanda durante a vigência do contrato ou da ata, para que a necessidade seja suprida de forma eficiente e os licitantes interessados tenham parâmetros para elaborar propostas sérias e exequíveis. Esse quantitativo deve ser definido a partir do histórico das contratações anteriores realizadas para objetos similares e a demanda prevista para o exercício financeiro, conforme orienta a Controladoria Geral da União:

> Que aspectos devem ser observados na definição do objeto a ser licitado? *É* condição necessária para a realização do processo licitatório, e consequente contratação, a definição precisa do objeto a ser adquirido, com todos os elementos necessários *à* sua caracterização. Portanto, deve-se observar que o objeto a ser contratado seja definido de forma precisa, tanto no edital de licitação quanto no contrato, a fim de possibilitar que haja efetiva competição entre os licitantes, em conformidade com o princípio da igualdade, bem como que o futuro fornecedor do bem ou serviço atenda fielmente *às* necessidades da entidade na execução

---

[25] BRASIL. Regulamento de Licitações e Contratos do SESC. Disponível em: https://www2.sesc.com.br/wps/wcm/connect/01cb7233-0d3f-4303-9b3c-396d050d5edb/RESOLUCOES+SESC+1593+E+SENAC+1270+QUE+ALTERAM+E+CONSOLIDAM+AS+MODIFICACOES+NO+RLC.pdf?MOD=AJPERES&CACHEID=01cb7233-0d3f-4303-9b3c-396d050d5edb. Acesso em: 21 Jan. 2025.

do contrato. Dessa forma, não se admite a existência de contratos do tipo 'guarda-chuva', que possuam objetos com designações genéricas e amplas.[26]

Destaca-se que as contratações por estimativa são admitidas apenas em caráter excepcional, para objetos cujos quantitativos são de impossível definição prévia, tais como contratos de fornecimento de passagem aérea, de energia elétrica e abastecimento de água, nos quais o pagamento é realizado por medição, em face do consumo efetivo no período.[27]

Nas hipóteses em que a área demandante não tem como definir a quantidade do objeto ou o momento de sua efetiva necessidade, cabível será a adoção do Sistema de Registro de Preço, no qual as contratações ocorrem na medida da necessidade, sem que a entidade esteja obrigada a contratar a totalidade do objeto, o que, porém, não afasta a necessidade de estimar o quantitativo mais próximo possível da realidade.

Faz parte da descrição do objeto, ainda, a definição da unidade de medida que será adotada para a seleção da proposta mais vantajosa (quilograma, grama, litro, metro quadrado, etc.), posto que essa informação é indispensável para assegurar o julgamento objetivo na licitação.

Do exposto, é possível concluir que a correta descrição do objeto é o caminho para o atendimento satisfatório da demanda, e que tal somente será alcançado a partir do planejamento da contratação.

5 Conclusão

Conforme visto, o termo de referência é o documento que delimita o objeto da contratação e serve de fonte para os demais atos que serão produzidos — a exemplo do edital, da minuta de contrato — bem como orienta a fiscalização contratual. Equívocos neste documento poderão comprometer toda a contratação, por exemplo:

a) quando a descrição do objeto não é suficiente para delimitar o que a área demandante necessita;
b) os quantitativos não retratam a real necessidade;

[26] BRASIL. Controladoria-Geral da União (CGU). *Entendimentos do controle interno federal sobre a gestão dos recursos das entidades do Sistema "S"*: perguntas e respostas. Ed. revisada. Brasília, 2017. Disponível em: http://www.cgu.gov.br/Publicacoes/auditoria-e-fiscalizacao/arquivos/sistemas.pdf.

[27] TCU. Acórdão nº 197/2010. Plenário.

c) o preço estimado não condiz com a prática de mercado;
d) o prazo de execução e/ou entrega é inexequível em face do adotado pelas empresas do segmento;
e) exigências de qualificação técnica são restritivas e impertinentes à execução do objeto;
f) as obrigações das partes são mal definidas, a ponto de o fiscal de contratos não conseguir cobrar o atendimento satisfatório da demanda, dentre outros.

Tais equívocos, por evidente, comprometem o trabalho de todos os demais setores envolvidos no processo:

a) do setor de compras/licitações, porque adotará o termo de referência como parâmetro para a pesquisa de preços e para analisar a aceitabilidade das propostas;
b) da assessoria jurídica, já que o edital que deve ser aprovado por este setor é elaborado com base no termo de referência;
c) da comissão de licitação, pregoeiro e leiloeiro, cujos atos decisórios — classificação das propostas e habilitação — vinculam-se estritamente ao disciplinado no edital e no termo de referência;
d) do fiscal e gestor de contratos — que muitas vezes não conseguem exigir da empresa a execução satisfatória do contrato porque o objeto e as obrigações das partes não foram definidas no termo de referência.

Para evitar esses equívocos, o termo de referência deve conter as informações mínimas indicadas no regulamento e retratar a prática de mercado para o objeto que se almeja contratar. E, somente a partir de um acurado planejamento e ampla pesquisa de mercado — que seja capaz de identificar as soluções existentes — é que a área demandante terá condições de descrever a solução que melhor atenda a necessidade nos aspectos técnicos, econômicos e ambientais.

Informação bibliográfica deste texto, conforme a NBR 6023:2018 da Associação Brasileira de Normas Técnicas (ABNT):

LOPES, Julieta Mendes. Artefatos para o planejamento das contratações no Sistema "S": estudo técnico preliminar e termo de referência. *In:* FURTADO, Madeline Rocha; FURTADO, Monique Rafaella Rocha (coord.). *O planejamento das contratações*: estudos técnicos preliminares e termos de referência: teoria e aplicação sob a égide da Lei nº 14.133/2021. Belo Horizonte: Fórum, 2025. p. 385-407. ISBN 978-65-5518-944-5.

TÍTULO VI

A QUESTÃO DA ESTIMATIVA DOS PREÇOS NO ETP E TR

CAPÍTULO 1

A ESTIMATIVA DO VALOR DA CONTRATAÇÃO NO ESTUDO TÉCNICO PRELIMINAR À LUZ DO PRINCÍPIO DO PLANEJAMENTO DAS CONTRATAÇÕES PÚBLICAS

FELIPE DALENOGARE ALVES

FABIANE BARBOSA FERRAZ

1 Introdução

Este capítulo trata da estimativa do valor da contratação no estudo técnico preliminar (ETP), à luz do princípio do planejamento das contratações públicas. A Constituição Federal de 1988 traz os princípios básicos, norteadores da atuação da Administração Pública, dentre eles a eficiência, com o qual aquele princípio licitatório se relaciona diretamente. A Lei nº 14.133/2021 (LLC) trouxe a palavra "planejamento" doze vezes ao longo de seu texto, enquanto a Lei nº 8.666/1993 a menciona uma única vez e sequer relacionada à fase preparatória da licitação.

Um dos instrumentos que materializam o planejamento, no microprocesso de contratação, dentre outros, é o estudo técnico preliminar (ETP), objeto de estudo desta obra coletiva. É o documento constitutivo da primeira etapa do planejamento de uma contratação, que caracteriza o interesse público envolvido e a sua melhor solução, embasando o anteprojeto, o termo de referência ou o projeto básico, os quais serão elaborados caso o ETP conclua pela viabilidade da contratação.

A Lei nº 14.133/2021 traz, no §1º do art. 18, que esse artefato deverá evidenciar o problema a ser resolvido e a sua melhor solução, de modo a permitir a avaliação da viabilidade técnica e econômica da contratação, mencionando, dentre seus elementos, a necessidade de conter a estimativa do valor da contratação.

Essa estimativa, na fase preambular do processo licitatório, reveste-se em uma projeção aproximada de custos, sendo importante fator de avaliação comparativa entre as soluções disponíveis no mercado, sob a perspectiva de se estudar qual das alternativas disponíveis é economicamente vantajosa. Assim, tem como função trazer informações úteis à definição daquela mais adequada entre as opções levantadas.

Não se confunde, portanto, com a pesquisa de preços, que deverá ser realizada em momento posterior à definição da solução (e atualizada quantas vezes forem necessárias, até a publicação do edital) e objetiva formar o valor de referência para o objeto, compatível com o praticado no mercado, sendo elaborada em conformidade com os parâmetros contidos no art. 23 da LLC.

Nesse contexto, este capítulo, resultante de uma pesquisa bibliográfica em que se utilizou o método dedutivo, para fins de abordagem, e monográfico, a título procedimental, busca responder o seguinte problema: qual a importância da estimativa de custos para a consecução do princípio do planejamento das contratações e sua diferença da pesquisa de preços?

Para atingir o propósito almejado, estruturou-se o trabalho em três seções. Na primeira, realizamos uma reflexão acerca do planejamento das contratações, elencado a princípio na Lei nº 14.133/2021. Na segunda, desenvolvemos um estudo acerca do estudo técnico preliminar, documento que materializa o planejamento do processo licitatório e que acarretará reflexos na fase de seleção do fornecedor e de execução contratual. Por fim, na terceira seção, realizamos um estudo comparativo entre a estimativa do valor da contratação, prevista no §1º do artigo 18 da Lei nº 14.133/2021, e a pesquisa de preços, elencada no artigo 23 desse mesmo diploma legal.

2 O planejamento como princípio norteador às contratações públicas na Lei nº 14.133/2021

Planejar é a capacidade de, a partir de ferramentas disponíveis, fazer escolhas, com direcionamento ao futuro desejado. Planejamento é o ato de planejar, criar um plano para aperfeiçoar o alcance de um determinado objetivo. Ele é o primeiro passo, serve de base para os próximos a serem seguidos e determina de antemão o que deve ser feito, quais serão as metas e como será exercido o acompanhamento, com a finalidade de verificar se os objetivos estão sendo cumpridos, para se atingir o resultado almejado.[1]

O intuito do planejamento é pensar e construir o futuro, e, com base no presente, estabelecer os instrumentos para alcançar as metas pretendidas. É um instrumento relevante para qualquer tipo de instituição ou empresa e não seria diferente à Administração Pública. Aliás, é imprescindível que haja a conscientização de que o planejamento é vital no tocante às contratações públicas, já que estamos diante de escassos recursos públicos e uma crescente e complexa demanda das necessidades da população.[2]

Trazendo para o tema deste capítulo, entendemos que planejar uma contratação, seja por meio de contratação direta ou processo licitatório, é aprofundar na reflexão acerca do problema a ser resolvido, estudar as inúmeras possibilidades de resolução, e, se a contratação for a opção que melhor atende o interesse público, arquitetar como se dará o seu processo e pensar nos detalhes da futura execução contratual. A estruturação de processos que respeitem um adequado planejamento impactará diretamente a população, por meio de contratações eficientes.

É por isso que compreendamos que o planejamento não tem um fim em si mesmo, mas constitui um mecanismo relevante para definir os objetivos e os meios para alcançá-lo, de forma que o resultado não seja forjado por situações externas e fortuitas, mas consequência de um propósito previamente definido e projetado a um determinado fim.[3]

Ele serve de base para que o Estado alcance o interesse público, por meio da identificação dos objetivos e atuação para garantir estrutura e recursos necessários à execução de ações relevantes ao interesse público, com vistas a atingir a racionalização administrativa e garantir resultados.[4]

A contratação pública deve ser compreendida de forma sistêmica, a partir da lógica de eficiência da atividade administrativa, sendo

---

1 BRASIL. Universidade Federal do Rio Grande do Norte. *Planejamento Institucional*. Disponível em: https://proplan.ufrn.br/pagina.php?alias=a_conc_bas_plan. Acesso em: 30 jul. 2024.

2 SANTOS, Clezio Saldanha dos. *Introdução à gestão pública*. 2. ed. São Paulo: Saraiva, 2014.

3 SANTOS, Clezio Saldanha dos. *Introdução à gestão pública*. 2. ed. São Paulo: Saraiva, 2014.

4 SADDY, André. *Formas de Atuação e intervenção do estado brasileiro na economia*. 2. ed. Rio de Janeiro: Lumen Juris, 2016, p. 282.

ciclos da contratação pública: o planejamento, a seleção do fornecedor e a contratação.[5] A Lei nº 14.133/2021 trouxe doze vezes a palavra planejamento, o que demonstra uma preocupação em estabelecer um novo paradigma à contratação pública. Essa lei, no parágrafo único do art. 11, dispõe que é dever da alta administração, dentre outros, promover instrumentos e mecanismos para assegurar o alinhamento das contratações ao planejamento estratégico e às leis orçamentárias, contratando com **eficiência, eficácia** e **efetividade**.

O princípio do planejamento tem relação com a eficiência, a eficácia e a efetividade, conceitos que, por vezes, são utilizados como sinônimos, mas que possuem parâmetros de diferenciação. **Eficiência**, na ciência da Administração, compreende a medida de utilização dos recursos, relacionando-se com a produtividade.[6] Dito de outro modo, está associada ao modo de execução da função administrativa, considerando-se eficiente quando esta é executada com excelência, com nenhum ou com o mínimo de falhas possíveis.

É por isso que podemos afirmar que a eficiência tem como conceito uma relação entre os meios adequados e um fim variável, inserindo-se na ótica da boa gestão. Tem como características básicas o direcionamento da atividade e dos serviços públicos à efetividade do bem comum, com imparcialidade e transparência, propiciando-se a participação e a aproximação da população aos serviços públicos.[7]

A **eficácia**, por sua vez, também condiz com fazer o que é esperado, o que foi determinado, não se relacionando, porém, com os meios, métodos ou utilização de recursos, mas com o resultado.[8] Desse modo, ela está associada ao perfeito atingimento do objetivo proposto, por meio da função pública. É por isso que a Lei nº 14.133/2021 estabeleceu, no art. 11, inciso I, como um dos objetivos do processo licitatório a busca pelo resultado de contratação mais vantajoso à Administração Pública.

Di Pietro elenca o princípio do planejamento como o concretizador da eficácia. Assim, para que, nas contratações, se propicie a obtenção dos melhores resultados, esse princípio foi amplamente prestigiado em

---

5 AMORIM, Victor Aguiar Jardim de. *Licitações e contratos administrativos:* teoria e jurisprudência. 4. ed. Brasília: Senado Federal, 2021, p. 65-68.

6 NOHARA, Irene Patrícia. *Reforma administrativa e burocracia*: impacto da eficiência na configuração do direito administrativo brasileiro. São Paulo: Atlas, 2012, p. 191-197.

7 NOHARA, Irene Patrícia. *Reforma administrativa e burocracia*: impacto da eficiência na configuração do direito administrativo brasileiro. São Paulo: Atlas, 2012, p. 191-197.

8 NOHARA, Irene Patrícia. *Reforma administrativa e burocracia*: impacto da eficiência na configuração do direito administrativo brasileiro. São Paulo: Atlas, 2012, p. 191-197.

vários dispositivos da Lei nº 14.133/2021. A partir da diferenciação entre eficiência e eficácia, conclui-se que a busca excessiva e sem critérios pela eficiência em sentido estrito, incluindo a celeridade e economicidade, podem vir a comprometer a eficácia.[9]

É por essa razão que não há como se falar em eficácia sem planejamento. A celeridade na obtenção de um resultado pressupõe, primeiramente, que a Administração busque o atendimento da necessidade pública, pois de nada adiantaria um processo licitatório célere, se, ao final, o resultado obtido não soluciona o problema. Por isso, o planejamento é essencial, uma vez que é por meio deste que se realiza um diagnóstico da situação atual, do problema a ser resolvido, fixando-se o resultado a ser perseguido com o futuro contrato administrativo.[10]

A **efetividade**, por sua vez, pode ser vista como a capacidade de a Administração ser, ao mesmo tempo, eficiente e eficaz. Ou seja, consiste em executar a função administrativa com o melhor resultado (eficácia), empreendendo o menor dispêndio de meios (eficiente). A preocupação do legislador com a efetividade das contratações públicas é o que justifica o planejamento ser tão reiterado na Lei nº 14.133/2021.

Dentre os dispositivos presentes nessa lei, que determinam o planejamento, Matos destaca, além da sua inclusão como princípio, no art. 5º, a presença da necessidade de definição do modelo de governança (nível estratégico) — no art. 11, parágrafo único; o planejamento anual das contratações (nível tático) — art. 18; até chegar ao ciclo de cada microprocesso de contratação pública (nível operacional).[11]

Diante disso, o planejamento deve estar presente no macroprocesso (organizacional), a exemplo do alinhamento das contratações ao planejamento estratégico e às leis orçamentárias, bem como no microprocesso (processo de contratação em sentido estrito).[12] É na conjugação de ambos (macro e micro) que podemos vislumbrar que

---

[9] DI PIETRO, Maria Sylvia Zanella. *Direito Administrativo*. 35. ed. Rio de Janeiro: Forense, 2022, p. 505.

[10] DI PIETRO, Maria Sylvia Zanella. *Direito Administrativo*. 35. ed. Rio de Janeiro: Forense, 2022, p. 505.

[11] MATOS, Marilene Carneiro. Impactos da nova lei de licitações e contratos nos municípios brasileiros. *In*: MATOS, Marilene Carneiro; ALVES, Felipe Dalenogare; AMORIM, Rafael Amorim de (org.). *Nova lei de licitações e contratos:* Lei nº 14.133/2021: debates, perspectivas e desafios. Brasília: Edições Câmara, 2023, p. 133.

[12] O planejamento das contratações públicas não se refere apenas à licitação, mas a toda contratação (inclusive a proveniente de dispensa ou inexigibilidade), a qual visa atingir a necessidade inicial de forma efetiva, respeitando as regras e princípios licitatórios.

"o planejamento compreende uma pluralidade de ações diversas, que se desenvolvem de modo organizado e sistêmico".[13]

Ele é decisivo para o sucesso da contratação, evitando inúmeros problemas, dentre os quais podemos mencionar o sobrepreço, o superfaturamento, o desperdício de recursos públicos, a contratação de objetos que não atendem adequadamente a necessidade da administração, além das mais distintas alterações contratuais evitáveis.

É inegável que, à luz da revogada Lei nº 8.666/1993, embora não previsto expressamente como princípio, havia a compreensão de que o planejamento é um mecanismo essencial para evitar diversos problemas, como os mencionados no parágrafo anterior, e, acima de tudo, para que a contratação cumprisse a finalidade a que se destina: atender a necessidade pública. Contudo, essa não era uma prática unânime na Administração Pública brasileira, que se desenvolve nos três níveis federativos, com realidades totalmente distintas.

A nosso ver, é indiscutível que a Lei nº 14.133/2021 avançou ao prevê-lo expressamente como princípio, conferindo-lhe o caráter de norma,[14] bem como ao instituir diversos instrumentos de planejamento, conferindo atenção especial à fase preparatória, a qual explicitamente faz parte do processo licitatório (art. 17), devendo ser observada em âmbito nacional.

A falta de planejamento é um problema que afeta as contratações públicas, ocasionando diversos prejuízos. Dentre as razões à má gestão dessas, destaca-se o fato de que o regime legal geral anterior silenciava sobre ele, sequer contemplando disposições sobre os procedimentos de uma fase preparatória.[15]

Vislumbramos que esse princípio, em matéria de contratações públicas, possui duas faces. A primeira impõe o dever de planejar de forma adequada, suficiente tecnicamente e materialmente satisfatória; a segunda, por sua vez, relaciona-se à responsabilidade por omissão, à qual os agentes estão submetidos, quando agem sem planejamento, podendo cometer erro grosseiro ou até agir dolosamente.[16]

---

13 JUSTEN FILHO, Marçal. *Comentários à lei de licitações e contratos administrativos*. 18. ed. São Paulo: Thomson Reuters Revista dos Tribunais, 2021, p. 127.

14 A respeito da força normativa dos princípios, ver: ALVES, Felipe Dalenogare. *Manual de Direito Administrativo*. São Paulo: Saraiva, 2024, p. 57.

15 CAMARÃO, Tatiana. *Estudo Técnico Preliminar*: arquitetura, conteúdo, obrigatoriedade e a previsão no PL 1292/95. In: ONLL, Observatório da Nova Lei de Licitações Disponível em: https://www.novaleilicitacao.com.br/2020/01/03/estudo-tecnico-preliminar-arquitetura-conteudo-obrigatoriedade-e-a-previsao-no-pl-1292-95/ Acesso em 15 jul. 2024.

16 RODRIGUES, Eduardo Azeredo. *O princípio do Planejamento nas Licitações e Contratações Públicas*. Revista EMERJ, Rio de Janeiro, v. 25, n. 1, p- 11-39, jan.- abr. 2023.

Entendemos que, ao não planejar, a Administração viola o direito fundamental ao bom governo, cujos destinatários são os membros da sociedade, os quais possuem o direito subjetivo às medidas preventivas e repressivas de proteção à malversação dos recursos públicos.[17]

Niebuhr destaca que o princípio do planejamento incide, sobretudo, na fase interna da licitação, momento em que são efetuados os procedimentos preparatórios, visando a uma contratação específica. Seu status de princípio, com força cogente, visa resguardar a Administração de realização de licitações aventureiras.[18]

Nessa fase, a Administração Pública deve identificar e justificar a necessidade do objeto a ser contratado, formalizar a autorização à abertura do respectivo processo administrativo e elaborar os demais documentos preparatórios, como o estudo técnico preliminar, a pesquisa de preços, o mapa de riscos, o termo de referência ou o anteprojeto, bem como o projeto básico e projeto executivo, quando cabíveis.

É por isso que, como apontam Furtado e Dotti, "na fase interna (ou preparatória), a Administração formula e reformula, se for o caso, atos e especificações para melhor compreensão e/ou identificação do objeto, das condições à sua execução e do processamento da licitação, sempre de forma justificada".[19] A fase preparatória, "permeada por aspectos técnicos e jurídicos, pode ser compreendida como uma fase 'pré-contratual' ou, até mesmo, entendida em um contexto de 'contrato' preliminar, pois deve estabelecer os elementos, bases e diretrizes para sua formação".

O desafio que se impõe é, na prática, tornar o planejamento efetivo (funcional) e não meramente formal, a exemplo da elaboração de estudos técnicos preliminares *pro forma*.[20] Deve ser privilegiada

---

[17] A respeito do direito fundamental ao bom governo, ver: ALVES, Felipe Dalenogare; LEAL, Mônia Clarissa Hennig. *O direito fundamental ao bom governo e o dever de proteção estatal:* uma análise das competências federativas à implementação de políticas de prevenção e repressão aos atos de malversação do patrimônio público. Revista de Direitos e Garantias Fundamentais. v. 21, n. 2, p. 11-46, 2020, Disponível em: https://sisbib.emnuvens.com.br/direitosegarantias/article/view/1487. Acesso em: 30 jul. 2024.

[18] NIEBUHR, Joel Menezes et al. *Nova lei de licitações e contratos administrativos*. 2. ed. Curitiba: Zênite, 2021, p. 28.

[19] FURTADO, Madeline Rocha; DOTTI, Marinês Restelatto. *A fase preparatória da licitação e seu rito procedimental – Lei nº 14.133/2021*, Zênite Fácil, categoria Doutrina, 22 out. 2021, p. 2. Disponível em: https://zenite.blog.br/wp-content/uploads/2021/10/a-fase-preparatoria-da-licitacao-e-seu-rito-procedimental-lei-no-14133.pdf. Acesso em: 1º ago 2024.

[20] O TCU, ainda à luz da Lei nº 8.666/1993, por ocasião do Acórdão nº 2037/2019-Plenário, ao analisar o caso concreto, que se referia ao descumprimento da fase preparatória prevista na IN nº 5/2017, enfrentou esta problemática específica, responsabilizando os gestores

a utilização de mecanismos importantes de planejamento visando atingir resultados significativos em prol da evolução da organização administrativa, do aperfeiçoamento da pretensão e da definição do objeto a ser contratado, não apenas para o cumprimento formal da lei.[21]

O estudo técnico preliminar, documento constitutivo da primeira etapa de planejamento, que caracteriza o interesse público envolvido e a sua melhor solução, antecede e embasa os demais documentos da fase preparatória, sendo de extrema relevância à materialização do planejamento (estrito) à licitação e ao contrato decorrente, razão pela qual o abordaremos na seção a seguir.

3 Estudo técnico preliminar: a materialização do planejamento no microprocesso de contratação

A fase preparatória da contratação inicia-se com a formalização da demanda, correspondente a uma necessidade primária ou secundária da Administração. O documento de formalização de demanda (DFD) foi mencionado expressamente na Lei nº 14.133/2021, sendo inspirado na prática da Administração Federal, estabelecida na Instrução Normativa nº 5/2017.

Esse documento, em resumo, é a caracterização formal da demanda, a descrição da necessidade a ser atendida (e não da solução). Portanto, cabe ao DFD identificar o problema a ser resolvido e não apontar a solução, sendo o primeiro passo do planejamento no microprocesso de contratação.

Assim, após identificada a demanda, a Administração passa para a fase de estudos preliminares. Nesta, o setor requisitante ou setor técnico — a depender da estrutura e regulamentação do órgão — passa a estudar as possíveis soluções à resolução do problema.

É importante ressaltar que, nessa fase, é preciso atender o que já mencionamos anteriormente, a relevância de um planejamento bem estruturado, com vistas a garantir a eficiência na elaboração desses artefatos, e, principalmente, compreender a configuração do mercado.

---

pela ausência do efetivo planejamento, uma vez que "foi constatado que os processos de planejamento, quando continham os artefatos exigidos na instrução normativa supracitada, como o Documento de Oficialização de Demanda (DOD), o Estudo Técnico Preliminar (ETP) e o Termo de Referência (TR), que os mesmos haviam sido elaborados de maneira *pro forma*, isto é, o planejamento da contratação não havia ocorrido de fato".

21 TORRES, Ronny Charles Lopes de. *Lei de licitações públicas comentadas*. 15. ed. rev. atual. e ampl. Salvador: JusPodivm, 2024. p.103.

A Administração Pública deve, por meio dos estudos técnicos preliminares, identificar a melhor solução à necessidade, dentre aquelas disponíveis no mercado. Assim, é necessário que aos agentes públicos envolvidos nessa fase conheçam, analisem e definam a alternativa que melhor atende o interesse público. Por certo, a execução desses estudos deve ocorrer conjuntamente, por membros do setor requisitante e da área técnica da demanda envolvida.

A compreensão do mercado é extremamente relevante para diversos aspectos do planejamento, dentre eles: 1. levantar o preço praticado (real), assegurando que a Administração não pague além do necessário e ao mesmo tempo não frustre o processo de contratação, com preços inexequíveis pelos potenciais licitantes; 2. conhecer a qualidade dos bens ou serviços ofertados; 3. conhecer a inovação em relação ao produto ou serviço, trazendo maior modernidade e eficiência às contratações; 4. investigar os requisitos técnicos essenciais ao objeto; 5. estabelecer competição dentro dos parâmetros legais, evitando inúmeros problemas, como, por exemplo, direcionamento de licitação.[22]

O estudo técnico preliminar (ETP) é um dos principais documentos do planejamento, e se destina a analisar a necessidade da Administração, à luz do interesse público, alinhando-se ao plano de contratações anual e ao seu planejamento estratégico. Sua finalidade é evidenciar o problema a ser resolvido, as soluções possíveis e, ao final, definir aquela que melhor atende a necessidade pública. Esse artefato é estratégico e essencial, já que avalia os cenários possíveis e demonstra a viabilidade técnica e econômica das soluções disponíveis.[23]

Tendo em vista que o ETP tem a finalidade de explicar as condições da contratação em termos de necessidade, requisitos, alternativas, escolhas, resultados pretendidos e demais características que manifestam a viabilidade técnica e econômica da contratação, Camarão ensina que a sua elaboração está relacionada ao objeto. Dessa forma, para cada demanda será necessário um estudo, podendo ser mais simples ou complexo, a depender do caso.[24]

---

[22] TORRES, Ronny Charles de. Contratação Pública e a necessidade de conhecer o mercado: o estudo técnico preliminar (ETP) e o termo de referência/edital. Disponível em: https://ronnycharles.com.br/wp-content/uploads/2024/06/Contratacao-publica-e-a-necessidade-de-conhecer-o-mercado-o-ETP-e-o-termo-de-referencia-edital-1.pdf. Acesso em: 16 jul 2024.

[23] CAMARÃO, Tatiana. *Estudo Técnico Preliminar*: arquitetura, conteúdo, obrigatoriedade e a previsão no PL 1292/95. In: ONLL, Observatório da Nova Lei de Licitações. Disponível em: https://www.novaleilicitacao.com.br/2020/01/03/estudo-tecnico-preliminar-arquitetura-conteudo-obrigatoriedade-e-a-previsao-no-pl-1292-95/. Acesso em: 15 jul. 2024.

[24] CAMARÃO, Tatiana. *Estudo Técnico Preliminar*: arquitetura, conteúdo, obrigatoriedade e a previsão no PL 1292/95. *In*: ONLL, Observatório da Nova Lei de Licitações. Disponível em:

A elaboração de um estudo técnico preliminar bem estruturado é a primeira etapa do planejamento e papel fundamental ao aprimoramento da Administração Pública e para o sucesso da contratação, uma vez que dará base à elaboração do anteprojeto, do termo de referência ou do projeto básico.[25]

O conteúdo mínimo do ETP foi estabelecido no §1º do art. 18 da Lei nº 14.133/2021. É necessário compreender que, por se tratar de um documento que consolida os estudos técnicos preliminares, a Administração não está restrita ao conteúdo exemplificativamente enumerado nesse dispositivo, o qual contempla:

a) a descrição da necessidade da contratação, considerado o problema a ser resolvido sob a perspectiva do interesse público, coadunando-se com o documento de formalização da demanda;
b) a demonstração da previsão da contratação no plano de contratações anual (PCA), de modo a indicar o seu alinhamento com o planejamento da Administração. Caso não esteja previsto no PCA, deverá ser demonstrada a justificativa da excepcionalidade;[26]
c) os requisitos da contratação, consistindo naqueles que a futura contratada deverá atender, como os parâmetros mínimos de qualidade para obter-se o resultado de contratação mais vantajoso. Para tanto, a Administração deverá estabelecer aqueles que sejam necessários e adequados (suficientes), ou seja, proporcionais. Assim, de um lado, se exigir requisitos desnecessários, poderá restringir a competição; de outro, se forem insuficientes, poderá não obter uma contratação

---

https://www.novaleilicitacao.com.br/2020/01/03/estudo-tecnico-preliminar-arquitetura-conteudo-obrigatoriedade-e-a-previsao-no-pl-1292-95/. Acesso em: 15 jul. 2024.

25 O TCU, ainda à luz da Lei nº 8.666/1993, por ocasião do Acórdão nº 2037/2019-Plenário, ao analisar o caso concreto, que se referia ao descumprimento da fase preparatória prevista na IN nº 5/2017, destacou a importância de se observar o rito da fase preparatória, destacando que "observou-se casos em que o TR, último artefato que compõe a fase de planejamento, foi o primeiro documento produzido. Isto é, o órgão já tinha definido qual a solução que pretendia adquirir e, muitas vezes, qual a ata de registro de preços à qual pretendia aderir sem sequer ter feito uma análise de suas necessidades de negócio e das soluções existentes no mercado e no portal de software público que poderiam atendê-lo".

26 Acerca da indispensabilidade de elaboração do Plano de Contratações Anual, ver: ALVES, Felipe Dalenogare; ALVES, Paulo. A elaboração do Plano de Contratações Anual (PCA) como dever de Governança imposto à Administração Pública na Lei nº 14.133/2021. In: PORTAL SOLLICITA. Coluna Falando de Governança, de 11 jun. 2024. Disponível em: https://portal.sollicita.com.br/Noticia/21423/a-elabora%C3%A7%C3%A3o-do-plano-de-contrata%C3%A7%C3%B5es-anual-(pca). Acesso em: 31 jul. 2024.

eficaz, não atendendo a necessidade pública que a gerou. Quanto aos requisitos de qualificação técnica e econômica, a Administração deve atentar à parte final do art. 37, inciso XXI, da CF/1988, cingindo-se aos "indispensáveis à garantia do cumprimento das obrigações";

d) a estimativa das quantidades, acompanhada das memórias de cálculo e dos documentos que lhes dão suporte, que considerem interdependências com outras contratações, de modo a possibilitar economia de escala. Sobre esse aspecto, é importante a centralização das demandas, de forma que possam ser atendidas com a racionalização dos procedimentos. Dito de modo exemplificativo, veja-se que não é coerente gerar um processo de contratação para cada necessidade de material escrevente que surja em cada repartição do órgão ou entidade. Do contrário, teríamos a instauração de uma multiplicidade de processos licitatórios para o mesmo objeto;

e) o levantamento de mercado, que consiste na análise das alternativas possíveis e a justificativa técnica e econômica da definição do tipo de solução a ser contratada. Defendemos que o ETP deve empregar o método dedutivo de investigação e não o indutivo. Significa dizer que, para solucionar o problema, a Administração deverá analisar e testar as hipóteses possíveis, demonstrando, ao final, qual é a adequada à resolução da demanda. Por sua vez, quando utiliza o método indutivo, a Administração parte de uma premissa (solução pré-definida), construindo a argumentação no sentido de demonstrar que aquela é a única solução ao seu problema. O risco associado à utilização da indução é o direcionamento da contratação;

f) a estimativa do valor da contratação, acompanhada dos preços unitários referenciais, das memórias de cálculo e dos documentos que lhe dão suporte, que poderão constar de anexo classificado, se a Administração optar por preservar o seu sigilo até a conclusão da licitação.[27] Entendemos que, nessa fase preliminar, a estimativa do valor não se confunde com a pesquisa de preços (realizada em momento posterior e atualizada quantas vezes necessárias, a fim de obter o valor

---

[27] É importante destaca que o sigilo não prevalecerá para os órgãos de controle interno e externo, conforme previsto expressamente no art. 24, inciso I, da Lei nº 14.133/2021.

de referência mercadológico). Assim, compreendemos que pode ser realizada com simples aferições, como a consulta de valores a sítios de fornecedores. A estimativa do valor da licitação será abordada de modo mais aprofundado na seção seguinte deste capítulo;

g) a descrição da solução como um todo, inclusive das exigências relacionadas à manutenção e à assistência técnica, quando for o caso. Assim, após a realização dos estudos e a definição da solução, esta deverá ser descrita no ETP, a fim de dar base ao seu detalhamento, que será realizado no termo de referência ou no projeto básico;

h) as justificativas para o parcelamento ou não da contratação. O ETP deverá evidenciar a vantajosidade técnica e econômica para o parcelamento da contratação, o qual não deve ser adotado quando a economia de escala, a redução de custos de gestão de contratos ou a maior vantagem na contratação recomendar a compra do item do mesmo fornecedor; o objeto a ser contratado configurar sistema único e integrado e houver a possibilidade de risco ao conjunto do objeto pretendido; ou o processo de padronização ou de escolha de marca levar a fornecedor exclusivo;

i) o demonstrativo dos resultados pretendidos em termos de economicidade e de melhor aproveitamento dos recursos humanos, materiais e financeiros disponíveis, ou seja, os benefícios diretos e indiretos almejados com a contratação, demonstrando-se o quanto ela é indispensável para a eficiência ou eficácia do órgão ou entidade e o quanto ela otimizará os recursos disponíveis atualmente, melhorando a qualidade dos serviços prestados à sociedade;

j) as providências a serem adotadas pela Administração previamente à celebração do contrato, inclusive quanto à capacitação de servidores ou de empregados à fiscalização e gestão contratual. Significa dizer que o ETP deve apontar os impactos que a contratação irá gerar no ambiente atual, a fim de que a Administração se prepare para recebê-la. Como exemplo, é possível vislumbrar a necessidade de adaptação de redes de energia, de espaço físico, promoção de desapropriações, etc.;

k) as contratações correlatas e/ou interdependentes, sendo aquelas necessárias à total e perfeita fruição da solução contratada.

Como exemplo, imagine a aquisição de um veículo oficial, sem a correspondente contratação de seguro veicular. Ocorreria um atraso na fruição do objeto principal, aguardando-se o trâmite de todo o processo necessário à contratação do objeto agregado;

l) a descrição de possíveis impactos ambientais e respectivas medidas mitigadoras, incluídos requisitos de baixo consumo de energia e de outros recursos, bem como logística reversa para desfazimento e reciclagem de bens e refugos, quando aplicável. Aqui, devem ser analisados todos os quesitos relacionados ao prisma ambiental do princípio da sustentabilidade, bem como a responsabilidade pela obtenção do correspondente licenciamento ambiental, quando legalmente previsto; e

m) o posicionamento conclusivo sobre a adequação da contratação para o atendimento da necessidade a que se destina, com a motivação técnica e econômica da solução definida, demonstrando-se as razões que levam ela a ser a que melhor atender o interesse público.

É importante ressaltar que o art. 18, §2º, da Lei nº 14.133/2021, estabelece que o ETP deve, no mínimo, contemplar os elementos descritos nos itens "a", "d", "f", "h" e "m", apontados acima. Quando não contiver os demais quesitos, a Administração deverá motivar circunstanciadamente as razões pelas quais as dispensou.

Por conseguinte, compreendemos que, nos processos de licitação, a elaboração desse artefato é obrigatória por força do art. 18, podendo ser dispensado no caso de contratações diretas, conforme se depreende do art. 72, inciso I, da Lei nº 114.133/21.[28] No âmbito federal, optou-se por pré-definir os casos em que o ETP será facultativo ou dispensado.[29] Entendemos, porém, que as situações de não elaboração, na contratação direta, deveriam ser analisadas casuisticamente, levando-se em

[28] A respeito da obrigatoriedade da elaboração do ETP nos processos licitatórios, ver: ALVES, Felipe Dalenogare. *Dura lex sed lex:* três pontos da lei 14.133/21 com os quais é possível não concordar, mas necessário cumprir. In: PORTAL MIGALHAS, coluna Migalhas de Peso, de 26 de abril de 2023. Disponível em: https://www.migalhas.com.br/depeso/385429/tres-pontos-da-lei-14-133-21-que-e-necessario-cumprir. Acesso em: 1º ago. 2023.

[29] A Instrução Normativa SEGES nº 58, de 8 ago. 22, em seu art. 14, estabelece que a elaboração do ETP: é facultada nas hipóteses dos incisos I, II, VII e VIII do art. 75 e do §7º do art. 90 da Lei nº 14.133, de 2021 (inciso I) e dispensada na hipótese do inciso III do art. 75 da Lei nº 14.133, de 2021, e nos casos de prorrogações dos contratos de serviços e fornecimentos contínuos (inciso II).

consideração as peculiaridades de cada caso e não serem pré-definidas em regulamentação, de modo geral abstrato.

Defendemos, finalmente, que, embora haja possibilidade de dispensa do ETP nas contratações diretas, alguns de seus elementos são extremamente importantes, a exemplo do estudo comparativo das alternativas disponíveis no mercado, a fim de que realmente se analise e defina aquela que melhor atende a necessidade administrativa.

Na próxima seção do capítulo, abordar-se-á o tema da estimativa do valor da contratação, a sua importância em relação ao planejamento e a sua diferença em relação à pesquisa de preços disposta no artigo 23 da Lei nº 14.133/2021.

4 Um comparativo entre a estimativa do valor da contratação (artigo 18 §1º VI) e a pesquisa de preços (artigo 23)

O estudo técnico preliminar deve conter a estimativa do valor da contratação, nos termos do inciso VI do §1º do artigo 18 da Lei nº 14.133/21, a qual não se confunde com a pesquisa de preços prevista no artigo 23 dessa lei, sendo, portanto, importante refletir sobre seus conceitos.

A estimativa do valor da contratação na etapa de estudos técnicos preliminares é uma projeção aproximada de custos, sendo importante fator de avaliação comparativa entre as soluções disponíveis no mercado, sob a perspectiva de se estudar qual das alternativas disponíveis é economicamente vantajosa.

Concordando-se com Torres,[30] tem-se que a estimativa do valor da contratação na fase do ETP tem como função trazer informações úteis para a escolha da solução adequada entre as opções levantadas. O custo da futura contratação é um elemento importante para a definição de qual será a que melhor atende a necessidade pública.

Nessa fase, busca-se apurar o valor das opções disponíveis no mercado, para que, ao final, seja decidido, sob o parâmetro da economicidade e vantajosidade, a melhor opção para atender a demanda.[31]

---

30 TORRES, Ronny Charles Lopes de. *Lei de licitações públicas comentadas*. 15. ed. rev. atual. e ampl. Salvador: Juspodivm, 2024, p. 182.

31 A título de exemplo desta função, veja-se que o art. 44 da Lei nº 14.133/2021 determina que "quando houver a possibilidade de compra ou de locação de bens, o estudo técnico preliminar deverá considerar os custos e os benefícios de cada opção, com indicação da alternativa mais vantajosa".

Nesse momento, a estimativa do valor é apenas um dos elementos à definição da solução e não se confunde com o preço de referência da futura licitação. Assim, essa apuração, na fase inicial do planejamento, não segue o rigor do artigo 23 da Lei nº 114.133/21, permitindo aferição de forma mais simplificada.32

O agente público, ao definir a melhor opção para a modelagem da futura contratação, deve considerar inúmeros aspectos, realizando a análise das possíveis soluções disponíveis no mercado (inciso V do §1º do artigo 18 da lei) e seus respectivos custos diretos e indiretos (inciso VI do §1º do artigo 18 da lei).

Assim, por exemplo, diante da necessidade de logística para transporte dos agentes do órgão ou entidade, a Administração deve considerar as diversas opções disponíveis, estimando os custos diretos e indiretos à definição da solução viável a ser contratada (locação ou compra de um veículo? contratação de empresa especializada em serviço de transporte? Uso de transporte privado individual de passageiros por aplicativo? Quais das opções geram custos decorrentes de manutenção, seguros, etc.? Quais são estes custos?)[33]

Outro exemplo comum no cotidiano da Administração é a necessidade de impressão e fotocópias. Veja-se que é possível adquirir as máquinas, locar os equipamentos ou contratar *outsourcing* de impressão. Assim, é necessário avaliar qual dessas opções é a mais vantajosa, considerando-se não apenas os custos diretos, mas indiretos, como aqueles relacionados à manutenção dos equipamentos, aquisição de insumos, reposição emergencial, sob o contexto de cada órgão ou entidade.

Pela lógica do planejamento, primeiro deve ser aprofundado o estudo sobre a necessidade administrativa, depois avaliam-se as possibilidades de solução disponíveis no mercado, seus custos e todo o aparato operacional, adotando-se uma como a melhor solução, ou seja, aquela técnica e economicamente adequada para atender a demanda. Essa estimativa de valor também tem o propósito de alinhar as possíveis

---

[32] Demonstra-se relevante apontar o Enunciado nº 3 do INCP – Instituto Nacional da Contratação Pública, aprovado na 1ª Reunião Técnica, ocorrida em São Paulo, nos dias 1º e 2 de março de 2024, da qual o coautor Felipe Dalenogare Alves participou. O enunciado aduz o seguinte: "A estimativa do valor da contratação constante do Estudo Técnico Preliminar, que está relacionada à escolha da solução do que a definição de um preço de referência, não precisa seguir estritamente todas as regras definidas pelo artigo 23 da Lei nº 14.133/2021, permitindo a opção por aferições mais simples, quando cabível".

[33] TORRES, Ronny Charles Lopes de. *Lei de licitações públicas comentadas*. 15. ed. rev. atual. e ampl. Salvador: Juspodivm, 2024, p. 182.

soluções à disponibilidade orçamentária da Administração, pois de nada adiantaria chegar-se a uma solução incompatível com os recursos financeiros disponíveis.

É por isso que, já no começo da fase de planejamento, é feita uma estimativa prévia da contratação. Entendemos que, embora o inciso VI do §1º do art. 18 da Lei nº 14.133/2021 elenque que o ETP deve conter a "estimativa do valor da contratação, acompanhada dos preços unitários referenciais, das memórias de cálculo e dos documentos que lhe dão suporte", ela não se confunde com a pesquisa de preços, que definirá o valor de referência à licitação, a qual é realizada em momento posterior à elaboração do ETP e deve ser atualizada quantas vezes forem necessárias, até a publicação do edital, a fim de refletir o valor atual para o objeto, condizente com o praticado no mercado.

Assim é que a pesquisa de preços constante no art. 23 dessa lei prevê um orçamento mais apurado, considerando-se os preços constantes de bancos de dados públicos e as quantidades a serem contratadas, observadas a potencial economia de escala e as peculiaridades do local de execução do objeto. Para tanto, esse dispositivo, em seu §1º, enumera cinco parâmetros que podem servir como base à definição do valor de referência, os quais podem ser utilizados de forma combinada ou não.

O primeiro deles é a composição de custos unitários menores ou iguais à mediana do item correspondente no painel para consulta de preços ou no banco de preços em saúde[34] disponíveis no Portal Nacional de Contratações Públicas (PNCP).

O segundo são as contratações similares feitas pela Administração Pública, em execução ou concluídas no período de 1 (um) ano anterior à data da pesquisa de preços, inclusive mediante sistema de registro de preços, observado o índice de atualização de preços correspondente.

O terceiro pode consistir na utilização de dados de pesquisa publicada em mídia especializada, de tabela de referência formalmente aprovada pelo Poder Executivo federal e de sítios eletrônicos especializados ou de domínio amplo, desde que contenham a data e hora de acesso.

[34] O Banco de Preço em Saúde – BPS é um sistema de registro de informações de compras públicas e privadas de medicamentos e dispositivos médicos que existe desde 1998. Sua principal finalidade é possibilitar o uso de informações de compras públicas e privadas de medicamentos e dispositivos médicos, a fim de subsidiar a compra pública mais eficiente no setor saúde, pelos entes federados e instituições de saúde. Atualmente o BPS pode ser acessado em: https://bps.saude.gov.br/.

O quarto é a pesquisa direta ("de prateleira"), com no mínimo 3 (três) fornecedores, mediante solicitação formal de cotação, desde que seja apresentada justificativa da escolha desses fornecedores e que não tenham sido obtidos os orçamentos com mais de 6 (seis) meses de antecedência da data de divulgação do edital.

O quinto é a pesquisa na base nacional de notas fiscais eletrônicas, portal mantido pela Secretaria da Receita Federal, que busca centralizar informações acerca das notas fiscais emitidas de modo eletrônico.

O preço é basicamente o valor que se paga por algo que se quer. Esse valor é afetado diretamente por condicionantes objetivas e subjetivas, envolvendo também a disposição das partes envolvidas. A definição do preço de algo é dinâmica, já que "o preço é um encontro" marcado por diversas nuances, a depender de inúmeros fatores internos, externos e circunstanciais que a torna um processo complexo.[35]

A utilização dos parâmetros acima almeja tornar o preço praticado à Administração semelhante àquele aplicável ao setor privado, o que não é tarefa fácil, uma vez que os contratos administrativos têm suas peculiaridades, que os tornam normalmente mais onerosos, principalmente pela existência das cláusulas exorbitantes. Todas as obrigações e riscos a serem suportados pela contratada se tornam um custo a mais no valor do contrato.

Quando aplicada na prática, a formação do preço de mercado não é tão simples e objetiva. Corroboram nosso entendimento, as palavras de Torres:

> Em outras palavras, a identificação do preço envolve diversos fatores, de modo que a estimativa de custos nas licitações, em regra, apresenta apenas um parâmetro (preço de referência), uma baliza do valor potencialmente apresentado pelo mercado, para o órgão/ente contratante. O momento vivenciado no mercado específico, a situação subjetiva do fornecedor (que influencia seu interesse na contratação), situação subjetiva do órgão/ente contratante perante o mercado (como tradicional "pagamento tardio" feito pela Administração ou até a incerteza sobre o adimplemento), além do nível de competitividade do certame e diversos outros fatores, afetam o custo da contratação e não são precisamente apurados na estimativa de custos.[36]

[35] TORRES, Ronny Charles Lopes de. *Lei de licitações públicas comentadas*. 15. ed. rev., atual. e ampl. Salvador: Juspodivm, 2024, p. 203.

[36] TORRES, Ronny Charles Lopes de. *Lei de licitações públicas comentadas*. 15. ed. rev. atual. e ampl. Salvador: Juspodivm, 2024, p. 204.

Não obstante, uma pesquisa de preços mal elaborada constitui um risco ao sucesso da licitação, a qual poderá resultar frustrada, com valores acima daquele estabelecido pela Administração, tornando o processo de contratação ineficiente, com desperdício de recursos humanos e materiais. Isso porque o art. 59, inciso III, da Lei nº 14.133/2021 determina que serão desclassificadas as propostas que permanecerem acima do orçamento estimado para a contratação.

Por outro lado, veja-se que um dos objetivos do processo licitatório, previsto no art. 11, inciso III, também da Lei nº 14.133/2021, é evitar contratação com sobrepreço. Este, nos termos do art. 6º, inciso LVI, dessa lei, ficará caracterizado quando o preço orçado para a licitação ou aquele contratado estiver em valor expressivamente superior aos preços referenciais de mercado.

Assim, percebe-se que uma pesquisa de preços com valores aquém dos praticados no mercado poderá jogar todo o trabalho empreendido na licitação água abaixo, com uma licitação fracassada, uma vez que a Administração se encontra impedida de classificar propostas com valores acima do orçamento estimado. De igual modo, se formulada com valores além dos praticado no mercado, poderá acarretar sobrepreço, ensejando a responsabilização dos agentes que a elaboraram, demonstrando-se um dos desafios àqueles que atuam na área.[37]

5 Conclusão

O presente capítulo teve o intuito de abordar as principais reflexões acerca da estimativa do valor da contratação, por ocasião da elaboração do estudo técnico preliminar, à luz do princípio do planejamento aplicado ao microprocesso de contratação.

Conforme vimos, a Lei nº 14.133/2021 o contemplou como princípio e trouxe diversos instrumentos que materializam o dever de planejar, com vistas à eficiência das contratações públicas. Dentre eles, o ETP tem a função de documentar a etapa inicial do planejamento da contratação. Seu papel é analisar qual o problema a ser resolvido e a respectiva solução, diante das alternativas disponíveis no mercado.

[37] ALVES, Felipe Dalenogare; MATOS, Marilene Carneiro. *Manual de Licitações e Contratos Administrativos*. São Paulo: Saraiva, 2025, p. 55.

Dentre os elementos do ETP, encontra-se a estimativa do valor da contratação, a qual, nesse momento preambular do processo licitatório, possui papel diferente da pesquisa de preços, que deve ser realizada em momento posterior. Isso porque, enquanto a primeira constitui uma projeção aproximada de custos, sendo importante fator de avaliação comparativa entre as soluções disponíveis no mercado, sob a perspectiva da vantajosidade econômica, a segunda busca formar o valor de referência para o objeto, compatível com o valor de mercado, sendo elaborada em conformidade com os parâmetros contidos no art. 23 da Lei nº 14.133/2021.

A estimativa do valor da contratação também tem o papel de auxiliar a definir uma solução compatível com a disponibilidade orçamentária do órgão ou entidade, pois de nada adiantaria concluir por uma solução descolada da realidade financeira da Administração.

De outro lado, verifica-se que a má elaboração de uma pesquisa de preços constitui um risco ao sucesso da licitação. Isso porque, se contiver valores aquém dos praticados no mercado, poderá jogar todo o trabalho empreendido na licitação água abaixo, com uma licitação fracassada, uma vez que a Administração se encontra impedida de classificar propostas com valores acima do orçamento estimado. Se contemplar valores além daqueles praticados no mercado, poderá acarretar sobrepreço, ensejando a responsabilização dos agentes que a elaboraram.

Por derradeiro, em solução ao problema que ensejou a pesquisa desenvolvida neste capítulo, verifica-se que a estimativa de custos é indispensável para a consecução do princípio do planejamento do microprocesso de contratação, especialmente para a definição da alternativa que melhor soluciona o problema a ser resolvido, diferenciando-se da pesquisa de preços, que servirá para a formação do valor de referência do objeto, refletindo o valor de mercado, a fim de evitar a frustração do processo licitatório, bem como uma contratação com sobrepreço.

Referências

ALVES, Felipe Dalenogare. *Manual de Direito Administrativo*. São Paulo: Saraiva, 2024.

ALVES, Felipe Dalenogare. Dura lex sed lex: três pontos da lei 14.133/21 com os quais é possível não concordar, mas necessário cumprir. *Migalhas*, coluna Migalhas de Peso, de 26 de abril de 2023. Disponível em: https://www.migalhas.com.br/depeso/385429/tres-pontos-da-lei-14-133-21-que-e-necessario-cumprir. Acesso em: 1º ago. 2023.

ALVES, Felipe Dalenogare; LEAL, Mônia Clarissa Hennig. *O direito fundamental ao bom governo e o dever de proteção estatal:* uma análise das competências federativas à implementação de políticas de prevenção e repressão aos atos de malversação do patrimônio público. *Revista de Direitos e Garantias Fundamentais.* v. 21, n. 2, 2020, p. 11-46, Disponível em: https://sisbib.emnuvens.com.br/direitosegarantias/article/view/1487. Acesso em: 30 jul. 2024.

ALVES, Felipe Dalenogare; ALVES, Paulo. A elaboração do Plano de Contratações Anual (PCA) como dever de Governança imposto *à* Administração Pública na Lei nº 14.133/2021. In: PORTAL SOLLICITA. Coluna Falando de Governança, de 11 jun. 2024. Disponível em: https://portal.sollicita.com.br/Noticia/21423/a-elabora%C3%A7%C3%A3o-do-plano-de-contrata%C3%A7%C3%B5es-anual-(pca). Acesso em: 31 jul. 2024.

ALVES, Felipe Dalenogare; MATOS, Marilene Carneiro. *Manual de Licitações e Contratos Administrativos*. São Paulo: Saraiva, 2025

AMORIM, Victor Aguiar Jardim de. *Licitações e contratos administrativos*: teoria e jurisprudência. 4. ed. Brasília: Senado Federal, 2021.

BRASIL. Instituto Nacional da Contratação Pública. *Enunciado nº 3*. Aprovado por unanimidade na 1ª reunião técnica, ocorrida em 1º e 2 de março de 2024.

BRASIL. Universidade Federal do Rio Grande do Norte. *Planejamento institucional*. Disponível em: https://proplan.ufrn.br/pagina.php?alias=a_conc_bas_plan. Acesso em: 30 jul 2024.

CAMARÃO, Tatiana. *Estudo Técnico Preliminar*: arquitetura, conteúdo, obrigatoriedade e a previsão no PL 1292/95. In: ONLL, Observatório da Nova Lei de Licitações. Disponível em: https://www.novaleilicitacao.com.br/2020/01/03/estudo-tecnico-preliminar-arquitetura-conteudo-obrigatoriedade-e-a-previsao-no-pl-1292-95/. Acesso em: 15 jul. 2024.

DI PIETRO, Maria Sylvia Zanella. *Direito Administrativo*. 35. ed. Rio de Janeiro: Forense, 2022.

FURTADO, Madeline Rocha; DOTTI, Marinês Restelatto. A fase preparatória da licitação e seu rito procedimental – Lei nº 14.133/2021. *Zênite Fácil*, categoria Doutrina, 22 out. 2021. Disponível em: https://zenite.blog.br/wp-content/uploads/2021/10/a-fase-preparatoria-da-licitacao-e-seu-rito-procedimental-lei-no-14133.pdf. Acesso em: 1º ago. 2024.

JUSTEN FILHO, Marçal. *Comentários à lei de licitações e contratos administrativos*. 18. ed. São Paulo: Thomson Reuters Revista dos Tribunais, 2021.

MATOS, Marilene Carneiro. *Impactos da nova lei de licitações e contratos nos municípios brasileiros. In*: MATOS, Marilene Carneiro; ALVES, Felipe Dalenogare; AMORIM, Rafael Amorim de (org.). *Nova lei de licitações e contratos:* Lei nº 14.133/2021: debates, perspectivas e desafios. Brasília: Edições Câmara, 2023.

NIEBUHR, Joel Menezes *et al*. *Nova lei de Licitações e contratos administrativos*. 2. ed. Curitiba: Zênite, 2021.

NOHARA, Irene Patrícia. *Reforma administrativa e burocracia*: impacto da eficiência na configuração do direito administrativo brasileiro. São Paulo: Atlas, 2012.

RODRIGUES, Eduardo Azeredo. O princípio do planejamento nas licitações e contratações públicas. *Revista EMERJ*, Rio de Janeiro, v. 25, n. 1, p. 11-39, jan./abr. 2023.

SADDY, André. *Formas de atuação e intervenção do estado brasileiro na economia*. 2. ed. Rio de Janeiro: Lumen Juris, 2016.

SANTOS, Clezio Saldanha dos. *Introdução à gestão pública*. 2. ed. São Paulo: Saraiva, 2014.

TORRES, Ronny Charles de. Contratação Pública e a necessidade de conhecer o mercado: o estudo técnico preliminar (ETP) e o termo de referência/edital. Disponível em: https://ronnycharles.com.br/wp-content/uploads/2024/06/Contratacao-publica-e-a-necessidade-de-conhecer-o-mercado-o-ETP-e-o-termo-de-referencia-edital-1.pdf. Acesso em: 16 jul. 2024.

TORRES, Ronny Charles Lopes de. *Lei de Licitações Públicas Comentadas*. 15. ed. rev. atual. e ampl. Salvador: Juspodivm, 2024.

Informação bibliográfica deste texto, conforme a NBR 6023:2018 da Associação Brasileira de Normas Técnicas (ABNT):

ALVES, Felipe Dalenogare; FERRAZ, Fabiane Barbosa. A estimativa do valor da contratação no estudo técnico preliminar à luz do princípio do planejamento das contratações públicas. *In:* FURTADO, Madeline Rocha; FURTADO, Monique Rafaella Rocha (coord.). *O planejamento das contratações*: estudos técnicos preliminares e termos de referência: teoria e aplicação sob a égide da Lei nº 14.133/2021. Belo Horizonte: Fórum, 2025. p. 411-431. ISBN 978-65-5518-944-5.

CAPÍTULO 2

PESQUISA DE PREÇOS NO ETP E TR: OBJETIVOS, DIFERENÇAS, PROCEDIMENTOS E CAUTELAS

EDUARDO GUIMARÃES

1 Introdução

A Lei nº 14.133, publicada no dia 01 de abril de 2021, apresenta novas normas gerais de licitações e contratos administrativos a serem observadas pelos órgãos públicos, autarquias e fundações públicas em todo o território nacional.

Diante das inovações apresentadas pela novata legislação, foi estabelecido prazo de convivência com as normas anteriores, cujo término ocorreu em 30 de dezembro de 2023, quando foram revogadas as Leis Federais nºs 8.666/93, 10.520/2002 e parte da 12.462/2011.

A nova legislação demanda a implementação da governança das contratações e fortalece o planejamento dos processos de compras públicas, ao dispor acerca de diferentes artefatos de planejamento a serem elaborados na fase preparatória dos processos de contratação.

É na primeira fase desse processo que os gestores públicos devem se dedicar a um profundo estudo da necessidade identificada e buscar no mercado a melhor solução para a Administração, considerada aquela que irá proporcionar a melhor relação custo-benefício ao longo do ciclo de vida do objeto, conforme preceituado no inciso I do art. 11 da Lei nº 14.133/21.

Para isso, em regra, devem ser elaborados importantes artefatos como o estudo técnico preliminar (ETP), ferramenta de gerenciamento de riscos e o termo de referência (TR) ou o projeto básico (PB).

Ademais, ainda nessa fase, a Administração precisa levantar o preço estimado da futura contratação de forma a avaliar a sua viabilidade econômica e parametrizar o julgamento das propostas comerciais que serão apresentadas durante a etapa competitiva do certame licitatório ou nos procedimentos de contratação direta.

De acordo com a nova legislação, tanto no estudo técnico preliminar quanto no termo de referência é necessário realizar procedimentos de pesquisa de preços para a estimativa da futura contratação.

Portanto, buscamos responder neste artigo a seguinte questão: *Quais os objetivos e diferenças das pesquisas de preços realizadas no ETP e no TR, durante a fase preparatória de uma contratação?*

Com esse foco, iniciamos o presente texto apresentando as inovações trazidas pela Lei nº 14.133/21, em especial sobre a fase preparatória e a elaboração desses dois importantes artefatos de planejamento, o estudo técnico preliminar e o termo de referência.

Em seguida, discorremos sobre objetivos e diferenças das duas pesquisas de preços a serem realizadas na fase preparatória.

Ao final, exploramos os critérios e parâmetros de pesquisa de preços expressos na nova lei de licitações e contratos e apresentamos as cautelas para elaboração do orçamento estimativo, de forma a aproximar a estimativa da realidade praticada no mercado e possibilitar a devida análise da exequibilidade dos preços das propostas apresentadas nas licitações.

2 O estudo técnico preliminar (ETP)

Todo processo de contratação pública deve ser fundamentado em uma necessidade a partir da qual haverá um conjunto de ações ordenadas que serão conduzidas por gestores públicos, a fim de materializar uma determinada contratação.

Aquela unidade/setor que identifica a necessidade de contratação deve formalizá-la por meio do documento de formalização da demanda (DFD) e encaminhá-lo para elaboração do plano de contratações anual, como previsto no inciso VII do art. 12 da nova lei e regulamentado por cada ente federativo.

Em tempo hábil deverá ser aberto o processo administrativo de contratação que, teoricamente, é composto por três fases, a saber: preparatória, seleção de fornecedores e execução contratual.

Na Lei nº 14.133/21, a fase preparatória ganha especial atenção devido à sua importância para o processo e o impacto nas demais fases.

É essencial dedicar tempo e os devidos recursos para desenvolver um consistente planejamento. Assim, poderão ser mitigados os riscos de uma contratação ineficiente e de malversação dos recursos públicos.

É nessa fase inicial que será elaborado o estudo técnico preliminar, realizada a análise de riscos e confeccionado o termo de referência ou projeto básico, contendo o detalhamento da solução a ser contratada pela Administração.

A primeira etapa do planejamento é efetivada mediante a elaboração do estudo técnico preliminar (ETP), assim definido no inciso XX do art. 6º da Lei nº 14.133/21:

> estudo técnico preliminar: documento constitutivo da primeira etapa do planejamento de uma contratação que caracteriza o interesse público envolvido e a sua melhor solução e dá base ao anteprojeto, ao termo de referência ou ao projeto básico a serem elaborados caso se conclua pela viabilidade da contratação.

Nessa primeira etapa será estudada detalhadamente a necessidade a ser suprida pela Administração e levantadas no mercado as possíveis soluções para essa demanda.

Deverá ser feito o estudo comparativo entre as diferentes soluções encontradas no mercado para a escolha daquela que vai proporcionar a melhor relação custo-benefício, sob a ótica do ciclo de vida do objeto, conforme preceituado no inciso I do art. 11 da Lei nº 14.133/21.

Ao final do ETP será apresentada a conclusão acerca da viabilidade técnica e econômica para contratação da solução que demonstrou ser a mais vantajosa para a Administração.

Apesar de o estudo técnico preliminar não ser novidade em nossa legislação, na prática ainda existe muita resistência quanto à sua elaboração. Por isso, com a entrada em vigor da nova lei, torna-se um grande desafio para muitos órgãos e entidades públicas a elaboração desse artefato de planejamento.

Há anos a Administração vem iniciando seus processos de contratação já pela solução a ser contratada, descrevendo suas especificações e requisitos no termo de referência ou projeto básico. Assim, nos questionamos: será que estamos contratando o melhor para a Administração Pública? Será que existe no mercado alguma solução mais vantajosa?

Para responder essas perguntas, é imprescindível elaborar o estudo técnico preliminar, observando o conteúdo disposto no §1º do art. 18 da Lei nº 14.133/21, como transcrito:

> §1º O estudo técnico preliminar a que se refere o inciso I do *caput* deste artigo deverá evidenciar o problema a ser resolvido e a sua melhor solução, de modo a permitir a avaliação da viabilidade técnica e econômica da contratação, e conterá os seguintes elementos:
>
> I – descrição da necessidade da contratação, considerado o problema a ser resolvido sob a perspectiva do interesse público;
>
> II – demonstração da previsão da contratação no plano de contratações anual, sempre que elaborado, de modo a indicar o seu alinhamento com o planejamento da Administração;
>
> III – requisitos da contratação;
>
> IV – estimativas das quantidades para a contratação, acompanhadas das memórias de cálculo e dos documentos que lhes dão suporte, que considerem interdependências com outras contratações, de modo a possibilitar economia de escala;
>
> V – levantamento de mercado, que consiste na análise das alternativas possíveis, e justificativa técnica e econômica da escolha do tipo de solução a contratar;
>
> VI – estimativa do valor da contratação, acompanhada dos preços unitários referenciais, das memórias de cálculo e dos documentos que lhe dão suporte, que poderão constar de anexo classificado, se a Administração optar por preservar o seu sigilo até a conclusão da licitação;
>
> VII – descrição da solução como um todo, inclusive das exigências relacionadas à manutenção e à assistência técnica, quando for o caso;
>
> VIII – justificativas para o parcelamento ou não da contratação;
>
> IX – demonstrativo dos resultados pretendidos em termos de economicidade e de melhor aproveitamento dos recursos humanos, materiais e financeiros disponíveis;
>
> X – providências a serem adotadas pela Administração previamente à celebração do contrato, inclusive quanto à capacitação de servidores ou de empregados para fiscalização e gestão contratual;
>
> XI – contratações correlatas e/ou interdependentes;
>
> XII – descrição de possíveis impactos ambientais e respectivas medidas mitigadoras, incluídos requisitos de baixo consumo de energia e de outros recursos, bem como logística reversa para desfazimento e reciclagem de bens e refugos, quando aplicável;
>
> XIII – posicionamento conclusivo sobre a adequação da contratação para o atendimento da necessidade a que se destina.

Percebe-se que a nova lei de licitações apresenta conteúdo denso para o estudo técnico preliminar, de forma a mostrar sua importância e que não se trata de uma mera formalidade processual, mas um instrumento de planejamento fundamental para a melhoria dos processos de contratação, no intuito de atender à necessidade da Administração da melhor forma possível.

Por isso a elaboração do ETP deve ser um trabalho conjunto com, no mínimo, pessoas da unidade requisitante e da unidade técnica, com vistas à realização de estudo aprofundado sobre a necessidade da Administração e extensa pesquisa de mercado para encontrar a melhor solução para a contratação.

Logo, podemos afirmar que o ETP possui função essencial na fase preparatória das contratações, uma vez que possibilita a escolha do objeto que melhor atenderá à necessidade da Administração Pública.

3 O termo de referência (TR)

Elaborado o estudo técnico preliminar, com a conclusão sobre a melhor solução a ser contratada, após a análise de riscos, deverá ser confeccionado o termo de referência com o objetivo de caracterizar o objeto e as condições da contratação.

No inciso XXIII do art. 6º da Lei nº 14.133/21, o termo de referência é assim definido:

> XXIII – termo de referência: documento necessário para a contratação de bens e serviços, que deve conter os seguintes parâmetros e elementos descritivos:
>
> a) definição do objeto, incluídos sua natureza, os quantitativos, o prazo do contrato e, se for o caso, a possibilidade de sua prorrogação;
>
> b) fundamentação da contratação, que consiste na referência aos estudos técnicos preliminares correspondentes ou, quando não for possível divulgar esses estudos, no extrato das partes que não contiverem informações sigilosas;
>
> c) descrição da solução como um todo, considerado todo o ciclo de vida do objeto;
>
> d) requisitos da contratação;
>
> e) modelo de execução do objeto, que consiste na definição de como o contrato deverá produzir os resultados pretendidos desde o seu início até o seu encerramento;
>
> f) modelo de gestão do contrato, que descreve como a execução do objeto será acompanhada e fiscalizada pelo órgão ou entidade;
>
> g) critérios de medição e de pagamento;
>
> h) forma e critérios de seleção do fornecedor;
>
> i) estimativas do valor da contratação, acompanhadas dos preços unitários referenciais, das memórias de cálculo e dos documentos que

lhe dão suporte, com os parâmetros utilizados para a obtenção dos preços e para os respectivos cálculos, que devem constar de documento separado e classificado;

j) adequação orçamentária;

O termo de referência é elemento fundamental do planejamento de compras ou contratação de serviços em geral. Constitui documento que será anexado ao edital da futura licitação com o objetivo de apresentar o objeto pretendido pela Administração e as condições de execução e fiscalização do futuro contrato.

Conforme bem observado por Santana *et al* (2020, p. 40):

> O termo de referência é o documento mediante o qual a Administração explicita o objeto, documentando de forma sistemática, detalhada e cabal o objeto da contratação que pretende realizar, permitindo, de tal modo, dimensionar a decisão e o poder do respectivo gasto público.

São diversas as funções do termo de referência, dentre as quais destacamos como principais:

a) Permitir o conhecimento acerca das características do objeto

O termo de referência deve apresentar todo o detalhamento das especificações do objeto a ser contratado pela Administração, assim como as condições de execução, o modelo de gestão do futuro contrato, as formas de recebimento e pagamento, dentre outras informações que possibilitem o pleno conhecimento do objeto.

b) Possibilitar a precificação

Um termo de referência bem elaborado possibilita que uma empresa encontre ali todas as informações necessárias para levantamento completo dos custos de execução do objeto e formação do preço da contratação.

c) Subsidiar o julgamento das propostas

O documento deve conter os requisitos mínimos de qualidade do objeto a ser contratado de forma a possibilitar que o pregoeiro ou o agente de contratação tenham condições de analisar a aceitabilidade das propostas apresentadas no certame, no que tange aos seus aspectos qualitativos e aderência à necessidade da Administração.

d) Amparar o acompanhamento e a fiscalização contratual

Quando da execução contratual, o fiscal designado deverá cumprir sua função de fiscalização verificando se a empresa contratada está executando fielmente o que está descrito no termo de referência, principalmente em relação às especificações do objeto e seus requisitos mínimos de qualidade.

Portanto, o termo de referência deverá conter todas as informações inerentes ao objeto a ser contratado, bem como seus requisitos, forma de execução e modelo de gestão do contrato, possibilitando que, na fase preparatória, os gestores públicos tenham condições de realizar a devida pesquisa de preços e elaborar o orçamento estimativo, como veremos mais adiante.

4 As duas pesquisas de preços da fase preparatória

Ao analisar os conteúdos previstos na nova lei para elaboração do ETP e do TR, observa-se que em ambos há a necessidade de apresentar a estimativa do preço. Mas, na prática, serão realizadas duas pesquisas de preços na fase preparatória?

Em observância ao disposto na novata legislação, podemos afirmar que sim, há dois momentos distintos para realização da pesquisa de preços durante o planejamento da contratação.

Quanto ao conteúdo do estudo técnico preliminar, mais precisamente no inciso VI do §1º do art. 18 da Lei nº 14.133/21 está prevista a estimativa do valor da contratação, acompanhada dos preços unitários referenciais, das memórias de cálculo e dos documentos que lhe dão suporte.

Portanto, observando o preceito legal, na primeira etapa da fase preparatória, constituída pelo ETP, é necessária a realização da pesquisa de preços do mercado.

Como já tratado anteriormente, o estudo técnico preliminar visa ao estudo aprofundado da necessidade da Administração e à escolha da melhor solução para supri-la. Logo, a pesquisa de preços do ETP tem como objetivo possibilitar a comparação entre as distintas soluções pesquisadas e a conclusão acerca da viabilidade econômica de sua contratação.

Sobre o assunto, o professor Joel de Menezes Niebuhr (2022, p. 486) esclareceu:

> Diante de toda essa confusão, propõe-se a seguinte interpretação: faz-se um orçamento preliminar quando do ETP, mais simples, sem pesquisa aprofundada de mercado, podendo-se valer de comparativo com contratos antigos do próprio órgão ou entidade ou, no caso de engenharia, utilizando-se de metodologia expedita ou paramétrica.
>
> Depois, como uma das atividades necessárias para a elaboração do TR ou do PB, definida a especificação do objeto a ser licitado e contratado, faz-se o orçamento definitivo e mais rigoroso, de acordo com os critérios definidos na Lei n. 14.133/2021.
>
> Então, dois orçamentos, um preliminar e outro definitivo. O melhor é que fosse só um, seria mais racional e simples, porém essa não foi a opção do legislador, apegado que foi ao modelo burocrático disfuncional.

Seguindo essa esteira, no estudo técnico preliminar será feita uma estimativa do preço, menos aprofundada, podendo ser realizada com base em contratações similares, contratos anteriores do próprio órgão, bem como nos demais parâmetros de pesquisa de preços expressos no art. 23 da Lei nº 14.133/2021.

Essa estimativa preliminar visa a subsidiar a tomada de decisão no ETP quanto à escolha da melhor solução para a contratação e à análise de sua viabilidade econômica. Nessa etapa, a pesquisa de preços não vai servir ainda como o orçamento estimativo da futura contratação.

Por isso, o *Caderno de Logística de Pesquisa de Preços* do Governo Federal (2024, p. 10) dispõe sobre o procedimento simplificado de pesquisa de preços quando da elaboração do ETP, não sendo obrigatório observar os parâmetros formais previstos no art. 23 da nova lei de licitações.

Mais adiante, quando da elaboração do termo de referência, conforme previsto na alínea "i" do inciso XXIII do art. 6º da Lei nº 14.133/21, esse documento deverá conter as estimativas do valor da contratação, acompanhadas dos preços unitários referenciais, das memórias de cálculo e dos documentos que lhe dão suporte, apresentando os parâmetros utilizados e os respectivos cálculos.

Uma dúvida recorrente refere-se à possibilidade de utilização do preço pesquisado no estudo técnico preliminar como orçamento estimativo da futura contratação. Dessa forma, uma única pesquisa de preços na fase preparatória seria suficiente e, por conseguinte, dispensar-se-ia a pesquisa no termo de referência.

Entretanto, além do lapso temporal, quando da elaboração do ETP, em regra, não são definidas algumas informações importantes e que impactam diretamente o preço da contratação como, por exemplo, o modelo de execução, a forma de gestão do contrato e o detalhamento do recebimento do objeto, dentre outras.

Essas informações serão incluídas posteriormente no termo de referência e, por isso, torna-se necessária uma nova pesquisa de preços, mais aprofundada, para o cálculo de um orçamento estimativo que realmente reflita a realidade de mercado, naquelas condições.

Convergindo com tal entendimento, citamos aqui o Enunciado 17 do Conselho da Justiça Federal (CJF) decorrente do I Simpósio de Licitações e Contratos, realizado em agosto de 2022:

> **CJF Enunciado 17** – A estimativa de valor da contratação realizada por meio de Estudos Técnicos Preliminares, de que trata o art. 18, §1º, inciso VI, será, via de regra, uma análise inicial dos preços praticados no mercado por servir unicamente à análise da autoridade competente quanto à viabilidade econômica da contratação.
>
> De forma diferente, há uma estimativa de valor da contratação realizada pelo setor competente do órgão, conforme art. 6º, inciso XXIII, "i", que servirá como base à análise da aceitabilidade das propostas na fase externa do processo licitatório e, por isso, utilizará os parâmetros do art. 23 e seus parágrafos, combinados, sempre que possível, em uma "cesta de preços", priorizando os preços públicos, salvo quando, de acordo com o Manual de Atribuições e Regulamento Interno do órgão, a obrigação recair para o mesmo setor que estiver elaborando os Estudos Técnicos Preliminares.

Diante dos argumentos aqui apresentados, podemos concluir que nos processos de contratação pública regidos pela Lei nº 14.133/21, em regra, será necessária a realização de duas pesquisas de preços.

A primeira pesquisa, com procedimentos simplificados, será feita quando da confecção do estudo técnico preliminar, com o intuito de selecionar a melhor solução (relação custo-benefício) para suprir a necessidade da Administração e analisar a viabilidade econômica de sua contratação.

Na segunda, no termo de referência, teremos a pesquisa de preços mais aprofundada, com observância ao disposto no art. 23 da nova lei de licitações e contratos, que vai gerar o orçamento estimativo para a futura contratação.

A realização das duas pesquisas de preços em momentos distintos da fase preparatória deve ser vista como uma importante oportunidade para mitigar o risco de sobrepreço no orçamento e de superfaturamento na contratação.

Esse orçamento estimativo deverá refletir o preço praticado no mercado para o objeto pretendido, nas quantidades, unidades de medida e condições especificadas, já que será adotado para indicação dos créditos orçamentários para a futura despesa, na forma do art. 150, e utilizado como critério de aceitabilidade no julgamento das propostas, conforme inciso III do art. 59 da Lei nº 14.133/21.

Doravante, serão abordados os procedimentos gerais de pesquisa de preços e as devidas cautelas a serem adotadas pelos gestores públicos nessa fase do processo de contratação.

5 Procedimentos de pesquisa de preços

Um dos pontos críticos e mais morosos da fase preparatória é a etapa da pesquisa de preços no mercado e a elaboração do orçamento estimativo. Diversos são os desafios enfrentados pelos gestores públicos responsáveis por essas atividades.

A formação de preços precede uma contratação pública e é composta pela realização da pesquisa de preços no mercado e a confecção da planilha de quantitativos e preços unitários, conhecida como planilha orçamentária (GUIMARÃES, 2015, p. 69).

Por meio da pesquisa de preços busca-se encontrar o preço de mercado para o objeto pretendido. Todavia, essa tarefa não se mostra simples, uma vez que esse preço é extremamente dinâmico e pode variar de acordo com uma série de peculiaridades, como as características do objeto, suas quantidades e o local de execução.

De acordo com Gonçalves *et al* (2018), as quantidades transacionadas e os preços são determinados pela interação entre compradores e vendedores, portanto, o encontro entre demanda e oferta de um produto ou serviço no mercado.

Para Camelo *et al* (2022) em qualquer mercado existem preços diferentes para tudo. Certamente teremos preços distintos para comprar uma garrafa de água no supermercado ou no aeroporto ou na praia.

Essa dinâmica da formação do preço no mercado com suas variáveis torna complexa a pesquisa e dificulta sobremaneira os gestores públicos na obtenção do preço estimado da futura contratação.

Ressaltamos o cuidado com a especificação detalhada do objeto e sua unidade de medida, uma vez que diferenças entre o descrito e o pesquisado pela Administração podem prejudicar a obtenção dos preços no mercado.

Diferentemente da revogada Lei nº 8.666/93, a Lei nº 14.133/21 apresenta critérios e parâmetros para a realização da pesquisa de preços na fase preparatória das contratações públicas, como transcrito a seguir:

> Art. 23. O valor previamente estimado da contratação deverá ser compatível com os valores praticados pelo mercado, considerados os preços constantes de bancos de dados públicos e as quantidades a serem contratadas, observadas a potencial economia de escala e as peculiaridades do local de execução do objeto.

Do texto legal constatamos que o preço estimado deverá ser compatível com aqueles praticados pelo mercado. Para isso, a noviça legislação apresenta três critérios a serem observados pela Administração Pública: adoção de preços de bancos de dados públicos, quantidades a serem contratadas e peculiaridades do local de execução.

Ao realizar os procedimentos de pesquisa de preços, os gestores públicos devem adotar algumas cautelas importantes, observando esses critérios dispostos na legislação.

Devido à economia de escala, devem ser pesquisados preços de contratações públicas com quantidades próximas àquelas pretendidas pela Administração, pois existe a tendência de prática de preços unitários menores quando a quantidade é maior.

Em relação ao local de execução, a pesquisa deve se ater ao local ou região de execução do objeto, já que as condições comerciais, os custos logísticos e as alíquotas tributárias podem ser diferentes a depender do local de execução.

Especificamente para aquisição de bens e contratação de serviços em geral, o §1º do art. 23 da Lei nº 14.133/21 dispõe que o preço estimado será definido por meio da utilização de cinco parâmetros, adotados de forma combinada ou não. A seguir discorremos sobre cada um deles.

I – Composição de custos unitários menores ou iguais à mediana do item correspondente no painel para consulta de preços ou no banco de preços em saúde disponíveis no Portal Nacional de Contratações Públicas (PNCP).

O primeiro parâmetro refere-se aos preços obtidos por meio de consulta ao Painel de Consulta de Preços ou ao Banco de Preços em Saúde (BPS – acesso em https://www.gov.br/saude/pt-br/acesso-a-informacao/banco-de-precos). Em ambos, a busca será feita para encontrar preços decorrentes de contratações públicas realizadas e incluídas naquelas bases de dados.

Logo, os preços ali pesquisados refletem uma realidade de preços praticados no âmbito da Administração Pública. Ademais, supostamente são preços mais baixos, uma vez que já passaram pelo crivo da etapa competitiva.

Caso a pesquisa de preços seja realizada apenas com base nesse parâmetro, o orçamento estimativo não poderá ser superior ao resultado do cálculo da mediana dos preços obtidos.

No ano de 2024 o Governo Federal disponibilizou módulo próprio de pesquisa de preços no seu sistema de compras (ComprasGov), cujo acesso pode ser realizado por meio do endereço www.gov.br/compras.

II – Contratações similares feitas pela Administração Pública, em execução ou concluídas no período de 1 (um) ano anterior à data da pesquisa de preços, inclusive mediante sistema de registro de preços, observado o índice de atualização de preços correspondente.

Nesse parâmetro os gestores públicos podem consultar preços de contratações similares feitas pela Administração Pública, obtendo preços em meios físicos ou pesquisando em outros portais de compras governamentais e até mesmo utilizar preços de seus próprios contratos anteriores.

Quanto ao prazo, podem ser utilizados preços de contratos vigentes ou de contratações concluídas a, no máximo, um ano da data de realização da pesquisa de preços.

A cautela a ser adotada refere-se à utilização de índice setorial ou específico de inflação, condizente com o objeto pesquisado, para atualizar o preço e evitar o cálculo de um orçamento estimativo com preços defasados.

III – Utilização de dados de pesquisa publicada em mídia especializada, de tabela de referência formalmente aprovada pelo Poder Executivo federal e de sítios eletrônicos especializados ou de domínio amplo, desde que contenham a data e hora de acesso.

Esse terceiro parâmetro possibilita a pesquisa de preços em meios de comunicação diversos, especialmente aqueles disponibilizados na internet.

Como exemplo de mídias especializadas, destacamos para preços de veículos a utilização da tabela FIPE (veiculos.fipe.org.br) e, para medicamentos, a Revista ABCfarma (portal.abcfarma.org.br/consultagratuita).

Em relação a tabelas de referência formalmente aprovadas pelo Poder Executivo federal, citamos a tabela de preços de soluções padronizadas de Tecnologia da Informação e Comunicação (TIC), publicada pela Secretaria de Governo Digital do Governo Federal (SGD).

Quanto aos sítios eletrônicos especializados, trazemos como exemplos webmotors (webmotors.com.br) para preços de veículos e imóvelweb (imovelweb.com.br) para imóveis.

Já para exemplificar os sítios eletrônicos de domínio amplo, fazemos referência a lojas virtuais na internet como Americanas (americanas.com.br) e Submarino (submarino.com.br).

Na pesquisa de preços com adoção desse parâmetro, devem ser evitados *sites* de leilões ou de vendas de produtos usados, assim como preços promocionais que podem ser decorrentes de saldo de estoque ou de promoções específicas.

Ademais, deve o gestor público ficar atento em relação à necessidade de incluir o custo do frete, uma vez que na contratação pública a empresa terá que entregar o objeto no local indicado pela Administração e, por isso, se responsabilizará pelo custo da logística de fornecimento.

IV – Pesquisa direta com no mínimo 3 (três) fornecedores, mediante solicitação formal de cotação, desde que seja apresentada justificativa da escolha desses fornecedores e que não tenham sido obtidos os orçamentos com mais de 6 (seis) meses de antecedência da data de divulgação do edital.

A tradicional pesquisa direta com fornecedores é um importante parâmetro para obtenção de preços no mercado. Para isso, os gestores públicos devem realizar a consulta a fornecedores especializados na linha de fornecimento compatível com o objeto a ser contratado e enviar o pedido de cotação com a cópia do termo de referência, contendo todo o detalhamento da futura contratação.

Contudo, realizar a pesquisa apenas com esse parâmetro não é recomendável, pois, como bem assevera o professor Joel de Menezes Niebuhr (2022, p. 488):

> O problema é que esse procedimento não é eficaz. Ocorre, com larga frequência, que as empresas previamente consultadas pela entidade administrativa apresentam a ela orçamentos com preços excessivos,

superiores aos praticados por elas, até mesmo porque pretendem participar da licitação e não se dispõem a externar, antes do próprio certame, o seu preço real e final.

Sobre o tema, o Tribunal de Contas do Estado do Rio de Janeiro emitiu a Súmula TCE-RJ nº 002/2018, com o seguinte teor:

> Os procedimentos de pesquisa de preços no mercado, realizados previamente às contratações no âmbito da Administração Pública Municipal, *não devem se limitar a cotações obtidas junto a potenciais fornecedores, devendo obedecer aos critérios de amplitude e diversificação,* de maneira a possibilitar o acesso a fontes de pesquisa variadas e a obtenção das melhores condições de preço, respeitadas as limitações decorrentes da especificidade do objeto contratual.

Portanto, a consulta de preços junto a potenciais fornecedores deve ser utilizada em conjunto com os demais parâmetros, de forma a tornar mais robusta e diversificada a pesquisa de preços realizada na fase preparatória para elaboração do orçamento estimativo da futura contratação.

De acordo com a nova lei, a consulta deverá ser feita a, pelo menos, três fornecedores, devendo ser justificada a escolha dos consultados. Ressaltamos que não há na lei a obrigatoriedade de obtenção de três preços com fornecedores. Inclusive, na prática, mostra-se cada vez mais difícil receber propostas comerciais dos fornecedores nesta fase do processo, já que eles não auferem ganhos financeiros ao atender ao pedido de cotação pela Administração.

Por isso, muitos fornecedores consultados nos procedimentos de cotação de preços não apresentam propostas ou, quando as apresentam, majoram seu preço, pois sabem que vai subsidiar o orçamento estimativo de futura licitação (GUIMARÃES, 2015, p. 71).

Em geral, o preço do fornecedor somente deverá ser considerado se apresentado por meio de proposta formal de preços contendo descrição do objeto, unidades, quantidades, preços unitários e totais, dados do fornecedor (endereço, telefone, nome do responsável) e data de emissão da proposta, conforme previsto, por exemplo, no §2º do art. 5º da Instrução Normativa nº 65/2021, que regulamenta a pesquisa de preços para aquisição de bens e contratação de serviços em geral, no âmbito da União.

Independentemente do prazo de validade citado na proposta pelo fornecedor, de acordo com o dispositivo legal, a Administração pode utilizar o preço dele na formação do orçamento estimativo desde que o edital da licitação seja publicado em até seis meses da data de emissão da proposta.

V – Pesquisa na base nacional de notas fiscais eletrônicas, na forma de regulamento.

Esse parâmetro de pesquisa de preços é uma inovação apresentada pela nova lei. De acordo com o inciso II do §3º do art. 174 da Lei nº 14.133/21, o acesso à base nacional de notas fiscais eletrônicas será uma das funcionalidades do Portal Nacional de Contratações Públicas (PNCP). Entretanto, na presente data ainda não se encontra disponível naquele portal.

Quando essa funcionalidade estiver disponível, será possível pesquisar diretamente nos documentos fiscais os preços efetivamente praticados pelas empresas.

De acordo com o *Caderno de Logística de Pesquisa de Preços* (2024, p. 23), esse parâmetro somente poderá ser utilizado após definição da metodologia pela Secretaria de Gestão e Inovação do Ministério da Gestão e da Inovação em Serviços Públicos, devendo ser aguardada sua regulamentação.

Atualmente existem alguns sistemas privados de pesquisas de preços que possibilitam acesso a notas fiscais eletrônicas por meio de convênios com diferentes secretarias de fazenda, possibilitando consultas a suas bases de dados fiscais.

De acordo com o texto legal, os parâmetros legais anteriormente abordados podem ser combinados ou não pelo gestor público. Todavia, existem inúmeras decisões de órgãos fiscalizadores determinando que os procedimentos de pesquisa de preços sejam diversificados, não devendo ser realizados apenas com fornecedores. Como exemplo citamos os Acórdãos TCU nºs 143/2019-Plenário e 3.569/2023-2ª Câmara, além da Súmula TCE-RJ nº 002/2018.

Acerca dos mecanismos para encontrar o preço estimado, a nova lei de licitações não os determina, cabendo à norma de cada ente federativo definir a quantidade mínima de preços a serem obtidos, os cálculos a serem realizados e os demais procedimentos operacionais para elaboração do orçamento estimativo.

Como exemplo, podemos citar o "mito dos três preços". Em geral, a Administração Pública adota a quantidade mínima de três preços para composição de sua amostra, com vistas à elaboração do orçamento estimativo. No passado houve diversas decisões de órgãos fiscalizadores nesse sentido. Mas, em qual dispositivo legal está disposta essa exigência?

Lembramos que a revogada Lei nº 8.666/93 não dispôs nada sobre o tema, tampouco a nova lei de licitações. Portanto, assim como os cálculos a serem realizados, essa questão deverá ser tratada pelos diferentes regulamentos específicos elaborados por cada ente federativo.

No âmbito federal, por exemplo, a Instrução Normativa nº 65/2021, que regulamenta a pesquisa de preços para aquisição de bens e contratação de serviços em geral, estabelece a quantidade mínima de três preços para realização dos cálculos e elaboração do orçamento estimativo.

Esse orçamento possui fundamental importância, uma vez que será a referência adotada no julgamento das propostas. De acordo com o inciso III do art. 59 da Lei nº 14.133/2021, durante o julgamento do certame licitatório, as propostas formuladas com preços inexequíveis ou que permanecerem acima do estimado pela Administração deverão ser desclassificadas.

Para evitar sobrepreço e superfaturamento nas contratações, o agente de contratação ou pregoeiro deverá desclassificar as propostas que no certame permanecerem acima do orçamento estimativo.

Em relação aos preços excessivamente reduzidos, ou seja, aqueles considerados inexequíveis, a tarefa não é tão simples. Por isso, apresentamos a seguir os procedimentos a serem adotados com base na legislação vigente.

6 Análise da exequibilidade dos preços

Existe na Administração Pública uma grande preocupação com contratações executadas por preços superiores aos praticados no mercado, gerando dano ao Erário, o que configura o temido superfaturamento. Todavia, deve haver também o devido cuidado com o outro extremo dessa história.

Ao realizar a etapa competitiva por meio de processo licitatório, deve o gestor público adotar medidas para não selecionar uma proposta com preço excessivamente reduzido, a ponto de prejudicar a futura execução contratual.

Quando o preço ofertado é expressivamente menor do que aqueles praticados no mercado, podemos estar diante de uma proposta inexequível, o que poderá implicar graves prejuízos à Administração como, por exemplo, a ocorrência de licitação deserta ou a inexecução do objeto com a respectiva extinção do contrato.

Nem sempre a proposta com o menor preço é a mais vantajosa para a Administração, uma vez que um preço excessivamente reduzido pode ser inexequível, tornando inviável a execução total do objeto e prejudicando o atendimento da necessidade que ensejou a contratação.

A análise da exequibilidade aflige muitos pregoeiros e agentes de contratação já que não é uma tarefa simples e demanda conhecimentos sobre a formação do preço do objeto pretendido.

De acordo com o inciso III do art. 11 da Lei nº 14.133/21, um dos objetivos de uma licitação é evitar contratações com sobrepreço ou preços manifestamente inexequíveis e superfaturamento na execução dos contratos.

Especificamente sobre os preços inexequíveis, a noviça legislação apresenta no §2º do art. 59 a possibilidade da diligência para aferir a exequibilidade das propostas ou exigir dos licitantes que ela seja demonstrada, em consonância com o entendimento já consolidado pelo Tribunal de Contas da União, por meio da Súmula nº TCU 262.

Ademais, a nova lei de licitações estabelece no §4º do art. 59 que, no caso de obras e serviços de engenharia, serão consideradas inexequíveis as propostas com preços inferiores a 75% (setenta e cinco por cento) do orçamento estimado pela Administração.

Nesses casos, ousamos afirmar ser prudente a realização da aludida diligência devendo ser considerada a referência legal apenas como um indício de inexequibilidade, cabendo à empresa, portanto, a comprovação objetiva da exequibilidade de seu preço.

Nos casos de aquisição de bens e contratação de serviços em geral, não temos na nova lei qualquer referência objetiva de indício de inexequibilidade. Como a Administração deve agir nesses casos?

No âmbito federal, no dia 30 de setembro de 2022, foi publicada a Instrução Normativa SEGES/ME nº 73, que dispõe sobre as licitações pelo critério de julgamento por menor preço ou maior desconto, na forma eletrônica.

Essa norma regulamentadora no âmbito federal enfrentou tal questão e definiu o seguinte:

> Art. 34. No caso de bens e serviços em geral, é indício de inexequibilidade das propostas valores inferiores a 50% (cinquenta por cento) do valor orçado pela Administração.

> Parágrafo único. A inexequibilidade, na hipótese de que trata o caput, só será considerada após diligência do agente de contratação ou da comissão de contratação, quando o substituir, que comprove:
>
> I – que o custo do licitante ultrapassa o valor da proposta; e
>
> II – inexistirem custos de oportunidade capazes de justificar o vulto da oferta.

Portanto, diante da ausência na norma geral de licitações e contratos, encontramos na norma regulamentadora da União um parâmetro objetivo para análise de exequibilidade de propostas nas licitações para aquisição de bens e contratação de serviços em geral.

Conforme expresso na referida norma, nas compras e contratações de serviços em geral, caso o preço ofertado pelo licitante seja inferior a 50% do orçamento estimado pela Administração, deverá ser feita a diligência para comprovação da exequibilidade do preço ofertado.

Alertamos que tal regra vincula legalmente os órgãos e entidades da Administração Pública Federal e, por isso, estados, municípios e distrito federal, deverão observar as regras de suas próprias normas publicadas para regulamentar o tema.

Logo, mais uma vez destacamos a importância do orçamento estimativo feito pela Administração na fase preparatória, pois, além de ser adotado como referência para evitar sobrepreço e superfaturamento, será o parâmetro a ser observado para afastar a contratação por preços inexequíveis, que prejudicam o atendimento das demandas públicas.

7 Conclusão

Nesta obra abordamos de forma introdutória alguns importantes pontos apresentados pela Lei nº 14.133/21, enfatizando a fase preparatória e os seus artefatos, para enfrentar a polêmica central acerca das duas pesquisas de preços a serem realizadas no decorrer do planejamento de cada processo de contratação.

No novo diploma legal o estudo técnico preliminar constitui a primeira etapa do planejamento de uma contratação pública e tem como objetivo principal a definição da solução que vai proporcionar à Administração Pública a melhor relação custo-benefício para atender à sua necessidade.

Em prosseguimento, deverá ser realizada a análise de riscos da contratação e, mais adiante, elaborado o termo de referência contendo o detalhamento completo da solução identificada, assim como seus requisitos mínimos de qualidade, os critérios de seleção do fornecedor, as condições de execução e o modelo de gestão do contrato, dentre outras informações.

No que tange à pesquisa de preços, a nova legislação prevê que seja realizada na fase preparatória em dois momentos distintos. A primeira pesquisa deverá ser feita quando da elaboração do estudo técnico preliminar, tendo como objetivo o estudo comparativo entre as diferentes soluções encontradas no mercado, a escolha da melhor solução e a análise conclusiva acerca da viabilidade econômico-financeira de sua contratação.

Dessa forma, a pesquisa de preços realizada no ETP é menos aprofundada, com a adoção de procedimento simplificado de pesquisa de preços, possibilitando aos gestores públicos o conhecimento dos preços das diferentes soluções com vistas a subsidiar a tomada de decisão quanto àquela que será a melhor para a Administração.

No termo de referência será feita a segunda pesquisa de preços, mais aprofundada e detalhada, observando os critérios e parâmetros dispostos no art. 23 da Lei nº 14.133/21, assim como o regulamento específico de cada ente federativo, já que tem como objetivo a formação do orçamento estimativo para a contratação.

Em que pese a discussão sobre a necessidade de realização das duas pesquisas de preços durante a fase preparatória, essa nova dinâmica mostra-se importante e deve ser vista como uma oportunidade para mitigar os riscos de sobrepreço no orçamento e superfaturamento na contratação, em consonância com o disposto no inciso III do art. 11 da Lei nº 14.133/21.

Ademais, ao observar esses novos procedimentos de pesquisa de preços, a Administração Pública poderá tornar seus orçamentos estimativos mais consistentes e convergentes com a realidade praticada no mercado, para atendimento aos princípios da economicidade, competitividade e eficiência, demandados pela nossa legislação.

Como cautelas a serem observadas nas pesquisas de preços, ressaltamos os cuidados com a devida especificação de cada item a ser contratado, bem como com a respectiva unidade de medida. Diferenças entre as especificações do objeto e/ou as unidades de medida descritas no termo de referência em relação às pesquisadas podem gerar preços totalmente discrepantes e prejudicar sobremaneira a contratação.

Também devem ser adotadas cautelas quanto às quantidades e o local de execução, uma vez que os preços pesquisados devem ser compatíveis com as informações quantitativas e de localidade expressas no termo de referência.

A pesquisa de preços deve ser diversificada com a adoção dos diferentes parâmetros legais e o processo administrativo de contratação deverá ser muito bem instruído, com a demonstração de todas as fontes consultadas, os parâmetros utilizados e os cálculos realizados na formação do preço estimado para a futura contratação.

O orçamento estimativo feito pela Administração deverá refletir a realidade de preços praticados no mercado, pois será adotado como referência no julgamento das propostas, inclusive em relação à análise da exequibilidade dos preços ofertados, como determinado no inciso III do art. 59 da Lei nº 14.133/2021.

Fica assim demonstrada a grande importância do orçamento estimativo e, portanto, dos dois procedimentos de pesquisa de preços realizados na fase preparatória, para o pleno atendimento das necessidades da Administração e a melhoria da qualidade dos gastos públicos.

Referências

BRASIL. Ministério da Gestão e da Inovação em Serviços Públicos. Secretaria

de Gestão e Inovação. Diretoria de Normas e Sistemas de Logísticas. *Caderno de Logística de Pesquisa de Preços*. Versão 1.0. Brasília: DELOG/SEGES/MGI, 2024.

CAMELO, Bradson *et al. Análise econômica das licitações e contratos*. Belo Horizonte: Fórum, 2022.

GONÇALVES, Antônio Carlos Porto *et al. Economia empresarial*. 2. ed. Rio de Janeiro: FGV, 2018.

GUIMARÃES, Eduardo dos Santos. *Manual de planejamento das licitações públicas*. 2 ed. Curitiba: Juruá, 2015.

NIEBUHR, Joel de Menezes. *Licitação pública e contrato administrativo*. Belo Horizonte: Fórum, 2022.

SANTANA, Jair Eduardo *et al. termo de referência:* o impacto da especificação do objeto e do termo de referência na eficácia das licitações e contratos. 6. ed. Belo Horizonte: Fórum, 2020.

Informação bibliográfica deste texto, conforme a NBR 6023:2018 da Associação Brasileira de Normas Técnicas (ABNT):

GUIMARÃES, Eduardo. Pesquisa de preços no ETP e TR: objetivos, diferenças, procedimentos e cautelas. *In:* FURTADO, Madeline Rocha; FURTADO, Monique Rafaella Rocha (coord.). *O planejamento das contratações*: estudos técnicos preliminares e termos de referência: teoria e aplicação sob a égide da Lei nº 14.133/2021. Belo Horizonte: Fórum, 2025. p. 433-452. ISBN 978-65-5518-944-5.

TÍTULO VII

REGULAMENTAÇÃO E CONTROLE

OS LIMITES PARA REGULAMENTAÇÃO DO ESTUDO TÉCNICO PRELIMINAR PELOS ESTADOS, DISTRITO FEDERAL E MUNICÍPIOS À LUZ DA LEI Nº 14.133/2021

MICHELLE MARRY MARQUES DA SILVA

1 Introdução

A efetividade e a transparência das contratações públicas são aspectos essenciais para a boa gestão dos recursos e para a promoção da probidade administrativa. Nesse contexto, a regulamentação do estudo técnico preliminar pelos Estados, Distrito Federal e Municípios assume um papel crucial na condução dos processos licitatórios, especialmente à luz do modelo gerencial de Administração Pública estabelecido pela Lei nº 14.133/2021.

No cenário atual, em que a contratação pública é considerada imprescindível para a viabilização de políticas públicas e para garantir a prestação dos direitos fundamentais por parte do Estado, a utilização do estudo técnico preliminar (ETP) se torna ainda mais relevante. Por meio desse documento, os gestores públicos podem planejar de forma mais eficiente as aquisições necessárias para a prestação de serviços públicos essenciais, a realização de obras de infraestrutura e o aperfeiçoamento de políticas públicas, contribuindo, assim, para o desenvolvimento do país e o bem-estar da população.

Portanto, a adoção do estudo técnico preliminar pelos Estados, Distrito Federal e Municípios é indispensável para a implementação de contratações públicas estratégicas e eficientes, que atendam às necessidades da Administração Pública e contribuam para o crescimento e a qualidade dos serviços prestados à sociedade.

O estudo técnico preliminar, parte integrante da fase interna do processo licitatório busca trazer maior eficiência e segurança nas contratações públicas. No entanto, diante da competência privativa da União para legislar sobre normas gerais de licitações e contratos, surgem questões sobre a obrigatoriedade de sua elaboração e os limites para a regulamentação desse importante documento pelos entes estaduais e municipais.

Este estudo, longe de ter a pretensão de esgotar o tema, se propõe a analisar esses limites, considerando a intepretação sistemática do texto da Lei nº 14.133, de 1º de abril de 2021, e a necessidade de harmonização entre as diretrizes federais e a autonomia dos Estados, Distrito Federal e Municípios, visando garantir a conformidade legal e a efetividade dos procedimentos licitatórios em todo o território nacional.

Sob essa perspectiva, este trabalho se estrutura da seguinte maneira: (1) Primeiramente, são apresentadas considerações sobre o modelo de Administração Pública adotado pela Lei nº 14.133/2021; (2) Em seguida, são discutidas as fases do processo licitatório para identificar a posição ocupada pelo estudo técnico preliminar (ETP) dentro processo do processo licitatório; (3) É realizada, então, uma análise da definição do ETP e da obrigatoriedade de sua elaboração, como regra geral, de acordo com a legislação; (4) Posteriormente, é examinada a competência exclusiva da União para legislar sobre normas gerais de licitação e contratos; (5) Por fim, de maneira sistemática são abordados os limites para a regulamentação do ETP pelos Estados, Distrito Federal e Municípios, culminando na apresentação da tese central deste estudo.

2 Do modelo de administração pública gerencial adotado na Lei nº 14.133/2021

A Lei nº 14.133/2021 trouxe mudanças importantes para a forma como a Administração Pública conduz seus processos licitatórios e contratuais.

Para a interpretação precisa dos dispositivos da lei supramencionada, ao analisá-la e aplicá-la, é crucial compreender a verdadeira intenção por trás da criação de seus fundamentos estruturais, desse modo, torna-se inevitável entender o modelo de Administração

Pública que ela pretende adotar para garantir a correta interpretação e implementação de seus dispositivos.

Percebe-se, pelos objetivos estampados no artigo 11 da Lei nº 14.133/2021, que ela tem como objetivo melhorar a gestão dos recursos públicos, tornando-a mais eficiente, transparente e eficaz. Busca-se, dentre outros princípios, promover a economicidade, a moralidade e a legalidade nos processos de contratação pública. Por isso, o artigo 5º da Lei nº 14.133/2021 destaca os princípios que devem ser rigorosamente seguidos durante a sua aplicação.

Relacionado com esse assunto e com o que se pretende neste escrito, entre os princípios referidos no artigo 5º da Lei nº 14.133/2021, podemos destacar o princípio da economicidade, da moralidade, da legalidade, da eficiência, do interesse público, do planejamento, da eficácia. Para alguns desses, o professor José dos Santos Carvalho Filho[1] oferece as seguintes definições:

> *Princípio da legalidade:* O princípio da legalidade é certamente a diretriz básica da conduta dos agentes da Administração. Significa que toda e qualquer atividade administrativa deve ser autorizada por lei. Não o sendo, a atividade é ilícita;
>
> *Princípio da moralidade:* O princípio da moralidade impõe que o administrador público não dispense os preceitos éticos que devem estar presentes em sua conduta. Deve não só averiguar critérios de conveniência, oportunidade e justiça em suas ações, mas também distinguir o que é honesto do que é desonesto.;
>
> *Princípio a eficiência/eficácia:* A eficiência não se confunde com a eficácia nem com a efetividade. A eficiência transmite sentido relacionado ao modo pelo qual se processa o desempenho da atividade administrativa; a ideia diz respeito, portanto, à conduta dos agentes. Por outro lado, a eficácia tem relação com os meios e instrumentos empregados pelos agentes no exercício de seus misteres na administração; o sentido aqui é tipicamente instrumental. Finalmente, a efetividade é voltada para os resultados obtidos com as ações administrativas; sobreleva nesse aspecto a positividade dos objetivos. (Grifei)

Destaque importante foi feito por Antônio Flávio de Oliveira[2] no que toca à lista de princípios enumerada no art. 5º da Lei nº 14.133/2021, no sentido de que o legislador optou por arrolar de forma ampla tudo

---

[1] CARVALHO FILHO, José dos Santos. *Manual de Direito Administrativo.* São Paulo: Atlas, 2022. 36. ed. p. 16, 18 e 27.

[2] FLÁVIO DE OLIVEIRA, Antônio. *Temas controversos da Nova Lei de Licitações e Contratos.* São Paulo. Juspodivm, 2021. p. 67-68 e 70.

o que entendeu ser importante como princípio, com a intenção de "reforçar a atenção do aplicador da norma quanto à imperiosidade da observância dos comandos principiológicos especificamente listados." Acrescendo ainda que:

> Aparentemente, *no afã de se conferir mais dimensão à nova lei*, ***transformou-se em princípio tudo o quanto se reconheceu como relevante na prática dos atos por ela disciplinados.***
>
> [...]
>
> ***Somente se poderá ter como princípio aquilo que se comportar como princípio.*** Não será a simples designação de uma expressão que conferirá ao termo condição de valor principiológico orientador do sistema normativo em que se pretendeu inseri-lo.
>
> [...]
>
> ***Somente a partir do entendimento do que são princípios e da sua importância no contexto do sistema jurídico, seja ele geral ou específico, como no caso de uma lei de licitações e contratações, poder-se-á com segurança prosseguir na direção de avanços*** tanto na direção de uma maior capacidade de gestão quanto de combate à corrupção (Grifei)

Nesse sentir, para o princípio do planejamento, a intenção do legislador possivelmente foi no sentido de garantir que as contratações públicas sejam precedidas de um planejamento prévio, detalhado e adequado, alinhado com os objetivos e necessidades da Administração, de forma a otimizar o uso dos recursos públicos, prevenindo possíveis falhas e assegurando a eficiência e eficácia na gestão dos recursos públicos, já o da economicidade, o qual juntamente com o do planejamento têm estrita relação com o da eficiência, estabelece que a Administração Pública deve se empenhar para obter a proposta mais vantajosa em termos econômicos, levando em consideração não apenas o preço, mas também a qualidade, a eficiência, a durabilidade e outros fatores relevantes. Assim, o princípio da economicidade, no contexto da nova Lei de Licitações e Contratos (Lei 14.133/2021) reforça a importância de garantir a eficiência na utilização dos recursos públicos, com a pretensão de alcançar sempre a melhor relação custo-benefício nas contratações realizadas pela Administração Pública.

Marçal Justen Filho,[3] ao tratar sobre esses dois princípios, asseverou que:

---

[3] JUSTEN FILHO, Marçal. *Comentários à lei de licitações e contratos administrativos*. São Paulo: Thomson Reuters Brasil, 2021. p. 127 e 42.

> *O princípio do planejamento* significa o dever de previsão das ações futuras, abrangendo inclusive eventos não relacionados diretamente à atuação administrativa, de modo a adotar as providências mais adequadas e satisfatórias para a realização das finalidades pretendidas. O princípio do planejamento compreende uma pluralidade de atuações diversas, que desenvolvem de modo organizado e sistêmico.
>
> [...]
>
> *O princípio da economicidade* exige a concepção, a implementação e a execução de soluções que propiciem o menor desembolso de recursos para a Administração, assegurada a obtenção da finalidade pretendida. A economicidade implica a vedação ao desperdício de recursos, a gastos superiores aos necessários e à perda de benefícios. Por exemplo, viola o princípio da economicidade o pagamento de preço superior ao praticado no mercado para produtos equivalentes, em identidade de condições. (Grifei)

Acerca do princípio do interesse público, Paulo Otero,[4] em seu *Manual de Direito Administrativo*, ressaltou:

> [...] *A definição do que seja o bem comum ou o interesse público a cargo da Administração Pública insere-se num processo de contínuas alterações resultantes das mutabilidades sociais e das responsabilidades que o Estado, em cada momento histórico, à luz da subsidiariedade, pretende assumir na satisfação das necessidades coletivas:* o interesse público *traduz uma opção política, sendo a sua definição condicionada pelo modelo ideológico refletido a nível político-económico.*
>
> [...]
>
> *O interesse público é o fundamento, o limite e o critério do agir da Administração Pública.* ***O interesse público desempenha o papel de 'farol orientador do desempenho público'.***
>
> Na prossecução do interesse público, *a Administração Pública tem sempre de se pautar por um critério decisório que visa alcançar o melhor interesse público, escolhendo os melhores meios, os meios mais convenientes ou adequados a habilitar uma solução ótima:* ***o interesse público alicerça um dever de boa administração*** [...] (Grifei)

Em vista disso, o Plano Diretor da Reforma do Aparelho do Estado, de 1995,[5] que pretendeu implementar o modelo de

---

4 OTERO, Paulo. *Manual de Direito Administrativo.* Coimbra: Almedina, 2016, p. 69-70.

5 O Plano Diretor da Reforma do Aparelho do Estado pode ser consultado no seguinte link: http://www.biblioteca.presidencia.gov.br/publicacoes-oficiais/catalogo/fhc/plano-diretor-da-reforma-do-aparelho-do-estado-1995.pdf.

Administração Pública gerencial, foi uma importante proposta de reforma administrativa no Brasil, que visa tornar a gestão pública mais eficiente, eficaz e orientada para resultados.

Assim, esse modelo se esforçou em traçar o diagnóstico econômico e da crise do Estado e propor soluções. Isso quer dizer que o objetivo central foi o de analisar a situação econômica e a crise do Estado, além de apresentar soluções. Em relação ao modelo de administração pública gerencial, que se baseia na governança como a capacidade do Estado de implementar políticas públicas de forma eficiente, com foco nos resultados desejados, destaca-se a importância do controle de resultados dos agentes estatais para atingir os objetivos definidos, o que indica uma mudança do controle tradicional burocrático para um controle mais focado nos resultados e no desempenho.

Além disso, o modelo pretende consagrar o princípio da eficiência na Administração Pública, ou seja, o esforço pela otimização dos recursos disponíveis para alcançar os resultados desejados. Ele promove maior interação e parceria entre a Administração Pública e a sociedade civil, com o objetivo de envolver os cidadãos na gestão pública, portanto, sua maior participação. Também preconiza uma maior autonomia para as entidades da Administração Pública, permitindo mais agilidade e flexibilidade na tomada de decisões.

A intenção é, de certa forma, reduzir o controle rígido sobre o cumprimento estrito dos procedimentos legais. Há uma certa distância em relação às obrigações de seguir rigidamente a legalidade, hierarquia e formalidades procedimentais.

A reforma da Administração Pública para esse tipo de modelo será executada em três dimensões: (1) dimensão institucional-legal: se modificam as leis e se criam ou modificam instituições; (2) dimensão cultural: mudança dos valores burocráticos para os gerenciais; e (3) dimensão gestão: colocar em prática as novas ideias gerenciais e oferecer à sociedade um serviço público efetivamente mais barato, mais bem controlado, e com melhor qualidade.

Para Bresser Pereira, idealizador desse modelo, a Administração Pública Gerencial deve apresentar as seguintes características: 1. descentralização do ponto de vista politico: transferindo recursos e atribuições para os níveis políticos regionais e locais; 2. descentralização administrativa, através da delegação de autoridade para os administradores públicos transformados em gerentes crescentemente autônomos; 3. organizações com poucos níveis hierárquicos ao invés de piramidal; 4. pressuposto da confiança limitada e não da desconfiança total;

5. controle por resultados, *a posteriori*, ao invés do controle rígido, passo a passo, dos processos administrativos; e administração voltada para o atendimento do cidadão, ao invés de autorreferida.

Ante o exposto, torna-se de fácil percepção que o modelo de Administração Pública Gerencial proposto pelo Plano Diretor da Reforma do Aparelho do Estado de 1995 pretende modernizar a gestão pública, priorizando a eficiência, a eficácia, a orientação para resultados e a participação da sociedade na administração dos interesses públicos. Foi com esse espírito que a Lei nº 14.133/2021 foi criada, por isso conceitos como governança institucional (Decreto nº 9.203, de 22 de novembro de 2017, e art. 11, parágrafo único, da Lei nº 14.133/2021), governança da contratação pública (Portaria SEGES/ME nº 8.678, de 19 de julho de 2021), ênfase na fase de planejamento da contratação (Capítulo II e art. 5º da Lei nº 14.133/2021), contratação voltada para os resultado mais vantajoso para a Administração Pública (art. 11, inciso I, da Lei nº 14.133/2021), nesse caso não apenas considerando o menor preço (art. 23 da Lei nº 14.133/2021), são fortes no texto da norma. Nesse universo, o estudo técnico preliminar (art. 18 da Lei nº 14.133/2021), como um documento que compõe a fase interna do processo licitatório, passa naturalmente também a ter relevância.

3 Das fases do processo licitatório

Antes de definir o estudo técnico preliminar, é primordial compreender em qual fase do processo licitatório ele deve estar presente.

O artigo 2º da Portaria SEGES/ME nº 8.678/2021, em seu inciso IV, elucida que o metaprocesso de contratação pública é o rito integrado pelas fases de planejamento da contratação, seleção do fornecedor e gestão do contrato, e que serve como padrão para que os processos específicos de contratação sejam realizados. Essa definição é extremamente importante para padronizar o rito que deve obrigatoriamente ser seguido nos processos específicos de contratação pública a partir do metaprocesso.

O artigo 19 da Instrução Normativa nº 05, de 26 de maio de 2017,[6] da Secretaria de Gestão do então Ministério do Planejamento,

[6] Até a presente data (24.01.2025) a IN SEGES/MPDG nº 05/2017 está sendo utilizada para fundamentar as contratações de serviços sob o regime de execução indireta no âmbito da Administração Pública federal direta, autárquica e fundacional (terceirização) do

Desenvolvimento e Gestão, já previa como fases do processo licitatório para contratações de serviços as seguintes: I – Planejamento da Contratação; II – Seleção do Fornecedor; e III – Gestão do Contrato.

Diante disso, o artigo 17 da Lei nº 14.133/2021 estabeleceu como fases do processo licitatório:

1. preparatória ou de planejamento da contratação onde é feita a instrução do processo. Nesse ponto específico cabe ser destacado que o planejamento deve estar alinhado com o plano de contratações anual, que é elaborado a partir das diretrizes do Plano de Logística Sustentável, que deverá estar alinhado ao planejamento estratégico do órgão (art. 10, parágrafo único, da Portaria SEGES/ME nº 8.678/2021;
2. divulgação do edital de licitação;
3. apresentação de propostas e lances, quando for o caso;
4. julgamento;
5. habilitação;
6. recursal;
7. homologação.

Deve-se ressaltar que apesar de o artigo 17 da Lei nº 14.133/2021 não ter feito menção expressa às fases de seleção do fornecedor e de gestão do contrato entende-se que elas devem ser consideradas como fases do processo licitatório também no microssitema jurídico da Lei nº 14.133/2021. O estudo técnico preliminar, como documento que é confeccionado na fase de instrução do processo licitatório, faz parte, portanto, da fase interna ou de planejamento do processo licitatório, mas que pode sofrer atualização no decorrer das fases seguintes do processo licitatório, inclusive, pode haver necessidade de refazê-lo.

4 Definição do estudo técnico preliminar na Lei nº 141.133/2021 e a opção legislativa pela sua elaboração obrigatória como regra geral

O artigo 6º, inciso XX, da Lei nº 14.133/2021, conceitua o estudo técnico preliminar (ETP) como o documento constitutivo da primeira etapa do planejamento de uma contratação que caracteriza o interesse

microssistema jurídico da Lei nº 14.133/2021 em decorrência da previsão trazida pela Instrução Normativa SEGES/ME nº 98, de 26 de dezembro de 2022 (recepcionou a IN 05/2017).

público envolvido e a sua melhor solução e dá base ao anteprojeto, ao termo de referência ou ao projeto básico a serem elaborados caso se conclua pela viabilidade da contratação.

Ainda, o artigo 6º da Instrução Normativa SEGES Nº 58, de 8 de agosto de 2022, que dispõe sobre a elaboração dos ETPs, para a aquisição de bens e a contratação de serviços e obras, no âmbito da Administração Pública federal direta, autárquica e fundacional, e sobre o Sistema ETP digital, estabelece que o ETP deverá evidenciar o problema a ser resolvido e a melhor solução, de modo a permitir a avaliação da viabilidade técnica, socioeconômica e ambiental da contratação.

O estudo técnico preliminar pode ser definido, então, considerados os aspectos acima, como um documento essencial na etapa interna do processo de licitação. Ele vem após o documento que formaliza a necessidade da Administração Pública (Documento de Formalização da Demanda) e tem a função de destacar o problema a ser resolvido e encontrar a melhor solução para que a Administração possa contratar com vantajosidade, devendo avaliar a viabilidade técnica, socioeconômica e ambiental para tanto. Seu objetivo, portanto, é embasar a decisão de contratar um bem específico, serviço ou obra pela Administração Pública, garantindo maior qualidade e eficiência nas contratações públicas.

No artigo 7º da IN nº 58/2022 há disposição obrigando que o ETP esteja alinhado com o Plano de Contratações Anual e com o Plano Diretor de Logística Sustentável, além de outros instrumentos de planejamento da Administração Pública definidos no art. 2º da Portaria SEGES/ME nº 8.678/2021, nesses termos:

> VI – *Plano de Contratações Anual:* instrumento de governança, elaborado anualmente pelos órgãos e entidades, contendo todas as contratações que se pretende realizar ou prorrogar no exercício subsequente, com o objetivo de racionalizar as contratações sob sua competência, garantir o alinhamento com o seu planejamento estratégico e subsidiar a elaboração da respectiva lei orçamentária do ente federativo.
>
> VII – *Plano Diretor de Logística Sustentável – PLS:* instrumento de governança, vinculado ao planejamento estratégico do órgão ou entidade, ou instrumento equivalente, e às leis orçamentárias, que estabelece a estratégia das contratações e da logística no âmbito do órgão ou entidade, considerando objetivos e ações referentes a critérios e a práticas de sustentabilidade, nas dimensões econômica, social, ambiental e cultural; (Grifei)

Como já ressaltado linhas acima, o artigo 17 da Lei nº 14.133/2021 delineou as fases do processo licitatório. Conforme previsto no artigo 18 da lei referida, foi consignado expressamente que a fase preparatória do processo licitatório é caracterizada pelo planejamento e deve compatibilizar-se com o plano de contratações anual, de que trata o inciso VII do *caput* do art. 12 dessa mesma lei, sempre que for elaborado, e com as leis orçamentárias, bem como abordar todas as considerações técnicas, mercadológicas e de gestão que podem interferir na contratação. Faz parte, ainda, da instrução do processo licitatório, de acordo com o inciso I do art. 18 da norma em questão, a descrição da necessidade da contratação fundamentada em estudo técnico preliminar que caracterize o interesse público envolvido.

Ademais, o parágrafo 1º do artigo 18 da Lei nº 14.133/2021 obriga que o ETP evidencie o problema a ser resolvido e a sua melhor solução, de modo a permitir a avaliação da viabilidade técnica e econômica da contratação, e determina, como regra geral, que constem os elementos a seguir nesse importante artefato da fase interna do processo licitatório:

I – descrição da necessidade da contratação, considerado o problema a ser resolvido sob a perspectiva do interesse público;

II – demonstração da previsão da contratação no plano de contratações anual, sempre que elaborado, de modo a indicar o seu alinhamento com o planejamento da Administração;

III – requisitos da contratação;

IV – estimativas das quantidades para a contratação, acompanhadas das memórias de cálculo e dos documentos que lhes dão suporte, que considerem interdependências com outras contratações, de modo a possibilitar economia de escala;

V – levantamento de mercado, que consiste na análise das alternativas possíveis, e justificativa técnica e econômica da escolha do tipo de solução a contratar;

VI – estimativa do valor da contratação, acompanhada dos preços unitários referenciais, das memórias de cálculo e dos documentos que lhe dão suporte, que poderão constar de anexo classificado, se a Administração optar por preservar o seu sigilo até a conclusão da licitação;

VII – descrição da solução como um todo, inclusive das exigências relacionadas à manutenção e à assistência técnica, quando for o caso;

VIII – justificativas para o parcelamento ou não da contratação;
IX – demonstrativo dos resultados pretendidos em termos de economicidade e de melhor aproveitamento dos recursos humanos, materiais e financeiros disponíveis;
X – providências a serem adotadas pela Administração previamente à celebração do contrato, inclusive quanto à capacitação de servidores ou de empregados para fiscalização e gestão contratual;
XI – contratações correlatas e/ou interdependentes;
XII – descrição de possíveis impactos ambientais e respectivas medidas mitigadoras, incluídos requisitos de baixo consumo de energia e de outros recursos, bem como logística reversa para desfazimento e reciclagem de bens e refugos, quando aplicável;
XIII – posicionamento conclusivo sobre a adequação da contratação para o atendimento da necessidade a que se destina.

Embora o parágrafo 1º do artigo 18 da Lei nº 14.133/2021 estipule, obrigatoriamente, como regra geral, a adoção dos elementos nele citados, o §2º, desse mesmo artigo, institui que pode haver exceção quando dispõe que o estudo técnico preliminar deverá conter ao menos os elementos previstos no §1º do artigo 18 nos incisos I (descrição da necessidade da contratação fundamentada em estudo técnico preliminar que caracterize o interesse público envolvido), IV (o orçamento estimado, com as composições dos preços utilizados para sua formação), VI (a elaboração de minuta de contrato, quando necessária, que constará obrigatoriamente como anexo do edital de licitação), VIII (a modalidade de licitação, o critério de julgamento, o modo de disputa e a adequação e eficiência da forma de combinação desses parâmetros, para os fins de seleção da proposta apta a gerar o resultado de contratação mais vantajoso para a Administração Pública, considerado todo o ciclo de vida do objeto) e XIII (posicionamento conclusivo sobre a adequação da contratação para o atendimento da necessidade a que se destina) e, na hipótese de não contemplar os demais elementos previstos no referido parágrafo, apresentar as devidas justificativas.

Em face de tudo o que foi exposto até este ponto, a pergunta que fica é se o ETP deve ser confeccionado obrigatoriamente ou não para todos os tipos de contratações públicas?

Na doutrina, Joel de Menezes Niebuhr[7] entende que:

> Advirta-se que, pelo teor do artigo 18 da Lei nº 14.133/2021, *o estudo técnico preliminar é obrigatório, e a Administração não tem a faculdade de dispensá-lo. Admite-se o estudo simplificado, na forma do §2º do mesmo artigo 18. Entretanto, não se admite a não realização do estudo, ainda que se trate de uma licitação simples, recorrente e sem maiores vulnerabilidades.* A exceção é a contida no inciso I do caput do artigo 72 da Lei nº 14.133/2021, que, a rigor, não versa sobre licitação, e sim sobre contratação direta [...] (Grifei)

Nesse mesmo sentido, Fabrício Lopes e Mônica Antinarelli:[8]

> *A literalidade do inciso I do art. 18 da Lei nº 14.133/2021 concebeu o ETP de forma obrigatória, não realizando qualquer corte pertinente ao objeto da licitação. Portanto, o ETP é exigível para contratação de obras, serviços e compras*, sendo que sua elaboração fica ao encargo de servidores da área técnica e requisitante, conjuntamente, ou, quando houver, pela equipe de planejamento da contratação (art. 8º, IN SEGES nº 58/2022).
>
> No que se refere ao valor ou à complexidade, a lei não traçou qualquer restrição.
>
> *De todo o modo, a leitura da legislação infraconstitucional não pode deixar de considerar o norte da eficiência, constante do caput do art. 37 da Constituição da República. Não é eficiente desenvolver a integralidade inclusive para contratações simples, de valor pouco expressivo.* (Grifei)

Tatiana Camarão[9] chamou atenção para a seguinte questão a ser considerada na aplicação prática do instituto, de acordo com o trecho abaixo colacionado:

> *De acordo com o Tribunal de Contas da União, a elaboração do estudo técnico preliminar (ETP) é obrigatória para todas as contratações, pois o termo de referência e o Projeto Básico se espelharão neste documento.*
>
> A Corte de Contas esclarece, ainda, que esta exigência tem sua razão de ser, visto que o estudo técnico preliminar busca mitigar os riscos de desperdícios oriundos da ineficiência e de fraude na gestão da licitação

---

7 NIEBUHR, Joel de Menezes. *Licitação pública e contrato administrativo*. 6. ed. Belo Horizonte: Fórum, p. 421.

8 SARAI, Lenadro (org.). *Tratado da nova lei de licitações e contratos administrativos*: Lei 14.133/21 comentada por advogados públicos. Salvador: Juspodivm, 2023, p. 374-375.

9 FORTINI, Cristiana; OLIVEIRA, Rafael Sérgio Lima de; CAMARÃO, Tatiana (coord.). *Comentários à Lei de Licitações e Contratos Administrativos*. Belo Horizonte: Fórum, 2022, p. 288-289.

[...]

Logo, o entendimento de que é proibido realizar uma contratação sem ETP não tem como se sustentar, pois é essencial avaliar o universo no qual se situa a demanda e a real necessidade de produção do documento complexo para encontrar uma solução viável.

Em apoio a essa posição, é o meu entendimento e o de Isabela Britto quando asseveramos:

A escolha apontada no ETP de adotar um determinado tipo de equipamento ou material poderá subsidiar as próximas aquisições, não sendo necessária, ***a cada nova aquisição, a elaboração de novo documento, uma vez que a solução foi identificada***. Portanto, *até que se* ***mude a estratégia ou a necessidade, as compras futuras de tais materiais estarão resguardadas, bastando para tanto a referência ao estudo realizado em momento anterior e a juntada*** **de justificativa que fundamente as novas quantidades a serem adquiridas**. (Grifei)

Por fim, Ronny Charles[10] arremata que:

Em relação à obrigatoriedade de elaboração do ETP, a Instrução Normativa indica uma obrigatoriedade geral, ressalvada apenas em poucas exceções por ela indicadas.

Nesses termos, a elaboração de ETP obrigatório, ressalvadas as seguintes exceções:

Art. 14. A elaboração do ETP:

I – é facultada nas hipóteses dos incisos I, II, VII e VIII do art. 75 e do §7º do art. 90 da Lei nº 14.133, de 2021; e

II – é dispensada na hipótese do inciso III do art. 75 da Lei nº 14.133, de 2021, e nos casos de prorrogações dos contratos de serviços e fornecimentos contínuos.

Com o devido respeito, entendemos que esta obrigatoriedade generalizada do ETP ***ignora os custos transacionais de sua elaboração, ao menos como instrumento real de reflexão sobre as soluções existentes no mercado*** *para atendimento da demanda administrativa.*

Na prática, ***esta postura induz a realização de estudos técnicos preliminares apenas formais, que constam no processo para cumprir o comando burocrático, mas que efetivamente não demonstram a reflexão pretendida pelo instrumento***. (Grifei)

---

10 TORRES, Ronny Charles Lopes de. *Leis de Licitações Públicas Comentadas*. 14. ed. Salvador: Juspodivm, 2023, p. 164.

Embora pelo texto legal esteja configurada a obrigatoriedade de adoção do ETP para todos os tipos de contratação, o artigo 72 da Lei nº 14.133/2021 criou hipótese de exceção para o processo de contratação direta, que compreende os casos de inexigibilidade e de dispensa de licitação, quando dispôs que ele deverá ser instruído com os documentos nesse dispositivo arrolados, mas, no inciso I, autorizou a confecção do estudo técnico preliminar, se for o caso, levando a crer que sua dispensa está autorizada.

A Instrução Normativa SEGES nº 58, de 8 de agosto de 2022, em seu artigo 14 também facultou a obrigatoriedade do ETP nas hipóteses dos incisos I, II, esses dois incisos referem-se às chamadas contratações de pequeno valor, VII (nos casos de guerra, estado de defesa, estado de sítio, intervenção federal ou de grave perturbação da ordem) e VIII (nos casos de emergência ou de calamidade pública) do artigo 75 e do §7º do artigo 90 (contratação de remanescente de obra, de serviço ou de fornecimento) da Lei nº 14.133/2021; e o dispensou na hipótese do inciso III do artigo 75 da Lei nº 14.133/2021 (licitação deserta ou fracassada) e nos casos de prorrogações dos contratos de serviços e fornecimentos contínuos.

Sendo assim, conforme o conteúdo tanto do *caput* do artigo 18 da Lei nº 14133/2021, quanto do artigo 3º, inciso I, combinado com o artigo 14 da IN/SEGES nº 58/2022, forçoso reconhecer que a opção no âmbito da Administração Pública federal foi mesmo, como regra geral, pela elaboração obrigatória do ETP para todos os tipos de contratação, o que pode gerar certa ineficiência na atividade desenvolvida pela Administração Pública, visto que contratações simples, de pequeno valor, que não se enquadrem como contratação direta e muitas vezes se repetem vão exigir destinação da força de trabalho, alocação de recursos para a confecção desse documento, que terá grande chance de ser repetido.

5 Da competência privativa da União para legislar sobre normas gerais de licitação e contratos

Antes de abordar o tema em questão, é importante salientar alguns pontos iniciais específicos para análise. Preliminarmente é primordial compreender que a repartição de competências constitucionais entre os entes federativos visa também, em certa medida, evitar conflitos e redundâncias, a fim de otimizar esforços e recursos públicos.

Além disso, a forma como são distribuídas as competências constitucionais entre os entes federativos geralmente reflete o tipo de federalismo adotado pelo Estado. No contexto brasileiro, o surgimento do federalismo ocorreu inicialmente de forma centrífuga, ou seja, de "dentro para fora", isso quer dizer que a Federação se originou de um Estado unitário que se fragmentou. No entanto, não é demais afirmar que o Estado brasileiro constitui uma federação com tendências marcadamente centrípetas, ou seja, "de fora para dentro", uma vez que a distribuição de poder ocorre dessa forma, com uma tendência ao fortalecimento do poder central da União federal.[11]

Em segundo plano, é razoável considerar que as "normas gerais" são conceitos jurídicos indeterminados, haja vista o fato de não possuírem uma definição precisa e objetiva, sendo passíveis de interpretação e aplicação pelo julgador de acordo com o contexto e os princípios do Direito. Em virtude desse caráter, é também plausível presumir que a resolução de disputas relacionadas à competência para elaboração das normas gerais ou específicas envolva alto grau de subjetivismo por parte da corte constitucional, que atua especificamente na interpretação e aplicação da Constituição.

O terceiro tópico a ser abordado tem relação com o federalismo de cooperação. Na busca por definir o conceito de normas gerais, Tércio Sampaio Ferraz Júnior[12] destacou como ponto relevante a ser ponderado: o federalismo de cooperação e sua viabilidade de aplicação dentro do quadro constitucional da República Federativa do Brasil, com o teor a seguir colacionado:

> [...] Sempre restarão dúvidas, no caso concreto, para aplicar o critério estritamente lógico-formal. Deste modo, *para o intérprete, a necessidade de se analisar o conteúdo num contexto finalístico se impõe*. Assim, *do ângulo teleológico, a distinção há de se reportar* ***ao interesse prevalecente na organização federativa****. A federação brasileira, já pelo disposto no caput do art. 1º, já pela ênfase na solidariedade, na redução das desigualdades regionais, na garantia de um desenvolvimento nacional (art. 3º) aponta muito*

[11] Wikipédia. Disponível em: https://pt.wikipedia.org/wiki/Federa%C3%A7%C3%A3o. Acesso em: 7 ago. 2024.

[12] FERRAZ JÚNIOR, T. S. Normas gerais e competência concorrente: uma exegese do art. 24 da Constituição Federal. *Revista da Faculdade de Direito da Universidade de São Paulo*, São Paulo, v. 90, p. 245-251, 1995. Disponível em: https://www.revistas.usp.br/rfdusp/article/view/67296. Acesso em: 6 ago. 2024.

mais para um federalismo do tipo cooperativo, ***que exige a colaboração dos entes federativos e confere, correspondentemente, menor importância à separação e independência recíproca entre eles.*** *Até formalmente, a mudança da expressão "Estados Unidos do Brasil" usada ainda em 1946, para "República Federativa do Brasil" mostra, historicamente, este objetivo.*

9. Ora, ***o federalismo cooperativo vê na necessidade de uniformização de certos interesses um ponto básico da colaboração.*** *Assim, toda matéria que extravase o interesse circunscrito de uma unidade (estadual, em face da União; (municipal, em face do Estado) ou porque é comum (todos têm o mesmo interesse) ou porque envolve tipologias, conceituações que, se particularizadas num âmbito autônomo,* ***engendrariam conflitos ou dificuldades no intercâmbio nacional, constitui matéria de norma geral.*** (Grifei)

É um argumento interessante, que merece ser considerado. Conforme estabelecido no texto constitucional, é atribuída à União a competência sobre questões que afetam o país em seu âmbito nacional. Aos Estados-Membros coube a jurisdição sobre assuntos relacionados ao seu território e aos interesses estaduais predominantes, enquanto aos Municípios compete a gestão de temas de interesse local preponderante. A tarefa de equilibrar esses interesses, fundamental para a harmonia entre os entes, é um desafio significativo que se coloca no contexto da distribuição de competências, o qual pode ser alcançado por meio do federalismo de cooperação.

Veja nesse sentido o voto do Min. Cezar Peluso na ADIn nº 1.007-7/PE citado por André Ramos Tavares:[13]

O alcance do caráter geral e que dá a razão por que se distribui competência concorrente nessa matéria, quando a Constituição *atribui a União a competência para ditar normas de caráter geral sobre contratos.* ***É que a União é que deve ditar normas aplicáveis a todo o país, a fim de que um contrato não tenha particularidade normativa em determinado Estado, outra particularidade em Estado diverso, ou a possibilidade de os Estados estabelecerem normas diferentes sobre o mesmo tipo de contrato.*** (ADIn nº 1.007-7/PE, Min. rel. Eros Grau, DJ de 24/02/2006, Grifei)

[13] TAVARES, A. R. Normas gerais e competência legislativa concorrente: uma análise a partir de decisões do STF (2011). *Revista da Procuradoria Geral do Estado de São Paulo*, São Paulo, p. 1-39, 2011. Disponível em: https://revistas.pge.sp.gov.br/index.php/revistapegesp/article/view/659. Acesso em: 6 ago. 2024.

O autor precitado[14] destacou também o trecho abaixo do voto do Ministro Carlos Velloso na ADIn-MC nº 874-9/BA na mesma direção:

> Diz-se, aqui, semelhante, porquanto o Ministro Carlos Velloso, embora espose esta concepção de norma geral como norma de maior abstração, finda, ***por vezes, a argumentar de maneira semelhante a concepção do Ministro Carlos Britto, e dizer, por uma concepção de norma geral vinculada a necessidade de aplicação federativa uniforme***. Veja, nesse sentido, o seu voto na ADIn-MC n. 874-9/BA (esta ADIn é mencionada no item 2.2.2.):
>
> ***'A questão posta nos autos não diz respeito a uma situação peculiar do Estado da Bahia; noutras palavras, ela é de interesse de mais de um Estado-membro. A questão, portanto, estaria compreendida nas normas gerais da União e não na legislação de normas especificas para atender a peculiaridade do Estado-membro."*** (ADIn-MC nº 874-9/BA, Min. rel. Neri da Silveira, DJ de 20/08/93, grifei)

Dessarte, ainda que as repartições de competências constitucionais e as regras a serem observadas estejam dispostas na carta constitucional pode haver choque entre os interesses dos diversos entes e quando isso ocorrer o interesse mais amplo tende a prevalecer sobre o mais restrito, havendo, então, uma preponderância natural de interesses mais amplos, no caso da União, por exemplo, por ter competências legislativas que afetem o país em seu aspecto nacional.

Renato Monteiro Rezende,[15] ao expor o pensamento de Celso Antônio Bandeira de Mello sobre a temática, destacou que:

> [C]umpre reconhecer como incluído no campo das normas gerais *a fixação, pela União, de padrões mínimos de defesa do interesse público concernente àquelas matérias em que tais padrões deveriam estar assegurados em todo o País*, sob pena de ditos interesses ficarem à míngua de proteção. *É que este malefício evidentemente poderia ocorrer, seja por inércia de certos Estados, seja em determinados casos mais específicos, por carecerem alguns deles de preparo ou informação técnica suficientes para o reconhecimento e definição*

---

[14] TAVARES, A. R. Normas gerais e competência legislativa concorrente: Uma análise a partir de decisões do STF (2011). *Revista da Procuradoria Geral do Estado de São Paulo*, São Paulo, p. 1-39, 2011. Disponível em: https://revistas.pge.sp.gov.br/index.php/revistapegesp/article/view/659. Acesso em: 6 ago. 2024.

[15] REZENDE, Renato Monteiro de. Normas gerais revisitadas: a competência legislativa em matéria ambiental. Núcleos de estudos e pesquisa do Senado. Textos para discussão 121. 2023. Disponível em: https://www12.senado.leg.br/publicacoes/estudos-legislativos/tipos-de-estudos/textos-para-discussao/td-121-normas-gerais-revisitadas-a-competencia-legislativa-em-materia-ambiental. Acesso em: 06 ago. 2024. p. 6-35.

> *dos ditos padrões mínimos indispensáveis ao resguardo do interesse público quando envolvida matéria técnica.* [...] Por sem dúvida, *se adotada intelecção que limitasse a competência da União à simples enunciação de princípios, os riscos para a salvaguarda de interesses capitais seriam evidentíssimos, prescindindo mesmo de qualquer esforço demonstrativo.* (Grifei)

Dessa forma, o artigo 22 da Constituição Federal dispôs:

> Art. 22. Compete *privativamente* à União legislar sobre:
>
> XXVII – *normas gerais de licitação e contratação;*
>
> Parágrafo único. Lei complementar *poderá autorizar* os Estados a legislar sobre questões específicas das matérias relacionadas neste artigo. (grifei)

Observa-se que a competência atribuída à União no referido artigo pertence à categoria de competência privativa. Esse tipo de competência geralmente não permite a legislação concorrente, a qual só é permitida mediante a edição de lei complementar. Como exceção a essa regra, os Estados, não abrange os Municípios, podem legislar de forma concorrente, em questões específicas, conforme autorizado pelo parágrafo único do mesmo dispositivo, possibilitando a atuação de diversos entes federativos (União, Estados e DF), mas só quando a lei complementar permitir.

Por outro lado, existe também a competência legislativa suplementar dos Estados prevista no art. 24, §2º,[16] da Constituição Federal, a qual é utilizada para preencher lacunas na legislação. Conforme estabelecido no texto constitucional, essa disposição afirma que a competência da União para legislar sobre normas gerais não exclui a competência suplementar dos Estados.

Renato Monteiro[17] apresentou um resumo sobre essa matéria com o seguinte teor:

---

[16] FERRAZ JÚNIOR, T. S. Normas gerais e competência concorrente: uma exegese do art. 24 da Constituição Federal. *Revista da Faculdade de Direito da Universidade de São Paulo*, São Paulo, v. 90, p. 245-251, 1995. Disponível em: https://www.revistas.usp.br/rfdusp/article/view/67296. Acesso em: 6 ago. 2024.

[17] REZENDE, Renato Monteiro de. Normas gerais revisitadas: a competência legislativa em matéria ambiental. Núcleos de estudos e pesquisa do Senado. Textos para discussão 121. 2023. Disponível em: https://www12.senado.leg.br/publicacoes/estudos-legislativos/tipos-de-estudos/textos-para-discussao/td-121-normas-gerais-revisitadas-a-competencia-legislativa-em-materia-ambiental. Acesso em: 06 ago. 2024. p. 6-35.

> Se a finalidade precípua de suprir a omissão legislativa da União é o atendimento às peculiaridades estaduais, pode-se concluir que:
>
> (i) ***a normatização inicial de determinadas matérias, atribuída em princípio ao legislador nacional, é condição para o exercício da competência suplementar dos Estados,*** uma vez que ***a regulação das peculiaridades se dá dentro do quadro delineado pelas normas gerais e não em oposição a ele ou em sua ausência;***
>
> (ii) ***editadas as normas gerais pela União, incumbe à legislação estadual dispor sobre a matéria objeto da competência concorrente para desenvolvê-la (a competência estadual é suplementar),*** *preenchendo os vazios deixados pela legislação nacional e disciplinando as peculiaridades estaduais;*
>
> (iii) ***não editadas as normas gerais pela União, os Estados podem regular aspectos originalmente entregues à disciplina nacional,*** pois, se não pudessem incursionar em tais circunstâncias sobre o âmbito material reservado às normas gerais, ver-se-iam impossibilitados de disciplinar a contento aquilo que constitui matéria inexplorável pelas normas gerais, ***ou seja, as suas peculiaridades.*** (Grifei)

Veja o que também diz Tércio Sampaio[18] sobre o assunto de maneira elucidativa:

> 10. Pelo art. 24, §2º e §3º, duas situações, ademais, merecem atenção. O §3º regula o caso de inexistência de lei federal sobre normas gerais, ou seja, de lacuna. A Constituição Federal, ocorrendo a mencionada inexistência, autoriza o Estado federado a preenchê-la, isto é, a legislar sobre normas gerais, ***mas apenas para atender a suas peculiaridades. O Estado, assim, passa a exercer uma competência legislativa plena, mas com função colmatadora de lacuna, vale dizer, apenas na medida necessária para exercer sua competência própria de legislador sobre normas particulares.*** Ele pode, pois, legislar sobre normas gerais naquilo em que elas constituem condições de possibilidade para a legislação própria sobre normas particulares. ***Tais normas gerais estaduais com função colmatadora por isso mesmo só podem ser gerais quanto ao conteúdo, mas não quanto aos destinatários: só obrigam nos limites da autonomia estadual.***
>
> 11. ***Diferente, a nosso ver, é a situação do §2º, em que, inobstante a competência privativa da União e até supondo-a exercida (não há, pois, inexistência ou lacuna de normas gerais), garante aos Estados a chamada competência suplementar. Esta competência, aliás, também***

---

18 *Op. cit.*, p. 245-251.

> ***é conferida aos Municípios (art. 30 II) que, no entanto, não participam da competência concorrente.*** Que significa, então, o constituinte com esta competência?
>
> 12. ***A competência suplementar não se confunde com o exercício da competência plena "para atender a suas peculiaridades" conforme consta do §2º, que é competência para editar normas gerais em caso de lacuna (inexistência) na legislação federal.*** *Não se trata, pois, de competência para editar normas gerais eventualmente concorrentes. Se assim fosse, o §3º seria inútil ou o §3º tornaria inútil o §2º* ***Além disso, é competência também atribuída aos Municípios que estão, porém, excluídos da legislação concorrente.*** Isto nos leva a concluir que ***a competência suplementar não é para a edição de legislação concorrente, mas para a edição de legislação decorrente, que é uma legislação de regulamentação, portanto de normas gerais que regulam situações já configuradas na legislação federal e às quais não se aplica o disposto no §4º (ineficácia por superveniência de legislação federal), posto que com elas não concorrem (se concorrem, podem ser declaradas inconstitucionais).*** *É pois competência que se* ***exerce à luz de normas gerais da União e não na falta delas.*** (Grifei)

Dessa maneira, é possível afirmar que, por exemplo, o Município (art. 30, inciso II, da CF[19]) pode estabelecer uma determinada modalidade de licitação como obrigatória, considerando que faz sentido aplicá-la em seu contexto local exercendo a competência suplementar autorizada pela Constituição da República. No entanto, o Município não tem autoridade para proibir o uso de modalidade expressamente prevista na lei geral de licitações e contratos. Além disso, não pode criar novas situações de dispensa ou inexigibilidade, pois esses assuntos estão dentro da competência exclusiva da União para editar normas gerais de licitação e contratos.

André Ramos Tavares,[20] tratando sobre a competência concorrente dos Estados, destacou que:

> ***[A]s normas gerais cabem a União, e aos Estados-membros cabem as normas particulares. Por isso a competência dos Estados-membros é denominada complementar, por adicionar-se a legislação nacional***

---

19 Art. 30 da CF: Compete aos Municípios: II – suplementar a legislação federal e a estadual no que couber.

20 TAVARES, A. R. Normas gerais e competência legislativa concorrente: uma análise a partir de decisões do STF (2011). *Revista da Procuradoria Geral do Estado de São Paulo*, São Paulo, p. 1-39, 2011. Disponível em: https://revistas.pge.sp.gov.br/index.php/revistapegesp/article/view/659. Acesso em: 6 ago. 2024.

> ***no que for necessário.*** Também a União cabe legislar sobre normas particulares para seu âmbito.
>
> ***Há também a competência prevista para os Estados-membros legislarem sobre as normas gerais e as particulares quando a União se tenha mantido inerte, omissa.*** E a competência *supletiva,* que supre a ausência da legislação nacional.
>
> *A Constituição fala em competência suplementar dos Estados-membros (art. 24, §2º, in fine). Essa competência suplementar pode-se dividir em complementar e supletiva* (...). (TAVARES, André Ramos. *Curso de Direito Constitucional*. 7. ed. São Paulo: Saraiva, 2009, grifei)

Sobre competências concorrentes não cumulativas e cumulativas dos Estados, também Renato Monteiro de Rezende[21] observou o seguinte:

> ***A Constituição brasileira adotou o esquema de repartição conhecido como de competências concorrentes não cumulativas, que se caracteriza pela regulação legislativa concomitante de um mesmo âmbito material pela União e pelos Estados, com uso do critério distintivo de norma geral e norma especial para definir o que incumbe aos legisladores nacional e estadual disciplinar.***
>
> *Em contraposição a esse modelo,* ***fala-se de competência concorrente cumulativa (ou clássica) quando há disponibilidade ilimitada do ente central de legislar sobre a matéria, até mesmo podendo esgotá-la, remanescendo aos Estados o poder de suplementação, em caso de ausência de norma federal, ou de complementação, para preencher lacunas acaso por ela deixadas.*** (MOREIRA NETO, Diogo de Figueiredo. Competência concorrente limitada: o problema da conceituação das normas gerais. *Revista de Informação Legislativa*, Brasília, ano 25, n. 100, out./dez. 1988, p. 131, grifei)

Com base no princípio de que as normas constitucionais se presumem legítimas e devem ser aplicadas até que sejam declaradas inconstitucionais, caso o Estado ou Município discorde de disposição geral de norma emitida pela União no uso de sua competência privativa, cabe a ele recorrer à instância apropriada, que para nosso Estado é o Supremo Tribunal Federal, e questionar essa norma. Não tem atribuição

[21] REZENDE, Renato Monteiro de. Normas gerais revisitadas: a competência legislativa em matéria ambiental. Núcleos de estudos e pesquisa do Senado. Textos para discussão 121. 2023. Disponível em: https://www12.senado.leg.br/publicacoes/estudos-legislativos/tipos-de-estudos/textos-para-discussao/td-121-normas-gerais-revisitadas-a-competencia-legislativa-em-materia-ambiental. Acesso em: 06 ago. 2024. p. 6-35.

o Estado ou o Município para decidir o que é norma geral ou não sem que exista decisão por parte da Corte Constitucional correspondente. Portanto, até que esse questionamento seja feito e a norma seja declarada inconstitucional, o Estado ou o Município deve cumprir a obrigação normativa geral. Isso se deve à busca pela segurança jurídica, valor fundamental em nosso sistema legal. Agir como se fosse legislador federal é proibido pela Constituição, pois, do contrário, por que existiria a possibilidade de questionar a constitucionalidade de norma geral federal que invade competência do Estado ou do Município?

A par de tudo o que foi exposto resta saber se a regra de elaboração obrigatória do ETP se estende aos Estados e Municípios?

Para tanto, pela inteligência do art. 6º, incisos XX, XXII, alínea "b", XXV, art. 25, §2º, art. 36, §1º, art. 40, §4º, art. 44 combinado com o art. 18, inciso I e §1º, forçoso concluir que foi opção da Lei nº 14.133/2021, por considerar existir interesse nacional em impor uniformidade a certas pautas, que o ETP foi concebido pela Lei Geral de Licitações como obrigatório. Nesse caso específico, a Ministra Ellen Gracie,[22] na ADI nº 2.396-9/ MS, estabeleceu como critério para diferenciação das normas gerais das especiais o de que vedações ou permissões são reputadas como normas gerais e, portanto, da competência da União, e não dos Estados-membros.

Portanto, conclui-se que, devido à competência específica atribuída aos Estados e Municípios pela Constituição, eles têm a prerrogativa de determinar, conforme a realidade local, em quais circunstâncias o ETP seria obrigatório ou não, seguindo o exemplo da União com a Instrução Normativa/SEGES nº 58, de 8 de agosto de 2022. No entanto, não poderiam deixar de adotá-lo como uma obrigação geral.

Ressalto neste ponto a observação de Renato Monteiro,[23] no seguinte trecho de seu estudo sobre o assunto:

> Ao examinar a competência da União para expedir normas gerais de Direito Financeiro, sob a égide da Constituição de 1946, observava Rubens Gomes de Sousa:

---

22 STF, ADI nº 2.396-9/MS. DJ de 01/08/2003.

23 REZENDE, Renato Monteiro de. Normas gerais revisitadas: a competência legislativa em matéria ambiental. Núcleos de estudos e pesquisa do Senado. Textos para discussão 121. 2023. Disponível em: https://www12.senado.leg.br/publicacoes/estudos-legislativos/tipos-de-estudos/textos-para-discussao/td-121-normas-gerais-revisitadas-a-competencia-legislativa-em-materia-ambiental. Acesso em: 06 ago. 2024. p. 6-35.

> ***[C]asos haverá em que a regulamentação do detalhe estará na própria essência da norma geral, a fim de assegurar a observância do princípio no próprio funcionamento do instituto jurídico por ele regulado. Em suma, a norma geral não é necessariamente regra de conceituação apenas, mas também regra de atuação.***
>
> Pontes de Miranda, a despeito de afirmar que a competência da União para expedir normas gerais não lhe permitiria exaurir a normatização de um tema, pontuava: "***para o corte como inconstitucional, é preciso que o legislador central tenha ido a pormenores absurdos, pelo intervir em particularidades do Estado-membro; e.g.***, vedando qualquer regra jurídica estatal a respeito de replantio das florestas e sendo-lhe peculiar a necessidade de certas árvores para a sua indústria de corantes".

Assim, incluir na legislação geral de licitações e contratos o ETP como um instrumento que deve fazer parte da etapa interna do processo licitatório e que é crucial para a Administração fazer a melhor escolha do que será contratado, como obrigatório em termos gerais, permite que os Estados, o Distrito Federal e os Municípios possam estabelecer, em suas normas específicas, de acordo com suas particularidades, as contratações que devem obrigatoriamente incluir o ETP ou não, respeitando a competência privativa da União e dos demais entes federativos.

Há decisões no contexto da Lei nº 14.133/2021 de Tribunais Estaduais,[24] como o Tribunal de Justiça do Estado de Mato Grosso e o Tribunal de Justiça do Estado de São Paulo, que julgaram ações diretas de inconstitucionalidade relacionadas à proibição de nomear pessoas externas aos quadros da Administração Pública para desempenhar as funções estabelecidas pela legislação geral de licitações e contratos, conforme transcrito:

> *Ação Direta de Inconstitucionalidade nº 2308494-38.2023.8.26.0000 Tribunal de Justiça do Estado de São Paulo:*
>
> Ação Direta de Inconstitucionalidade Impugnação à expressão "preferencialmente" contida no §2º do art. 1º da Lei n.º 5.519, de 24 de fevereiro de 2023, do Município de Itatiba Gratificação para a equipe de licitação na Câmara municipal de Itatiba Questionamento quanto à possibilidade

[24] No Supremo Tribunal Federal, com base no microssistema jurídico da Lei nº 8.666, de 21 de junho de 1993, foi proferida decisão cautelar na ADI nº 927 (DJ de 11.11.1994), na qual dispositivos da Lei nº 8.666, de 21 de junho de 1993, que estabeleciam condições para a alienação de bens públicos, tiveram sua abrangência limitada à União, por não serem considerados normas gerais.

de a designação recair em favor de servidor investido exclusivamente mediante provimento em comissão Regra prevista no artigo 7º, I da Lei Federal nº 14.133/2021, que estabelece as normas gerais de licitação e contratação para administração pública, e permite a excepcional indicação de detentor de cargo em comissão, com determinação de que a designação, preferencialmente, seja de servidor efetivo, ausente notícia de disputa judicial por representação de constitucionalidade relacionada Por outro lado, há determinadas restrições cogentes previstas na legislação nacional, estipulando a indicação obrigatória de servidores efetivos ou permanentes do quadro da administração pública Observância às condições mínimas definidas no diploma federal de normas gerais que se impõe a todos os entes federados Reservada à União a competência para editar lei de normas gerais, caberá aos Estados e Municípios exercer sua competência legislativa suplementar em harmonia com os preceitos mínimos estabelecidos naquela, admitida a edição de normas específicas, desde que mais restritivas Parcial procedência da ação, para conferir interpretação conforme a Constituição ao §2º do artigo 1º da Lei nº 5.519/2023 do Município de Itatiba, sem redução do texto legal, a fim de determinar observância estrita aos requisitos mínimos e limites impostos pela Lei Nacional nº 14.133/2021 (nova lei de licitações).

Ação Direta de Inconstitucionalidade nº 1028319-75.2023.8.11.0000 Tribunal de Justiça do Estado de Mato Grosso:

AÇÃO DIRETA DE INCONSTITUCIONALIDADE – LEI N. 1.439/2001, DO MUNICÍPIO DE DIAMANTINO – REGRAS GERAIS DE LICITAÇÃO E CONTRATAÇÃO – COMPETÊNCIA DA UNIÃO – ARTIGO 22, INCISO XXVII, DA CONSTITUIÇÃO FEDERAL – LEI MUNICIPAL QUE ADMITE DESIGNAÇÃO DE SERVIDOR, EM CARGO COMISSIONADO, PARA SER AGENTE DE CONTRATAÇÃO – EXTRAPOLA COMPETÊNCIA SUPLEMENTAR – OFENSA AOS ARTIGOS 173, §2º E 193, DA CONSTITUIÇÃO ESTADUAL – AÇÃO JULGADA PROCEDENTE EM CONSONÂNCIA COM O PARECER DO SUBPROCURADOR-GERAL DE JUSTIÇA JURÍDICO E INSTITUCIONAL – MODULAÇÃO DOS EFETOS A PARTIR DO TRÂNSITO EM JULGADO. O artigo 22, inciso XXVII, da Constituição Federal, conferiu à União Federal, o poder de dispor sobre normas gerais em tema de licitações e contratações administrativas, reservando, no entanto, aos Estados-membros, ao Distrito Federal e aos Municípios. O Município de Diamantino, ao editar a Lei n. 1.439/2021, e incluir a expressão 'preferencialmente' ao artigo 1º da Lei n. 1.439/2021, avançou sua competência, que é suplementar, invadindo a competência privativa da União, disciplinando a possibilidade de servidor, ocupante de cargo comissionado, ser nomeado como agente de contratação, sem que a função tenha qualquer relação de fidúcia, assessoramento, chefia e/ou direção.

É importante considerar, ainda, que os Estados, o Distrito Federal e os Municípios poderiam argumentar contra a obrigatoriedade de adotar o ETP em suas contratações devido ao impacto financeiro envolvido. Sobre o assunto, o Supremo Tribunal Federal já decidiu o seguinte:

> O exame da alegada falta de recursos para custeio do novo piso depende da coleta de dados específicos para cada ente federado, considerados os exercícios financeiros. ***Não é possível, em caráter geral e abstrato, presumir a falta de recursos.*** [...]
>
> *A questão federativa relevante e se o aumento do dispêndio com remuneração violaria a autonomia dos entes federados por vincular recursos e reduzir o campo de opções do administrador público* [...] Mas ***relembro que os estados-membros e a população dos municípios fazem parte da vontade política da Uniao, representados no Senado e na Câmara dos Deputados, respectivamente.***
>
> ***Lícito pensar, portanto, que os demais entes federados convergiram suas vontades a aparente limitação prática de suas escolhas no campo dos serviços educacionais***". (STF, ADIn n.4167/DF, Min. rel. Joaquim Barbosa, DJ de 27/04/11, p. 51-52).
>
> Cumpre notar que, posteriormente, no curso dos acalorados debates ocorridos nesse julgamento, *o Ministro Joaquim Barbosa demonstra mais claramente que entende que questões orçamentarias – que alguns Ministros abordavam na chave de autonomia administrativa e governamental dos estados, precisamente Gilmar Mendes e Marco Aurelio, como veremos adiante –* ***não cabem ao Judiciário, enfocando antes a uniformização e igualdade de aplicação das normas na federação*** [...][25]

A aplicação uniforme da lei geral de licitações para União, Estados e Municípios é fundamental devido à importância da contratação pública para o Estado. A padronização das regras e procedimentos licitatórios em todos os níveis governamentais promove a transparência, a eficiência e a igualdade de oportunidades para os fornecedores, além de garantir a correta aplicação dos recursos públicos.

Ao adotar uma legislação de licitações e contratos comum a todos os entes federativos, cria-se um ambiente de segurança jurídica e previsibilidade para os agentes econômicos que desejam contratar

---

[25] TAVARES, A. R. Normas gerais e competência legislativa concorrente: Uma análise a partir de decisões do STF (2011). *Revista da Procuradoria Geral do Estado de São Paulo,* São Paulo, p. 1-39, 2011. Disponível em: https://revistas.pge.sp.gov.br/index.php/revistapegesp/article/view/659. Acesso em: 6 ago. 2024.

com o setor público. Isso contribui para a redução de práticas corruptas, favorecendo a competição saudável e a seleção das propostas mais vantajosas para a Administração Pública.

Além disso, a uniformização das normas de licitação facilita a fiscalização e o controle das contratações públicas, permitindo uma atuação mais eficaz dos órgãos de controle e uma maior prestação de contas à sociedade. A harmonização dessas regras também promove a cooperação e a integração entre os diferentes entes federativos, fortalecendo o federalismo cooperativo e a efetivação do interesse público em todo o território nacional.

Diante do caráter estratégico da contratação pública para o Estado, a aplicação uniforme da lei de licitações para União, Estados e Municípios se apresenta como um instrumento essencial para promover a eficiência, a transparência e a legalidade nos processos de compras governamentais, contribuindo para o desenvolvimento socioeconômico do país e para a construção de uma gestão pública mais eficaz e responsável.

6 Limites para regulamentação do estudo técnico preliminar pelos Estados, Distrito Federal e Municípios

O Brasil conta com 5.570 municípios,[26] cada qual com suas particularidades e especificidades. Há municípios com amplos recursos humanos e materiais, contudo, outros não possuem o mínimo para criar e manter estrutura para uma área de contratação pública própria (art. 18 da Portaria SEGES/ME nº 8.678/2021), sendo assim, a importância da elaboração e implantação de um plano de ação para a regulamentação e para a aplicação da Lei nº 14133/2021 adequando a sua estrutura de recursos materiais, humanos e jurídicos é de fundamental importância para atingir os objetivos traçados pela lei geral de licitações em seu artigo 11. É importante que esse plano de ação estabeleça metas e resultados possíveis de serem alcançados, indicando os meios e os fundamentos para isso.

Releva destacar que o artigo 187 da Lei nº 14.133/2021 confere aos Estados, ao Distrito Federal e aos Municípios a faculdade de adotar os regulamentos editados pela União para a efetiva implementação

---

26 Acesso em 05.08.2024 no seguinte link: https://www.ibge.gov.br/estatisticas/sociais/populacao/37734-relacao-da-populacao-dos-municipios-para-publicacao-no-dou.html?=&t=resultados.

da referida lei. Embora não fosse obrigatório que o texto normativo contemplasse explicitamente essa prerrogativa, optou-se por fazê-lo com a intenção clara de ressaltar essa possibilidade. Independentemente da escolha nesse sentido feita pela lei, é imperativo que esses entes procedam com cautela ao adaptar os regulamentos elaborados pela União à sua realidade, sob pena de não conseguirem efetivar as disposições contidas nessas normas.

A título de exemplificação do exposto anteriormente, destaca-se a implementação do sistema de gestão e fiscalização de contratos utilizado em nível federal, o qual pode se mostrar totalmente inviável para entes federativos estaduais e municipais.

Outro exemplo é o princípio estampado no art. 5º da Lei nº 14.133/2021, que versa sobre a promoção do desenvolvimento nacional sustentável. A definição, por parte do município e do estado, dos critérios de sustentabilidade a serem adotados nos processos de contratação pública deve estar alinhada à realidade do respectivo ente, a fim de evitar a criação de obstáculos ou o aumento excessivo dos custos das contratações a serem realizadas por eles.

Cabe, ainda, pontuar que o artigo 2º da Instrução Normativa SEGES nº 58, de 8 de agosto de 2022, obriga a que os órgãos e entidades da Administração Pública estadual, distrital ou municipal, direta ou indireta, quando executarem recursos da União decorrentes de transferências voluntárias observem as regras e os procedimentos de que dispõe essa instrução normativa, em tese, nesses casos, então, os entes estaduais e municipais deveriam elaborar o ETP para todos os tipos de contratações, consideradas as exceções previstas nessas normas federais. Não faz parte da abordagem deste artigo esse tema, no entanto, cabe refletir se mesmo nesses casos toda e qualquer regra prevista para a União deve ser exigida também para os referidos entes.

Relativamente aos limites que devem ser observados pelos entes estaduais e municipais quando da regulamentação para a utilização do ETP considerando tudo o que foi debatido ao longo deste artigo, tem-se que os decretos são considerados pela Constituição Federal no art. 84, inciso IV, como mecanismos para a fiel execução das leis. Assim, a compreensão de que são atos emanados da manifestação de vontade privativa do Chefe do Poder Executivo seja federal, estadual ou municipal leva a crer que dentro do que foi permitido legalmente e respeitadas as atribuições previstas na Carta Constitucional, há espaço para regulamentação.

Celso Antônio Bandeira de Mello,[27] discorrendo sobre a definição do regulamento, dispôs:

> Como logo adiante se verá, segundo o que deles resulta, *pode-se conceituar o regulamento em nosso Direito como ato geral e (de regra) abstrato, de competência privativa do Chefe do Poder Executivo, expedido com a estrita finalidade de produzir as disposições operacionais uniformizadoras necessárias à execução de lei cuja aplicação demande atuação da Administração Pública.*
>
> [...]
>
> A distinção deles segundo a matéria, diz o citado mestre, está em que *a lei inova originariamente na ordem jurídica, enquanto o regulamento não altera* (...) É fonte primária do Direito, ***ao passo que o regulamento é fonte secundária, inferior.'*** (Grifei)

Conforme destacado pelo mesmo autor, quando não há margem para a atuação administrativa, não há espaço para a elaboração de regulamentos, os quais têm a finalidade de adaptar e organizar a estrutura administrativa para garantir a fiel execução das leis. Da mesma forma, se não existe qualquer liberdade administrativa a ser exercida, não há viabilidade para a elaboração de regulamentos.[28]

Em face disso, dentre os diversos procedimentos a serem regulamentados pelos entes estaduais e municipais para a implementação da Lei nº 14133/2021, podemos citar os seguintes:

I – regras relativas à atuação do agente de contratação e da equipe de apoio, ao funcionamento da comissão de contratação e à atuação de fiscais e gestores de contratos, apoio dos órgãos de assessoramento jurídico e de controle interno;

II – gestão por competências e designação de agentes públicos para a execução da lei;

II – a formalização de demandas e a elaboração do plano de contratações anual;

III – competências relativas às atividades de administração de materiais, de obras e serviços e de licitações e contratos;

IV – gestão de riscos e controle preventivo, inclusive mediante TI, controle social, linhas de defesa integradas por servidores e empregados públicos, agentes de licitação, autoridades da estrutura de governança, assessoramento jurídico e controle interno;

---

[27] BANDEIRA DE MELLO, Celso Antônio. *Curso de Direito Administrativo*. 35. ed. São Paulo: Editores, 2021, p. 282-283.

[28] Op. cit. 289.

V – a integração com o Portal Nacional de Compras Públicas (PNCP);
III – conteúdo do catálogo eletrônico de padronização de compras, serviços e obras;
IV – limites para o enquadramento dos bens de consumo nas categorias comum e luxo;
V – pesquisa na base nacional de notas fiscais eletrônicas para estimar valor para aquisição de bens e contratação de serviços em geral;
VI – medidas a serem adotadas para implantação de programa de integridade nas contratações de obras, serviços e fornecimentos de grande vulto;
VII – estabelecimento de margem de preferência para bens reciclados, recicláveis ou biodegradáveis;
VIII – procedimentos operacionais para a realização de leilões;
IX – consideração de custos indiretos para definição do menor dispêndio;
X – consideração do desempenho pretérito na execução de contratos com a Administração Pública para efeito de pontuação técnica;
XI – desenvolvimento pelo licitante de ações de equidade entre homens e mulheres no ambiente de trabalho para efeito de desempate entre licitantes;
XII – negociação de condições mais vantajosas após definido o resultado do julgamento;
XIII – critérios e objetivos para os procedimentos auxiliares (credenciamento, pré-qualificação, procedimento de manifestação de interesse, sistema de registro de preços, registro cadastral);
XIV – prazos e os métodos para a realização dos recebimentos provisório e definitivo;
XV – práticas contínuas e permanentes de gestão de riscos e de controle preventivo;

Levando em conta o assunto discutido no tópico anterior, que abordou a repartição de competências constitucionais, o qual pode ser resumido de forma esclarecedora conforme descrito por Diogenes Gasparini[29] da seguinte maneira:

[29] GASPARINI, Diogenes. Disponível em: file:///C:/Users/michelle.silva/Downloads/admin,+Princ%C3%ADpios+e+normas+gerais+licitat%C3%B3rias%20(2).pdf. Acesso em: 07 ago. 2024.

> A competência para *editar normas gerais é exclusiva da União,* quando *se tratar de matéria concorrente (art. 24, da CF) ou onde for especificamente indicado no Texto Maior, como é o caso das Licitações e Contratos (art. 22, XXVII, da CF). Aos Estados e ao Distrito Federal não se reconhece igual atribuição, mas se lhes reserva a atribuição de editar normas suplementares* (art. 24, §2º, da CF), editadas, portando, *no vazio deixado obrigatoriamente pela norma geral. Essas normas suplementares, advirta-se, não se confundem com a complementares, mencionadas no art. 59, 11, que exigem para sua aprovação, nos termos do art. 69, maioria absoluta de votos favoráveis.* Embora seja assim, *cabe alertar que na ausência de lei sobre normas gerais, a competência dos Estados e do Distrito Federal é plena, atribuição que mesmo em tais casos não se reconhece em favor dos Municípios.* Com o advento das normas gerais suspende-se a eficácia da lei estadual no que lhe for contrário (art. 24, §4º, da CF).

Além disso, os Estados, o Distrito Federal e os Municípios têm a possibilidade de emitir decretos regulamentares para implementar o que foi autorizado pela legislação geral. Conclui-se, então, que esses entes federativos podem regulamentar as disposições da Lei nº 14.133/2021 respeitadas suas atribuições constitucionais, conforme estabelecido na Constituição Federal. No caso do estudo técnico preliminar (ETP), como discutido ao longo deste trabalho, a sua elaboração é obrigatória, mas com a ressalva de que em certas contratações pode haver a dispensa desse requisito pelo decreto regulamentador do ente estadual ou municipal.

Assim, é imprescindível considerar que a eficácia do novo estatuto das contratações públicas estará condicionada à adequada regulamentação requerida pelos diversos dispositivos da Lei nº 14.133/2021, incluindo a elaboração do ETP.

7 Conclusão

Diante da análise dos limites para regulamentação do estudo técnico preliminar pelos Estados, Distrito Federal e Municípios, no contexto do modelo gerencial de Administração Pública estabelecido pela Lei nº 14.133/2021 e na ênfase dada pela lei à fase de planejamento da contratação, é essencial considerar o conteúdo das etapas do processo licitatório, onde o mencionado estudo se encaixa na fase interna. Além disso, o reconhecimento da contratação pública como estratégica para o Estado influencia a decisão de tornar sua adoção obrigatória ou não pelos entes estaduais e municipais.

A opção legislativa pela obrigatoriedade de sua elaboração como regra geral reflete a busca por maior eficiência e transparência nas contratações públicas.

Nesse cenário, é importante ressaltar a competência privativa da União para legislar sobre normas gerais de licitações e contratos, o que impõe limites à atuação dos Estados e Municípios na regulamentação do estudo técnico preliminar. A obrigatoriedade, como regra geral, de adoção desse estudo pelos entes estaduais e municipais reforça a necessidade de alinhamento com as diretrizes estabelecidas pela legislação federal, visando à harmonização e à eficácia do processo licitatório em todo o território nacional.

Portanto, a definição clara dos limites para a regulamentação do estudo técnico preliminar pelos Estados e Municípios é essencial para assegurar a coerência e a segurança jurídica nas contratações públicas, respeitando a competência legislativa da União e promovendo a eficiência e a legalidade nos procedimentos licitatórios. O equilíbrio entre a autonomia dos estados e municípios e a observância das normas gerais estabelecidas pela União é fundamental para garantir uma gestão pública eficaz e em conformidade com os princípios da Administração Pública.

Referências

BANDEIRA DE MELLO, Celso Antônio. *Curso de Direito Administrativo*. 35. ed. São Paulo: Editores, 2021.

CARVALHO FILHO, José dos Santos. *Manual de Direito Administrativo*. São Paulo: Atlas, 2022. 36ª edição.

FERRAZ JÚNIOR, Tércio Sampaio. Normas gerais e competência concorrente. Uma exegese do art. 24 da Constituição Federal. (1995). *Revista da Faculdade de Direito, Universidade de São Paulo, 90*. Disponível em: https://www.revistas.usp.br/rfdusp/article/view/67296. Acesso em: 06 ago. 2024.

FLÁVIO DE OLIVEIRA, Antônio. *Temas Controversos da Nova Lei de Licitações e Contratos*. São Paulo. Juspodivm, 2021.

FORTINI, Cristiana; OLIVEIRA, Rafael Sérgio Lima de; CAMARÃO, Tatiana (coord.). *Comentários à Lei de Licitações e Contratos Administrativos*. Belo Horizonte: Fórum, 2022.

GASPARINI, Diogenes. Disponível em: file:///C:/Users/michelle.silva/Downloads/admin,+Princ%C3%ADpios+e+normas+gerais+licitat%C3%B3rias%20(2).pdf. Acesso em: 07 ago. 2024.

JUSTEN FILHO, Marçal. *Comentários à lei de licitações e contratos administrativos*. São Paulo: Thomson Reuters Brasil, 2021.

NIEBUHR, Joel de Menezes. *Licitação pública e contrato administrativo*. 6. ed. Belo Horizonte: Forúm.

OTERO, Paulo. *Manual de Direito Administrativo*. Coimbra: Almedina, 2016.

REZENDE, Renato Monteiro de. Normas gerais revisitadas: a competência legislativa em matéria ambiental. Núcleos de estudos e pesquisa do Senado. Textos para discussão 121. 2023. Disponível em: https://www12.senado.leg.br/publicacoes/estudos-legislativos/tipos-de-estudos/textos-para-discussao/td-121-normas-gerais-revisitadas-a-competencia-legislativa-em-materia-ambiental. Acesso em: 06 ago. 2024.

SARAI, Lenadro (org.). *Tratado da nova lei de licitações e contratos administrativos*: Lei 14.133/21 comentada por advogados públicos. Salvador: Juspodivm, 2023.

TAVARES. André Ramos. Normas Gerais e competência legislativa concorrente: uma análise a partir de decisões do STF (2011). *Revista da Procuradoria Geral do Estado de São Paulo*. Disponível em: https://revistas.pge.sp.gov.br/index.php/revistapegesp/article/view/659. Acesso em 06 ago. 2024.

TORRES, Ronny Charles Lopes de. *Leis de Licitações Públicas Comentadas*. 14. ed. Salvador: Juspodivm, 2023.

Informação bibliográfica deste texto, conforme a NBR 6023:2018 da Associação Brasileira de Normas Técnicas (ABNT):

SILVA, Michelle Marry Marques da. Os limites para regulamentação do estudo técnico preliminar pelos estados, Distrito Federal e municípios à luz da Lei nº 14.133/2021. *In:* FURTADO, Madeline Rocha; FURTADO, Monique Rafaella Rocha (coord.). *O planejamento das contratações*: estudos técnicos preliminares e termos de referência: teoria e aplicação sob a égide da Lei nº 14.133/2021. Belo Horizonte: Fórum, 2025. p. 455-486. ISBN 978-65-5518-944-5.

O ESTUDO TÉCNICO PRELIMINAR (ETP) E TERMO DE REFERÊNCIA (TR) NA VISÃO DO CONTROLE EXTERNO

DANIEL MARTINS E AVELAR

MARIANA BUENO RESENDE

1 Introdução

A Nova Lei de Licitações e Contratos – Lei nº 14.133/2021, embora não tenha promovido ruptura paradigmática em relação à sistemática da legislação anterior, incorporou inovações relevantes, consolidou entendimentos jurisprudenciais e doutrinários e reforçou, em certa medida, a segurança jurídica para os aplicadores do direito.

Entre os principais avanços, destaca-se a ênfase no planejamento e no controle das contratações públicas, como etapas fundamentais para assegurar a seleção da proposta mais vantajosa; garantir a isonomia entre os licitantes; evitar sobrepreço, superfaturamento e contratações inexequíveis, bem como contratos executados em desacordo com o interesse público; incentivar inovação e desenvolvimento sustentável e evitar fraudes e corrupção.[1]

[1] O Escritório das Nações Unidas sobre Drogas e Crime estima que dez a vinte e cinco por cento do valor global de um contrato público é usualmente destinado à corrupção (UNODC. *Guidebook on anti-corruption in public procurement and the management of public finances*. Viena, 2013. Disponível em: https://www.unodc.org/documents/corruption/Publications/2013/Guidebook_on_anti-corruption_in_public_procurement_and_the_management_of_public_finances.pdf. Acesso em: 8 jan. 2025.

O estudo técnico preliminar (ETP) e o termo de referência (TR) integram a fase preparatória da licitação, caracterizada pelo planejamento, conforme previsto no art. 18, incisos I e II, da Lei nº 14.133/2021. Em relação ao controle, a lei determina a submissão das contratações públicas a práticas contínuas e permanentes de gestão de riscos e controle preventivo, por meio de três linhas de defesa: a primeira, integrada por servidores e empregados públicos, agentes de licitação e autoridades que atuam na estrutura de governança do órgão ou entidade; a segunda, integrada pelas unidades de assessoramento jurídico e de controle interno do próprio órgão ou entidade; e a terceira, integrada pelo órgão central de controle interno da Administração e pelo Tribunal de Contas (art. 169).

Nesse contexto normativo, o presente trabalho analisa a jurisprudência recente dos tribunais de contas, com o objetivo de compreender como os órgãos de controle externo, integrantes da terceira linha de defesa, têm se manifestado sobre as novas disposições legais acerca do planejamento das contratações, sobretudo no tocante ao TR e ETP. O artigo é de cunho teórico, desenvolvido a partir da vertente metodológica dogmático-jurídica e do tipo metodológico jurídico-compreensivo.

2 Planejamento e controle na nova Lei de Licitações e Contratos

Uma das principais críticas à sistemática da Lei nº 8.666/1993 é a ausência de ênfase à fase interna das contratações públicas, o que acabou acarretando contratos que não atendem adequadamente ao interesse público, que apresentam sobrepreço e/ou superfaturamento e que não são concluídos,[2] prejudicando a prestação dos serviços públicos e causando danos aos cofres públicos. Assim,

> a experiência estatal no âmbito das licitações públicas demonstrou a necessidade de se enfatizar a fase anterior à publicação do edital e de se considerar a contratação pública como um processo complexo, que

---

2 "Em 2024, o TCU identificou 11.941 obras paralisadas no país, o que corresponde a 52% das contratações vigentes. Nesse cenário, a cada dois empreendimentos contratados com recursos federais, um encontra-se paralisado" (TRIBUNAL DE CONTAS DA UNIÃO. Relatório revela que, em 2024, as áreas de educação e saúde concentraram maior número de obras paralisadas. Disponível em: https://portal.tcu.gov.br/imprensa/noticias/diagnostico-do-tcu-mostra-que-metade-das-obras-contratadas-com-recursos-federais-estao-paralisadas. Acesso em: 9 jan. 2025).

envolve diversas variáveis, atores, possibilita diferentes decisões e possui riscos de muitas naturezas, motivo pelo qual deve haver uma análise macro de todo o procedimento, de forma a possibilitar a realização do interesse público.[3]

A nova Lei de Licitações e Contratos, ao contrário, além de insculpir o planejamento como princípio, previu regras pormenorizadas a serem adotadas na fase preparatória. Exemplo disso é a previsão de que o estudo técnico preliminar (ETP) evidencie o problema a ser resolvido e a solução mais adequada, com o valor estimado, acompanhado de montantes unitários, memórias de cálculo e documentos de suporte (art. 6º, XX e art. 18, §1º) e do detalhamento de procedimentos e critérios para a pesquisa de preços (art. 23).

Tatiana Camarão ensina que o ETP "assume função estratégica na engrenagem das contratações públicas", tendo em vista que "pavimenta o caminho para o atendimento da demanda ao avaliar os cenários possíveis e demonstrar a viabilidade técnica e econômica das soluções disponíveis".[4]

O termo de referência (TR), por sua vez, é o documento necessário para a contratação de bens e serviços, que deve conter os seguintes parâmetros e elementos descritivos: definição do objeto, incluídos sua natureza, os quantitativos, o prazo do contrato e, se for o caso, a possibilidade de sua prorrogação; fundamentação da contratação; descrição da solução como um todo, considerado todo o ciclo de vida do objeto; requisitos da contratação; modelo de execução e gestão do objeto; critérios de medição e pagamento; forma e critérios de seleção do fornecedor; estimativas do valor da contratação; e adequação orçamentária (art. 6º, inciso XXIII, da Lei nº 14.133/2021).

Madeline Rocha Furtado e Marinês Restelatto Dotti chamam atenção para a importância do ETP e do TR no atendimento ao princípio do planejamento das contratações públicas, que possui força cogente e exige dos agentes públicos, na fase preparatória, "o estabelecimento de diretrizes e a observância de critérios definidores das estratégias da

---

[3] MOURÃO, Licurgo; RESENDE, Mariana Bueno. Gestão de riscos como mecanismo de combate à corrupção nas contratações públicas. *In*: FORTINI, Cristiana; CASIMIRO, Ligia Melo de; GABARDO, Emerson (coord). *Desafios da administração pública no mundo digital:* livro do XXXVII Congresso Brasileiro de Direito Administrativo. Belo Horizonte: Fórum, 2024.

[4] CAMARÃO, Tatiana. Artigo 18. *In*: FORTINI, Cristiana; OLIVEIRA, Rafael Sérgio Lima de; CAMARÃO, Tatiana (coord.). *Comentários à Lei de Licitações e Contratos Administrativos:* Lei nº 14.133, de 1º de abril de 2021. 2. ed. Belo Horizonte: Fórum, 2022. v. 1. p. 315.

contratação e, claro, dos resultados esperados". Com efeito, a definição adequada do objeto da licitação, suas especificações, características e soluções, estabelecidas no ETP e no TR, "refletirão na modalidade a ser escolhida, no critério de julgamento da proposta, no modo de disputa e, ainda, nos requisitos de qualificação técnica e econômico-financeiros que serão exigidos dos licitantes".[5]

Da mesma forma, a Lei nº 14.133/21 ressaltou a relevância do controle das contratações públicas, mencionando-o em diversos dispositivos esparsos e criando um capítulo específico denominado "Do Controle das Contratações". O objetivo evidente é garantir eficiência e efetividade na atuação estatal, sobretudo diante da constatação de que a observância do rito da Lei nº 8.666/93, por si só, não foi capaz de barrar condutas contrárias ao interesse público.[6]

Ao instituir o modelo das três linhas, difundido pelo *Institute of Internal Auditors* (IIA),[7] a nova legislação exige a atuação dos diversos órgãos de controle de modo dinâmico e articulado,[8] com "a especificação de funções e a atuação em colaboração dos agentes responsáveis".[9] Nesse sentido, Rafael Amorim de Amorim afirma que

> [...] o legislador não concebeu o controle como simples "atividade que fecha o ciclo da atividade administrativa", mas como sistema dinâmico que permeia toda a organização administrativa e que, por meio da estrutura organizacional, dos processos de trabalho e de todos os profissionais envolvidos nas contratações públicas, inclusive da alta administração, promove, contínua e permanentemente, atividades preventivas, detectivas e repressivas necessárias para que os objetivos subjacentes às licitações e aos contratos administrativos sejam alcançados, [...].

---

5 FURTADO, Madeline Rocha; DOTTI, Marinês Restelatto. A fase preparatória da licitação e seu rito procedimental (Lei nº 14.133/2021). *Fórum de Contratação e Gestão Pública – FCGP*, Belo Horizonte, ano 21, n. 241, p. 45-74, jan. 2022.

6 AVELAR, Daniel Martins e; RESENDE, Mariana Bueno. O controle interno na nova Lei de Licitações e Contratos (Projeto de Lei nº 4.253/2020). Belo Horizonte, *Revista do Tribunal de Contas de Minas Gerais*, v. 39, n. 1, jan./jun. 2021.

7 A nomenclatura do modelo inicialmente prevista, "três linhas de defesa", foi alterada em 2020 para "modelo das três linhas". Nesse sentido, ver: INSTITUTO DOS AUDITORES INTERNOS DO BRASIL. Modelo das Linhas do IIA 2020. Disponível em: https://www.theiia.org/globalassets/documents/resources/the-iias-three-lines-model-an-update-of-the-three-lines-of-defense-july-2020/three-lines-model-updated-portuguese.pdf. Acesso em: 9 jan. 2024.

8 JUSTEN FILHO, Marçal. *Comentários à lei de licitações e contratações administrativas:* lei 14.133/2021. São Paulo: Thomson Reuters Brasil, 2021. p. 1.688.

9 MOURÃO, Licurgo; MEGALI NETO, Almir; SHERMAM, Ariane; RESENDE, Mariana Bueno; PIANCASTELLI, Sílvia Motta. *Controle democrático da Administração Pública.* 2. ed. Belo Horizonte: Fórum, 2023. p. 176.

Sobre o tema, o Tribunal de Contas da União (TCU) tem entendido que, "não se justifica a alocação dos limitados meios fiscalizatórios do TCU com vistas à apuração dos fatos" quando, no caso concreto, "houve pedido de impugnação versando sobre as mesmas alegações que ainda estava pendente de análise pela unidade jurisdicionada quando entrou com essa representação junto ao TCU".[10] Assim, determinou:

> [...] informar ao representante que, considerando o princípio da eficiência insculpido no art. 37 da Constituição Federal e as disposições previstas no art. 169 da Lei 14.133/2021, deve acionar inicialmente a primeira e a segunda linhas de defesa, no âmbito do próprio órgão/entidade, antes do ingresso junto à terceira linha de defesa, constituída pelo órgão central de controle interno e tribunais de contas, evitando, por exemplo, a apresentação de pedidos de esclarecimentos ou impugnação a edital lançado, ou mesmo de recurso administrativo concomitantemente com o ingresso de representações/denúncias junto a esta Corte de Contas, sob pena de poder acarretar duplos esforços de apuração desnecessariamente, em desfavor do erário e do interesse público.[11]

Em sentido contrário, o Instituo Brasileiro de Direito Administrativo (IBDA), no âmbito da Jornada sobre a Nova Lei de Licitações e Contratos, aprovou o Enunciado nº 59, segundo o qual "A atuação dos tribunais de contas nas representações previstas no art. 170, §4º, da Lei nº 14.133/2021, não está condicionada à prévia provocação de outros órgãos, entidades e agentes".[12]

O Tribunal de Contas de Minas Gerais também já se manifestou sobre a matéria, em sede de consulta, e definiu que "a Lei *nº* 14.133/2021 não estabeleceu a obrigatoriedade de manifestação das unidades de controladoria interna ou do órgão central de controle interno em todos os processos licitatórios", cabendo a cada ente federativo estabelecer, nos limites da Constituição, "as regras para os procedimentos de

---

10 BRASIL. Tribunal de Contas da União. *Acórdão nº 1123/2022*. Plenário. Rel. Min, Aroldo Cedraz. Sessão de 25/5/2022.

11 No mesmo sentido: BRASIL. Tribunal de Contas da União. *Acórdão nº 1669/2023*. Plenário. Rel. Min. Antônio Anastasia. Sessão de 16/8/2023; BRASIL. Tribunal de Contas da União. Acórdão nº 572/2022. Plenário. Rel. Min. Vital do Rêgo. Sessão de 23/3/2022; BRASIL. Tribunal de Contas da União. Acórdão nº 1089/2022. Plenário. Rel. Min. Antônio Anastasia. Sessão de 18/5/2022; BRASIL. Tribunal de Contas da União. Acórdão nº 1061/2022. Plenário. Rel. Min. Aroldo Cedraz. Sessão de 18/5/2022.

12 INSTITUTO BRASILEIRO DE DIREITO ADMINISTRATIVO (IBDA). Enunciados sobre a Lei 14.133/21 (Parte 1). 2024. Disponível em: https://ibda.com.br/wp-content/uploads/2024/12/Enunciados-sobre-a-Lei-14.133-21-p1-1.pdf. Acesso em: 9 jan. 2025.

controle interno nos processos de contratação pública, considerados os critérios de oportunidade, materialidade, relevância e risco, conforme disposto no art. 170 da Lei *nº* 14.133/2021".[13]

A atuação coordenada dos agentes de execução e fiscalização em todo o procedimento licitatório, em especial na fase preparatória, é essencial para que as novas exigências legais não se tornem mera formalidade, frustrando, assim, o proclamado princípio do planejamento — como ocorreu, em grande medida, na aplicação da Lei *nº* 8.666/93.

3 Decisões relevantes dos órgãos de controle externo sobre ETP e TR

Mesmo sob a vigência da Lei nº 8.666/1993, os tribunais de contas já alertavam para a necessidade de elaboração de instrumentos adequados de planejamento das licitações, apontando irregularidades na sua ausência, imprecisão ou incompletude, com aplicação de penalidades em casos mais graves.

Menciona-se, nesse sentido, o Acórdão nº 1.730/2004 do TCU, que considerou irregularidade grave a realização de licitação com projeto básico deficiente (imprecisão dos cálculos, ausência de estudos prévios) e determinou a anulação do certame. No âmbito do Acórdão nº 397/2008, o mesmo tribunal determinou a apresentação de documentos capazes de comprovar o devido planejamento da contratação, a exemplo de estudo pormenorizado sobre a economicidade da alternativa escolhida e a justificativa dos custos unitários dos equipamentos.

Em outras diversas ocasiões, o TCU identificou inconsistências em termos de referência e estudos técnicos preliminares, ao verificar, por exemplo, "lacunas no termo de referência quanto à definição do objeto contratual e dos métodos para a sua execução"[14] e ausência de ETP que contemple ampla pesquisa e comparação efetiva com alternativas possíveis, avaliando-se os custos de cada alternativa, de modo a se viabilizar a efetiva competição entre diversos fabricantes e resguardar o interesse público.[15]

---

13 MINAS GERAIS. Tribunal de Contas do Estado de Minas Gerais. *Consulta* nº *1160668*. Cons. sub. Licurgo Mourão. Sessão de 12/6/2024. Publicação: 27/6/2024.

14 BRASIL. Tribunal de Contas da União. *Acórdão* nº *2274/2020*. Plenário. Rel. Min. Raimundo Carreiro. Sessão de 26/08/2020.

15 BRASIL. Tribunal de Contas da União. *Acórdão* nº *248/2017*. Plenário, Rel. Min. Walton Alencar Rodrigues. Sessão de 15.02.2017.

Com a edição da Lei nº 14.133/2021, que previu regras mais detalhadas sobre o tema, reforçaram-se algumas controvérsias, a exemplo da obrigatoriedade ou não de elaboração de estudo técnico preliminar (ETP) em todas as contratações. Em resposta à consulta que lhe foi formulada sobre isso, o Tribunal de Contas de Minas Gerais fixou a seguinte tese:

> 1. O estudo técnico preliminar ETP é, em regra, obrigatório nas modalidades de licitação previstas na Lei 14.133/2021, porquanto constitui importante instrumento de planejamento das contratações públicas nos termos do inciso XX, do art. *6º desse mesmo diploma legal.* Contudo, dependendo das particularidades do objeto licitado, das condições da contratação e da modalidade licitatória, a elaboração do ETP poderá ser facultada ou dispensada, devendo o agente público responsável justificar expressamente em cada caso nos autos do processo administrativo as razões e os fundamentos da decisão de não elaboração do ETP. [...][16]

O voto do Relator, Conselheiro substituto Hamilton Coelho, explicitou que os dispositivos da nova legislação de licitações e contratos, que reforçam a importância do planejamento, deixam clara a inafastabilidade, em regra, da elaboração do ETP em todas as modalidades de licitação, "eis que a própria realização da licitação é uma das respostas a ser obtidas por meio dos estudos da fase preliminar". Sem embargo, ressalvou que:

> Dispensa-se a elaboração do ETP em procedimentos de contratação direta e em situações nas quais suas finalidades já se encontrem satisfeitas, conforme o caso, tais como procedimentos para contratação de serviços contínuos ou objetos padronizados, impondo-se a inserção da justificativa correspondente acerca de sua não realização na fase interna do procedimento, dadas as providências legais ora transcritas e o dever de motivação que deve acompanhar todos os atos administrativos.

A existência de situações nas quais a elaboração do ETP é desnecessária foi defendida pela Professora Tatiana Camarão, para quem "identificada uma solução para a demanda de contratação ou aquisição, automaticamente não haveria motivo para elaboração do estudo prévio".

---

[16] MINAS GERAIS. Tribunal de Contas do Estado de Minas Gerais. *Consulta* nº *1102289*. Pleno. Rel. Cons. sub. Hamilton Coelho. Sessão de 15/3/2023. Publicação 11/4/2023.

Para ela, "a adoção do contrário ao exposto representaria retrabalho e comprometimento da fluidez da engrenagem das contratações".[17] [18]

O Tribunal de Contas de Santa Catarina também analisou essa questão e definiu que o ETP pode ser dispensado no caso de contratações que utilizem catálogo eletrônico de padronização e nos casos de contratação direta, ressaltando a necessidade de regulamentação e de justificativa no caso concreto. A decisão também menciona a possibilidade de realização do estudo técnico preliminar simplificado. Vejamos o teor do Prejulgado nº 2.414:

> 1. O Estudo Técnico Preliminar – ETP – é instrumento essencial ao planejamento das contratações, servindo de subsídio para as demais fases da licitação e de amparo para as decisões do gestor público.
>
> 2. Embora, em regra, a Lei nº 14.133/21 não possibilite a dispensa do ETP, o art. 18, §2º, permite que seja elaborado "ETP simplificado", hipótese em que o gestor deve justificar a omissão das exigências facultativas.

---

17 CAMARÃO, Tatiana. Artigo 18. *In*: FORTINI, Cristiana; OLIVEIRA, Rafael Sérgio Lima de; CAMARÃO, Tatiana (coord.). *Comentários à Lei de Licitações e Contratos Administrativos:* Lei nº 14.133, de 1º de abril de 2021. 2. ed. Belo Horizonte: Fórum, 2022. v. 1. p. 326.

18 A autora menciona exemplos de situações que entende desnecessária a realização do ETP: "a) nas Licitações Dispensáveis (inclusive o art. 72, inciso I, prevê a sua adoção "se for o caso"). A título de exemplo, é possível citar as seguintes hipóteses que o documento pode ser liberado: – Dispensa em função do valor: as contratações em função do valor quase sempre são demandas de pequena monta que não necessitam de estudo minucioso da solução desejada. Essas contratações são de objetos específicos que não se encontram na classificação abrangente da natureza do objeto orçamentário. – Dispensa em função da situação emergencial envolve contratações inesperadas, de tal modo que não há tempo para elaborar o Estudo Técnico Preliminar e é necessária uma solução imediata que não se amolda com o tempo necessário para sua concepção. – Dispensa para contratação de remanescente não demanda o Estudo Técnico Preliminar, pois este já foi produzido quando da licitação original. – Dispensada nos casos de guerra, estado de defesa, estado de sítio, intervenção federal ou grave perturbação da ordem. b) na prorrogação de serviços de natureza contínua: a prorrogação de serviço de natureza continuada não exige novo estudo, visto que foi produzido na fase de planejamento da contratação e contemplou as prorrogações que o objeto permite. c) nas Contratações Padronizadas: as contratações de objetos padronizados não exigem novo ETP, pois a solução identificada já foi estudada, dispensando-se repetir nova análise. d) nos serviços de mesma natureza, semelhança ou afinidade, os ETPs podem ser elaborados de forma comum, já que são estudos similares e equivalentes, de tal modo que é possível conciliar os documentos. e) Em se tratando de estudo técnico preliminar para contratação de obras e serviços comuns de engenharia, desde que demonstrada a inexistência de prejuízo para a aferição dos padrões de desempenho e qualidade almejados, a especificação do objeto poderá ser realizada apenas em Termo de Referência ou em Projeto Básico, dispensada a elaboração de projetos." (CAMARÃO, Tatiana. Artigo 18. *In*: FORTINI, Cristiana; OLIVEIRA, Rafael Sérgio Lima de; CAMARÃO, Tatiana (coord.). *Comentários à Lei de Licitações e Contratos Administrativos:* Lei nº 14.133, de 1º de abril de 2021. 2. ed. Belo Horizonte: Fórum, 2022. v. 1. p. 326/327).

> 2.1. A fim de proporcionar maior segurança jurídica, recomenda-se que conste em regulamento as hipóteses em que se poderá elaborar "ETP simplificado" ou dispensar as exigências facultativas.
>
> 3. Nas contratações que utilizem catálogo eletrônico de padronização, previsto no art. 19, II, da Lei nº 14.133/21, poderá o ETP ser dispensado, desde que já tenha sido realizado por ocasião da inclusão do item em tal catálogo e conste declaração de que os parâmetros utilizados no estudo anterior não se modificaram.
>
> 4. O art. 72, I, da Lei nº 14.133/21 possibilita a dispensa do Estudo Técnico Preliminar nos casos de contratação direta, devendo tal procedimento ser adotado em situações excepcionais, nos termos de regulamento.
>
> 4.1. Cabe ao ente federativo com competência regulamentar realizar uma análise de proporcionalidade das situações em que permitirá a dispensa do ETP, considerando o tempo disponível para a contratação, o valor e a complexidade do objeto, em especial, quanto ao prévio conhecimento da solução a ser contratada.
>
> 4.2. Ainda que regulamentadas as situações em que seja dispensado o ETP, é necessário que conste no processo a devida justificativa para sua dispensa.
>
> 4.3. A elaboração de ETP simplificado nas licitações ou sua dispensa, nas hipóteses de utilização de catálogo eletrônico de padronização e de contratação direta, deve ser alvo de avaliação e justificação exarada pela autoridade competente, dada a importância de tal instrumento para o planejamento das aquisições públicas, bem como para garantir maior segurança jurídica aos envolvidos na tomada de decisão.[19]

Outra discussão sobre a matéria é a da obrigatoriedade da publicação do ETP junto ao edital da licitação. No âmbito do Acórdão nº 2273/2024, o Tribunal de Contas da União analisou a questão, entendendo não haver vedação nem obrigatoriedade dessa publicação, tendo em vista a ausência de dispositivo legal num ou noutro sentido. O art. 54, §3º, estabelece a divulgação do ETP no Portal Nacional de Contrações Públicas (PNCP) somente após a homologação do certame.

Segundo o TCU, "a decisão pela publicação ou não do ETP deve ficar a cargo do órgão licitante, de acordo com as características do objeto a ser licitado e respeitando as particularidades de cada caso concreto", ressaltando-se algumas preocupações com a publicação do instrumento:

---

[19] SANTA CATARINA. Tribunal de Contas do Estado de Santa Catarina. Plenário. *Decisão nº 337/2024*. Rel. Cons. Sabrina Nunes Iocken. Sessão de 28/02/2024.

> a) o elevado risco de informações conflitantes entre o ETP e o projeto básico ou termo de referência, já que estes artefatos de planejamento podem alterar as soluções/especificações que foram preliminarmente delineadas no ETP ou, ainda, complementar/detalhar tais soluções e alternativas;
>
> b) a inadequação de que critérios de julgamento e habilitação acabem constando apenas do ETP, quando deveriam constar do edital e/ou do termo de referência, como observado nestes autos, induzindo os licitantes à apresentação de propostas com documentação incompleta;
>
> c) a necessidade de revisar e compatibilizar o ETP após a elaboração do termo de referência e/ou projeto básico no caso de estes artefatos de planejamento modificarem alguma disposição do estudo técnico preliminar, gerando um retrabalho desnecessário;
>
> d) o aumento potencial de pedidos de impugnação ou esclarecimento de dúvidas baseados em informações que estão contidas no ETP; e
>
> e) a grande quantidade de informações existentes no ETP que não são de interesse dos potenciais concorrentes, aumentando desnecessariamente o volume de documentos e dados a serem analisados pelos licitantes, aumentando, por conseguinte, os custos de transação com o setor público. [...][20]

Assim, concluiu que não há obrigatoriedade de publicação do ETP, mas, caso o órgão decida pela divulgação, por considerar melhor opção para embasar os licitantes na participação da licitação, os riscos de informações conflitantes com o TR devem ser mitigados previamente.

Interessante notar que o Tribunal de Contas do Estado de Minas Gerais, ao responder à consulta que tratava da adesão a atas de registro de preços e da transição entre a Lei nº 8.666/1993 e a Lei nº 14.133/2021, ressaltou a relevância da elaboração de estudo técnico preliminar pelo órgão aderente, de modo a comprovar sua adequação e vantajosidade:

> Cumpre mencionar que, para a formalização do processo de adesão à ata de registro de preços, é preciso focar no planejamento da contratação, que é uma condição fundamental nas licitações regidas tanto na lei revogada quanto na NLLC, a fim de apurar a documentação necessária para a formalização deste processo, que será pautada nas regras do edital do certame que deu origem à ata de registro de preços que será aderida. [...]

---

20 SANTA CATARINA. Tribunal de Contas do Estado de Santa Catarina. Plenário. *Decisão nº 337/2024*. Rel. Cons. Sabrina Nunes Iocken. Sessão de 28/02/2024.

> De outra sorte, tão importante quanto à demonstração da compatibilidade das condições registradas em ata às necessidades do órgão não participante será comprovar a adequação do preço registrado em vista dos valores correntes de mercado, sendo esta uma das condições para a adesão à ata, [...]
>
> Dentro das etapas do planejamento, está inserido o estudo técnico preliminar que, de acordo com o doutrinador Marçal Justen Filho, "é indispensável para a instauração de uma licitação e contempla as informações básicas indispensáveis à concepção da contratação, modelagem da licitação (ou da contratação direta) e orientação das atividades a tanto relacionadas."[21]

Menciona-se, ainda, decisão do Tribunal de Contas do Estado de São Paulo que, aplicando as normas da Lei nº 14.133/2021, entendeu que a ausência de ETP completo que contemple "levantamento das soluções existentes no mercado e a avaliação das alternativas que embasam a escolha da solução adotada como a que melhor atende o objetivo da contratação" configura vício de origem que impõe que se determine a anulação do certame.[22]

Como se vê, os órgãos de controle externo, a partir da edição da Lei nº 14.133/2021, estão ainda mais atentos à essencialidade da fase preparatória da contratação, para identificar a melhor forma de atender ao interesse público, com a devida especificação da contratação e estimativa de preços. Espera-se que isso também se reflita na atuação executiva da Administração Pública, que deve incorporar o *telos* da nova legislação em suas práticas cotidianas e normalizar o planejamento como fase essencial das contratações e, em última instância, da execução de políticas públicas.

4 Considerações finais

A edição da Lei nº 14.133/2021 constitui importante avanço para o planejamento das contratações públicas, mas a alteração da realidade depende de sua adequada compreensão e aplicação, de forma coordenada, pelos órgãos executivos e controladores da Administração Pública. A atividade de controle, principalmente na modalidade

---

[21] MINAS GERAIS. Tribunal de Contas do Estado de Minas Gerais. *Consulta nº 1160667*. Pleno. Rel. Cons. sub. Adonias Monteiro. Sessão de 22/5/2024.

[22] SÃO PAULO. Tribunal de Contas do Estado de São Paulo. *Processo: TC-012227.989.24-1*. Tribunal Pleno. Rel. Cons. Dimas Ramalho. Sessão de 03/07/2024.

concomitante, é essencial nesse momento de transição legislativa, não apenas para verificar a conformidade dos atos, mas para induzir a ação administrativa conforme o novo Direito.

A jurisprudência analisada no presente artigo indica que os órgãos de controle externo já haviam percebido a importância do planejamento das contratações antes mesmo do legislador. Com o impulso legislativo, a tendência, já perceptível, é de que essa compreensão se intensifique e se reflita na prática administrativa, completando um virtuoso ciclo de normatização, execução e controle.

O ETP e o TR, muito mais do que simples formalidades, devem ser compreendidos num contexto mais amplo, de aprimoramento da identificação das necessidades e soluções administrativas, com a consequente melhoria dos serviços prestados à população.

Referências

AMORIM, Rafael Amorim de. Artigo 169. In: FORTINI, Cristiana; OLIVEIRA, Rafael Sérgio Lima de; CAMARÃO, Tatiana (Coord.). Comentários à lei de licitações e contratos administrativos: Lei nº 14.133, de 1º de abril de 2021. 2. ed. Belo Horizonte: Fórum, 2023.

AVELAR, Daniel Martins e; RESENDE, Mariana Bueno. O controle interno na nova Lei de Licitações e Contratos (Projeto de Lei nº 4.253/2020). Belo Horizonte, *Revista do Tribunal de Contas de Minas Gerais*, v. 39, n. 1, jan./jun. 2021.

BRASIL. Tribunal de Contas da União. Acórdão nº 1123/2022. Plenário. Rel. Min, Aroldo Cedraz. Sessão de 25/5/2022.

BRASIL. Tribunal de Contas da União. Acórdão nº 2274/2020. Plenário. Rel. Min. Raimundo Carreiro. Sessão de 26/08/2020.

BRASIL. Tribunal de Contas da União. Acórdão nº 248/2017. Plenário, Rel. Min. Walton Alencar Rodrigues. Sessão de 15.02.2017.

CAMARÃO, Tatiana. Artigo 18. *In*: FORTINI, Cristiana; OLIVEIRA, Rafael Sérgio Lima de; CAMARÃO, Tatiana (coord.). *Comentários à Lei de Licitações e Contratos Administrativos*: Lei nº 14.133, de 1º de abril de 2021. 2. ed. Belo Horizonte: Fórum, 2022. v. 1.

FURTADO, Madeline Rocha; DOTTI, Marinês Restelatto. A fase preparatória da licitação e seu rito procedimental (Lei nº 14.133/2021). *Fórum de Contratação e Gestão Pública – FCGP*, Belo Horizonte, ano 21, n. 241, p. 45-74, jan. 2022.

INSTITUTO BRASILEIRO DE DIREITO ADMINISTRATIVO (IBDA). Enunciados sobre a Lei 14.133/21 (Parte 1). 2024. Disponível em: https://ibda.com.br/wp-content/uploads/2024/12/Enunciados-sobre-a-Lei-14.133-21-p1-1.pdf. Acesso em: 9 jan. 2025.

INSTITUTO DOS AUDITORES INTERNOS DO BRASIL. Modelo das Linhas do IIA 2020. Disponível em: https://www.theiia.org/globalassets/documents/resources/the-iias-three-lines-model-an-update-of-the-three-lines-of-defense-july-2020/three-lines-model-updated-portuguese.pdf. Acesso em: 9 jan. 2024.

JUSTEN FILHO, Marçal. *Comentários à lei de licitações e contratações administrativas:* lei 14.133/2021. São Paulo: Thomson Reuters Brasil, 2021.

MINAS GERAIS. Tribunal de Contas do Estado de Minas Gerais. *Consulta* nº *1160667. Pleno.* Rel. Cons. sub. Adonias Monteiro. Sessão de 22/5/2024.

MINAS GERAIS. Tribunal de Contas do Estado de Minas Gerais. *Consulta* nº *1160668.* Cons. sub. Licurgo Mourão. Sessão de 12/6/2024. Publicação: 27/6/2024.

MOURÃO, Licurgo; MEGALI NETO, Almir; SHERMAM, Ariane; RESENDE, Mariana Bueno; PIANCASTELLI, Sílvia Motta. *Controle Democrático da Administração Pública.* 2. ed. Belo Horizonte: Fórum, 2023.

MOURÃO, Licurgo; RESENDE, Mariana Bueno. Gestão de riscos como mecanismo de combate à corrupção nas contratações públicas. *In*: FORTINI, Cristiana; Ligia Melo de Casimiro, Emerson Gabardo (coord). *Desafios da administração pública no mundo digital:* livro do XXXVII Congresso Brasileiro de Direito Administrativo. Belo Horizonte: Fórum, 2024.

SANTA CATARINA. Tribunal de Contas do Estado de Santa Catarina. Plenário. *Decisão* nº *337/2024.* Rel. Cons. Sabrina Nunes Iocken. Sessão de 28/02/2024.

SÃO PAULO. Tribunal de Contas do Estado de São Paulo. *Processo: TC-012227.989.24-1.* Tribunal Pleno. Rel. Cons. Dimas Ramalho. Sessão de 03/07/2024.

TRIBUNAL DE CONTAS DA UNIÃO. Relatório revela que, em 2024, as áreas de educação e saúde concentraram maior número de obras paralisadas. Disponível em: https://portal.tcu.gov.br/imprensa/noticias/diagnostico-do-tcu-mostra-que-metade-das-obras-contratadas-com-recursos-federais-estao-paralisadas. Acesso em: 9 jan. 2025.

UNODC. *Guidebook on anti-corruption in public procurement and the management of public finances.* Viena, 2013. Disponível em: https://www.unodc.org/documents/corruption/Publications/2013/Guidebook_on_anti-corruption_in_public_procurement_and_the_management_of_public_finances.pdf. Acesso em: 8 jan. 2025.

Informação bibliográfica deste texto, conforme a NBR 6023:2018 da Associação Brasileira de Normas Técnicas (ABNT):

AVELAR, Daniel Martins e; RESENDE, Mariana Bueno. O estudo técnico preliminar (ETP) e termo de referência (TR) na visão do controle externo. *In:* FURTADO, Madeline Rocha; FURTADO, Monique Rafaella Rocha (coord.). *O planejamento das contratações*: estudos técnicos preliminares e termos de referência: teoria e aplicação sob a égide da Lei nº 14.133/2021. Belo Horizonte: Fórum, 2025. p. 487-499. ISBN 978-65-5518-944-5.

OS ESTUDOS TÉCNICOS PRELIMINARES E O CONTROLE EXTERNO DAS LICITAÇÕES

HELOÍSA HELENA ANTONACIO MONTEIRO GODINHO

1 Introdução

As contratações públicas desempenham um relevante papel na economia dos países, agindo como propulsoras de crescimento e desenvolvimento. No Brasil, o Ministério da Economia[1] estima que as compras governamentais movimentam cerca de 12% do Produto Interno Bruto (PIB) por ano, evidenciando sua importância econômica.

O volume de negócios gerado pelas aquisições expõe a Administração Pública a diversos riscos, como o desperdício, a ineficiência e a corrupção, conforme estudo realizado pelo Banco Interamericano de Desenvolvimento (BID). A publicação denominada *Melhores gastos para melhores vidas: como a América Latina e o Caribe podem fazer mais com menos* aponta que no Brasil os gastos públicos ineficientes atingem 3,9% (três vírgula nove por cento) do PIB, sendo que a ineficiência específica em compras públicas é estimada em 1,4% (um vírgula quatro por cento) do PIB.[2]

---

[1] BRASIL. Ministério da Economia. *Economia assina acordo em contratações públicas com agência americana de comércio e desenvolvimento.* Disponível em: https://www.gov.br/economia. Acesso em: 18 jul. 2024.

[2] BANCO INTERAMERICANO DE DESENVOLVIMENTO (BID). PESSINO, Carola; IZQUIERDO, Alejandro; VULETIN, Guillermo. *Melhores gastos para melhores vidas*: como a América Latina e o Caribe podem fazer mais com menos. *2018*. Disponível em: https://publications.iadb.org/pt/melhores-gastos-para-melhores-vidas-como-america-latina-e-o-caribe-podem-fazer-mais-com-menos. Acesso em: 18 jul. 2024.

O diagnóstico está acompanhado de recomendações para o aprimoramento dos processos de compras públicas, sendo o planejamento uma das mais relevantes para melhorar a eficiência das contratações.

Sem um devido planejamento orçamentário e gerencial para o direcionamento das despesas, incluindo-se aqui as compras públicas, resta claro que os governos não realizam uma gestão fiscal sólida, não atraem a confiança dos investidores e tampouco prestam serviços públicos de qualidade à população.[3]

Nesse último aspecto, planejar as contratações públicas é o primeiro passo para garantir o cumprimento de sua finalidade imediata (atividade-meio), qual seja, satisfazer uma necessidade pública por meio da obtenção de bens e serviços (insumos) necessários à execução das atribuições estatais.[4] Igualmente, o planejamento viabiliza a realização das funções mediatas das compras públicas, capazes de impactar o desenvolvimento econômico, ambiental e social (atividade-fim) relacionados às políticas públicas.[5]

Como bem expõe Godinho (2021), "as aquisições públicas não se mostram apenas como atividades financeira, relativa à realização de despesa, e administrativa, de suprimento de bens e serviços para órgãos e entidades estatais, de caráter meramente logístico e executório". As compras públicas também se apresentam "como uma ação estratégica da Administração Pública em prol do atingimento de múltiplos objetivos coletivos".[6]

Vale lembrar que o processo licitatório, genericamente delineado na Constituição Federal,[7] visa à seleção da proposta mais vantajosa, sob o ponto de vista do interesse público, e que a visão de satisfação do interesse público deve estar atrelada às funções mediata e imediata

---

[3] BANCO INTERAMERICANO DE DESENVOLVIMENTO (BID). CRUZ, Rafael de la; PINEDA, Carlos; PÖSCHL, Caroline (ed.). *La alternativa local:* Descentralización y desarrollo económico. *2010.* Disponível em: https://publications.iadb.org/publications/spanish/document/La-alternativa-local-Descentralizaci%C3%B3n-y-desarrollo-econ%C3%B3mico.pdf. Acesso em: 30 jul. 2024.

[4] ZAGO, Marina Fontão. *Poder de compra estatal como instrumento de políticas públicas*. Brasília, Enap: 2018.

[5] BUCCI, Maria Paula Dallari. *Fundamentos para uma teoria jurídica das políticas públicas*. São Paulo: Saraiva, 2013.

[6] GODINHO, Heloísa Helena A. M. *Controle Externo das Licitações e a Lei nº 14.133/2021:* temas controversos da Nova Lei de Licitações e Contratos. São Paulo: Juspodivm, 2021.

[7] BRASIL. *Constituição da República Federativa do Brasil de 1988*. Art. 37, inciso XXI.

da licitação, como exorta Tourinho (2014),[8] sendo necessária a divisão entre interesse público (realização das políticas públicas para o bem comum), interesse do agente público (cumprimento de seus programas de governo) e interesse do aparato estatal (aquisição de insumo economicamente vantajoso).

Diante disso, ferramentas de planejamento, como os estudos técnicos preliminares (ETP), passam a desempenhar um papel de extrema importância para a tomada de decisões que se alinhem aos propósitos de Estado, de Governo e da Administração Pública; à escolha adequada das prioridades e das respectivas soluções; à realização das entregas à população (valor público); à economicidade (custo-benefício) e ao cumprimento de metas; enfim, à melhor eficiência do gasto.

Logo, escolher soluções que se apresentam como as melhores para demandas da Administração Pública é uma atividade obrigatória para o gestor, contida no seu rol de atribuições. O planejamento é, para todos os agentes que exercem funções relacionadas às despesas públicas, uma etapa básica essencial para o desenvolvimento responsivo da gestão.[9]

Por isso, a Nova Lei de Licitações e Contratos — Lei nº 14.133/2021[10] — coloca o planejamento como um princípio (art. 5º) e como uma obrigação para os agentes de contratação, assessor jurídico e equipe de apoio (art. 8º); para a alta administração (art. 11, parágrafo único); para os responsáveis pelo planejamento de cada ente federativo (art. 12, VII); para os agentes que atuam na fase preparatória do processo licitatório (art. 18) e, também, para os controles interno e externo, que devem verificar se o planejamento existiu e se foi observado na fase de execução.

O presente artigo tem como objetivo analisar o controle externo das licitações sob a ótica do papel que os estudos técnicos preliminares (ETP) desempenham no processo licitatório, como verdadeiros instrumentos de planejamento e controle — e não meros artefatos —, sua obrigatoriedade e a responsabilização decorrente da ausência ou

---

[8] TOURINHO, Rita. Ações afirmativas nas licitações públicas: o alcance da Sustentabilidade Social. *Revista do Ministério Público do Rio de Janeiro: MPRJ*, n. 51, jan./mar. 2014. Disponível em: https://www.mprj.mp.br/documents/20184/2554325/Rita_Tourinho.pdf . Acesso em: 23. jul. 2024.

[9] A responsabilidade na gestão fiscal pressupõe a ação planejada e transparente (art. 1º, §1º, da Lei Complementar nº 101, de 4 de maio de 2000 – LRF).

[10] Lei nº 14.133, de 1 de abril de 2021, conhecida como a Nova Lei de Licitações e Contratos (NLLC), que estabelece normas gerais sobre licitação e contratação pública.

de defeitos insanáveis que porventura apresentem e tenham causado irregularidades nas contratações.

Nos capítulos seguintes são apresentados alguns aspectos que envolvem o controle externo das compras públicas, o planejamento das licitações como ato de governança e de gestão, os estudos técnicos preliminares como instrumentos de planejamento e controle, e, por fim, a responsabilização dos agentes.

No aspecto metodológico e para alcançar o objetivo proposto, este artigo realiza uma abordagem de natureza qualitativa, compreendendo pesquisas bibliográficas e documental para consolidar o referencial teórico. Além disso, adota-se a análise de conteúdo de algumas decisões no âmbito do Tribunal de Contas da União (TCU).

Como resultado, espera-se oferecer elementos para subsidiar reflexões sobre o planejamento das contratações, o papel dos ETPs e a importância da atuação do controle externo para a realização das funções imediata e mediata das compras estatais.

2 Controle externo das licitações e contratos

A multifuncionalidade das contratações públicas, já mencionada neste artigo, exige um controle externo também multifuncional e transdisciplinar.[11]

Dessa forma, os Tribunais de Contas não se restringem à verificação da conformidade (legalidade) das licitações e dos contratos, de índole mais formal. Tampouco irão preocupar-se com o processo administrativo licitatório como um fim em si. Exatamente porque as compras públicas se referem a múltiplas funções, o controle externo atua para sindicá-las, mediante autorização constitucional, para fiscalizar o aspecto financeiro (realização de despesa – CF, art. 71, IV e VI); administrativo (suprimento de bens e serviços de caráter meramente logístico e executório – CF, art. 71, IX, X); e político-estratégico (atingimento de múltiplos objetivos coletivos – políticas públicas e

[11] A transdisciplinaridade aqui utilizada refere-se a um controle externo que leve em consideração o conjunto de normas e regras dos ramos de conhecimento envolvidos nas contratações, para além do Direito Administrativo e Financeiro, da gestão pública e contabilidade, a fim de contribuir para o atendimento das necessidades públicas e solução de problemas complexos, caóticos ou perversos. MALVESTITI, R.; DANDOLINI, G. A. Abordagem Transdisciplinar na gestão do conhecimento: implicações teóricas. *Anais do Congresso Internacional de Conhecimento e Inovação – ciki*, v. 1, n. 1, 2022. DOI: 10.48090/ciki.v1i1.1030. Disponível em: https://proceeding.ciki.ufsc.br/index.php/ciki/article/view/1030. Acesso em: 8 ago. 2024.

regulação do mercado – CF, art. 71, IV e VI), sob a perspectiva da eficiência e dos resultados.

Como tipos de realização da despesa pública, as contratações devem obedecer aos mesmos estritos regimes de legalidade, legitimidade e economicidade que orientam todas as fases do gasto público, desde o planejamento até a análise final pelo controle externo. Para tanto, os tribunais de contas devem considerar tais aspectos (art. 70 da CF), somados aos princípios previstos na Lei nº 14.133/2021 (NLLC) e na LINDB,[12] dentre eles o planejamento e a motivação das decisões.

A legalidade ou conformidade possui índole formal e diz respeito à adequação dos atos e procedimentos com a legislação que rege a matéria fiscalizada. Se o administrador se afasta da lei, irregular se torna o ato ou fato fiscalizado, sendo a irregularidade tanto mais grave quanto maior é esse afastamento.

A legitimidade relaciona-se com a substância do ato ou procedimento (mérito), direcionada no sentido da concretização do interesse público, finalidade última da ação estatal. Conclui-se, por conseguinte, que determinado ato, embora desconforme com a legalidade, pode apresentar algumas particularidades ou circunstâncias fáticas que o credencia à aprovação do controle externo como legítimo, com as ressalvas relativas ao exame de conformidade. Trata-se de um controle de mérito, para aferir o atingimento dos objetivos, com base na motivação, de acordo com os parâmetros de conveniência, oportunidade, prioridade do ato praticado, dentre outros. Assim, é possível a manutenção de situações que não aderiram completamente à legalidade, em prol de resultados que atendam o interesse público ou em nome da segurança jurídica das relações.

A economicidade refere-se ao exame do ato sob o ponto de vista da obtenção de resultados úteis e proveitosos em cotejo com o gasto, direcionando o controle para a análise do custo-benefício do ato, isto é, do nível de observância e viabilização do "maior benefício pretendido pelo menor custo previsto", obviamente, dentro das possibilidades de cada caso. Vale lembrar, por oportuno, que não se trata aqui de menor preço, interpretação rasa e equivocada da economicidade, que está arrolada pela NLLC dentre os princípios do art. 5º.

O que se pretende é a realização do melhor negócio ou operação, sob todos os quase todos os aspectos.

---

[12] Lei de Introdução às Normas do Direito Brasileiro – Decreto-Lei n° 4.657, de 4 de setembro de 1942.

Convém destacar, ainda, que a legalidade, a legitimidade e a economicidade conduzem o controle efetuado pelos tribunais de contas a um patamar diferente da mera intervenção de conformidade dos atos administrativos e financeiros com a legislação.

Nesse sentido, excertos do voto do Ministro Luiz Fux, do Supremo Tribunal Federal (STF), relator do Mandado de Segurança nº 33.340-DF, dão conta de que "o alcance do controle externo ganhou dimensão amazônica, de modo a compreender o controle não apenas da responsabilidade do administrador, mas de sua responsividade", devendo os tribunais de contas aferirem "se o administrador atua de forma prudente, moralmente aceitável e de acordo com o que a sociedade dele espera", pois "o controle do emprego de recursos públicos propicia, em larga escala, justiça e igualdade".[13]

Portanto, inegável a evolução do controle externo a cargo dos tribunais de contas no tocante às aquisições públicas: antes, meros autorizadores burocráticos da despesa (antes de 1988); em seguida, avaliadores da legalidade (anos 90); agora, verificadores, não apenas dos "elementos formais que norteiam o processo de despesa, mas também a relação custo-benefício, a aferição de quão ótimas são as ações administrativas, que devem ser as mais rentáveis possíveis, tendo em vista o interesse público envolvido, a legitimidade do ato e a consequente relação de adequação de seu conteúdo" (STF, SS nº 5.179-Piauí, Min. Dias Toffoli).[14]

A Lei nº 14.133/2021, ao se preocupar expressamente com a eficiência técnica das aquisições públicas, revela em seu texto que o foco da gestão e do controle no âmbito das contratações deve estar na qualidade do gasto, observados, além das diretrizes constitucionais,[15] o planejamento, a transparência, a governança, a integridade, a segregação de funções, a motivação, a economicidade, a profissionalização dos agentes, a gestão de riscos, a responsabilização e uma fiscalização contemporânea e célere.

---

13 Disponível em: http://redir.stf.jus.br/paginadorpub/paginador.jsp?docTP=TP&docID=8978494.

14 Disponível em: http://redir.stf.jus.br/paginadorpub/paginador.jsp?docTP=TP&docID=751479021.

15 Constituição Federal, art. 37, inciso XXI – contratação mediante processo, com igualdade de condições aos licitantes, cláusulas financeiras, a manutenção das condições da proposta e exigências de qualificação técnica e econômica indispensáveis à garantia do cumprimento das obrigações.

Destarte, o novo regime legal consolidou os contornos mais amplos conquistados pelo controle externo ao longo da vigência da Lei nº 8.666/93, positivando o exercício de atribuições especiais já incorporadas ao cotidiano das funções controladoras, como, por exemplo, a fiscalização da ordem cronológica de pagamento dos contratos (art. 141),[16] emissão de orientações acerca da implantação e aperfeiçoamento do programa de integridade e da Governança (arts. 60, IV e 156, V)[17] e capacitação de servidores, jurisdicionados e contratantes com a Administração, através das Escolas de Contas (art. 173).

Além disso, a NLLC reafirmou que o controle das licitações se dá, no âmbito dos tribunais de contas, sob as perspectivas da governança e da gestão, atuação consolidada após a edição do paradigmático Acórdão nº 2.622/2015, do Plenário do Tribunal de Contas da União.[18]

A governança das aquisições compreende o conjunto de mecanismos de liderança, capacidades institucionais, estratégia e controle. No aspecto da governança, o órgão ou entidade, por meio do corpo diretivo (alta direção), estrutura a gestão (pessoas, processos e normas regulamentadoras), planeja o que deve ser adquirido, define a estratégia e traça direcionamentos para os níveis tático e operacional, a fim de que as aquisições impulsionem a geração de resultados e benefícios à sociedade (valor público) e contribuam para o atingimento dos propósitos da organização, com riscos razoáveis e suportáveis.

A governança tem por escopo o alinhamento entre as políticas e estratégias das aquisições com as prioridades da organização em prol de resultados; a garantia da utilização eficiente dos recursos; a otimização da disponibilidade e do desempenho dos insumos adquiridos; o cumprimento dos papéis e obrigações dos atores envolvidos; e a transparência de todo o processo de aquisição.

O controle da governança envolve a fiscalização do cumprimento das funções de liderança da alta administração (Acórdão nº 1.270/2023-TCU-Plenário)[19] relativas à adoção das providências voltadas à

---

[16] ATRICON. Resolução nº 08/2014. Disponível em: https://www.atricon.org.br/wp-content/uploads/2014/08/ANEXOUNICO_RESOLUCAOATRICON_08_2014.pdf.

[17] BRASIL. Tribunal de Contas da União (TCU). *Referencial Básico de Governança Organizacional*. 3. ed., 2020. Disponível em: file:///C:/Users/TCE/Downloads/RBGO_digital.pdf. ATRICON, Resoluções nº 09/2018 e 12/2018. Disponíveis em: https://www.atricon.org.br/category/normas/resolucoes-normativas/.

[18] BRASIL. Tribunal de Contas da União (TCU). Acórdão nº 2.622/2015 – Plenário, Relator: Ministro Augusto Nardes. Disponível em: file:///C:/Users/TCE/Downloads/ACORDAO%20TCU%202622-2015%20(1).pdf.

[19] BRASIL. TCU. Disponível em: https://pesquisa.apps.tcu.gov.br/pesquisa/acordao-completo.

implementação da NLLC (edição de regulamentações – processos, montagem da estrutura e oferta de capacitação dos agentes – pessoas, edição de planos – estratégia etc.). O Tribunal de Contas da União, desde 2013, recomenda a adoção de medidas para promover maior comprometimento da alta administração com a eficiência, efetividade e transparência, de sorte que o esforço laborativo de cada organização possa ser mais bem alocado para a produção dos melhores resultados para a sociedade (veja o Acórdão nº 3.023/2013-TCU-Plenário).[20]

Ainda no tocante à governança, os tribunais de contas fiscalizam a capacidade institucional da organização em relação ao domínio das competências, habilidades e atitudes (gestão por competências – art. 7º da NLLC); funcionamento das três linhas de controle administrativo e avaliativo (controle interno); maturidade para lidar com erros, riscos e promover a transparência. O controle externo também fiscaliza as capacidades relacional e de performance, sendo que a primeira diz respeito à identificação e ao gerenciamento da Rede de Governança da organização,[21] interna e externa, em especial, a conexão com o mercado e com as soluções existentes, a abertura de canais de comunicação diretos e o relacionamento com os órgãos de controle da Administração; a segunda (performance) diz respeito ao desempenho extraído da equação esforços (combinação de insumos com a atividade de execução) + resultados (atingimento dos objetivos e metas).

O enfoque da gestão das aquisições se dá no âmbito dos processos de trabalho, relativamente ao *modus operandi* dos gestores e demais atores diretamente ligados a tais processos e às atividades e tarefas específicas do ciclo PDCA (*Plan* – planejar, *Do* – executar, *Check* – verificar e *Action* – agir de forma corretiva).[22]

Assim, os tribunais de contas fiscalizam as estruturas responsáveis pelo ciclo PDCA, que manejam os recursos colocados à disposição

---

20 BRASIL.TCU. Disponível em: https://pesquisa.apps.tcu.gov.br/pesquisa/acordao-completo.

21 A Rede de Governança é composta dos stakeholders, isto é, as partes direta e indiretamente interessadas na operação de contratação. Aqui estão incluídos os servidores das linhas de defesa, os potenciais fornecedores, os controladores e até mesmo a sociedade. Sobre o assunto, vale a pena ler RODRIGUES, B. C.; REIS, P. R. da C. Partes interessadas internas e desempenho em contratações públicas na perspectiva das teorias dos stakeholders e dos custos de transação. *Cadernos Gestão Pública e Cidadania, São Paulo*, v. 28, p. e88342, 2023. DOI: 10.12660/cgpc.v28.88342. Disponível em: https://periodicos.fgv.br/cgpc/article/view/88342. Acesso em: 15 ago. 2024.

22 BRASIL, TCU. *Manual de Gestão de Projetos*, 2006. Disponível em: file:///C:/Users/TCE/Downloads/2053884.PDF

da organização para o atendimento das necessidades da sociedade.[23] E, tendo em vista que o processo licitatório é visto como atividade específica da gestão, o controle externo também verifica os atos praticados nesse iter previamente estabelecido em lei (procedimento), analisando a atuação típica de cada agente e o respectivo impacto no resultado da contratação.

Vale destacar que a NLLC trouxe em seu bojo a lógica de utilização do processo como exteriorização da vontade administrativa, com papéis tão relevantes quanto contratar com vantajosidade. O processo de licitação revela-se como um importante meio de interação entre a Administração e o mercado, a Administração Pública e a sociedade e a Administração Pública e o controle; bem como um veículo de transparência da atividade estatal.

Por isso, o controle do processo licitatório não se basta na conformidade[24] dos atos (*check list* documental). Os tribunais de contas agem em prol da disseminação, do aperfeiçoamento e da profissionalização da atividade processual, com vistas a minimizar riscos, desperdícios e ineficiências, bem como maximizar o atingimento das metas e objetivos da atuação estatal finalística, voltadas à realização do bem comum.

Não por outra razão o TCU fixou o macroprocesso de licitação,[25] dividindo-o em três fases, quais sejam, a do planejamento, a da seleção do fornecedor e da gestão do contrato,[26] para fiscalizá-las em conjunto ou separadamente.

Nota-se que o planejamento passa a ser um relevante ponto de atenção para os tribunais de contas.

---

[23] BRASIL, TCU. *Referencial Básico de Governança Organizacional.* 3. ed. 2020. Disponível em: file:///C:/Users/TCE/Downloads/RBGO_digital.pdf.

[24] O objetivo da auditoria de conformidade é a avaliação das atividades públicas de acordo com as normas que as regem, podendo relacionar-se com a legalidade (aderência a critérios formais de leis, regulamentos e acordos aplicáveis) ou com a *propriety* (observância aos princípios gerais que regem a gestão financeira responsável e a conduta de agentes públicos). Vide a publicação "Princípios Fundamentais de Auditoria de Conformidade" - ISSAI 400 (INTOSAI - Organização Internacional de Entidades Fiscalizadoras Superiores. Disponível em: file:///C:/Users/TCE/Downloads/ISSAI_400_Principios%20Fundamentais%20de%20Auditoria%20de%20Conformidade.pdf.

[25] Macroprocessos são processos mais abrangentes da organização que representam conjuntos de atividades agregadas em nível de abstração amplo, que formam a cadeia de valor de uma organização, explicitando como ela opera para cumprir sua missão e atender as necessidades de suas partes interessadas (conceito extraído do Glossário de Governança Pública do TCU). Disponível em: https://portal.tcu.gov.br/governanca/governancapublica/gestao-de-riscos/glossario.htm.

[26] BRASIL. TCU. *RCA:* riscos e controles nas aquisições. Aprovado pelo Acórdão nº 1321/2014, Plenário. Disponível em: https://www.tcu.gov.br/arquivosrca/ManualOnLine.htm.

Nesse contexto, por meio da fiscalização do planejamento das contratações é possível entender o que se passa na governança e na gestão da organização: as capacidades institucional e relacional, a adequação da estrutura, o grau de profissionalização e maturidade, o nível de aderência à legislação e o funcionamento dos controles internos administrativos e da auditoria interna.

A partir disso, os estudos técnicos preliminares (ETP) também funcionam como verdadeiros instrumentos de aferição dessas capacidades, no âmbito do planejamento da contratação, motivo pelo qual o controle externo exige sua adequada utilização.

3 O planejamento das licitações como ato de governança e de gestão

O planejamento financeiro-administrativo no Brasil, embora faça parte da agenda governamental desde os anos 40, apresenta uma trajetória de progressos e retrocessos, cujas inconstâncias podem justificar a inexistência de uma cultura planejadora institucionalizada e consolidada.

Pinho e Sacramento mencionam interessante estudo realizado com o intuito de "compreender 'a cabeça do brasileiro'", o qual concluiu que "no Brasil coexistem dois países, cujas mentalidades, comandadas pela educação, são bastante distintas: uma moderna, outra arcaica", sendo que esta última apresenta fortes traços hierárquicos e patrimonialistas, que aprovam "tanto o *jeitinho* quanto um amplo leque de comportamentos similares". Por isso, finalizam entendendo as razões que justificam, após vinte anos da LRF, não se vislumbrarem mudanças estruturais significativas, que indiquem a consolidação da cultura de responsabilidade, transparência e planejamento.[27]

Nas lições de Drucker,[28] planejar é tratar as implicações futuras das decisões tomadas no presente. Isto é, o planejamento volta-se para as perspectivas do futuro, mesmo que bem próximo, construído através das ações realizadas no tempo atual. Segundo Furtado,[29]

---

27 PINHO, José Antônio Gomes de. SACRAMENTO, Ana Rita Silva. *Accountability*: já podemos traduzi-la para o português?. *Rev. Adm. Pública* vol. 43 n. 6. Rio de Janeiro, nov./dez. 2009. Disponível em: https://doi.org/10.1590/S0034-76122009000600006.

28 DRUCKER, Peter F. *Administração para resultados*. 3. ed. Pioneira, 1998.

29 FURTADO, J. R. Caldas. *Elementos de direito financeiro*. Belo Horizonte: Fórum, 2009.

"o planejamento é uma atividade constante, ininterrupta, perene", que define meios e recursos para atingir objetivos, envolvendo a apreciação dos problemas, das perspectivas e das possíveis medidas em face dos recursos disponíveis.

O Glossário da Controladoria-Geral da União[30] destaca que o planejamento é uma "metodologia de administração que consiste, basicamente, em determinar os objetivos a alcançar, as ações a serem realizadas, compatibilizando-as com os meios disponíveis para sua execução". O Ministério da Economia, Planejamento, Desenvolvimento e Gestão define o planejamento como o exercício de escolha consciente de ações que aumentem as chances de obter um resultado específico.[31]

O planejamento é uma atividade racional que se opõe ao improviso e ao amadorismo, que busca orientar as decisões a partir da racionalização das informações disponíveis, quais sejam, a identificação dos problemas e prioridades que exigem intervenção, as formas de solucioná-los, os agentes que irão executar as ações necessárias e a compatibilização das metas com os meios disponíveis.

Sem dúvidas, planejar exige da organização uma forte capacidade institucional (pessoas competentes, estratégia, propósito, conhecimento dos recursos disponíveis). Por isso os documentos que concretizam o planejamento são instrumentos de aferição tão eficientes do grau de maturidade e profissionalismo da organização.

No contexto das contratações, ações planejadas e transparentes permitem uma visão lógica e estruturada do funcionamento interno da organização e indicam que a sua atuação é responsiva (§1º do art. 1º da LC nº 101/2000 – LRF) e que pratica uma atividade financeira criteriosa e profícua em prol da qualidade do gasto.

Vale, aqui, abrir um parêntese: o planejamento financeiro-orçamentário brasileiro é dividido em níveis, sendo que o primeiro nível é o político-estratégico, de caráter eminentemente normativo, e deve atender à função política (visão abrangente dos problemas públicos e escolha dos meios de enfrentamento), com clara referência à estratégia governamental (como recursos serão alocados para se atingir os

30 BRASIL. Controladoria Geral de União. Portal da Transparência. Disponível em: http://www.portaltransparencia.gov.br/glossario.

31 BRASIL. Ministério da Economia, Planejamento, Desenvolvimento e Gestão. Disponível em: http://www.planejamento.gov.br/servicos/faq/planejamento-governamental/visao-geral/o-que-eacute-planejamento-governamental.

objetivos fixados). As leis orçamentárias (PPA, LDO e LOA)[32] fixam a programação de todas as despesas, incluindo-se as contratações. Ainda no nível estratégico, a alta administração é responsável pela governança das aquisições, devendo regulamentar a NLLC; elaborar o Plano Anual de Contratações em sintonia com a proposta orçamentária; direcionar a execução orçamentária, os processos e estruturas, gestão de riscos e controles internos administrativos, dentre outras providências já mencionadas neste trabalho.

O segundo nível, o tático, deve elaborar o planejamento gerencial, que diz respeito à implementação do metaprocesso de licitação, visando a garantir a concretização da programação legislativa e normativa, bem como o funcionamento das unidades que atuam no processo.

O terceiro nível, o operacional, diz respeito ao exercício das funções de cada agente que atua nas três fases do processo licitatório, devendo ser, também, planejadas as ações do setor de planejamento, do agente de contratação, do assessor jurídico, do fiscal do contrato, do auditor interno, etc., de acordo com as demais etapas.

Assim, exemplificando, no tocante às contratações sustentáveis, no plano político-estratégico, o Governo adere às Agendas Globais e Tratados Internacionais (como a Agenda 2030 da ONU – ODS 12, meta 12.7), elaborando a legislação que garante a observância desses compromissos (CF – arts. 170 e 225; NLLC – arts. 5º, 11 inciso IV e parágrafo único, 144); e a alta administração de cada poder, órgão e entidade elabora suas propostas orçamentárias e planos observando a orientação de sustentabilidade (plano estratégico, plano anual de contratação, plano ou manual de ações sustentáveis). A partir disso, o nível tático planeja e promove o gerenciamento, a supervisão e o controle administrativo das contratações, segundo os critérios e estratégias já traçados. Por fim, o nível operacional prepara suas atividades executórias (ETP, TR, projetos, editais e minutas contratuais) de acordo com as diretrizes, contratando de forma sustentável e, posteriormente, exigindo o cumprimento das cláusulas do contrato.

Fechando o parêntese, toda essa atividade de planejamento exige da organização um alinhamento entre os referidos níveis, o conhecimento da própria estratégia e um plexo das atribuições bem desempenhado.

---

32 Plano Plurianual – PPA; Lei de Diretrizes Orçamentárias – LDO; Lei Orçamentária Anual – LOA (art. 165 da CF).

Por isso, no âmbito do macroprocesso de licitação, o planejamento é uma fase essencial, que recebe como insumo uma necessidade de negócio e gera como saída um edital completo, incluindo os documentos que embasaram a confecção do edital.[33]

Entre o recebimento da demanda e a confecção do edital há uma rica atividade da organização, que não pode ser esquecida nem menosprezada, muito menos ocultada do controle externo.

Com efeito, é na fase de planejamento que a Administração Pública realiza um diagnóstico da situação a ser suprida ou alterada, define um cenário ideal (resultado que pretende alcançar), estuda soluções para o problema e escolhe aquela que melhor lhe atende, estando diretamente ligada à ideia de eficiência (DI PIETRO, 2022).[34]

Ainda, o planejamento permite o levantamento dos desafios, dificuldades e riscos a serem enfrentados para contratar e para executar a contratação, os insumos e providências necessários, os recursos e estruturas disponíveis, além de responder as clássicas perguntas (o quê, como, quando e quanto contratar). Vale lembrar que o planejamento evita que se instalem emergências fabricadas por desídia da Administração, além de condicionar as demais etapas do processo de licitação e o próprio sucesso da contratação (MENDES, 2012).[35]

Interessa para este artigo, apenas o recorte dos estudos técnicos preliminares (ETP), um dos documentos produzidos na fase de planejamento, cujo conteúdo orienta não apenas a Administração, mas também o sistema de controle (interno, externo, judicial, social).

4 Os estudos técnicos preliminares como instrumentos de planejamento e controle (e as alterativas possíveis mencionadas na LINDB)

O artigo 6º da Lei nº 14.133/2021, no inciso XX, conceitua o estudo técnico preliminar (ETP) como o "documento constitutivo da primeira etapa do planejamento de uma contratação que caracteriza o interesse público envolvido e a sua melhor solução e dá base ao anteprojeto, ao

---

[33] TCU. *Manual de Aquisições Públicas*. Disponível em: http://www.tcu.gov.br/arquivosrca/ManualOnLine.htm.

[34] DI PIETRO, Maria Sylvia Zanella. *Direito Administrativo*. 35. ed. Rio de Janeiro: Forense, 2022.

[35] MENDES, Renato Geraldo. *O processo de contratação pública*: fases, etapas e atos. 1. ed. Curitiba: Zênite, 2012.

termo de referência ou ao projeto básico a serem elaborados caso se conclua pela viabilidade da contratação".

Com efeito, o ETP "assume função estratégica na engrenagem das contratações públicas", ao "esclarecer as condições da contratação em termos de necessidades, requisitos, alternativas, escolhas, resultados pretendidos e demais características que demonstrem a viabilidade técnica e econômica".[36] Aqui não se trata de detalhar a contratação a ser realizada, mas de escolher a alternativa de solução dentre aquelas estudadas, que será detalhada no anteprojeto, no termo de referência ou no projeto básico.

O estudo das alternativas para a solução de um problema da Administração é uma atividade investigativa, exploratória, abundante em dados e informações, que serve também para consulta de outras organizações públicas e para abastecer o controle. Mais ainda, funciona como ferramenta de profissionalização das contratações e da própria gestão, motivo pelo qual o ETP é um instrumento de planejamento, não apenas um artefato como o TR ou o projeto básico.[37]

O instrumento deve ser manejado e confeccionado pelos servidores responsáveis pelo planejamento da contratação e que possuam competência transdisciplinar, habilidade e atitude para apurar os elementos técnicos do problema, dialogar amplamente com o mercado e com outras instituições e pensar em alternativas de solução.

A ideia é obrigar a organização a fazer a tarefa de casa, pensando sobre a real necessidade da contratação, seu alinhamento com os planos estratégico e financeiro-orçamentário, e a melhor solução em vista dos objetivos e funções da licitação.

É possível que um mesmo problema exija, em épocas e circunstâncias diferentes, soluções distintas, sendo certo que fatores como o propósito de cumprir determinada política pública ou a escassez

---

[36] SANTANA, Jair Eduardo; CAMARÃO, Tatiana; CHRISPIM, Anna Carla Duarte. *Termo de referência*. 6. ed. Belo Horizonte: Fórum, 2020.

[37] Para Notare e Basso (2017), embasados na Teoria de Rabardel, "artefato é o objeto material ou simbólico em si", enquanto "instrumento é definido como uma entidade mista, composta pelo artefato mais os esquemas de utilização elaborados pelo sujeito". Isso quer dizer que o instrumento nasce de uma relação entre sujeito e objeto, de aprendizado e aperfeiçoamento do sujeito, bem como de aprimoramento do objeto, à medida e de acordo com cada utilização. NOTARE, M.; VINICIUS DE AZEVEDO BASSO, M. Gênese instrumental pessoal e conceitos matemáticos em processo de criação com o GeoGebra. *Revista Novas Tecnologias na Educação*, Porto Alegre, v. 15, n. 2, 2017. DOI: 10.22456/1679-1916.79238. Disponível em: https://seer.ufrgs.br/index.php/renote/article/view/79238. Acesso em: 22 ago. 2024.

de recursos podem apontar para alternativas bem diversas, mas igualmente adequadas.

Não é segredo que os agentes que exercem e personificam a Administração Pública brasileira, no tocante às contratações, têm grandes dificuldades de colocar na mesa as reais dificuldades e os problemas da gestão, bem como buscar as alternativas de solução disponíveis, dialogando francamente com o mercado e com a sociedade.

Esse desafio não é estranho para Justen Filho (2021), que menciona ser a "primeira e mais evidente" dificuldade o "conhecimento da realidade, na sua dimensão estática", sendo "problemático dispor das informações sobre as necessidades concretas e sobre as soluções disponíveis".[38]

Outro desafio bem conhecido é o da motivação.

De fato, os agentes públicos possuem uma "queda" forte pela decisão com base na própria intuição, criatividade e experiência de vida, ou, quando não, optam pela indiferença negligente, invocando o famoso "princípio do sempre foi assim".

Dentre outros argumentos, esses também serviram de mote para as alterações da LINDB, promovidas pela Lei nº 13.655/2018, uma vez que os destinatários das regras não são apenas os órgãos de controle da Administração Pública (tribunais de contas e órgãos do Poder Judiciário), mas também, e primeiramente, os gestores.

Veja-se o art. 20, cujo teor determina que nas esferas administrativa, controladora e judicial, não se decidirá com base em valores jurídicos abstratos sem que sejam consideradas as consequências práticas da decisão (*caput*), sendo que a motivação deve demonstrar a necessidade e a adequação da medida, inclusive em face das possíveis alternativas (parágrafo único).

Tal comando fixa o mínimo a ser observado na fundamentação das decisões, seja para contratar ou invalidar a contratação, seja para viabilizar maior sindicabilidade das aquisições fundadas em juízos discricionários. Além disso, impõe a redução da indeterminação (Marçal Justen Filho), da retórica (Carlos Ari Sundfeld) e das abstrações (Floriano de Azevedo Marques) nas decisões estatais, bem como o afastamento das opiniões e anseios dos agentes na tomada de decisões.[39]

---

[38] JUSTEN FILHO, Marçal. *Comentários à lei de licitações e contratos administrativos*: Lei 14.133/2021. São Paulo: Thomson Reuters Brasil, 2021, p. 332.

[39] NEVES, Camila Nardin de Castro. As bases da nova LINDB (Lei de Segurança Jurídica para a Inovação Pública) no Direito Administrativo brasileiro. 2023. Disponível em: https://

Motta (2018) destaca que "o dever de motivação é exigido do gestor para permitir compreender o percurso hermenêutico que empreendeu na busca da melhor solução, tornando públicas as razões que o levaram a considerar dada medida como necessária e adequada frente às demais". E lembra que o "foco do controle recai sobre todo o processo decisório, cabendo-lhe avaliar as medidas consideradas como necessárias e adequadas, diante das alternativas apresentadas na esfera administrativa".[40]

Diante disso, fácil concluir que o ETP é um instrumento, se bem manejado, que auxilia na construção da motivação, por trazer informações e alternativas de solução para a demanda, em especial nas hipóteses de inovação, caso o problema se mostre pertinente.

O art. 18, §1º, da NLLC indica os elementos que devem constar do ETP. Trata-se de importante previsão legislativa, que esclarece os detalhes sobre como devem ser elaborados os estudos técnicos, minimizando a confusão e a insegurança no uso do ETP.

Dentre os elementos arrolados está o "levantamento de mercado, que consiste na análise das alternativas possíveis, e justificativa técnica e econômica da escolha do tipo de solução a contratar", podendo ser consideradas contratações similares feitas por outros órgãos, entidades e organizações públicas e privadas, para identificar a existência de novas metodologias, tecnologias ou inovações; realizada audiência ou consulta pública para coleta de contribuições; avaliados os custos e os benefícios de cada opção para escolha da alternativa mais vantajosa; consideradas outras opções logísticas menos onerosas à Administração.

Como já mencionado, trata-se de tarefa investigativa, em alguns casos totalmente necessária, que coloca à prova as capacidades institucional e relacional da Administração Pública, com o intuito de vencer a acomodação administrativa e a insistência nas mesmas soluções repetidamente contratadas, mesmo que, por vezes, se mostrem ultrapassadas, ineficientes e antieconômicas.

O exercício de prospectar as soluções e criar um relacionamento saudável com o mercado tem estreita ligação com a apuração das alternativas possíveis, mencionadas no §1º do art. 18, supramencionado,

---

repositorio.fgv.br/server/api/core/bitstreams/e37fc292-8929-4e77-93d0-dfdf8c2171e5/content. Acesso em: 30 jul. 2024.

40 MOTTA, Fabrício. Alterações na LINDB valem para todos, não só para o controle. Disponível em: https://www.conjur.com.br/2018-jun-14/interesse-publico-alteracoes-lindb-valem-todos-nao-controle/. Acesso em: 30 jul. 2024.

no §3º do art. 171 (suspensão cautelar da licitação) e ainda na Lei de Introdução às Normas do Direito Brasileiro (LINDB) (Decreto-Lei nº 4.657, de 4 de setembro de 1942), aplicada às licitações e contratações por força do disposto no art. 5º da NLLC.

Não há dúvidas de que o dever de apurar as alternativas possíveis e registrá-las no processo administrativo é do gestor, cujo contato imediato com a realidade é essencial para o cumprimento do dever de concretude (ALBY; JORDÃO, 2021) e do primado da realidade (NOHARA). O ETP clarifica muito bem essa condição. As alternativas possíveis são as alternativas para a solução do problema ou suprimento da necessidade apresentada na demanda.

Ao escolher a solução que melhor atende a Administração, descartando as demais, a decisão está motivada nas justificativas dessa escolha.

A importância do registro no processo licitatório das alternativas possíveis de solução emerge especialmente quando há algum questionamento pelos órgãos de controle sobre a contratação. A análise das alternativas registradas no momento histórico adequado (fase de planejamento) dota a decisão de motivação e o gestor de tranquilidade, porquanto o controle não poderá imiscuir-se nas regras, modelagem e desenho do negócio escolhido, substituindo o gestor, tampouco penalizá-lo.

Por outro lado, havendo omissão no planejamento, nesse particular, o gestor renuncia à deferência, relegando a análise das alternativas disponíveis ao controle, cujas balizas, sem os estudos preliminares, serão todos os negócios possíveis para a solução daquele problema demandado.

A lacuna deixada pelo gestor afasta, em parte, o acesso do controle à realidade vivenciada pela gestão em particular, permitindo que a decisão controladora atue de forma mais genérica, utilizando parâmetros gerais dos casos comuns e médios, bem como das boas práticas vivenciadas pela Administração.

5 Responsabilização dos agentes por ausência de estudos preliminares ou defeitos que causem ou aumentem os riscos na contratação

Como já mencionado neste trabalho, o planejamento da despesa, em especial, da contratação, é um dever inescusável para o gestor.

O princípio do planejamento, expressamente previsto na NLLC em seu art. 5º, desdobrado em obrigações concretas em outros dispositivos, impede que as aquisições sejam realizadas de forma intuitiva, amadora e desorganizada. Assim, resta claro que sua inobservância é grave, sendo configurada como erro grosseiro.

Com efeito, a omissão em planejar demonstra desprezo não apenas à legislação que regula as licitações, como também às leis financeiras e orçamentárias e à Constituição Federal. Inadmissível, portanto, a contratação sem o mínimo planejamento, ainda que não acarrete prejuízos ao Erário.

O erro grosseiro, previsto no art. 28 da LINDB, embora não definido de forma precisa, representando um conceito jurídico indeterminado,[41] recebeu uma conceituação mínima no art. 12, §1º, do Decreto nº 9.830/2019, como sendo o erro "manifesto, evidente e inescusável praticado com culpa grave, caracterizado por ação ou omissão com elevado grau de negligência, imprudência ou imperícia".

É exatamente o caso da ausência de planejamento, pois não há qualquer espaço de tolerância em relação à omissão de planejar, configurada como negligência e imprudência graves.

O mesmo decreto, no §8º do art. 12, esclarece que o agente público não está isento de atuar de forma diligente e eficiente no cumprimento dos seus deveres constitucionais e legais.

Idêntica postura adotou o Supremo Tribunal Federal, no julgamento das Ações Diretas de Inconstitucionalidade nºs 6.421 e 6.428-DF, que confirmou a constitucionalidade do art. 28 da LINDB: no voto do Relator, Ministro Luís Roberto Barroso, resta claro que é necessária uma "compreensão aprofundada sobre as circunstâncias e particularidades do processo decisório dos agentes públicos em situações de incerteza, urgência e assimetria de informações", por outro lado "admite-se a falha, mas a desídia, o descuido e más gestões em geral merecem enfrentamento".[42]

A ausência de planejamento denota extrema desídia com a coisa pública. O manejo dos recursos públicos exige o dever de cuidado, ínsito à atividade de gestão, sendo que a falta é considerada erro

[41] MAZZEI, Marcelo Rodrigues; FARIA, Lucas Oliveira; SILVEIRA, Sebastião Sérgio da. O erro grosseiro previsto no art. 28 do Decreto-Lei nº 4.657/1942: aportes teóricos para uma conceituação constitucional. *Revista Brasileira de Políticas Públicas*, Brasília, v. 14, n. 1, p. 68-82, 2024.

[42] STF.

grosseiro (Acórdão nº 9007/2023-TCU-Segunda Câmara; Acórdão nº 2783/2022-TCU-Segunda Câmara).[43]

O Tribunal de Contas da União entende que a ausência de estudos de viabilidade e vantajosidade acerca da comparação entre aquisição e locação de equipamentos configura irregularidade grave e prejuízos ao Erário, passível de responsabilização e ressarcimento (Acórdão nº 914/2023-TCU-Plenário – equipamentos hospitalares; Acórdão nº 3.091/2014-TCU-Plenário – equipamentos de informática; dentre outros). Também configura irregularidade passível de responsabilização a ausência de estudos que apresentem soluções menos onerosas ou mais onerosas justificadamente, e mais modernas, que demonstrem a avaliação de alternativas para o atendimento das necessidades da Administração (Acórdão nº 310/2013-TCU-Plenário; Acórdão nº 1956/2018-TCU – Plenário; Acórdão nº 1567/2018-TCU-Plenário; Acórdão nº 925/2022-TCU-Plenário; Acórdão nº 972/2022-TCU-Plenário).[44]

Vale ressaltar que, neste trabalho, não se debate sobre a obrigatoriedade de confecção do ETP pela esfera federal, por força de diversos normativos que obrigam (art. 2º, inciso IV, "a" da Lei nº 12.462/11; art. 42, inciso VIII, da Lei nº 13.303/16; art. 14 do Decreto Federal nº 10.024/19; art. 11 da IN nº 1/19 da SGD/ME; art. 70, inciso I, do PL nº 1.292/95).

Contudo, no tocante aos demais entes federativos, o mesmo não se aplica. Embora a NLLC dê a entender que a utilização do ETP é obrigatória para todas as contratações de todas as esferas da federação, não é essa a melhor interpretação para o art. 18, I. Nem todas as aquisições exigem a prospecção de soluções e análise de alternativas, sendo certo que essa exigência, nos casos mais simples ou de baixo valor, causaria extrema burocracia (NIEBUHR) e ineficiência (CHARLES).

O ponto aqui é a indispensabilidade de estudos e levantamentos mínimos que demonstrem o planejamento da contratação, de acordo com a sua complexidade e a existência de alternativas que possam modernizar, economizar ou tornar a aquisição mais eficiente, verdadeiramente vantajosa.

Se o planejamento irá, para tanto, utilizar esse ou aquele instrumento, ao controle externo não importa. A atuação do controle deve ser complementar e cooperativa em prol da profissionalização da gestão,

---

[43] BRASIL. TCU. Disponível em: https://pesquisa.apps.tcu.gov.br/pesquisa/acordao-completo.

[44] BRASIL. TCU. Disponível em: https://pesquisa.apps.tcu.gov.br/pesquisa/acordao-completo.

do aprimoramento da governança e da eficiência dos negócios firmados pela Administração Pública.

Logo, o controle atuará se não houver planejamento ou se o planejamento apresentado se mostrar apenas formal e deficiente, que coloque as contratações em risco, além daquele natural e decorrente da operação.

Nessa linha, o TCU rechaça, configurando como irregular o planejamento reverso (Acórdão nº 13291/2020-TCU-2ª Câmara – estudos preliminares confeccionados com base no termo de referência; Acórdão nº 829/2023-TCU-Plenário – projeto de engenharia elaborado antes dos estudos de concepção da obra); incompleto, sem a apresentação e análise de alternativas, isto é, proforma (Acórdão nº 122/2020-TCU-Plenário); deficiente, ao não analisar a desnecessidade da contratação e o desperdício de recursos públicos (Acórdão nº 1435/2024-TCU-Plenário).[45]

Verificar, na fase de planejamento, a necessidade da demanda é o mínimo que se exige para evitar o desperdício e ineficiência do gasto público. Interessante mencionar que, no caso do Acórdão nº 1435/2024, a Administração não havia executado o contrato mesmo após dezoito meses de sua assinatura, demonstrando inequivocamente que a contratação era desnecessária e inútil.[46]

O planejamento mínimo deve responder às clássicas questões: por que contratar?; há outras formas de resolver a demanda?; o que e quanto contratar?; por quanto tempo contratar?; dentre outras. Qualquer planejamento, independentemente do instrumento utilizado, que não responda satisfatória e minimamente essas interrogações será considerado inexistente e arriscado, configurando o erro grosseiro.

O risco configura-se ao revelar que a contratação sem planejamento é um evento tendente a impedir ou impactar negativamente na adequada e integral execução contratual, no atendimento da necessidade da Administração e na qualidade do gasto.

Nesse sentido, o TCU, ao analisar o relatório de acompanhamento do grau de maturação dos órgãos e entidades na aplicação da NLLC, detectou riscos na implementação de instrumentos de planejamento, dentre eles os estudos preliminares (Acórdão nº 2154/2023-TCU-Plenário).[47]

---

45 BRASIL. TCU. Disponível em: https://pesquisa.apps.tcu.gov.br/pesquisa/acordao-completo.

46 BRASIL. TCU. Disponível em: https://pesquisa.apps.tcu.gov.br/pesquisa/acordao-completo.

47 BRASIL. TCU. Disponível em: https://pesquisa.apps.tcu.gov.br/pesquisa/acordao-completo.

Por fim, no tocante à incapacidade institucional para planejar, identificada em processos de licitação que se perpetuam no tempo, por meio de *gaps*, idas e vindas, excesso de diligências entre as unidades internas da organização, para ajustes nos documentos de planejamento, há clara demonstração de deficiência na governança, que gera retrabalho, inversão de planejamento e ineficiência nas entregas à sociedade (Acórdão nº 2878/2021-TCU-Plenário – contratação de insumos e medicamentos para combate à pandemia covid-19).[48]

Nesses casos ainda mais graves, o desprezo à eficiência da licitação atinge todas as suas funções imediatas e mediatas, causando prejuízos ao Erário e à sociedade.

6 Conclusões

Este artigo se propôs a discutir a relevância dos estudos técnicos preliminares (ETP) como instrumentos de planejamento das contratações públicas em relação à governança, à gestão e ao controle externo.

O volume de recursos aplicados e as diferentes funções financeiras, administrativas e finalísticas demonstram que as aquisições públicas são estratégicas para a Administração, e seu estudo situa-se em uma zona de interseção entre o Direito Administrativo, o Direito Financeiro, a gestão, a governança e as políticas públicas.

Isso reflete inevitavelmente na atuação do controle externo por parte dos tribunais de contas, que agem para além da fiscalização burocrática de legalidade e conformidade.

O planejamento é uma obrigação inescusável dos gestores, que não estão obrigados a usar essa ou aquela ferramenta, mas devem planejar as contratações de forma adequada, devendo obedecer aos planos de ordem estratégica, tática e operacional, a fim de estabelecer os melhores e vantajosos negócios.

Os levantamentos e estudos preliminares, de caráter investigativo e exploratório, permitem dotar a Administração de informações sobre a real necessidade da contratação, novas tecnologias e formas de contratar, e demonstram as capacidades institucional e relacional da organização.

Além disso, atendem ao disposto na LINDB, quanto ao conhecimento das possíveis alternativas de solução do problema demandado,

[48] BRASIL. TCU. Disponível em: https://pesquisa.apps.tcu.gov.br/pesquisa/acordao-completo.

útil ao gestor e ao controle, caso a contratação seja sindicada e questionada pelos agentes controladores.

O planejamento inexistente ou deficiente que cause ou aumente o risco na contratação é configurado como erro grosseiro, passível de responsabilização pelos tribunais de contas, que age de forma complementar e colaborativa, mas, no tocante às irregularidades graves deve agir repressivamente, para assegurar a eficiência da contratação em todos os seus aspectos.

Referências

ATRICON. Resoluções nº 08/2014, 09/2018 e 12/2018. Disponível em: https://www.atricon.org.br/category/normas/resolucoes-normativas/. Acesso em: 18 jul. 2024.

BANCO INTERAMERICANO DE DESENVOLVIMENTO (BID). PESSINO, Carola; IZQUIERDO, Alejandro; VULETIN, Guillermo. Melhores gastos para melhores vidas: como a América Latina e o Caribe podem fazer mais com menos. 2018. Disponível em: https://publications.iadb.org/pt/melhores-gastos-para-melhores-vidas-como-america-latina-e-o-caribe-podem-fazer-mais-com-menos. Acesso em: 18 jul. 2024.

BANCO INTERAMERICANO DE DESENVOLVIMENTO (BID). CRUZ, Rafael de la; PINEDA, Carlos; PÖSCHL, Caroline (editores). *La alternativa local:* Descentralización y desarrollo económico. 2010. Disponível em: https://publications.iadb.org/publications/spanish/document/La-alternativa-local-Descentralizaci%C3%B3n-y-desarrollo-econ%C3%B3mico.pdf. Acesso em: 30 jul. 2024.

BRASIL. Constituição (1988). *Constituição da República Federativa do Brasil*. Art. 37, XXI. Brasília, DF: Senado Federal: Centro Gráfico, 1988.

BRASIL. Lei Complementar nº 101, de 4 de maio de 2000. *Lei de Responsabilidade Fiscal (LRF)*. Disponível em: https://www.planalto.gov.br. Acesso em: 18 jul. 2024.

BRASIL. Lei nº 14.133, de 1º de abril de 2021. *Estabelece normas gerais sobre licitação e contratação pública*. Diário Oficial da União: seção 1, Brasília, DF, ano CLVIII, n. 62, p. 1-42, 1 abr. 2021. Disponível em: https://www.planalto.gov.br/ccivil_03/_ato2019-2022/2021/lei/l14133.htm. Acesso em: 21 jul. 2024.

BRASIL. Decreto-Lei nº 4.657, de 4 de setembro de 1942. *Lei de Introdução às Normas do Direito Brasileiro (LINDB)*. Disponível em: https://www.planalto.gov.br. Acesso em: 18 jul. 2024.

BRASIL. Controladoria-Geral da União. *Portal da Transparência*. Disponível em: http://www.portaltransparencia.gov.br/glossario. Acesso em: 18 jul. 2024.

BRASIL. Ministério da Economia, Planejamento, Desenvolvimento e Gestão. Disponível em: http://www.planejamento.gov.br/servicos/faq/planejamento-governamental/visao-geral/o-que-e-planejamento-governamental. Acesso em: 18 jul. 2024.

BRASIL. Ministério da Economia. *Economia assina acordo em contratações públicas com agência americana de comércio e desenvolvimento*. Disponível em: https://www.gov.br/economia. Acesso em: 18 jul. 2024.

BUCCI, Maria Paula Dallari. *Fundamentos para uma teoria jurídica das políticas públicas*. São Paulo: Saraiva, 2013.

CHARLES, Ronny. *Da (não) obrigatoriedade de elaboração do Estudo Técnico Preliminar*. Disponível em: https://ronnycharles.com.br/da-nao-obrigatoriedade-de-elaboracao-do-estudo-tecnico-preliminar/. Acesso em: 18 jul. 2024.

DI PIETRO, Maria Sylvia Zanella. *Direito Administrativo*. 35. ed. Rio de Janeiro: Forense, 2022. p. 505.

DRUCKER, Peter F. *Administração para Resultados*. 3. ed. São Paulo: Pioneira, 1998.

FURTADO, J. R. Caldas. *Elementos de direito financeiro*. Belo Horizonte: Fórum, 2009.

GODINHO, Heloísa Helena A. M. *Controle Externo das Licitações e a Lei nº 14.133/2021*. *In:* Temas controversos da nova lei de licitações e contratos. São Paulo: Juspodivm, 2021.

INTOSAI – Organização Internacional de Entidades Fiscalizadoras Superiores. *Princípios Fundamentais de Auditoria de Conformidade – ISSAI 400*. Disponível em: file:///C:/Users/TCE/Downloads/ISSAI_400_Principios%20Fundamentais%20de%20Auditoria%20de%20Conformidade.pdf. Acesso em: 18 jul. 2024.

JUSTEN FILHO, Marçal. *Comentários à lei de licitações e contratos administrativos:* Lei 14.133/2021. São Paulo: Thomson Reuters Brasil, 2021.

MALVESTITI, R.; DANDOLINI, G. A. Abordagem Transdisciplinar na Gestão do Conhecimento: Implicações Teóricas. *Anais do Congresso Internacional de Conhecimento e Inovação – ciki*, v. 1, n. 1, 2022. DOI: 10.48090/ciki.v1i1.1030. Disponível em: https://proceeding.ciki.ufsc.br/index.php/ciki/article/view/1030. Acesso em: 8 ago. 2024.

MENDES, Renato Geraldo. *O processo de contratação pública:* fases, etapas e atos. 1. ed. Curitiba: Zênite, 2012.

MOTTA, Fabrício. Alterações na LINDB valem para todos, não só para o controle. Disponível em: https://www.conjur.com.br/2018-jun-14/interesse-publico-alteracoes-lindb-valem-todos-nao-controle/. Acesso em: 30 jul. 2024.

NAÇÕES UNIDAS NO BRASIL. *Objetivo de Desenvolvimento Sustentável 12: Consumo e produção responsáveis*. Disponível em: https://brasil.un.org/pt-br/sdgs/12. Acesso em: 18 jul. 2024.

NAÇÕES UNIDAS NO BRASIL (ONU BR). *A Agenda 2030*. 2015. Disponível em: https://brasil.un.org/sites/default/files/2020-09/agenda2030-pt-br.pdf. Acesso em: 18 jul. 2024.

NEVES, Camila Nardin de Castro. *As bases da nova LINDB (Lei de Segurança Jurídica para a Inovação Pública) no direito administrativo brasileiro*. 2023. Disponível em: https://repositorio.fgv.br/server/api/core/bitstreams/e37fc292-8929-4e77-93d0-dfdf8c2171e5/content. Acesso em: 30 jul. 2024.

NOTARE, M.; BASSO, M. V. de A. Gênese instrumental pessoal e conceitos matemáticos em processo de criação *com o* GeoGebra. Revista Novas Tecnologias na Educação, Porto Alegre, v. 15, n. 2, 2017. DOI: 10.22456/1679-1916.79238. Disponível em: https://seer.ufrgs.br/index.php/renote/article/view/79238. Acesso em: 22 ago. 2024.

PINHO, José Antônio Gomes de; SACRAMENTO, Ana Rita Silva. Accountability: já podemos traduzi-la para o português? *Revista de Administração Pública*, Rio de Janeiro, v. 43, n. 6, p. 1347-1367, nov./dez. 2009. Disponível em: https://doi.org/10.1590/S0034-76122009000600006. Acesso em: 18 jul. 2024.

RODRIGUES, B. C.; REIS, P. R. da C. Partes interessadas internas e desempenho em contratações públicas na perspectiva das teorias dos stakeholders e dos custos de transação. *Cadernos Gestão Pública e Cidadania,* São Paulo, v. 28, p. e88342, 2023. DOI: 10.12660/cgpc.v28.88342. Disponível em: https://periodicos.fgv.br/cgpc/article/view/88342. Acesso em: 15 ago. 2024.

SANTANA, Jair Eduardo; CAMARÃO, Tatiana; CHRISPIM, Anna Carla Duarte. *Termo de Referência.* 6. ed. Belo Horizonte: Fórum, 2020.

SUPREMO TRIBUNAL FEDERAL (STF). *Mandado de Segurança nº 33.340-DF.*

SUPREMO TRIBUNAL FEDERAL (STF). *SS 5179-Piauí,* Min. Dias Toffoli.

TOURINHO, Rita. Ações Afirmativas nas Licitações Públicas: o alcance da Sustentabilidade Social. *Revista do Ministério Público do Rio de Janeiro: MPRJ,* n. 51, p. 1-20, jan./mar. 2014. Disponível em: https://www.mprj.mp.br/documents/20184/2554325/Rita_Tourinho.pdf. Acesso em: 23 jul. 2024.

TRIBUNAL DE CONTAS DA UNIÃO (TCU). *Acórdão nº 2.622/2015 – Plenário,* Relator: Ministro Augusto Nardes. Disponível em: file:///C:/Users/TCE/Downloads/ACORDAO%20TCU%202622-2015%20(1).pdf. Acesso em: 18 jul. 2024.

TRIBUNAL DE CONTAS DA UNIÃO (TCU). *Glossário de Governança Pública.* Disponível em: https://portal.tcu.gov.br/governanca/governancapublica/gestao-de-riscos/glossario.htm. Acesso em: 18 jul. 2024.

TRIBUNAL DE CONTAS DA UNIÃO (TCU). *Manual de Aquisições Públicas.* Disponível em: http://www.tcu.gov.br/arquivosrca/ManualOnLine.htm. Acesso em: 18 jul. 2024.

TRIBUNAL DE CONTAS DA UNIÃO (TCU). *Manual de Gestão de Projetos.* 2006. Disponível em: file:///C:/Users/TCE/Downloads/2053884.PDF. Acesso em: 18 jul. 2024.

TRIBUNAL DE CONTAS DA UNIÃO (TCU). *Referencial Básico de Governança Organizacional do TCU.* 3. ed. 2020. Disponível em: file:///C:/Users/TCE/Downloads/RBGO_digital.pdf. Acesso em: 18 jul. 2024.

ZAGO, Marina Fontão. *Poder de compra estatal como instrumento de políticas públicas.* Brasília: Enap, 2018.

Informação bibliográfica deste texto, conforme a NBR 6023:2018 da Associação Brasileira de Normas Técnicas (ABNT):

GODINHO, Heloísa Helena Antonacio Monteiro. Os estudos técnicos preliminares e o controle externo das licitações. *In:* FURTADO, Madeline Rocha; FURTADO, Monique Rafaella Rocha (coord.). *O planejamento das contratações*: estudos técnicos preliminares e termos de referência: teoria e aplicação sob a égide da Lei nº 14.133/2021. Belo Horizonte: Fórum, 2025. p. 501-524. ISBN 978-65-5518-944-5.

Andréa Heloisa da Silva Soares
Especialista em Direito Público e Processual Civil. Bacharel em Direito e Administração pela UFMG. Experiência de 18 anos em logística e compras públicas. Autora de artigos em livros e Internet. Professora e palestrante. Atuação no Governo Federal, no Estado de Minas e na Prefeitura de BH.

Andressa Caroline Rocha Furtado
Sócia-fundadora da AF.COM. Graduada em Comunicação Social com habilitação em Jornalismo pelo Centro Universitário IESB. Especialização em Marketing Digital pela FGV. Comunicóloga com atuação em todas as vertentes da comunicação: RP, assessora de imprensa, jornalismo, repórter, apresentadora, com atuação na área de comunicação e diagnóstico institucional, atendimento ao cliente, gestão de projetos, marketing digital e marketing de influência na área pública e privada.

Carin Predger
Procuradora Municipal de Porto Alegre. Mestre em Teoria do Direito e do Estado pela Universidade Federal do Rio Grande do Sul (UFRGS). Professora e palestrante.

Carmen Boaventura
Advogada e consultora jurídica há 15 anos. Especialista em Direito Administrativo e em licitações e contratos. Coautora de várias obras jurídicas. Professora da pós-graduação em licitações e contratos do CERS. Palestrante de eventos em nível nacional.

Cristiano Poubel
Mestre em Gestão Pública. Especialista em planejamento e orçamento público; *cloud computing* e *full stack development*, além de especialidade em análise de sistemas Graduação em Engenharia Elétrica e Processamento de Dados. Atualmente é Coordenador-Geral de Normas e Análise de Aquisições de TIC.

Daiesse Quênia Jaala Santos Bomfim
Auditora de Controle Externo no TCM-SP. Chefe de auditoria em licitações e contratos na Advocacia-Geral da União. Advogada com mestrado e pós-graduação em Direito Público.

Daniel da Silva Almeida
Doutorando em Administração Pública (profissional) pelo IDP. Mestre em Administração Pública (profissional) pela UFS. Professor e palestrante, com mais de 25 anos de atuação prática em todas as esferas da Administração Pública Direta e nos Sistemas S e CFA/CRAs. Pesquisador, é autor, co-autor e articulista na área de atuação técnica.

Daniel Martins e Avelar
Mestre em Direito e Administração Pública pela Universidade Federal de Minas Gerais. Especialista em Gestão Pública Municipal pela Universidade Federal de Viçosa e em Finanças Públicas pela Escola de Contas do TCE/MG. Subcontrolador de Correição do Município de Belo Horizonte. Membro Associado do Instituto de Direito Administrativo Sancionador.

Eduardo Guimarães
Mestre em Administração Pública (FGV 2008). Graduado em Tecnologia da Informação (UERJ-2001). Servidor efetivo do TCE-RJ, desde 1999. Membro da Rede Governança Brasil desde 2021. Conselheiro da Rede Latino-Americana de Abastecimento desde 2019. Professor e palestrante sobre compras públicas. Autor de livros e artigos sobre licitações e contratos. Site: www.eduguimaraes.com. Instagram: @professoreduguimaraes.

Fabiane Barbosa Ferraz
Mestre em Direito, com ênfase em Constitucionalismo e Democracia, pela Faculdade de Direito do Sul de Minas (FDSM). Pós-graduada em Direito Público, pela Faculdade Legale, e em Licitações e Contratos, pela Escola Mineira de Direito (EMD). Advogada e Procuradora Municipal.

Felipe Dalenogare Alves
Pós-doutor em Direito pela Università di Bologna. Doutor e Mestre em Direito pela Universidade de Santa Cruz do Sul. Membro da Coordenação-Geral Jurídica de Licitações, Contratos, Convênios e Parcerias da Consultoria Jurídica do Ministério da Defesa. Professor, autor e palestrante na área de Direito Administrativo.

Heloísa Helena Antonacio Monteiro Godinho
Conselheira Substituta do Tribunal de Contas do Estado de Goiás. Mestre em Administração Pública (IDP-DF). Presidente do IDAG – Instituto de Direito Administrativo de Goiás. Diretora Institucional do IBDA – Instituto Brasileiro de Direito Administrativo. Diretora de Controle Externo da AUDICON – Associação Nacional dos Ministros e Conselheiros Substitutos dos Tribunais de Contas.

Jandeson da Costa Barbosa
Membro da Consultoria Jurídica do TCU. Pioneiro no uso da IA nas contratações públicas. Especialista Sênior que implementou a Nova Lei de Licitações no âmbito interno do TCU. Mestre em Direito e Políticas Públicas. Especialista em Direito Público. Advogado.

Jonas Lima
Advogado com 30 anos em licitações e contratos administrativos. Ex-assessor da Presidência da República (CGU) e da Procuradoria Geral da República. Especialista em Direito Público pelo IDP e em Compliance Regulatório pela Universidade da Pensilvânia. Autor de cinco livros, incluindo o bilíngue *Licitação Internacional no Brasil / International Public Bidding in Brazil*. Palestrante em mais de 180 eventos no Brasil e no exterior.

Julieta Mendes Lopes
Advogada. Vice-Presidente do Grupo JML. Mestre em Direito Público. Professora da PUCPR e coordenadora do curso de especialização em Licitações e Contratos da PUC/SC.

Luana Carvalho de Almeida
Escritora. Docente em pós-graduação e MBA sobre Licitações e Contratos. Servidora de carreira do Judiciário Federal, nas funções de Assessora Jurídica, Assessora Socioambiental, Auditora Interna, Subsecretaria de Licitações e Contratos. Realizou inspeções pela Corregedoria-Geral da JF. Fundadora e coordenadora de eventos significativos, como o ConSisJud e as Conferências em Estudos de Casos. Serve como consultora na OAB/DF e em comitês de Governança no Judiciário e na iniciativa privada.

Madeline Rocha Furtado
Escritora. Professora. Palestrante e Consultora na área de Gestão Pública. Assessora na Secretaria de Governo Digital/Ministério da Gestão e Inovação e Serviços Públicos (SGD/MGI). Coautora da Obra *Gestão de Contratos de terceirização na Administração Pública – teoria e prática*. (8. ed. Belo Horizonte: Editora Fórum, 2023). Coautora da obra *Nova Lei de Licitações – Lei 14.133/2021* (Ed. Amazon, 2021). Coautora da obra *Licitações e Contratos Administrativos na Lei nº 14.133/2021: aspectos gerais* (Ed. Negócios Públicos). Coautora da obra *Fucture Law* (v. III. Porto: Instituto Iberoamericano de Estudos Jurídicos e Universidade Lusófona, 2022). Autora de diversos artigos publicados em revistas especializadas sobre o tema Licitações e Contratos Administrativos. Articulista na área de Licitações e Contratos no Observatório da nova Lei de Licitações da Editora Fórum. Parecerista da *Revista TCU*.

Mariana Bueno Resende
Mestre em Direito e Administração Pública pela Universidade Federal de Minas Gerais (UFMG). Assessora de Conselheiro no Tribunal de Contas do Estado de Minas Gerais (TCE-MG). Professora.

Marilene Carneiro Matos
Advogada. Doutora e Mestre em Direito Público IDP. Diretora de Comunicação da Alumni Direito UnB. Membro da Comissão de Direito Constitucional da OAB-SP. Autora de livros e artigos jurídicos.

Marinês Restelatto Dotti
Advogada da União. Especialista em Direito do Estado e em Direito e Economia pela Universidade Federal do Estado do Rio Grande do Sul (UFRGS). Autora e coautora de livros e artigos na área de licitações e contratações públicas. Articulista da seção "Opinião" do site www.ordemjuridica.com.br.

Michelle Marry Marques da Silva
Advogada da União. Atualmente é Coordenadora-Geral de Orientação e Diretora substituta no Departamento de Coordenação e Orientação de Órgãos Jurídicos (DECOR/AGU). Coordenadora da Câmara Nacional de Licitações e Contratos Administrativos/AGU. Mestre em Direito Constitucional. Pós-graduada em Direito Público. Coautora e Autora de diversos livros e artigos. Professora e palestrante.

Monique Rafaella Rocha Furtado
Sócia-Fundadora e *Head* de Negócios Públicos do escritório Rocha Furtado Advocacia. Advogada administrativista. Consultora. Palestrante e professora. Pós-graduada em Direito Administrativo pelo Instituto Brasiliense de Direito Público. MBA em *Compliance* e Governança pela FACE/UnB. Especialização em Direito, Economia e *Compliance* pela Universidade de Coimbra, Portugal. Bacharel em Ciência Política pela Universidade de Brasília (UnB). Foi membro do Grupo de Trabalho de Modernização da Lei de Licitações da OAB Federal (2017/2018). Coautora das obras *Gestão de contratos de terceirização na Administração Pública – Teoria e Prática* (8. ed. Editora Fórum, 2023); *Nova Lei de Licitações – Lei nº 14.133/2021* (Ed. Amazon, 2021). Articulista nas áreas de Licitações, *Compliance* e LGPD em diversos portais e editoras.

Paulo Sérgio de Monteiro Reis
Engenheiro civil e advogado, com mais de 48 anos de atuação na Administração Pública. Palestrante e consultor no tema licitações e contratos. Autor e coautor de diversos livros sobre esses temas.

Rafael Pacheco da Silva Costa
Especialista, professor e palestrante na área de Licitações e Contratos há mais de 10 anos. Pós-graduado em Direito Público. Graduado em Direito. Servidor do Ministério Público do Estado do Rio de Janeiro (MPRJ). Atualmente é assessor do Secretário-Geral. Ex-diretor de Licitações e Contratos, Pregoeiro, Presidente da Comissão Permanente de Licitação do MPRJ.

Rogério Mascarenhas
Graduado em Informática e pós-graduado em Gestão Tributária, Governo Eletrônico e em Gestão de Negócios e Tecnologia da Informação pela Fundação Getúlio Vargas do Rio de Janeiro (FGV/EBAPE). Atualmente é Secretário de Governo Digital do Ministério da Gestão e Inovação em Serviços Públicos (SGD/MGI).

Simone Tarasconi Fraga
Especialista em Direito Administrativo pela Universidade de Caxias do Sul (UCS/RS). Pregoeira pela Escola da Federação dos Municípios do Rio Grande do Sul (FAMURS). Bibliotecária do Município de Porto Alegre.

Teresa Villac
Advogada da União na Consultoria Jurídica do Ministério do Meio. Ambiente e Mudança do Clima.

Virgínia Bracarense Lopes
Especialista em Direito Público e Liderança e Gestão Pública. Bacharel em Direito e Administração Pública. Experiência de 20 anos em logística e compras públicas, com foco em centralização e inovação. Autora de livros e artigos. Professora e palestrante. Atuou no Governo Federal e no Estado de Minas Gerais em projetos premiados.

Esta obra foi composta em fonte Palatino Linotype, corpo 10 e
impressa em papel Offset 75g (miolo) e Supremo 250g (capa)
pela Gráfica Star7 , em Belo Horizonte/MG.